13.45
1472

MARTIN VON TOURS

Werner Groß / Wolfgang Urban (Hrsg.)

MARTIN VON TOURS

EIN HEILIGER EUROPAS

Schwabenverlag

Die Deutsche Bibliothek – CIP-Einheitsaufnahme

Martin von Tours : ein Heiliger Europas / Werner Groß /
Wolfgang Urban (Hrsg.). – Ostfildern : Schwabenverl., 1997
ISBN 3-7966-0897-3

Alle Rechte vorbehalten
© 1997 Schwabenverlag AG, Ostfildern

Umschlaggestaltung und Layout: Wolfgang Sailer, Schwabenverlag
Umschlagfoto: Wassily Kandinsky, Skizze (Reiter), 1909
© VG Bild-Kunst, Bonn 1997
Satz: Schwabenverlag AG, Ostfildern
Reproduktionen: Ruf Repro GmbH, Neuhausen
Druck: Süddeutsche Verlagsgesellschaft mbH, Ulm
Bindearbeiten: Großbuchbinderei Monheim, Monheim
Printed in Germany

ISBN 3-7966-0897-3

INHALT

7   MARTIN – EIN HEILIGER EUROPAS
    Bischof Dr. Walter Kasper

21 MARTIN VON TOURS UND DIE ANFÄNGE
    SEINER VEREHRUNG
    Karl Suso Frank

63 MARTINSPATROZINIEN IN SÜDWESTDEUTSCHLAND
    Otto Beck

101 MARTINSKIRCHE, MARTINSKLOSTER,
    MARTINSKULT IN ALTDORF-WEINGARTEN
    Norbert Kruse

125 ST. MARTIN IN ROTTENBURG
    Die Rottenburger Martinspfarreien und -pfarrkirchen
    Dieter Manz

151 SANKT MARTIN, DIR IST ANVERTRAUT...
    Die Diözese Rottenburg-Stuttgart und ihr Patron
    Werner Groß

183 NEUE ZUGÄNGE ZU MARTIN UND
SEINER VEREHRUNG
Mit Martin »on tour(s)«
Franz-Josef Scholz

193 DER HEILIGE AM THRONE CHRISTI
Die Darstellung des heiligen Martin im Überblick
von der Spätantike bis zur Gegenwart
Wolfgang Urban

273 »BRENNE AUF MEIN LICHT…«
Zur Entwicklung, Funktion und Bedeutung der
Brauchformen des Martinstages
Werner Mezger

351 ANWALT DES LEBENS
Die Botschaft des heiligen Martin für unsere Zeit
Annette Schleinzer

361 DER UNVERGLEICHLICHE HEILIGE
Beiträge zu einer Martin-Anthologie
Werner Groß

377 ANHANG
Das Leben des heiligen Martin von Tours
Das Zeitalter des heiligen Martin. Das bewegte 4. Jahrhundert
Bibliografie zu Martin und seiner Verehrung

MARTIN – EIN HEILIGER EUROPAS

Bischof Dr. Walter Kasper

An der Wiege Europas standen viele Geburtshelfer. Nicht zuletzt sind Leben, Werk und Wirkung des heiligen Martin von Tours eng mit dem Werden des christlichen Abendlandes verknüpft.[1]

Ein Heiliger mit europäischer Biographie

Schon die persönlichen Lebensspuren dieses Heiligen lassen sich in vielen Teilen unseres Kontinents verfolgen: im heutigen Ungarn, in Italien, in Frankreich und Deutschland. In Sabaria in der römischen Provinz Pannonien, dem heutigen Szombathely (Steinamanger) in Ungarn, geboren, wächst er in Oberitalien, in Pavia auf.[2] Sein Lebensweg führt dann nach Gallien, ins heutige Frankreich, wo wir Martin als jungen römischen Soldat zunächst in Amiens finden. Später gelangt er an den Rhein, in die Nähe von Worms. Sulpicius Severus, sein jüngerer Zeitgenosse, Freund und Biograph berichtet, daß er dort den Truppen angehörte, die unter dem Feldherrn Julian, dem nachmaligen römischen Kaiser, einem Heer feindlicher Germanen gegenüberstanden.[3]

Nach seinem Abschied aus dem Militärdienst geht Martin nach Poitiers, wird anschließend vom dortigen Bischof Hilarius auf Missionsreisen nach Illyrien, in Regionen auf der Balkanhalbinsel, geschickt. Im Laufe dieser Wanderschaft kommt er als Glaubensbote nach Mailand und an den Golf von Genua, bevor er, 371 zum Bischof geweiht, in der Region um Tours seinen Wirkungskreis entfaltet. Auf der Suche nach seinem verbannten bischöflichen Freund Hilarius hat Martin auch Rom kennengelernt. Als späterer Bischof von Tours hält er sich schließlich bei einer Bischofsversammlung im spätantiken, schon weitgehend christlich gewordenen Trier (Augusta Treverorum) auf, damals eine der wichtigsten Städte im römischen Weltreich.

Gründerzeit des christlichen Abendlandes

Die Lebenszeit des heiligen Martin von Tours fällt in eine Periode tiefgreifender Umbrüche, aus denen erst das christliche Abendland hervorging. Das 4. Jahrhundert ist schon, wie das voraufgehende, gekennzeichnet durch den allmählichen äußeren wie inneren Niedergang des Imperium Romanum. Auf der anderen Seite wird der Niedergang von einem enormen Aufbruch begleitet. Im 4. Jahrhundert als der entscheidenden Phase, formieren sich die neuen Strukturen, die für mehr als anderthalb Jahrtausende, im Grunde bis in unsere Tage, bestimmend werden; hier beginnt das christliche Abendland im vollen Sinne des Wortes. Es ist »eine überraschend schöpferische Welt«[4], die uns hier begegnet. Am Prozeß ihrer Gestaltwerdung hat Martin zu Lebzeiten und mit der Nach- und Fernwirkung seiner Person wesentlichen Anteil.

Man muß sich erst einmal klar machen, daß das 4. Jahrhundert eingeleitet wird durch eine der schlimmsten und fürchterlichsten Christenverfolgungen.[5] Kaiser Diokletian (284–305) versuchte am Ende des 3. und zu Beginn des 4. Jahrhunderts noch einmal eine tiefgreifende Reform und Stabilisierung des römischen Staates und der römischen Weltherrschaft. »›Reparatio‹ und ›renovatio‹ waren die Schlagwörter des Tages.«[6] Schon im voraufgehenden 3. Jahrhundert, zwischen 238 und 270, hatten »wirtschaftlicher Zusammenbruch, politische Zersplitterung und wiederholte Niederlagen großer römischer Armeen«[7] die Schwächen des römischen Weltreiches und seiner Regentschaft im Innern wie im Äußern offenbart.

Die Mittel, die Diokletian ergriff, um das vom Niedergang bedrohte römische Weltreich zu retten, waren die der Teilung und Dezentralisierung der Entscheidungsgewalt; er rief zunächst Maximinian, einen früheren Kampfgefährten, als Mitkaiser an seine Seite, um schließlich die Territorien aufzuteilen und den Kreis der Regenten zu einer Tetrarchie – einer Viererherrschaft – mit den Cäsaren Galerius und Konstantius Chlorus zu erweitern. Eine Steuerreform, eine umwälzende Verwaltungsreform, die unter anderem die Einteilung des gesamten Staatsgebietes in zwölf Verwaltungsbezirke (Diözesen) brachte, und ein Dringen auf die Einhaltung des Staatskultes zählten zu den wichtigsten Elementen. Der Staatskult forcierte die Verehrung des jeweilgen Herrschers als Gott – für Christen eine völlig unannehmbare Forderung. Genau dieser Umstand und das rigorose, kompromißlose Durchsetzen dieser Ziele verursachten in der christlichen Bevölkerung eine schwere Konfliktsituation; die ablehnende Haltung der Christen löste staatlicherseits wiederum schwere Repressalien und Verfolgungen aus. Es zeigte sich freilich, daß das Christentum inzwischen bereits in so weiten Kreisen der Bevölkerung Fuß gefaßt hatte und daß breite Schichten, nicht zuletzt in den östlichen und südlichen Regionen des Reiches in Kleinasien, in Syrien, Palästina oder Ägypten mit Nordafrika, aber auch in den Großstädten des

Abbildung 1
Hl. Martin, Rathaus in Fritzlar, Steinrelief, 1441

römischen Reichs sich zu Christus bekannten, so daß »eine vollständige Ausrottung« nicht mehr erreicht werden konnte.[8]

Aus den Fakten zog Kaiser Galerius 311 die Konsequenzen, indem er das erste Toleranzedikt erließ. Es war der Startschuß für »die konstantinische Zeitenwende«, wie Historiker diese weltgeschichtliche Zäsur genannt haben.[9] Denn bereits im Jahre 313 folgte Kaiser Konstantins berühmtes Mailänder Toleranzedikt, das dem Christentum nicht nur Duldung, sondern staatliche Anerkennung brachte.

So war es etwa vier Jahre vor Martins Geburt den Christen zum ersten Mal möglich, gefahrlos ihre Religion auszuüben. Doch zunächst blieb der Glaube an den Mensch gewordenen Sohn Gottes, wenn auch von Konstantin gezielt gefördert, nur eine Überzeugung neben anderen. Parallel zur Ausbreitung und Festigung des Christentums lebten die alten heidnischen Kulte noch fort. Der christliche Glaube bot zudem zu jener Zeit kein einheitliches Bild. Die Christenheit war in entscheidenden Glaubensfragen zutiefst zerrissen und gespalten, was den Prozeß der Christianisierung von innen heraus gefährdete. Diese inneren Kämpfe wurden von den Söhnen Konstantins als seinen Nachfolgern politisch ausgefochten bis hin zu kriegerischen Auseinandersetzungen.

Doch unter Kaiser Gratian (375–83) im Westen und Kaiser Theodosius d. Gr. (379–95) im Osten wendete sich das Blatt endgültig zugunsten des Christentums. Die heidnischen Kulte wurden verboten, die

Abbildung 2
Der hl. Martin von Tours und der Bettler, Meister des »Engelsturzes« (Rückseite), 14. Jahrhundert,
Paris, Musée du Louvre

heidnischen Tempel geschlossen oder gar zerstört und durch das Edikt »De fide catholica« von 380 das christliche Bekenntnis zur allgemeinen Norm erhoben. Die zu Beginn des Jahrhunderts noch grausam verfolgte Kirche wurde zur Reichskirche erhoben. Es war wahrlich eine Zeit epochalen Umbruchs, in der Martin lebte.

Vorkämpfer des grundlegenden Glaubensbekenntnisses der Christenheit

Während der Lebenszeit des heiligen Martin wurden nicht nur politisch und religionspolitisch die Weichen für die kommenden Jahrhunderte gestellt; auch innerkirchlich und bekenntnismäßig wurden Grundlagen für die Kirche bis heute gelegt. In den innerkirchlichen Auseinandersetzungen seiner Zeit ging es um den schlechthin zentralen und fundamentalen christlichen Glaubensinhalt, die wahre Gottheit Jesu Christi. Ein Priester aus Alexandria, Arius († 336), hatte die Kontroverse mit seiner Leugnung des wahren Gottseins Jesu Christi ausgelöst. Arius behauptete in seiner nach ihm als Arianismus benannten Irrlehre, daß Jesus Christus nicht in gleichwesentlicher Weise wie der Vater Gott sei, daß er mit dem Vater nicht gleich ewig sei, sondern lediglich das erste und höchste Geschöpf des Vaters sei, das dieser als seinen Sohn angenommen hat, weshalb die Anhänger des Arius sagten, der Sohn sei dem Vater zwar ähnlich (homoiousios) aber nicht dem Vater wesensgleich (homoousios), wie das erste allgemeine Konzil von Nikaia (325) lehrte und wie alle christlichen Kirchen bis heute bekennen.

In den alle kirchlichen, gesellschaftlichen und politischen Bereiche erfassenden christologischen Auseinandersetzungen von damals wurden die Grundlagen des christlichen Bekenntnisses, das bis heute alle Kirchen des Ostens wie des Westens verbindet, gelegt. In sie war auch der heilige Martin persönlich einbezogen. Das geschah bereits, als Martin dem Sulpicius Severus zufolge Kaiser Julian gegenüberstand und von ihm seinen Abschied vom Militärdienst verlangte. Kaiser Julian, der den Beinamen »Apostata«, der »Abtrünnige«, trägt, versuchte während seiner Herrschaft 361–363 die innere Schwäche des Christentums und dessen Dissens in den Grundlagen des Glaubens geschickt zu nutzen. Er unternahm einen letzten Versuch der Wiedereinführung der alten heidnischen Kulte.[10]

Mit welcher Schärfe der Streit ausgetragen wurde, mag das Leben des heiligen Athanasius († 373) erhellen, des großen griechischen Kirchenvaters, Bischofs von Alexandria und herausragenden Gegners des Arianismus. Wegen seiner Gegenposition zu Arius wurde er fünfmal verbannt und mußte er über 17 Jahre im Exil – unter anderem in Trier – verbringen.

Martin selbst stand in enger Beziehung zu antiarianischen Lehrern und Bischöfen wie zu seinem Lehrer und Förderer Hilarius von Poitiers († um 367) oder zu Ambrosius vom Mailand († 397). Er bekam die damaligen Lehrstreitigkeiten, bei denen es um nichts weniger ging, als um die christologischen Grundaussagen, auf denen später die theologische Einheit Europas basierte, am eigenen Leibe zu spüren. Hilarius, der selbst zeitweise aus Poitiers vertrieben wurde, sandte Martin als Boten des rechten Glaubens über die Alpen. Denn die Häresie des Arianismus, so heißt es bei Sulpicius Severus, habe sich unterdessen auf dem ganzen Erdkreis, vor allem aber in Illyrien verbreitet. Martin führte seinen entschlossenen Kampf beinahe allein gegen den Unglauben der Bischöfe. Das trug ihm Strafen ein; man hatte ihn sogar öffentlich mit Ruten geschlagen und schließlich gezwungen, die Stadt zu verlassen.[11] In der Nähe von Mailand wurde er noch einmal von Vertretern des Arianismus massiv bedrängt.[12]

Martin hat sich – und darin liegt die tiefere Intention im Bericht seines Biographen Sulpicius Severus –, nicht nur in seinem engeren Umfeld, sondern aus damaliger Sicht weltweit der Verantwortung für die Grundlagen und die Einheit im wahren Glauben gestellt und damit an der Gestaltwerdung des christlichen Abendlandes tatkräftig mitgewirkt.

Gründervater des abendländischen Mönchtums

Wir finden Martin nicht nur an vorderster Front in den dogmatischen Bewegungen seiner Zeit, wir erleben Martin gleichzeitig als Wegbereiter einer neuen Spiritualität. Durch Martin von Tours und sein persönliches Beispiel konnte das Mönchtum in Europa Fuß fassen. Mit ihm »beginnt in Gallien die Geschichte des Mönchtums«[13].

Wer sich die welthistorische Bedeutung und die kulturgeschichtlichen Leistungen des abendländischen Mönchtums vor Augen hält, der kann diese Tatsache nicht hoch genug bewerten. Jahrzehnte vor der Abfassung der ältesten Mönchsregel des Abendlandes durch den hl. Augustin († 430) und mehr als anderthalb Jahrhunderte vor Benedikt von Nursia, dem Mönchsvater des Abendlandes, hat der heilige Martin bereits das Terrain bereitet. Dabei knüpft er an das orientalische Mönchtum an, welches gewissermaßen als Protest gegen die drohende Verbürgerlichung des Christentums, eine Folge der Tatsache, daß das Christentum zur Religion der Massen wurde, vor allem in Ägypten entstand. Nachrichten darüber waren nicht zuletzt durch die Lebensbeschreibung des ägyptischen Mönchsvaters Antonius († 356) durch Athanasius in den Westen gelangt.

Dem Leben der ägyptischen Mönche wollte Martin schon in jungen Jahren nacheifern. Sulpicius Severus versucht mit Hilfe seiner Schilderung des Lebens des heiligen Martin zu demonstrieren, daß der Ansatz des heiligen Martin jenem des Antonius gleichzusetzen, wenn nicht gar überlegen ist. Großes Gewicht legt daher die Vita unseres Heiligen auf den monastischen Impuls, der von Martin ausging. Schon als Knabe habe er sich »nach der Wüste«, d. h. nach einem ganz auf Gott ausgerichteten Leben gesehnt.[14] In der Nähe von Mailand hatte er sich auf seiner bereits erwähnten

Abbildung 3
Das Stundenbuch des
Christophe de Champagne,
Werkstatt Jean Fouquet,
wahrscheinlich Francois Fouquet,
Tours, um 1480–1485

Wanderschaft eine Zelle errichtet, er geht als Einsiedler auf die Insel Gallinaria bei Genua. Zu Hilarius nach Poitiers zurückgekehrt, baut er 361 in Ligugé, in der Nähe der Stadt sein erstes Kloster. Zum Bischof von Tours gewählt, bezieht er wiederum nicht eine Residenz in der Stadt, sondern errichtet für sich und Gleichgesinnte in Marmoutier sein zweites Kloster.[15]

Martin verleiht jedoch dem monastischen Leben ein eigenes unverwechselbares Profil, das für das westliche Mönchtum weithin bestimmend werden sollte. Bei ihm kommt etwas Neues, für das abendländische Mönchtum Charakteristisches zum Ausdruck. Martin geht nicht in die Wüste, er sucht nicht die absolute Zivilisationsferne, sondern bleibt in Nachbarschaft der großen Städte. Er verbindet Kontemplation und Meditation mit pastoraler Aktion, Mystik mit öffentlichem Handeln. Das Kloster wird so zu einem Ort der Spiritualität, die ausstrahlen und auf das Gemeinwesen geistlichen Einfluß nehmen soll. Damit darf der heilige Martin als einer der Gründerväter des spezifisch abendländischen Mönchtums angesprochen werden, das für die Kirchen-, Frömmigkeits- und Kulturgeschichte Europas wie für seine politische Geschichte so bedeutsam werden sollte.

Benedikt von Nursia sah in Martin von Tours von Anfang an ein Leitbild und einen Gewährsmann für das eigene monastische Streben. Bezeichnenderweise »gründete er auf dem Platz eines alten Apolloheiligtums ein Martinus- und ein Johannesoratorium, die Keimzellen des Klosters Monte Cassino«.[16] Damit war die Martinsverehrung von Anfang an bei den Benediktinern beheimatet. Als Cassiodor († um 583), Staatsmann, Gelehrter und einer der entscheidenden Vermittler antiker Wissenschaft, Geheimsekretär Theoderichs des Großen, sein Kloster »Vivarium« gründete, in dem er sich selbst der Ausbildung der Mönche widmete, weihte er es wiederum dem heiligen Martin.[17]

Eine Bischofsgestalt von geschichtlichem Format

Mit seiner Synthese von Mönchtum und Bischofsamt weist Martin weit über seine Zeit hinaus. Durch die konstantinische Integration und Amalgamierung des Christentums als Reichskirche drohten bereits zu Lebzeiten des heiligen Martin der Kirche insgesamt, dem Bischofsamt aber im besonderen die Gefahr der Verweltlichung und der Verstrickung in weltliche Macht. Diese Gefahren wurden bereits zu Lebzeiten des heiligen Martin akut. Durch die Betonung des Mönchtums wahrt Martin die ursprüngliche Radikalität des Lebens nach dem Evangelium in der Zeit nach dem Ende der Verfolgung.

Martins Abneigung gegenüber den Hofbischöfen seiner Zeit und seine Distanzierung von ihnen hat sogar grundsätzliche und exemplarische Bedeutung; sie nimmt spätere Auseinandersetzungen und die im Investiturstreit des 11. Jahrhunderts beginnende Unterscheidung von kirchlicher und staatlicher Gewalt bereits vorweg. Wegweisend ist vor allem, daß Martin die staatliche Verfolgung und Bestrafung des gleichwohl auch von ihm abgelehnten Häretikers Priszillian strikt ablehnte und sich darüber mit seinen Mitbischöfen überwarf.

Abbildung 4
Hl. Martin, Grabmal eines Bischofs,
Kathedrale von Leon (Spanien),
innen, nördliches Querschiff

In der Zeit, da sich die spätere Reichskirche herausbildete, wies Martin bereits über sie hinaus. Er erkannte scharfsichtig die Gefahren dieser Entwicklung und repräsentiert bereits damals eine Gestalt der Kirche und des Bischofsamtes, die klar zwischen der Sphäre der Kirche und dem, was man später den Staat nannte, unterschied. Er repräsentiert nicht eine reiche und mächtige, sondern eine arme und eine evangelisierende Kirche, welche aus dem durch das Mönchtum repräsentierten Quellen evangeliumsgemäßer Spiritualität lebt. Damit verkörpert der heilige Martin ein Ideal, das über die Jahrhunderte hinweg weiterwirkte und das erst viel später in der Geschichte Europas zum Tragen kommen konnte. Auch in diesem Sinn ist er ein europäischer Heiliger, der heute ganz neu wieder von höchster Aktualität ist.

Gesamteuropäische Nachwirkung

Es gehört zu den Kennzeichen großer Heiliger, daß ihre Wirkung nicht auf ihre physische Lebenszeit beschränkt bleibt, sondern häufig eine so gewaltige Nachwirkung zeigt, daß die eigentliche Wirkungsgeschichte erst nach ihrem Tod einsetzt. So gibt es in Italien schon seit dem 6. Jahrhundert mit Rom, Ravenna und Verona »autochthone Zentren der Martinsverehrung«.[18]

Die Gestalt des heiligen Martin von Tours spielt dann nach dem Ende des weströmischen Reichs bei der Inkulturation des Christentums vor allem bei eingewanderten germanischen Völkerschaften, die die künftige Geschichte Europas zu prägen beginnen, eine entscheidende Rolle. In Verse gebracht, besingt dies Martin von Braga († 580). Wie sein Vorbild, der Bischof von Tours, stammt Martin von Braga oder Bracara aus Pannonien. Nach 560 kam er auf Missionsreisen zu den nach Galizien im Nordwesten versprengten Sueven, gründete im tarragonensischen Spanien das Kloster Dumio, wurde zum Bischof von Dumio geweiht und später zum Erzbischof von Braga berufen. In seinem Hymnus auf Martin von Tours heißt es: »Mancherlei wilde Völker gewinnst du (Martin von Tours) in den frommen Bund mit Christus: Alamannen, Sachsen, Thüringer, Pannonier, Rugier, Slaven, Naren, Sarmaten, Daten, Ostgoten, Franken, Burgunder, Dacier, Alanen freuen sich, von dir geleitet, Gott kennengelernt zu haben. Deine Zeichen bewundernd hat der Suebe gelernt, auf welchem Weg des Glaubens er wandeln soll.«[19]

Mit der Annahme des Christentums durch die Franken wird Martin zum fränkischen Nationalheiligen. Der merowingische König Chlodwig hatte 496 vor der Konfrontation mit den Alamannen bei Tolbiacum (Zülpich) gelobt, das Christentum anzunehmen, wenn ihm der Sieg beschieden sei. Nach dem für ihn glücklichen Ausgang der Schlacht, womit zugleich der Anspruch der Vorherrschaft innerhalb der germanischen Völkerschaften an die Franken gegangen war, ließ er sich 498 von Bischof Remigius von Reims taufen. Mit der Erhebung Martins von Tours zum

Nationalheiligen der Franken wurde dieser zu einem bedeutsamen Vermittler einer nach 500 christlich geprägten fränkischen Kultur bei den Völkern, die unter die Vorherrschaft der Franken gelangten, nicht zuletzt bei den Alamannen und Bajuwaren.

Der Frankenkönig Chlodwig hatte gleich nach seiner Taufe begonnen, Martin große Verehrung entgegenzubringen. Dem Gebiet von Tours galt sein besonderer Schutz. »Wo bleibt der Sieg«, soll er formuliert haben, »wenn wir den heiligen Martin beleidigen.«[20] Die Martinskirche in Auch (Aquitanien) soll seine Gründung sein. Chlodwigs Gemahlin Chrodichilde ließ sich nach dem Tode des Königs in Tours nieder, um dort bei der Basilika des heiligen Martin zu dienen.[21] Nachdem im Jahre 567 die Kathedrale von Nantes Martin und Hilarius von Poitiers geweiht worden war, wurden beide Heilige »im selben Jahr von Chlodwigs Enkeln Sigibert, Chilperich und Guntchramn zur Bekräftigung eines Teilungsvertrages angerufen«.[22] Der Vorgang zeigt, wie »die ursprüngliche, innerkirchliche Martinstradition durch die merowingisch-dynastische ergänzt und von ihr seither kaum zu trennen« ist.[23]

Die unter fränkischer Ägide einsetzende Neuordnung Europas, in der nach dem untergegangen weströmischen Reich wiederum die Idee einer universalen Herrschaft Raum gewinnt, bringt nun auch die Martinsverehrung im 6. bis 8. Jahrhundert in Regionen, wo sie bislang nicht angesiedelt war. Wie ein dichtes Netz umspannen Martinskirchen und Martinsklöster in der Folgezeit die gesamte fränkische Einflußsphäre

Abbildung 5
Martin, den Mantel teilend,
Südostbayern, um 1480

Abbildung 6
Hl. Martin, Silberplastik,
Büste, um 1600,
Sigmaringen, Schloßkapelle

und die Wirkräume der Benediktiner. Sie erfassen ebenso schwäbisch-alamannisches und bajuwarisches Gebiet wie die Lombardei, wobei in allen drei Fällen die enge politisch-herrschaftliche Verbindung mit den Franken sich dokumentiert.[24]

Ein frühes Zentrum der Martinsverehrung im 6. Jahrhundert war Bourges. Die Martinskirche von Orléans erhebt den Anspruch einer merowingischen Stiftung. Vor den Toren der Stadt Trier hat Bischof Magnerich (561–588/87) eine Martinskirche gegründet; deren Vorläuferin, eine Heilig-Kreuz-Kirche, soll schon »im Zusammenhang mit einem Besuch Martins von Tours entstanden sein«.[25] Ins 6. Jahrhundert zurück reicht das Martinspatrozinium des Mainzer Doms, das Bischof Sidonins (um 550–nach 580) dort eingeführt haben könnte. Eng mit Mainz hängt die Martinskirche in Bingen am Rhein zusammen. Früher noch, nämlich bereits im 5./6. Jahrhundert, dürften die Martinskirchen von Alzey und Kreuznach gestiftet worden sein.[26]

Bedeutende Martinskirchen mit einer langen geschichtlichen Tradition, um nur eine unvollständige Auswahl zu geben, befinden sich in Emmerich am Niederrhein, in Münster i. W. mit St. Martini, Groß-St.-Martin in Köln, Groß-St.-Martin in Colmar, Landshut in Bayern, Memmingen in bayerisch Schwaben. In der Diözese Trier sind nach einer Zählung 69 Kirchen dem hl. Martin geweiht, 58 sind es in der Erzdiözese Köln.[27] Seit altersher ist der Martinskult in den Niederlanden und Belgien verwurzelt. Utrecht bildet beispielsweise einen Mittelpunkt, ebenso Lüttich (Liège). Allein in der Diözese Lüttich gibt es 39 Pfarrkirchen, die Martin zum Titelheiligen haben.²⁸ Schließlich gibt es in England wichtige Stationen der Martinsverehrung, woran allein schon St.-Martin-in-the-Fields im Herzen Londons zu erinnern vermag.

Der Dom von Lucca in der Toscana ehrt den heiligen Martin und die Kathedrale seines Geburtsortes Szombately in Ungarn. Dort in seinem Geburtsland pflegt die altehrwürdige, im frühen 11. Jahrhundert entstandene Benediktinerabtei Martinsberg (Pannonhalma) sein Andenken. In Österreich ist Martin Diözesanpatron von Eisenstadt und Patron des Burgenlandes sowie zweiter Stadtpatron von Salzburg. Wie in Mainz ist er in unserer Diözese Dom- und Diözesanpatron, außerdem ist er der Patron des Eichsfeldes in Thüringen.²⁹

In der Diözese Rottenburg-Stuttgart künden die über 80 Gotteshäuser, die Martin zum Patron haben, von der engen geschichtlichen Verbindung des christlichen Glaubens und der Martinusverehrung in den vergangenen 1400 oder 1300 Jahren, in denen es in dieser Gegend Kirchen gibt. Dazu gehört eine so berühmte Kirche wie die Basilika von Weingarten, die zugleich die Welfengruft und eine Heiligblutreliquie birgt, welche bis heute alljährlich Ziel einer großen Reiterwallfahrt ist.

Zukunftsweisende Aktualität

Das Band der Martinsverehrung, das viele europäische Dörfer, Städte, Regionen und Länder verknüpft, verweist auf die gemeinsamen Wurzeln. Wenn auch der Fluß von unterschiedlichen Quellen gespeist wurde, einer Martinsverehrung, die an seinen historischen Wirkungsstätten erblühte, oder der von Martin begünstigten monastischen Bewegung oder der Einbettung des Martinuskultes in die geistig-politischen Bestrebungen der Franken, letztlich bildeten sie ein einheitsstiftendes, großes, gemeinsames europäisches Kulturerbe. Wenn ein großes deutsch-französisches Ausstellungsprojekt im vergangenen Jahr von den Franken als »Wegbereitern Europas« sprach, dann ist es der Heilige von Tours, an dessen Leben der Plan, der Entwurf für die innere Ausrichtung Europas abgelesen wurde. Martin konnte nur deshalb in der Vergangenheit Vorbild und Leitbild sein, weil in seiner Person und in seinem Leben die jesuanische Einheit von Gottes- und Nächstenliebe exemplarisch zum Ausdruck kommt. Die Verbindung von Aktion und Kontemplation, von Mönchtum und Bischofsamt, von Institution und Charisma, die wir bei ihm erkennen, enthält ein Grundsatzprogramm für gelingendes menschliches und christliches Leben nicht nur im individuellen und im kirchlichen, sondern auch im gesellschaftlichen und politischen Bereich.

Mit der Person und der Wirkung des Martin von Tours ist die Inkulturation des Christentums in Europa verbunden. Mit ihm stand am Anfang der Neukultivierung des Abendlandes nach dem Ende und dem Verfall der Antike die Vision einer neuen Kultur eines theozentrisch und christozentrisch begründeten

*Abbildung 7
Schweizer Banknote mit
der Mantelteilung*

Altruismus, in welcher der andere, besonders der Arme, wahrgenommen wird und Zuwendung erfährt. Diese christlich bestimmte Kultur ist nahezu das Gegenteil einer seit den Wirtschaftstheorien des 18. Jahrhunderts propagierten Kultur des Egoismus und einer nachlassenden Solidarität. Die zukunftsweisende Aktualität der Gestalt des heiligen Martin von Tours liegt darin, daß sie an den Tag legt, daß wahrhaft menschliche Kultur nur eine Kultur des Miteinander und des Füreinander, eine Kultur der Barmherzigkeit sein kann. Martin ist somit nicht nur eine Leitfigur aus Europas Vergangenheit, in seinem beispielhaften Leben liegt ein Auftrag für die Gegenwart und die Zukunft Europas.

Anmerkungen

1 Viele historische Anregungen verdankt der Verfasser Herrn Diözesankonservator Wolfgang Urban. Dafür sei ihm herzlicher Dank gesagt.
2 Vgl. SULPICIUS SEVERUS, De vita beati Martini 2 (PL 20,161B): »Igitur Martinus Sabaria Pannoniarum oppido oriundus fuit, sed intra Italiam Ticini altus est.«
3 Vgl. ebd., 4 (PL 20,162D).
4 Peter BROWN, Die letzten Heiden, Berlin 1983, 22 (Titel d. Orig.-Ausg.: The Making of Late Antiquity. Cambridge/Mass. 1973).
5 Vgl. Joseph VOGT, Der Niedergang Roms. Metamorphosen der antiken Kultur von 200 bis 500, Zürich 1965, 170; vgl. Karl CHRIST, Geschichte der römischen Kaiserzeit von Augustin bis Konstantin, München ²1992, 724ff.
6 Peter BROWN, Die Entstehung des christlichen Europa, München 1996, 32 (Titel d. Orig.-Ausg.: Divergent Christendoms: The Emergence of a Christian Europe, 200–1000 A. D., Oxford 1995).
7 Ebd.
8 VOGT (Anm. 5), 171.
9 Ebd., 177.
10 Vgl. AMMIANUS MARCELLINUS, Das römische Weltreich vor dem Untergang 22,5, übers. von Otto Weh. Eingel. und erläut. von G. Wirth, Zürich – München 1974, 341f.: »Julian war von Kindheit dem Götterkult besonders ergeben … Sobald er nun nichts mehr zu fürchten hatte … verlangte (er) in klaren, bestimmten Anordnungen, die Tempel zu öffnen, Opfertiere zu den Altären zu bringen und den Götterkult wieder einzuführen. Und um seinen Befehlen noch größere Wirksamkeit zu geben, entbot er die unter sich verstrittenen Vorsteher der Christen samt ihrem ebenfalls uneinigen Anhang in den Kaiserpalast und redete ihnen in aller Freundlichkeit zu, sie möchten doch ihren ganzen Hader auf sich beruhen lassen und jeder ungehindert und ohne Furcht seiner Überzeugung dienen.«
11 SULPICIUS SEVERUS (Anm. 1), 6 (PL 20,164A): »Deinde (cum haeresis Ariana per totum orbem et maxime intra Illyricum pullulasset) cum adversus perfidiam sacerdotum solus pene acerrime pugnaret, multisque suppliciis esset affectus (nam et publice virgis caesus est, et ad extremum de civitate exire compulsus)«. – Übers. in: Joachim DRUMM (Hg.), Martin von Tours. Der Lebensbericht des Sulpicius Severus. Übertragen von W. Rüttenauer, Ostfildern 1997, 33.
12 Vgl. SULPICIUS SEVERUS (Anm. 1), 6 (PL 20,164B): »Ibi (sc. Mediolani) quoque eum Auxentius, auctor et princeps Arianorum, gravissime insectatus est; multisque affectum iniuriis de civitate exturbavit.«

13 Friedrich PRINZ, Frühes Mönchtum im Frankenreich. Kultur und Gesellschaft in Gallien, den Rheinlanden und Bayern am Beispiel der monastischen Entwicklung (4. bis 8. Jahrhundert), Darmstadt ²1988, 19.
14 SULPICIUS SEVERUS (Anm. 1), 2 (PL 20,161C): »Mox mirum in modum totus in Dei opere conversus, cum esset annorum duodecim, eremum concupivit.«
15 Vgl. ebd., 7 (PL 20, 164): »Haud longe sibi ab oppido monasterium collocavit«; ebd., 10 (PL 20, 166AB): »ut tamen propositum monachi virtutemque desereret … duobus fere extra civitatem milibus monasterium sibi statuit.«
16 PRINZ (Anm. 13), 30.
17 Vgl. ebd.
18 PRINZ (Anm. 13), 31.
19 MARTINUS DUMIENSIS, Versus in basilica (PL 72,51CD): »Immanes, variasque pio sub foedere Christi/ asciscis gentes: Alemannus, Saxo, Toringus,/ Pannonius, Rugus, Sclavus, Nara, Sarmata, Datus,/ Ostrogothus, Francus, Burgundio, Dacus, Alanus,/ te duce nosse Deum gaudent. Tua signa Suevus/ admirans didicit fidei quo tramite pergat«; vgl. Württembergische Kirchengeschichte, Calw – Stuttgart 1893, 10.
20 GREGORIUS TURONENSIS, Historia Francorum 2,37 (= Zehn Bücher Geschichten. Auf Grund d. Übers. W. Giesebrechts neubearb. von Rudolf Buchner, Darmstadt ⁷1990 Bd. I, 130: »Et ubi erit spes victuriae, si beato Martino offendimus?«
21 Ebd. 2,42 (I,140): »Chrodechildis autem regina post mortem viri sui Turonum venit, ibique ad basilicam beati Martini deserviens«; vgl. PRINZ (Anm. 13), 31.
22 PRINZ (Anm. 13), 34.
23 Ebd.
24 Vgl. ebd., 31.
25 Vgl. ebd., 33.
26 Vgl. ebd., 34.
27 Zu den Zahlenangaben vgl. Helga MONDSCHEIN, St. Martin, Leipzig 1993, 32.
28 Vgl. das Geleitwort meines Mitbruders Bischof Albert Houssiau von Liège in: Jean-Pierre DELVILLE – Marylène LAFFINEUR-CRÉPIN – Albert LEMEUNIER (Hg.), Martin de Tours. Du légionnaire au saint évêque, Liège 1994.
29 Vgl. Helmut HINKEL, Die Diözesanheiligen im deutschsprachigen Raum, Mainz 1987, 118.

MARTIN VON TOURS UND DIE ANFÄNGE SEINER VEREHRUNG

Karl Suso Frank

Sulpicius Severus, Biograph des hl. Martinus

Der Biograph[1]

Wer von Martin von Tours erzählen will, muß zuerst von seinem Biographen Sulpicius Severus berichten. Denn alles, was wir von Martinus wissen, geht auf diesen Erzähler zurück. Der hl. Bischof von Tours, so wie er in Geschichte und fromme Verehrung eingegangen ist, ist ein Produkt des Schriftstellers Sulpicius Severus. Dabei kommt ihm zugute, daß er den bewunderten Heiligen persönlich kannte. Er war in dessen letzten Lebensjahren öfters zu Gast in Tours, stand auch auf vertrautem Fuß mit Gefährten des Bischofs von Tours und hatte keine Mühe, in Martins Leben und Wirken seinen eigenen Traum vom richtigen und vollendeten Christenleben verwirklicht zu sehen. Genau dieses Einssein im Verständnis dessen, was christliches und kirchliches Leben ist und will, hat diese beiden von Hause aus grundverschiedenen Männer zusammengeführt.

Sulpicius Severus stammte aus dem Südwesten des heutigen Frankreich, dem alten Aquitanien. Er wurde um 360 als Sohn einer vornehmen Familie geboren. Er studierte wohl in Bordeaux, einer der letzten Hohen Schulen römischer Gelehrsamkeit. Hier hat er sich vor allem die Kunst des Schreibens und Redens erworben, von der sein literarisches Werk Zeugnis gibt. Sulpicius Severus wußte, wie man zu schreiben hatte, auch wie das Leben eines großen Mannes zu beschreiben war. Gut zu schreiben und durch Reden zu überzeugen, hatte er gelernt und mit diesem Können sich die Möglichkeit einer beruflichen Karriere eröffnet, die er mit der Tätigkeit als Anwalt begann. Die Heirat mit der Tochter einer hocharistokratischen Familie steigerte das gesellschaftliche Ansehen und sicherte materiellen Wohlstand. Die Ehe war nicht von langer Dauer, denn seine Frau starb sehr früh. Wir kennen ihren Namen nicht, bekannt ist uns nur der Name der Schwiegermutter Bassula, mit der Sulpicius eng verbunden blieb und die sein literarisches Schaffen förderte. In seiner Studienzeit hatte Sulpicius Severus mit einem ein paar Jahre älteren Landsmann namens Paulinus Freundschaft geschlossen, die lebenslang andauern sollte.[2] Paulinus brachte es zum hohen Staatsbeamten, wirkte kurze Zeit als Statthalter in Kampanien und zog sich dann – etwa 381/383 – wieder auf seine Familiengüter in der aquitanischen Heimat zurück. Er verheiratete sich mit der gleich vornehmen und reichen Spanierin Therasia. Nicht zuletzt unter ihrem Einfluß ließ er sich taufen (wahrscheinlich Ostern 389 in Bordeaux). Wenige Jahre später entschloß sich das Ehepaar zum asketischen Leben. Sie gaben ihre reichen Besitzungen auf, und im Jahr 395 zogen sie nach Nola in Kampanien, also zurück an den früheren Wirkungsort des Paulinus. Dort hatte er das Grab des hl. Märtyrers Felix als verehrungswürdigen Ort entdeckt und den Heiligen zum persönlichen Patron erwählt. An dieser heiligen Stätte wollte er sein weiteres Leben in geistlicher Muße und in der Art der Mönche verbringen. Die Ehegemeinschaft wurde aufgelöst, und die beiden Aristokraten lebten hinfort als Asketen am Grab des hl. Felix in Nola. Ihre spektakuläre Bekehrung war Tagesgespräch im Römischen Reich und wurde mit staunender Verwunderung in der zeitgenössischen Literatur erwähnt.

Sulpicius Severus war als Freund mit dieser Lebensgeschichte verbunden und von ihrer unerwarteten Wendung betroffen. Der Tod der eigenen Gattin in den frühen neunziger Jahren lenkte auch ihn auf den Weg der Bekehrung. Der Bewunderer des Freundes

Abbildung 1
Das Leben des hl. Martin von Richer de Metz (nach 1102), Trierer Codex, Autorenbild: Sulpicius Severus als Inspirator, Stadtbibliothek Trier

Paulinus wurde zu seinem Nachfolger. Er gab seinen Anwaltsberuf auf, verzichtete auf eine öffentliche Karriere und entschloß sich zu einem asketischen Leben.

Nach seiner Bekehrung zog sich Sulpicius Severus auf einen Familienbesitz zurück. Es war das Gut Primuliacum, vielleicht aus dem Vermögen seiner Frau, das den Lebensunterhalt des Bekehrten und kommender Gefährten sichern sollte. Freilich war es nominell in den Besitz der zuständigen Ortskirche übergegangen: »Die Güter, die du für dich zurückbehalten hast, sind im Besitz der Kirche, der du dienst« (Paulinus, Brief 24,1). Dieses Gut, das zu einer stilvollen und gepflegten Asketensiedlung werden sollte, ist auf der Landkarte nur schwer festzulegen. Sicher ist es im südlichen Aquitanien zu suchen, näherhin am Weg von Narbonne-Toulouse-Bordeaux, vermutlich in einiger Entfernung von Narbonne oder Toulouse.

Hier verbrachte Sulpicius Severus sein weiteres Leben; Männer, die sich zum asketischen Leben entschlossen, ließen sich bei ihm in Primuliac nieder. Auch Bassula scheint – mindestens zeitweilig – zur Hausgemeinschaft gehört zu haben. Sulpicius stellte seine schriftstellerische Begabung jetzt ganz in den Dienst einer Propaganda für das asketische Leben, das er im Leben und Wirken Martins von Tours verkörpert sah. Vielleicht war er von Paulinus auf ihn verwiesen worden. In Primuliac schrieb er seine Werke zum Leben des hl. Martin. In den Jahren 402/403 verfaßte er seine Weltgeschichte: 2 Bücher Chronik. Die letzten Kapitel behandeln zeitgenössische Ereignisse, die dem Chronisten wiederum die Möglichkeit bieten, Martinus als Lichtgestalt in verdorbener Zeit herauszustellen. Daneben muß es in all den Jahren eine lebhafte Korrespondenz gegeben haben, freilich sind nur die Briefe des Paulinus nach Primuliac erhalten.

Wann Sulpicius Severus gestorben ist, wissen wir nicht. Der letzte erhaltene Brief Paulinus' an ihn wurde im Jahr 404 geschrieben (Paulinus starb erst 431). Hat der Tod des Briefempfängers die Korrespondenz beendet? Hat die Germaneninvasion des Jahres 406 die Mönchssiedlung von Primuliac zerstört? Tatsächlich ist von dem Ort später nicht mehr die Rede, und von dem Martinusbiographen verliert sich nach 404 jede Spur.

Die Martinusschriften

»Da ich schon lange Zeit von Martins Glauben, Leben und Wundertaten gehört hatte, drängte mich inniges Verlangen, ihn kennenzulernen. Deshalb machte ich mich mit Freude auf die weite Reise, um ihn zu sehen. Überdies hatte ich damals schon den Wunsch, sein Leben zu beschreiben« (Vita 25,1). Der neubekehrte Sulpicius Severus erinnert mit diesen Worten an seine erste Begegnung mit Martin von Tours, dessen Ruf über seinen engeren Wirkungskreis hinausgedrungen war. Sein Leben und Wirken schien der rechte Stoff für eine ansprechende Biographie zu sein. Sulpicius will ihn selbst gründlich ausgeforscht haben, will sich auch bei seinen Gefährten ausgiebig umgehorcht haben, um für sein literarisches Vorhaben gerüstet zu sein. Bald nach diesem frommen Besuch (393/394) muß er sich in Primuliac ans Werk gemacht haben. Die Lebensgeschichte (= Vita Sancti Martini) war noch vor dem Tod Martins (397) fertig und veröffentlicht. Offensichtlich lag ihm viel daran, der Welt seine Entdeckung vorzustellen und sich selbst damit in den Kreis der christlichen Schriftsteller einzuführen. Mit seinem Erstlingswerk ist ihm das vorzüglich gelungen. Der Freund in Nola ist voll des Lobes: »Du bist wirklich ein vom Herrn gesegneter Mann, nachdem du die Lebensgeschichte dieses Hohenpriesters erzählt hast, der ganz offensichtlich ein Bekenner der Kirche ist. Und auch Martin selbst ist gesegnet, wie er es verdient, denn er hat einen Biographen gefunden, der seines Lebens und Glaubens würdig ist. Martin ist bestimmt für die himmlische Herrlichkeit durch seine Verdienste und für Ruhm unter den Menschen durch dein Schreiben...« (Paulinus, Brief 11,11). Das schmale Bändchen ist rasch zum Bestseller geworden. Die Buchhändler strahlten vor Freude und hielten kein Geschäft für einträglicher, denn sie verkauften das Buch so rasch und teuer wie kein anderes (Dialog I 23,4). Mit einiger stolzer Verwunderung wird wenige Jahre nach seinem Erscheinen seine weite Verbreitung gerühmt: Ganz Karthago habe es gelesen, in Alexandrien sei es in fast aller Hand, in Ägypten, Nitrien, der Thebais und in allen Reichen von Memphis fände man es (ebd.). Der Verfasser gesteht selbst, daß er höchst zufrieden sei über die eifrigen Leser (Brief 1,1).

Andererseits kamen ihm auch kritische Nachfragen zu Ohr, auf die reagiert werden mußte. Das geschah zunächst in einem Brief, adressiert an Eusebius, der zu den Verehrern des Bischofs von Tours und zum Freundeskreis des Sulpicius gerechnet werden darf (Dialog II 9,5). In diesem wurde der Wundertäter Martin verteidigt. Nach dem Tode Martins mußte auch sein Sterben beschrieben werden. Sulpicius tat es in zwei weiteren Briefen. Der eine ging an den Diakon Aurelius, der zum Schülerkreis Martins gehörte (Dialog III 1,4). Sulpicius tröstete ihn über das Sterben Martins, indem er ihm eine überraschende Vision erzählte: Der Briefschreiber sah in einem Traumgesicht Martin in himmlischer Verklärung, »den hl. Bischof Martin eingereiht unter die Apostel, Propheten und Märtyrer, auch wenn ihm das blutige Martyrium nicht zuteil geworden ist«. Der Trostbrief liest sich wie eine feierliche Heiligsprechungsurkunde. Im letzten Brief schließlich – er ist an die Schwiegermutter Bassula gerichtet – wird der Sterbevorgang ausführlich geschildert; Sulpicius hatte sich über das Sterben und das Begräbnis des Heiligen ganz genau berichten lassen und vermochte das Gehörte großartig in Szene zu setzen.

Mit den beiden letzten Briefen war die Lebensgeschichte des hl. Martinus vollständig dargestellt. Gerade sie müssen als notwendiger Abschluß des Martinuslebens angesehen werden. Aber Sulpicius war mit seinem Erzählen noch nicht ans Ende gekommen. Schon der erste Brief war ein Nachtrag zum

Leben Martins, der auf kritische Einwände reagierte. Der Schreiber betont dort ausdrücklich im Blick auf die Lebensgeschichte, daß er gar nicht alles habe erzählen wollen, denn sonst wäre daraus ein überaus dickes Buch geworden (Brief 1,8). Er wußte also entschieden mehr, und es kam der Tag, wo er diesen Überschuß nicht mehr für sich behalten wollte und konnte. So nahm er in der Zeit von 404–406 die Lebensgeschichte Martins noch einmal auf und wählte für dieses neue Erzählen eine andere literarische Form, die des Dialoges. Es handelte sich um ein Gespräch zwischen Freunden, die die Verehrung und Bewunderung Martins miteinander verbindet. Die Gespräche sind in Primuliac lokalisiert; sie fanden an zwei Tagen statt; am ersten Tag im kleinsten Kreis, am zweiten Tag fand sich ein weiterer Zuhörerkreis ein.[3] Trotz dieser Angaben dürfen diese Dialoge nicht als protokollarische Aufzeichnungen verstanden werden. Die Gesprächsform ist nur literarische Einkleidung der lebhaften Erinnerung an Martin, die im Kreis von Primuliac sorgfältig gepflegt wurde.

Das Gespräch gilt Martinus und will in erster Linie den Inhalt der Vita erweitern und auffüllen. Dafür wird ein eigener Berichterstatter eingeführt: Gallus, der zum Schülerkreis Martins gehörte und aus eigenem Erleben berichten kann. Das erinnernde Erzählen hat jedoch eine Stoßrichtung nach mehreren Seiten. Einmal will Sulpicius Severus das monastische Leben überhaupt verteidigen. Denn mit dem Aufkommen dieser christlichen Lebensform und ihrer weiteren Verbreitung erhoben sich auch Kritik und Widerspruch. Dann sind die Dialoge der Verteidigung Martins und seiner Biographie gewidmet. Seine Vita hat nicht nur Bewunderung gefunden, sie wurde auch angegriffen und bezweifelt. Das in ihr verherrlichte Ideal des Asketen und Bischofs hat Widerspruch erregt, selbst frühere Bewunderer sind zu Feinden geworden. Sulpicius sieht sich einer Bischofsopposition gegenüber und muß sich selbst und das von ihm in Martin verkörperte Bischofsideal verteidigen: »... hierzulande wird uns das Leben unter den gegenwärtigen Verhältnissen zum Ekel« (Dialog I 2,2).

Außerdem hat Sulpicius Severus einen gefährlichen Konkurrenten für Martinus ausgemacht. Es ist das östliche Mönchtum. Von ihm wurde allenthalben lebhaft erzählt. Die Heilig-Land-Wallfahrt schloß auch die östlichen Mönchszentren ein, und die heimkehrenden Pilger wußten Aufregendes und Unglaubliches davon zu erzählen. Athanasius, der bekannte Bischof von Alexandrien, hatte schon 356/357 die Lebensgeschichte des großen Antonius von Ägypten geschrieben. Seine Vita war schnell danach in zwei lateinischen Übersetzungen verbreitet worden und hatte sich inzwischen den Buchmarkt im westlichen Römerreich erobert. Hieronymus hatte drei Mönchsleben veröffentlicht – das Leben des Paulus von Theben, des Hilarion und des Malchus –, die zur unterhaltsamen und erbaulichen Lektüre wurden. Rufinus gab um diese Zeit seine »Ägyptische Mönchsgeschichte« (Historia Monachorum in Aegypto) heraus, die auf einer etwa zehn Jahre älteren griechischen Mönchsgeschichte beruht. In dieser Literatur, die Sulpicius nicht unbekannt war, war das östliche Mönchtum romantisch idealisiert und heroisiert worden. Wie ein Leitstern und eine Zuchtrute stand es über den ersten Schritten des lateinischen Mönchtums. Gegen diese anregende, aber ebenso bedrückende Norm aus dem Osten erhob sich Sulpicius Severus und stellte seinen Martin auf die gleiche Höhe. Der Osten mag sich seiner Größen und seiner Heiligen rühmen, doch der Westen steht ihm nicht nach: »Die gallischen Lande wurden von Christus keineswegs vernachlässigt, da er es ihnen gewährt hat, einen Martinus zu haben« (Dialog III 17,6). Diesen Wettstreit hat Sulpicius Severus in seinen Dialogen geschickt vorgeführt. Im ersten Dialog läßt er das Wort seinem Freund Postumianus. Der kam gerade von einer dreijährigen Reise durch die östlichen Mönchslande zurück. In seinen Mund konnte nun alles gelegt werden, was man an Wunderbarem und Staunenerregendem von den östlichen Mönchen in Gallien wußte. Doch wie im guten Dialog der Gesprächspartner nur das vortragen darf, was schließlich widerlegt werden kann, so erfährt es auch Postumianus nach seinem Loblied auf die Wundertaten der östlichen Mönche. »Während ich vorher aufmerksam deiner Erzählung lauschte, da wandten sich meine Gedanken im stillen Martin zu, und mit vollem Recht sehe ich jetzt, daß er mühelos all das allein getan hat, was jene einzeln getan haben ... Ich habe ganz und gar nichts gehört, worin Martinus geringer wäre«, so reagiert Sulpicius auf die Postumianusrede. Er vergißt auch nicht zu betonen, daß die Eremiten in ihrer Einsamkeit leichter zu Vollkommenheit gelangen konnten als Martinus, der mitten unter den Menschen leben mußte, »unter zerstrittenen Klerikern und wütenden Bischöfen« (Dialog I 24,3).

In dieser letzten Ortsbestimmung Martins meldet sich ein weiteres Anliegen des Sulpicius zu Wort, das sein gesamtes Martinusschrifttum bestimmt. Martinus, der Bischof, Asket und Wundertäter, hatte einen schweren Stand unter den Bischöfen Galliens: »Nur mit Schmerzen und Tränen kann man's gestehen, daß seine Widersacher, die freilich nicht zahlreich waren, fast nur Bischöfe waren« (Vita 27,3). Sulpicius sah sich ebenso angegriffen und gleicherweise von diesen bischöflichen Verfolgern bedroht (Dialog I 2). Die bitteren Klagen sind von einer reichlich verworrenen Situation der gallischen Kirche und ihres Episkopats im späten 4. Jahrhundert her zu verstehen. Der unmittelbare Anlaß war mit dem Auftreten des Spaniers Priscillian gegeben.[4] Er hatte mit auffallender asketischer Praxis und theologischen Spekulationen, die mindestens ungewöhnlich waren, für Aufsehen gesorgt. Im Jahr 380 hatte eine Synode in Saragossa die priszillianische Bewegung verurteilt. Priscillian war trotzdem ein Jahr später Bischof von Avila geworden. Aus Spanien ausgewiesen, hielt er sich mit größerer Anhängerschar in Aquitanien auf. Eine Synode von Bordeaux, an der Martin von Tours wahrscheinlich teilgenommen hat, bekräftigte den Häresieverdacht.

Dann nahm sich Magnus Clemens Maximus (383–388), der zwar widerrechtlich die Herrschaft in Gallien an sich gerissen hatte, aber doch als »Kaiser« galt, der Sache an. Er gab sich in seiner Religionspolitik ausgesprochen orthodox. Die Gegner des Priscillian konnten sich bei ihm durchsetzen und dessen Verurteilung – trotz des eindringlichen Protestes Martins in Trier 385 – erwirken. Die Vorgänge führten zu einer offenen Spaltung des gallischen Episkopates, die bis 398 (Synode von Turin) andauerte. In diesen Auseinandersetzungen war die asketische Lebensform in Mißkredit gekommen. Das neue Lebensideal, von Martin demonstrativ gelebt, von Sulpicius Severus nachdrücklich propagiert, hatte in der gallischen Kirche noch nicht unangefochtene Aufnahme gefunden. Seine Gegner und Kritiker fanden neue Argumente. Wer sich durch betont asketische Lebensform von anderen absetzte, konnte der Häresie verdächtigt werden: Man mache keinen Unterschied, urteile nur nach dem Augenschein und bestimme den Häretiker mehr nach seinem bleichen Aussehen (wegen des Fastens) und seiner (einfachen) Kleidung als nach seinem Glauben (Dialog III 11,5). In dieser gespannten Atmosphäre wurde »Priszillianist« zum Schimpfwort, mit dem der entschiedene Asket getroffen werden konnte. In der Umgebung von Primuliac war die Erinnerung an den Aufenthalt Priscillians und seiner Anhänger lebendig, so mag man dort besonders empfindlich gegenüber betont frommen Asketenkreisen gewesen sein. Sulpicius Severus sah sich von kirchlichen Kreisen argwöhnisch und feindselig beobachtet. Nicht von ungefähr weiß er in seiner Chronik von der gegenwärtigen Kirchenzeit nichts anderes zu berichten als diese priszillianischen Wirren: »In diesen Zeiten wurde die Kirche von einem ganz ungewöhnlichen Übel befleckt, und alles geriet in Unordnung« (Chronik II 46,1). In seiner Schilderung der verworrenen und schlimmen Ereignisse gehört seine Sympathie keineswegs den Gegnern des Priscillian. Energisch wehrt er sich gegen die Stigmatisierung der asketischen Lebensform, durch die sogar Martinus in Häresieverdacht geraten sei (Chronik II 50,4). Er traute auch der offiziellen Beendigung des Schismas nicht und sah das »Volk Gottes und die Allerbesten weiterhin von Schmach und Spott verfolgt« (Chronik II 51,10).

Sulpicius Severus verdient den Dank der Martinsverehrer. Denn nur durch seine Martinschriften haben wir Zugang zu Martins Leben und Werk. Freilich hat der Biograph keinen nüchternen Bericht erstattet, sondern eine gedeutete Lebensgeschichte verfaßt. In diese Deutung floß viel von seiner eigenen Kirchenerfahrung. Dazu war sie streng in seine Verteidigung des asketisch-monastischen Lebens eingebunden, für die er im Bischof Martin von Tours den Helden und Heiligen entdeckt hat. Diese Entdeckung und die mit ihr gegebene inventorische Beschreibung verwehren es, die sulpizianischen Martinusschriften einfach als historische Auskunft anzunehmen; sie machen es jedoch auch unendlich schwer, Geschichte – von ein paar nackten Daten und bekannten Ereignissen abgesehen –

und Erfindung sauber voneinander zu trennen. Wir haben nur den von Sulpicius Severus vermittelten hl. Martin von Tours.

Martinus von Tours

Eine lang vorbereitete Bekehrung

> »Martinus wurde in Sabaria, einer Stadt in Pannonien, geboren. Er ist aber in Italien, in Pavia, aufgewachsen. Seine Eltern waren von nicht geringem Rang nach der Ordnung dieser Welt; sie waren jedoch Heiden« (Vita 2,1).

Mit diesem knappen Satz wird die Lebensgeschichte Martins eingeleitet. Im fernen Ungarn (Pannonien), in der heutigen Stadt Szombathely, wurde er geboren.[5] Vom Rande des Römerreiches kam er noch in seiner Kindheit ins Zentrum des Reiches. Der Umzug mag im Beruf des Vaters begründet gewesen sein. Dieser war Militär und inzwischen höherer Offizier (tribunus) geworden. Der Militärberuf des Vaters brachte es mit sich, daß auch der Sohn die Soldatenlaufbahn einzuschlagen hatte. Mit fünfzehn Jahren mußte er seinen Dienst antreten, um schließlich in der Gardetruppe unter Kaiser Konstantius, dann unter dem Caesar Julian zu dienen. Daß diese Berufsentscheidung nicht freiwillig geschah, wird unterstrichen: »Er wurde festgenommen, gefesselt und zum Fahneneid gezwungen« (Vita 2,5). Denn die eigene Entscheidung sei in ganz andere Richtung gegangen: Schon mit zehn Jahren wollte er gegen den Willen seiner Eltern Katechumene werden. Mit zwölf wollte er als Eremit in die Einsamkeit ziehen. Diesem frommen Entschluß stand nur seine Jugend im Wege. Aber der Gedanke an Kloster und Kirche blieb von da an fest in seinem Herzen. Der Dienst für Gott war von nun an seine Sache (Vita 2,4). Der Soldatenberuf, der militärische Dienst für den Kaiser, kann da nur äußerer Zwang gewesen sein und auch nur vorübergehende Episode bleiben.

Der Biograph hat zwar die familiäre und geographische Herkunft Martins mitgeteilt. Er hat auch wichtige Entscheidungen in die Jugendzeit Martins eingeordnet, von zehn, zwölf und fünfzehn Jahren ist die Rede. Doch die Jahresangaben hängen in der Luft. Die beiden Herrscher Konstantius II. (ein Sohn Konstantin des Großen) und Julian (bekannt als der »Abtrünnige«) bringen ein paar feste Daten in die frühe Biographie Martins. Konstantius regierte von 337–361; Julian war seit 355 Caesar (Mitregent; von 361–363 Kaiser). Martin konnte frühestens seit Ende 355 unter Julian gedient haben, denn im Dezember dieses Jahres zog Julian nach Gallien. Nun ergänzt Sulpicius in Vita 3,5 die Lebensdaten Martins: Mit achtzehn Jahren habe er sich taufen lassen und sei dann noch zwei Jahre Soldat geblieben. Das führt zu einer Militärzeit von fünf Jahren. In Vita 4 nimmt Martin Abschied vom Militär; das soll im Jahr 356 gewesen sein. Folgen wir diesen Angaben, dann ist

Martin 351 Soldat geworden, noch unter Konstantius; er mag sich in dessen Kampf gegen den Usurpator Magnentius (350–353) bewährt haben und danach mit seiner Truppe Julian unterstellt worden sein. Die Geburt Martins fiele dann in das Jahr 336. Die jugendliche Entscheidung für den Dienst Gottes wäre nur kurze Zeit durch äußere Gewalt zurückgehalten worden; mit zwanzig Jahren konnte sich Martin ungehindert zu ihr bekennen. Gegen diese glatte Einordnung stehen jedoch einige andere Angaben. Sulpicius Severus spricht von Martinus im Jahr 385/386 von einem Siebzigjährigen (Dialog II 7,4). Das führt zu einer Geburt im Jahr 315/316. Auf dieses Geburtsjahr kommt man auch mit Gregor von Tours, der Martin im Jahr 397 mit 81 Jahren sterben läßt (Frankengeschichte X 31,3). Damit wird die kurze Militärzeit unglaubwürdig. Hält man an der Einberufung mit 15 Jahren fest, ergibt sich eine Dienstzeit von 25 Jahren, d. h. Martin war Soldat von etwa 331–356. Diese Zählung ist in der Martinusforschung weit verbreitet; sie wird als »Langbiographie« bezeichnet. Im Widerspruch zu ihr wird auch eine »Kurzbiographie« verteidigt. Sie hält sich an die Daten aus der frühen Jugendzeit, läßt Martin nur von 351–356 Soldat gewesen sein und nimmt den »Siebzigjährigen« in Dialog II 7,4 im weiteren Sinn als »alten Mann«, was er dann freilich schon mit fünfzig Jahren gewesen sein müßte. Eine klare Entscheidung zwischen den beiden »Biographien« ist nicht leicht zu treffen. Die »Kurzbiographie« mag mindestens für die Jugendzeit Martins den Angaben des Biographen entsprechen. Die »Langbiographie« dagegen wird von anderen Auskünften gestützt und läßt sich mit der Absicht des Sulpicius erklären: Martinus soll aus seiner langen Militärzeit kein Vorwurf gemacht werden können; die Rechtmäßigkeit seiner Bischofswahl soll nicht angefochten werden, zumal aus damaliger Zeit päpstliche Schreiben bekannt sind, die eine Bischofswahl nach militärischen Aktivitäten ausschließen wollten. Die chronologischen Unstimmigkeiten folgen aus der konsequenten Apologetik des Biographen und konnten bis heute nicht ausgeräumt werden.

Die kindliche Entscheidung für den Dienst Gottes wird im Militärdienst nicht aufgegeben. Da zählt Martin zwar äußerlich zur Armee des Kaisers (militia Caesaris), innerlich gehört er zur Heerschar Christi (militia Christi): »Schon damals hielten ihn viele nicht für einen Soldaten, sondern für einen Mönch« (Vita 2,2). Die vorbildliche Haltung läßt Sulpicius in der bekannten Geschichte von der Mantelteilung am Stadttor von Amiens gipfeln:

> »Als Martinus nichts außer den Waffen und dem einfachen Soldatenkleid bei sich hatte, begegnete er einmal mitten im Winter, der von so außergewöhnlicher Härte war, daß viele vor lauter Kälte starben, am Stadttor vor Amiens einem nackten Armen. Dieser bat die Vorbeigehenden um Erbarmen. Doch alle liefen an dem Elenden vorüber. Da erkannte Martinus, ganz

gotterfüllt, daß der Arme, dem die anderen keine Barmherzigkeit schenkten, für ihn aufbewahrt sei. Doch was sollte er tun? Außer dem Soldatenmantel, mit dem er bekleidet war, hatte er ja nichts. Alles andere hatte er nämlich schon in ähnlichem Tun aufgebraucht. So nahm er denn das Schwert, das er am Gürtel trug, und teilte den Mantel mitten entzwei. Den einen Teil gab er dem Armen, mit dem anderen bekleidete er wieder sich selbst« (Vita 3,1–2). In der folgenden Nacht erschien ihm Christus, bekleidet mit seinem halben Soldatenmantel, und Martinus hörte ihn sagen: »Martinus, der noch Katechumene ist, hat mich mit diesem Mantel bekleidet« (Vita 3,3).[6]

Es ist wohl die bekannteste Geschichte aus dem Martinusleben, auch die Szene, die in der Kunst das Martinusbild beherrscht. Sulpicius hat damit Martin als würdigen Taufbewerber vorgestellt, der in dem Armen Christus begegnen durfte (Mt 25,40). Nach Sulpicius war Martin jetzt achtzehn Jahre alt. In der Rechnung der Langbiographie fällt das entscheidende Ereignis in das Jahr 333. Amiens lag damals in der ruhigen Etappe Nordgalliens, und Martin mag dort die Zeit zur Taufvorbereitung gefunden haben. Nach der Kurzbiographie müßte auf 354 gegangen werden. In diesem Fall ist eine geordnete Taufvorbereitung schwieriger anzunehmen, denn jetzt forderte die Lage in Gallien militärische Aufmerksamkeit und auch den kriegerischen Einsatz. Der frühere Tauftermin ist deshalb wahrscheinlicher, freilich führt das zu mehr als zwanzigjährigem Militärdienst des getauften Martin, auch wenn er »nur noch dem Namen nach Soldat« gewesen sein soll (Vita 3,6).

Die Aufgabe des Militärdienstes wird von Sulpicius Severus dramatisch geschildert. Julian hatte seine Truppen in der Gegend von Worms zusammengezogen, um die Alamannen zu schlagen. Die Soldaten erhielten dort eine Gratisgabe (sog. »donativum«). Genau diesen Augenblick habe Martin benutzt, um sich aus dem Militärdienst zu verabschieden:

»Bis heute stand ich in deinem Dienst. Nunmehr laß mich in den Dienst Gottes treten. Das ›donativum‹ mag der erhalten, der zu kämpfen bereit ist. Ich bin jetzt Christi Soldat, zu kämpfen ist mir nicht mehr erlaubt« (Vita 4,3).

Julian – er wird Tyrann genannt – habe erbost geantwortet, Martin wolle nur aus Angst vor der Schlacht davonlaufen. Dagegen verteidigt sich Martin:

»Wenn mein Entschluß mit Feigheit erklärt wird und nicht mit meinem Glaubenseifer, dann werde ich mich morgen ohne Waffen vor die Schlachtreihe stellen. Im Namen des Herrn Jesus werde ich unter dem Schutz des Kreuzzeichens ohne Schild und Helm die feindlichen Schlachtreihen sicher durchbrechen« (Vita 4,5).

Abbildung 2
Traum des hl. Martin, Neustadt a. M., um 1150
(jetzt Mainfränkisches Museum, Würzburg)

Martin sei danach festgenommen worden. Aber am folgenden Tag haben die Alamannen Friedensverhandlungen angeboten, und die blutige Auseinandersetzung habe nicht stattgefunden. Ohne Blutvergießen sei der Sieg errungen und Martins Abschied angenommen worden.

Sulpicius hat seinen Helden hier in das Gewand eines Soldatenmärtyrers gesteckt. Der »Tyrann« Julian übernimmt die Rolle eines die Christen verfolgenden Kaisers, Martin die des christlichen Soldaten, der in vorkonstantinischer Zeit bei Dienstverweigerung sein Leben riskierte. In seinem 2. Brief rückt Sulpicius Martin ausdrücklich an die Seite der altkirchlichen Märtyrer. Nur wegen der Zeitverhältnisse konnte Martin nicht wirklicher Märtyrer werden, aber der Ruhm eines Märtyrers kann ihm doch nicht entgehen. Hätte er zur Zeit eines Nero (54–68) oder Decius (249–251) gelebt, er wäre freiwillig auf die Folterbank gestiegen, hätte sich selbst ins Feuer gestürzt, sich mit Säge und glühendem Feuer die Glieder auseinandernehmen lassen und alle weiteren Foltern und Martern gerne ertragen. Im Auftritt vor Julian hat er die Bereitschaft zu all diesen Leiden unter Beweis gestellt. Gott aber hat ihn davor bewahrt. Er hat den Soldaten Martin, der nur unfreiwillig dem Kaiser diente, auch vor schlimmem Blutvergießen bewahrt. In der deutenden Nachzeichnung war Sulpicius von der Sorge geleitet, Martinus von den Vorwürfen wegen seines Soldatseins reinzuwaschen. Gleichzeitig führte ein andauerndes christliches Unbehagen dem grausamen Kriegshandwerk gegenüber die Feder, das auch altrömischer Tradition nicht fremd war: »Der Weise tut keinen Kriegsdienst.«

Allerdings hat Sulpicius doch korrigierend und beschönigend in den Verlauf der Ereignisse eingegriffen. Nach einem zeitgenössischen römischen Historiker, der gleichsam Kriegsberichterstatter im Heer Julians war, fand damals doch eine Schlacht statt. Bei Brumath (knappe zwanzig Kilometer nördlich von Straßburg) traten die Alamannen im Sommer 356 Julian entgegen und wurden in schnellem Kampf aufgerieben (Ammianus Marcellinus, Römische Geschichte 16,2.12–13). Martin müßte da mitgekämpft haben, und die Gratisgabe des »donativum« hätte nach der siegreichen Schlacht ausgeteilt werden können (wenn denn diese Nachricht ernst genommen werden soll). Nach einer Schlacht wäre die offizielle Bitte um Entlassung verständlicher. Martin lief ja nicht einfach davon, sondern kam um rechtmäßige Entlassung ein (Vita 4,1). Folgen wir der Langbiographie, dann waren jetzt 25 Jahre Soldatenzeit vorüber, also die gewöhnlich geforderte Dienstzeit des Berufssoldaten. Martin konnte in Ehren Abschied nehmen und Julian allein weiter gegen die Alamannen kämpfen lassen.[7]

Erste Orientierungen (356–360)

»Nach seinem Abschied vom Militär begab sich Martinus zu Hilarius, dem Bischof von Poitiers, der damals bekanntlich für Gottes Sache fest und entschieden eintrat. Einige Zeit hielt er sich bei ihm auf. Hilarius versuchte ihn eng an sich zu binden und wollte ihn deshalb zum Diakon weihen, um ihn so im kirchlichen Dienst zu behalten. Doch Martinus sträubte sich ständig dagegen, da er dafür unwürdig sei. Da erkannte Hilarius in seiner tiefen Einsicht, daß er ihn nur dann gewinnen könne, wenn er ihm ein solches Amt gäbe, das mehr nach einer Erniedrigung aussähe. Daher überredete er ihn, sich zum Exorzisten weihen zu lassen. Dieser Weihe widersprach Martin nicht. Er wollte ja nicht den Eindruck erwecken, als ob dieser Dienst für ihn zu niedrig sei« (Vita 5,1–2).

Ganz unvermittelt tritt jetzt Bischof Hilarius von Poitiers auf die Bühne des Martinuslebens. Um 315 geboren, war er seit 350 Bischof seiner Heimatstadt und rasch in den kirchlichen und politischen Auseinandersetzungen zu einer bekannten Persönlichkeit geworden. Auch für Martin muß der Kirchenmann anziehend gewesen sein, denn so schnell wie nur möglich eilt er vom Rhein nach Poitiers – immerhin runde 600 km. Von Hilarius wird er freundlich aufgenommen. Der Bischof will ihn für seinen kirchlichen Dienst gewinnen, und Martin ist nach einigem Zögern zum bescheidenen Dienst des Exorzisten bereit.

Was Sulpicius so leicht hingeschrieben hat, ist nicht ohne weiteres verständlich. Im Frühjahr 356 hatte eine Synode in Béziers stattgefunden; sie stand unter dem Diktat des Kaisers Konstantius II. und sollte seine Religionspolitik in Gallien durchsetzen, d. h. ein Glaubensbekenntnis, das im Gegensatz zum Bekenntnis des Konzils von Nizäa stand. Bischöfe, die gegen die kaiserliche Religionspolitik opponierten, wurden abgesetzt. In diesem Zusammenhang traf auch Hilarius die Absetzung und schließlich die Verbannung in den Osten. Um der Schilderung des Sulpicius folgen zu können, müssen wir annehmen, daß Martinus – entschiedener Christ und nur dem Namen nach Militär – die Vorgänge um jene Synode von Béziers aufmerksam verfolgt und auch von Hilarius gehört hat. Dessen mutige Verteidigung des rechten Glaubens muß ihn beeindruckt haben, so daß er sich mit Hilarius auf die Seite der Opposition gegen den Kaiser und dann auch gegen den Caesar Julian stellte. Damit könnte der Zeitpunkt für den Abschied vom Militär noch einmal begründet werden, vor allem ist der schnelle Aufbruch zu Hilarius, für Sulpicius Severus der großartige Verteidiger des rechten Glaubens, erklärt. Martinus ist gleichzeitig in die Reihe der Bekenner des wahren nizänischen Glaubens eingereiht.

Wenn Hilarius den ehemaligen Militär gleich in den Kirchendienst aufnehmen wollte, kann der Biograph schon auf die kommende Bischofswahl schauen. Martin wird nicht gegen die angestrebte Praxis, die eine kirchliche Laufbahn verlangt, zum Bischof gewählt werden. Hilarius hätte ihn ja sogar zum

Diakon geweiht, wäre Martin einverstanden gewesen. Die Begegnung Martins mit Hilarius ist aus diesen Gründen von Sulpicius ganz bewußt und betont in die Lebensgeschichte eingefügt worden. Wenn dieses erste Zusammensein der beiden Männer im Sommer 356 wirklich stattgefunden hat, dann kann Hilarius, der im Frühjahr 356 abgesetzt und verbannt wurde, seine Strafe erst im Spätjahr 356 angetreten haben. Außerdem kann die Begegnung der beiden nur von ganz kurzer Dauer gewesen sein.

Während Hilarius in die Verbannung zog, machte sich auch Martin auf eine weite Reise. Die Sorge um seine Eltern trieb ihn in die Heimat; ein Traumgesicht hat ihn dazu aufgefordert (Vita 5,3). Die Eltern wohnen jetzt offensichtlich wieder in Pannonien. Martin vermag dort seine Mutter zum Christentum zu bekehren, während der Vater im Heidentum verbleibt (Vita 6,3). Unterwegs, als er die Alpen überstieg, wurde er von Räubern überfallen. Einen davon konnte er bekehren, indem er ihm das Evangelium verkündete (Vita 5,4–6). Gegen die Arianer in Illyrien – vor allem die »treulosen Bischöfe« – vermochte er jedoch nichts: Öffentlich wurde er mit Ruten gegeißelt und aus der Stadt vertrieben (Vita 6,4). Dann hielt er sich in Oberitalien auf, zunächst als Eremit in der Nähe von Mailand. Doch von dort vertrieb ihn der arianische Bischof Auxentius (356–374). Daraufhin zog er sich auf die Insel Gallinaria – eine kleine Insel vor der ligurischen Küste bei Albenga – zurück, wohin ihn ein frommer Priester begleitete. Dort half ihm sein Gebet gegen eine drohende Pflanzenvergiftung (Vita 6,5–6). In der Schilderung der Reise – sie heißt bedeutungsvoll »peregrinatio« (Vita 5,3) – hat Sulpicius wichtige Themen des kommenden Martinslebens anklingen lassen: Martin wirkt als Missionar und verkündet den rechten Glauben; er hat sich für die asketisch monastische Lebensweise entschieden; er steht unter dem besonderen Schutz Gottes – »mein Helfer ist Gott; ich fürchte nicht, was ein Mensch mir antun wird« (Ps 118 (117), 6; Vita 6,2).

Mit dem Tod des Kaisers Konstantius (361) veränderte sich die religionspolitische Situation des Reiches. Die verbannten Bischöfe konnten in ihre Bischofsstädte zurückkehren, auch Hilarius fand sich wieder in Poitiers ein. Martinus brach seinen Aufenthalt in der Fremde ab und folgte ihm. Nicht weit von der Stadt richtete er sich eine Eremitage ein. Die lokale Überlieferung, gestützt von archäologischen Befunden, legt dieses »erste Kloster« Martins nach Ligugé, 8 km südlich von Poitiers. Hier verbringt Martin die nächsten Jahre. Dem Einsiedler schließen sich Brüder an, die ihr Leben mit ihm teilen wollen. Sulpicius erzählt aus diesen Jahren zwei wunderbare Totenerweckungen: Zunächst wird ein Katechumene auf das Gebet Martins hin dem Leben zurückgegeben (Vita 7,2–7); dann ist es ein Selbstmörder (Vita 8,1–3). Die Wunder sind nach biblischen Texten stilisiert (2 Kön 4,33–34; Mk 5,40; Apg 9,40). Die Kraft Gottes, die in Propheten und Aposteln wirkte, wirkt jetzt in Martin.

*Abbildung 3
Landschaft mit dem hl. Martin von
Joseph Anton Koch (1768–1839),
Federzeichnung, aquarelliert,
Dresden, Staatliches Kupferstichkabinett*

»Von dieser Zeit an wurde der Name des seligen Mannes berühmt. Als Heiliger galt er ja schon bei allen. Doch nun sah man in ihm auch den Wundertäter und den wahrhaft apostolischen Mann« (Vita 7,7).

Eine überraschende Bischofswahl

Martin muß in jenen Jahren über Poitiers hinaus bekannt geworden sein. Seßhaftigkeit scheint nicht zu seinem zurückgezogenen Leben in Ligugé gehört zu haben. Schon da sieht man ihn häufig unterwegs. So mag sein Ruf über den engeren Lebenskreis hinausgedrungen sein. Sein geistlicher Mentor, der hl. Hilarius, ist allerdings im Jahr 367 verstorben. Auf dessen Hilfe und Einfluß konnte er nicht mehr bauen. Die entscheidende Wende seines Lebens wurde auch nicht von bischöflicher Initiative bewirkt, sondern vom gläubigen Volk. In Tours, knappe 100 km nördlich von Ligugé, sollte er Bischof werden. Aber ein Heiliger scheut vor der Bischofswahl zurück und zögert, dem Ruf zu folgen. Eine fromme List muß helfen. Ein Touroner Bürger bittet Martin, seine kranke Frau zu heilen. Da ist Martins bekannte Barmherzigkeit angesprochen, und so kann er nach Tours gelockt werden.[8] Dort aber mußte er es vernehmen:

»Im gläubigen Volk gab es nur einen Wunsch, nur eine Stimme und nur eine Meinung, Martin sei der Würdigste für das Bischofsamt, mit einem solchen Bischof sei die Kirche wahrhaft glücklich« (Vita 9,3).

Doch diese schöne Eintracht wurde von Gegenstimmen gestört. Sulpicius kann es nicht verschweigen. Eine kleine Zahl von Leuten, darunter etliche Bischöfe, die bereits zur Einsetzung des neuen Bischofs versammelt waren, habe sich der verbreiteten Volksmeinung widersetzt: Martin sei ein verachtenswerter Mensch; ein Mann von so kümmerlichem Aussehen, mit schmutzigem Kleid und ungepflegtem Haar sei des Bischofsamtes unwürdig (ebd.).

Der Vorgang ist wohl so zu erklären: Nach dem Tode des Bischofs Litorius – er war der erste Bischof dieser Stadt – mußte nach einem Kandidaten Ausschau gehalten werden. Unter den Klerikern von Tours scheint kein geeigneter und überzeugender Kandidat gefunden worden zu sein. Da brachten einige aus der Gemeinde – Sulpicius nennt sie »Leute der besseren Einsicht« – den Wundertäter von Ligugé ins Gespräch. Die Opposition muß sich dieser Meinung gebeugt haben. Martin folgte schließlich dem Ruf und konnte so zum Bischof von Tours geweiht werden. Die rivalisierenden Parteien können mit Sulpicius Severus ausgemacht werden. Die Opposition begründete ihre Ablehnung mit dem unscheinbaren, ja abstoßenden Äußeren Martins. Damit ist die Lebensform des Asketen, des Mönchs, angegriffen. Dahinter kann sich auch der leise Zweifel regen, ob mit dieser ungewöhnlichen Lebensart nicht gar ein abweichendes Bekenntnis verbunden ist. Wird solche Vermutung in der angeheizten Situation vor einer Bischofswahl als Gerücht und Gerede ausgestreut, dann ist das sicher wirksam. Die beiden Parteien können auch so charakterisiert werden: auf der einen Seite das sich gerade formierende kirchliche Establishment, das sein Christentum in den Formen traditioneller Religiosität lebt, auf der anderen Seite ein asketisch geprägtes Christentum mit seiner Neigung zu elitärer Absonderung, wie es Sulpicius Severus entschieden vertrat. Er hat das Pro und Contra vor der Wahl in Tours zusammengerafft und den Weiheakt selbst davon begleitet sein lassen:

Die Gegner Martins »konnten schließlich nichts anderes tun, als was das Volk mit Gottes Willen forderte. Unter den anwesenden Bischöfen soll besonders einer namens Defensor Widerstand geleistet haben. Es ist auch wohl beachtet worden, daß dieser in der Lesung aus dem Propheten deutlich bloßgestellt wurde. Der Zufall wollte es, daß der Lektor, der an diesem Tage die Lesung vorzutragen hatte, in der Volksmenge eingeschlossen war und deshalb nicht zur Stelle sein konnte. Die Altardiener kamen darob in Verlegenheit. Während man noch auf den Lektor, der nicht da war, wartete, nahm einer von den Nahestehenden das Psalterium und begann mit dem ersten Vers, auf den sein Blick fiel. Es war aber der folgende Psalm: ›Aus dem Munde von Kindern und Säuglingen hast du dir Lob bereitet vor deinen Feinden, um so Feind und Verteidiger (defensor) zu beschämen‹ (Ps 8,3). Als er das vorgelesen hatte, brach das Volk in lautes Schreien aus. Die Gegenpartei war erledigt. Man deutete die Sache so, daß dieser Psalm auf Gottes Anregung hin gelesen worden sei. So sollte Defensor das Urteil über sein Handeln vernehmen. Dem Martinus aber hat der Herr das Lob aus dem Mund von Kindern und Säuglingen geschenkt, seinen Feind aber mit einem Schlag bloßgestellt und geschlagen« (Vita 9,4–7).

Martinus ist 370/371 Bischof von Tours geworden; als Weihetag gilt der 4. Juli. Die restlichen 27/26 Jahre seines Lebens gehörten diesem kirchlichen Dienst. Dabei wollte er bleiben, was er bisher war, Asket und Mönch, aber auch ganz sein, was er nun geworden, Bischof seiner Kirche von Tours und mitverantwortlich für die Kirche Galliens. Seine städtische Christengemeinde war nicht sehr groß. Auf das flache Land war das Christentum noch kaum vorgedrungen. Die Ausbreitung des christlichen Glaubens und die kirchliche Organisation geschah in jenen Landstrichen Galliens erst in diesen letzten Jahrzehnten des 4. Jahrhunderts.

Der bischöfliche Mönch

Sulpicius Severus legt größten Wert auf Martins Verbindung von Mönchsleben und Bischofswirken. Einmal will er damit die asketische Lebensform als die dem Bischof gemäße Lebensführung herausstellen. Kirchlicher Aufstieg durch Askese und nicht nur gesellschaftliche Vorgaben, weltliche Bildung oder gar wirtschaftliche und finanzielle Macht! Zum anderen ist nur der asketische Bischof konkurrenzfähig für die Heroen des östlichen Mönchtums. Gerade im Blick auf die östlichen Mönche muß betont werden, daß der Bischof Martin keine Abstriche an seiner monastischen Entscheidung duldete. Der Bischof Martin richtete sich in Tours in bescheidenster Häuslichkeit ein: Er wohnte zunächst in einer Zelle, die an seine Bischofskirche angebaut war (Vita 10,3). Doch dann fühlte er sich von den zahlreichen Besuchern gestört und richtete sich ein Kloster außerhalb der Stadt ein.

»Dieser Ort war so verborgen und abgelegen, daß Martinus keinen Grund hatte, sich nach der Einsamkeit der Wüste zu sehnen. Auf der einen Seite war der Platz von der steilen Felswand eines hohen Berges abgeschlossen. Die freie Ebene umschloß die Loire in sanfter Krümmung. Es gab nur einen einzigen Zugang, und dieser war recht schmal. Martin hatte eine aus Holz erbaute Zelle. Ebenso wohnten auch viele Brüder. Die meisten hatten aber die Felswand des überhängenden Berges ausgehöhlt und sich auf diese Weise Wohnstätten geschaffen. Es waren etwa achtzig Schüler, die sich nach dem Vorbild des seligen Lehrers formen wollten. Keiner besaß dort etwas zu eigen. Alles gehörte der Gemeinschaft. Kaufen und Verkaufen – was bei den meisten Mönchen üblich ist! – waren dort nicht gestattet. Außer der Schreibarbeit wurde dort kein Handwerk verrichtet. Doch zu dieser Arbeit zog man nur die Jüngeren heran. Die Älteren widmeten sich ausschließlich dem Gebet. Selten verließ einer seine Zelle, außer um sich zum gemeinsamen Gebet zu versammeln. Gemeinsam aßen sie nach der Zeit des Fastens. Wein kannte keiner, außer wenn eine Krankheit einen zum Trinken zwang. Die meisten trugen Kleider aus Kamelhaaren. Ein feineres Gewand hielt man für ein Verbrechen. Dabei ist besonders zu bewundern, daß unter ihnen viele aus vornehmem Stand waren. Obwohl sie in ganz anderem Sinne erzogen worden waren, zwangen sie sich nun zu solcher Niedrigkeit und Abtötung. Viele von ihnen sahen wir später als Bischöfe. Welche Stadt und Kirche hätte auch nicht gerne einen Bischof aus Martins Kloster gehabt?« (Vita 10,4–9).

Dieser schöne Ort – er wird später Marmoutier (maius monasterium = größeres Kloster) heißen – liegt auf dem rechten Loireufer, knappe drei Kilometer vom alten Stadtzentrum entfernt. Der Biograph betont seine Verborgenheit und Abgeschiedenheit. Eine ferne Wüsteneinsamkeit braucht Martin gar nicht aufzusuchen, sie ist in der einfachen Holzhütte schon gefunden. Der bischöfliche Eremit zieht Schüler an; eine reichbevölkerte Eremitenkolonie entsteht, die sich an Martins Vorbild orientiert. Nur durch sein Leben ist er ihr Lehrer. Einige hausen in Höhlen, die sie in dem weichen Steinhang ausgehoben haben – eine Wohnart, die den Bewohnern des Loireufer gar nicht fremd war. Die Einsiedler bleiben nicht auf sich gestellt. Sie

sind dem Grundgesetz gemeinsamen Klosterlebens unterworfen: persönliche Besitzlosigkeit und Güterverzicht zugunsten der Gemeinschaft. Die Erinnerung an Apg 4,32 klingt von ferne nach, und Zeitkritik wird hörbar, wenn Martins Mönche im Gegensatz zu anderen Mönchen Kaufen und Verkaufen wirklich nicht kennen. Sie sind auch deutlich abgesetzt von habgierigen Klerikern, die nur an Geld und Besitz denken, die kaufen und verkaufen, eifrig auf Besitz aus sind oder auf Grund angeblicher Heiligkeit müßig dasitzen und Geschenke erwarten, für die Heiligkeit gleichsam Kaufware ist (Chronik I 23,5–6). Allerdings gilt auch für Martins Mönche, daß sie kein Handwerk ausüben, von der Schreibarbeit der Jüngeren abgesehen. Im Verzicht auf die Handarbeit unterscheiden sich die Mönche von Marmoutier vom sonst bekannten und gefeierten Mönchsideal, das die Pflicht zur Handarbeit einschloß. Zwar gibt es im Orient die »Immer-Betenden« (die Messalianer oder Euchiten), aber ihre Praxis war wenig geschätzt. Im Jahr 401 hat Augustinus solche Mönche in Nordafrika heftig angegriffen und sie an die Pflicht der Handarbeit erinnert (De opere monachorum). Sulpicius wird die Martinmönche kaum in solche Umgebung rücken wollen. Er betont ihr kontemplatives Dasein (sie widmen sich ausschließlich dem Gebet) und will sie weit von handelstüchtigen Mönchen und Klerikern absetzen. Fragt man dann nach der wirtschaftlichen Basis dieser Mönchskolonie, so wird man auf die Unterstützung durch die Kirche von Tours rekurrieren, – »uns mag

Abbildung 4
Hl. Martin, Lindenholz,
Hessen, 18. Jahrhundert,
Universitätsmuseum Marburg

die Kirche nähren und kleiden«, sagt er einmal den um ihren Lebensunterhalt besorgten Brüdern (Dialog III 14,6), dazu auf die Mitgift neuer Mönche – »nicht wenige kamen ja aus vornehmem Stand« –, die bescheidene Schreibarbeit der jüngeren Mönche wird kaum große Einkünfte erbracht haben. Mit knappen Hinweisen wird die asketische Lebensform noch nahegebracht: einmaliges Essen am Tage (gemeinsam), Weinabstinenz (außer im Krankheitsfall), Kleider aus Kamelhaaren, also das rauhe Büßerkleid, das schon Johannes dem Täufer zugeschrieben wurde (Mt 3,4).

Sulpicius Severus hat damit das martinische Mönchtum charakterisiert. Die Beschreibung ist normativer Erzähltext: So sollten die Mönche leben! Gleichzeitig ist der Asket Martin wieder in Erinnerung gerufen, der auch als Bischof dieser Lebensweise verpflichtet blieb. Sie ist der Grund, die Kraft (virtus), aus der seine pastorale Aktivität mit ihren Wundertaten (virtutes) erwächst. Das Kloster Marmoutier bleibt in der weiteren Lebensgeschichte im Hintergrund. Allerdings sehen wir Mönche, die den Bischof auf seinen apostolischen Wanderungen und Reisen begleiten. Das steht eigentlich im Widerspruch zu ihrem strengen Eingeschlossensein im abgelegenen Kloster. Dann hören wir noch von einem treuen Schüler namens Clarus. Der vornehme junge Mann war zu Martin nach Marmoutier gekommen. Nach offenkundigen Fortschritten im asketischen Leben richtete er sich nicht weit von Marmoutier eine Einsiedelei ein (tabernaculum), die zum Zentrum einer neuen Mönchssiedlung wurde. In den Dialogen trägt der Martinschüler Gallus einiges nach und erzählt von etlichen Mönchen des Klosters. Dazu gehört Brictius, der das Bild der schönen Harmonie einer einträchtigen Brüderschaft empfindlich stört. Als armer Tropf ins Kloster gekommen, war er von Martinus gefördert worden, um dann doch wieder eigene Wege zu gehen und zum gefährlichen Widersacher Martins zu werden: Er habe Pferde gehalten, Sklaven, auch hübsche Mädchen aufgekauft und habe häufig von Martinus wegen anderer Verbrechen gerügt werden müssen. Martin ertrug diesen Bruder, war nicht bereit, ihm die priesterliche Würde abzunehmen (a presbyterio submovere), und stellte sich in dieser geduldigen Haltung an Christi Seite: »Wenn Christus den Judas ertrug, warum sollte ich dann den Brictius nicht ertragen?« (Dialog III 15). Ein so schlimmes Scheusal kann Brictius kaum gewesen sein. Immerhin wird er Martins Nachfolger auf dem Bischofsstuhl von Tours. Aber Spannungen zwischen Martin und seinem Mönch Brictius mögen bekannt gewesen sein; für Sulpicius Grund genug, Brictius zum bösen Gegner Martins zu machen und alle laut gewordene Kritik an Martin ihm in den Mund zu legen: der frühere Militärdienst, die Aufmerksamkeit auf Gesichte und wunderbare Erscheinungen.[9]

Der Biograph schaut vor allem auf den Mönch Martin und die von ihm geförderte monastische Bewegung. Er versäumt jedoch nicht, auch von den weiblichen Asketinnen, den gottgeweihten Jungfrauen, zu berichten, denen Martin begegnete. In Vita 19 erzählt er von dem Präfekten Arborius aus Bordeaux, einem hohen römischen Staatsbeamten, der wohl zum Freundeskreis des Sulpicius Severus und auch zu den Verehrern des Bischofs von Tours gehörte (vgl. Dialog III 10,6). Dessen fieberkranke Tochter wurde durch einen Brief des hl. Martin geheilt. Der glückliche Vater weihte sofort aus Dankbarkeit seine Tochter Gott – nur Martin durfte ihr den Schleier geben und die Jungfrauenweihe vornehmen. Die Tochter wird ihr frommes Leben im Hause ihrer Eltern geführt haben, zumal in der Familie die asketische Tradition vertraut war, denn die Großtante des Arborius, Aemilia Hilaria, hatte schon als gottgeweihte Jungfrau gelebt (Ausonius, Parentalia 165). Daß christliche Jungfrauen im Elternhaus lebten, wird auch in Dialog II 12 sichtbar. Martinus hörte von einer Frau, die in strenger Zurückgezogenheit auf einem kleinen Gut lebte, und wollte sie als ihr Bischof besuchen. Aber selbst die Ankunft des Bischofs konnte sie nicht dazu bewegen, ihre selbstgewählte Abgeschlossenheit zu verlassen. Die Berichterstattung ist voll des Lobes über dieses entschiedene Verhalten: »Ruhmwürdige Jungfrau, die es nicht einmal zugeben wollte, daß Martinus sie zu sehen bekam! Seliger Martinus, der es nicht als Beleidigung ansah, von jener abgewiesen zu werden, vielmehr frohlockend ihre Tugend pries und sich freute über das in dieser Gegend sonst unbekannte Beispiel!« (Dialog II 12,5). Sulpicius entrüstet sich dann auch gebührend über das gegenteilige Verhalten ihm bekannter Jungfrauen, »die es so einrichten, daß sie dem

Bischof oft begegnen, aufwendige Gastmähler veranstalten und sich dabei mit ihm zu Tische setzen« (Dialog II 12,10). Zur Zeit Martins gab es bereits auch das gemeinsame Leben frommer Frauen. Mit der »großen Schar von Jungfrauen«, die in Clion (südlich von Tours, an der Grenze des Gebietes von Bourges gelegen) lebten, könnte ein Frauenkloster im Einflußgebiet Martins gemeint sein. Die Jungfrauen waren auf jeden Fall voller Verehrung für Martin, der dort einmal in einem Anbau der Kirche übernachtet hatte. Sie teilten sein Strohlager als kostbare und heilkräftige Reliquie unter sich auf (Dialog II 8,7–9). Wo ein anderes Frauenkloster (monasterium puellarum) lag, in das Martin eine Frau gebracht hatte, ist nicht ersichtlich. An dieser Stelle legt ihm Sulpicius eine heftige Invektive gegen das Zusammenleben männlicher und weiblicher Asketen in den Mund (Dialog II 1,1). Vermutlich war diese Sitte auch in Gallien verbreitet, von Martin danach jedoch in aller Schärfe verurteilt.

Der Bischof von Tours

Etwa 27 Jahre lang, von 370/371–397, war Martinus Bischof von Tours. Sein Biograph will ihn in kräftigen Farben als ideale Bischofsgestalt vor Augen führen, ein wahrhaft apostolischer Mann, der würdige Nachfolger der Apostel. Was er in der Lebensgeschichte und in den Dialogen zu erzählen weiß, führt zu einem bischöflichen Leben und Wirken, das sich auf drei Ebenen abspielt.

Der Missionar

Tours, die Civitas Turonorum, hatte um 370 eine kleine christliche Gemeinde. Auf dem umgebenden Land war das Christentum nur schwach vertreten. Die römische Religionspolitik stand in jenen Jahren eindeutig auf klarer Förderung der christlichen Religion. Kaiser Konstantin (306–337) hatte sie zur kultischen Basis seiner Politik gewählt und sich persönlich dem Christengott verbunden. Wohl war das Römerreich in seiner Zeit noch mehrheitlich heidnisch und der Kampf zwischen Jupiter und Christus noch nicht entschieden. Doch im letzten Viertel des 4. Jahrhunderts fiel diese Entscheidung. Durch Kaiser Theodosius (379–395) wurde das römische Reich offiziell zum christlichen Reich und alle Äußerungen altrömischer Religiosität gewaltsam unterdrückt. Martins Aktivität als missionierender Bischof gehört genau in diese Zeit, und sein Biograph macht ihn durchaus zum Vorreiter der gewaltsamen Unterdrückung des Heidentums.

> »Als Martin einmal in einem Dorf einen alten Tempel zerstörte und einen Kieferbaum, der nahe beim Heiligtum stand, umhauen wollte, kamen die Tempelvorsteher des Ortes und das übrige Heidenvolk und wollten ihn daran hindern. Als der Tempel eingerissen wurde, hatten sie sich durch Gottes Willen still verhalten. Doch daß der Baum gefällt werde, das wollten sie nicht dulden. Martin versuchte, ihnen mit allem Eifer klarzumachen, daß in einem Baum-

stamm nichts Heiliges sein könne. Sie sollten doch lieber dem Gott folgen, dem er selber diene. Doch der Baum müsse umgehauen werden, weil er einem Dämon geweiht sei. Da trat ein besonders Verwegener von ihnen vor und sprach: ›Wenn du einiges Vertrauen zu dem Gott hast, den du zu verehren behauptest, dann wollen wir selber den Baum fällen, und du sollst ihn in seinem Fall aufhalten. Wenn dein Gott dann wirklich mit dir ist, wirst du dem Urteil entkommen.‹ Martinus vertraute unerschütterlich auf Gott und war bereit, das zu tun. Dieser Abmachung stimmte nun das ganze Heidenvolk zu. Sie wollten sogar gerne ihren Baum fallen sehen, wenn sie durch seinen Sturz auch den Feind ihrer Heiligtümer erledigen konnten. Die Kiefer stand nach einer Seite hin geneigt. So gab es gar keinen Zweifel, in welche Richtung sie fallen werde. Martinus wurde gefesselt und nach Entscheid des wilden Volkes dorthin gestellt, wohin der Baum sicher fallen mußte. Ausgelassen und voller Freude machten sie sich daran, ihre Kiefer umzuhauen. Eine große Schar von Neugierigen stand dabei. Schon begann die Kiefer sich zu neigen und drohte zu stürzen. In etlicher Entfernung standen zitternd die Mönche. Sie waren entsetzt wegen der ganz unmittelbaren Gefahr; sie hatten alle Hoffnung aufgegeben und erwarteten nur noch Martins Tod. Doch dieser vertraute auf den Herrn und wartete ohne Angst. Schon krachte die Kiefer in ihrem Fallen, schon neigte sie sich, schon stürzte sie auf ihn, da streckte Martin seine Hand gegen sie aus und zeichnete das Zeichen des Heiles gegen sie. Doch dann, wie wenn ein Wirbelwind den Baum umgedreht hätte, fiel er nach der entgegengesetzten Seite. Fast hätte er das wilde Volk, das sich dort sicher wähnte, erschlagen.
Zum Himmel erhob sich nun ein Geschrei. Die Heiden staunten über das Wunder. Die Mönche weinten vor Freude. Doch von allen wurde gemeinsam Christi Namen gepriesen. Es ist ganz sicher, daß an jenem Tag auch in diese Gegend das Heil gekommen ist. Es gab fast keinen in der sehr großen Heidenschar, der nicht um die Handauflegung bat, den heidnischen Irrtum aufgab und an den Herrn Jesus glaubte« (Vita 13,1–8).

So geht die missionarische Aktivität weiter: »An einem sehr alten und recht bekannten Tempel legt er Feuer« (Vita 14,1–2). In einem Dorf namens Levroux (etwa 80 km südöstlich von Tours) reißt er trotz gehörigen Protestes der Bewohner »den Tempel bis auf die Fundamente nieder und und macht die Altäre und Götzenbilder zu Staub« (Vita 14,3-7). Auch weitab von Tours, im Gebiet der Häduer, zerstört er einen Tempel (Vita 15,1–2). Der Widerstand der Altgläubigen ist jeweils rasch gebrochen. An seine Stelle tritt das Staunen über Martins Mut und Tatkraft und die Überzeugung, daß Martins Gott doch der stärkere Gott sein müsse. Seine Arbeit mit Hacke und Schaufel begleitete er übrigens mit frommer Predigt, in der den Zuhörern das Licht der Wahrheit aufging, so daß sie schließlich ihre Tempel selbst zerstörten.

Der Biograph versäumt nicht, den Erfolg dieses Missionswerkes zu unterstreichen: »Durch Martins Wundertaten und sein Beispiel gewann er solchen Einfluß, daß es dort nunmehr keinen Ort gibt, der nicht mit Kirchen und Klöstern in großer Zahl versehen ist. Wo immer er nämlich heidnische Heiligtümer zerstörte, erbaute er sofort Kirchen und Klöster« (Vita 13,9). Die Erfolgsmeldung mag etwas übertrieben sein. Aber die Christianisierung des westlichen Galliens ist in jenen Jahrzehnten anzusetzen. Die Schließung und Zerstörung heidnischer Tempel gehört in den Prozeß der Verchristlichung des Römerreiches, sie war auch seit Kaiser Theodosius durch Reichsgesetze gefordert.

Der Martinusbiograph hat in erster Linie den missionierenden, hilfreichen und wundermächtigen Bischof im Auge. Bei dieser Blickrichtung mußte vieles über das bischöfliche Wirken ungesagt bleiben. Andererseits war Martins Kirche eine Kirche im Aufbau, eine Diözese im Werden, in der Spontaneität und auf den Augenblick bezogenes Handeln gefordert war. Tragende und bleibende Formen mußten erst entwickelt werden. Martin entzog sich diesem Prozeß nicht. Wenn der Missionar den Eindruck eines rastlosen Wanderbischofs erweckt, dann steckt dahinter schon bischöfliche Amtspflicht. Der Bischof hat die Pfarreien seines Sprengels zu besuchen (visitare). Viermal hebt Sulpicius Severus solche Pastoralreisen hervor (Brief 1,10; Brief 3,6; Dialog II 2,3,1; 9,6). Noch seine letzte Reise an den Sterbeort Candes war von dieser Pflicht veranlaßt (Brief 3,6). Ganz beiläufig wird mitgeteilt, daß der Bischof auf seinen Visitationsreisen mit bescheidener Unterkunft rechnen mußte: Die Kleriker des Ortes bringen ihn in einem Anbau (secretarium = Sakristei, Beratungszimmer) ihrer Kirche unter (Brief 1,10; Dialog II 8,7–8).

Der Wundertäter

Schon der Missionar Martin stand sichtbar unter Gottes Schutz – heidnische Angriffe vermochten nichts gegen ihn auszurichten – und war begleitet von Gottes greifbarer Hilfe. Als »Freund Gottes« ist seine Helferrolle unbegrenzt. Auf dem Weg nach Chartres erweckte der Bischof noch einmal einen Toten!

> »Eine Frau streckte ihm den Leichnam ihres Sohnes entgegen mit den Worten: ›Wir wissen, daß du ein Freund Gottes bist. Gib mir meinen Sohn wieder, er ist ja mein einziger.‹ Die (umstehende) Menge schloß sich an und unterstützte die Bitten der Mutter. Martinus erkannte, wie er uns nachher gestand, daß er im Blick auf das Seelenheil der Menge Wunderkraft erlangen könnte. Er nahm den Leichnam

in seine Arme. Dann kniete er vor aller Augen nieder. Nachdem er gebetet hatte, erhob er sich und gab das Kind lebend der Mutter wieder. Das Geschrei der Menge schallte bis zum Himmel, und sie bekannten, daß Christus Gott ist« (Dialog II 4,4–9).

Vor allem zeigte sich seine Wunderkraft in der Krankenheilung: »Die Gabe der Krankenheilung besaß Martinus in solchem Maße, daß kaum ein Kranker zu ihm kam, der nicht sofort die Gesundheit wiedererlangt hätte« (Vita 16,1). In den Kapiteln 16–20 erzählt Sulpicius von solch wunderbaren Heilungen: In Trier war es ein schwer gelähmtes Mädchen (Vita 16,2–8), vielleicht ebenfalls dort der von einem Dämonen besessene Knecht des Prokonsuls Tetradius (Vita 17,1–5) und der Koch eines vornehmen Mannes (Vita 17,5–7), die Martins heilende Wunderkraft erfuhren. In Paris heilte er einen Aussätzigen mit seinem Kuß und Segen (Vita 18,3). Die Wunderkraft übertrug sich auf seine Kleider und Gegenstände, die mit ihm in Berührung kamen. Ein krankes Mädchen wurde geheilt, indem man ihm einen Brief Martins auf die Brust legte (Vita 19,1). In Clion befreite ein Stück vom Strohlager, auf dem Martin unterwegs die Nacht verbracht hatte, einen Besessenen vom Teufel (Dialog II 8,9). Der bekannte Paulinus von Nola erfuhr seine Heilkraft in einem Augenleiden (Vita 19,3; vermutlich sind sich die beiden in Vienne 386 begegnet), und schließlich durfte Martin an sich selbst eine wunderbare Heilung erleben, indem ein Engel ihm die bei einem Sturz von der Treppe zugezogenen Wunden auswusch und die zerquetschten Glieder mit heilbringender Salbe bestrich (Vita 19,4).

Der Wundertaten weiß Sulpicius Severus noch mehr zu erzählen, sowohl in der Vita wie auch in den Dialogen. Neben den Heilungswundern zeigt Martin Macht über Dämonen und wie er geplagte Menschen von ihrer dämonischen Besessenheit befreit. Das Kreuzzeichen, Gebet und Bußgewand mit Asche bestreut, sind seine Waffen gegen die bösen Geister, in denen er den Teufel am Werk sieht. Im Vertrauen auf die Hilfe und Verheißungen Christi, daß der Glaubende Dämonen auszutreiben vermag (Mk 16,17), und in der Nachfolge östlicher Mönchsväter ist Martin Herr über den Teufel und seine bösen Angriffe. Er vermag auch den Teufel zu entlarven, der ihm in der Gestalt Christi in königlicher Pracht erschienen ist: »Ich kann nicht glauben, daß Christus in anderer Gestalt und Haltung kommt als in der, in der er gelitten hat und die Wunden des Kreuzes trägt« (Vita 24,7). In seiner Überlegenheit läßt sich Martin mit dem Teufel auch auf eine Diskussion über Gottes Barmherzigkeit ein, die dem reuigen Sünder offensteht und durch die selbst der Teufel Erbarmen finden könnte, wenn er nur von seinem üblen Treiben abließe (Vita 22,4–5). Martinus wird da von seinem Biographen in eine ernste Diskussion um Buße und Vergebung einbezogen. Der Teufel vertritt die strenge Auffassung – wer einmal gefallen ist, dem könne Gott kein Erbarmen mehr gewähren –, Martin die mildere pastorale Praxis, die auf die je größere Barmherzigkeit Gottes baut. Dabei wird wieder ein Grundzug der Haltung Martins deutlich, die Barmherzigkeit (misericordia). Schon in der Begegnung mit den Armen am Stadttor von Amiens war sie leitmotivisch aufgeklungen: Der Arme flehte die Vorübergehenden an, sich seiner zu erbarmen (sui misererentur), doch niemand achtete auf den Erbarmenswerten (miser), nur Martin schenkte ihm Barmherzigkeit (misericordia).

In anderen wunderbaren Taten und Handlungen verfügt Martin über die Kräfte der Natur. Auf einem in Seenot geratenen Schiff ruft ein Mitfahrer: »Gott des Martinus, rette uns!« – und sofort legte sich der Sturm (Dialog III 14,1–2). Um einen großen heidnischen Tempel bei Amboise an der Loire zu zerstören, greift Martin zu seinem gewöhnlichen Hilfsmittel, verbringt eine ganze Nacht im Gebet: »Früh morgens brach ein Sturm los und legte den Götzentempel bis auf die Grundmauern nieder« (Dialog III 8,4–7). In der Gegend von Sens befreite er durch sein Gebet ein ganzes Gebiet von häufigem Hagel; zwanzig Jahre lang, bis zum Tod des Heiligen, sei das Gebiet von der zerstörerischen Geißel verschont geblieben (Dialog III 7). Martin vermag mit seinem Leib Feuer abzuhalten (Vita 14,1–2); er bleibt auch mitten in den Flammen liegend vom Feuer unversehrt (Brief 1,10-15). Den Kaiser Valentinian I. (364–375) wußte er sich gnädig zu stimmen, indem er Feuer unter seinem Thronsessel auflodern ließ (Dialog II 5,9). Ein von Martin gesegnetes Ölgefäß wird zum Überlaufen voll, und ein anderes Gefäß, ebenfalls von Martin gesegnet, zerschellt nicht, nachdem es auf den Marmorboden gefallen war (Dialog III 3,1–6). Tiere bleiben auf Martins Geheiß plötzlich wie angewurzelt stehen und ziehen nur mit seiner Erlaubnis weiter (Vita 12; Dialog II 3,6–10). Ein Hund, der mit seinem Gebell stört, verstummt in Martins Namen (Dialog III 3,6–8). Ein kleiner Hase wird von Martin vor bissigen Hunden gerettet (Dialog II 9,6), die Not der Tiere »war dem Heiligen in seinem mitleidigen Erbarmen zu Herzen gegangen« (Dialog II 9,6). Eine Schlange, die im Fluß auf das Ufer zuschwamm, kehrt auf Martins Befehl um (Dialog III 9,4). Eine Schar gieriger Wasservögel, die Fische fraßen, vertreibt er mit seinem Wort (Brief 3,7–8). Dem Klosterverwalter ermöglicht Martin einen wunderbaren Fischfang (Dialog III 10,1–4). An dieser Stelle betont Sulpicius wieder, was er mit all diesen Wundertaten und überraschenden Ereignissen sagen wollte:

> »Martinus war in der Tat ein Schüler Christi und ein Nachahmer jener Wundertaten, die der Heiland zum Vorbild seiner Heiligen gewirkt hat. Auf diese Weise zeigte er, daß Christus in ihm wirkte. Denn Christus wollte seinen Heiligen auf jede Art verherrlichen und vereinigte deshalb die verschiedenen Gnadengaben in der einen Person« (Dialog III 10,5).

Abbildung 5
St. Martin, Wandfresko von Christoforo und
Niccolao da Seregno, Mitte 15. Jahrhundert,
S. Maria del Castello, Mesocco

Zu diesen verschiedenen Gnadengaben gehören schließlich auch prophetische und visionäre Begabung und der vertraute Umgang mit Engeln und Heiligen. Dank dieser Gabe kann Martin ein Heiligtum, das als Märtyrergrab galt, als Grab eines Verbrechers entlarven (Vita 11). Dem Usurpator Maximus (383–388) sagte er die militärische Niederlage und seinen Tod voraus (Vita 20,8–9). Dazu gehören auch die Traumgesichte: Die Christuserscheinung nach der Liebestat von Amiens (Vita 3,3-4), die Aufforderung, seine Eltern aufzusuchen und sie zu bekehren (Vita 5,3). Während Martin einmal beim Gottesdienst den Altar beräucherte, sahen Umstehende eine leuchtende Feuerkugel über seinem Haupt in die Höhe steigen und einen langen Lichtschweif niedersinken (Dialog II 2,1). Der Expräfekt Arborius sah Martins Hand bei der Eucharistiefeier mit herrlichen Perlen geziert, die er auch aneinanderstoßen hörte, wenn sich Martins Hand bewegte (Dialog III 10,6). Himmlischer Glanz liegt über dem wundermächtigen Heiligen! Himmlische Mächte sind in seiner Nähe, Engel heilen den gestürzten Martin (Vita 19,4), bewaffnete Engel beschützen ihn beim Niederreißen eines Tempels (Vita 14,3–7), Engel bringen ihm Nachrichten über die Verhandlungen einer Bischofsversammlung in Nîmes (Dialog II 13,8; sie fand wohl am 1. Oktober 396 statt). Ein Engel bringt den wütenden Comes Avitianus zur Vernunft, und Martin kann eine große Zahl von ihm Gefangener befreien (Dialog III 4,1–6). Dem ob der kirchenpolitischen Situation und seiner eigenen Hilflosigkeit niedergeschlagenen Martin schenkt ein Engel Trost und Ermunterung (Dialog III 13,3–4). Seinen Freunden muß Martin eines Tages gestehen:

> »Ich will es euch sagen, doch saget es bitte nicht weiter: Agnes, Thekla und Maria waren bei mir. Er schilderte uns die Gesichtszüge und das Äußere jeder einzelnen. Er gestand, daß sie ihn nicht bloß an diesem Tage, sondern schon öfters besucht hätten. Er mußte auch zugeben, daß er Petrus und Paulus öfter gesehen habe« (Dialog II 13).

Bei den mit der Wundergabe ausgestatteten Heiligen verwischen sich die Grenzen zwischen Himmel und Erde. Martinus ist der gotterfüllte Mann, der an Gottes Wunderwerken teilhaben darf. Er ist den Propheten und Aposteln gleichgestellt. Biblische Wundererzählungen und was inzwischen fromme Überlieferung von den wundermächtigen Aposteln zu erzählen wußte, sammelte Sulpicius Severus auf seinen apostolischen Mann Martinus ein. Die vielgerühmten Wundermänner des östlichen Mönchtums und das, was allenthalben staunend von ihnen berichtet wurde, lieferte dem Biographen weiteren Ansporn: Martinus stand keineswegs hinter ihnen zurück. Gott wirkt heute noch und auch in Gallien in seinen Heiligen Großes. Alle Wundertaten Martins vermag Sulpicius gar nicht wiederzugeben: Man kann sie einfach nur bewundern, aber nicht erzählen! (Dialog III 14,7).

Unter den Rädern der Kirchenpolitik

Im Römerreich war die Einheit von Staat und Religion vorgegeben. Daran änderte auch die Verchristlichung des Römischen Reiches nichts. Die Religion, auf die das Gemeinwesen bezogen war, war jetzt eben die christliche Religion, organisiert in der Kirche. Ein Bischof konnte sich deshalb öffentlichen Ansprüchen nicht entziehen. Sein kirchlicher Dienst war auch Dienst im Interesse des Römischen Reiches. Martinus hatte vor seiner Bischofswahl Eingriffe Kaiser Konstantius' in die gallische Kirche miterlebt. Während seines Episkopates regierten die Kaiser Valentinian I. (364–375), Gratian (375–383), Valentinian II. (383–392), Theodosius (379 (392)–395) und Honorius I. (395–423) das westliche Römerreich. Mit ihrer Kirchenpolitik hatte sich Martin kaum auseinanderzusetzen. Seit 383 beanspruchte in Gallien jedoch Magnus Clemens Maximus die Herrschaft. Der Usurpator wurde schließlich von Valentinian II. anerkannt und blieb auch unter Theodosius mindestens geduldeter Mitregent mit Residenz in Trier. Im Herbst 387 fiel er in Italien ein, um es seiner Herrschaft zu unterwerfen. Im Frühjahr 388 wurde jedoch sein Heer von Theodosius geschlagen und Maximus von seinen eigenen Soldaten ermordet. In Martins Leben tritt vor allem Maximus als Kaiser auf.

Daß Sulpicius Severus und auch Martin die Usurpation, den unrechtmäßigen Griff nach der Kaiserwürde, nicht einfach gutgeheißen haben, wird ersichtlich, wenn Martinus die wiederholte Einladung an die kaiserliche Tafel ablehnt: Er könne sich nicht mit dem zu Tische setzen, der den einen Kaiser des Thrones (gemeint ist Valentinian II.), den anderen sogar des Lebens (= Gratian) beraubt habe. Die Verteidigung des Kaisers überzeugt ihn: »Doch Maximus versicherte, er habe nicht aus eigenem Antrieb die Regierung übernommen, vielmehr sei sie ihm durch Gottes Fügung (divino nutu) von den Soldaten aufgezwungen worden und dann habe er sie mit den Waffen verteidigen müssen. Offenbar sei ihm Gott nicht ungnädig, da er einen so unglaublichen Sieg errungen habe« (Vita 20,3).

Auch Martin teilte die Überzeugung, daß die Kaiser unter besonderer göttlicher Führung standen und ihre siegreichen Unternehmungen Beweis dieser göttlichen Lenkung waren. Diese alte Überzeugung hatte Kaiser Konstantin zum ersten Mal christlich interpretiert, seine Nachfolger taten es gleicherweise, und die nun christlichen Reichsuntertanen stimmten ihnen grundsätzlich zu.

Martin ließ sich an die Tafel des Kaisers in Trier laden. Er kam freilich nicht in kriecherischer, schmeichlerischer Unterwürfigkeit wie andere Bischöfe, sondern wahrte auch vor dem Kaiser seine »apostolische Würde« (Vita 20,1). Beim festlichen Mahl saß er neben dem Kaiser, sein priesterlicher Begleiter zwischen hohen kaiserlichen Beamten:

»Wie es üblich ist, reichte etwa nach dem halben Mahl der Diener dem Herrscher die Trink-

Abbildung 6
Stundenbuch, Bildinitiale,
Jean Pichore zugeschrieben,
Paris, um 1500

schale. Doch er befahl, die Schale zunächst dem Bischof zu geben. Dabei ging er darauf aus, die Schale dann aus Martins Hand zu bekommen. Als Martinus getrunken hatte, gab er jedoch die Schale seinem Priester. Er meinte nämlich, keiner sei würdiger, als erster nach ihm zu trinken, und es wäre unrecht, den Herrscher selbst oder einen aus seiner nächsten Umgebung dem Priester vorzuziehen.

Der Kaiser und alle Anwesenden wunderten sich darüber so sehr, daß ihnen diese Zurücksetzung sogar gefiel. Im ganzen Palast wurde es gerühmt, Martinus habe am Tisch des Herrschers getan, was am Tisch niederer Beamter kein Bischof sonst zu tun gewagt hätte« (Vita 20,5–7).

Der Bischof tritt wie der Weise und eben auch der Heilige in Freimut vor den Kaiser; Martin hatte diese Haltung schon vor Julian gezeigt, als er seinen Abschied vom Militär nahm.

Freundliche Verehrung für Martin wird der Frau des Maximus zugeschrieben. Sie hörte ihm voll Bewunderung zu, benetzte wie die Frau im Evangelium (Lk 7,36ff.) die Füße des Heiligen mit Tränen und trocknete sie mit ihren Haaren. Sie brachte es sogar fertig, dem Heiligen allein ein Mahl zu bereiten und ihn bei Tisch bedienen zu dürfen! Der Biograph vergleicht die Kaiserin mit der Königin von Saba, die von ferne gekommen war, um Salomo zu hören. Ja, sie übertraf ihre Vorläuferin noch, da sie den Weisen nicht nur hören, sondern ihn auch bedienen wollte (Dialog II 6).

Schwierig wurde das Verhältnis zu Kaiser Maximus, als dieser sich der Sache des Priscillian annehmen mußte. Vorsichtig beginnt Sulpicius die peinlichen Ereignisse zu berichten, indem er betont: »Der Kaiser Maximus war sonst bestimmt ein guter Mann, aber Bischöfe hatten ihn durch ihre Ratschläge auf verkehrte Wege gebracht« (Dialog III 11,2). Priscillians Sache stand nicht gut. Eine Synode in Bordeaux (384, vielleicht war Martin unter den Teilnehmern) hatte Priscillian verurteilt. Seine Rechtfertigungsversuche in Mailand (bei Bischof Ambrosius) und Rom (bei Papst Damasus) waren erfolglos geblieben. Sein Prozeß wurde in Trier (385) neu aufgenommen und die kirchliche Verurteilung wiederholt. Schließlich erreichten seine Gegner auch die kaiserliche Verurteilung und Priscillians Hinrichtung als »Zauberer«. Für Martin war Priscillian zweifellos ein Häretiker und die kirchliche Verurteilung deshalb zu Recht geschehen. Aber gegen das kaiserliche Urteil wehrte er sich vehement. Er hielt es für ein schlimmes und unerhörtes Unrecht, daß ein weltlicher Richter in einer kirchlichen Angelegenheit entschied (Chronik II 50,5). Er protestierte gegen die Verurteilung und Hinrichtung einiger Anhänger des Priscillian. Sein Protest blieb wirkungslos.[10] Als der größere Teil der Bischöfe Galliens den ganzen Vorgang absegnete, spaltete sich der Episkopat des Landes. Martin stand auf seiten der Minderheit. Nur noch einmal – 386 in Trier – erschien er in der Gemeinschaft der bischöflichen Mehrheit; »es schien ihm besser, für kurze Zeit nachzugeben«, um vielleicht doch den weiteren Verfolgungsprozeß zu stoppen (Dialog III 13,2–3). Sein Versuch blieb ohne Erfolg, enttäuscht verließ er die Stadt. Gewissensbisse plagten ihn, weil er sich für kurze Zeit mit der »verderblichen Gemeinschaft« eingelassen hatte. Ein Engel mußte ihn auf dem Heimweg trösten:

»Martinus, mit Recht verurteilen dich Gewissensbisse. Doch einen anderen Ausweg gab es für dich nicht. Fasse wieder Mut, kehr' wieder zu Standhaftigkeit zurück, sonst gerät nicht nur deine Ehre, sondern auch dein Seelenheil in Gefahr« (Dialog III 13,4).

Martins Versuch, mäßigend und mildernd in die Kirchenpolitik einzugreifen, war gescheitert. Die Einsicht, daß Gerechtigkeit und Güte rasch an ihre Grenzen stoßen, fiel ihm schwer. Dabei wollte er sich selbst nicht von jeder Schuld freisprechen. Der Trost des Engels mag ihn aufgerichtet haben. Doch er habe selbst eine Verringerung seiner Wunderkraft feststellen müssen und nahm nach jenen traurigen Ereignissen an keiner Bischofsversammlung mehr teil (Dialog III 13,5–6). Es ehrt den Biographen, daß er auch diesen enttäuschten, hilflosen und vereinsamten Martin darstellt. Man darf diese menschlichen Züge nicht übersehen, wenn Sulpicius Severus am Ende des Martinuslebens – ganz unter dem Stilgesetz eines Heiligenlebens – gleichsam das Bild eines außer- und überirdischen Martinus malt:

> »Niemand sah ihn jemals zornig, aufgeregt, traurig oder lachen. Stets blieb er sich gleich. Himmlische Freude trug er auf seinem Angesicht. Er schien über der menschlichen Natur zu stehen. In seinem Munde war nie etwas anderes als Christus. In seinem Herzen wohnten nur Güte, nur Friede, nur Erbarmen« (Vita 27,1–2).

Der Tod des Heiligen

Sulpicius Severus hatte den lebenden Bischof Martinus beschrieben. Die Lebensgeschichte endete zwar in jenem ikonenartigen Portrait, aber der Tod des großen Mannes konnte doch nicht unbeschrieben bleiben. Der Biograph kam dieser Pflicht nach. Wie schon gesagt, wählte er dafür die Briefform. In einem dritten Martinusbrief, adressiert an seine verehrte Schwiegermutter, hielt er das schriftlich fest, was er über das Sterben und Begräbnis des Heiligen in Erfahrung gebracht hatte.

Martinus befand sich auf einer Visitationsreise in Candes, einem Ort an der Mündung der Vienne in die Loire (gute 40 km westlich von Tours). Todesgewißheit erfüllte ihn, denn er wußte seinen Todestag schon lange voraus und kündigte auch seinen Brüdern die nahe Auflösung an (Brief 3,6). In der Pfarrei Candes hatte der Bischof einen Streit zwischen den Klerikern zu schlichten, was ihm auch gelang. Dort befiel ihn dann die Todeskrankheit. Von der Klage und Trauer der begleitenden Brüderschar bewegt, betete der Sterbenskranke:

> »Herr, wenn ich für dein Volk noch notwendig bin, dann verweigere ich die Arbeit nicht. Dein Wille geschehe…« (Brief 3,11).

Wie der Apostel Paulus (Phil 1,22–24) verlangt er aufzubrechen, um bei Christus zu sein, und er meint, als Greis (senex) auch ein Recht auf den endgültigen Heimgang zu haben. Doch wenn es sein muß, ist er bereit, weiter seinen Dienst auf Erden zu tun. Dieser Dienst war jetzt erfüllt. Auf Asche gebettet, in ein Bußgewand gehüllt, erwartet der Fieberkranke den Tod. Erleichterungen, die ihm die Brüder bereiten wollen, lehnt er ab:

> »Laßt mich, Brüder, laßt mich lieber zum Himmel als zur Erde blicken, damit mein Geist, der sich schon anschickt, zum Himmel zu gehen, die Richtung einhalte.« Dann sah er neben sich den Teufel stehen. »Was stehst du hier, du blutdürstige Bestie«, sprach er, »du Verfluchter, an mir kannst du nichts finden. Mich nimmt der Schoß Abrahams auf« (Brief 3,15–16).

Mit diesen Worten gab Martin seinen Geist auf. Der Biograph nennt den Todestag nicht. Nach guter Überlieferung war es wohl der 8. November 397.

Das Sterben Martins war das Sterben eines Heiligen. Sein Antlitz leuchtet, seine Glieder strahlen weiß: »Es war eben so, als ob an ihm die Herrlichkeit der künftigen Auferstehung und die Art des verklärten Leibes wahrzunehmen wäre« (Brief 3,17). Für Sulpicius Severus hat im Augenblick des Sterbens die Herrlichkeit des ewigen Lebens für Martin begonnen.

Der Leichenzug von Candes zurück nach Tours wird zum Triumphzug, der unterwegs ständig anwächst. Von den Höfen, Dörfern und benachbarten Städten kommen die Gläubigen. Eine große Mönchsschar begleitet den Sarg – »an die 2000 sollen zu-

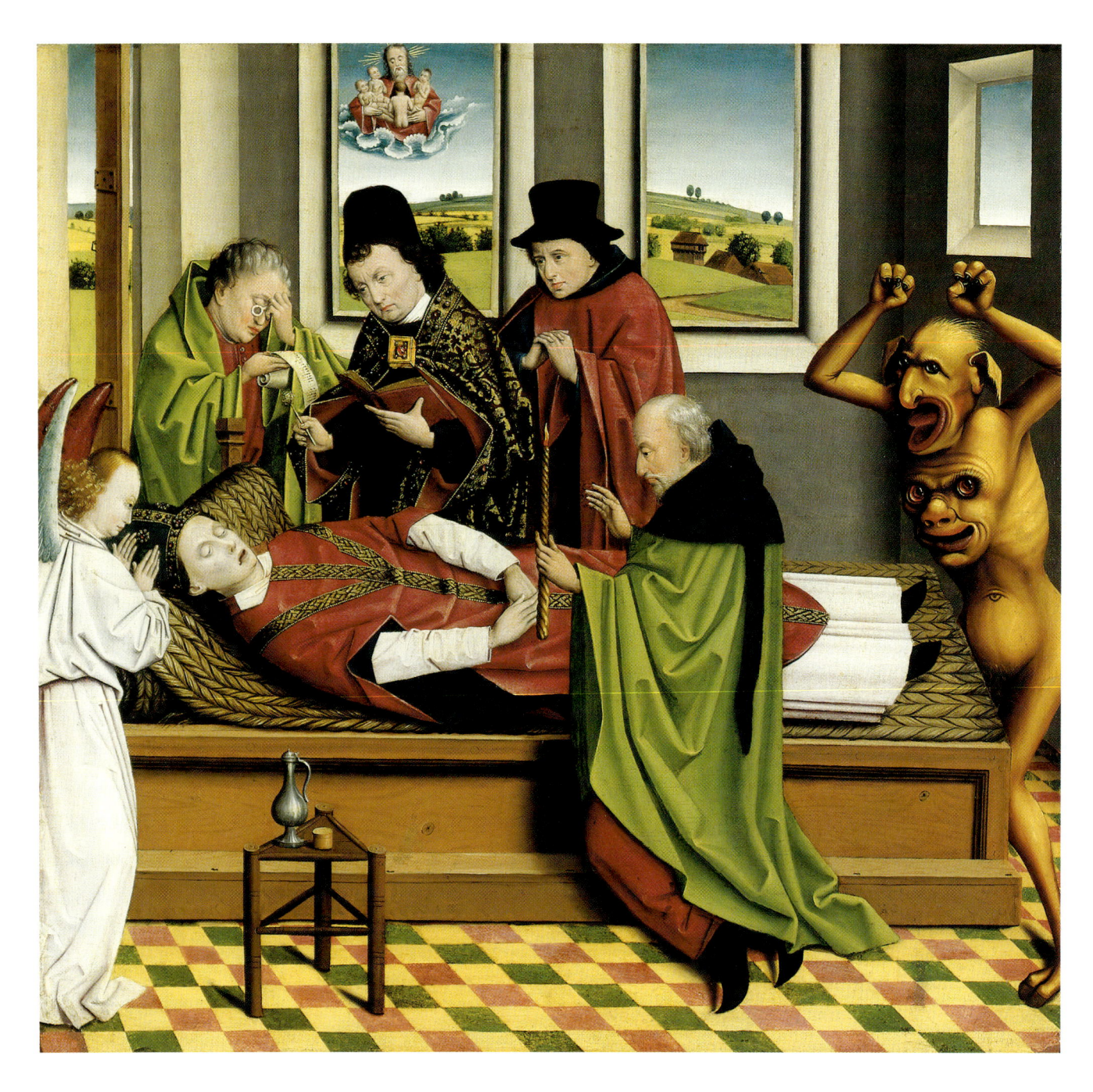

Abbildung 7
Tod des hl. Martin von Derick Baegert (um 1440–1515),
Altarflügel, um 1480, Westfälisches Landesmuseum für Kunst
und Kulturgeschichte, Münster

Abbildung 8
Tod und Translation des hl. Martin
von Candes nach Tours,
Sakramentar, Marmoutier,
12.–14. Jahrhundert,
Stadtbibliothek Tours

sammengekommen sein«, die Schar der Jungfrauen folgt ihm. Alle sind von schmerzlicher Trauer erfüllt, gleichzeitig auch von Freude über den seligen Heimgang. Ein Sieger auf dem Weg zu seiner irdischen Ruhestätte! Dem Biographen kommt der Vergleich mit dem Triumphzug eines siegreichen Feldherrn in den Sinn:

> »Was reicht heran an die Leichenfeier des Martinus? Mögen die Triumphatoren vor ihren Wagen Gefangene einherziehen lassen, denen die Hände auf den Rücken gebunden sind. Der Leiche Martins folgen die, die unter seiner Führung die Welt überwunden haben. Mögen jene vom irren und wirren Beifall der Menge geehrt werden, Martin wird bejubelt mit den göttlichen Psalmen, Martin wird geehrt mit himmlischen Gesängen. Jene werden nach ihrem Tod in den grausamen Tartarus gestoßen. Martin wird voll Freuden in den Schoß Abrahams aufgenommen. Martinus, arm und bescheiden, geht reich in den Himmel ein!« (Brief 3,21).11

Was Sulpicius Severus in seinem Totenbrief festgehalten hat, darf als »Heiligsprechungsakte« bezeichnet werden. Die Kirche seiner Zeit kannte noch keine offizielle Heiligsprechung. In der spontan aufbrechenden Verehrung wird der Verstorbene zum Heiligen, den die Verehrenden in der himmlischen Herrlichkeit wissen. Der Biograph hat diese Erhöhung Martins schon am Anfang seines zweiten Briefes anklingen lassen. Da erzählt er, wie er in einem Traumgesicht Martin in herrlicher Erscheinung sah und wie er zum Himmel hinauf entrückt wurde. Kurz danach erfuhr er vom Tode Martins. Dann wußte er seinen hl. Freund eingereiht unter die Apostel, Propheten und Märtyrer. Die Märtyrer wurden schon früh als Heilige verehrt. Ihr Sterben für Christus machte sie zu ausgezeichneten Toten. Martin, der verhinderte Märtyrer, war jedoch wie sie Glaubenszeuge in seinem ganzen Leben. Nicht ein »ausgezeichneter Tod« macht ihn zum Heiligen; vielmehr war es sein gesamtes Leben und Wirken, das ihn als gotterfüllten und apostelgleichen Mann auswies und dank dieser Gaben zum Triumphator über diese irdische Welt werden ließ.[12]

Die Anfänge der Verehrung des hl. Martinus

Einzelne Spuren

Die Anfänge der Verehrung des hl. Martin sind mit den Martinusschriften des Sulpicius Severus gegeben. Mit einigem Stolz und nicht wenig Übertreibung nahm er die weite Verbreitung seines Martinuslebens zur Kenntnis. Inwieweit die Lektüre des Büchleins zu intensiver Verehrung führte, ist für uns nicht genau auszumachen.[13] Als Zentrum einer echten Martinusverehrung muß der Asketenzirkel des Sulpicius in Primuliac angesehen werden. Hier wurde die Erinnerung an den Heiligen lebendig gehalten; die literarischen Zeugnisse sind deren verdichteter Niederschlag. Den Leichnam des hl. Martin konnte man zwar nicht an diese Stätte lebendigen Erinnerns holen, aber – gleichsam als Ersatz – konnte der treue Martinschüler Clarus, der kurz vor Martinus verstorben war (Paulinus, Brief 2,5), nach Primuliac übertragen und in der dortigen Basilika beigesetzt werden. Der Freund Paulinus von Nola sandte ein paar Inschriften (zur Auswahl), die in der Kirche an den Heiligen erinnern und seine Heiligkeit verkünden sollten. In dieser Kirche war auch ein Bild Martins angebracht, und zwar im Baptisterium. Der Heilige sollte auf die Täuflinge als anspornendes Vorbild wirken, und Paulinus schlug auch dafür eine Inschrift vor:

> »Alle, die ihr in diesem Brunnen eure Seelen und Leiber waschet, haltet euch fest an Wegen, die zu guten Taten führen. Martinus ist hier, so könnt ihr ein Vorbild vollkommenen Lebens schauen... Martinus zieht die Augen der Gesegneten auf sich... Er ist das Beispiel für die Heiligen...« (Paulinus, Brief 32,2–3).

Durch das Schülergrab und das Martinusbild war die Basilika von Primuliac zum Heiligtum geworden. Wahrscheinlich blieb der Ort das nur für kurze Zeit, denn nach 404 verschwindet er aus der nachprüfbaren Geschichte.

Ein fernab gelegenes Zentrum der Martinsverehrung war das Kloster des Paulinus von Nola. Er zählte von Anfang an zu den Bewunderern und Verehrern des hl. Martin, sorgte für die Verbreitung der Martinusvita in Italien und die Verehrung des Heiligen, auf den er selbst sein Vertrauen setzte:

»Martinus stärkt unseren Glauben durch sein gutes Beispiel und seine mutigen Worte, so daß unser Glaube unbefleckt bleibt und die Palme der Herrlichkeit gewinnt« (Paulinus, Brief 32,3).

Die Martinusverehrung in Nola war freilich ganz persönlich begründet. Eine Basis für einen kontinuierlichen Martinskult in Italien, über den Tod des Paulinus hinaus, wird man deshalb nicht annehmen dürfen.

An der Wende vom 5. zum 6. Jahrhundert ist der Martinskult in Rom zu finden: Papst Symmachus (498–514) erbaute zu Ehren des hl. Bischof von Tours eine Martinskirche (San Martino ai Monti). Etliche Jahrzehnte später weihte ihm Benedikt von Nursia in seinem neuen Kloster Monte Cassino eine Kapelle, um nur zwei wichtige Stätten der Martinsverehrung außerhalb Galliens zu nennen.[14]

Dichtere Spuren einer anfänglichen Verehrung des hl. Martin finden wir im Umkreis seines einstigen Wirkens, getragen von einigen Schülern und wohl auch gepflegt in einigen Klöstern. Die frommen Nonnen, die schon zu Lebzeiten Martins kostbare Erinnerungsstücke an den verehrten Wundermann aufbewahrten, haben das Gedenken an ihn wohl wachgehalten und standen mit ihrem guten Gedenken kaum allein da. Doch ein allzu enges Netz einer schnellen und ungebrochenen Verehrung des Heiligen darf nicht angenommen werden. Und die Landkarte Galliens zeigt noch lange Zeit für den Martinskult auch große weiße Flecken. Sicher war Martin im entfernten Kloster Condat/Jura im frühen 6. Jahrhundert bekannt und wurde dort auch verehrt (Leben der Juraväter 46; 89; 152). Doch in dieser Zeit war Tours schon zum anziehenden und ausstrahlenden Zentrum der Martinsverehrung geworden. Klerus und Volk hatten inzwischen erkannt, welch kostbarer Schatz ihnen mit dem Martinsgrab geschenkt worden war.

Sein Grab wird herrlich sein

Martinus hat sein Grab in Tours gefunden. Es lag auf dem Friedhof wie andere Gräber, und es dauerte geraume Zeit, bis das Grab größere Aufmerksamkeit erfuhr und zur Stätte der Verehrung wurde. Das geschah unter Martins Nachfolger auf dem Bischofsstuhl von Tours, jenem Brictius, der im Martinusleben als unangenehmer und peinlicher Widersacher des Heiligen erscheint. In bedrängter Lage habe er am Grab Martins Zuflucht gesucht und der Fürbitte des Heiligen seine Ehrenrettung mitverdankt. Er ließ danach über dem Martinusgrab eine bescheidene Kapelle errichten, wohl kaum mehr als eine einfache Grabkammer. Das mag um 435/436 gewesen sein. Diese Initiative förderte die grabgebundene Verehrung des Heiligen, der nun zum bevorzugten Beschützer seiner Bischofsstadt aufsteigen konnte. Tours konnte in der Mitte des 5. Jahrhunderts einen solchen Patron brauchen. Die Stadt lag an der Grenze zum arianischen Westgotenreich. Den feindlichen Nachbarn konnte der rechtgläubige Heilige entgegengesetzt werden. Seine Gemeinschaft mit dem hl. Hilarius, sein eigenes Auftreten gegen die Arianer in Illyrien und Oberitalien, von Sulpicius Severus betont unterstrichen, seine Zeitgenossenschaft mit Ambrosius von Mailand, all das mag mit am Werk gewesen sein, um Martin in diese Rolle zu stecken. Aber in der frommen Erinnerung lebte doch mehr der Wundertäter und Helfer in allen Nöten weiter. Dieses Ansehen zog nun Pilger an sein Grab. Deshalb ging knapp dreißig Jahre später Bischof Perpetuus (458/459–488/489), der dritte Nachfolger Martins, daran, »eine große und wunderbar gebaute Kirche« zu errichten. Mit Bischof Perpetuus setzt eine bewußt und gezielt gepflegte Martinsverehrung ein. Seine »Basilika des hl. Martin« wurde wohl 471 geweiht. Die Übertragung der Gebeine Martins in die Kirche und ihre neue Bestattung im zugänglichen Grab in der Apsis der Basilika darf als offizielle Heiligsprechung angesehen werden, nachdem sie schon von Sulpicius persönlich vorweggenommen worden war. Bischof Perpetuus sorgte auch für eine Neubearbeitung der sulpizianischen Martinusschrift. Sein literarisch begabter Amtsbruder Paulinus von Périgueux gab den Inhalt in dichterischer Form wieder und verwandelte den älteren Prosatext in ein Epos von 3622 Hexametern (geschrieben um 470). Das Leben Martins wurde damit in neuer Weise in Erinnerung gerufen. Der Dichter fügte auch Berichte über Wunder an, die inzwischen am Grab des Heiligen geschehen waren. Vor allem aber unterstrich er Martins Bindung an die Stadt Tours: Wie Christus einst die Apostel in alle Welt geschickt habe, so habe er Martin an die äußersten Grenzen Galliens nach Tours geschickt. Tours wurde zur apostolischen Stadt. Martinus hat durch seinen Tod zwar sein Antlitz vor den Touronern verborgen, in seiner Zuneigung aber bleibt er bei ihnen. Tours ist und bleibt die Stadt des hl. Martin (»urbs Martini«; Buch V, Vers 295): »Auf ewig darf sich die Stadt der Touroner ihres Bischofs Martinus erfreuen« (Buch VI, Vers 506).

Das Bemühen des Bischofs Perpetuus zeigte raschen Erfolg. Die Martinsbasilika wurde zum Zentrum des kräftig aufbrechenden Martinskultes, die »Stadt des hl. Martin« zum Ziel unzähliger frommer Pilger, die den Heiligen als Helfer und Fürsprecher anrufen:

> »Hier ruht der Bischof Martinus, seligen Angedenkens. Seine Seele ist in Gottes Hand. Doch er ist auch hier ganz gegenwärtig und zeigt sich in Wundern aller Art« (Grabinschrift).

Der fromme Glaube weiß Martin in der Seligkeit des Himmels. Der gleiche Glaube weiß ihn auch in seinem Grab, und was er im unzugänglichen Himmel an Gottes Thron zu wirken vermag, das kann er auch von seinem Grab aus leisten. Die alte Überzeugung einer himmlisch-irdischen Entsprechung bestimmt dieses Denken. Der Heilige bleibt unter den Seinigen, bleibt buchstäblich für jeden zugänglich. Gregor von Tours, 573–594, also etwa 200 Jahre nach Martin Bischof in Tours, der ein fleißiger und fruchtbarer Schriftsteller war, hat sich in besonderer Weise der Verehrung seines Vorgängers angenommen. In seiner »Frankengeschichte« (591 vollendet) nimmt er immer wieder Bezug auf seinen hl. Vorgänger und die andauernde Verehrung. Der Verehrungsgeschichte hat er daneben ein eigenes Buch gewidmet, in dem er mit spürbarer Anteilnahme und heller Freude die Wunder am Grab des hl. Martin erzählt (De virtutibus S. Martini). Da wirkt Martin vor allem als Krankenheiler: Lähmungen, Magen- und Darmkrankheiten heilt er, auch Stumme, Taube, Geisteskranke und Besessene erfahren seine Heilkraft. Die heilende Kraft band sich an Gegenstände, die mit dem Grab des Heiligen in Verbindung standen: Staub vom Grab; Wasser, mit dem das Grab gereinigt wurde; Wein, mit dem Staub vermischt, auch Öl aus der Lampe und Wachs von den Kerzen, die am Grab brannten. Diese Heilmittel waren die begehrten »Reliquien« des hl. Martin, die man mit nach Hause nahm und in Kapseln bei sich trug. Gregor von Tours trug ständig eine Kapsel mit Staub vom Martinsgrab bei sich, um die wunderbare Arznei stets zur Hand zu haben, für sich und für andere!

Diese Reliquien konnten leicht vermehrt werden, indem Gegenstände mit dem Grab in Berührung gebracht wurden. Das waren vor allem Tücher, die auf das Grab gelegt und dann ganz oder in Teilen weggegeben wurden. Als König Chararich von Galizien (nördl. Westspanien) in seinem Land eine Martinskirche bauen wollte, schickte er eine Gesandtschaft nach Tours, um »Martinusreliquien« zu holen. Man wollte sie mit den üblichen Tüchern versorgen. Dagegen wehrte sich die Gesandtschaft: »Nicht so, man gewähre uns vielmehr die Erlaubnis, das auf das Grab legen zu dürfen, was wir nachher mitnehmen.« Dann legten sie ein seidenes Tuch auf das Grab, das sie zuvor gewogen hatten. Am anderen Morgen wog es viel mehr, und unter großem Jubel kehrten sie mit ihrer Reliquie nach Hause zurück (De virtutibus S. Martini I 11).

Nach Gregor von Tours ereigneten sich solche Wunder vor allem an den großen Festtagen Martins, am 4. Juli, der als Tag seiner Bischofsweihe galt, und am 11. November, dem Tag der Beisetzung. Beide Feste wurden jeweils drei Tage lang gefeiert und zogen reichlich Pilger an. Sie wurden in eine festlich ausgestaltete Liturgie einbezogen und fanden auch Gelegenheit zu frohem, geselligen Beisammensein. Gregor von Tours spricht öfters von Gast- und Festmählern. Aber die Hilfe Martins wurde auch außerhalb dieser Hochfeste gesucht. Außerdem galt neben dem Martinsgrab das Kloster Marmoutier als Wallfahrtsziel, und der Reiseweg schloß gerne auch Candes ein, wo die Sterbezelle Martins verehrt wurde.

Zu Gregors Zeiten wurde das Martinsleben zum zweiten Mal in dichterischer Form bearbeitet. Jetzt war es Venantius Fortunatus (um 530 – nach 600), der im Jahr 567 aus Italien nach Tours gekommen war, am Grab Martins Heilung von einem Augenleiden gefunden hatte (Leben des hl. Martin, Buch IV, Verse 686ff.) und sich dann in Poitiers niedergelassen hat. Sein Epos – Vita S. Martini (vor Mai 576 geschrieben) – umfaßt 2444 Hexameter. Die Dichtung setzt zwar keine neuen Akzente für Martin und seinen Kult, zeigt aber doch das anhaltende Interesse an Martin und die Aktualität seiner Verehrung. Wenn der Dichter sein Werk der in Poitiers lebenden Königin Radegundis und ihrer Pflegetochter Agnes widmete, dann kommt damit ein einflußreicher Verehrerkreis des hl. Martin in den Blick.

Der Schutzpatron der Franken

Sicher war Martin in den etwa 150 Jahren von Bischof Perpetuus bis zu Bischof Gregor zum vielverehrten und vielbesuchten Heiligen geworden. Gregor von Tours feierte ihn als die »neue Sonne, die über einer alternden Welt aufgegangen ist« (De virtutibus S. Martini I 3) und staunte dankbar mit seinen Touronern darüber, daß »Martin uns von Gott gegeben wurde«. Doch seine Helfer- und Schutzfunktion teilte er mit vielen anderen Heiligen des Landes. Selbst sein grenzenloser Bewunderer Gregor schreibt in ein paar weiteren Büchern von anderen Heiligen, die sich ebenfalls lebhafter Verehrung erfreuten und ihre eigene Klientel besaßen. In der unruhigen Zeit, in der sich das alte römische Gallien endgültig auflöste, konnte man nicht genug himmlische Patrone und wundermächtige Helfer haben.

Im späten 5. Jahrhundert setzte sich mit dem Aufstieg der Merowinger wieder eine ordnende Macht im Lande durch. König Chlodwig besiegte 486/487 Syagrius, den letzten Platzhalter römischer Herrschaft. 496/497 (?) wurde er vom Reimser Bischof Remigius getauft. Für seinen Feldzug gegen die Westgoten soll Chlodwig sich des besonderen Schutzes des hl. Martin versichert haben, und nach errungenem Sieg (507) sei er nach Tours gekommen, um der »Kirche des hl. Martinus viele Geschenke zu weihen«; in der Kirche habe er auch den Purpurrock und den Mantel angelegt und das Diadem aufgesetzt als Zeichen des Ehrenkonsulates, das ihm Kaiser Anastasius übertragen hatte (Gregor von Tours, Frankengeschichte II 37). Doch die Bindung des Königs an den hl. Martin scheint nicht allzu tief gewesen zu sein. Von späteren Besuchen am Grab Martins ist nichts bekannt. Als er im Jahr 511 starb, ließ er sich in Paris in der Kirche des hl. Petrus neben dem Grab der hl. Genovefa bestatten. Bei Chlodwigs nächsten Nachfolgern läßt sich eine unsichere Haltung dem großen Heiligen gegenüber beobachten. Das Martinusheiligtum ist ihnen bekannt, aber daß es von ihnen intensiv gefördert oder gar ausschließlich zum persönlichen Schutz- und Heilort gewählt worden wäre, läßt sich nicht sagen, im Gegenteil, sie suchten andere Heilige und Schutzpatrone und förderten deren Kult. Im Bruderkrieg zwischen den Söhnen Chlodwigs war es ihre Mutter Clothilde, die durch ihr Gebet zum hl. Martin den blutigen Kampf verhinderte (Frankengeschichte III

28). König Chilperich, der Martins Rat suchte, begab sich nicht selbst zum Heiligengrab, sondern ließ die Anfrage brieflich auf dem Grab niederlegen – und Martin gab keine Antwort (Frankengeschichte V 14). Stärker scheinen die merowingischen Königinnen und Prinzessinnen auf den hl. Martin vertraut zu haben, vor allem war es Clothilde, die Witwe Chlodwigs. Nach dem Tod ihres Mannes (511) zog sie nach Tours, um bis zu ihrem Tode (544) im Dienst des hl. Martin zu leben. Ihr Leichnam wurde nach Paris gebracht und neben ihrem Mann begraben (Frankengeschichte II 43, IV 1). Zu den Verehrern Martins gehörte ebenso Radegunde, die Frau Chlothars, und Königin Brunichilde. Die merowingische Prinzessin Bertha, die mit dem König von Kent vermählt worden war, ließ in Canterbury vor 597 eine Martinskirche erbauen.

Die entschiedenere Zuwendung der Merowinger zum Heiligen von Tours setzte in der zweiten Hälfte des 7. Jahrhunderts ein. In dieser Zeit gelangte das Königshaus in den Besitz einer besonders kostbaren Martinusreliquie: der halbe Soldatenmantel, den Martin nach seiner Liebestat am Stadttor von Amiens zurückbehalten hat. Venantius Fortunatus, der vor 576 das Martinusleben nach Sulpicius Severus wieder in Versen verherrlichte, meinte von diesem Kleidungsstück: »Dieser weiße Soldatenmantel (chlamys) ist mehr wert als eines Königs Purpurmantel« (Frankengeschichte I 66). Woher die kostbare Textilie jetzt etwa 300 Jahre nach dem Tod Martins gekommen ist, wird rätselhaft bleiben. Wichtig für die Verehrungsgeschichte bleibt, daß die Merowinger damit eine ganz eigene Martinusreliquie besaßen und das weitab und unabhängig von Tours. Martinus war in seinem Mantel jetzt auch an ihrem Hofe gegenwärtig. Das »Angeld und Unterpfand der Liebe«, wie Venantius Fortunatus den Mantel in Erinnerung an Martins selbstlose Tat nannte, wurde für die Herrscher zum Faustpfand dafür, daß der Heilige von Tours sie beschütze und geleite in ihren weltlichen Unternehmungen und ihrer jenseitigen Hoffnung. Gregor von Tours hat seinen heiligen Vorgänger gebeten, er möge ihn beim Gericht nicht nur schützend hinter seinem Rücken verbergen, sondern ihn auch vor dem höllischen Feuer mit seinem Mantel (pallium) bedecken (De virtutibus S. Martini II 40). Genauso begeben sich jetzt die Merowinger und Franken unter diesen Mantelschutz, der sich gleichsam über ihr ganzes Reich breiten sollte. In Kriegszeiten wurde die Reliquie auf den Feldzügen mitgeführt als Beschützerin der eigenen Truppen und Schreckenszeichen für die Feinde. In Friedenszeiten wurde sie in der Palastkapelle aufbewahrt; das königliche Gericht ließ die feierlichen Eide vor oder über dieser Reliquie schwören. Das kostbare Stück ging übrigens in die Sprachgeschichte ein. Der berühmte Martinsmantel hieß ursprünglich entsprechend der Militärgarderobe chlamys. Seit er zur königlichen Reliquie geworden war, wurde er als capella (= Mäntelchen) bezeichnet; später auch capa = Mantel. Die mit dem Schutz der Reliquie beauftragten

Priester wurden zu capellani (= Kapläne) und der Aufbewahrungsort im königlichen Palast zur Kapelle, wobei der kostbarste Schatz (= capella des hl. Martin) dem aufbewahrenden Raum seinen Namen gab.

Wenn Paulinus von Nola schon zu seiner Zeit verkündete: »Überreiche Gnade hat die Länder des Westens beschienen, ... Gallien hat Martinus angenommen« (Gedichte 19, 152f.), dann war das damals noch verfrüht. Jetzt in der frühen Frankenzeit entsprach es der Wahrheit. Der hl. Martin ist offiziell als Patron anerkannt, und mit der Ausbreitung des fränkischen Reiches zieht auch Martin in die eroberten und dem Frankenreich eingegliederten Länder. Sie mögen sich dem Schutz Martins anvertraut haben, nachdem er der mächtige Beschützer ihrer neuen Herren war. Vieles mag unbegreiflich gewesen und nur mit Staunen zur Kenntnis genommen worden sein, was von diesem gottgesandten Apostel Galliens erzählt wurde. Aber gerade dieses Staunenerregende und Wunderbare – das mirabile – empfahl den Heiligen als Beschützer im Diesseits und besonders als Fürsprecher im Jenseits. Sulpicius Severus hatte das schon bei der ersten Totenerweckung von Ligugé zum Ausdruck gebracht. Da sah sich der Tote vor dem göttlichen Richterstuhl und vernahm den vernichtenden Urteilsspruch. Doch dagegen wandten die Thronengel ein: »Das ist doch der, für den Martinus betet!« (Vita 7,6). Und wenn nach dem Nachahmenswerten – dem imitabile – gefragt wurde, dann stand und steht dafür jene schöne Charakteristik seines Biographen: »In seinem Herzen wohnten nur Güte, nur Friede, nur Erbarmen« (Vita 27,2).

Literatur

Timothy D. BARNES, The military career of Martin of Tours, in: Analecta Bollandiana 114, 1996, 23–33.

Virginia BURRUS, The making of a heretic. Gender, authority, and the Priscillianist controversy, Berkeley 1995.

Henry CHADWICK, Priscillian of Avila. The occult and the charismatic in the Early Church, Oxford 1976.

Raymond VANDAM, Saints and their miracles in late antique Gaul, Princeton 1993.

Eugen EWIG, Der Martinskult im Frühmittelalter, in: Archiv für mittelrheinische Kirchengeschichte 14, 1962, 11–30.

Joseph T. LIENHARD, Paulinus of Nola and early western monasticism, Köln-Bonn 1977.

Luce PIETRI, La ville de Tours du IVe au VIe siècle. Naissance d'une cité chrétienne, Rom 1983.

Friedrich PRINZ, Frühes Mönchtum im Frankenreich, München ²1988.

Clare STANCLIFFE, St. Martin and his hagiographer. History and miracle in Sulpicius Severus, Oxford 1983 (mit ausführlicher Literaturangabe zu Sulpicius Severus und Martin von Tours).

Saint Martin et son temps. Mémorial du XVIe centenaire des débuts du monachisme en Gaule [361–1961], (Studia Anselmiana 46), Rom 1961.

Quellenverzeichnis

Martinusschriften des Sulpicius Severus:
Lateinischer Text, hg. von Karl Halm, Wien 1866: CSEL 1 (Corpus Scriptorum Ecclesiasticorum Latinorum, Bd. 1).
Deutsche Übersetzung, hg. von Pius Bihlmeyer OSB, Kempten-München 1914: Bibliothek der Kirchenväter, Bd. 20.
Vie de S. Martin = Leben Martins und Briefe zum Leben. Lateinisch-französischer Text, hg. von Jacques Fontaine, Paris 1967–1969: Sources chrétiennes, Bd. 133–135. Ausführlicher Kommentar – philologisch, historisch und theologisch – zum Martinusleben.

Gregor von Tours:
Libri IV de virtutibus S. Martini (= Wunder am Grab des Heiligen): Lateinischer Text, hg. von Wilhelm Arndt und Bruno Krusch, Hannover 1885: MGH.SRM 1.2, 584–661.
Historiae (Historia Francorum = Frankengeschichte): Lateinisch-deutscher Text, 2 Bde., hg. von Rudolf Buchner, Darmstadt 1959.

Paulinus von Nola:
Briefe: Lateinischer Text, hg. von Wilhelm von Hartel, Wien 1894: CSEL 29.

Paulinus von Périgueux:
De vita S. Martini (= Epos über das Martinusleben). Lateinischer Text, hg. von Michael Petschenig, Wien 1888: CSEL 16.

Venantius Fortunatus:
Vita S. Martini (= Epos über das Martinusleben). Lateinischer Text, hg. von Friedrich Leo, Berlin 1881 (ND 1961): MGH.AA 4.1, 293–370.

Anmerkungen

1 Zu Sulpicius Severus: Clare STANCLIFFE (Literaturverzeichnis).
2 Zu Paulinus von Nola: Joseph T. LIENHARD, Paulinus of Nola and early western monasticism, Köln-Bonn 1977.
3 Nach dieser Gesprächsaufteilung bestanden die Dialoge ursprünglich nur aus 2 Teilen: Dialog I = Gespräch des 1. Tages; Dialog II = 2. Tag. Die nachträgliche Gliederung in 3 Teile geschah aus inhaltlichen Gründen, wobei aus den Gesprächen des 1. Tages zwei Dialogeinheiten gebildet wurden.
4 Zu Priscillian: Henry CHADWICK, Virginia BURRUS (Literaturverzeichnis).
5 Deutsch: Steinamanger, Stadt in Westungarn, nahe der österreichischen Grenze, gute 100 km südlich von Wien. In römischer Zeit pannonisches Verwaltungs- und Militärzentrum.
6 Dialog II 1–2,2 erzählt eine ähnliche Liebestat. Der Bischof Martin schenkt einem Armen sein Unterkleid und beschämt damit einen unfreundlichen Kleriker. Auch diese Tat wird mit einer wunderbaren Erscheinung – eine leuchtende Feuerkugel über dem Haupt Martins – belohnt.
7 Timothy D. BARNES, The military career of Martin of Tours, in: Analecta Bollandiana 114, 1996, 23–33, möchte den Abschied vom Militär auf das Jahr 357 verlegen, also erst nachdem Julian in der Schlacht von Straßburg die Alamannen vernichtend geschlagen hat. Damit entfiele Martins erster Aufenthalt bei Hilarius von Poitiers im Sommer 356.
8 Daß der Bischofskandidat Martinus sich versteckt habe, um der Wahl zu entgehen, und von schnatternden Gänsen verraten worden sei, steht in keiner unserer Quellen zum Martinusleben! Zur Gans ist der Heilige aus anderem Grund gekommen: In Gegenden mit reicher Gänsezucht mußten am Martinstag (einem beliebten Tag für Renten- und Zinszahlungen) auch Gänse als Rentenleistung abgeliefert werden. Dieser Zusammenhang machte den Heiligen zum Patron der Gänse und gab ihm auf bildlichen Darstellungen seit dem späten 15. Jahrhundert die Gans als Attribut.
9 Brictius ist im »Martinusleben« noch nicht erwähnt. Sulpicius berichtet erst im 3. Dialog von ihm. In dieser Zeit ist Brictius bereits Bischof von Tours (397–444). In seiner Amtsführung ging er wohl auf Distanz zu seinem Vorgänger und auch zu dessen Anhängern in Tours. Daß er als Bischof nicht unumstritten war, berichtet Gregor von Tours, Frankengeschichte II 1 – Brictius steht schon im Touroner Heiligenkalender des Bischofs Perpetuus mit eigenem Festtag am 13. November.
10 Entschiedener Protest gegen das kaiserliche Vorgehen ist gleicherweise von Ambrosius, dem Bischof von Mailand (374–397), bekannt. Aber auch für ihn war Priscillian ein Häretiker.
11 Das Lob Martins – »geehrt mit himmlischen Gesängen, arm und bescheiden, geht reich in den Himmel ein« – wurde auch auf Franz von Assisi bezogen und ging in sein Festoffizium ein (Responsorium der 1. Vesper).
12 Gregor von Tours, Frankengeschichte I 48, erzählt vom Streit der Städte Poitiers und Tours um den Leichnam des Heiligen: »Aber der allmächtige Gott wollte nicht, daß die Stadt Tours ihren Schutzheiligen verlöre.«
13 Im östlichen Kirchenraum erwähnt ihn der Kirchenhistoriker Sozomenus, Kirchengeschichte III 14,38–41; die Notiz setzt vage Kenntnis des Sulpicius Severus voraus.
14 Zum Martinusoratorium in Monte Cassino: Gregor der Große, Dialoge II,11. – Die Nachricht führte zu einer besonderen Martinusdevotion im abendländischen Mönchtum und Benediktinerorden.

MARTINSPATROZINIEN IN SÜDWESTDEUTSCHLAND

Otto Beck

Wer zwischen Taubergrund und Bodensee unterwegs ist und mitunter auch eine Kirche oder Kapelle aufsucht, wird nicht selten unserem *Diözesanpatron* begegnen. Bisweilen ist es auf dem Vorplatz eine Brunnenfigur, die ihn als Soldat oder Mönch zeigt. Ein andermal erscheint er, gemalt oder geschnitzt, in einem Altaraufbau. Oder es werden auf einem Ölgemälde oder in Deckenbildern einige Begebenheiten aus seinem Leben vor Augen geführt. Das alles könnte darauf hinweisen, daß hier Sankt Martin als *Kirchenpatron* verehrt wird.

Wieviele *Martinsheiligtümer* es überhaupt gibt, läßt sich nur vermuten. Allein in Frankreich, wo in Tours sein Grab liegt, sollen es 3600 Gotteshäuser[1] sein. Auf der 1975 im Historischen Atlas von Baden-Württemberg veröffentlichten Karte, die allerdings über unsere Landesgrenzen hinausgeht, sind 424 weitere *Patrozinien*[2] eingetragen. Obwohl ihre Dichte nicht überall so groß ist wie um Straßburg, südlich des Hochrheins oder auf der Schwäbischen Alb, verteilen sich seine Sakralbauten fast gleichmäßig über Südwestdeutschland. Lediglich Schwarzwald, Schönbuch, Welzheimer- und Schurwald sowie das Härtsfeld und seine nördliche Nachbarschaft weisen beträchtliche Lücken auf.[3] Es sind die Landstriche, die erst im Hochmittelalter weiter besiedelt wurden. In den zuerst urbar gemachten Flußtälern und auf den Hochebenen wurden die Gotteshäuser schon früher grundgelegt.

Das stimmt auch mit der alten Erkenntnis[4] überein, daß *Martinskirchen* oft in Orten stehen, deren Namen auf *-ingen, -heim* und *-dorf* enden. Man denke hier an Ailringen, Altsteußlingen, Bermaringen, Bierlingen, Böttingen, Dietenheim, Dietingen, Donzdorf, Döttingen, Dunningen, Dunstelkingen, Eberdingen, Ebingen, Eglingen, Ehingen, Enzweihingen, Fridingen, Gechingen, Gomadingen, Göppingen, Großengstingen, Großingersheim, Gruibingen, Hirrlingen, Hohenmemmingen, Hörvelsingen und Hundersingen. Ebenso an Iggingen, Irslingen, Isingen, Kirchbierlingen, Langen-

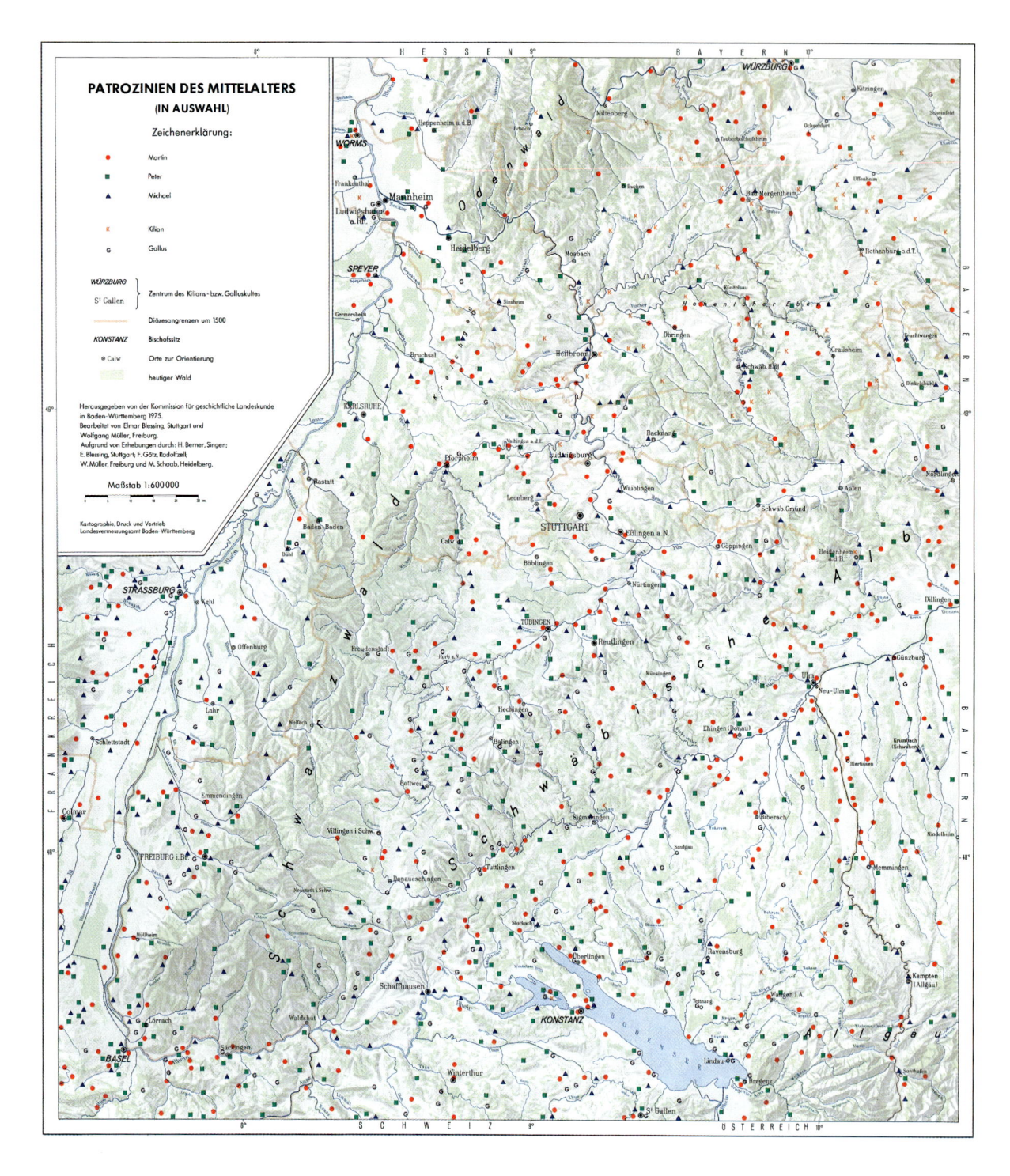

Abbildung 1
Patrozinien des Mittelalters (in Auswahl)

beutingen, Metzingen, Möhringen, Münsingen, Neckargröningen, Neckartailfingen, Neckartenzlingen, Nenningen, Oberjettingen, Oberlenningen, Oberstotzingen, Oberteuringen, Öpfingen, Öschingen, Pfullingen, Plieningen, Setzingen, Sindelfingen, Tomerdingen, Tuttlingen, Untersielingen, Utzmemmingen, Weitingen, Wiblingen, Zainingen und Zipplingen.

Dazu kommen aus der zweiten Gruppe Altheim, Erolzheim, Granheim, Grundsheim, Igersheim, Kirchheim, Nattheim, Meimsheim, Kornwestheim, Sontheim, Stammheim, Tannheim und Westheim.[5] Ursprünglich als Einzelgehöft oder Weiler angelegt und von einem Familienverband bewohnt, liegen ihre Anfänge in der Zeit zwischen 400 und 620.[6] Ortschaften auf *-dorf* hingegen – so Aulendorf, Ballendorf, Beffendorf, Hochdorf, Nußdorf, Unteressendorf und Wittendorf – dürften im 7. und 8. Jahrhundert (600–750) entstanden sein.[7] Diese Umstände sind von Belang, weil sie über das *Alter* der frühen Martinskirchen Auskunft geben können. In Kirchheim unter Teck zum Beispiel ist bereits um 600 ein solches Gotteshaus sicher bezeugt.[8] Doch werden sich hiermit verbundene Fragen nur vor dem damaligen geschichtlichen Hintergrund beantworten lassen.

Spätantike Urgemeinden und frühe Sakralbauten

Aus der vorausgehenden *Römerzeit,* die in unserem Diözesangebiet teilweise von 15 vor Christus bis 401[9] – vier Jahre nach Sankt Martins Tod – gedauert hatte, sind hierzulande keine christlichen Sakralbauten bekannt. Am Bodensee hingegen hatte es spätestens im 4. Jahrhundert, ähnlich wie schon vorher in Worms, Speyer, Straßburg, Augst, Zurzach, Stein am Rhein, Konstanz, Chur, Kempten und Augsburg ein Gotteshaus gegeben. Als die iroschottischen Wandermönche Columban und Gallus um 610 das frühere Brigantium (Bregenz) aufsuchten, war die spätrömische Aureliuskirche mit drei vergoldeten, keltoromanischen Götterstatuen geschmückt. Columban, der drei Jahre lang blieb und das Evangelium predigte, zerschlug sie und weihte den Sakralraum neu ein.[10]

Eine *spätantike Gemeinde*, die ebenfalls eine Kirche besessen haben muß, bestand damals auch noch im benachbarten Arbon. Ihrem Priester, der Willimar hieß, halfen ein Diakon namens Hiltibold und zwei weitere Kleriker in der Seelsorge.[11] Ob es in den Garnisonsstädten Rottenburg (Sumelocenna) und Rottweil (Arae Flaviae) ähnlich war, wissen wir nicht. Dagegen ist anzunehmen, daß es unter den vielerorts stationierten römischen Soldaten und deren Angehörigen spätestens nach 313, nachdem Kaiser Konstantin die christliche Religion zugelassen hatte, da und dort Getaufte gab. Wenn sie für ihren Glauben auch einheimische Keltoromanen gewonnen hatten, die ihn an die nachfolgenden Generationen weitergaben, könnten selbst manche der seit dem 4. Jahrhundert hier eingedrungenen Alamannen davon Kenntnis erhalten haben.[12] Leider fehlen darüber schriftliche Zeugnisse.

Germanische Götter und der Christengott

Den aus dem Elbe-Saale-Gebiet zugewanderten Ostgermanen, die nach der Preisgabe des Obergermanischen Limes von 260 an Südwestdeutschland besiedelten, war die christliche Botschaft zunächst fremd. Wie aus Berichten und Funden hervorgeht, verehrten sie *Naturgottheiten*. Das waren vor allem Wuotan (Odin), Ziu (Tyr) und Donar (Thor). Wie um 580 der griechische Historiker Agathias erzählt, gehörten dazu auch Wald- und Wassergeister. An ihren Kultplätzen, entweder auf Hügeln, in Mooren oder an Bächen und Flüssen, opferten sie Speisen, Hirschfibeln sowie Bronzefigürchen von Ebern und Stieren.[13] Ihren Toten gaben sie Eßwaren, Schmuck, Schlangenzierat, Waffen, Wolfsmasken und Pferde mit ins Grab.[14] Dies darf als Zeichen dafür gewertet werden, daß sie von einem Weiterleben im Jenseits überzeugt waren.

Den *christlichen Glauben*, dem sie fortan immer häufiger begegneten, lernten sie durch die Franken kennen. Der westgermanische Stamm war nach der Mitte des 5. Jahrhunderts vom Niederrhein aufgebrochen und in Gallien bis an die Seine vorgerückt. Ihr König *Chlodwig I.* (466–511) hatte 486/487 als 20jähriger bei Soisson den römischen Statthalter Syagrius besiegt und zehn Jahre später während des Westgotenkrieges auch die wegen der Burgunder nordwärts bis ins Eifelgebiet vorgedrungenen *Alamannen* zurückgeschlagen. Nach weiteren Kämpfen vertrieben oder, wie am Runden Berg bei Urach[15], geflüchtet, waren sie dann – jenseits des Lech saßen unterdessen Bajuwaren – erneut auf Landsuche im Süden gegangen. 507 gestand Chlodwig, der aus politischen Gründen seit 492 mit der katholischen Burgunderprinzessin Chrodechilde (474–544/545) verheiratet war, den inzwischen vereinten alamannischen Verbänden das Gebiet südlich der Höhenlinie Hornisgrinde-Hohenasperg-Lemberg-Hohenberg-Hesselberg[16] zu. In ihrer Not hatten zumindest die im Norden ausgewiesenen und südwärts Zuflucht suchenden Alamannen seinen Schwager, den arianischen Ostgotenkönig Theoderich den Großen (474–526), um Aufnahme in seinem Reich gebeten. Doch zwanzig Jahre später überließ dessen Nachfolger Vitiges (536–543) das rätische Alamannien den inzwischen auch über Aquitanien, Thüringen, Burgund und die Provence gebietenden Franken. Das aber sollte für die Zukunft gerade auch Südwestdeutschlands von weitreichender Bedeutung sein.

Irische Glaubensboten auch bei den Alamannen

Seit Chlodwigs Taufe, die ihm an Weihnachten wohl 498 durch Bischof Remigius (um 437–533) zusammen mit zahlreichen Freien in Reims gespendet worden war, hatte sich zunächst der fränkische Adel und dann zunehmend auch sein Volk in die Gefolgschaft Christi begeben. Für seinen Entschluß ausschlaggebend mögen neben den Siegen über die Alamannen auch seine

Abbildung 2
Martin als Fürbitter mit dem Attribut der Gans, 19. Jahrhundert, kleines Andachtsbild, Germanisches Nationalmuseum Nürnberg

Gemahlin Chrodechilde, deren Verbundenheit mit der Geistlichkeit von Metz und die längst gläubigen Gallier gewesen sein. Der *Heilige von Tours*, der an der mittleren Loire selber Missionsarbeit geleistet hatte, wurde seit drei Generationen in seiner Bischofskirche und in gallischen Klöstern hoch verehrt. 498 war Chlodwig zum ersten Mal an sein Grab gekommen und durch Wunderberichte tief beeindruckt worden. 507 kehrte er zurück, um das Umland von den arianischen Westgoten zu befreien. Den Siegespsalm, den seine Abgesandten in der Martinskapelle bei ihrem Eintritt hörten, wertete er als Zeichen dafür, daß er den Kampf gewänne. So schenkte er nach der Schlacht südlich von Tours, das er ausdrücklich hatte schonen lassen, einen Teil der Kriegsbeute dem Martinsgrab. Dort ließ sich Chlodwig im folgenden Jahr auch als König feiern und erklärte den Siegesheiligen nicht nur zum Schutzpatron der Merowingersippe, sondern machte ihn auch zum *Nationalheiligen* der fränkischen Reichskirche.[17] Später siedelte seine Witwe Chrodechilde nach Tours über und betete 534 beim Zwist ihrer Söhne am Martinsgrab um Eintracht und Frieden. König Gunthram, der Sohn seiner Schwiegermutter Radegundis, rief 578 bei einem Zweikampf ebenfalls Sankt Martin zu Hilfe. In Schlachten trugen die merowingischen Frankenherrscher aus dem gleichen Grund den Mantel des Heiligen, die »Capa«, bei sich.[18]

Aber noch waren nicht alle Völkerschaften, voran die teilweise nach wie vor eine neue Heimat suchenden Alamannen, bekehrt. Also sannen vor allem die Könige Theudebert II. (595–612), Chlothar II. (584–623), Dagobert I. (623–639) und Chlodwig II. (639–657) darauf, diesem Anspruch gerecht zu werden. Konnte nicht auch da Sankt Martin als *Missionspatron* von Nutzen sein? Nachdem schon unter den unmittelbaren Nachfolgern Chlodwigs viele alamannische Adlige, voran die Herzöge, Christen geworden waren, galt es nun, auch das einfache Volk zu bekehren. Mit am besten vermochten das die irischen *Wandermönche*, die nach dem Beispiel der Apostel predigend durch das Merowingerreich zogen. Zu ihnen gehörte auch *Columban der Jüngere* (um 543–615), der 591 mit zwölf Gefährten in der Bretagne gelandet war und sich inzwischen in Burgund aufhielt. Dort hatte er 150 km südlich von Metz die Vogesenklöster Luxeuil und Fontaine gegründet, wurde aber 610 von König Theuderich II. (595–613), den er wegen seines Ehebruchs zur Rede gestellt hatte, des Landes verwiesen[19]. Dessen Bruder Theudebert II. entsandte ihn daraufhin von Metz aus, wo Columban über Nantes, Paris und Meaux hingebracht worden war, nach Alamannien. Zusammen mit mehreren Mönchen, darunter dem Iren, Franken oder Alamannen Gallus, führte den inzwischen fast Siebzigjährigen der Weg zuerst zum Straßenknotenpunkt Tuggen am Zürichsee und, wie schon berichtet, weiter bis Arbon und mit einem Boot nach Bregenz.[20] Man darf annehmen, daß in fränkischem Auftrag auch andere Mönche von Luxueil – Germanus, Waldebertus, Romaricus – und weiteren Klöstern Galliens im Gebiet des Hoch- und Oberrheins den Glauben zu verbreiten suchten.[21] In den übrigen Landstrichen Südwestdeutschlands dürfte es ähnlich gewesen sein.

Keine Frage, daß die Iren vom Fuß des Pfänders aus – mehrere Legenden behaupten es sogar[22] – auch im Vorarlberger Unterland, im westlichen Allgäu und im südlichen Oberschwaben aufgetreten sind, bekehrt und getauft haben. Stützpunkt ihrer Unternehmen war das von ihnen wohl beim späteren Gallusstift anstelle anfänglicher Zellen errichtete Klösterchen.[23] Kirchlich gehörte der Landstrich damals zur rätoromanischen Diözese Chur, deren Bischof die Mönche zu Beginn mit Lebensmitteln versorgt hatte.[24] Nach dem Brudermord Theuderichs II. zog Columban jedoch 612 oder 613 nach Süden weiter, während der fieberkranke Gallus an der oberen Steinach eine Einsiedlerzelle baute[25] und bei hoch und niedrig zu großem Ansehen gelangte.

Goldblattkreuze als Glaubenszeugnisse

Die Frage, wann die Mehrheit der Alamannen den christlichen Glauben angenommen hat, läßt sich heute anhand von *Bodenfunden* leichter beantworten. Denn schriftliche Nachrichten über die Zeit, in der sie im deutschen Südwesten, im Schweizer Mittelland und angrenzenden Gebieten seßhaft wurden, sind selten. Doch konnten inzwischen manche ihrer *Friedhöfe* entdeckt und viele *Gräber* untersucht werden.[26] Die

Beigaben, von denen bereits die Rede war, lassen darüber kaum Zweifel aufkommen. Neben Waffen, Tongefäßen und Schmuck tauchen in den vom Neckarbecken bis zum Hochrhein und im Breisgau besonders häufigen Reihengräberfeldern immer wieder *Kreuzchen* auf, die 4 bis 8 cm groß und oft verziert sind und gleich lange Arme besitzen.[27] Bis jetzt sind allein in Baden-Württemberg an rund drei Dutzend Orten solche Kostbarkeiten zum Vorschein gekommen.[28] Die ersten wurden den Verstorbenen um 590 mit ins Grab gegeben, die letzten um 700.

Weshalb der von den Langobarden in Oberitalien verbreitete Totenbrauch von den Alamannen übernommen wurde, ist bis heute ungeklärt. Sind die Folienkreuzchen, die man auf ein schleierartiges Gewebe nähte und dem oder seltener der Verstorbenen aufs Gesicht legte, so daß sie die Stirn oder den Mund berührten, durch verwandtschaftliche Beziehungen bekannt geworden? Hat dabei vielleicht der Einfluß der bayerischen Herzogstochter Theodelinde eine Rolle gespielt? Sie hatte 589 den langobardischen König Authari und nach dessen Tod seinen Nachfolger Agilulf, den Wohltäter des von Columban gegründeten, letzten Klosters Bobbio, geheiratet. War auf ihr Betreiben hin auch von Norditalien aus eine Alamannenmission erfolgt? Fernhandel mit den wertvollen Heilszeichen – er war seit dem Friedensschluß von 591 zwischen Langobarden und Franken möglich – scheidet in den meisten Fällen aus. Denn zumindest im 7. Jahrhundert wurden sie von einheimischen Goldschmieden hergestellt. Anscheinend haben die Auftraggeber die offensichtlich oft in aller Eile gefertigten Kreuzchen gleich mitgenommen. Sicher dürfen sie als Zeichen dafür gewertet werden, daß sich die Bestattenden zu Christus bekannten, die Beigesetzten aber zumindest von ihm wußten. Ob die Verewigten in jedem Fall auch schon getauft waren, ist nicht bekannt. Die jüngsten und schönsten Beispiele für *Goldblattkreuze* aus der Zeit um 600 stammen aus Weingarten (1954/1957)[29] und Lauchheim (1986/1996). Hier im ostwürttembergischen Altsiedelland können ein Bronzekreuz, eine goldene Kreuzfibel und ein Siegelring[30] als Beweise dafür gelten, daß in den Gräbern auch Getaufte lagen. Ähnlich mag es mit den Goldblattkreuzen von Andelfingen, Aulendorf, Balingen, Derendingen, Dotternhausen, Giengen, Kirchheim am Ries, Kirchheim unter Teck, Lautlingen, Neresheim, Oberiflingen, Pfahlheim, Pliezhausen, Sontheim an der Brenz, Ulm, Stuttgart-Untertürkheim und Wurmlingen bei Tuttlingen verhalten.[31] Die beiden silbertauschierten Eisenkreuzchen aus dem frühen 7. Jahrhundert, die unweit von Urach bei Wittlingen[32] und in Gammertingen[33] aufgefunden wurden, können genauso als *Glaubenszeichen* gelten wie das etwas später aus Silberblech gearbeitete byzantinische Brustkreuz aus Friedberg bei Aichach[34] oder die in Ditzingen und Pfullingen aufgefundenen Fische[35]. Ob Fische und Kreuze, die zu Lebzeiten getragen wurden, auch – nicht anders als heute – als bloßer Modeschmuck dienten, läßt sich nachträglich nicht mehr feststellen.

Abbildung 3
Gebetsbuchbildchen mit Gebetstext
(Ablaß–Gebet), 19. Jahrhundert

Vereinzelt gibt es in Gräbern hierfür auch noch Hinweise anderer Art: *Inschriften* auf Gewandfibeln, Gürtelschnallen, Riemenzungen, Löffeln, Waffen und Kreuzen.[36] Auf einer goldenen Scheibenfibel aus Balingen etwa heißt es in eingeritzten Runen sinngemäß: »*Wie Daniel durch göttlichen Beistand inmitten von Löwen gerettet wird, so möge sich auch die Fibelträgerin göttlichen Schutz erhofft haben*«[37]. Ein Spruch auf einem Riemen in Donzdorf lautet: »*Erfreuen soll sich der Ruhe des Herrn, der sich (hiermit) gegürtet haben wird*«[38]. In Weilstetten wird auf einer Riemenzunge Psalm 90,11 aufgegriffen: »*Denn er (der Herr) hat seinen Engeln befohlen, daß ich dich auf allen Wegen beschütze*«[39]. Im augsburgischen Nordendorf findet sich auf einer Bügelfibel sogar ein Beleg dafür, daß Bekehrte ihren Göttern abschwören mußten. Denn es heißt dort unmißverständlich: »*Wotan und Donar sind Lügner*«.[40]

Merowingische Eigenkirchen

Aus alledem erhellt: Seit der Mitte des 6. Jahrhunderts nahmen im gesamten Siedlungsgebiet der Alamannen immer mehr Familien den *christlichen Glauben* an. Waren es zunächst vor allem Vornehmere – Adlige oder Angehörige der Ortsherren – gewesen, so folgten ihnen von 600 an auch immer mehr wohlhabende freie Hofbauern. Um ganz sicher zu gehen, legten manche ihren Toten neben christlichen Symbolen eine Zeitlang auch noch früher übliche Gaben ins Grab. Doch um 680 verschwanden derlei Bräuche zusehends.[41] Wenn ein Reihenfriedhof aufgegeben wurde, war das ein Zeichen dafür, daß es inzwischen ein *Gotteshaus* und damit einen *Kirchhof* gab. Für Orte, in denen die Archäologen am Werk waren, läßt sich hierfür sogar ein ungefährer Zeitpunkt angeben: Schrezheim bei Dillingen um 580, Bodman um 600, Beggingen bei Schaffhausen um 610, Bittenbronn bei Neuburg a.d. Donau um 650, Bollingen im Kanton Bern um 650, Hailfingen bei Rottenburg um 650, Nenzingen um 650, Wurmlingen bei Tuttlingen um 650, Bern-Bümpliz um 675, Bülach im Kanton Zürich um 680, Denzingen bei Günzburg um 680, Ulm um 680, Deißlingen um 690, Marktoberdorf um 690, Pleidelsheim um 690, Stuttgart-Untertürkheim um 690, Weingarten um 695, Bietigheim um 700, Dirlewang bei Mindelheim um 700, Güttingen bei Radolfzell um 700, Kirchheim unter Teck um 700, Lörrach um 700, Mindelheim um 700, Pfullingen um 700, Schwangau um 700 und Singen am Hohentwiel um 700.[42]

Die überwiegend wohl um diese Zeit errichteten *Kultbauten* erhoben sich entweder in der Mitte oder am Rand der Siedlung. Bauherr war entweder der Herzog, ein hier ansässiger Adliger oder der Inhaber des Meierhofes, nach dem nicht selten die Ortschaft auch benannt wurde. Das Gotteshaus galt als ihre »Eigenkirche«, für die der Stifter aufkommen mußte, dafür aber darin auch beigesetzt werden durfte. Beispiele hierfür sind aus Dunningen (um 590)[43], Brenz (um 600), Kirchheim unter Teck (um 600), Bregenz (um 650)[44], Bülach im Kanton Zürich (um 650), Kornwestheim (um 650), Laipersdorf bei Solothurn (um 650), Zofingen im Kanton Aargau (um 650), Burgheim bei Lahr (um 690), Nusplingen (um 700), Messen bei Solothurn (um 700), Stein am Rhein (um 700), Wittislingen bei Dillingen (um 700) und Gruibingen (um 720), bekannt.[45] Vielerorts waren diese Sakralbauten zugleich der Mittelpunkt einer Urpfarrei, die ein weites Umland umfaßte.

Die damalige kirchliche Bautätigkeit könnte, vor allem wenn es sich um taufberechtigte *Pfarrkirchen* handelte, auch von der jeweiligen *Diözese* ausgegangen sein. Wie zuvor schon in Chur, Windisch, Basel, Straßburg, Speyer und Würzburg gab es inzwischen auch in Konstanz einen Bischof und eine Reihe von Bistumsgeistlichen. Warum der Nachfolger des wohl 613 gestorbenen Gaudentius im folgenden Jahr nicht – wie die benachbarten Oberhirten – zur Reichssynode nach Paris reiste[46], entzieht sich unserer Kenntnis. König Chlothar II. hatte sie einberufen, um anstehende Kirchenfragen gemeinsam zu beraten und einheitlich zu verabschieden. Sein Sohn Dagobert I., dessen Name noch 200 Jahre später im Reichenauer Verbrüderungsbuch an erster Stelle stand[47], dürfte um 635 das *Konstanzer Diözesangebiet* festgeschrieben haben.[48] Begründet worden sein muß es zwischen 592 und 613 unter König Childebert II. oder Theudebert II. Im Norden grenzte es bei Herrenberg, Sindelfingen, Ditzingen und Ludwigsburg an Speyer, während Schwäbisch Gmünd, Ellwangen, das Härtsfeld und die Gegend um Heidenheim und Westerstetten zu dem wohl um 635 wiederbelebten und spätestens um 750 vollends umrissenen Bistum Augsburg[49] gehörten. Heilbronn, Schwäbisch Hall, Crailsheim, Hohenlohe und Mergentheim schließlich waren würzburgisch.[50]

Holzkirchen als Saalbauten

Da während der Merowingerzeit, in der vor allem Martin von Tours in hohem Ansehen stand, der *fränkische Einfluß* in Oberdeutschland groß war, müssen die

Abbildung 4
Wegweiser zur christlichen Vollkommenheit, Gebetsbuchbildchen

ältesten *Martinuspatrozinien* damals gewählt worden sein. Wie schon eingangs angedeutet, spricht dafür namentlich die Tatsache, daß sie mit dem Altsiedelland und deren Ortschaften auf *-ingen* und *-heim* verbunden sind. Besonders zahlreich finden sie sich entlang des Neckars, der Donau, des Hoch- und Oberrheins und in deren Seitentälern sowie auf der Schwäbischen Alb. Manche ihrer *Kirchenbauten* können aber auch erst in der Älteren Ausbauzeit, auf die Ortsnamen *-dorf, -hausen, -hofen, -stetten* und *-weiler* verweisend, errichtet worden sein. Die Alamannen siedelten damals vor allem in Oberschwaben, im Westallgäu, östlich der Iller, in Hohenlohe und im Vorschwarzwald. Für das Bistum Rottenburg-Stuttgart wären da – neben den bereits angeführten *-dorf* – auch Anhausen, Bußmannshausen, Dornstetten, Dotternhausen, Ebenweiler, Esenhausen, Goppertsweiler, Hausen am Bussen, Niederhofen, Ödenwaldstetten, Radelstetten, Ruppertshofen, Siegelhausen, Söhnstetten, Sunthausen (Trossingen) und Westerstetten zu nennen.

Urkundliche Hinweise auf *frühe Martinskirchen* gibt es insofern, als wenigstens zwei schon im 8. Jahrhundert ausdrücklich genannt werden: 776 in Altsteußlingen und Kirchbierlingen. In karolingischer Zeit kamen weitere Martinuspatrozinien dazu: Leutkirch im Allgäu (797), Stammheim (um 810), Lauffen am Neckar (823), die Stöckenburg (823) und Asperg (um 850). Einige weitere tauchen im Hochmittelalter auf: 1083 Sindelfingen, 1094 Weingarten, 1125 Anhausen, 1150 Langenau, 1221 Hörvelsingen, 1225 Westerstetten, 1227 Altheim bei Riedlingen, 1234 Frauenzimmern, 1245 Siegelhausen, 1262 Weil im Schönbuch, 1273 Ebenweiler, 1275 Kirchheim am

Ries, Tomerdingen, 1276 Pfullingen, 1277 Roßwag, 1281 Granheim, 1293 Sülchen, 1298 Plieningen und 1299 Westernhausen. Doch beruhen die genannten Jahreszahlen[51] – genau wie die spätmittelalterlichen Martinspatrozinien – eher auf einem Zufall. In älteren Urkunden, von denen leider viele verlorengegangen sind, werden sie nicht ausdrücklich genannt.

Beweise für frühe Sakralbauten der Merowingerzeit, die von Anbeginn Martinskirchen gewesen sein dürften, sind vereinzelt archäologischen Funden zu verdanken. Anlaß hierfür waren beispielsweise ein neuer Fußboden, eine moderne Heizungsanlage oder ein Kirchenumbau. Der früheste Beweis kam in *Windisch* zutage: ein Weihestein etwa 600, auf dem es in lateinischen Majuskeln heißt, das Gotteshaus sei durch [den Konstanzer?] Bischof Ursinus »IN ONORE SCI MARTINI EPCI« (zu Ehren des heiligen Bischofs Martinus) geweiht worden. In *Dunningen* zum Beispiel mußte 1965 die zu klein gewordene neugotische Pfarrkirche von 1832 abgebrochen und in den folgenden drei Jahren neben dem romanischen Glockenturm ein neuer Gottesdienstraum erstellt werden. Das Staatliche Amt für Denkmalpflege, das seit Frühjahr 1966 nach frühen Spuren suchte, entdeckte mehrere Pfostenlöcher einer Holzkirche, zwei steinumfaßte Adelsgräber und die Grundmauern einer späteren Steinkirche. Demzufolge waren hier kurz vor und nach 600 zwei Damen einer wohlhabenden alamannischen Adelssippe beigesetzt worden. Ein Goldblattkreuz und eine Scheibenfibel mit Kreuzzierat weisen sie als Christinnen aus.

Wohl zwischen 615 und 650 muß dann durch ihre Familie darüber ein erstes Gotteshaus errichtet worden sein. Es war ein bescheidener, rechteckiger *Holzbau*[52] in der Art, wie ein fast gleichzeitiger in *Brenz* bei Heidenheim (12,5 x 9,2 m) zum Vorschein gekommen ist. Dort bestand der Fußboden aus gestampftem Lehm. Die Wände waren zwischen den Pfosten und Bohlen mit lehmverstrichenem Flechtwerk ausgefüllt, mit einer Kalkschlämme bestrichen und vielleicht schwarz, rot und gelb bemalt. Den notwendigen Schutz gegen Hitze, Kälte und Nässe bot ein wohl geschindeltes Satteldach. Geweiht worden sein dürften diese Gotteshäuser, in denen höchstens fünfzig Gläubige Platz hatten, aber höchst selten. Vermutlich begnügte man sich mit einem beweglichen Altärchen, zu dem lediglich ein Reliquienschrein gehört haben wird. Ob der Raum, in dem er stand und fortan Eucharistie gefeiert wurde, vom Schiff abgegrenzt und weiter ausgestattet war, ist unbekannt.[53] In *Donzdorf* sind 1986 unter dem barocken, gotischen und romanischen Fußboden ebenfalls Reste eines ausgefachten Holzbaus, der einer Feuersbrunst anheimfiel, ergraben worden.[54]

Erste Steinkirchen waren einschiffig

Verständlich, daß die nicht allzu widerstandsfähigen Holzkirchen[55] nach einigen Jahrzehnten durch beständigere *Steinbauten* ersetzt wurden. Wie schon angedeutet, war das auch in Dunningen, Brenz, Donzdorf, Zimmern und andernorts der Fall. Oft kann aber auch nach spätantikem Vorbild von vornherein ein Fundament gegraben und alles gemauert worden sein. Man denke hier etwa an die ersten Gotteshäuser von Bad Cannstatt-Altenburg und Langenau. Auch in Kirchdorf überm Brigachtal, wo ein Rechtecksaal von 9,50 x 6,50 m mit einem 3,50 x 3,50 m großen Quadratchor ergraben wurde, geschah das bereits um 600 und in Schleitheim bei Schaffhausen zwischen 625 und 650.[56] Ausführende Handwerker könnten Bauleute aus dem zuvor spätrömischen Grenzgebiet gewesen sein.[57] Das *Mauerwerk* wurde vielfach beidseitig verputzt. In Kirchheim unter Teck ist ein Mörtelstrich nachgewiesen.[58] Die getünchten *Innenwände* erhielten des öfteren farbige Ornamente. Den eingezogenen, um eine oder mehrere Stufen erhöhten *Altarraum*, der quadratisch oder halbrund sein konnte[59], trennte eine *Chorschranke* vom Rechteckschiff.[60] Wie sie neben einfachen Pfostengittern ausgesehen haben kann, zeigen frühkarolingische Funde aus Lauterach und der Mehrerau bei Bregenz. Es waren Reliefplatten aus einheimischem Sandstein, die noch im späten 8. Jahrhundert mit einem lateinischen Kreuz, Lebensbäumen, Reblaub, Traubendolden, Rosetten, Perlen, einem zweisträngigen Dreibänderzopf und einem schmalen Saumsteg geschmückt wurden.[61] Weitere Stücke, die mitunter auch aus Kalkstein bestehen konnten, stammen aus St. Gallen, Rapperswil, Füssen, Ilmmünster, Herrenchiemsee, Frauenwörth und Sandau. Ihr Zierat verweist unmißverständlich auf das liturgische Geschehen am *Altar*. Einer aus dem unterfränkischen Kleinlangheim zeigt eingeritzte Kreuzchen, die an die Altarweihe erinnern dürften.[62] Das 1936 in Ennabeuren aufgefundene Bursenreliquiar von etwa 690 veranschaulicht, wie in der Merowingerzeit kostbare Heiligenpartikel aufbewahrt wurden: in einem hausartigen Kästchen aus Lindenholz, das mit feuervergoldetem, stempelverziertem Bronzeblech verkleidet und einer blauen Glasperle geschmückt war.

Frankenheilige als Schutzpatrone

Spätestens als die Kirchen als Steinbauten errichtet und vom Bischof konsekriert wurden, werden sie auch ihren *Patron* erhalten haben. In Dunningen, Donzdorf und bei einem Teil unserer Martinskirchen war das sicher der damals im ganzen Frankenreich inzwischen bekannte und beliebte *Heilige von Tours*. Auch sein Schüler und Nachfolger *Brictius* († um 444), der über dem Martinsgrab eine erste Kapelle errichtet hatte, verweist in die Zeit der Merowinger oder Karolinger. Reliquien von ihm gelangten 1064 nach Muri, 1109 nach Zwiefalten, 1155 nach Mannenbach und 1172 nach Weißenau.[63] Im heutigen Rottenburger Diözesangebiet sind ihm zwei Kirchen geweiht: die Pfarrkirche von Wurmlingen bei Tübingen und die Friedhofskirche von Gögglingen bei Ulm. Auch sie war bis 1965 Pfarrkirche und muß ursprünglich ein Doppelpatronat besessen haben: Martinus und Brictius. Es könnte auf das 7. Jahrhundert zurückgehen und dürfte um 1765 beim Umbau durch die Abtei Wiblin-

Abbildung 5
Mantelteilung des hl. Martin
(Detail), Ulm, Münster,
entstanden in Straßburg, 1480

gen aufgegeben worden sein. Doch sind in der neuen Heilig-Kreuz-Kirche noch zwei spätgotische Skulpturen der beiden früheren Patrone erhalten geblieben. Bis zur Reformation war Brictius auch die zuletzt bebenhausische Pfarrkirche von Altdorf bei Holzgerlingen anbefohlen. Wohl im Hochmittelalter kam dort als Mitpatron der heilige Blasius dazu. Im Konstanzer Diözesankalender hatte »Briccius«, dessen Name am 13. November im Kalender steht, immer einen Ehrenplatz[64]. Noch 1509 fand er sich in einer Allerheiligenlitanei, die von den Geistlichen gebetet wurde, gleich hinter dem heiligen Martinus.[65]

Weitere Frankenheilige waren Remigius (13. Januar), Dionysius (9. Oktober), Germanus (31. Juli), Hilarius (13. Januar), Lupus (29. Juli), Medardus (8. Juni) und Leodegar (2. Oktober).[66] *Remigius* (um 436–533?), der Chlodwig getauft hatte, wählte man in Südwestdeutschland für Augsburg-Bergheim, Bergfelden (RW), Bondorf (BB), Bonndorf (WT), Bräunlingen (VS), Dahenfeld (HN), Epfendorf (RW), Gündringen (CW), Häfnerhaslach (LB), Hambrücken (KA), Heddesheim (HD), Heuweiler (FR), Merdingen (FR), Merklingen (BB), Mühlen (FDS), Nagold (CW), Rohrdorf (RV), Rottenburg-Ehingen (TÜ), Sentenhart (SIG), Stafflangen (BC), Steißlingen (KN).[67] Manche dieser Patrozinien können auch erst übernommen worden sein, nachdem Papst Leo IX. 1049 in Reims seine Gebeine erhoben hatte. Von dort aus gelangten Reliquien 1091 auch nach Hirsau und von dort 1093 nach Sindelfingen und nach 1109 nach Zwiefalten.[68]

Auch im thurgauischen Mettau und Sirnach ist er bis heute Kirchenpatron.[69]

Der Blutzeuge *Dionysius* († nach 250), erster Bischof von Paris und damit seit Chlodwig Frankenpatron, ist vielerorts vertreten. Hierzu gehören Baden-Oos (BAD), Berlichingen (KÜN), Böblingen (BB), Bodelshausen (TÜ), Buchenbach (KÜN), Moos (RA), Dettingen (TÜ), Durmersheim (RA), Esslingen (ES), Ettlingenweier (KA) und Gailingen (KN). Desgleichen Grunbach (WN), Haßmersheim (MOS), Herbrechtingen (HDH), Hiltensweiler (FN), Magolsheim(RT), Munderkingen (UL) und Neckarsulm (HN). Ebenso Neufra (RW), Roßwangen (BL), Schlatt(BL), Schmiden (WN), Spaichbühl (SHA), Sulmingen (BC) und Weilheim (VS).[70] Nachdem in Cluny dem Heiligen von Saint-Denis eine Kirche geweiht worden war, gelangten im Gefolge der damaligen Reform um die vorige Jahrtausendwende von ihm Reliquien nach Einsiedeln und vor 1091 auch nach Hirsau. Weitere besaßen die Abteien Zwiefalten (1109), Blaubeuren (1124), Petershausen (1134), Rheinau (1210) und Buchhorn (1215).[71]

Über dem Grab des Bischofs *Germanus* von Auxerre (um 378–448), den schon Martin von Tours als Heiligen verehrt hatte, baute die Gattin Chlodwigs eine Kirche. Sie wurde das Ziel zahlreicher Wallfahrer, und Fürsten und Bischöfe aus dem Frankenreich ließen sich darin beisetzen. 859 wurden seine Reliquien erhoben und gelangten später über Cluny, wo ihm ein Gotteshaus geweiht war, auch nach Zwiefalten (1109), Salem (1179) und Weißenau (1185).[72] Sein Patronat über die inzwischen evangelische Kirche von Malmsheim bei Weil der Stadt dürfte frühmittelalterlichen Ursprungs sein. In Wahlwies hat er es – wie vor 1501 in Rohrdorf bei Isny[73] – mit Bischof Vedastus inne.[74] Bischof *Hilarius* (um 315–um 367) der Martinus in die Welt des Glaubens einführte, ist um 800 durch die Churer Hilarienkapelle und 1026 durch eine in Glarus ihm zu Ehren geweihte Kirche bezeugt. Die dortigen Reliquien sollen vom Glaubensboten Fridolin, der sie von Poitiers zuerst nach Säckingen gebracht hatte, stammen. Weitere gab es 1109 in Zwiefalten, 1179 in Salem und 1185 in Weißenau.[75] Sein Patronat ist auch für die 1823 abgebrochene frühere Pfarrkirche von Tumlingen im Waldachtal bezeugt.[76] Ebenso für Bleichheim bei Herbolzheim, Bollschweil und Ebnet im Breisgau, Glems bei Reutlingen, Heidenhofen auf der Baar, Heinsheim bei Bad Rappenau, Bad Säckingen am Hochrhein und Weilersbach bei Villingen.[77] Der Frankenheilige *Lupus* (um 383–478) von Troyes ist bei uns nur in Oberwilflingen vertreten.[78] Genauso der 545 durch Remigius geweihte Bischof *Medardus* (um 510–um 560) von Noyon, dem wir auf der Zollernalb in Ostdorf begegnen.[79] *Leodegar* (um 616–679/680) von Autun schließlich, der 675 durch König Childerich II. nach Luxeuil verbannt wurde und viel leiden mußte, wurde hierzulande im ausgehenden 7. Jahrhundert bekannt. Ortsheiliger ist er wohl seit damals in Bad Bellingen (LÖ), Beutelsbach (WN), Biengen (FR), Friedingen (KN), Gammertingen (SIG), Griesingen (UL), Murg-Hänner (WT), Oberschopfheim (OG), Riedern am Wald (WT), Rötenbach (VS), Schliengen (LÖ), und Stetten ob Rottweil (RW).[80] Denn auch bei diesen Patronen sprechen die Ortsnamen auf *-ingen, -heim, -dorf, -hausen, -hofen, -stetten* und *-weiler* für Kirchenbauten, die zwischen 630 und 750 in der Merowingerzeit enstanden sind.

Wie Heilige zu Kirchenpatronen wurden

Im Jahr 461 ließ Bischof Perpetuus († 491) von Tours die Gebeine seines Vorvorgängers *Martinus* in die soeben vollendete Basilika übertragen. Grund: Die bisherige Grabkapelle war für die große Zahl der Pilger, die jahrein, jahraus herbeiströmten, längst zu klein. Obwohl der zwei Generationen zuvor Verewigte nicht zu den Märtyrern zählte, erhielt der neue Sakralbau den Namen des Gottesmannes, an den sich manche Gläubige sogar noch erinnern konnten. Hatten nicht in frühchristlicher Zeit, als am jeweiligen Todestag das Andenken von Blutzeugen gefeiert wurde, dafür ähnliche Grundsätze gegolten? Nach einleitenden Gebeten las oder hörte man eine Leidensgeschichte und feierte anschließend die Eucharistie. Und als niemand mehr verfolgt wurde, erfuhren die Anwesenden in Gottesdiensten auch Näheres über die Bekennerin oder den Bekenner des betreffenden Tages. Das konnten Bischöfe sein, die ihren Glauben unerschrocken bezeugt hatten, oder sonstige vorbildliche Männer und Frauen. Hieß es nicht im Hebräerbrief (13,9): »Gedenkt eurer Vorsteher, die euch das Wort Gottes verkündigt haben«? Deshalb hielt man die Heiligen hoch in Ehren. Aus den Namenslisten und Verzeichnissen entwickelten sich Heiligenkalender. In drei Handschriften aus Bern, Echternach und Weißenburg ist ein solches »Martyrologium« aus der Zeit des heiligen Hieronymus sogar überliefert.

Schon damals hatten Gemeinden, die ein eigenes Märtyrergrab besaßen, sich dem Schutz ihres Heiligen unterstellt. Andere Pfarreien, die neu hinzukamen, übernahmen den Brauch, ein neues Gotteshaus auf einen bestimmten Titel – ein Heilsereignis oder eine biblische Person – weihen zu lassen: zu Ehren des Erlösers, seiner Geburt, seines Todes, seiner Auferstehung, oder der Gottesmutter Maria. Viele erbaten für ihre Kirche eine Reliquie und besaßen damit ebenfalls einen Patron. In anderen Fällen empfahl man sich stadtrömischen Heiligen, wie Petrus, Paulus, Alexander, Cornelius, Cyprian, den Zwölf Aposteln insgesamt oder einem bestimmten von ihnen. Von da aus aber war der Schritt nicht mehr weit, für Sakralbauten auch sonstige Heilige zu wählen und sie als Schutzpatrone zu betrachten. Wenn es an einem Ort mehrere Gotteshäuser gab, erhielten sie deren Namen als Titel. So sprach man zu Beginn des Mittelalters auch hierzulande von »Sankt Maria«, »Sankt Michael«, »Sankt Johannes Baptista«, »Sankt Stephanus«, »Sankt Martin«. Jedes Jahrhundert hatte – damals wie später – seine Lieblingsheiligen, so daß man aus ihrem Vorkommen bestimmte Rückschlüsse ziehen kann. Ausgewählt worden waren sie entweder von den Bauherrn, dem zuständigen Kloster, dem jeweiligen Bischof oder Seelsorger. Dabei kam ein gerade beliebter Heiliger, ein Stifter oder ein heute nicht mehr bekannter sonstiger Grund zu Ehren.

Martinskirchen am zweithäufigsten

Trägt man alle Patrozinien auf eine Landkarte ein, so zeigt sich da eine erstaunliche *Reihenfolge*. Das Statistische Landesamt hat im Herbst 1992 für Baden-Württemberg dazu folgendes Ergebnis veröffentlicht: In den Diözesen Freiburg und Rottenburg-Stuttgart gebe es im ganzen etwa 2000 Gotteshäuser. Davon seien 180 der Muttergottes geweiht. 126 Gotteshäuser trügen den Namen des heiligen Martin. Den Apostelfürsten Petrus und Paulus seien 104 Sakralbauten anbefohlen. Jeweils mehr als fünfzigmal kämen hierzulande der Erzengel Michael sowie Sankt Nikolaus, Georg und Laurentius vor. Ein Heiliger könne bei jeder fünften Pfarrkirche namhaft gemacht werden. 42 Sakralbauten hießen Heilig-Kreuz, 28 Heilig-Geist und 7 Herz-Jesu. Als Ausdruck der Volksfrömmigkeit könnten auch Titel wie »Guter Hirte«, »Bruder Klaus«, »Petri Ketten« oder »Schmerzhafte Muttergottes« gelten. Die Angaben beruhen auf der Volkszählung von 1987[81].

Da sich in den inzwischen verstrichenen zehn Jahren hierin kaum etwas geändert hat, hier zunächst ein Blick auf die Häufigkeit der derzeitigen *Heiligenpatronate* an Pfarr- und Filialkirchen des Bistums Rottenburg-Stuttgart:[82]

Sankt Martin steht demnach, die ihm geweihten Kapellen gar nicht mitgerechnet, auch hier an zweiter Stelle. Das ist jedoch nicht verwunderlich, wenn man bedenkt, wie zahlreich die *Martinuspatrozinien* auch außerhalb der Diözese sind. Sie verteilen sich über ganz Mitteleuropa, und es gibt darunter so berühmte Gotteshäuser wie die Dome von Lucca, Utrecht, Lüttich und Mainz. »St.-Martin-in-the-Fields« in London gehört genauso dazu wie das aus den Trümmern wiedererstandene »Groß-Sankt-Martin« in Köln oder das »Martinsmünster« von Colmar mit seiner Reiterfigur über dem Hauptportal. In der *Schweiz* seien, stellvertretend für ungezählte andere, »Sankt Martin« in Basel, Rheinfelden, Windisch, Basadingen, Maur und Schwyz genannt. Dort wird unser Heiliger auch als Kantonspatron verehrt. In Graubünden begegnet er uns in Bondo, Brigels, Cazis, Chur, Disentis, Filisur, Ilanz, Lumbrein, Platta im Medeltal, Sankt Martin nahe Obersaxen, Soazza südlich des Bernardino-Tunnels, Sur-Curt bei Savognin sowie in Truns und Zillis. Dort hinter der Via Mala im Schamser Tal, wo der erste Bau um 500 errichtet wurde, hat ein rätischer Maler um 1160 auf der Westseite sieben Deckenfelder mit Begebenheiten aus dem Leben des Heiligen geschmückt.[83] Weitere Martinskirchen gibt es in Chur, Buchs, Busskirch, Jonschwil, Schwende, Weesen und Bruggen bei St. Gallen, dessen Kloster den 11. November schon in karolingischer Zeit liturgisch gefeiert hat.[84] Im benachbarten *Vorarlberg*, wo der Bregenzer Martinsturm beeindruckt, wären neben Kapellen in

Anzahl der Heiligenpatronate im Bistum Rottenburg-Stuttgart

Albertus Magnus	1
Anastasia	1
Blasius und Margareta	1
Briccius	1
Brigitta	1
Burchard	1
Christina	1
Erasmus	1
Felix und Adauctus	1
Fidelis	1
Florian	1
Franz Xaver	1
Gallus und Magnus	1
Gallus und Ulrich	1
Georg und Sebastian	1
Gumbert	1
Hippolyt	1
Hippolyt und Kassian	1
Isidor	1
Jakobus und Pelagius	1
Jodok	1
Johann Nepomuk	1
Johannes M. Vianney	1
Josef und Martin	1
Karl Borromäus	1
Kilian und Ursula	1
Konrad von Parzham	1
Lambertus	1
Lioba	1
Lukas	1
Markus und Paulus	1
Martinus und Maria	1
Martinus und Oswald	1
Matthäus	1
Mauritius und Georg	1
Maximilian Kolbe	1
Meinrad	1
Michael und Laurentius	1
Nikolaus und Barbara	1
Pankratius und Dorothea	1
Pankratius und Lioba	1
Patricius	1
Petrus und Jakobus d. Ä	1
Philippus	1
Philippus und Jakobus	1
Rochus	1
Rupert	1
Sebastian und Rochus	1
Sixtus	1
Sola	1
Theodul	1
Thilo	1
Ulrich und Afra	1
Ulrich und Konrad	1
Ulrich und Magnus	1
Ulrich und Margareta	1
Venantius	1
Vinzenz	1
Aegidius	2
Afra	2
Agatha	2
Barbara	2
Christophorus	2
Clemens Maria Hofbaur	2
Felix und Regula	2
Gangolf	2
Gertrud	2
Gordian und Epimachus	2
Hedwig	2
Leodegar	2
Monika	2
Pantaleon	2
Pelagius	2
Petrus Canisius	2
Raphael	2
Simon und Judas	2
Theresia von Lisieux	2
Thomas Morus	2
Valentin	2
Walburga	2
Augustinus	3
Benedikt	3
Bernhard von Clairvaux	3
Columban	3
Cosmas und Damian	3
Magdalena	3
Pius	3
Silvester	3
Antonius von Padua	4
Bartholomäus	4
Clemens	4
Cornelius und Cyprian	4
Klaus von Flüe	4
Otmar	4
Ursula	4
Verena	4
Wendelin	4
Ottilia	5
Remigius	5
Urban	5
Wolfgang	5
Alban	6
Anna	6
Antonius d. Einsiedler	6
Cyriak	6
Katharina	6
Magnus	6
Markus	6
Oswald	6
Dionysius	7
Elisabeth von Thüringen	7
Pankratius	7
Andreas	8
Blasius	8
Leonhard	8
Franz von Assisi	9
Kilian	9
Margareta	9
Sebastian	9
Mauritius	10
Petrus	10
Konrad von Konstanz	11
Bonifatius	12
Paulus	12
Vitus	13
Jakobus d. J./Ä.	14
Laurentius	15
Ulrich	15
Johannes Evangelista	16
Gallus	20
Stephanus	20
Josef	24
Nikolaus	34
Johannes d. Täufer	39
Michael	42
Georg	43
Peter und Paul	48
Martinus	70
Maria	134

Altenstadt, Andelsbuch, Dalaas, Fresch, Hirschau, Laterns, Lech, Reuthe, Riefensberg und Hirschau auch gut ein Dutzend Kirchen erwähnenswert: Alberschwende, Baad, Bersbuch, Beschling, Bürs, Bürstegg, Dornbirn, Hard, Hörbranz, Krumbach, Ludesch und Partenen und Röthis, deren Patronat bereits 882 bezeugt ist.[85]

Bis zum Lech und in die Vogesen

Da politische und kirchliche Grenzen oft sehr spät gezogen wurden, spielen sie, wie eben bereits ersichtlich, in kulturhistorischer Hinsicht oft keine Rolle. So ist es auch im Hinblick auf die südwestdeutschen Martinspatrozinien in *Bayerisch-Schwaben*. Zum einen hat das Bistum Augsburg bis 1803 auch die Gegend um Schwäbisch Gmünd, Aalen, Ellwangen, Neresheim, Heidenheim und Westerstetten umfaßt. Anderseits dürfte die Illergrenze erst kurz vor oder nach 700 von einem frühen Karolinger festgelegt worden sein. So finden sich im augsburgischen Diözesansprengel heute 114 Pfarreien, Benefizien und Filialen »St. Martin«[86], die hier aber nicht alle aufgezählt werden können. Die Gotteshäuser, die bei der Reformation evangelisch wurden, kämen noch hinzu. Man denke beispiels-weise an Steinheim und »Sankt Martin« in Memmingen, das – im Unterschied zu vielen protestantischen Sakralbauten in Baden-Württemberg – wenigstens seinen altehrwürdigen Namen behalten durfte. Die Bilder und Figuren des Heiligen hatten die zwinglianischen Bilderstürmer schon am 19. Juli 1531 entfernt.[87] Fast achtzig ihm geweihte Gotteshäuser[88] stehen im schwäbischen Siedlungsgebiet zwischen Allgäu und Ries. Davon gehören elf zum Dekanat Dil-lingen[89], acht zu Lindau[90], je sechs zu Günzburg[91], Illertissen[92] und Mindelheim[93], je fünf zu Dinkelscherben[94], Kaufbeuren[95] und Kempten[96], vier zu Sonthofen[97], je drei zu Donauwörth[98] und Marktoberdorf[99], je zwei zu Füssen[100], Memmingen[101], Neu-Ulm[102], Nördlingen[103] und Ottobeuren[104] und je eins zu Augsburg-West[105], Krumbach[106] und Schongau[107].

Auch das *Elsaß*, das von 260 an und besonders nach 454 ebenfalls von Alamannen besiedelt wurde[108] und zwischen 640 und 740 ein eigenes Herzogtum bildete, muß früh Martinskirchen erhalten haben. Dafür sprechen einmal mehr Ortsnamen auf -*ingen* und vor allem auf -*heim,* die auf den Zeitraum zwischen 450 und 700 verweisen und mit einem Personennamen verbunden sind: Grentzingen, Berstheim, Bolsenheim, Ebersheim, Ensisheim, Fessenheim, Hilsenheim, Innenheim, Kintzheim, Pfaffenheim, Walheim und Wilwisheim. Hingegen dürften die Martinsorte Goersdorf und Sondersdorf sowie Buschwiller, Gresswiller, Kirrwiller, Wentzwiller und Zellwiller in die gegen 700 einsetzende Ausbauzeit zurückgehen.[109] Übrigens besaß Colmar schon in frühkarolingischer Zeit einen Königshof, von dem aus sich sein »Sankt Martin« erklärt. Weitere Kirchen, die den Namen des Frankenpatrons tragen und im Jubiläumsjahr noch von einem

Abbildung 6
Martinsdarstellung im Chorfenster der Tübinger Stiftskirche mit den ersten Professoren der 1477 gegründeten Tübinger Universität als Stifter, Straßburg, um 1477

eigenen Pfarrer betreut werden, stehen in Ammerschwihr, Barr, Habsheim, Dachstein, Ensisheim, Erstein, Grentzingen, Habsheim, Holtzwihr, Hundsbach, Illfurth, Kintzheim, Masevaux, Niederbronn les Bains, Oltingue, Pfaffenheim, Sand, Seebach, Sierentz, Spechbach le Haut, Wahlheim, Westhoffen, Wihr-au-Val und Zellwiller. Dazu kommen jene Gotteshäuser, die durch einen benachbarten Seelsorger betreut wer-

Abbildung 7
Die mittelalterlichen Diözesen am Oberrhein

den: Berstheim, Bolsenheim, Buschwiller, Ebersheim, Fessenheim-le-Bas, Gresswiller, Gilsenheim, Innenheim, Oberlang, Obersteinbach, Petit Landau, Obersteinbach, Rangen-Mittelkurtz, Rottelsheim, Saint-Martin, Schaffhouse, Sondersdorf, Sundhouse, Kirrweiler, Wentzwiller, Wilwisheim und Wolschheim.[110] Über ihren Baubeginn könnten auch hier nur archäologische Erkenntnisse sicherere Auskunft geben.
Eine Martinskapelle, wie sie 1153 im Kreuzgang des Straßburger Münsters eingebaut und später verlegt wurde, dürfte schon der vorhergehende karolingische Sakralbau besessen haben.

Die Patrozinien in Baden-Württemberg

In den beiden südwestdeutschen *Diözesen Freiburg und Rottenburg-Stuttgart* verhält es sich mit den Martinuskirchen genauso wie in den Gebieten ringsum. Da die Bistumsgrößen hier erst 1827 festgelegt und kurzerhand den bestehenden Landesgrenzen von Baden und Württemberg angepaßt wurden, gilt hüben wie drüben dasselbe. Also werden die *Martinspatrozinien* an Orten auf *-ingen, -heim, -hausen, -stetten* und *-weiler* großenteils merowingischen oder karolingischen Ursprungs sein. Genau betrachtet, müßten zu ihnen sogar manche Kirchen gerechnet werden, die im hohen Mittelalter einen anderen Schutzheiligen bekommen haben. Sicher war das in Aach-Linz, Bermatingen, Endingen am Kaiserstuhl, Engen, Ewattingen, Gemmrigheim, Kißlegg, Klingenstein, Lauffen am Neckar, Lustnau, Mannheim-Neckarau, Müllheim und Tübingen der Fall. Wie in Heilbronn (Michael) und Osterburken (Martin) im 13. Jahrhundert durch Würzburg der Frankenpatron Kilian zum Zug kam, erging es an der Stiftskirche der nachmaligen Universitätsstadt dem Heiligen von Tours mit dem inzwischen beliebten Adelsschützer Georg und der Muttergottes. Auch Patrozinien von Cyriak (Dallau, Unzhurst), Dionysius (Bühl-Moos), Hilarius (Heinsheim) sowie Germanus und Vedastus (Rohrdorf) wurden durch andere ersetzt. Wo das sonst noch der Fall war, wird sich kaum mehr klären lassen. Denkbar ist es aber bei den Sakralbauten von Dettingen bei Kirchheim, Ertingen, Erzingen, Gächingen, Grötzingen, Hailtingen, Ingoldingen, Knittlingen, Oberriexingen, Rammingen, Riedlingen, Schwieberdingen und Vollmaringen. Ebenso in Aixheim, Auernheim, Kirchheim, Dirgenheim, Elpersheim, Höfigheim, Horkheim, Weikersheim, Frankenhofen, Poppenweiler, Renhardsweiler und Wildpoldsweiler.

Zu Martinus selbst, der in der Karolingerzeit von hoch und niedrig namentlich als Friedensbewahrer verehrt wurde, waren früh weitere Frankenpatrone gekommen – Briccius, Cyriak, Dionysius, Germanus, Hilarius, Leodegar, Medardus, Remigius, Theodul und Vedastus. Zu ihrem Kult trugen in der Folge namentlich die neuen Klöster bei: Weißenburg (631/632), Sankt Trudbert (um 650), Sankt Gallen (719), Reichenau (724), Murbach (728), Ellwangen (764), Esslingen (777) und Herbrechtingen (777).

Von Gönnern und Stiftern reich mit Gütern bedacht, reichte der Einfluß ihrer Mönche in viele Pfarreien hinein. Mitunter mögen sie oder andere Umstände eines Tages auch einen zweiten Kirchenpatron hinzugefügt oder den ersten zurückgedrängt haben. So war es beispielsweise in dem schon genannten sanktgallischen »Kißleggzell«, wo das um 765 durch den Weltpriester und Königszinser Ratpot errichtete Martinskirchlein um 950 durch einen Kirchenneubau ersetzt wurde. Zu Schutzheiligen machte man hier nun Sankt Gallus und Sankt Ulrich. In Sipplingen am Bodensee und in Egg im Linzgau waren es Georg, in Ebenweiler Urban, in Hilzingen am Hohentwiel Vitus, in Utzmemmingen und Westernhausen Sebastian, in Levertsweiler Luzia und in Biberach die Muttergottes.

Fälle, in denen Martinus anläßlich eines Umbaus oder aus sonstigen Gründen ausgetauscht wurde, müssen erst ausfindig gemacht werden. Denn im 11. Jahrhundert, als sich die von Cluny und Hirsau aus reformierten Abteien auf ihre Ursprünge besannen, merkten sie, daß das abendländische Mönchtum nicht unwesentlich durch den Heiligen von Tours vorgelebt worden war. Deshalb können manche Martinspatronate auch erst im Hochmittelalter gewählt worden sein. Möglicherweise war das in Aach-Linz, Affalterbach, Bolsternang, Egg, Erlenbach, Frauenzimmern, Gamburg, Göttingen, Hauerz, Homburg, Horgen, Kleingartach, Michelbach, Rosenfeld, Weil im Schönbuch und Wildberg so. Andere Martinspatrozinien gerieten in nachreformatorischer Zeit in Vergessenheit.

Martin Luther, Huldrych Zwingli und ihre Gläubigen hatten für himmlische Fürsprecher nichts übrig gehabt. Angesichts der Mittlerrolle Christi, hieß es in dem 1530 von Melanchthon verfaßten und Kaiser Karl V. vorgelegten Augsburger Bekenntnis, lasse es sich nicht beweisen, »daß man die Heiligen anrufen oder Hilfe bei ihnen suchen soll«.[111] Infolgedessen wurden in Schwäbisch Hall, Heilbronn, Besigheim, Kornwestheim, Stuttgart, Tübingen, Herrenberg, Reutlingen, Ebingen, Kirchheim unter Teck, Ulm, Biberach und anderswo ihre Altäre und Bilder aus den Kirchen entfernt und die Patrozinien abgeschafft. Das ist mit ein Grund, weshalb es heute so schwerfällt, alle Martinusheiligtümer zu erfassen. Allein im Rottenburger Diözesangebiet hat auf diese Weise fast die Hälfte der ihm geweihten Sakralbauten ihren Namen verloren. Die früheren, teilweise abgebrochenen *Martinskapellen* – etwa in Anhausen, Igersheim und Ödenwaldstetten – sind hier nicht mitgerechnet. Umgekehrt ist im Erzbistum Freiburg und in der Diözese Rottenburg-Stuttgart jeweils ein gutes Dutzend Kapellen erhalten geblieben. Eine der schönsten findet sich im Friedhof von Bad Schussenried. Dasselbe gilt im Hinblick auf *Martinsglocken*, wie sie uns in Aulendorf, Bad Schussenried, Bußmannshausen, Dietingen, Dornstetten, Eglofs, Ehrenstein, Eintürnenberg, Granheim, Großengstingen, Hauerz, Inneringen, Kirchen, Rottenburg, Schemmerberg, Tomerdingen, Trochtelfingen, Unteressendorf, Westernhausen und Wildberg erhalten geblieben sind. Ihre Reliefs zeigen Martinus als Soldat

Abbildung 8
Wallfahrtsbildchen

oder als Bischof mit dem Bettler.[112] In Bußmannshausen heißt es: »S. Martinvs Episcopvs ora pro nobis« (Heiliger Bischof Martinus, bitte für uns!).[113]

Zum Abschluß eine Übersicht, in der die *Martinspatrozinien Südwestdeutschlands* zusammengestellt sind. Daraus geht hervor, daß im Land Baden-Württemberg dem Heiligen von Tours nach und nach mindestens 284 Sakralbauten geweiht wurden. 104 stehen in der Erzdiözese Freiburg und 180 im Bistum Rottenburg-Stuttgart. Obwohl manche Gotteshäuser inzwischen dem Zahn der Zeit zum Opfer gefallen sind oder ihr Patrozinium verloren haben, sind davon 195 katholisch, 89 evangelisch, und wenigstens eine Kirche dient beiden Konfessionen. Es ist »Sankt Martin und Maria« in Biberach. Im Gebiet des Bistums Rottenburg-Stuttgart gibt es 177 Martinusheiligtümer, von denen 95 den eigenen Kirchengemeinden dienen und 82 der Evangelischen Landeskirche offenstehen. In der Erzdiözese Freiburg verteilen sich von den 104 Martinskirchen 100 auf die Katholiken und 4 auf die Protestanten. Selbständige katholische Pfarrkirchen mit diesem Patronat gibt es in Baden-Württemberg derzeit 138, davon 63 in Freiburg und 75 in Rottenburg. Dazu kommen neben je zwei Filialkirchen noch die beiden Klosterkirchen von Beuron und Weingarten, in denen sich aber auch die dortigen Gemeinden versammeln. Martinuskapellen besitzt Freiburg noch mindestens 15, und in Rottenburg sind es wenigstens 11. Da sie nirgends aufgelistet sind, könnten es hier wie dort auch ein paar mehr sein. So besitzt Baden-Württemberg kurz vor der Jahrtausendwende im ganzen 206 Martinsheiligtümer. Davon sind 131 katholisch und 75 evangelisch.

Martinuspatrozinien in Baden-Württemberg[113]

Orte	Kreis	Bistum	Dekanat	Konfession	Sakralbauten	Vermutlich grundgelegt	Erstmals bezeugt	Martinus genannt	Neben-patronate	Sonstiges	Belege
Aach-Linz	SIG	FR	SIG	K	*Pfarrkirche*	12. Jh.	1243		Nikolaus, Katharina	15. Jh./1736	D 1
Affalterbach	LB	RS	BAK	E	Kirche	10. Jh.	1332	1584		1765 Umbau	H 47
Ailringen	KÜN	RS	KÜN	K	*Pfarrkirche*	6./7. Jh.	1292	1313		1621 Umbau	H 99
Albershausen	GP	RS	GP	K	*Pfarrkirche*	7. Jh.	1963	1963			
Altheim	BC	RS	RDL	K	*Pfarrkirche*	7. Jh.	1227	1359			H 221
Altsteußlingen	UL	RS	EHI	K	*Pfarrkirche*	7. Jh.	776	776			H 194
Anhausen	HDH	RS	HDH	E	Kapelle	7. Jh.	1125	1125		1831 Abbruch	H 90
Asperg	LB	RS	LB	E	Kirche	7./8. Jh.	um 850	um 850	1525 Michael	Patr'wechsel?	H 63
Aulendorf	RV	RS	WAL	K	*Pfarrkirche*	8. Jh.	1275	1558			H 226
Bad Cannstatt	S	RS	SCN	K	*Pfarrkirche*		1275	1305			H 166
Bad Mergentheim	TBB	RS	MGH	K	*Kapelle (Spital)*	7./8. Jh.	1411			1741 Umbau	H 122
Bad Säckingen	WT	FR	SÄK	K	*Pfarrkirche*	7./8. Jh.				Urpfarrei	Sch.
Bad Schussenried	BC	RS	BC	K	*Kapelle (Friedhof)*	1610	1610	1610		Glocke	
Ballendorf	UL	RS	UL	E	Kirche	8. Jh.	1293	1576		1741 Umbau	H 92
Baltersweil	WT	FR	WUT	K	*Pfarrkirche*	7./8. Jh.				1729 Umbau	Ö 203
Bechtersbohl	WT	FR	WUT	K	*Filialkirche*						
Bermaringen	UL	RS	UL	E	Kirche	7./8. Jh.	1275			1471 Umbau	H 206
Bermatingen	FN	FR	LZG	K	*Pfarrkirche*	7./8. Jh.			1428 Georg	Patr'wechsel	L 536
Besigheim	LB	RS	LB	E	Stadtkirche	7./8. Jh.			Nikolaus, Katharina	1383	W 225
Beuron	SIG	FR	SIG	K	*Klosterkirche*	861	1097		Maria	1738 Umbau	B 33
Biberach	BC	RS	BC	S	*Pfarrkirche*	8. Jh.	1421	1421	Maria	Simultankirche	H 250
Bierlingen	TÜ	RS	ROT	K	*Pfarrkirche*	7./8. Jh.	883	1537			H 140
Bissingen o. L.	HDH	RS	UL	E	Kirche	7./8. Jh.	13. Jh.			Glocke	W 556
Bohlingen	KN	FR	WHE	K	*Kapelle (Friedhof)*	um 1578					
Bohlingen	KN	FR	WHE	K	*Pfarrkirche*	7./8. Jh.			1578? Pankratius	Patr'wechsel	
Bolheim	HDH	RS	HDH	K	*Pfarrkirche*	7. Jh.	1963	1963			
Bolsternang	RV	RS	LK	K	*Pfarrkirche*	12. Jh.	1275	1618			H 232
Böttingen	TUT	RS	SP	K	*Pfarrkirche*	7./8. Jh.	1275	1320		Urpfarrei	H 134

Orte, Fettdruck = Diözese Rottenburg-Stuttgart, kath. Sakralbauten
Sakralbauten, kursiv = bestehen noch

Orte	Kreis	Bistum	Dekanat	Konfession	Sakralbauten	Vermutlich grundgelegt	Erstmals bezeugt	Martinus genannt	Neben-patronate	Sonstiges	Belege
Breisach	FR	FR	BRE	K	Kapelle	7./8. Jh.				Abbruch	
Breitenberg	CW	RS	CW	E	*Kirche*						
Brunnadern	WT	FR	WKI	K	Kapelle					Abbruch	
Buch	SHA	RS	ELL	E	*Kapelle*	7./8. Jh.	13. Jh.	1471			H 96
Büßlingen	KN	FR	WHE	K	Pfarrkirche	7./8. Jh.				Glocke	Ö 203
Bußmannshausen	BC	RS	LP	K	Pfarrkirche	8. Jh.	1275				H 246
Calmbach	CW	RS	CW	K	Pfarrkirche	1960	1960	1960		1980 Neubau	
Daisendorf	FN	FR	LIN	K	Kapelle	8. Jh.				1508 Umbau	L 586
Dapfen	RT	RS	ZWI	E	*Kirche*		1275	1474			H 204
Dießen	FDS	FR	ZOLL	K	Pfarrkirche		1347	1473		1498	K 162
Dietenheim	UL	RS	UL	K	Pfarrkirche	7./8. Jh.	1275			Urpfarrei	H 244
Dietingen	UL	RS	UL	K	Pfarrkirche	7./8. Jh.	1236	1469		Glocke	K 167
Donzdorf	GP	RS	GSL	K	Pfarrkirche	7./8. Jh.	1275	1447		Urpfarrei	H 217
Dornstetten	FDS	RS	FDS	E	*Kirche*	8. Jh.	1245	1483		Glocke	H 142
Dotternhausen	BL	RS	BL	K	Pfarrkirche	8. Jh.	1275	1481			H 135
Döttingen	SHA	RS	KÜN	E	*Kirche*	7./8. Jh.	1307	1307		1599, 1783	H 100
Dunningen	RW	RS	RW	K	Pfarrkirche	7. Jh.	786	1418		Urpfarrei	H 129
Dunstelkingen	HDH	RS	NER	K	Pfarrkirche	7. Jh.	1354	1354			H 73
Ebenweiler	RV	RS	SLG	K	Pfarrkirche	8. Jh.	1273	1273	1831 Urban	Patr'wechsel	H 227
Eberdingen	LB	RS	MÜH	E	*Kirche*	7. Jh.	1250	1491	1391 Nikolaus	um 1500	H 64
Ebingen	BL	RS	BL	E	*Stadtkirche*	7. Jh.	um 1200	1342		Urpfarrei	H 135
Egg	FN	FR	MES	K	Kapelle	12. Jh?	1799	1799	Georg	Patr'wechsel?	L 842
Eglingen	HDH	RS	NER	K	Pfarrkirche	7. Jh.	1491	1671		Glocke	H 73
Eglofs	RV	RS	WG	K	Pfarrkirche	8. Jh.	1275	1628		1765 Umbau	H 232
Ehingen	KN	FR	WHE	K	Kapelle (Friedhof)	7./8. Jh	1591	1591			L 726
Ehingen/Donau	UL	RS	EHI	K	*Kapelle (Friedhof)*	7. Jh?	1591			Glocke	H 195
Ehrenstein	UL	RS	UL	K	Pfarrkirche	1723	1937	1725		1937	L 321
Eimeldingen	LÖ	FR	WIE	E	*Kirche*	7./8. Jh.					Sa 225
Eintürnenberg	RV	RS	WAL	K	Pfarrkirche	8. Jh.	1275	1461		Urpfarrei	H 256
Endingen a. K.	EM	FR	BEN	K	Wallfahrtskirche	7./8. Jh.	1256	1333		1846 Umbau	K 219
Engen	KN	FR	WHE	K	Pfarrkirche	7./8. Jh.		1490	sp. Maria, Joh. Ev.	urspr. Martin	K 223
Engen-Altdorf	KN	FR	WHE	K	Pfarrkirche	7./8. Jh.				1872 Abbruch	Hb. 204
Enzweihingen	LB	RS	MÜH	E	*Kirche*	7. Jh.	1407	1525			H 64

Orte	Kreis	Bistum	Dekanat	Konfession	Sakralbauten	Vermutlich grundgelegt	Erstmals bezeugt	Martinus genannt	Neben-patronate	Sonstiges	Belege
Erbach	UL	RS	UL	K	*Pfarrkirche*	7./8. Jh.	1275	1393		Urpfarrei	H 208
Erlenbach	HN	RS	NU	K	*Pfarrkirche*	11. Jh.	1037	1490			H 111
Erolzheim	BC	RS	OH	K	*Pfarrkirche*	8. Jh.	1275	1699		Urpfarrei	H 244
Esenhausen	RV	RS	RV	K	*Pfarrkirche*	8. Jh.	1275	15. Jh.		1761 Umbau	H 236
Ettlingen	KA	FR	ETT	K	*Pfarrkirche*	7./8. Jh.					Ö 203
Ewattingen	WT	FR	WUT	K	*Kapelle*	7./8. Jh.			später Gallus	Patr'wechsel	Sa 226
Feldkirch	FR	FR	NEU	K	*Pfarrkirche*	8. Jh.					Sch.
Flehingen	KA	FR	BRE	K	*Pfarrkirche*	7./8. Jh.					Ö 203
Forchheim	KA	FR	ETT	K	*Pfarrkirche*	7./8. Jh.					Sch.
Frauenzimmern	HN	RS	HN	E	*Kirche*	12. Jh.	1182	1234			H 68
Freiburg i. Br.	FR	FR	FRM	K	*Pfarrkirche*	13. Jh.				Wiederaufbau	Sch.
Frickingen	FN	FR	LIN	K	*Pfarrkirche*	7./8. Jh.	1166			Urpfarrei	L 598
Fridingen	TUT	RS	TUT	K	*Pfarrkirche*	7./8. Jh.	850	1460			H 126
Furtwangen	VS	FR	DS	K	*Kapelle*	8. Jh?				Privatbesitz	
Gamburg	TBB	FR	TBB	K	*Pfarrkirche*	12. Jh.				1697	Sch.
Gechingen	CW	RS	BB	E	*Kirche*	7. Jh.	1329	1481			H 58
Gemmrigheim	LB	RS	LB	E	Kirche	7./8. Jh.			später Joh. Ev.		
Gengenbach	OG	FR	OG	K	*Kapelle (Friedhof)*	6. Jh.	1233			Urpfarrei	KF 40
Gochsheim	KA	FR	KA	E	*Kirche*	7./8. Jh.	12. Jh.				Sa 226
Gomadingen	RT	RS	ZWI	E	*Kirche*	7. Jh.	1269				H 205
Goppertsweiler	FN	RS	FN	K	*Pfarrkirche*	8. Jh.	1275				H 230
Göppingen-Oberhofen	GP	RS	GP	E	*Kapelle (Friedhof)*	7. Jh.	1275	1388	Maria		H 181
Göttingen	UL	RS	UL	E	*Kirche*	13. Jh.	1349		1720 Justina		L 364
Göttingen	UL	RS	UL	K	*Pfarrkirche*	1960	1960	1960		1960 Neubau	
Granheim	UL	RS	EHI	K	*Pfarrkirche*	6./7. Jh.	1275	1281		Urpfarrei	H 198
Großaltdorf	SHA	RS	SHA	K	*Kapelle*	8. Jh.	1509	1587			H 105
Großbottwar	LB	RS	LB	E	*Kirche*		1279	1475			H 48
Großengstingen	RT	RS	RT	K	*Pfarrkirche*	7. Jh.	1263	1520		Urpfarrei	H 184
Großingersheim	LB	RS	LB	E	*Kirche*	8. Jh.	1250	1665			H 49
Großweier	OG	FR	ARE	K	*Pfarrkirche*						Sch.
Gruibingen	GP	RS	GSL	E	*Kirche*	7. Jh.	um 1130	1431			H 218
Grundsheim	UL	RS	EHI	K	*Pfarrkirche*	8. Jh.	1275	1491		1723 Umbau	K 335
Gundelfingen	FR	FR	FR	K	Pfarrkirche	7./8. Jh.	1485			Abbruch	Sa 226

Orte	Kreis	Bistum	Dekanat	Konfession	Sakralbauten	Vermutlich grundgelegt	Erstmals bezeugt	Martinus genannt	Neben-patronate	Sonstiges	Belege
Hauerz	RV	RS	WAL	K	*Pfarrkirche*	13. Jh.	1275	1657			H 256
Hausen a. B.	BC	RS	RDL	K	*Pfarrkirche*	8. Jh.	1275	1559			H 198
Hausen a. d. Zaber	HN	RS	HN	E	*Kirche*	8. Jh.	14. Jh.			1468 Pfarrei	
Hessigheim	LB	RS	LB	E	*Kirche*	8. Jh.	1150				
Hettingen	SIG	FR	SIG	K	*Pfarrkirche*	7./8. Jh.	vor 1208	1401			L 801
Hirrlingen	TÜ	RS	ROT	K	*Pfarrkirche*	7. Jh.	1275	1428		1770 Umbau	H 157
Hochdorf	FR	FR	FRW	K	*Pfarrkirche*	7./8. Jh.	1275	1465	Sebastian	1717 Umbau	H 174
Hochdorf	ES	RS	ES	E	*Kirche*	8. Jh.					Wü 235
Hochdorf	BC	RS	BC	K	*Pfarrkirche*	8. Jh.	1275				H 256
Hohenmemmingen	HDH	RS	HDH	E	*Kirche*	7. Jh.	1356	1463	1525 Nikolaus		H 72
Homburg	KN	FR	ÖHE	K	*Kapelle (Burg)*	12. Jh.		1492			K 400
Hondingen	VS	FR	DS	K	*Pfarrkirche*	7./8. Jh.	1353			1894 Umbau	Sch.
Horgen	RW	RS	RW	K	*Pfarrkirche*	13. Jh?	1635	1715		1871 Neubau	H 133
Hörvelsingen	UL	RS	UL	E	*Kirche*	11. Jh?	1219	1221		1640 Umbau	H 92
Hundersingen	UL	RS	EHI	K	*Pfarrkirche*	7. Jh.	1265	1470			H 223
Igersheim	TBB	RS	MGH	E	*Kapelle*	8. Jh.	1258			Abbruch	H 121
Iggingen	AA	RS	GD	K	*Pfarrkirche*	7. Jh.	1347	1347			H 80
Inneringen	SIG	FR	SIG	K	*Pfarrkirche*	7./8. Jh.	1392	1392		Glocke	B 74
Irslingen	RW	RS	RW	K	*Pfarrkirche*	7. Jh.	1353?	1420		1845 Neubau	H 130
Isingen	BL	RS	BL	E	*Kirche*	7. Jh.	1275	1410		1824 Umbau	H 141
Ittendorf	FN	FR	LZG	K	*Pfarrkirche*	8. Jh.	1490	1490	von Markdorf		Sch.
Jöhlingen	KA	FR	BRE	K	*Pfarrkirche*	7./8. Jh.					Sch.
Judentenberg	SIG	FR	MES	K	*Kapelle*	11. Jh.	1051	1051			L 845
Kadelburg	WT	FR	WUT	K	*Pfarrkirche*						Sch.
Kappel	SIG	FR	MES	K	*Kapelle*	13. Jh.	1183	1608		1710 Neubau	L 846
Karlsruhe-Rintheim	KA	FR	KA	K	*Pfarrkirche*	7./8. Jh.					Sch.
Kettenacker	SIG	FR	SIG	K	*Pfarrkirche*	11.Jh.	1194	1417		1955 Neubau	B 88
Kilchberg	TÜ	RS	ROT	E	*Kirche*	12. Jh.	1275	1421		1756 Umbau	H 157
Killingen	AA	RS	ELL	K	*Kapelle*	7. Jh.					H 88
Kirchberg/Iller	UL	RS	UL	K	*Pfarrkirche*	12. Jh.	1275	1416			H 244
Kirchbierlingen	UL	RS	EHI	K	*Pfarrkirche*	6./7. Jh.	776	776	1486 auch Maria	Urpfarrei	H 196
Kirchdorf	VS	FR	VIL	K	*Pfarrkirche*	um 685					F 475
Kirchen	UL	RS	EHI	K	*Pfarrkirche*	7. Jh.	1215	1523			H 199

Orte	Kreis	Bistum	Dekanat	Konfession	Sakralbauten	Vermutlich grundgelegt	Erstmals bezeugt	Martinus genannt	Neben-patronate	Sonstiges	Belege
Kirchentellinsfurt	TÜ	RS	ROT	E	Kirche	7./8. Jh.	1275	1797			H 184
Kirchheim a. R.	AA	RS	NER	E	Kapelle (Friedhof)	7./8. Jh.	1275	1275		Urpfarrei	H 82
Kirchheim u. T.	ES	RS	NT	E	Stadtkirche	7./8. Jh.	960	1315			H 175
Kißlegg	RV	RS	WG	K	Pfarrkirche	9. Jh.	868	um 950	sp. Gallus, Ulrich	Patr'wechsel	H 234
Kleingartach	HN	RS	HN	E	Kirche	12. Jh.	1109	1555		1486 Umbau	H 70
Klingenstein	UL	RS	UL	K	Kapelle	14. Jh.	1349	1349	sp. Dreif., Georg		H 208
Kocherstein	KÜN	RS	KÜN	K	Pfarrkirche	11. Jh.	1088	1088		Abbruch	H 99
Königheim	TBB	FR	TBB	K	Pfarrkirche	7./8. Jh.			(Joh. Nepomuk)	1756 Umbau	Sch.
Königshofen	TBB	FR	LAU	K	Pfarrkirche	7./8. Jh.	um 1200			1836 Neubau	Sch.
Konstanz	KN	FR	KN	K	Kapelle						
Kornwestheim	LB	RS	LB	E	Kirche	7./8. Jh.	um 1080	1402		1516 Umbau	H 168
Kornwestheim	LB	RS	LB	K	Pfarrkirche	1919				1958 Neubau	
Krailshausen	SHA	RS	SHA	K	Kapelle	8. Jh.	13. Jh.	1453		Abbruch	H 124
Külsheim	TBB	FR	TBB	K	Pfarrkirche	7./8. Jh.					Ö 203
Landshausen	KA	FR	BRE	K	Pfarrkirche	7./8. Jh					Sch.
Langenargen	FN	RS	FN	K	Kapelle (Friedhof)	8. Jh.	1267		1722 Anna	Patr'wechsel	H 230
Langenargen	FN	RS	FN	K	Pfarrkirche	1722	1722	1722		Neubau	H 230
Langenau	UL	RS	UL	E	Kirche	7. Jh.	1143	1150	1472 auch Maria		H 92
Langenbeutingen	HN	RS	KÜN	E	Kirche	7./8. Jh.	1303				H 115
Laudenbach	TBB	RS	MGH	K	Kapelle	9. Jh.	1418	1459			H 123
Lauffen am Neckar	HN	RS	HN	E	Kirche	7./8. Jh.	741	823	sp. Regiswindis	Patr'wechsel	H 115
Lellwangen	FN	FR	LIN	K	Kapelle	8./9. Jh.	1452	1452		1880 Neubau	L 575
Leutkirch	RV	RS	LK	K	Pfarrkirche	8. Jh.	797	797		Urpfarrei	H 234
Levertsweiler	SIG	FR	MES	K	Pfarrkirche	7./8. Jh.		1228	später Luzia	Patr'wechsel	L 831
Linz (Aach)	SIG	FR	MES	K	Pfarrkirche	8. Jh.?	1243	15. Jh?			L 835
Liptingen	TUT	FR	MES	K	Kapelle	7./8. Jh.					
Luttingen	WT	FR	SÄK	K	Pfarrkirche	7./8. Jh.	1275				Sch.
Malmsheim	BB	RS	BB	K	Filialkirche		1963				
Mannheim-Neckarau	MAN	FR	MAS	K	Pfarrkirche				später Jakobus	Patr'wechsel	Sa 228
Meckesheim	HD	FR	HD	K	Kapelle					baufällig	Sa 227
Meckesheim	HD	FR	HD	K	Pfarrkirche	7./8. Jh.					
Meimsheim	HN	RS	HN	E	Kirche	7./8.Jh.	1188	1710			H 69
Mengen	SIG	RS	SLG	K	Nebenkirche	7./8. Jh.	1275	1304			L 809

Orte	Kreis	Bistum	Dekanat	Konfession	Sakralbauten	Vermutlich grundgelegt	Erstmals bezeugt	Martinus genannt	Neben-patronate	Sonstiges	Belege
Menzenschwand	WT	FR	WHU	K	Pfarrkirche	1688	1688	1688	früher Ant. v. P.	Patr'wechsel	Hb.
Meßkirch	SIG	FR	MES	K	Pfarrkirche	7. Jh.	1275			Urpfarrei	Sch.
Metzingen	RT	RS	RT	E	Kirche	7. Jh.	12. Jh.	1436		1520 Umbau	H 184
Michelbach a. d. Bilz	SHA	RS	CRH	E	Kirche	11. Jh.	1248	1400			H 106
Möhringen	S	RS	S	E	Kirche	7. Jh.	1275	1407			H 191
Mondfeld	TBB	FR	TBB	K	Filialkirche						
Mühlheim a. d. D.	TUT	RS	TUT	K	Kapelle	7./8. Jh.					H 126
Mühlingen	KN	FR	ÖHE	K	Pfarrkirche	7./8. Jh.	13. Jh?				Sch.
Müllheim	FR	FR	NEU	K	Pfarrkirche	7./8. Jh.		1436	später Herz-Jesu	Patr' wechsel	K 566
Munderkingen	UL	RS	EHI	K	Kapelle	12. Jh,	1307	1347		1784 profan.	L 382
Münsingen	RT	RS	ZWI	E	Kirche	7. Jh.	780	1493		Urpfarrei	H 205
Nattheim	HDH	RS	HDH	E	Kirche	7./8. Jh.	1365	1468		1865 Neubau	H 73
Neckargröningen	LB	RS	LB	E	Kirche	7./8. Jh.	1275	1494			H 169
Neckartailfingen	ES	RS	NT	E	Kirche	7./8. Jh.	1090	1316			H 184
Neckartenzlingen	ES	RS	NT	E	Kirche	7./8. Jh.	1275	1488		1518 Umbau	H 185
Nenningen	GP	RS	GSL	K	Pfarrkirche	7./8.Jh.	1275	1467		1909 Neubau	H 218
Nenzingen	KN	FR	ÖHE	K	Kapelle	7./8. Jh.	1717			Patr'wechsel?	Sa 228
Neuffen	ES	RS	NT	E	Kirche		1275	1351		1558 Umbau	H 176
Neufrach	FN	FR	LZG	K	Kapelle	8./9. Jh.					L 593
Neuhausen	VS	FR	VIL	K	Pfarrkirche	7./8. Jh.					Sch.
Niederhofen	HN	RS	HN	E	Kirche	8. Jh?					
Niederhofen	PF	RS	MÜH	E	Kirche	7./8. Jh.	1460	1502			H 70
Niefern	PF	FR	PF	E	Kirche		15. Jh?				D 349
Nusplingen	SIG	FR	SIG	K	Kapelle	7./8. Jh.	889		Leo	17. Jh.	L 881
Nußdorf	LB	RS	MÜH	E	Kirche	7./8. Jh.	um 1130	1617			H 66
Obergrombach	KA	FR	BRU	K	Pfarrkirche					1464 Umbau	Sch.
Oberjettingen	BB	RS	BB	E	Kirche	7./8. Jh.	1252				H 152
Oberlauda	TBB	FR	LAU	K	Pfarrkirche	ma.				1793 Umbau	Sch.
Oberlenningen	ES	RS	NT	E	Kirche	7./8. Jh.	1275	1396			H 178
Obersäckingen	WT	FR	SÄK	K	Kapelle (Friedhof)	7./8. Jh.	1135	1135			Ö 203
Oberstadion	UL	RS	EHI	K	Pfarrkirche	12. Jh?	1275	1482		Urpfarrei	L 389
Oberstotzingen	HDH	RS	HDH	K	Pfarrkirche	7./8. Jh.	1456	1756			H 71
Obertalheim	FDS	RS	FDS	K	Filialkirche	7./8. Jh.					H 146

Orte	Kreis	Bistum	Dekanat	Konfession	Sakralbauten	Vermutlich grundgelegt	Erstmals bezeugt	Martinus genannt	Neben-patronate	Sonstiges	Belege
Oberteuringen	FN	RS	FN	K	*Pfarrkirche*	7./8. Jh.	1155	1481		Urpfarrei	H 238
Ödenwaldstetten	RT	RS	ZWI	E	Kapelle	8. Jh.	1275	1555		Abbruch	H 205
Offenburg	OG	FR	OG	K	*Pfarrkirche (Kur.)*						Sch.
Opferdingen	VS	FR	DS	K	Kapelle	7./8. Jh.			Agnes, Barbara		
Öpfingen	UL	RS	EHI	K	*Pfarrkirche*	7. Jh.	1275	1467			K 635
Öschingen	TÜ	RS	ROT	E	*Kirche*	7./8. Jh.	1275	1386		1813 Neubau	H 155
Osterburken	MOS	FR	BUC	K	Pfarrkirche	6./6. Jh.			nach 1200 Kilian	Patr'wechsel	Sa 228
Ottendorf	SHA	RS	SHA	E	*Kirche*	7./8. Jh.	1248	1347			H 107
Pforzheim	PF	FR	PF	K	*Kapelle*	7./8. Jh.					Sa 376
Pforzheim	PF	FR	OF	E	*Kirche*	7./8. Jh.	8. Jh.			12. Jh.	Sa 228
Pfullingen	RT	RS	RT	E	*Kirche*	7. Jh.	1204	1276		Urpfarrei	H 185
Poppenhausen	TBB	FR	LAU	K	Pfarrkirche	8. Jh.					Sch.
Radelstetten	UL	RS	UL	E	*Kirche*	7./8. Jh.	1275	1740		1837 Neubau	H 210
Reichental	RA	FR	MGT	K	Kapelle						Ö 203
Riedlingen	BC	RS	RDL	K	Kapelle	7./8. Jh.	1497	1497	Vitus	Abbruch	H 221
Riedöschingen	VS	FR	DS	K	*Pfarrkirche*	7./8. Jh.				1523 Umbau	Sch.
Riegel	EM	FR	BRE	K	*Pfarrkirche*			1464		1748/1946?	K 706
Ringingen	BL	FR	ZOL	K	*Pfarrkirche*	7./8. Jh.		1333	Anna, Josef		Sch.
Rosenfeld	BL	RS	BL	K	*Kirche*	12. Jh.	1255	1379		Abbruch	H 141
Roßfeld	SHA	RS	SHA	E	*Kirche*		1285	1337		Urpfarrei	H 98
Roßwag	LB	RS	MÜH	E	*Kirche*	13. Jh.		1277		1901 Umbau	H 66
Rot am See	SHA	RS	SHA	E	*Kirche*		1285	1337			H 98
Rottenburg	TÜ	RS	ROT	K	*Dom/Pfarrkirche*	13. Jh.		1436	vorher Maria	Patr'wechsel	H 158
Rottenburg-Sülchen	TÜ	RS	ROT	K	*Filialkirche*	6. Jh.	1213	1293		Urpfarrei	H 158
Ruppertshofen	AA	RS	GD	E	*Kirche*	8. Jh.	1285		Nikolaus?		H 98
Sasbach a. K.	EM	FR	BRE	K	*Pfarrkirche*	7./8. Jh.				1741 Neubau	Sch.
Schemmerberg	BC	RS	BC	K	*Pfarrkirche*	9. Jh.	1275	1478	Maria	Glocke	H 254
Schlier	RV	RS	RV	K	*Pfarrkirche*	1831	1831	1831			
Schönaich	BB	RS	BB	E	*Kirche*		1275	1309			H 163
Schwabsberg	AA	RS	ELL	K	*Pfarrkirche*		1387	1483			H 86
Schwaigern	HN	RS	HN	K	*Pfarrkirche*	9. Jh.	1964	1964			H 70
Schwaningen	WT	FR	WUT	K	*Pfarrkirche*	7./8. Jh.					Sch.
Schweigern	TBB	FR	LAU	K	Kapelle	9. Jh.		864			S 231

Orte	Kreis	Bistum	Dekanat	Konfession	Sakralbauten	Vermutlich grundgelegt	Erstmals bezeugt	Martinus genannt	Neben-patronate	Sonstiges	Belege
Seefelden	FN	FR	LZG	K	Pfarrkirche		1369	1369?			L 589
Setzingen	UL	RS	UL	E	Kirche	7./8. Jh.	1328	1474	1723 Bartholom.	Patr'wechsel	H 93
Siegelhausen	LB	RS	LB	E	Kirche	8. Jh.	1245	1245			H 170
Simmringen	TBB	RS	MGH	K	Pfarrkirche	7./8. Jh.			1670 Vitus	Patr'wechsel	H 124
Sindelfingen	BB	RS	BB	E	Stadtkirche	7./8. Jh.	1083	1083		Urpfarrei	H 164
Sinzheim	RA	FR	BAD	K	Pfarrkirche	7./8. Jh.					Sch.
Sipplingen	FN	FR	LZG	K	Pfarrkirche	7./8. Jh.			Georg	1750 Umbau	Sch.
Söhnstetten	HDH	RS	HDH	E	Kirche	8. Jh.	1243	1698		1855 Neubau	H 91
Sontheim	HN	RS	HN	K	Pfarrkirche	7./8. Jh.	1453	1722			H 117
Spechbach	HD	FR	KRG	K	Pfarrkirche						Sch.
Stammheim	CW	RS	CW	E	Kirche	7./8. Jh.	um 810	1503		1790 Umbau	H 60
Staufen	FR	FR	NEU	K	Pfarrkirche						Sch.
Steinbach	TBB	FR	BUC	K	Pfarrkirche				Vitus	1494 Umbau	Sch.
Steinenstadt	FR	FR	NEU	K	Kapelle		1486				K 814
Stetten i. L.	UL	RS	UL	K	Kapelle (Schloß)	14. Jh.	14. Jh.	14. Jh.		1732 Abbruch	H 71
Stöckenburg	SHA	RS	SHA	E	Kirche	7./8. Jh.	823	823		Urpfarrei	H 109
Stuttgart-Plieningen	S	RS	S	E	Kirche	7./8. Jh	1275	1298			H 192
Sulzbach	MOS	FR	MOS	K	Pfarrkirche						Sch.
Tannau	FN	RS	FN	K	Pfarrkirche	13. Jh.	1275	14. Jh.			H 231
Tannheim	BC	RS	OH	K	Pfarrkirche	7./8. Jh.	um 1100			1702 Neubau	H 245
Tauberbischofsheim	TBB	FR	TBB	K	Pfarrkirche	7./8. Jh.				1910 Neubau	Sch.
Tiefensall	KÜN	RS	KÜN	E	Kirche	12. Jh	1499	1499			H 103
Tomerdingen	UL	RS	UL	K	Kapelle (Friedhof)	7./8. Jh.	1275	1275			H 210
Trochtelfingen	RT	FR	SIG	K	Pfarrkirche	7./8. Jh.	ma.	1486		Glocke	K 1486
Trossingen	VS	RS	TUT	E	Kirche	8. Jh.	1275	1436			K 724
Tübingen	TÜ	RS	ROT	E	Stiftskirche	7./8. Jh.		1483	sp.Georg, Maria	Patr'wechsel	K 855
Tübingen-Lustnau	TÜ	RS	ROT	E	Kirche		1266	1434	sp. Kreuz u.a.	Patr'wechsel	H 158
Tuttlingen	TUT	RS	TUT	E	Kirche (Friedhof)	7./8. Jh.	1275	1471		1862 Neubau	H 127
Übrigshausen	SHA	RS	SHA	E	Kirche	8. Jh.		1515			H 109
Ulm	UL	RS	UL	K	Kapelle (Wibl. H.)	1490	1490	1490	später Kreuz u.a.	Patr'wechsel	H 21
Unteressendorf	BC	RS	BC	K	Pfarrkirche	7./8. Jh.	1182	1469	Nikolaus	Urpfarrei	H 257
Unterkirchberg	UL	RS	UL	K	Pfarrkirche	8. Jh.	1275			Urpfarrei	H 249
Unterschwarzach	MOS	FR	MOS	K	Pfarrkirche					1742 Neubau	D 504

Orte	Kreis	Bistum	Dekanat	Konfession	Sakralbauten	Vermutlich grundgelegt	Erstmals bezeugt	Martinus genannt	Neben-patronate	Sonstiges	Belege
Untersielmingen	ES	RS	ES	E	Kirche	7./8. Jh.	1275	1300			H 193
Urlau	RV	RS	LK	K	Pfarrkirche	8. Jh.	879	1275		Urpfarrei	H 235
Urloffen	OG	FR	OG	K	Pfarrkirche	8. Jh.	1371			1835 Neubau	Sch.
Utzmemmingen	AA	RS	NER	K	Pfarrkirche	7./8. Jh.	1278	1363	Sebastian?		H 89
Vöhrenbach	VS	FR	DS	K	Pfarrkirche						Sch.
Waldenbuch	BB	RS	BB	K	Pfarrkirche	1977	1977	1977	Oswald		
Waldkirch	EM	FR	WKI	K	Pfarrkirche	7./8. Jh.		1437		Urpfarrei	K 942
Wangen i. A.	RV	RS	WG	K	Pfarrkirche	8. Jh.	805	1370	Gallus, Magnus	Urpfarrei	H 231
Wehr	WT	FR	SÄK	K	Pfarrkirche	11. Jh.	1258			Urpfarrei	Hb.
Weil i. Schönbuch	BB	RS	BB	E	Kirche	12. Jh.	um 1188	1262			H 164
Weingarten	RV	RS	RV	K	Klosterkirche	7. Jh.	1094	1094	Oswald	Urpfarrei	H 241
Weitingen	FDS	RS	FDS	K	Pfarrkirche	7./8. Jh.	1245	1437	Maria, Agnes	1501 Umbau	K 971
Werbach	TBB	FR	TBB	K	Pfarrkirche						Sch.
Westernhausen	KÜN	RS	KÜN	K	Pfarrkirche	8. Jh.	1225	1299	Sebastian?	Glocke	H 104
Westerstetten	UL	RS	UL	K	Pfarrkirche	8. Jh.	1225	1225		1721 Umbau	H 93
Westheim	SHA	RS	SHA	E	Kirche	8. Jh.	1286			1848 Neubau	H 110
Wiblingen	UL	RS	UL	K	Pfarrkirche	7./8. Jh.	1098	1418	Heiligkreuz	1781 Neubau	H 249
Wildberg	CW	RS	CW	E	Stadtkirche	12. Jh.	1275	1437		1467 Umbau	H 153
Wittendorf	FDS	RS	FDS	E	Kirche	7./8. Jh.	1275	1560		Glocke	H 146
Wittlingen	LÖ	FR	WTA	K	Kapelle	7./8. Jh.		1469			K 998
Wollmatingen	KN	FR	KN	K	Pfarrkirche	7./8. Jh.				1962 Neubau	Sch.
Zainingen	RT	RS	RT	E	Kirche	7./8. Jh.	1275	1435			H 180
Zell a. N.	ES	RS	NT	E	Kirche	8. Jh.	1275	1567			H 180
Zeutern	KA	FR	BRU	K	Pfarrkirche						Sch.
Zimmern	OG	FR	OG	K	Kapelle		1517	1517			D 554
Zipplingen	AA	RS	ELL	K	Pfarrkirche	7./8. Jh.	1282	15. Jh.		1765 Umbau	H 83

Auf die Stadt- und Landkreise verteilen sich die 285 Martinsheiligtümer folgendermaßen: Mannheim 1, Lörrach und Rastatt je 2, Heidelberg, Moosbach, Rottweil und Stuttgart je 3, Emmendingen, Künzelsau und Pforzheim je 4, Balingen, Calw, Freudenstadt, Göppingen, Offenburg und Tuttlingen je 5, Böblingen 6, Aalen, Esslingen, Freiburg und Villingen-Schwennigen je 8, Heidenheim, Karlsruhe, Reutlingen und Tübingen je 9, Heilbronn 10, Biberach, Konstanz, Schwäbisch Hall und Waldshut je 11, Sigmaringen 12, Ravensburg 13, Bodenseekreis 14, Main-Odenwald-Kreis 15 und Alb-Donau-Kreis 30. Im Hinblick auf noch bestehende Martinskirchen sieht es so aus: je 2 LÖ und RA, je 3 HD, KÜN, MOS, PF, OG und TUT, je 4 AA und GP, je 5 BB, BL, FDS und KN, je 6 VS und WT, je 8 ES, FR, HDH, RT und SHA, je 9 FN, HN, KA und SIG, 10 BC, 11 TBB, 13 RV, 15 LB und UL 24. In der Diözese Rottenburg-Stuttgart gibt es heute insgesamt 151 Martinskirchen, die sich auf die Dekanate so verteilen: Balingen 2 katholische (2 evangelische), Biberach 6 (1), Böblingen 2 (5), Calw 2 (2), Crailsheim (1), Ehingen 10, Ellwangen 4, Esslingen (1), Freudenstadt 2 (2), Friedrichshafen 4, Göppingen 1 (1), Heidenheim 1 (5), Heilbronn 2 (6), Künzelsau 3 (3), Laupheim 1, Leutkirch 3, Ludwigsburg 1 (9), Mergentheim 3 (1), Neresheim 3 (1), Nürtingen (6), Ochsenhausen 2, Ravensburg 3, Riedlingen 3, Reutlingen 1 (3), Rottenburg 4 (5), Schwäbisch Gmünd 1 (1), Tuttlingen 2 (2), Ulm 13 (8), Wangen 3 und Zwiefalten (3).

Auch in neuerer Zeit wurden einige *Martinskirchen* errichtet. Eine erste hat vor fast 170 Jahren die Gemeinde Schlier erhalten. Nachdem das Dorf, das zuvor der jeweilige Altdorfer Martinskaplan betreut hatte, am 21. September 1821 selbständig geworden war, wählten die Schlierer 1831 für ihren Kirchenneubau den Patron ihrer Mutterkirche. Sie folgten damit einem jahrhundertealten Brauch. So erklärt sich übrigens auch das Martinspatronat der im Mittelalter von Langenau abgetrennten Pfarreien Göttingen und Hörvelsingen. Andernorts war es ähnlich. Dazu kamen nach dem Zweiten Weltkrieg, als Flüchtlinge und Vertriebene in der württembergischen Diaspora eine neue geistliche Heimat brauchten, die *Neubauten* von Calmbach (1960), Albershausen (1963), Bolheim (1963), Schwaigern (1964) und Waldenbuch (1977). Ihre Seelsorger hatten in Sankt Martin einen Heiligen erkannt, der auch dem Menschen des 20. Jahrhunderts etwas zu sagen hat. Zwar ging die Zeit der *Martinskaplaneien*, wie es sie in Stuttgart, Mengen, Saulgau und Isny lange Zeit gegeben hatte, mehr und mehr zu Ende. Auch wurden keine neuen *Martinsaltäre* – und mochten die gotischen und barocken noch so prachtvoll gestaltet gewesen sein – mehr aufgestellt. Die Klöster Zwiefalten (1109), Bebenhausen (1192), Weingarten (1266), Ellwangen (1331) und Wiblingen (1490) hatten den Ordensvater von Tours damit nicht weniger geehrt als die Bürger von Rottweil (1349), Schwäbisch Gmünd (1354), Heilbronn (1359), Esslingen (1362), Schwäbisch Hall (1387), Tübingen

(1482), Reutlingen (1408) und Gerlingen (1573). Nicht zu vergessen die einstigen Martinsstifte von Sindelfingen, Tübingen, Markdorf und Rheinfelden. Doch wie sollten zeitgenössische Künstler den Heiligen der Nächstenliebe heute darstellen? Einigen, die neuerdings versucht haben, ist es überzeugend gelungen – Wilhelm Geyer, Josef Henselmann, Sieger Köder und Maria Stapp. Doch den Heiligen Europas zeichnet mehr aus als seine Tat vor den Toren von Amiens. Vielleicht regt das Jubiläumsjahr 1997 die Gläubigen von Diözese und Gemeinden an, sich weiterhin seiner Fürsprache anzuvertrauen und ihr Patrozinium auch nach der Jahrtausendwende zuversichtlich zu feiern.

Anmerkungen

1. Elmar BLESSING, Patrozinien des Mittelalters, in: Beiwort zu Karte VIII,1a 5. Historischer Atlas von Baden-Württemberg Stuttgart 1975.
2. Ebd., 7. Die dargestellten 33 elsässischen Orte sind bei den 457 Patrozinien hier nicht mitgezählt.
3. Vgl. Histor. Atlas v. Baden-Württemberg, Karte VIII,1a (wie Anm. 1).
4. Gust BOSSERT, Die Kirchenheiligen Württembergs bis 1250, in: WVjh 4, 1885, 282–289 sowie BWKG 2, 1887, 30–31. Ders., Die Martinskirchen in Württemberg, in: Schwäbischer Merkur 1887, 817, 1133, 1985. Gustav HOFFMANN, Kirchenheilige in Württemberg (Darstellungen aus der Württembergischen Geschichte 23), Stuttgart 1932, 14.
5. Ebd., 284. Gustav HOFFMANN, Kirchenheilige in Württemberg, in: Zeitschrift für württembergische Landesgeschichte 6, 1942, 26–43.
6. Rainer CHRISTLEIN, Die Alamannen. Archäologie eines lebendigen Volkes, Stuttgart-Aalen ²1979, 31. Hans JÄNICHEN, Der alamannische und fränkische Siedlungsraum, in: Histor. Atlas v. Baden-Württemberg IV,1–2, Erläuterungen 1–3. Michael HOEPER, Ortsnamen und Römerstraße am südlichen Oberrhein, in: Karlheinz FUCHS (Hg.), Die Alamannen (Ausstellungskatalog), Stuttgart 1997, 243–247.
7. CHRISTLEIN (wie Anm. 6), 32. Volker BABUCKE, Zur alamannischen Besiedlung der westlichen Raetia Sekunda, in: FUCHS, Die Alamannen (wie Anm. 6), 257.
8. CHRISTLEIN (wie Anm. 6), 32.
9. 401 wurde das Kastell Isny aufgegeben, weil seine Reitereinheit auf Befehl Stilichos Oberitalien gegen Alarich mit schützen mußte. Philipp FILTZINGER (Hg), Die Römer in Baden-Württemberg, Stuttgart ³1986, 114, 348–350.
10. Hermann TÜCHLE, Kirchengeschichte Schwabens I, Stuttgart 1950, 56–58. Otto FEGER, Geschichte des Bodenseeraumes I, Lindau-Konstanz 1956, 82–83. Kolumban SPAHR, in: Karl ILG, Landes- und Volkskunde, Geschichte, Wirtschaft und Kunst Vorarlbergs, Bregenz 1967, Bd. IV 1–2.
11. FEGER (wie Anm. 10), 82. Walter DRACK/Rudolf FELLMANN, Die Römer in der Schweiz, Stuttgart-St. Gallen 1988, 323. Sönke LORENZ, Die Christianisierung, in: FUCHS (wie Anm. 6), 443.
12. FEGER (wie Anm. 10), 64.
13. Vgl. Dieter QUAST, Vorchristlicher Kult, in: FUCHS (wie Anm. 6), 433–440. PIRMINIUS »Meldensis«, Der heilige Pirmin und sein Pastoralbüchlein, Sigmaringen 1976, 13–15, 53–55.
14. QUAST (wie Anm. 13).
15. CHRISTLEIN (wie Anm. 6), 171.
16. Diese frühere Stammesgrenze ist in der Diözese bis heute auch Volkstumsgrenze.
17. Eugen EWIG, Le culte de St. Martin à l'époque franke, in: Revue d'histoire de l'église de France 47, 1961. Ders., Der Martinskult im Frühmittelalter, in: Archiv für mittelalterliche Kirchengeschichte 141, 1962, 11–30. H. WEIGEL, Das Patrozinium des hl. Martin, in: Blätter für deutsche Landesgeschichte 100,1964.
18. Karl BOSL, Europa im Mittelalter, Wien 1970, 79–80. Arno BORST, Barbaren, Ketzer und Artisten, München-Zürich 1988, 291–292.
19. FEGER (wie Anm. 10), 81–82. Otto WIMMER/Hartmann MELZER, Lexikon der Namen und Heiligen, Innsbruck-Wien ⁶1988, 491. Sönke LORENZ, Die Christianisierung, in: FUCHS, Die Alamannen (wie Anm. 6), 443.
20. FEGER (wie Anm. 10), 82–83. Arno BORST, Mönche am Bodensee, Sigmaringen 1978, 19–22. Heinrich BÜTTNER, Geschichte des Elsaß, Sigmaringen 1981, I 54–57.
21. Ebd., 54. CHRISTLEIN (wie Anm. 6), 117, 121.
22. So in Maria-Thann und Langenargen.
23. Walafried: »Oratorium in honore Sancte Aurelie constructum … Circa oratorium mansiunculas sibi fecerunt … Tribus annis et aedificia inibi cella alii horum laboraverunt, alii arbores pomiferas excoluerunt«. Benedikt BILGERI, Bregenz. Eine siedlungsgeschichtliche Untersuchung (Schriften zur Vorarlberger Landeskunde 1), Dornbirn 1948, 12–16.
24. Walafried: »Quidam pontifex ex vicinis urbibus frumenti copiam divina monitus adspiratione beato Columbano direxit«. Ebd., 14. FEGER ebd., 79.
25. FEGER (wie Anm. 10), 83–84.
26. Albrecht DAUBER, Die Reihengräber der Merowingerzeit, in: Histor. Atlas von Baden-Württemberg (wie Anm. 6), III,7, Karte und Beiwort. Frauke STEIN, Alamannische Siedlung und Kultur. Das Reihengräberfeld in Gammertingen, Sigmaringen 1991, 75–92.
27. Wilfried MENGHIN, Gotische und langobardische Funde aus Italien im Germanischen Nationalmuseum Nürnberg, Nürnberg 1983.
28. Vgl. Kartenskizze, in: Wolfgang MÜLLER, Frühes Christentum, Beiwort zu Karte VIII,1, in: Histor. Atlas v. Baden-Württ. 2 (wie Anm. 1).
29. Norbert KRUSE/Hans Ulrich RUDOLF, Weingarten, Biberach 1992, 95–97.
30. Ingo STORK, Der einmalige Befund Lauchheim, in: FUCHS, Die Alamannen (wie Anm. 6), 290–310
31. Wie Anm. 25. Teilweise abgebildet, in: CHRISTLEIN (wie Anm. 6), Farbtafel 87. TÜCHLE (wie Anm. 10) 42–43.
32. Ebd., 120, 174.
33. Ebd., 120, 144.

34 Ebd., 120, 143.
35 TÜCHLE ebd., 42
36 Alexandra VON SCHNURBEIN, Der alamannische Friedhof bei Fridingen an der Donau (Forschungen und Berichte zur Vor- und Frühgeschichte in Baden-Württemberg 21), Stuttgart 1987, 102–104. Klaus DÜWEL, Germanische Runen, lateinische Inschriften, in: FUCHS (wie Anm. 6), 494.
37 a(n)suz D[a]n[i]lo Amilun(n)k. Ebd., 494.
38 GAVDEAT QVIEM ERE QVI CINSER[I]T. Ebd., 496.
39 [QVONIAM ANG]ELIS SVIS MANDAVIT DE TE VT COSTOTIAM TE IN OM[N]IBOS VI[IS TVIS]. Ebd. CHRISTLEIN (wie Anm. 6), 121.
40 Logapore Wodan Wibiponar. DÜWEL ebd., 494–495.
41 Barbara THEUNE-GROSSKOPF, Wandel germanischer Bestattungstradition, in: FUCHS (wie Anm. 6), 471–480.
42 CHRISTLEIN (wie Anm. 6), 129–174.
43 Volker BIERBRAUER, Alamannischer Adelsfriedhof und frühmittelalterliche Kirchenbauten in St. Martin in Dunningen, in: Heimat an der Eschach, Sigmaringen 1986, 19–36.
44 TÜCHLE (wie Anm. 10), 44.
45 CHRISTLEIN (wie Anm. 6), 129–174. Barbara SCHOLKMANN, Die frühen Kirchen, in: FUCHS (wie Anm. 6), 455–464. THEUNE-GROSSKOPF, Wandel germanischer Bestattungstradition ebd., 471–480.
46 Sönke LORENZ, Die Christianisierung, in: FUCHS (wie Anm. 6), 441.
47 Ebd., 444–445.
48 Ebd., 444.
49 Vermutlich durch Karl Martell († 741) oder Pippin († 768). Friedrich THUDICHUM, Die Diözesen Konstanz, Augsburg, Basel, Speier und Worms nach ihrer alten Einteilung in Archidiakonate, Dekanate und Pfarreien (Tübinger Studien für Schwäbische und Deutsche Rechtsgeschichte), Tübingen 1906, 1–125. Meinrad SCHAAB, Kirchliche Gliederung um 1500, in: Histor. Atlas von Baden-Württemberg (wie Anm. 1), Karte VIII,5 samt Beiwort. Anton HUBER, Das Bistum des heiligen Ulrich, Heft 1, Eckbolsheim 1990, 26–27.
50 Heinz LÖWE, Deutschland im fränkischen Reich (Handbuch der deutschen Geschichte 2), Stuttgart ³1973, 39–45. Eugen EWIG, Entstehung und Ausbau der merowingischen Landeskirche, in: Karl BAUS (Hg.), in: Die Reichskirche nach Konstantin dem Großen (Handbuch der Kirchengeschichte II), Freiburg-Basel-Wien 1975, 117–122. FUCHS (wie Anm. 6), 444. SCHAAB (wie Anm. 48).
51 LORENZ (wie Anm. 46), 443–444. HOFFMANN (wie Anm. 4), 47–258. Manfred KREBS (Hg.), Die Investiturprotokolle der Diözese Konstanz aus dem 15. Jahrhundert, in: FDA 39, 1938, 1–104; 40, 1940, 105–264; 41, 1941, 265–424; 70, 1950, 425–546; 71, 1951, 547–642; 72, 1952, 643–786; 70, 1953. 787–1047. Da und dort können aufgrund neuerer Erkenntnisse frühere Jahreszahlen vorliegen.
52 BIERBRAUER (wie Anm. 42), 19–31. Gerhard FINGERLEIN, Kirchen und Kirchengräber in der frühmittelalterlichen Alamannia Südwestdeutschlands, in: Denkmalpflege in Baden-Württemberg 2/1997, 48.
53 Ebd., 47–48.
54 Hartmut SCHÄFER, Die Martinskirche in Gruibingen, in: Denkmalpflege in Baden-Württemberg, Stuttgart 3, 1974, 9–18. Walter LANG, Archäologische Beobachtungen in der Kirche St. Martinus in Donzdorf, in: Archäologische Ausgrabungen in Baden-Württemberg 1987, Nachrichtenblatt des Landesdenkmalamtes, Stuttgart 1987, 218–220. Hartmut SCHÄFER, Mittelalterarchäologie in Sakralbauten, in: Dieter PLANK, Archäologie in Württemberg, Stuttgart 1988, 413–428.
55 Ein Modell aus Straubing war im Sommer 1988 in der Landesausstellung des Freistaates Bayern und des Landes Salzburg in Rosenheim zu sehen. Walter SAGE, Kirchenbau, in: Die Bajuwaren (Ausstellungskatalog), München-Salzburg ²1988, 297. Vgl. auch Johannes ERICHSEN, in: Kilian – Mönch aus Irland, Patron aller Franken (Ausstellungskatalog), Würzburg–München 1989, 128–129.
56 Hannes ECKERT, Die Grabung in der Pfarrkirche St. Martin in Kirchdorf, in: Archäologische Ausgrabungen in Baden-Württemberg 1981, Stuttgart 1981, 198. FINGERLEIN (wie Anm. 52), 50.
57 Ebd.
58 Ebd.
59 SCHOLKMANN, Die frühen Kirchen, in: FUCHS (wie Anm. 6), 456–459.
60 Ebd., 459. FINGERLEIN (wie Anm. 52), 50.
61 SPAHR (wie Anm. 10), 5–9.
62 Hermann DANNHEIMER, Zur Ausstattung der Kirche, in: Die Bajuwaren (wie Anm. 55), 303.
63 Hermann TÜCHLE, Dedicationes Constantienses. Kirch- und Altarweihen im Bistum Konstanz bis zum Jahre 1250, Freiburg 1949, 96.
64 Hermann GROTEFEND, Zeitrechnung des deutschen Mittelalters und der Neuzeit, Hannover 1892, II 86–88.
65 FDA 27, 1899, 332.
66 Fränkische Einflüsse spiegeln auch die Patronate von Ellwangen, Herbrechtingen und Esslingen. HOFFMANN (wie Anm. 4), 16.
67 Ebd., 291. Richard DERTSCH, Das frühe Christentum in Schwaben, in: Wolfgang ZORN (Hg.), Historischer Atlas von Bayerisch-Schwaben, Augsburg 1955, 12 und Karte 8.
68 TÜCHLE, Dedicationes (wie Anm. 63), 134,
69 KREBS (wie Anm. 51), 341.

70 HOFFMANN (wie Anm. 4), 266. DERTSCH (wie Anm. 66), 12 und Karte 8. Friedrich EISELE, Die Patrozinien in Hohenzollern, in: FDA 60, 1932, 161–162.
71 TÜCHLE, Dedicationes (wie Anm. 63), 102.
72 Ebd., 110–111.
73 Die Zeit des Patronatswechsels ist unbekannt. HOFFMANN (wie Anm. 4), 235.
74 Das zeitweilige Georgspatronat ist ungeklärt. Hermann OECHSLER, Die Kirchenpatrone in der Erzdiözese Freiburg, in: FDA 35, 1907, 201, 229.
75 TÜCHLE, Dedicationes (wie Anm. 63), 113–114.
76 HOFFMANN (wie Anm. 4), 145. OECHSLER (wie Anm. 73), 204.
77 Ebd., 201.
78 HOFFMANN (wie Anm. 4), 140.
79 Ebd., 278.
80 EISELE (wie Anm. 69), 161. Edmund BERCKER, Die Kirchen- und Altarpatrozinien im Kreis Sigmaringen, Sigmaringen 1967, 52–53.
81 kna-Bericht vom 11.9.1992. Schwäbische Zeitung 12.9.1992.
82 Personalkatalog der Diözese Rottenburg-Stuttgart, Rottenburg 1996.
83 Walter MYSS, Kirchendecke von St. Martin in Zillis, Beuron 1965, Bildtafel 2.
84 TÜCHLE, Dedicationes (wie Anm. 63), 123.
85 DEHIO, Vorarlberg, Wien 1983, 1–413, 445 sowie frdl. Auskunft von Dr. Elmar Schallert, Feldkirch.
86 Ordinariatsrat Josef Heigl ein Dankeschön für die Patroziniumsliste!
87 Alfred WEITNAUER, Allgäuer Chronik, Kempten 1971, II 64.
88 Dertsch (wie Anm. 67) 12 und Karte 8. Schematismus der Diözese Augsburg 1993, Augsburg 1993.
89 Blindheim, Dattenhausen, Lauingen, Mörslingen, Pfaffenhofen/Zusam, Wertingen, Holzheim, Staufen, Unterfinningen, Zöschingen, Zusamaltheim.
90 Hopfen, Nadenberg, Oberreute, Röthenbach, Scheffau, Schönau, Stiefenhofen, Wasserburg.
91 Deubach, Gundremmingen, Günzburg, Jettingen, Unterknöringen, Waldstetten.
92 Herrenstetten, Illerberg, Illertissen, Kellmünz, Obenhausen, Filzingen.
93 Breitenbrunn, Ettringen, Oberrieden, Schlingen, Tussenhausen, Unteregg.
94 Aystetten (Neubau von 1966), Döpshofen, Willishausen, Gabelbach, Horgau.
95 Jengen, Kaufbeuren, Lamerdingen, Linden, Rieden.
96 Guggenmoos, Kreuzthal, Martinszell, Waltenhofen, Walzlings.
97 Blaichach, Hinang, Missen, Ratholz.
98 Mertingen, Riedlingen, Wörnitzstein.
99 Kraftisried, Marktoberdorf, Obergünzburg.
100 Hopferau, Pfronten-Kappel.
101 Boos, Heimertingen.
102 Pfaffenhofen/Roth, Unteregg.
103 Deiningen, Mönchsdeggingen.
104 Sontheim, Winterrieden.
105 Augsburg-Obenhausen.
106 Ebershausen.
107 Sachsenried.
108 FINGERLEIN, Frühe Alamannen im Breisgau, in: FUCHS (wie Anm. 6), 104. BÜTTNER (wie Anm. 20), I 34–46.
109 Michael HOEPER, Ortsnamen und Römerstraßen am südlichen Oberrhein, in: FUCHS (wie Anm. 6), 243–247.
110 Professor Hermann Brommer in Merdingen herzlichen Dank für sein Patrozinenverzeichnis aus dem »Annuaire Diocèsain de Strasbourg 1996«. Ebenso R. Levresse, dem Chancelier de l'Archevêché, der am 4.9.1997 »la liste des paroisses placées sous le patronage de St. Martin« mit den Anschriften der zuständigen Pfarrämter übersandt hat.
111 Jürgen PETERSOHN (Hg.), Politik und Heiligenverehrung im Hochmittelalter (Vorträge und Forschungen 42), Sigmaringen 1994, 51–52.
112 Sigrid THURM, Deutscher Glockenatlas, Württemberg und Hohenzollern, München-Berlin 1959, 242, 257, 258, 260, 261, 304, 305, 324, 343, 268, 400, 448, 467. 526, 533, 567, 568, 578, 601, 605. Ebd., 242 Nr. 172.
113 Abkürzungen: AA Aalen. ARE Acher-Renchtal. B BERCKER (Anm. 80). BAD Baden-Baden. BAK Backnang. BC Biberach. BEN Breisach-Endingen. BL Balingen, BEN Breisach-Endingen, BRE Bretten, BRU Bruchsal, BU Buchen, CW Calw. D DEHIO, Handbuch der deutschen Kunstdenkmäler, Baden-Württemberg, München 1964, 1993. DS Donaueschingen. EHI Ehingen. ELL Ellwangen. EM Emmendingen. ES Esslingen. ETT Ettlingen. F FUCHS (wie Anm. 6). FDS Freudenstadt. FN Friedrichshafen. FR Freiburg. FRM Freiburg-Mitte. FRW Freiburg-West. GD Schwäbisch Gmünd. GP Göppingen.GSL Geislingen. H HOFFMANN (wie Anm. 4). Hb Heimatbuch. HD Heidelberg. HDH Heidenheim. HN Heilbronn. K KREBS (wie Anm. 51). KA Karlsruhe. KF Kunstführer. KN Konstanz. KRG Kraichgau. KÜN Künzelsau. L Landesbeschreibung, Das Land Baden-Württemberg, Stuttgart 1978. LAH Lahr. LAU Lauda. LB Ludwigsburg. LK Leutkirch. LÖ Lörrach. LZG Linzgau. MA Mannheim. MAS Mannheim-S. MES Meßkirch. MOS Moosbach. MÜH Mühlacker. MUG Murgtal. NEU Neuenbürg. NER Neresheim. Ö OECHSLER (wie Anm. 74). OG Offenburg. ÖHE Östlicher Hegau. PF Porzheim. RA Rastatt. RDL Riedlingen. ROT Rottenburg. RS Rottenburg-Stuttgart. RT Reutlingen. RV Ravens-

burg. RW Rottweil. S Stuttgart. Sa Joseph SAUER, Ein Nachwort zur Liste der Kirchenpatrone der Erzdiözese Freiburg, in: FDA 35, 1907, 218–238. SÄK Säckingen. Sch Personal-Schematismus der Erzdiözese Freiburg, Freiburg 1996. SCN Stuttgart Bad Cannstatt. SHA Schwäbisch Hall. SIG Sigmaringen. SP Spaichingen. TBB Tauberbischofsheim (Main-Tauber-Kreis). TÜ Tübingen. TUT Tuttlingen. UL Ulm. VS Villingen-Schwenningen. WAL Waldsee. WG Wangen. WHE Westlicher Hegau. WIS Wiesloch. WT Waldshut. W Das Königreich Württemberg, I-IV, Stuttgart 1904–1907. WUT Wutachtal. ZOL Zollern. ZWI Zwiefalten.

MARTINSKIRCHE, MARTINSKLOSTER, MARTINSKULT IN ALTDORF-WEINGARTEN

Norbert Kruse

In diesem Beitrag soll für einen Ort, das heutige Weingarten in Oberschwaben, die Martinsverehrung in ihrer vielfältigen kulturellen Entfaltung dargestellt werden. Diese Themenstellung läßt keine Konzentration auf nur einen Aspekt zu; sie verlangt vielmehr die Berücksichtigung verschiedenartiger Gegenstände und Disziplinen. Die lokale Ausrichtung wird dadurch gerechtfertigt, daß es sich hier nicht um eins der vielen Martinspatrozinien handelt, sondern um eine der bekanntesten kirchlichen Stätten Südwestdeutschlands mit einer alten und reichen Tradition der Martinsverehrung.

Seit etwa 1300 Jahren wird in Altdorf-Weingarten der heilige Martin verehrt.[1] Betrachtet man aber diesen langen Zeitraum genauer, so zeichnen sich zwei Schwerpunkte ab: die Anfänge des Patroziniums in Altdorf, so der frühere Name des Ortes, und der Martinskult im Kloster Weingarten von dessen Gründung im Jahre 1056 bis zum Ende der Blütezeit um 1300.

Die Altdorfer Martinskirche und die Frage einer Kultkontinuität

Altdorf – ein frühes kirchliches Zentrum

Die ältesten Spuren des Christentums im ehemaligen Altdorf waren auf dem alamannischen Reihengräberfeld zu finden, das zwischen 1952 und 1957 freigelegt wurde: Vor allem handelt es sich um zwei Goldblattkreuze aus dem Grab einer vornehmen Frau, das um 600 zu datieren ist (Grab 615).[2] Um oder kurz nach 700 endeten die Bestattungen auf diesem Friedhof. Es ist anzunehmen, daß sich bis dahin das Christentum weitgehend durchgesetzt hatte und daß seitdem die Toten bei einer Kirche beerdigt wurden.

In der Zeit um 700, vielleicht noch im 7. Jahrhundert, wurde in Altdorf eine Kirche errichtet, die dem heiligen Martin, dem fränkischen Nationalheiligen, gewidmet war.[3] Diese Martinskirche, die einzige Kirche des alten Schussengaus mit diesem Patrozinium, war Mittelpunkt einer Urpfarre und umfaßte einen weiträumigen Pfarrsprengel. Archäologisch konnte sie bislang nicht nachgewiesen werden, da an ihrem wahrscheinlichen Standort auf dem »Martinsberg« tausend Jahre später die monumentale Barockbasilika errichtet wurde. In schriftlichen Quellen sind Ort und Kirche erst seit dem 11. Jahrhundert bezeugt. Bei günstigerer Überlieferungslage treten in der Region die Orte mit einem alten Martinspatrozinium bereits in Urkunden des 8. oder 9. Jahrhunderts zu Tage (Oberteuringen, Leutkirch, Langenargen, Ailingen, Wangen, Ratbotszell/Kißlegg).

Die Altdorfer Martinskirche wird als Eigenkirche auf Königsgut gebaut worden sein und zu einem Herrensitz gehört haben. Dieser war vermutlich das Zentrum, der Haupthof (caput fisci), des im Jahre 816 urkundlich genannten Königsguts im Schussengau (»in fisco nostro qui dicitur Scuzingauue«).[4] Seit der Mitte des 9. Jahrhunderts waren hier die Welfen ansässig.[5]

Obwohl die Anfänge des kirchlichen Zentrums Altdorf weitgehend im Dunkeln liegen, scheint es möglich zu sein, noch weiter zurück zu einer vorchristlichen Kultstätte vorzudringen.

Das Zeugnis des Ortsnamens

Einen Hinweis auf ein Heiligtum, das vor der Martinskirche vorhanden gewesen sein könnte, bietet zunächst die sprachwissenschaftliche Analyse des Ortsnamens *Altdorf*.

Erst verhältnismäßig spät taucht dieser Name in den Quellen auf: Erstmals wird er in der Weltchronik Hermanns des Lahmen zum Jahre 1036 erwähnt (»apud *altdorf*«).[6] Die relativ späte Überlieferung ist nicht ungewöhnlich, jedenfalls außerhalb des Einflußbereichs von Sankt Gallen. Bereits im 12. Jahrhundert wurde Altdorf als sprechender Name mit der Bedeutung ›altes Dorf‹ interpretiert, wie die lateinische Übersetzung (»*vetusta villa*«) in der Vita des heiligen Konrad zeigt. Diese Erklärung galt bis in die neuere Zeit: Der Name *Altdorf* sollte angeblich auf das ursprüngliche, das »alte« Zentrum des Schussengaus hinweisen.

Sprachwissenschaftliche Untersuchungen haben jedoch gezeigt, daß *Alt-* sich aus einer Wurzel **Alach-* entwickelt hat.[7] Schon früh, lange vor der ersten schriftlichen Erwähnung, wandelte sich die Aussprache von **Alachdorf* über **Alchdorf* zu **Aldorf*: Es war ein allgemein üblicher Lautwandel zur Erleichterung der Aussprache, daß in Fällen wie **Alchdorf* mit drei aufeinanderfolgenden Konsonanten das *ch* in der Mitte dieser Lautverbindung schwand. (Genauso wird *Ellwangen* von **Elchwangen* hergeleitet.) Beispielsweise ist *Großaltdorf* (bei Schwäbisch Hall) 848 als *Alahdorp* belegt, um 1000 als *Aldorf*. Das spätere *t* in *Altdorf* ist als interpretierende Einfügung zu deuten, es wurde nicht gesprochen.

Doch was bedeutet *alach*? Hans Jänichen bestimmt es als fränkisches Wort mit der Bedeutung ›Kirche‹ und nahm an, die Franken hätten hier bei der Einführung des Christentums eine Kirche gebaut und den Ort nach dieser umbenannt: *Alachdorf bedeute ›Kirchdorf‹.[8] Seine Konstruktion war dadurch beeinflußt, daß man damals bei Reihengräberfriedhöfen -ingen-Namen erwartete. Jänichens Bedeutungsbestimmung muß jedoch abgelehnt werden: Zum einen gibt es keinen Beleg für die Bedeutung ›christliche Kirche‹, zum anderen ist alach kein speziell fränkisches Wort, vielmehr ein altes germanisches Kultwort mit der Bedeutung ›Heiligtum‹ oder ›Tempel‹.[9] Es ist in mehreren germanischen Sprachen belegt: in der gotischen Bibelübersetzung (um 350) als alhs, im altsächsischen Heliand (um 830) als alah und im Altenglischen als ealh. Gerade aber im Wortschatz des Althochdeutschen (nach 700) – und damit auch im Fränkischen – kommt das Wort nicht mehr vor; hier war es zusammen mit dem germanischen Götterglauben untergegangen und durch neue Begriffe wie Kirche (kirihha) oder Gotteshaus (goteshus) ersetzt worden. *Alachdorf muß ursprünglich also die Bedeutung ›Dorf beim/mit einem (heidnischen) Heiligtum‹ besessen haben.

Allein in Personen- und Ortsnamen rettete sich das heidnisch-germanische Wort alach bis in die christliche Zeit. Alkuin/Alhwin (= alach-win ›Tempel-Freund‹) hieß der berühmte Gelehrte am Hof Karls des Großen; Alahmunt, Alaholf oder Alahfrit waren Namen zeitgenössischer Mönche; und eine Reihe von Orten hieß Alahesheim oder Alahstat. Es ist anzunehmen, daß damals das Verständnis für die alte, »anstößige« Bedeutung längst geschwunden war. So konnte erst recht lautlich verändertes und undurchschaubar gewordenes Aldorf beibehalten und als Altdorf interpretiert werden.

Wir dürfen also mit guten Gründen davon ausgehen, daß wir in *Alachdorf/Altdorf den ursprünglichen, über 1500 Jahre alten Ortsnamen vor uns haben und daß dieser ein vorchristliches, heidnisch-alamannisches Heiligtum bezeugt, nach dem die Siedlung benannt war.

Zur vermutlichen Kultkontinuität

Wo aber lag nun dieser »Alach«? Die Indizien weisen auf den Weingartener Martinsberg: seine exponierte Lage, das allgemeine Phänomen der Kontinuität heiliger Stätten und das Lageverhältnis zum alamannischen Reihengräberfeld.

Analoge Fälle legen die Annahme nahe, daß die erste Kirche mit dem fränkischen Martinspatrozinium nicht an irgendeinem beliebigen, sondern auf der – in doppelter Bedeutung – hervorragendsten Stätte Altdorfs errichtet wurde, auf der markanten Anhöhe über der Siedlung. Der Martinsberg erhebt sich zwar nur etwa 15 Meter über dem Ort[10], dazu wird der heutige Eindruck durch die überbaute Umgebung beeinträchtigt; doch auf der Südseite, unterhalb des Fruchtkastens, und auf der Westseite, vor der Basilikatreppe, ist der Bergcharakter durchaus noch zu spüren. Und aus größerer Entfernung zeigt sich die imposante Lage, welche durch die Basilika besonders betont wird.

Die Kontinuität von Kultstätten ist ein allgemeines religiöses Phänomen, auch christliche Kirchen haben häufig vorchristliche Heiligtümer weitergeführt und mit neuer Sinngebung versehen.[11] So kann man auch davon ausgehen, daß nach der Beseitigung oder Ersetzung der alten Einrichtungen auf dem »heiligen Berg« Altdorfs ein Neubau an derselben Stelle errichtet worden ist. (Übrigens berichtet bereits Sulpicius Severus vom heiligen Martin: »Martinus hatte nämlich die Gewohnheit, überall dort, wo er Heidentempel zerstörte, sofort Kirchen und Klöster zu bauen.«[12]) Die Lage der Martinskirche auf dem Berg – und nicht inmitten der alten Siedlung – kann also durch die Tradition einer heiligen Stätte erklärt werden. Allerdings ist hier zu bedenken, daß die Lage der Kirche auch durch ihre Zugehörigkeit zu dem oben erwähnten Herrensitz bedingt war, der sich auf dem Terrain des Berges befand. Wie in vielen Fällen vermutlicher Kulttradition ist der Nachweis nur schwer zu führen, da es keine archäologisch verwertbaren Spuren gibt.

Jedoch gibt es einen weiteren Hinweis, und zwar vom alten Altdorfer Gräberfeld aus, das in den 50er Jahren entdeckt und ausgegraben worden ist.[13] Es zeigte sich, daß die meisten Toten, wie damals üblich, westöstlich orientiert bestattet wurden, daß sie also mit dem Kopf im Westen lagen und nach Osten »schauten«, zum Sonnenaufgang. Da indessen Gräberfeld und Martinsberg in West-Ost-Achse liegen (Abbildung 1), war ihr »Blick« zum Martinsberg gerichtet und damit zugleich zum »Alach«, zum Heiligtum der Götter, über dem die Sonne aufging. Streng genommen galt das allerdings nur für die Äquinoktialtage im März und September; in der übrigen Zeit »wanderte« die Sonne bis hin zu ihrem höchsten und tiefsten Stand, dem nördlichen und südlichen Solstitialpunkt zur Zeit der Sonnenwenden. Es fällt indes auf, daß die westöstliche Richtung bei den jüngeren Gräbern häufig nicht genau eingehalten ist und vor allem in westnordwestlicher Richtung abweicht, bis etwa zum Punkt der Sommersonnenwende.[14] Hier sind noch genauere Untersuchungen nötig, vor allem auch zum genauen Umfang des Gräberfelds, zu seinem ältesten Kern und zur Belegungsabfolge. Alles in allem kann man die Konstellation von Gräberfeld und Martinsberg kaum als Zufall bewerten. Zum einen erklärt sie die Lage des Bestattungsplatzes im ehemals freien Feld der Schussenniederung, im Nordwesten der Siedlung; zum anderen bestätigt sie die Lage der alten Kultstätte. Eine Parallele für eine solche Konstellation ist bisher allerdings nicht bekannt.[15]

Eine heidnisch-christliche Kultkontinuität auf dem Weingartener Martinsberg kann zwar nicht nachgewiesen werden; doch machen die Indizien zusammen glaubhaft, daß in *Alachdorf/Altdorf die erste Martinskirche an der Stelle eines heidnischen Heiligtums errichtet wurde. Wie dieses ausgesehen hat und wie weit seine Kulttradition zurückreicht, wird jedoch wohl für immer verborgen bleiben.

Abbildung 1
Alamannisches Gräberfeld und Martinsberg

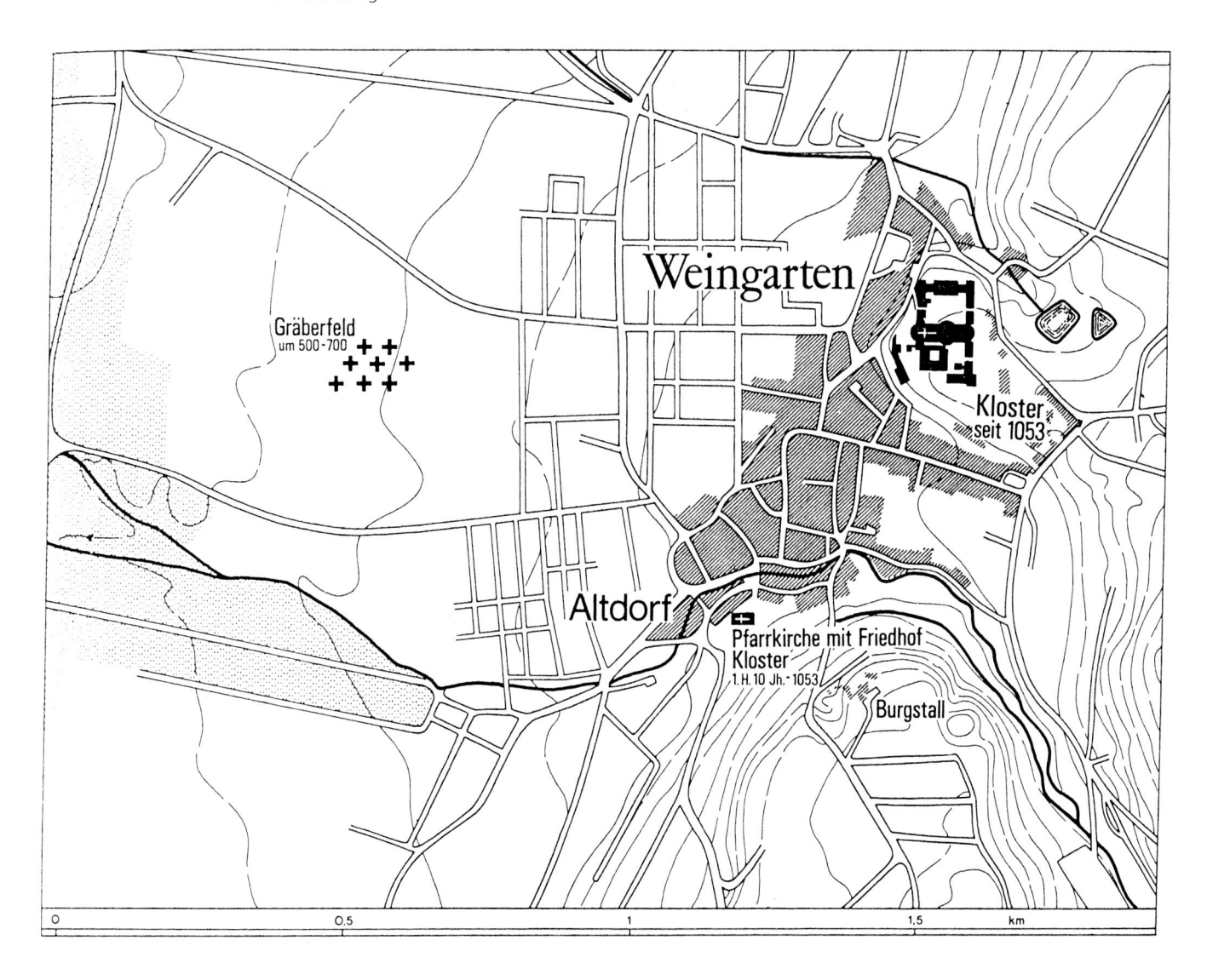

Das Martinskloster und sein Patron

Von der Martinskirche zum Martinskloster

In Altdorf hatte es außer der Martinskirche schon früh eine weitere kirchliche Einrichtung gegeben, ein kleines Kloster mit einer Marienkirche, das an der Scherzach bei der alten Siedlung lag, im heutigen Alten Friedhof. Graf Heinrich »mit dem goldenen Pflug«, der Bruder des Konstanzer Bischofs Konrad, hatte am Ort ein Herrschaftszentrum errichtet und um 935 auch ein Frauenkloster gegründet, das den Welfen als Grablege diente.[16] Später muß es von Klerikern übernommen worden sein; doch 1036 wurde es wieder in einen Nonnenkonvent umgewandelt, wie Hermann der Lahme in seiner Weltchronik berichtet.[17] Nachdem es im Jahre 1053 abgebrannt war, nahm Herzog Welf III. die Nonnen auf dem Martinsberg auf, vermutlich in seinem Herrenhof.[18]

Als Welf III. kurz darauf kinderlos starb († 13.11.1055), vermachte er seinen ganzen Eigenbesitz »dem heiligen Martin im Kloster Altdorf« (ad coenobium Altdorfense sancto Martino), dem Nonnenkonvent also.[19] Seine Mutter Irmentrud hielt sich jedoch nicht an diese testamentarische Bestimmung und ließ den Sohn ihrer nach Italien verheirateten Tochter kommen. Als Welf IV. übernahm dieser den ganzen Besitz und führte die Welfenlinie weiter. Zunächst aber, im Jahre 1056, siedelte er die Altdorfer Nonnen in das ebenfalls welfische Kloster Altomünster (Kreis Dachau) um; und im Gegenzug ließ er die dortigen Benediktiner nach Altdorf kommen. Die Gründe für diesen Wechsel sind nicht ganz klar: Vermutlich wollte Welf die um das fromme Vermächtnis seines Onkels geprellten Nonnen nicht mehr an Ort und Stelle haben; außerdem waren Mönche für das welfische Hauskloster und die Grablege des Geschlechts wohl repräsentativer als Nonnen.

Durch den Umzug von 1053 war es zu einem Funktionstausch der beiden Altdorfer Kirchen gekommen. Die alte Martinskirche wurde zur Klosterkirche umgewidmet, zunächst für die Nonnen, dann für die Mönche. Der damalige bauliche Zustand ist jedoch nicht ganz klar: Die archäologischen Grabungen nach dem Zweiten Weltkrieg haben ergeben, daß zu dieser Zeit auf dem Martinsberg eine neue, relativ kleine Kirche aus Stein erbaut wurde, das sogenannte Münster I, und zwar im Bereich des heutigen Klosters, südlich der Basilika.[20] Vermutlich wurde sie neben der älteren Martinskirche errichtet, von der bislang keine Spuren gefunden wurden. So wird es auf dem Martinsberg eine Zeit lang zwei Kirchen gegeben haben. Im 12. Jahrhundert wurde dann das große Münster II errichtet, während eine Marienkapelle das Münster I ersetzte.

Die wiederaufgebaute Marienkirche an der Scherzach wurde nach 1053 Pfarrkirche. Erst nach Jahrhunderten, nach dem Ende des Klosters in der Säkularisation und dem Abriß der Marienkirche im Jahre 1811, wanderte die Funktion der Pfarrkirche wieder zurück zum Martinsberg, in das große Barockmünster, das hier seit dem Anfang des 18. Jahrhunderts thronte. Martin war in Altdorf-Weingarten also länger Kloster- als Pfarrpatron!

Die Mönche aus Altomünster hatten ihren eigenen Patron, den heiligen Alto († vor 800), zurückgelassen. Sie begaben sich in den Schutz des neuen Patrons – der ja selbst als Klostergründer hervorgetreten war – und übernahmen seinen Kult. Nach dem Zeugnis der liturgischen Kalendare schwand die Erinnerung an Alto bald; erst später wurde sie wieder belebt.[21]

Ein neuer Name für das Martinskloster

In der Anfangszeit trug das Kloster den Namen des Patrons, es hieß meist *Kloster Sankt Martin in Altdorf*.[22] Entsprechend lautet die Bezeichnung in der ersten urkundlichen Quelle, dem berühmten »Stiftertestament« von 1094, »*Kloster Sankt Martin in Altdorf*« (*ecclesie sancti Martini ... apud Altdorf*) und in Kurzform »*Kloster Sankt Martin*« (*ecclesia sancti Martini*).[23] Daneben nannte man das Kloster nach dem Ort einfach *Kloster Altdorf*. Das war bereits der Name des Nonnenkonvents an der Scherzach gewesen.[24] Auch die erste originale Papsturkunde von 1105 zeigt diese Form.[25] Nach dem alten Weingartener Exemplar der »Consuetudines Hirsaugienses«, der Hirsauer Klosterregel, sprachen die Mönche bei der feierlichen Profeß ihr Gelübde »in diesem *Kloster Altdorf*, das zu Ehren des ... heiligen Martin erbaut ist« (in hoc *monasterio altorfensi* quod est constructum in honore beati Martini).[26] Insgesamt gesehen schwanken die Belege der frühen Zeit zwischen der vollständigen Form des Klosternamens und Varianten, die mehr den Patron oder mehr den Ort herausstellen. So hätte sich als Klostername – und später auch als Ortsname – *St. Martin* durchsetzen können. Bei *Altomünster, St. Gallen* oder *St. Blasien* zum Beispiel ist das ja auch mit den dortigen Patronen geschehen.

Doch etwa 75 Jahre nach der Neugründung des Klosters, seit 1130, beginnt in der schriftlichen Überlieferung ein neuer Name aufzutreten: *Weingarten*. Langsam schwindet der Patron aus dem Klosternamen, der neue Name überwiegt bald und setzt sich bis zum Ende des Jahrhunderts durch. Im 13. Jahrhundert sind dann nur noch ganz vereinzelt Belege für den alten Namen in den Quellen zu finden: *Kloster Weingarten (monasterium winigartense)* heißt es jetzt überall.

Die Gründe für die Ablösung des alten Namens sind vielfältiger Art. Vor allem sollte wohl der Bezug zum Ort Altdorf und zu den Welfen, den »Herzögen von Altdorf« gelöst werden, und zwar auch im Namen. Warum aber wurde dann aber auch die Benennung nach dem Klosterpatron aufgegeben? In einer Notiz aus dem frühen 12. Jahrhundert wurde die Klostergemeinschaft doch noch »familia sancti Martini« genannt![27] Die Belege lassen erkennen, daß *Sankt Martin* und *Weingarten* zunächst nicht in Konkurrenz zueinander standen, sondern zusammengehörten: Der Klostername lautete eine Zeit lang, wenn er vollständig notiert wurde, »*Kloster Sankt Martin (im/in) Weingarten*« (*monasterium sancti Martini (in) Wini-*

gartin). Das zeigen beispielsweise Belege in den »Annales Welfici« (nach 1181), die alten Besitzeinträge der Weingartener Handschriften, auch noch eine Papsturkunde von 1265 oder eine erzbischöfliche Urkunde von 1274.[28] *Weingarten* besaß zunächt also Beinamencharakter, war eine Art Ortsangabe zu *Sankt Martin*. Bald konnte sie allerdings auch allein für das Kloster stehen, das schließlich einfach nur noch *(Kloster) Weingarten* hieß: Der Klosterpatron war aus dem Namen geschwunden.

Vermutlich aus (sprach-)ökonomischen Gründen hatte sich ein Kurzname durchgesetzt. *Sankt Martin* aber war nicht eindeutig und spezifisch genug gewesen, denn es gab einfach zu viele Kirchen und Klöster des Heiligen. Zum Vergleich für das Schwinden der Patrone aus den ursprünglichen Klosternamen sei hier nur auf *Wiblingen* und *Weißenau* verwiesen: Einer der ersten Belege für das 1094 gegründete Martinskloster in einem päpstlichen Schutzbrief von 1126 lautet: »*monasterii sancti Martini* quod *Wiblingen* dicitur« (Kloster Sankt Martin, das *Wiblingen* genannt wird).[29] Und das 1145 gegründete *Kloster des heiligen Petrus in der Au* wurde bald zu *Kloster Au (Augia minor)*, später zu *Weißenau*.[30]

Kultkonkurrenz für Martin

Nicht nur aus dem Klosternamen wurde der Heilige verdrängt: Bald mußte er sich das Patrozinium mit einem anderen Heiligen teilen, dazu erwuchs ihm eine zahlreiche und sogar übermächtige Konkurrenz. Im 12. Jahrhundert war Martin noch alleiniger Patron, was beispielsweise ein um 1185 entstandenes Dedikationsbild veranschaulicht (Abbildung 6).[31]

Durch die große Stiftung Judiths von Flandern, der Gemahlin Welfs IV., war das Martinskloster 1094 unter anderem auch in den Besitz von Reliquien des heiligen Oswald gelangt.[32] Er war König in Judiths voriger Heimat England gewesen und 642 als Martyrer gestorben. In der neuen Heimat entfaltete sich rasch die Oswald-Verehrung, bereits im ältesten Kalendar des Klosters (um 1090) ist sein Name zu finden. Doch erst zu Beginn des 13. Jahrhunderts stieg er zum zweiten Kirchenpatron auf. Als 1182 der Neubau der Klosterkirche, das Münster II, geweiht wurde, geschah das noch »besonders aber zu Ehren des heiligen Bischofs Martin« (specialiter vero in honore sancti Martini episcopi); ihm wurde der erste Altar dediziert, der Hochaltar, Oswald der dritte.[33] Bei der Neuweihe der Kirche 1217 aber trat Oswald als Mitpatron auf, sie geschah »besonders aber zu Ehren des heiligen Bischofs Martin und des heiligen Martyrers Oswald« (specialiter vero in honore sancti Martini epscopi et sancti Oswaldi martyris).[34]

Auch andere Quellen lassen erkennen, daß der Aufstieg Oswalds zum gleichberechtigten Mitpatron erst zur Zeit Abt Bertholds (1200–1232) erfolgte. Veranschaulicht wird das wiederum durch eine Handschrift, durch das berühmte Berthold-Sakramentar, das anläßlich der Neuweihe von 1217 entstanden sein dürfte: Die beiden Patrone stehen als Pendants auf dem Einbanddeckel, und allein dem Festtag beider ist jeweils ein prachtvolles Doppelblatt mit repräsentativem Bildprogramm gewidmet.[35]

In den ältesten Besitzeinträgen der Klosterhandschriften ist nur Martin genannt: »Buch des heiligen Martin in Weingarten« (Liber sancti Martini in Winigartin); später heißt es häufig: »Buch des heiligen Martin und Oswald in Weingarten«.[36]

Auch die urkundlich bezeugten Schenkungen spiegeln die neue Konstellation wider: Die erste dokumentierte Schenkung vom Ende des 12. Jahrhunderts war »Gott und dem heiligen Martin in Weingarten« (deo et sancto Martino in Wingartin) übergeben worden.[37] 1246 werden dann Martin und Oswald gemeinsam in einer Schenkungsurkunde genannt, allerdings bereits zusammen mit dem Heiligen Blut (»sanctissimo sanguini domini nostri Ihesu Christi, sancto Martino et sancto Osvaldo in Winegarton«).[38] Beim feierlichen Vollzug mehrerer Rechtsgeschäfte ist jedoch nur der Martinsaltar genannt (super altare sancti Martini).[39]

Der Aufstieg Oswalds ist nicht ganz überzeugend zu klären: Es mag die Bevorzugung eines neuen, »modischen« Heiligen gewesen sein, vielleicht auch die Exklusivität seiner Reliquien. Sicher hat der Zeitgeist eine große Rolle gespielt, denn im 12. Jahrhundert setzte die Verehrung zahlreicher neuer Heiliger ein, die Kultvielfalt wuchs. Man begnügte sich nicht mehr mit nur einem Hauspatron, sondern versicherte sich des verstärkenden Schutzes vieler Helfer. Für Weingarten tritt das am deutlichsten in Erscheinung, als 1182 anläßlich der Kirchweihe allein im Hauptaltar die Reliquien von mehr als fünfzig verschiedenen Heiligen deponiert wurden. Von Abt Berthold ist bekannt, daß er in besonderer Weise die Marienverehrung förderte[40] und die Nikolausverehrung initiierte.[41] In den weiteren Ausführungen wird deutlich werden, daß er auch um den Martinskult besorgt war; tatsächlich jedoch beeinträchtigten die damaligen Entwicklungen die Exklusivität der Martinsverehrung.

Weiter in den Hintergrund gedrängt wurde der Martinskult vor allem, als am Ende des 12. Jahrhunderts die Wunder des Heiligen Bluts einsetzten. Eine Reliquie mit Blut aus der Seitenwunde Christi hatte Judith von Flandern dem Kloster im Jahre 1094 gestiftet. Die Wunder des Heiligen Bluts sind in einem Bericht aus dem Jahre 1200 ausführlich dokumentiert; dagegen ist von Martinswundern nichts bekannt, auch in späteren Mirakelbüchern wird davon nichts erwähnt. Besonders Abt Berthold machte sich vom Anfang seiner Regierungszeit an um die Förderung des Heilig-Blut-Kults verdient.[42] Hinter der übermächtigen und wundertätigen Heilig-Blut-Reliquie mußte dann alles andere zurücktreten: Weingarten wurde zum Kloster des Heiligen Bluts, auch wenn dieser Titel nur vereinzelt auftaucht.[43]

Verlust der Martinsreliquie durch Feuer

Am 25. März 1215, als »Zorn und Empörung Gottes« (ira et indignatio Dei) über das Kloster Weingarten hereinbrachen und die Klosteranlage von einer Brandkatastrophe schwer getroffen wurde, schien zunächst auch der Martinskult gefährdet zu sein, denn die Reliquien des Heiligen waren durch das Feuer vernichtet worden. In einem Bericht, den Abt Berthold über seine Regierungszeit verfassen ließ, werden diese Ereignisse bis zur Wiederweihe des Münsters am 12. November 1217 geschildert.[44] Die ausführliche und anschauliche Darstellung kann hier nur auszugsweise wiedergegeben werden.

Abt Berthold zweifelte zunächst, »ob von den Reliquien des heiligen Martin etwas übriggeblieben wäre, die man im Hochaltar für vernichtet hielt« (dubitabat an aliquid de reliquiis beati Martini superesset que in principali altari deperisse putabantur). Doch konnte er Ersatz vom Kloster Reichenau erlangen, und als die neuen Reliquien von dort eintrafen, »geschah es, daß das hochheilige Geschenk von der Geistlichkeit wie vom Volk mit so großer Freude und so großem Beifall mit Jubel und Lobgesängen empfangen wurde, als wäre der belebende Segen Gottes sichtbar vom Himmel zu uns herniedergestiegen« (Factum est ut tam a clero quam populo cum tanto gaudio et favore in voce iubilationis et laudis hoc sanctissimum munus exciperetur, tamquam visibilis ad nos et vivifica ipsius dei benedictio celitus descendisset) ... »Das Fest des heiligen Martin stand nahe bevor, zu dem eine unglaublich große Menschenmenge zusammenströmte, darüber hinaus Äbte und andere Würdenträger, die besonders eingeladen waren« (Instabat e vicino festum beati Martini, ad quod incredibilis hominum multitudo confluxit, preter abbates aliosque prelatos qui specialiter fuerant invitati) ... »Also wurde am Tag nach dem Fest die Hauptkirche geweiht..., und der Teil der Reliquien des heiligen Martin, der gerade gebracht worden war, wurde mit den übrigen Reliquien im Hauptaltar eingeschlossen« (Igitur proximo post festum die dedicata est principalis ecclesia ... et pars reliquiarum beati Martini que nuper delata fuerat, cum aliis reliquiis in maiori altari est reposita).

Der Brand veranlaßte nicht nur die Festlichkeiten bei der Reliquienüberführung und bei der Neuweihe, sondern setzte auch verschiedene künstlerische Aktivitäten in Gang. So dürfte damals das Berthold-Sakramentar gefertigt worden sein[45], und für die restlichen Reliquien wurde eine silberne Martinsbüste in Auftrag gegeben: »Auch darin zeigte er [Abt Berthold] die Treue und Verehrung, die er dem heiligen Martin stets erwies« (etiam in hoc facto fidem ac devotionem quam beato Martino solebat exhibere demonstrans).

Die Verehrung Martins in Weingarten

Liturgisches Gedenken

Die liturgische Gestaltung der Martinsfeste ist vor allem aus den einschlägigen Handschriften zu erschließen.[46] Der 11. November wird in allen Kalendaren durch Auszeichnungsschrift als Hochfest mit

Oktav herausgehoben; auch der 4. Juli, die Übertragung (Translatio), wurde begangen.[47]

Viele der spirituellen und künstlerischen Aktivitäten des Klosters zielten auf eine würdige Ausgestaltung des Hauptfestes. An diesem Tag wurde die bereits erwähnte Silberbüste mit den Reliquien des Heiligen auf dem Hochaltar ausgestellt.[48] Von der musikalischen Ausgestaltung des Gottesdienstes zeugen die neumierten Texte in zwei Handschriften.[49] Als Schöpfung eines Weingartener Mönchs gilt ein Introitus-Tropus zum Martinsfest (»Ecce sacerdotes«), der in einer Handschrift aus dem Anfang des 12. Jahrhunderts etwas später nachgetragen wurde; dabei dürfte es sich um die »älteste uns überlieferte, hier entstandene Musik, nicht nur von Weingarten, sondern von ganz Oberschwaben« handeln.[50] In mehreren Handschriften wird der Beginn der liturgischen Texte durch prächtige Schmuckinitialen und sogar durch Miniaturen des Heiligen hervorgehoben: besonders Oration (»Deus qui conspicis«), Sequenz (»Sacerdotem Christi Martinum«)[51] und Antiphon (»Hic est Martinus«). Das Berthold-Sakramentar enthält nur die drei üblichen Gebete (Oration, Secreta, Postcommunio), bietet jedoch eine Ausgestaltung des Anfangs der Oration (»Deus qui«) in einer prachtvollen Schmuckseite (Ausschnitt Abbildung 14).[52] Ein eigenes Reimoffizium wie etwa für das Oswald-[53] oder das Heilig-Blut-Fest[54] wurde für Martin aber nicht entwickelt.

Kenntnis der Martinsliteratur

Über welche Texte der Martinsüberlieferung verfügte das Kloster, auf welchen Quellen basierten die damaligen Kenntnisse? Für die Zeit bis um 1300 läßt sich nur eine einzige Handschrift von siebzig Blättern nachweisen, der damit eine besondere Bedeutung zukommt.

Der Codex HB XIV 6 der Württembergischen Landesbibliothek Stuttgart[55] besteht aus drei Teilen. Der erste, hier interessierende Teil (fol. 1–70) wurde im ersten Drittel des 12. Jahrhunderts in Weingarten geschrieben und gehört damit zu den ältesten eigenen Handschriften. Ein Besitzvermerk des 13. Jahrhunderts (»Liber sancti Martini in Wingarten«, fol. 102ʳ) bestätigt die Provenienz.

Der Inhalt stellt sich wie folgt dar:
1. Fol. 1ʳ wird die Handschrift mit einer ganzseitigen Martins-Miniatur eröffnet (Abbildung 5); doch ist das Blatt erst etwas später, um 1150, hinzugefügt worden.[56]
2. Fol. 2ᵛ–63ʳ, das Hauptstück, bietet die wichtigste Quelle zum Leben des Heiligen, die Schriften des Sulpicius Severus († 420), in der üblichen Anordnung: zuerst die Vita (fol. 2ᵛ–18ᵛ), dann die drei Briefe (fol. 18ᵛ–24ᵛ), schließlich die drei Dialoge (fol. 25ʳ–63ᵛ).[57] Die Schmuckinitiale des »Incipit« (fol.5ʳ) enthält ein Medaillon des Heiligen (Abbildung 3).
3. Fol. 63ʳ–70ʳ folgen einige kleinere Martins-Schriften: einschlägige Auszüge aus den Schriften Gregors von Tours (Historia Francorum, De virtutibus sancti

Martini; fol. 63ʳ–66ᵛ), die lateinischen Martins-Gedichte eines Pseudo-Sulpicius (»Venimus en istuc«; fol. 66ᵛ–68ʳ)[58], eine Pseudo-Schrift Martins (Confessio; fol. 68ʳᵛ) und schließlich Auszüge aus Gregor von Tours über Brictius, den Nachfolger Martins als Bischof von Tours (fol. 68ᵛ–70ʳ).[59]

Wann die Zusammenbindung der Martin-Sammlung mit zwei anderen Handschriften-Faszikeln (fol. 71–89, fol. 90–102) erfolgte, ist unklar; doch stammen diese ebenfalls aus dem 12. Jahrhundert. Sie enthalten Texte verschiedener Art; unter ihnen fällt Bedas Oswald-Vita (fol. 90ʳ–99ᵛ) auf.

Diese schmale Handschrift vermittelte die klassischen Quellen zu Martin und bildete offensichtlich eine ausreichende Basis für den klösterlichen Bedarf. Auch vergleichbare andere Schriften von ähnlicher Bedeutung waren in der Weingartener Klosterbibliothek in nur einem Exemplar vorhanden, bespielsweise die zwei Fassungen der Heilig-Blut-Berichte, die Hirsauer Regel, die Historia Welforum oder die Konradsvita.[60]

Neben dieser Textsammlung besaß das Kloster wohl noch eine kurze »Vita sancti Martini episcopi« in einem liturgischen Passionale vom Ende des 12. Jahrhunderts; doch ist nicht gesichert, ob der Codex zum alten Weingartener Bestand gehörte.[61] Erst später kam die Bearbeitung der Martinsgeschichte in der »Legendea aurea« hinzu, der um 1260 entstandenen Legendensammlung des Jacobus de Voragine; die älteste nachweisbare Weingartener Handschrift stammt aus dem 14. Jahrhundert.[62]

Martinsbilder

In zehn ehemaligen Klosterhandschriften des 12. und 13. Jahrhunderts sind zwölf Abbildungen des Heiligen zu finden. Sie werden hier in chronologischer Folge vorgestellt. Eine weitere Handschrift, aus der wahrscheinlich eine Miniatur des Heiligen herausgeschnitten wurde, wird an entsprechender Stelle aufgenommen, aber nicht gezählt. Die Maßangaben beziehen sich auf die Martinsfigur (Höhe).

1. Württembergische Landesbibliothek Stuttgart, Cod. brev. 160, fol. 41ʳ, um 1100–1125 (Abbildung 2).[63]
Kontext: Sequentiar, Martinssequenz mit Initiale S(acerdotem Christi Martinum).
Bild: Ganzfigur in der Initiale, 65 mm; Martin als Bischof mit Tonsur, Nimbus, mit Krummstab und Buch.

2. Württembergische Landesbibliothek Stuttgart, HB XIV 6, fol. 5ʳ, um 1100–1133 (Abbildung 3).[64]
Kontext: Martins-Vita des Sulpicius Severus mit Initiale I(gitur Martinus).
Bild: Halbfigur im Medaillon in der Initialmitte, 30 mm; Martin als Bischof, mit Tonsur und Nimbus, segnend und mit Buch.

3. Hessische Landesbibliothek Fulda, Aa 6, fol. 151ᵛ, um 1120–1130 (Abbildung 4).[65]
Kontext: Sakramentar (Sanctorale), Oration zum Martinsfest mit Initiale D(eus qui conspicis).
Bild: Ganzfigur in der Initiale, 66 mm; Martin als Bischof mit Mitra, mit Krummstab und Buch.

Abbildung 2 *Abbildung 4* *Abbildung 5*

Abbildung 3

( ) Hessische Landesbibliothek Fulda, Aa 35, vor fol. 120 (herausgeschnittenes Blatt), um 1120–1130.⁶⁶
Kontext: Kollektar (De tempore et de sanctis), ganzseitige Miniatur (?) vor fol. 120ʳ, einer Zierseite mit der Oration zum Martinsfest (Deus qui conspicis).
Bild: (Verlust).

4. Württembergische Landesbibliothek Stuttgart, HB XIV 6, fol. 1ʳ, um 1150 (Abbildung 5).⁶⁷
Kontext: Handschrift mit historischen Martinstexten, Einzelblatt am Anfang, nachträglich vorangestellt.
Bild: Ganzseitige Miniatur, Ganzfigur, 205 mm; Martin als Bischof mit Tonsur und Nimbus, segnend und mit Krummstab.

Abbildung 6

5. Hessische Landesbibliothek Fulda, C 1, fol. I^v, um 1185 (Abbildung 6).[68]
Kontext: halbseitiges Dedikationsbild am Anfang einer Handschrift (Josephus Flavius).
Bild: Ganzfigur, ca. 138 mm; Martin mit Mitra und Nimbus, mit Krummstab, Abt Wernherus (Werner, 1181–1188) und einen Schreiber segnend, die beide auf der linken Seite stehen. Schriftband darüber mit Hexameter: »Sancte quod offerimus amborum suscipe munus.« (Oh Heiliger, nimm unser beider Geschenk an, das wir dir darbringen!)

6. Hessische Landesbibliothek Fulda, Aa 57, fol. 1^r, um 1200 (Abbildung 7).[69]

Abbildung 7

Abbildung 8   *Abbildung 9*   *Abbildung 10*

Kontext: Oswald und Martin auf dem ersten Blatt einer Handschrift (Kalendar, Psalter etc.).
Bild: Ganzfigur, 185 mm, in der rechten Bildhälfte; mit Mitra und Nimbus, Krummstab und Buch. (Verunstaltet durch nachträgliche Kritzeleien.)

7./8. Pierpont Morgan Library New York, MS 710, fol. 125ᵛ, um 1217 (Abbildung 8).[70]
Kontext: Sakramentar (Sanctorale), ganzseitiges Schmuckblatt vor den Meßtexten zum Martinsfest, unterteilt in zwei halbseitige Bilder.
Oberes Bild: Ganzfigur, 89 mm; Martin als römischer Soldat, zu Fuß vor dem Pferd bei der Mantelteilung, daneben kniender Bettler. – Unteres Bild: Ganzfigur, 69 mm; Martin als Bischof mit Mitra, mit ausgebreiteten Händen drei Tote in ihren Särgen segnend.

9. Pierpont Morgan Library New York, MS 711, fol. 124ᵛ, um 1225 (Abbildung 9).[71]
Kontext: Sakramentar (Sanctorale), Oration zum Martinsfest mit Initiale D(eus qui conspicis).
Bild: Ganzfigur in der Initiale, 48 mm; Martin als Bischof mit Mitra, über dem Nimbus fünf Feuerzungen, mit erhobenen Händen betend an einem verhängten Sarkophag (?), hinter ihm ein Engel.

10. Kunsthistorisches Museum Wien, KK 4981, fol. 52ʳ, 1217–1232, (Abbildung 10).[72]
Kontext: Graduale, Martinsfest (Ecce sacerdotes) mit unvollständigem Textanfang, Initiale S(acerdotes tui).
Bild: Ganzfigur in der Initiale, ca. 30 mm, Martin mit Mitra, über dem Nimbus fünf Feuerzungen, segnend und mit Krummstab.

Abbildung 11

Abbildung 12

Abbildung 13

11. Hessische Landesbibliothek Fulda, Aa 32, fol. 166ʳ, um 1220–1230 (Abbildung 11).[73]
Kontext: Sakramentar (Sanctorale), Formular zum Martinsfest mit Initiale der Oration D(eus qui conspicis).
Bild: Ganzfigur in der Initiale, 105 mm; Martin als Bischof mit Mitra und Nimbus, segnend und mit Krummstab, drei Tote erweckend.

12. Hessische Landesbibliothek Fulda, Aa 56, fol. 171ᵛ, um 1250 (Abbildung 12).[74]

Kontext: Vollbrevier (Sanctorale), Antiphon zum Martinsfest mit Initiale H(ic est Martinus).
Bild: Brustbild in der Initiale, 44 mm; mit Mitra.

Nicht verzeichnet ist hier der sonstige Buchschmuck zum Martinsfest: ornamentale Initialen oder sogar ganze Zierseiten.[75] Die wenigen Weingartener Handschriften aus späterer Zeit enthalten keine Abbildung des Heiligen mehr. Von einer Darstellung Martins in der damaligen Weingartener Wand-, Tafel- oder Glasmalerei ist nichts bezeugt.[76]

Die zeitlichen Schwerpunkte bei den aufgelisteten Bildern liegen zum einen in der Zeit des Beginns der Weingartener Buchmalerei unter Abt Kuno (1109 bis 1132), zum anderen in der Zeit ihres Höhepunkts unter Abt Berthold (1200–1232).

Ikonographisch gesehen überwiegt die Darstellung Martins als Bischof in Pontifikalien. Erst in der Berthold-Zeit wird dreimal (?) die Erweckung der drei Toten und einmal die Mantelteilung gezeigt. Das gehört jeweils zu den frühesten Darstellungen dieser Motive.[77]

Die Funktion der Martinsbilder ist unterschiedlich. Die meisten gehören als Buchschmuck zu den liturgischen Texten; dreimal jedoch steht das Bild am Anfang einer Handschrift, so bei der bereits erwähnten Sammlung der historischen Martinstexte.

Martinsplastik und Martinsdichtung

Außer den Abbildungen des Heiligen in den Handschriften gab es in Kloster Weingarten bis zum Ende des 13. Jahrhunderts zumindest vier plastische Martins-Darstellungen; das meiste ging verloren und läßt sich nur noch in schriftlichen Quellen nachweisen. Dazu kommt ein Konventsiegel von 1267 mit Martin und Oswald. Für die folgenden Jahrhunderte ist noch das Martins-Relief auf der Hosanna-Glocke von 1490 zu erwähnen.[78] Auf einer der Plastiken des 13. Jahrhunderts war das einzige Martinsgedicht eingraviert, das nachweislich in Weingarten verfaßt worden ist.

Allein erhalten blieb die Martins-Figur auf dem silbergetriebenen Einbanddeckel des Berthold-Sakramentars, das in den Jahren 1216/17 angelegt wurde (Abbildung 13).[79] Martin ist hier – als Pendant zu König Oswald – unter dem rechten Kreuzbalken zu finden (vom Betrachter aus). Die Ganzfigur in frontaler Ansicht mißt etwa 54 mm. In der linken Hand, verhüllt vom bischöflichen Gewand, hält er ein Buch, die rechte Hand hat er zum Bitt- oder Segensgestus vor der Brust erhoben. Hinter seinem Haupt mit der Mitra ist ein Nimbus zu erkennen. Am Rand des Einbanddeckels steht die Inschrift »S. MARTINVS«.

Von den zwei ältesten Plastiken zeugt nur noch ein Verzeichnis des Kirchenschatzes von 1753: »Zwei kleine silbervergoldete Bildnisse des Bischofs Martinus. Kommt von den Stiftern her; wiegt an Silber 286 Loth«.[80] Da das Kloster die Welfenerinnerung stets wahrte, erscheint die Zuschreibung an die Stifterfamilie glaubhaft. Die beiden Figuren wären dann allerdings ins 11. oder 12. Jahrhundert zu setzen und würden zu den ältesten nachweisbaren Martins-Plastiken zählen.[81]

Auch die wichtigste der Weingartener Plastiken, eine Büste mit den Reliquien Martins, blieb nur schriftlich bezeugt[82]; eine Abbildung ist nicht überliefert. Sehr genau wissen wir jedoch über ihre Entstehung Bescheid: Nach dem Klosterbrand von 1215 ließ Abt Berthold zur Neuweihe der Kirche im Jahre 1217 das Brustreliquiar anfertigen. In dem Bericht, den er bald darauf über seine Tätigkeiten verfassen ließ, heißt es dazu: »Der Herr Abt ließ ein Haupt aus Gold und Silber machen und sammelte darin den Teil [der Martins-Reliquien], der übrig geblieben war.« (Dominus vere abbas caput ex auro et argento fieri iubens, partem que restabat in eo collocavit.)83 Das genannte Schatzverzeichnis von 1753 gibt an, daß die Büste an hohen Festtagen auf dem Hochaltar ausgestellt wurde: »Ein silbervergoldetes Brustbild des heiligen Martinus, von getriebener Arbeit, womit an hohen Festtagen der Hochaltar geziert wurde. Von hohem Kunstwerthe.«84

Das Reliquiar ging durch die Säkularisierung des Klosters verloren. Eine Vorstellung des Aussehens vermag das wohl einzige zeitgenössische Brustreliquiar Martins zu vermitteln, das bis heute erhalten blieb: Die Treibarbeit aus Silber stammt aus den Werkstätten von Limoges und wird im Pariser Louvre verwahrt. Der bärtige Heilige trägt eine Bischofsmitra, auf der Brust läßt ein großer durchsichtiger Kristall die Reliquie erblicken.85

Die Frage der Werkstatt des Weingartner Reliquiars wird sich kaum klären lassen. Weingartner Provenienz ist durchaus in Erwägung zu ziehen, denn unter Abt Berthold erreichte unter anderem auch die Weingartner Goldschmiedekunst ihren Höhepunkt.86 Von allen alten Metallarbeiten blieben jedoch nur die Einbanddeckel des Berthold-Sakramentars und des Heinricus-Sacrista-Sakramentars erhalten.

Eine relativ genaue Beschreibung des Martins-Reliquiars bietet der Weingartner Historiker P. Gerhard Hess.87 In seiner Klostergeschichte von 1781 berichtet er bei Abt Berthold unter anderem: »Es gibt noch bis zu unserer Zeit unter den Schätzen unserer Sakristei das Angesicht oder, wie man sagt, die Brustfigur des heiligen Martin, des Bischofs von Tours, aus vergoldetem Silber gemacht, mit kostbaren Steinen verziert und mit der Inschrift ›Abt Berthold ließ mich machen‹.« (Exstat etiam nostro adhuc tempore inter Sacrarii nostri Cimelia Vultus, seu statua (ut vocant) pectoralis S. Martini Episcopi turonensis ex argento deaurato fabrefacta, Lapidibusque pretiosis distincta cum hac Inscriptione Berchtoldus Abbas me fieri jussit.)

Anschließend zitiert Hess acht lateinische Verse, die auf der Büste als Inschrift eingraviert waren: »Um die Brust herum kann man auch diese beigefügten Verse lesen: ...« (Circa latera hi quoque versus adscripti leguntur: ...) Diese stellen das einzige eigene Martins-Gedicht dar, das in der klösterlichen Überlieferung Weingartens nachzuweisen ist, – wenn man den bereits zitierten Hexameter im Dedikationsbild einer Handschrift nicht berücksichtigt. Verdeutscht lautet das Gedicht:

»Zeuge dieses Werks und zugleich sein Richter ist Gott,
da die ihm wohlgefällige Bekleidung ein frommes Opfer darstellt.
Indem der Bischof bekümmert mit ausgebreiteten Armen betet,
trägt er insgeheim das Geschenk des Lebens --- in drei Körper.

Der Heilige stirbt und wird durch seine frommen
    Verdienste in den Himmel getragen;
der Teufel weicht und wird erbleichend in seiner
    Unterwelt begraben.
Den Verdiensten Martins wurde dieser Zierat
    angepaßt,
wie er den bloßen Christus bekleidete mit
    seinem schützenden Mantel.«
(Testis huic operi Deus et simul arbiter exstat
Grata sibi vestis pia munera dum manifestat.
Dum Presul manibus protensis anxius orat,
Clam vite munus --- in tria corpora portat.
Sanctus obit meritisque piis ad sidera fertur.
Demon abit tenebrisque suis pallens sepelitur.
Martini meritis fuit hoc decus appropriatum
Ut Christum chlamidis vestiret tegmine nudum.)

Inhaltlich beruht das Gedicht zunächst auf den Martins-Schriften des Sulpicius Severus. Vor allem spielt es auf die Mantelteilung von Amiens an, bei der sich Christus als der beschenkte Bettler (»pauperem nudum«) offenbart hatte. Die silberne Büste, die Hülle oder Ummantelung der Reliquie, wird mit Martins Mantel verglichen (Vers 1f., 7f.). Das auffällige Wort »chlamys« (Reitermantel) bei Sulpicius ist dabei aufgenommen worden.[88]

Dann beschreibt der Autor zentrale Ereignisse aus der Martinstradition. Die drei Totenerweckungen Martins werden, wie üblich, zusammengefaßt (Vers 3f.).[89] Unklar bleibt zunächst Martins Bitt- oder Segensgestus: Auf die Büste selbst kann diese Stelle nicht anspielen, da dort kaum Arme oder Hände vorhanden waren; auch bei Sulpicius findet sich kein verwertbarer Hinweis auf eine bestimmte Gebetshaltung des Heiligen. Von einer »bekümmerten« (sollicitus, flens et eiulans) Gemütsbewegung Martins ist dort allerdings die Rede. Schließlich spielt der Autor wohl auf die Teufelserscheinungen und -versuchungen an, denen der Heilige sogar noch auf dem Totenbett ausgesetzt war.[90] Der Aufstieg Martins in den Himmel war bei Sulpicius in einer Vision beschrieben worden.[91]

Das Gedicht macht den Eindruck, als wären Bilder auf der Büste dargestellt, die der Autor verbal kommentieren würde; aber das ist unwahrscheinlich. Bei einem Vergleich mit den Weingartener Martinsbildern stellt man jedoch fest, daß der Autor in der Tat bildliche Darstellungen vor Augen hatte: diejenigen, die damals im Klosterskriptorium von der Hand des Bertholdmeisters entstanden. Hier wurden – erstmals in Weingarten – sowohl Mantelteilung wie Totenerweckung dargestellt; und dabei ist auch der Segensgestus Martins mit ausgebreiteten Armen über den Toten zu finden (Abbildung 8)! Ein vergleichbares Bild gibt es allerdings auch im Sakramentar des Hainricus Sacrista (Abbildung 9).

In formaler Hinsicht scheint das Martins-Gedicht etwas abzufallen gegenüber einer ganzen Reihe von Gedichten, die im Kloster Weingarten etwas früher, in der Zeit um 1200, entstanden sind, beispielsweise zum Preis der Wunder des Heiligen Bluts oder zum Tode Kaiser Friedrich Barbarossas.[92]

Abbildung 14

Brauchtum und Namengebung

Von Martinsbräuchen gibt es bis zum Ende des 13. Jahrhunderts in den Weingartener Quellen nur wenige Spuren. Der Martinstag als Zinstag ist in einer Urkunde von 1258 bezeugt.[93] Und eine Abbildung von Martinsgänsen, allerdings ohne den Heiligen, ist im Berthold-Sakramentar zu finden (Abbildung 14); dabei handelt es sich um eine der ersten Darstellungen dieses Motivs.[94]

Aus späterer Zeit (1581) stammt dann das Weingartener Martinslied Jakob Reiners »DEn besten Vogel den ich waiß«.[95] Für die Namengebung spielte der Heilige keine besondere Rolle. Als Rufname bei den Weingartener Mönchen begegnet *Martin* vor dem Jahre 1500 nur einmal, allerdings bereits zur Zeit des Aufkommens von Heiligennamen: in einem Kalendar, das unter Abt Berthold für den Weingartener Nonnenkonvent geschrieben wurde.[96]

Der Name *Martinsberg* ist jüngeren Ursprungs und kam wohl erst zu Beginn des 18. Jahrhunderts auf, in den Quellen des 12. Jahrhunderts ist nur vom »*Berg*« (*mons*) die Rede.[97] Mit *Martinsweg* schließlich hat man im 20. Jahrhundert eine unbedeutende Sackgasse am Rande der Gemarkung benannt.

Nachklang

Für die Zeit nach 1300 gibt es wenig zu Martin in Weingarten hervorzuheben. Das ist einerseits bedingt durch den Niedergang der Klosterkultur[98], anderseits dadurch, daß Martin »unterging« in der großen Schar der Weingartener Heiligen und daß er im Grunde nur noch einer von vielen in Weingartens grandiosem Heiligenhimmel war. Zwar blieb er bis heute der Patron; doch ist es bezeichnend, daß die 1724 vollendete Barockbasilika als Kirche des Heiligen Bluts konzipiert wurde und nicht als Martinskirche.

Man muß schon sehr genau suchen, um ihn an oder in der Basilika überhaupt zu entdecken: Zunächst ist er zu finden als überlebensgroße Figur rechts vom Frontispiz der Fassade, als Pendant zu König Oswald; in der Mitte aber steht Maria, gerahmt von zwei Engeln, und darüber thront das vergoldete Heilig-Blut-Schauzeichen.

Martin begegnet dann als einer von vielen Heiligen am unteren Rand des großen und figurenreichen Kuppelfreskos, das eine Verherrlichung des »Te Deums« darstellt. Als Bischof bekleidet er hier den Bettler. Schließlich steht Martin – zusammen mit dem Bettler – unter den Heiligen auf dem Hochaltarbild Bensos eingebunden in das Thema: »Das Blut Christi erlöst die Welt.«[99]

Zu erwähnen ist dann noch der Martinsbrunnen Maria Elisabeth Stapps am Fuße der Basilikatreppe, der nach dem Zweiten Weltkrieg errichtet wurde.[100]

Anmerkungen

1 Gebhard SPAHR, Martinusverehrung in Weingarten und im Bodenseeraum, in: Montfort 13, 1961, 135–139; Norbert KRUSE, Klosterheilige, in: Weingarten. Von den Anfängen bis zur Gegenwart, hg. von Norbert KRUSE – Hans Ulrich RUDOLF – Dietmar SCHILLING – Edgar WALTER, 1992, 116–118.
2 Helmut ROTH – Claudia THEUNE, Das frühmittelalterliche Gräberfeld bei Weingarten (Kr. Ravensburg), Bd. I, 1995, 187, Tafel 230; Rainer CHRISTLEIN, Die Alamannen. Archäologie eines lebendigen Volkes, ²1979, 172, Nr. 375. – Die inzwischen erfolgte Inventarisierung aller Grabbeigaben läßt weitere christliche Spuren erkennen. Zu zwei kreuzförmigen silbernen Fibeln aus Grab 680 vgl. ROTH – THEUNE, 203, Tafel 253. – Vgl. Anm. 13.
3 Columban BUHL, Weingarten – Altdorf. Die Anfänge, in: Weingarten 1056–1956. Festschrift zur 900-Jahr-Feier des Klosters, 1956, 12–30, 430; Helmut ROTH, Die Alamannen, in: Weingarten (wie Anm. 1), 85f., 90–94; Helmut ROTH – Hans Ulrich RUDOLF, Fränkische Oberherrschaft, in: Weingarten (wie Anm. 1), 95–97. – Auf Nennung der älteren Literatur und auf Literaturangaben zur Christianisierung der Alamannen sowie zu den Martinspatrozinien wird hier verzichtet.
4 WUB I, 83f., Nr. 74. – A. VERHULST, Fiscus, in: LexMA IV, 1989, 502; Wolfgang METZ, Das karolingische Reichsgut, 1960, 107, 211.
5 Josef FLECKENSTEIN, Über die Herkunft der Welfen und ihre Anfänge in Süddeutschland, in: Gerd TELLENBACH (Hg.), Studien und Vorarbeiten zur Geschichte des großfränkischen und frühdeutschen Adels, 1957, 71–136, besonders 89–95; Hans Ulrich RUDOLF, Das Adelsgeschlecht der Welfen/Altdorf wird welfische Residenz, in: Weingarten (wie Anm. 1), 99–107.
6 Werner TRILLMICH – Rudolf BUCHNER (Hg.), Quellen des 9. und 11. Jahrhunderts zur Geschichte der hamburgischen Kirche und des Reiches, ⁵1978, 670/671. – Zu den Belegen und zur Literatur: Norbert KRUSE, Zwei alte Ortsnamen im Kreis Ravensburg: Altdorf und Weingarten, in: Im Oberland 3, 1992, H. 1, 17–24, hier: 17–19; Norbert KRUSE, Der Name Altdorf, in: Weingarten (wie Anm. 1), 86f. – Im folgenden werden nur die wichtigsten Belege nachgewiesen.
7 Hans JÄNICHEN, Altdorf-Alachdorf, in: Würtembergisch Franken. Neue Folge 30, 1955, 20–32. – Den ersten Versuch unternahm Michael R. BUCK, Oberdeutsches Flurnamen-buch, 1880, ²1931, 4, 6f.
8 Wie Anm. 7.
9 Vgl. besonders Albert L. LLOYD – Otto SPRINGER, Etymologisches Wörterbuch des Althochdeutschen, Bd. I, 1988, 138f.

10 Genaue Angaben bei Adolf KÖHLER, Die Lage des Fruchtkastens, in: Der Fruchtkasten des Klosters Weingarten. 1688–1988, hg. von Hans Ulrich RUDOLF – Norbert KRUSE, 1989, 12.

11 Günter LANCZKOWSKI – Dieter KELLERMANN, Heilige Stätten, in: TRE XIV, 1985, 672–683, besonders 679; Gustav HOFFMANN, Urkirchen in Württemberg, ZwürttLG 6, 1942, 26–43, besonders 36, 38–41; CHRISTLEIN (wie Anm. 2), 112.

12 Sulpicii Severi libri qui supersunt, hg. von Carolus HALM, 1866 (CSEL Bd. I), 122f.; deutsche Übersetzung: Des Sulpicius Severus Schriften über den hl. Martinus, hg. von Pius BIHLMEYER, o. J. (Bibliothek der Kirchenväter Bd. 20), 1–147, hier: 36.

13 Plan bei ROTH-THEUNE (wie Anm. 2), Beilage 1, dazu Seite 13f.; Gerhard WEIN, Das alamannische Gräberfeld von Weingarten und seine Stellung in der Geschichte des frühen Mittelalters, in: Ulm und Oberschwaben 38, 1967, 37–69; Eduard Martin NEUFFER, Das alamannische Gräberfeld von Weingarten, Kr. Ravensburg, in: Ausgrabungen in Deutschland, Bd. 2/1, 1975, 238–253.

14 Dazu bereits WEIN (wie Anm. 13), 41.

15 Hinzuweisen ist hier auf die Lage des Reihengräberfelds bei der alten Martinskirche in Pfullingen. Von diesem aus gesehen ging die Sonne über dem Ursulaberg auf: Hans Dieter SCHAIBLE, Die Martinskirche und ihre Geschichte, in: Pfullingen einst und jetzt, hg. von Hermann FISCHER – Brigitte NESKE – Hermann TAIGEL, 1982, 76–107, besonders 107.

16 Erich KÖNIG (Hg.), Historia Welforum, 2. A. 1978, 10/11; Erich KÖNIG, Die süddeutschen Welfen als Klostergründer. Vorgeschichte und Anfänge der Abtei Weingarten, 1934, 11; Hans Ulrich RUDOLF, Das welfische Hauskloster »Altdorf«, in: Weingarten (wie Anm. 1), 106f.

17 TRILLMICH – BUCHNER (wie Anm. 6), 670/671.

18 TRILLMICH – BUCHNER (wie Anm. 6), 702/703; Gerhard HESS, Prodromus Monumentorum Guelficorum, 1781, 43; WUB I, 290, Nr. 240, Zeile 13–15 (»Lateinischer Stifterbrief«); RUDOLF (wie Anm. 16).

19 Viele spätere Weingartener Quellen berichten davon: Erich KÖNIG (Hg.), Historia Welforum, 2. A. 1978, 18/19, 78/79; MGH Necrologia I, 230; WUB IV, Anhang, VII (»Codex maior«).

20 Konrad HECHT, Die mittelalterlichen Bauten des Klosters. Insbesondere die beiden ersten Münster, in: Weingarten 1056–1956 (wie Anm. 3), 254-327, hier: 308, 309–315; Albert KNOEPFLI, Kunstgeschichte des Bodenseeraumes, Bd. I, 1961, 248-252.

21 Nur im ältesten Kalendar (um 1090) ist er erwähnt: Hessische Landesbibliothek Fulda, Aa 42, fol. 1^v; im Kalendar der Handschrift Württembergische Landesbibliothek Stuttgart, HB I 98, (nach 1228) wurde sein Name später nachgetragen (fol. 3^v). Vgl. dazu bereits Gebhard SPHAR, Die Gottesdienstgestaltung im Mittelalter, in: Weingarten 1056–1956 (wie Anm. 3), 172–187, hier: 186, Anm. 49.

22 Ausführlicher und mit Belegnachweisen: KRUSE (wie Anm. 6).

23 WUB I, 302f., Nr. 245.

24 TRILLMICH – BUCHNER (wie Anm. 6), 702/703; vgl. KÖNIG (wie Anm. 19), 12/13.

25 WUB I, 336f., Nr. 266.

26 Württembergische Landesbibliothek Stuttgart, HB XV 70, fol. 43^v.

27 Hessische Landesbibliothek Fulda, Aa 6, fol. 1^r; Die theologischen Handschriften der Hessischen Landesbibliothek Fulda bis zum Jahr 1600, beschrieben von Regina HAUSMANN, 1992, 26–30.

28 WUB VI, 236f., Nr. 1841 (Vidimus); WUB VII, 320, Nr. 2435.

29 WUB I, 371f., Nr. 289; ähnlich bereits WUB I, 308–310, Nr. 250 (zu 1098).

30 Norbert KRUSE, Die Klosternamen, in: Helmut BINDER (Hg.), 850 Jahre Prämonstratenserabtei Weißenau. 1145–1995, 1995, 61–72. – Das gilt auch für Hirsau und Oberschwaben. Vgl. insgesamt Wolf Arnim von REITZENSTEIN, Klosternamen, in: Ernst EICHLER u. a. (Hg.), Namenforschung. Ein internationales Handbuch zur Onomastik, Bd. II, 1996, 1593–1596.

31 Dazu weiter unten und Anm. 68.

32 Gebhard SPAHR, Der Kult des heiligen Oswald in der Kunstgeschichte Weingartens, in: Jahrbuch des Vorarlberger Landesmuseumsvereins 1972, 1975, 43–51; KRUSE (wie Anm. 1); Norbert KRUSE, Der Weg des Heiligen Bluts von Mantua nach Altdorf-Weingarten, in: 900 Jahre Heilig-Blut-Verehrung in Weingarten. 1094–1994. Festschrift zum Heilig-Blut-Jubiläum am 12. März 1994, hg. von Norbert KRUSE – Hans Ulrich RUDOLF, Bd. I, 1994, 57–76, hier: 72.– Nur im ältesten Kalendar des Klosters (um 1090) ist noch keine Oktav zum Oswaldfest verzeichnet: Hessische Landesbibliothek Fulda, Aa 42, fol. 4^v.

33 MGH SS XXIV, 830–833; WUB II, 222–224, Nr. 433. – Zur Überlieferung: Hans Ulrich RUDOLF, Die Heilig-Blut-Verehrung im Überblick, in: 900 Jahre Heilig-Blut-Verehrung in Weingarten (wie Anm. 32), 3–51, hier: Anm. 3.

34 WUB III, 484f., Nachtrag Nr. 25.

35 Pierpont Morgan Library New York, MS 710, fol. 125^v/126^r (Martin), fol. 101^v/102^r (Oswald). – Abbildungen: Das Berthold-Sakramentar. Vollständige Faksimile-Ausgabe im Originalformat der Handschrift MS 710 der Pierpont Morgan Library New York, 1995; Hans Ulrich RUDOLF, »Ein Buch von Gold und Silber«. Das Berthold-Sakramentar aus Weingarten (1215–1217), 1996.

36 Nur auf eine Teilgruppe von Handschriften in der Württembergischen Landesbibliothek Stuttgart sei hier verwiesen: HB VII 5, VII 11, VII 13, VII 14, VII 15, VII 16, VII 18, VII 19, VII 24, VII 24a.

37 WUB IV, 380, Nachtrag Nr. 76; Norbert KRUSE, Der Ortsname Baienfurt, in: Im Oberland 4 (1993) H. 2, 18–23, hier: 19 (Abbildung); dazu bereits Adalbert NAGEL, Das Heilige Blut Christi, in: Weingarten 1056–1956 (wie Anm. 3), 188–229, hier: 192.

38 WUB IV, 122, Nr. 1064. – Vgl. die Auflistung der Schenkungen zum Heiligen Blut bei RUDOLF (wie Anm. 33), 15. Martin ist genannt: 1252, 1264, 1269, 1275, 1279, 1284, 1305.

39 WUB V, 149f., Nr. 1383; dazu RUDOLF (wie Anm. 33): 1252, 1269, 1279.

40 WUB III, 486f., Nachtrag Nr. 26.

41 Dazu demnächst: Hans Ulrich RUDOLF, Das Benediktinerkloster Weingarten 1056-1232. Abriß der Klostergeschichte von den Anfängen bis zu Abt Berthold (1200–1232), in: Felix HEINZER – Hans Ulrich RUDOLF (Hg.), Kommentarband zum Berthold-Sakramentar, 1997.

42 RUDOLF (wie Anm. 33), 7f.; Norbert KRUSE, Die historischen Heilig-Blut-Schriften der Weingartener Klostertradition, in: 900 Jahre Heilig-Blut-Verehrung in Weingarten (wie Anm. 32), 77-123, hier: 95f.

43 900 Jahre Heilig-Blut-Verehrung in Weingarten. 1094–1994. Katalog zur Jubiläumsausstellung, hg. von Norbert KRUSE – Hans Ulrich RUDOLF, 1994, 47f.

44 Handschrift: Württembergische Landesbibliothek Stuttgart, HB I 240, fol. 44^r- 52^v; Edition: HESS (wie Anm. 18), 66–70.

45 Vgl. Anm. 35 und Anm. 41.

46 Besonders folgende Handschriften: Württembergische Landesbibliothek Stuttgart, HB I 98 (Sonderoffizium); HB I 240; Hessische Landesbibliothek Fulda, Aa 6; Aa 32; Aa 35; Aa 56; B 5. – Dazu bereits SPAHR (wie Anm. 21), 174, 176f., 185f.

47 Besonders folgende Handschriften: Württembergische Landesbibliothek Stuttgart, HB I 98, fol. 6^r, 8^v; HB XV 66, fol. 7^v, 11^v; Hessische Landesbibliothek Stuttgart, Aa 6, fol. 7^r; Aa 42, fol. 4^r, 6^r; Pierpont Morgan Library New York, MS 710, fol. 5^v, 7^v – Eine liturgische Anweisung zur Feier der Oktav: Hessische Landesbibliothek Fulda, Aa 72, fol. I^r.

48 Dazu weiter unten.

49 Württembergische Landesbibliothek Stuttgart, HB I 55 (Antiphonale), fol. 141^r–143^r; Kunsthistorisches Museum Wien, KK 4981 (Graduale), fol. 52^r.

50 Württembergische Landesbibliothek Stuttgart, Cod. brev. 160, fol. 61^r. – Dazu zuletzt Erno SEIFRIZ, Weingartener Klostermusik, in: Weingarten (wie Anm. 1), 132–135, Zitat 132. Abbildung 134. – In dieser Handschrift steht auch auf der gegenüberliegenden Seite (fol. 60^v) ein neumierter Martinstext (»Hodie beati Martini episcopi digno sub honore solemnia leti colamus«). Abbildung: BUTZ (wie Anm. 55), 43, Nr. 36, Abbildung 169.

51 Edition: F. J. MONE, Lateinische Hymnen des Mittelalters, Bd. III, 1855, 432f. – Vgl. dazu weiter unten.

52 Vgl. Anm. 35 und Anm. 41.

53 Württembergische Landesbibliothek Stuttgart, HB I 55, fol. 121^v, HB I 98, fol. 337^v.

54 Württembergische Landesbibliothek Stuttgart, HB I 240, fol. 29^r 33^v; Hessische Landesbibliothek Fulda, Aa 48, fol. 100vb – 103rb. – Dazu KRUSE – RUDOLF (wie Anm. 43), 42.

55 Die Handschriften der Württembergischen Landesbibliothek Stuttgart, Zweite Reihe, Bd. IV/2, beschrieben von Maria Sophia BUHL – Lotte KURRAS, 1969, 99–101; Die romanischen Handschriften der Württembergischen Landesbibliothek Stuttgart, Teil 2, bearbeitet von Annegret BUTZ, 1987, 48f., Nr. 45.

56 Rosy KAHN, Hochromanische Handschriften aus Kloster Weingarten in Schwaben, in: Städel-Jahrbuch 1, 1921, 43–74, hier: 57, 60.

57 Sulpice Sévère. Vie de Saint Martin, Bd. 1–3, hg. von Jacques FONTAINE, 1967–1969; HALM (wie Anm. 12); BIEHLMEYER (wie Anm. 12).

58 MPL Bd. 74, 671–674; Bibliotheca Hagiographica Latina. Novum Supplementum, hg. von Henricus FROS, 1986, 618 (»Tituli metrici de s. Martino«).

59 Nachweise insgesamt bei BUHL – KURRAS (wie Anm. 55).

60 Heilig-Blut-Berichte: KRUSE (wie Anm. 42). – Hirsauer Regel: Württembergische Landesbibliothek Stuttgart, HB XV 70. – Historia Welforum und Konradsvita: Hessische Landesbibliothek Fulda, D 11, fol. 14^v–29^r, 31^v 39^r.

61 Württembergische Landesbibliothek Stuttgart, HB XIV 17, fol. 74^v–77^v. Eine jüngere Passionale-Handschrift des 14. Jahrhunderts aus Weingarten, allerdings ungeklärter Provenienz: Württembergische Landesbibliothek Stuttgart, HB XIV 18.

62 Württembergische Landesbibliothek Stuttgart, HB I 18; dazu KRUSE (wie Anm. 42), 103.

63 BUTZ (wie Anm. 55), 43, Nr. 36, Abbildung 168. – Abbildung auch in: Der heilige Martin von Tours und seine Kirche in Sindelfingen, 1983, 132.

64 BUTZ (wie Anm. 55), 48f., Nr. 45, Abbildung 193. – Vgl. Anm. 55.

65 Die illuminierten Handschriften der Hessischen Landesbibliothek Fulda, I, Bildband, bearbeitet von Herbert KÖLLNER, 1976, Nr. 38, Abbildung 338; I, Textband, bearbeitet von Christine JAKOBI-MIRWALD, 1993, 76–79. – Abbildung auch in: KRUSE (wie Anm. 1), 116.

66 HAUSMANN (wie Anm. 27), 87–89; KÖLLNER (wie Anm. 65), Nr. 39, Abbildung 354; JAKOBI-MIRWALD (wie Anm. 65), 79–85.

67 BUTZ (wie Anm. 55), 48f., Nr. 45, Abbildung 192. – Vgl. Anm. 55.

68 KÖLLNER (wie Anm. 65), Nr. 47, Abbildung 441; JAKOBI-MIRWALD (wie Anm. 65), 94–96.

69 KÖLLNER (wie Anm. 65), Nr. 51, Abbildung 493; JAKOBI-MIRWALD (wie Anm. 65), 105f.
70 Vgl. Anm. 35 und Anm. 41.
71 Meta HARRSEN, Central European Manuscripts in the Pierpont Morgan Library, 1958, 27–29.
72 Franz UNTERKIRCHNER, Ein neumiertes Graduale aus Weingarten, in: Archiv für Liturgiewissenschaft 30, 1988, 21–32.
73 KÖLLNER (wie Anm. 65), Nr. 57, Abbildung 597; JAKOBI-MIRWALD (wie Anm. 65), 115–119.
74 KÖLLNER (wie Anm. 65), Nr. 59, Abbildung 672; JAKOBI-MIRWALD (wie Anm. 65), 120–123.
75 Besonders folgende Handschriften: Hessische Landesbibliothek Fulda, Aa 35, fol. 120^r; Aa 56, fol. 171^r; Pierpont Morgan Library New York, MS 710, fol. 126^v (Ausschnitt: Abbildung 14).
76 So ließ beispielsweise Abt Meingoz († 1200) einen Leutpriester Heinrich das Münster durch Malereien (»egregia pictura«), wohl Fresken, schmücken: MGH SS XV/2, 1312–1314, hier: 1314.
77 S. KIMPEL, Martin von Tours, in: LChI 7, 1974, 572–579; Thomas LUTZ – Bert SCHLICHTENMAIER, Martin in Brauch und Kunst, in: Der heilige Martin von Tours und seine Kirche in Sindelfingen, 1983, 51–80, hier: 67–80.
78 Thomas STUMP, Hosanna. Die große Glocke in der Basilika zu Weingarten, 1971, 11, 15 (Abbildung).
79 Vgl. Anm. 35 und Anm. 45.
80 Pirmin LINDER, Professbuch der Benediktiner-Abtei Weingarten, 1909, 116–120, hier: S. 117, Nr. 13 und 14. – Vgl. hier auch den Hinweis (120) auf zwei Erwähnungen in Reiseberichten des 18. Jahrhunderts: bei Abt Martin Gerbert (1765/67) und Philipp W. Gercken (1783). Bei beiden ist allerdings von einer Martin- und einer Wolfgang-Statue die Rede. Abt Gerbert bezweifelte aufgrund der Buchstabenform der zugehörigen Inschriften das Alter der Statuen. – Das angegebene Gewicht dürfte auf etwa 5 kg umzurechnen sein.
81 KIMPEL (wie Anm. 77).
82 LINDER (wie Anm. 80), 117, Nr. 16. – Bereits genannt: Alto HÖCHT (Hg.), Vinea florens ac fructificans, 1725, 95.
83 Handschrift: Württembergische Landesbibliothek Stuttgart, HB I 240, fol. 51^v und 52^r. – Hess (wie Anm. 18), 73f.
84 LINDER (wie Anm. 80). – NAGEL (wie Anm. 37), 190 (ohne Quellenbezug); nach HECHT (wie Anm. 20), 285, stand das Reliquiar »hinter dem Hochaltar« (ohne Quellenbezug).
85 Éva Kovács, Kopfreliquiare des Mittelalters, 1964, 67f., Abbildung 20; Der heilige Martin von Tours und seine Kirche in Sindelfingen, 1983, 100; vgl. KIMPEL (wie Anm. 77).
86 Zur Goldschmiedekunst in Weingarten vgl. Hans Ulrich RUDOLF, Klösterliches Kunsthandwerk, in: Weingarten (wie Anm. 1), 132.
87 HESS (wie Anm. 18), 73f.
88 FONTAINE (wie Anm. 57), Bd. 1, 256 (3.2), Bd. 2, 482f., 492.
89 BIHLMEYER (wie Anm. 12), 28f., 29f., 108f.
90 BIHLMEYER (wie Anm. 12), 26f., 44f., 45f., 49f., 68, 69 (»in die finstere Unterwelt gestoßen«).
91 BIHLMEYER (wie Anm. 12), 59f., vgl. 69.
92 Vgl. dazu Norbert KRUSE, Der Bericht von den ersten Wundern des Heiligen Bluts, in: 900 Jahre Heilig-Blut-Verehrung in Weingarten (wie Anm. 32), 124–136, hier: 127; Norbert KRUSE, Ein Weingartener Gedicht zum Tode Friedrich Barbarossas, in: Swer des vergezze der tet mir leide. Festschrift für Siegfried Rother, hg. von Norbert KRUSE – Harald PFAFF, 1989, 15–22; Norbert KRUSE, Lateinische und deutsche Literatur, in: Weingarten (wie Anm. 1), 135–139.
93 WUB V, 252f., Nr. 1486; M.-L. LECHNER, Martinstag, in: LThK VII, ^{2}1962, 126.
94 KIMPEL (wie Anm. 77); SARTORI, Martinsgans, in: HWDA V, 1932/1933, 1718–1720.
95 Erno SEIFRIZ, Klostermusik der Renaissance und des Frühbarock, in: Weingarten (wie Anm. 1), 176–181, Abbildung 179.
96 Württembergische Landesbibliothek Stuttgart, HB XV 66, fol. 4^v (zum 23. April); MGH Necrologia I, 234. – LINDER (wie Anm. 80), 20, 148.
97 WUB IV, Nachtrag 49f., Nr. B; KÖNIG (wie Anm. 19), 108.
98 Weingarten (wie Anm. 1), 141, 155–159.
99 Gebhard SPAHR, Die Basilika Weingarten. Ein Barockjuwel in Oberschwaben, 1974, 65, 74, 117; Weingarten (wie Anm. 1), 217f., 229, 233.
100 Weingarten (wie Anm. 1), 376, 517.

ST. MARTIN IN ROTTENBURG
Die Rottenburger Martinspfarreien und -pfarrkirchen

Dieter Manz

Der heilige Martinus ist Patron der Diözese Rottenburg-Stuttgart. Die Antwort auf die Frage, warum gerade dieser Heilige zum Diözesanpatron wurde, hängt untrennbar mit der Kirchengeschichte der Bischofsstadt Rottenburg am Neckar zusammen, d. h. mit der Geschichte derjenigen der beiden Rottenburger Pfarreien, deren Pfarrkirche bei der Gründung der Diözese dazu bestimmt wurde, die künftige Bischofskirche zu werden. Der Turmhelm der Domkirche, errichtet 1486/91, spätgotisch, mit reichen, durchbrochenen Maßwerkfüllungen – übrigens einer der wenigen derartigen Türme, die noch in der Zeit der Gotik fertiggestellt wurden, nicht erst im 19. Jahrhundert –, wurde in der Folge zum Wahrzeichen der Diözese, und eines seiner beiden figürlichen Medaillons, die Mantelteilungsszene des hl. Martin darstellend, fand als Signet bei vielerlei diözesanen Veranstaltungen und Publikationen Verwendung.

Diese Stadtpfarrkirche St. Martin, in den Urkunden wegen ihrer Lage auf dem Marktplatz des um 1270/80[1] zur Stadt gewordenen Rottenburg sehr häufig Marktkirche genannt, hatte aber nicht von Anfang an den hl. Martin zum Patron. Vor dem dritten Jahrzehnt des 15. Jahrhunderts befand sich an der Stelle der späteren Marktkirche, des heutigen Doms also, eine Kapelle, die der Gottesmutter Maria geweiht war und die als »Liebfrauenkapelle am Markt« vielfach urkundlich belegt ist.

Diese Liebfrauenkapelle war zunächst eine Filiale der Rottenburger Urpfarrkirche in Sülchen, einer großen, seit dem späten 13. Jahrhundert von ihren Bewohnern nach und nach zugunsten der »neuen Stadt« Rottenburg aufgegebenen Siedlung nordöstlich von Rottenburg. Die Pfarrkirche in Sülchen aber war dem heiligen Martinus geweiht.

Um diese beiden Kirchen, die in Sülchen und die auf dem Markt, ranken sich eine Reihe von Fragen, z. B.: Wie alt ist das Martinuspatrozinium in Sülchen? Wann hörte die dortige Martinskirche auf, Pfarrkirche für die »neue Stadt« Rottenburg zu sein? Wann wurde der heilige Martin zum Patron der Rottenburger Marktkirche? – Der Beitrag versucht anhand des vorhandenen Quellenmaterials, schlüssige Antworten auf diese Fragen zu geben.

St. Martin in Sülchen – Pfarrei und Pfarrkirche

Sülchen am nordöstlichen Stadtrand von Rottenburg war zweifellos die wichtigste der frühmittelalterlichen Siedlungen innerhalb der Markung der heutigen Stadt.[2] Um das Jahr 500 in der Liste alamannischer Ortsnamen des sogenannten »Geographen von Ravenna« erstmals genannt, bestand Sülchen als selbständiger Ort bis ins 13., 14. Jahrhundert. Um diese Zeit zogen seine Bewohner nach und nach ins nahegelegene, aufblühende Rottenburg. Heute erinnert nur noch die Sülchenkirche an die einst sehr bedeutende Siedlung.

Durch seine Lage im Siedlungsgefüge des oberen Neckargebiets kam Sülchen überragende Bedeutung zu. Spätestens im 6. Jahrhundert scheint der Ort in Königsbesitz übergegangen zu sein; er wurde Mittelpunkt eines Verwaltungsbezirks, des Sülchgaus, der sich aus Königs- bzw. Reichsgut zusammensetzte. An der Spitze der Gauverwaltung stand ein Gaugraf. Sülchen war die Heimat des heiligen Meinrad von Einsiedeln – so sagt es schon eine Lebensbeschreibung des Heiligen aus dem 10. Jahrhundert: Meinrad stamme aus dem seit altersher nach dem Ort Sülchen so benannten Sülchgau (»ex pago, quam ex villa Sulichi Sulichkewe vocavit antiquitas«). Späteren Beschreibungen zufolge soll Meinrad der Sohn eines Sülchgaugrafen mit Namen Berchthold gewesen sein, doch fehlt für diese Annahme jeder Beweis. Allerdings belegt die Tatsache, daß Meinrad Mönch der Reichenau war, seine Abstammung von Freien aus hochadeligem Geschlecht.[3]

Erhebliches zusätzliches Gewicht hatte Sülchen als ›Missionsstation‹ in der Christianisierungsphase der fränkisch-merowingischen Zeit im 7./8. Jahrhundert. Diesem Umstand verdankt die Kirche von Sülchen ihre Gründung, die vielleicht sogar noch ins 6. Jahrhundert zu datieren ist, wie ihr Martinuspatrozinium vermuten läßt.[4] Die Bedeutung dieses Gotteshauses ist noch im Spätmittelalter am Umfang seines Pfarrsprengels abzulesen: Nicht nur die neue, links des Neckars entstandene Siedlung und spätere Stadt Rottenburg war ursprünglich Filial von Sülchen, sondern auch die Dörfer Seebronn, Kiebingen, der größte Teil von Wendelsheim und ein Teil von Hirschau.

Dabei ist zu beachten, daß die Sülchenkirche für einige dieser Dörfer noch bis in nachmittelalterliche Zeit Pfarrkirche blieb: In Wendelsheim wurde zwar 1476 eine Pfarrei errichtet, deren Patronatsrecht aber der Pfarrei Sülchen-Rottenburg zustand. Der Kaplan wohnte in Rottenburg, Pfarrkirche war die Sülchenkirche, das Wendelsheimer Gotteshaus besaß nur den Rang einer Kapelle.[5] Dies änderte sich erst, nachdem Wendelsheim 1698 bzw. 1796 endgültig selbständige

Pfarrei wurde.⁶ In Seebronn wurde 1780⁷, in Kiebingen 1786⁸ je eine selbständige Pfarrei errichtet. Bis dahin blieb die Sülchenkirche für diese Orte nominell Pfarrkirche; die Gotteshäuser in beiden Orten waren kirchenrechtlich nur Nebenkirchen, Kapellen.

Die Tatsache, daß Sülchen somit bis ins 17. bzw. 18. Jahrhundert für einige Dörfer in der Umgebung Rottenburgs de iure Pfarrkirche war, erklärt vielleicht einige der Unklarheiten im Zusammenhang mit den Anfängen der Pfarrei Rottenburg, auf die wir unten zu sprechen kommen.

Vorhin wurde kurz angedeutet, daß die Kirche von Sülchen dem hl. Martin geweiht war. Schriftlich belegt ist das erstmals im Jahr 1293 und zwar in einer Urkunde, mit der die Richter der Konstanzer Kurie einen Vergleich zwischen Kloster Kreuzlingen und dem Pfarrer von Sülchen (»incurato ecclesie sancte Martini in Sülchen«) wegen des Zehnten aus dem Gebiet der »neuen Stadt« Rottenburg beurkunden.⁹ Aus den Ergebnissen der Patrozinienforschung weiß man aber, daß das Sülchener Martinspatrozinium einige Jahrhunderte älter ist als seine erste zufällig erhalten gebliebene urkundliche Nennung. Acht Jahrzehnte vor der ersten Nennung des Kirchenpatrons, nämlich 1213, wird mit »Hermannum, plebanum in Sölken« zum ersten Mal das Amt des Pfarrers und zugleich der erste Name eines Pfarrers von Sülchen erwähnt.¹⁰

Seit 1513 ist, einer Angabe des Rottenburger Chronisten Johannes Evangelist Weittenauer zufolge, der hl. Johannes der Täufer Patron der Sülchenkirche: »... Ao. 1513 restaurirt und ernewert dem hl. Johannes dem Teuffer zue Ehren geweiht.«¹¹ Ob Johannes der Täufer tatsächlich erst im Zusammenhang mit dem spätgotischen Umbau der Sülchenkirche um 1513 deren Patron wurde oder ob er nicht vielmehr schon beim Übergang des Sülchener Martinspatroziniums auf die Marktkirche in den 1420/30er-Jahren in Sülchen an die Stelle des hl. Martin trat, ist ungewiß. Die zahlreichen Urkunden aus diesem Zeitraum sprechen stets nur von der Kirche in Sülchen, ohne deren Patron zu erwähnen.

Entsprechend ihrer Bedeutung als Pfarrkirche eines großen Sprengels besaß die Sülchenkirche im Mittelalter mehrere bepfründete Altäre. Die ersten Nachrichten darüber liefert der sogenannte »Sülcher Rodel« von 1338.¹² Er nennt zunächst die Gefälle und Einkünfte, »so zu dem Sigrist oder mesner ambt der Kirchen St. Martini in Sylcheyn gehören«. Aus einer Urkunde von 1518 ergibt sich, daß die Mesnerpfründe der Sülchenkirche an den dortigen Martinsaltar geknüpft war: »... Capellanie Sacriste prefate Capellanie altaris S. Martini ecclesie in Sülchen...«¹³ Daß der Martinsaltar aber der Hoch- oder Hauptaltar der Sülchenkirche gewesen sein muß, läßt sich dem Konstanzer »Registrum subsidii charitativi« von 1508 entnehmen. In der dortigen Liste der Kapläne in Sülchen ist an erster Stelle »Magister Conradus Gösslinger capellanus altaris Sancti Martini summi altaris in Sülchen«¹⁴ genannt. Übrigens wird derselbe Mag. Kon-

Abbildung 1
Ausschnitt aus dem Fragment des sogenannten »Sülcher Rodels« von 1338. Wiederverwendet als Umschlag der Spitalrechnung von 1605

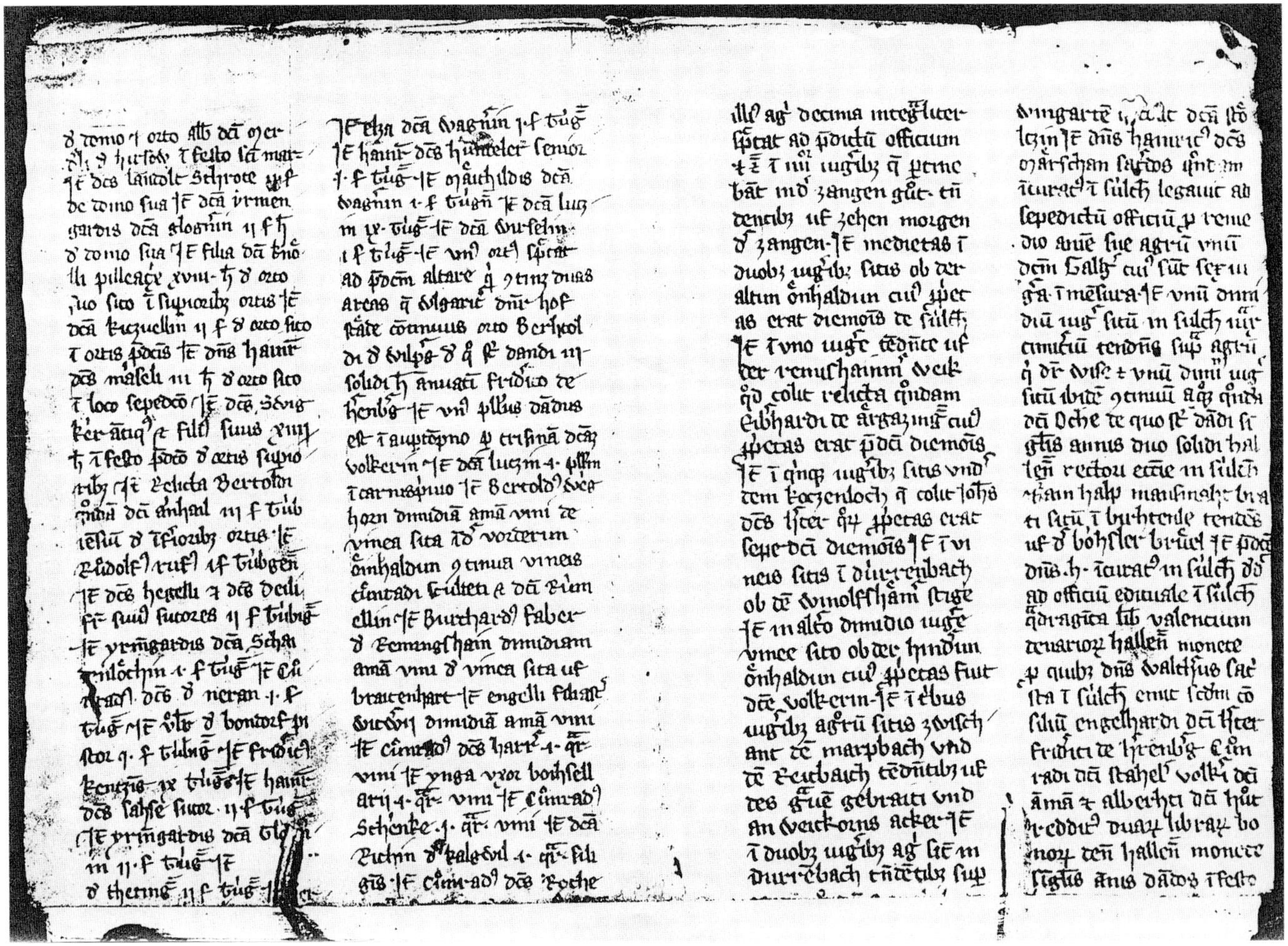

rad Gößlinger in den Konstanzer Investiturprotokollen unter dem Jahr 1488 als »Rektor der Pfarrkirche in Sülchen« (»rect. e. p. in Sulchen prope Rotemburg«)[15] bezeichnet. Die beiden Belege, der von 1488 und der von 1508, zeigen deutlich, daß man sehr wohl zugleich (unter dem Pfarrer von Rottenburg stehender) Kaplan und Pfarrer (der Sülchenkirche für die dorthin eingepfarrten Nicht-Rottenburger) sein konnte.

Der Martinsaltar wird unter dem Jahr 1483 mit dem Mitpatron St. Sebastian aufgeführt: »alt. S. Martini et Sebastiani in e. p. Sulchen extra muros op. Rottenburg.«[16]

Noch ein zweiter Altar erscheint im »Rodel« von 1338: »Zünß des Altarß in Sylchen, welcher zu Ehren der Sehligen Jungfraw Mariae, des Heiligen Petri, Nicolai und der Heiligen Catharina eingewihen ist.«[17] Zwischen 1497 und 1534 wird dieser Altar aus bislang unbekannter Ursache als Anna-Altar bezeichnet.[18] Im Zusammenhang mit dem eben zitierten Rodeleintrag bezeichnet Adalbert Baur den Priester Volker Amann als Stifter dieses Altars bzw. der Kaplaneipfründe dieses Altars.[19] Diese Aussage ist durch den Wortlaut des Rodeleintrags zunächst nicht abgedeckt, denn dort heißt es nach der oben zitierten Aufzählung der Altarpatrone nur: »(… deß Altarß …) worauf für iezt sein Ambt versihet Herr Volker«. Am Schluß des Eintrags über diesen Altar heißt es dann allerdings deutlich: »Nota. daß beschribene dise gefäll zu erwehntem altar in Sülcheyn gehörig seynd, dessen Fundator, und Stüffter gewesen Volckher Amman genant.«

Fünfzig Jahre nach der Entstehung des Rodels wird in der Sülchenkirche ein dritter Altar gestiftet und bepfründet. Im Jahr 1388 »baute und stiftete« der Priester Berthold Steinmar aus Rottenburg »in der Leutkirche zu Sülchen einen Altar zur Ehre der königlichen Mutter Maria und der heiligen Johannes Ev., Johannes Bapt., Dorothea und Veit«. Der Altar lag »auf der rechten Seite der Kirche, wenn man von Rottenburg her hineingeht, hinter dem Altar des Kirchherrn Konrad Stahler«.[20] Steinmars Altarstiftung und -dotation wurde 1389 vom Konstanzer Generalvikar bestätigt.[21] Bis 1486 wird dieser Altar in den Investiturprotokollen als Liebfrauenaltar bezeichnet,[22] während er im Registrum subsidii charitativi von 1508 als Johann-Baptist-Altar angeführt ist.[23]

Wenn man die Lagebeschreibung des Liebfrauen- bzw. Johann-Baptist-Altars in der Stiftungsurkunde von 1388 zu interpretieren versucht, so ergibt sich, daß es sich um den rechts vom Chorbogen stehenden Nebenaltar gehandelt haben muß. Der Altar des Kirchherrn Konrad Stahler war sicher der Martins- oder Hochaltar. Dieser befand sich, wie üblich, als einziger Altar im Chor. Wenn man vom Hochaltar nach hinten, in Richtung Eingang, rechnet, befand sich der Altar von 1388 tatsächlich »hinter« dem des Kirchherrn.

Dieser Kirchherr Konrad Stahler stiftete noch 1403 eine Pfründe auf den Altar der Sülchenkirche, der dem hl. Leonhard geweiht war.[24] In den Investiturprotokollen wird er 1437 als »alt. S. Leonhardi in Sülchen«[25] bezeichnet. Dagegen erscheint er 1489, ebenfalls in den Investiturprotokollen, als »alt. BMV ac SS. Sebast. et Leonhardi in Sulchen extra muros op. Rotemburg«.[26] Im Registrum subsidii charitativi von 1508 ist er wieder ganz einfach der »altaris Leonardi«.[27] Wo nun genau Sebastian in Sülchen Altar-Nebenpatron war, beim

Martins(Hoch)altar, wo er nur 1483 als Mitpatron erscheint, oder beim Leonhardsaltar, wo er nur 1489 in dieser Eigenschaft erwähnt wird, oder gar bei beiden Altären, bleibt unklar.

Im Jahr 1615 wurden die Pfründen von Liebfrauen-, Johann-Baptist- und Leonhardsaltar mit dem Martinsaltar vereinigt. Die bischöfliche Bestätigung für diese wohl aus finanziellen Gründen vorgenommene Zusammenlegung datiert von 1627.[28]

An das ursprüngliche Martinspatrozinium der Sülchenkirche erinnert im und am heutigen, von der späten Gotik geprägten Kirchenbau von 1513 – in dem vor allem in der nördlichen Langhauswand beträchtliche Reste des romanischen Vorgängerbaus aus dem 12. Jahrhundert stecken[29] – überhaupt nichts mehr. Nur in der Inschrift einer Glocke von 1682, die für Sülchen gegossen wurde und noch im Turm der Kirche hängt, erscheint neben dem Namen der Jungfrau Maria auch der des hl. Bischofs Martinus, während interessanterweise der Name des damaligen – und heutigen – Kirchenpatrons St. Johannes Baptist fehlt.[30] Die einheimischen Rottenburger kennen noch unbewußt den früheren Rang des Gotteshauses als Pfarrkirche: Sie sprechen nämlich stets von der Sülchen*kirche*, im Gegensatz etwa zur Gutleuthaus-, St. Theodors- oder Kalkweiler Kapelle!

Zu Beginn dieses Kapitels über Pfarrei und Pfarrkirche Sülchen wurde erwähnt, daß Sülchen auch dann noch Pfarrkirche blieb, nachdem die Stadt Rottenburg auf ihrem Marktplatz eine eigene Pfarrkirche bekam. Sülchen war weiterhin Pfarrkirche für mehrere Gemeinden seines mittelalterlichen Pfarrsprengels. Die Kapläne der Pfarrkirche von Rottenburg, denen die Seelsorge an der Sülchenkirche übertragen war, waren somit bis ins 17., 18. Jahrhundert für die Pfarreiangehörigen in Wendelsheim, Seebronn oder Kiebingen Pfarrer mit allen Rechten und Pflichten. Am Beispiel des Konrad Gößlinger wurde dies für das ausgehende 15. Jahrhundert gezeigt. Darum erscheint aber auch, um ein weiteres Beispiel zu nehmen, 1625 Konrad Ruoff als »Pfarrer zu Sülchen« in einer Urkunde.[31] Diese Nennung eines »Pfarrers zu Sülchen« im Jahr 1625 verdient (wie die Gößlingers) besondere Hervorhebung, denn beide Beispiele können als Beweis dafür gelten, daß die Bezeichnung »Pfarrer« oder »Kaplan« in ihrem Bedeutungsinhalt zwar generell feststeht, daß aber ihre Anwendung und Bedeutung nur anhand ihres sachlich-örtlichen und zeitlichen Umfelds richtig zu verstehen ist. Bei der Geschichte der Rottenburger St. Martinspfarrei und -kirche, speziell ihrer Anfangsphase, spielt diese Problematik eine besondere Rolle.

Liebfrauenkapelle und Martinskirche am Markt

Im letzten Drittel des 13. Jahrhunderts begann Graf Albert II. v. Hohenberg, Schwager des deutschen Königs Rudolf v. Habsburg, mit der Erweiterung der älteren Siedlung »Rotenburg«, die am linken Neckarufer lag und wohl eine Gründung des 11. oder des frühen 12. Jahrhunderts war. Die neu entstandene größere Siedlung wurde zur »neuen Stadt« – die erste urkundliche Nennung eines Stadtbürgers im Jahr 1274[32] belegt den geschehenen Vollzug der Stadtwerdung. An topographisch günstiger Stelle der neuen Stadt erweitert sich ihre Hauptachse, die heutige Königstraße, zum Marktplatz. Hier befinden sich bis heute die Mittelpunkte bürgerlichen Lebens, das Rathaus und die Marktkirche, die im ersten Drittel des 19. Jahrhunderts zur Bischofskirche, zum Dom wurde.

Als Albert II. seine »Gründungsstadt« zu errichten begann, gehörte das Gebiet der von ihm erweiterten älteren, vor-städtischen Siedlung bereits seit einem halben Jahrtausend zum Sprengel der nordöstlich weit außerhalb der Mauern der »neuen Stadt« Rottenburg gelegenen Mutterpfarrei Sülchen. Wie in vielen anderen mittelalterlichen Städten lag somit auch in Rottenburg die Pfarrkirche vor den schützenden Stadtmauern. Übrigens befand sich in Ehingen, Rottenburgs zweiter Pfarrei, die Pfarrkirche St. Remigius ebenfalls außerhalb der Stadtmauern. Um nun den Gläubigen der »neuen Stadt« die Möglichkeit zu geregeltem Gottesdienstbesuch zu sichern, wurde an zentraler Stelle, auf dem Markt, ein Kirchenbau geplant und errichtet, der Vorgängerbau des heutigen Gotteshauses. Dieser Vorgängerbau, im Zusammenhang mit der hohenbergischen Gründungsstadt im letzten Drittel des 13. Jahrhunderts entstanden und sowohl archäologisch als auch, wie im folgenden gezeigt wird, vielfach urkundlich belegt, hatte seinerseits einen noch älteren Vorgängerbau. Diese nur archäologisch, nicht aber mit schriftlichen Quellen nachweisbare Kapelle ist auf Grund der Grabungsbefunde etwa ins letzte Drittel des 12. Jahrhunderts zu datieren.[33] Aufgabe dieser Kapelle wird es gewesen sein, den Bewohnern des vor-städtischen Rotenburg den Besuch der werktäglichen und gelegentlicher sonntäglicher Gottesdienste und vielleicht auch den fallweisen Sakramentenempfang zu ermöglichen, ein Zweck also, der sich vollkommen mit dem der Kapelle des ausgehenden 13. Jahrhunderts deckt, wenn nicht bei letzterer die Aufgabenstellung gar noch erweitert wurde, hin in Richtung zur »vollständigen« Pfarrkirche.

Patronin dieses nachweisbar bereits sehr geräumigen Gotteshauses des ausgehenden 13. Jahrhunderts war Maria; deshalb erscheint es in den Urkunden des 14. und des frühen 15. Jahrhunderts meist als »Liebfrauen*kapelle*« oder »Liebfrauen*kapelle* am Markt«. Es tauchen aber auch Bezeichnungen wie »Markt*kirche*« oder »Frauen*kirche*« auf. Im ersten Drittel des 15. Jahrhunderts wechselt dann das Patrozinium auf den heiligen Martin. Zum Verständnis dieses im Mittelalter eigentlich eher unüblichen Patroziniumswechsels kann ein Blick auf die Baugeschichte der heutigen Rottenburger Domkirche St. Martin hilfreich sein.

»+ Als man zalt von geburt Xsti (= Christi) MCCCCXXIIII jar Do wart diser kor angefange(n) ze machen +«. Mit dieser Inschrift auf einer Sandsteinplatte unter dem nordöstlichen Chorfenster wird der Baubeginn des heutigen Doms bezeichnet. Das Datum 1424 scheint in gewissem Widerspruch zu der Aussage zu stehen, die Propst Weittenauer von St. Moriz überlieferte: »1432 ist der Chor in der markh Kürchen zu sant martin umb 200 Pfd. Hlr. zue machen verdinget wordten einem werkh maister von Gmindt namens Dietrich Murer.«[34] Man wird diese Chronistenmeldung – die Originalurkunde des Verdings ist nicht mehr erhalten – so zu deuten haben, daß 1432 ein Wechsel in der Bauleitung stattfand. Der Weiterbau des Chors – und vermutlich auch der Bau des Langhauses – wurde dem aus Gmünd kommenden Werkmeister Dietrich Murer (Maurer) in Auftrag gegeben. Er ist vermutlich identisch mit jenem »Maister Dietrich«, der 1425/26 am Rottenburger Schloß baute.[35] Für die Fertigstellung und Weihe des Gotteshauses gibt es keine direkten Belege, doch läßt die Nennung von zwei Nebenaltären, des Brigitten- und des Johannes-Evangelist-Altars, die 1436 neu dotiert bzw. neu besetzt wurden,[36] den Schluß zu, daß der Neubau damals fertiggestellt und wohl auch bereits geweiht war.

Bei den Eintragungen von 1436 wird auch das Patrozinium des 1424 begonnenen Kirchenbaus genannt: »alt. S. Brigitte in e. filiali S. Martini in Rotemburg«; »alt. S. Brigitte in e. filiali S. Martini opidi Rotenburg«; »alt. Joh. Evang. in cap. S. Martini in Rotemburg«. Doch sind dies keineswegs, wie bisher angenommen wurde,[37] die ersten Hinweise darauf, daß der alte Sülcher Patron St. Martin zum neuen Patron der Rottenburger Marktkirche geworden war. Bereits in zwei Urkunden von 1425 und 1426 aus dem Archiv der Rottenburger Dompfarrei[38] ist nämlich von Kirchherr und Kaplänen »in der Pfarrkirche unserer Frau und St. Martins zu Rotemburg am Markt« bzw. »unserer lieben Frau und St. Martins zu der Marktkirche zu Rotenburg« die Rede! Der Wechsel des Patroziniums von Maria – Liebfrauenkapelle – zu Martin ist also in engstem Zusammenhang mit dem Neubau des Gotteshauses ab 1424 zu sehen.

In merkwürdigem Gegensatz zu den Nennungen von St. Martin als Kirchenpatron 1425, 1426 und 1436 stehen verschiedene Eintragungen in den Investiturprotokollen,[39] in denen ja 1436 von einer Martinskapelle bzw. einer Filialkirche St. Martin die Rede war: Der Johannes-Evangelist-Altar, oben für 1436 als »in cap. S. Martini in Rotenburg« bezeichnet, heißt 1437, also nur ein Jahr später, »alt. Joh. Evang. in cap. BMV« – so heißt er auch noch 1464. Dagegen ist er 1471 wieder »in e. S. Martini in op. Rotenburg« genannt. Noch im Jahr 1482 erscheint dagegen der Urbansaltar »in cap. BMV«, während andererseits der schon 1436 erwähnte Brigittenaltar »in e. filiali S. Martini« auch 1465 »in cap. S. Mart. op. Rotenburg« gelegen ist!

Dieses Durcheinander der Bezeichnungen in den quasi amtlichen Investiturprotokollen der Diözese Konstanz läßt die Vermutung zu, daß in der Bischofsstadt keine eindeutige Klarheit über die Rottenburger

Verhältnisse herrschte, daß also Schlüsse auf tatsächliche Rechtszustände allein aus diesen Quellen nur mit größter Vorsicht gezogen werden dürfen. Die vor Ort entstandenen Urkunden, die die lokalen De-facto-Zustände sicher verläßlich wiedergeben, müssen zumindest in gleicher Weise wie die Konstanzer Quellen gewichtet werden.

Ein Parallelbeispiel für den Unterschied zwischen Theorie und Praxis, für den Unterschied zwischen den Verhältnissen vor Ort und ihrer Bewertung am Bischofssitz bietet die zweite Rottenburger Pfarrei.[40] Ihr Patron war, ebenfalls seit der Christianisierung im 7./8. Jahrhundert, der heilige Remigius; Pfarrkirche war die später so genannte Klausenkirche außerhalb der Mauern des Stadtteils Ehingen, die bis heute St. Remigius als Patron hat. Das Patronatsrecht dieser Kirche kam 1339 von den Grafen v. Hohenberg an das von ihnen 1330 gegründete Chorherrenstift St. Moriz. Letzteres übertrug seinerseits 1364 eigenmächtig, d.h. ohne bischöfliche Genehmigung, die Pfarrrechte der St.-Remigius-Kirche auf die Stiftskirche St. Moriz – aus der Remigiuspfarrei wurde 1364 de facto die bis heute bestehende Morizpfarrei.[41] Die Konstanzer Investiturprotokolle[42] sprechen dagegen noch am Ende des 15. Jahrhunderts (z. B. 1488, 1490) ausschließlich von der bloß noch de iure bestehenden »Pfarrkirche St. Remigius außerhalb der Mauern der Stadt Ehingen« (»e. p. S. Remigii extra muros op. Ehingen cis Neccarum«) – und machen dabei pikanter- und fälschlicherweise das seit der Wende vom 13. zum 14. Jahrhundert mit Rottenburg vereinigte Ehingen zur selbständigen Stadt. Daß in diesem Ehingen seit 125 Jahren St. Moriz die Pfarrkirche war, hatte man in Konstanz entweder überhaupt nicht bemerkt – es gab jedenfalls nicht den geringsten Konstanzer Versuch, an den tatsächlichen Verhältnissen etwas zu ändern – oder man ignorierte den Vorgang nach der Devise »Nicht sein kann, was nicht sein darf«.

So verwundert es nicht, daß beim Problemkomplex »Pfarrechte von Sülchenkirche und Marktkirche« dieselben Unterschiede zwischen Theorie und Praxis, zwischen Rottenburg und Konstanz zu beobachten sind. Konkret geht es um die Beantwortung der Frage, wann das auf dem Marktplatz der Stadt Rottenburg stehende Gotteshaus zur Pfarrkirche für die links des Neckars wohnenden, ehemals zur Pfarrei Sülchen gehörenden Gläubigen aus dem Bereich der Stadt Rottenburg wurde.

Dazu ist zu bemerken, daß bereits die geräumige Liebfrauenkapelle – die, wie oben erwähnt, im ausgehenden 13. Jahrhundert am Platz einer älteren, kleineren Kapelle erbaut worden war – mit dem Ausbau der »neuen Stadt« Rottenburg faktisch in den Rang von deren Pfarrkirche aufrückte. Das belegen zahlreiche Dokumente, sowohl aus der Konstanzer Kurie als auch aus dem lokalen Umfeld. Im Liber quartarum von 1324 z. B. ist von der »ecclesia Sulchen sive Rotenburg«[43] (Pfarr/Kirche Sülchen bzw. Rottenburg) die Rede; im Liber bannalium aus demselben Jahr ist die

133

»ecclesia Sulchen«[44] (Pfarr/Kirche Sülchen) erwähnt. Im ersten Teil des Liber marcarum von 1360/70 gibt es nur die »ecclesia Rotemburg«[45] (Pfarr/Kirche Rottenburg); im zweiten Teil desselben Verzeichnisses ist dagegen von »Sulchen cum filialibus videlicet Rotemburg, Sebrunnen, Winolfeshain et Kiebingen«[46] die Rede, d. h. von der Pfarrkirche in Sülchen mit ihren Filialen, nämlich Rottenburg, Seebronn, Wendelsheim und Kiebingen.

Die Uneinheitlichkeit der Bezeichnungen entspricht der in den Investiturprotokollen. Daß man aber dessen ungeachtet in Konstanz das geographische und kirchenrechtliche Verhältnis der beiden Gotteshäuser zueinander kannte, zeigt das nächste Dokument. Eine bischöfliche Urkunde von 1342 spricht nämlich von der »Capella gloriose virginis Marie in opido Rotemburg que tamquam filia subest ecclesie parochiali in Sulchen«,[47] also von der Kapelle der glorreichen Jungfrau Maria in der Stadt Rottenburg, die als Tochter der Pfarrkirche in Sülchen untersteht.

Hier wird der juristisch korrekte Status der Liebfrauenkapelle zum Ausdruck gebracht. Ganz klar spiegelt sich dieses Rechtsverhältnis auch in den Ersterwähnungen des zweiten Altars der Liebfrauenkapelle, des Martinsaltars. Meister Pilgrim, Kirchherr zu Rottenburg(!), vermachte 1338 seine Scheuer, Hofreite und alle Zugehörde vor seinem Hof in Rottenburg »an minen altar gelegen in unser Frowen Capelle an der (!) markt ze Rotemburg der gewihen ist in eren sant Martins«.[48] Der Sülcher Rodel aus demselben Jahr benennt den Martinsaltar ebenfalls: »Altar des heiligen Martini in gemelter Capell stehent, durch den Ehrwürdigen Mann Magistruhm(!) Peregrinum, Rectorem der Kirchen in Sulchen fundiert und dotiert.«[49] Drei weitere Urkunden von 1340 und 1342,[50] die sich auf diesen Altar beziehen, dokumentieren seine Lage in der Liebfrauenkapelle. Bischof Nikolaus von Konstanz schließlich bestätigte 1342 die Stiftung, die »magister Peregrinus Rector Ecclesie parochialis in Sülchen« »in altari sancti Martini in Capelle gloriose virginis Marie in opido Rotenburg« gemacht hatte.[51]

Der Martinsaltar befand sich diesen Quellen zufolge in der Marienkapelle auf dem Markt in der Stadt Rottenburg; sein Stifter, Meister Pilgrim, heißt einmal Kirchherr zu Rottenburg, ein andermal Rektor der Pfarrkirche in Sülchen. Der Vollständigkeit halber sei an dieser Stelle noch hinzugefügt, daß Meister Pilgrim 1340 eine zweite Pfründe »uf minen altar der gewiht ist in sant Martins ere« »in unser frowun capelle ze Rotemburg« stiftete.[52]

Älter als der Martinsaltar der Marienkapelle war der dortige Allerheiligenaltar, auf den sich die folgenden Belege beziehen. Im Jahr 1318 gab Graf Rudolf I. v. Hohenberg seine Zustimmung, als zwei Rottenburger Bürger ihren Anteil am Zehnten zu Trillfingen, den sie von ihm zu Lehen hatten, »dem altar aller hailigen in der pfarkirchen unserer Statt Rottenburg, welchen altar unser geliebter in Christo Herr Bernhardus priester und frater Prediger Ordens yetzmalen versieht«, stifteten.[53] Ein Jahr später schenkte Herzog

Leopold I. von Österreich zum Seelenheil seines Vaters, des verstorbenen Römischen Königs Albrecht I., seinen Anteil am Trillfinger Zehnten »dem Caplan aller hailigen altar in der pfarkirche zu Rotenburg«.[54]

Es ist nur konsequent, wenn der Zehnte zu Trillfingen dann auch im Sülcher Rodel von 1338 erscheint: »Diese seynd die Einkümpfften des Altarß, der eingewihen und consecriert ist zu ehren aller Heiligen in der Capell der Sehligen Jungfraw. Erstlich der Zehendten zu Driehelfingen …«[55]

Der Allerheiligenaltar in der Pfarrkirche zu Rottenburg bzw. in der Liebfrauenkapelle: gemeint ist jedesmal der gleiche Altar. In Sülchen, der alten Pfarrkirche, gab es, wie oben gezeigt wurde, keinen Allerheiligenaltar. Die Liebfrauenkapelle am Rottenburger Marktplatz erscheint in den Urkunden von 1318 – deren Aussteller immerhin der regierende Rottenburger Stadtherr war – und 1319 somit zum ersten Mal als Pfarrkirche von Rottenburg. Allzu voreilige Schlüsse auf den Status der Liebfrauenkapelle dürfen aus diesen beiden Urkunden nicht gezogen werden, denn sie sind nicht im lateinischen Originaltext überliefert, sondern nur in einer späteren Übersetzung. Da wäre es immerhin möglich, daß der Übersetzer beim Übertragen des Textes die hinsichtlich des Status der Liebfrauenkapelle nicht mehr stimmende Bezeichnung im Original den Gegebenheiten seiner Gegenwart anpaßte, daß er also das im Urkundentext vielleicht als Kapelle bezeichnete Gotteshaus zur Pfarrkirche machte, weil es zu seiner Zeit diesen Status bereits hatte.

Doch auch wenn den beiden Urkunden von 1318 und 1319 wegen der Art ihrer Überlieferung letzte Beweiskraft hinsichtlich des Status der Marienkapelle als De-facto-Pfarrkirche für Rottenburg fehlt, so gibt es doch im Lauf des 14. Jahrhunderts weitere Quellen, die hierzu Aussagen machen.

Etwas anders als bei den Urkunden von 1318 und 1319 sieht es beim nächsten Dokument aus, auf das einzugehen ist. Aus der Zeit zwischen 1368 und 1402 gibt es im Archiv der Rottenburger Dompfarrei eine ganze Reihe von Urkunden, in denen stets vom Pfarrer – oder Leutpriester oder Kirchherrn – zu Rottenburg, den Kaplänen zu Rottenburg, zu Sülchen und zu den Feldsiechen[56] die Rede ist.[57] Von diesem Hintergrund hebt sich eine Urkunde von 1371 ab: Pfaff Konrad Stahler, Kirchherr zu Sülchen, und sein Bruder Heinrich vermachten damals dem Pfarrer zu Rottenburg und den Kaplänen zu Sülchen, zu Rottenburg und zu den Feldsiechen einen Zins zu einem Jahrtag für ihre verstorbenen Eltern und Verwandten. Hier erscheinen erstmals der Kirchherr zu Sülchen und der Pfarrer zu Rottenburg als zwei deutlich unterschiedene Personen nebeneinander in einer Urkunde![58] Das ist im Grund nicht anders, als wenn in den Konstanzer Investiturprotokollen während der Amtszeit von Mag. Martin Mayer – der 1486 als Pfarrer der Pfarrkirche in Sülchen investiert worden war[59] – in Mag. Konrad Gößlinger ein Priester auftritt, der 1488 als Rektor der Pfarrkirche in Sülchen bezeichnet wird[60] und der sich 1496 »Verweser des Gotteshauses Sülchen« nennt.⁶¹ Bislang wurde auf Grund dieser Dokumente angenommen, daß die Translation der Rottenburger Pfarrechte von der alten Martinspfarrei in Sülchen auf die neue Martinskirche in Rottenburg zwischen 1486 und 1488 erfolgt sei.⁶²

Nimmt man alle erhaltenen Quellenbelege zusammen, so gewinnt man den Eindruck, daß eine förmliche Translation der Pfarrechte der Sülchen- auf die Marktkirche von seiten des Bischofs überhaupt nie erfolgte. Schon die im ausgehenden 13. Jahrhundert errichtete Liebfrauenkapelle und erst recht die seit 1424 erbaute Martinskirche hatte faktisch alle Aufgaben einer Pfarrkirche für die Gläubigen von Rottenburg übernommen. So ist es nicht weiter verwunderlich, daß es auch Urkunden gibt, in denen bereits die Liebfrauen*kapelle* als *Kirche* bezeichnet wird. So vermachte 1396 Pfaff Eberhard von Ergenzingen, Kirchherr zu Ergenzingen und Kaplan am St. Lorenzaltar in der Frauenkirche zu Rottenburg, dem Kirchherrn von Rottenburg, den Kaplänen der genannten Frauenkirche und zu Sülchen einen ewigen Zins zu einem Jahrtag.⁶³ Eine weitere Jahrtagsstiftung ging 1402 an den Kirchherrn zu Rottenburg, die Kapläne an der Frauenkirche zu Rottenburg, zu Sülchen und zu den Feldsiechen.⁶⁴ Wenn man dann noch die Urkunde von 1425 hinzunimmt, in der vom Kirchherrn und den Kaplänen »in der Pfarrkirche unser Frau und St. Martins zu Rottenburg am Markt«⁶⁵ die Rede ist, so verfestigt sich die Überzeugung, daß es eine förmliche Translation von Pfarrechten aus der Sülchenkirche in die Liebfrauenkapelle bzw. in die St. Martinskirche gar nie gab. Wollte man von der Existenz einer Translationsurkunde ausgehen, so müßte man sich fragen, warum zwar zahlreiche vergleichsweise minder wichtige Urkunden der Pfarrei die Rottenburger Stadtbrände von 1644 und 1735 überdauerten, nicht aber diese Translationsurkunde, die doch immerhin das rechtlich allerwichtigste Dokument der Pfarrei gewesen wäre. Es wird aber einer solchen Urkunde gar nicht bedurft haben, weil die Translation durch die »Realität des Faktischen« längst vollzogen war. Nur dort, wo man über diese Realität nicht im Letzten unterrichtet war, in Konstanz, hielt man mehr oder weniger konsequent noch bis ins ausgehende 15. Jahrhundert an der Interpretation fest, die kirchliche Situation in Rottenburg habe sich durch den Bau der größeren Liebfrauenkapelle im ausgehenden 13. Jahrhundert oder durch die Erbauung der Marktkirche ab 1424 nicht grundlegend verändert. In Wirklichkeit gab es aber um 1400 den Ort Sülchen überhaupt nicht mehr, während Rottenburg damals bereits etwa 3900 Einwohner zählte!

Ein ganz ähnlicher Fall von »Pfarreiwerdung« spielte sich in nachmittelalterlicher Zeit in Obernau ab, einem heutigen Rottenburger Stadtteil.⁶⁶ Obernau war eine Kaplaneistelle des Chorherrenstifts St. Moriz in Rottenburg-Ehingen. Die Kapläne führten schon im 17. Jahrhundert gelegentlich den Titel Pfarrer, die Kapelle wurde als Pfarrkirche bezeichnet. Nach der Aufhebung des Stifts 1806 verblieb der letzte vom Stift eingesetzte Kaplan im Amt und führte ohne förmliche Rangerhöhung fortan unangefochten den Titel Pfarrer. Eine offizielle Erhebung zur Pfarrei erfolgte jedoch nie, weder vor noch nach 1806.

Entsprechend ihrer Funktion als De-facto-Pfarrkirche für die aufblühende Stadt Rottenburg wurden bereits in die Liebfrauenkapelle mehrere Altäre gestiftet und bepfründet. Vom Allerheiligen- und vom Martinsaltar war bereits die Rede. Der Sülcher Rodel von 1338, der ja auch die Verhältnisse an der Liebfrauenkapelle widerspiegelt, nennt für dieses Gotteshaus ferner einen Altar, der dem hl. Johannes Evangelist und einen, der dem hl. Johannes Baptist geweiht war. In den Investiturprotokollen sind für 1474 die Apostel Petrus und Andreas als Mitpatrone des Johannes-Evangelist-Altars erwähnt.[67] Der fünfte Altar der Liebfrauenkapelle war den hll. Laurentius und Katharina geweiht.

Bei der Erbauung der Martinskirche ab 1424 wurden die bisherigen fünf Altäre in das neue Gotteshaus übertragen. Aber es wurden auch weitere Altäre gestiftet, als Ausdruck der gerade im Spätmittelalter besonders gewachsenen Bedeutung der Stadt, aber ebenso als Sinnbilder spätmittelalterlicher Frömmigkeit. Erster Altar, der in diesem Zusammenhang erwähnt werden muß, ist der St. Urbansaltar. Von ihm ist zu erfahren, daß 1429 Schultheiß, Bürgermeister, Rat und die ganze Gemeinde von Rottenburg den Bischof von Konstanz um Bestätigung der Stiftung einer Pfründe auf diesen Altar baten, nachdem insbesondere die Gläubigen der Stadt Rottenburg die Mittel zur Unterhaltung eines Kaplans der »schon lange gestifteten« Urbanspfründe in der Marienkapelle geschenkt hätten.[68] Die neu dotierte Pfründe am Brigittenaltar bestätigte der Bischof 1436; der erste Brigittenkaplan wurde im selben Jahr durch Herzog Friedrich IV. von Österreich präsentiert.[69] Als Mitpatrone dieses Altars treten 1480 Maria, 1483 St. Elogius auf.[70] Letzter Altar, der in die Martinskirche gestiftet wurde, war 1498 der Dreifaltigkeitsaltar, dessen Präsentationsrecht bei Bürgermeister und Rat der Stadt Rottenburg lag. Dies geht aus einem Freiheitsbrief von Kaiser Maximilian I. vom Jahr 1502 hervor. Die Pfründe führte deshalb die Bezeichnung »Ratskaplanei«, ihr Inhaber hieß »Ratskaplan«[71].

Inkorporierte Pfarrei der Universität Freiburg

Erzherzog Albrecht VI. von Österreich, seit 1452 Gemahl der in Rottenburg residierenden Erzherzogin Mechthild, gründete 1456 die Universität Freiburg[72] und inkorporierte ihr mehrere Pfarreien bzw. Pfarrkirchen, darunter die von Rottenburg. Bischof Heinrich IV. von Konstanz bestätigte die Inkorporation 1457.[73] Da jedoch Albrecht schon 1452/55 alle geistlichen und weltlichen Lehen seiner Gattin Mechthild verschrieben hatte[74] und nicht deren Einwilligung zur Schenkung an die Universität eingeholt hatte, blieben Patronatsrecht und Inkorporation für die Universität zunächst ohne Nutzen.[75] Die unklaren Rechtsverhältnisse wurden bei der Besetzung der Pfarrei 1467/69 besonders deutlich. Im Jahr 1470 war Mechthild dann bereit, sich vor dem Bischof mit der Universität zu vergleichen.[76]

Wichtigstes Ergebnis der Verhandlungen war, daß Mechthild sich bereit erklärte, der Universität das Präsentationsrecht über die Pfarrei einzuräumen; Mechthild hatte dagegen das Recht, den von der Universität vorgeschlagenen Priester zu nominieren, während sich der Bischof verpflichtete, nur einen von Mechthild nominierten Priester auf die Pfarrei zu investieren. Dieses Nominationsrecht Mechthilds sollte nur für ihre Lebenszeit gelten, aber nicht vererbbar sein. Der Regelung stimmten noch 1470 Kaiser Friedrich III. und Herzog Sigmund von Tirol als Landesherr Rottenburgs zu. Der Bischof inkorporierte die Pfarrei 1472 nochmals in aller Form der Universität, und Papst Sixtus IV. bestätigte, wohl auf Betreiben der Universität, letzterer im Jahr 1477 Übereignung des Kirchensatzes und Inkorporation.[77]

Erst im Jahr 1867 löste die Universität ihre Verpflichtung ab, das Gehalt des Pfarrers von Rottenburg zu bezahlen, und 1869 löste sie auch ihre Baulast an den Pfarrgebäuden in Rottenburg ab.[78] Damit war die Inkorporation nach vierhundertjähriger Dauer ohne förmliche Annullierung beendet. Bis heute erinnert die im ausgehenden 15. Jahrhundert entstandene Statue der heiligen Katharina, der Freiburger Universitätspatronin, an der Nordostecke des Dompfarrhauses[79] an die jahrhundertelange Zugehörigkeit der Rottenburger Martinspfarrei zur Universität Freiburg.

Ein Höhepunkt in der Geschichte der Stadtpfarrkirche St. Martin in Rottenburg war zweifellos ihre Erhebung zur Bischofskirche, zum Dom. Mit der sogenannten Circumscriptions- und Erektionsbulle »Providia solersque« von Papst Pius VII. war am 16. August 1821 die Diözese Rottenburg als katholisches Landesbistum für das Königreich Württemberg errichtet worden.[80] Am 20. Mai 1828 erfolgte die feierliche Amtseinsetzung des ersten Bischofs Johannes Baptist v. Keller in der nunmehrigen Domkirche.[81] Die bescheiden ausgestattete Rottenburger Stadtpfarrkirche war zur bischöflichen Kathedrale geworden. Das jedoch ist ein Rang, der weit weniger von räumlicher Größe und hochwertiger Ausstattung abhängt, als vielfach angenommen wird.

Sülchenkirche und Dom – Geschichte und Ausstattung

Sülchen

Die heutige Sülchenkirche zeigt sich dem Betrachter auf den ersten Blick als spätgotischer Bau, dessen Entstehungszeit die Jahreszahl 1513 über dem Westportal belegt. Bei genauerem Hinsehen ist dann zu entdecken, daß dieses spätgotische Gotteshaus noch beträchtliche Teile seines romanischen Vorgängerbaus einschließt, der einem Chronistenbericht des 17. Jahrhunderts zufolge im Jahr 1118 erbaut worden sein soll.[82] Romanisch sind die ganze Nordseite vom Chor

Abbildung 2
Links im Vordergrund die Sülchenkirche, im Hintergrund Rottenburg.
In Öl auf Holz gemalt von Fidel Hermann, um 1810/20

bis zur nordwestlichen Langhausecke, die unteren Stockwerke des Turms mit dem außen anliegenden Treppentürmchen, fast der gesamte Ostgiebel des Langhauses, beträchtliche Teile des Chorschlusses sowie ein großer Teil der Westfassade. Diese Reste des romanischen Baus zeigen, daß es sich bei ihm um eine stützenlose Saalkirche mit seitlichem Turm handelte.[83]

Da das ehemalige Martinspatrozinium der Sülchenkirche auf ihre Gründung im 6./7. Jahrhundert verweist, muß dieses romanische Kirchengebäude Vorgängerbauten gehabt haben, die anfangs wohl aus Holz, im 9. Jahrhundert aber vielleicht bereits als Steinbau errichtet waren. Von diesen Vorgängerbauten gibt es bisher jedoch weder archäologische noch urkundliche Zeugnisse.

Der heutige Bau von 1513 erlitt 1643 schwere Brandschäden, als das neben der Kirche gelegene Franziskanerinnenklösterchen niedergebrannt wurde. Instandsetzungsarbeiten an der Kirche zur Behebung dieser Folgeschäden des 30jährigen Kriegs sind für 1660 belegt; das Klösterchen wurde nicht wieder aufgebaut. Im Jahr 1868 wurde die Grablege der Rottenburger Bischöfe unter dem Chor angelegt, der Turm bekam 1885 ein zusätzliches Stockwerk und das Langhaus erhielt ein Jahr später eine neue, flache Holzdecke. Um diese Zeit wurde auch die Innenausstattung erneuert (Hochaltar 1860, zwei Seitenaltäre 1883, Bodenbelag, Gestühl, Kanzel, Ausmalung 1894). Die Restaurierungen des 20. Jahrhunderts galten nur der Auswechslung der neugotischen Ausstattung, ließen aber die Bausubstanz unangetastet.

Von außen erscheint die Sülchenkirche als stattlicher Putzbau mit Werksteingliederung, mit dreiseitig geschlossenem, von Strebepfeilern gegliedertem Chor. Die dreibahnigen Spitzbogenfenster in Chor und Langhaus weisen meist Fischblasenmaßwerk auf. So ist der spätgotische Gesamtcharakter des Bauwerks nicht zu übersehen, auch im Innern nicht, wo vor allem der breite, zweijochige Chorraum mit Kreuzrippengewölbe für die Erbauungszeit typisch ist. Aus dieser Zeit stammt der einfache Wandtabernakel mit Wimperg und Fialen auf der linken Chorseite sowie auf der gegenüberliegenden Seite eine Wandnische (Sediliennische?) mit krabbenbesetztem Eselsrücken, Kreuzblume und Fialen.

Der monumentale steinerne Hochaltar von 1935 in manieristisch-frühbarocken Formen nimmt in seinem szenischen Programm – Predella: Grabesruhe Christi; Mittelteil: Auferstehung Christi – auf die heutige Funktion der Sülchenkirche als Friedhofskirche Bezug. Im Chor befinden sich Denkmäler für die Rottenburger Bischöfe.

Ob die älteren Ausstattungsstücke des Langhauses (Vesperbild aus dem späten 15. Jahrhundert, Wandkreuz im Stil des ausgehenden 17. Jahrhunderts, Gnadenstuhlgruppe aus der Zeit um 1600, Tafelgemälde mit Christus am Ölberg aus der 2. Hälfte des 17. Jahrhunderts) zur ursprünglichen Ausstattung der Sülchenkirche gehörten, ist nicht belegbar. Sicher ist dagegen, daß das älteste Stück der Ausstattung immer in Sülchen war, nämlich der Taufstein in der südwestlichen Langhausecke. Die sehr große, 16eckige Steinkufe mit frühgotischem Dreipaßfries stammt vielleicht vom Ende des 13. Jahrhunderts. Der Taufstein als wichtiger liturgischer Ort verweist auf die frühere Funktion der Sülchenkirche als Pfarrkirche, die sie ja für einige Orte der Umgebung bis ins 18. Jahrhundert war.

Zahlreiche Epitaphien und Denkmäler für Angehörige adeliger und bürgerlicher Familien Rottenburgs und seiner Umgebung aus dem 16. bis zum

Abbildung 3
Die Sülchenkirche um 1900

frühen 19. Jahrhundert gehören ebenfalls zur ursprünglichen Ausstattung des Gotteshauses.

Hinweise auf den früheren Kirchenpatron St. Martin – und den jetzigen Patron St. Johannes Baptist – fehlen an und in der Sülchenkirche völlig, wie oben bereits erwähnt wurde, von einer Glockeninschrift abgesehen.

Der St.-Martins-Dom

Mit der Erbauung der hohenbergischen »Gründungsstadt« unter Graf Albert II. v. Hohenberg, dem Schwager des deutschen Königs Rudolf v. Habsburg,[84] entstand auf dem Marktplatz der neuen Siedlung, die sich an eine vorhandene ältere anschloß, im letzten Viertel des 13. Jahrhunderts die schon mehrfach erwähnte Liebfrauenkapelle.

Sie besaß, Grabungsfunden in den Jahren 1927/28 zufolge, einen ungefähr im letzten Drittel des 12. Jahrhunderts errichteten, aber nirgends urkundlich erwähnten Vorgängerbau. Dieser war wie die ihm folgende, aber wesentlich größere Liebfrauenkapelle eine Filiale der Martinskirche in Sülchen und diente als Gotteshaus für die Bewohner der damals noch dörflichen Siedlung »Rotenburg«, die unter Graf Albert II. erweitert und zur Stadt erhoben wurde.

Von 1424 an wurde mit dem Bau der gotischen Marktkirche begonnen, dem heutigen Dom. Die Nennung von zwei Altären in der neuen Kirche im Jahre 1436 zeigt, daß sie damals wohl weitgehend fertiggestellt war. In den Jahren 1486/91 erbaute Meister Hans Schwarzacher, Steinmetz und Bürger zu Rottenburg, den Turm. Er benutzte dazu das massive Erdgeschoß des Turms der Liebfrauenkapelle des 13. Jahrhunderts, auf dem er die weiteren Turmgeschosse aufsetzte. Das Vorhandensein des spätromanischen Turmteils ist also die Ursache für die Achsenverschiebung des gotischen Chors, für die Asymmetrie des Kirchenraums.

Der große Stadtbrand von 1644 – über 550 Gebäude links des Neckars fielen ihm zum Opfer – machte die gotische Marktkirche zur Ruine. Die gesamte Ausstattung – Altäre, Gestühl, Glasmalereien, Epitaphien usw. –, z. T. gestiftet durch Angehörige von Adels- und Bürgergeschlechtern der Stadt, fiel den Flammen zum Opfer. Das Langhaus der Kirche mit den seither auffällig ummantelten gotischen Säulen ist bis heute geprägt vom Wiederaufbau in den Jahren 1644 bis 1655 – in letzterem Jahr wurde die Kirche neu geweiht –, während Chorpartie und Turm ihr gotisches Aussehen behalten konnten. Das Gewölbe im Chor wurde allerdings bei der Neugestaltung des Chorraums 1867/68 nach dem alten Vorbild erneuert; seinerzeit erhielten auch die Chorfenster neues Maßwerk.

Die aus der Zeit nach dem Wiederaufbau nach 1644 stammende, von einheimischen Kunsthandwerkern geschaffene Barockausstattung wurde in mehreren Umgestaltungsphasen im Lauf des 19. Jahrhunderts fast völlig beseitigt. Übrig blieben lediglich die Standbilder der zwölf Apostel und das Triumphbogenkreuz. Die Ausstattungsstücke des 19. Jahrhunderts wurden im Zug der drei Innenrenovierungen in unserem Jahrhundert (1927/28, 1955/56 und 1977/78) wieder entfernt. Das Aussehen des Innenraums der Domkirche St. Martin ist somit fast ausschließlich geprägt vom Geist des 20. Jahrhunderts.

Als dominierendes Element im Innenraum wirken die in Grautönen gehaltenen ornamentalen Malereien in Chor und Langhaus, die 1977/78 angebracht wurden. Vorbild waren umfangreiche Reste der gleichartigen Ausmalung, die seit dem Wiederaufbau nach 1644 die Wände schmückte und von der Reste an mehreren Stellen zur Dokumentation sichtbar belassen wurden.

Blickfang im Chor sind die nach Entwürfen von Wilhelm Geyer aus Ulm geschaffenen Glasfenster, die sich seit 1955 im Dom befinden. Das dreibahnige Mittelfenster ist als Christusfenster gestaltet, die beiden zweibahnigen Seitenfenster haben rechts das Leben der Gottesmutter Maria in heilsgeschichtlicher Sicht und links Szenen aus dem Leben des heiligen Martinus zum Gegenstand. Hinter dieser Themenwahl steht der Gedanke, daß Christus das Zentrum aller Glaubensverkündigung und Liturgie ist, daß ferner der Chor des Doms sich über dem Chor der alten Liebfrauenkapelle erhebt und schließlich, daß St. Martin Patron der Rottenburger Dom- und Pfarrkirche ist, aber auch Schutzheiliger der Diözese.

Das schlichte Chorgestühl von 1955/56, 1977 verändert, trägt einige Büsten von den Seitenwangen des neugotischen Chorgestühls von 1867, das 1955 ent-

Abbildung 4
Das Innere des Doms um 1930

fernt wurde; darüber stehen im Chorhaupt auf Konsolen seit 1978 neugotische Standbilder der vier Evangelisten; sie stammen aus dem Dom der Nachbardiözese Augsburg.

143

Hochaltar, Ambo, Bischofssitz (Kathedra), Sakramentsstele (Tabernakelsäule), Ewig-Licht-Säule, Kommunionbank und Taufstein sind Schöpfungen des Bildhauers Wendelin Matt, Trossingen. Sie entstanden im Zug der jüngsten Kirchenrenovierung 1978.

Am Übergang vom Chor zum Langhaus hängt im Triumphbogen ein Kruzifix, das zu den barocken Ausstattungstücken der Pfarrkirche St. Martin gehörte. Wie die Standbilder der zwölf Apostel am Obergaden wurde es in der Rottenburger Werkstätte des Heinrich Carl Amrein geschaffen.

Den Hintergrund des Taufsteins im südlichen Seitenschiff bilden Wandkacheln mit Szenen zum Taufmysterium. Bildhauer Wilhelm v. Rechenberg schuf sie für die Kirchenausstattung von 1955/56.

Die Kanzel aus verschiedenfarbigem Marmor an einem der südlichen Langhauspfeiler, ein Werk der Rottenburger Bildhauer Gebr. Walz, ist zusammen mit dem Langhausgestühl ein Überbleibsel der Ausstattung von 1927/28.

Die neubarocken Nebenaltäre von 1928 bzw. 1955/56 am Ostabschluß der Seitenschiffe tragen Figuren der Gottesmutter und des hl. Josef. Die originale barocke Marienfigur wurde 1943 auf Veranlassung von Bischof Joannes Baptist Sproll im Kunsthandel erworben; vor ihr wurde im selben Jahr die Marienweihe der Diözese vollzogen. Das Standbild des hl. Josef, seit 1955/56 an seinem Platz, ist dem Originalwerk eines unbekannten Meisters um 1700 aus Friesenhofen/Allgäu nachgebildet.

Vermutlich aus einer Ulmer Werkstätte stammt die Gruppe der Beweinung Christi im nördlichen Seitenschiff. Das Bildwerk, ein kostbares Zeugnis früher schwäbischer Renaissance vom Anfang des 16. Jahrhunderts, im Ausdruck noch ganz spätgotisch, ist seit 1928 als Leihgabe des Diözesanmuseums im Dom. Als Pendant zu dieser Gruppe steht seit 1978 im südlichen Seitenschiff ein neugeschaffener Schrein mit den kopierten Standbildern von St. Martin, St. Barbara und St. Theodul. Die Originale stammen aus der Werkstatt des Bildhauers Niklaus Weckmann (Ulm, um 1495) und sind im Diözesanmuseum ausgestellt.

Das dreibahnige Westfenster mit neugotischem Maßwerk über der Orgelempore wurde 1956 von Wilhelm Geyer gestaltet. Thema ist der 150. Psalm, die Verkündigung der Ehre Gottes. Bedeutender Höhepunkt der Langhausausstattung ist die große Westorgel, 1978 von der Orgelbaufirma Sandtner in Dillingen erbaut, deren Prospekt das Westfenster umschließt.

An weiteren Ausstattungsstücken im Langhaus sind die am Ende des 18. Jahrhunderts in einer Rottenburger Werkstätte entstandenen Kreuzwegstationen zu erwähnen, ferner die 1974 eingesetzten Langhaus- und Obergadenfenster sowie die seit 1978 an den Langhauspfeilern angebrachten Bronzetafeln mit Namen, Wappen und Amtsdaten der Rottenburger Bischöfe.

Das Äußere der Domkirche blieb von den künstlerischen Wechselbädern des 19. und 20. Jahrhunderts

Abbildung 5
Der Domturm nach seiner Instandsetzung in den 1960er–Jahren

weitgehend verschont. Der Dom zeigt sich als gotische Basilika mit Turm an der Südseite des Chors. Den Zugang zum Turm bildet ein 1786 datierter Treppenturm an der nordseitigen Ecke zwischen Chor und Langhaus. Dort hat auch ein 1868 in neugotischen Formen errichteter Anbau Platz gefunden, die ehemalige Bischofssakristei. Das 20. Jahrhundert fügte dem Hauptportal auf der Westseite 1928 eine an italienische Vorbilder erinnernde Vorhalle hinzu. Über dem Hauptportal erscheint in einer neugotischen Nische das Relief der Mantelteilungsszene des heiligen Martinus, ein Werk des Rottenburger Bildhauers Fidel Vollmer von 1867. Den oberen Abschluß der westlichen Schauseite bildet das Uhrfenster mit neugotischem Maßwerk und ein zierliches barockes Zwiebeltürmchen, die einzige sichtbare Erinnerung an die unbedeutenden Schäden, die der zweite große Stadtbrand im Jahr 1735 an der Westseite der Pfarrkirche anrichtete.

Im Gegensatz zur Sülchenkirche, wo Hinweise auf den früheren Kirchenpatron heute völlig fehlen, ist der Heilige im St. Martinsdom mehrfach präsent: im eben erwähnten Relief über dem Hauptportal, in einer figürlichen Maßwerkfüllung an der Ostseite des Turmhelms – dargestellt ist beidesmal die Mantelteilungsszene –, im Martinsfenster des Chors und als Standfigur mit dem Bettler im Schrein an der südlichen Langhauswand. Wie der Turm als Ganzes, so ist auch seine Mantelteilungsszene zu einem Wahrzeichen der Diözese Rottenburg-Stuttgart geworden.

145

Abbildung 6
Das erneuerte Martinusmedaillon am Domturm, um 1970

Kathedrale und Kathedra

»Ecclesia Cathedralis evecta MDCCCXXVIII« (Zur Kathedralkirche erhoben 1828): So verkündet es mit lapidarer Kürze eine Inschrift, die, begleitet vom Wappen von Bischof Dr. Georg Moser († 1988), hoch über dem Chorbogen des Rottenburger Doms seit seiner letzten Renovation 1978 zu lesen ist. Die bescheidene Rottenburger Domkirche – eine Kathedrale?

Kathedrale – landläufig verbindet sich mit dem Wort die Vorstellung von einem architektonisch und künstlerisch besonders herausragenden Bauwerk von beeindruckender Größe. Aber diese Lesart, so sehr sie durch zahlreiche Beispiele abgesichert scheint, greift zu kurz, denn sie geht nur vom äußeren Erscheinungsbild des Bauwerks aus, das Kathedrale genannt wird.

Was also ist eine Kathedrale? »Kathedrale ist als Kirche des Bischofs (Metropoliten, Patriarchen) Haupt und Mutter aller anderen Kirchen des Bistums.«[85] Von architektonischem oder kunsthistorischem Rang ist in dieser Definition überhaupt nicht die Rede – es ist offensichtlich, daß diese Aspekte bei einer Kathedrale überhaupt keine entscheidende Rolle spielen.

Die »Konstitution über die heilige Liturgie« des Zweiten Vatikanischen Konzils aus dem Jahr 1963 macht deutlich: »Im Bischof sehe man den Hohenpriester seiner Herde, von dem das Leben seiner Gläubigen in Christus gewissermaßen ausgeht und abhängt. Daher sollen alle das liturgische Leben des Bistums, in dessen Mittelpunkt der Bischof steht, besonders in der Kathedralkirche, aufs höchste wertschätzen; sie sollen überzeugt sein, daß die Kirche auf eine vorzügliche Weise dann sichtbar wird, wenn das ganze heilige Gottesvolk voll und tätig an denselben liturgischen Feiern, besonders an derselben Eucharistiefeier, teilnimmt; in der Einheit des Gebets und an dem einen Altar und unter dem Vorsitz des Bischofs ...«[86]

Der erste Liturge der Ortskirche ist der Bischof, und die erste und heiligste Aufgabe des Bischofs ist die Feier der Liturgie in seiner Kirche, heißt es doch an anderer Stelle der Liturgiekonstitution: »Die Liturgie ist der Höhepunkt, dem das Tun der Kirche zustrebt, und zugleich die Quelle, aus der all ihre Kraft strömt.«[87]

Die Kathedrale mit »dem einen Altar« ist demnach der zentrale Ort der Liturgie einer Diözese. Nicht weit von diesem höchst bedeutsamen Altar der Diözese steht die Kathedra, das Symbol der oberhirtlichen Vollmacht des Bischofs. »Kathedra, der Sitz des Bischofs in seiner Kathedrale, von dem aus er die Liturgie leitet, das Wort verkündet, Ordinationen erteilt; Zeichen seines Lehramts und seiner Hirtengewalt sowie der Einheit in dem vom Bischof verkündeten Glauben« – so wird in der Neuausgabe des »Lexikons für Theologie und Kirche« die Kathedra definiert.[88]

Die Kathedra, der »Amtssitz« oder »Lehrstuhl« des Bischofs, stets an bevorzugter Stelle im Chor der Bischofskirche aufgestellt – im Frühchristentum hinter dem Altar im Chorhaupt, später auf der Evangelienseite, d. h. auf der linken Chorseite –, hat der Kathedrale den Namen gegeben, macht eine Kirche zur Kathedrale. Bei seiner Amtseinführung nimmt der Bischof auf der Kathedra Platz; durch diesen symbolhaften Akt nimmt er seine Diözese in Besitz.

Auch die Kathedra des Rottenburger Doms hat ihren Platz auf der linken Chorseite, fast unter dem Chorbogen, nahe bei der Gemeinde. Seit ihrer Ersterrichtung 1828 hebt sie die ehemalige Rottenburger Stadtpfarrkirche St. Martin heraus aus allen anderen Pfarrkirchen der Diözese, macht sie zur Kathedrale. In ihr, an ihrer Kathedra, haben alle Bischöfe der Diözese ihr Amt empfangen; und so wechselt das Wappen an der Rückenlehne der Kathedra sein Aussehen immer dann, wenn ein neuer Bischof sein Amt angetreten hat.

»Die andere Stätte, an der sich das Wirken des Bischofs vollzieht, ist der Altar, den eine geheimnisvolle Symbolik erfüllt ... Am Altar der Kathedrale feiert der Bischof in Gemeinschaft mit den Priestern und Gläubigen das eucharistische Opfer. Am Altar spendet er das Sakrament der Priesterweihe. Hier weiht er die heiligen Öle. Es gibt nur *eine* Cathedra und *einen* Altar ... Die *eine* Cathedra und der *eine* Altar sind Zeichen der Einheit unserer Kirche.«[89] Diese Sätze von Joseph Kardinal Höffner, gesprochen bei der Erhebung der Stuttgarter St. Eberhardskirche zur Konkathedrale (»Sie dürfen nicht meinen, daß Sie nun eine doppelte Cathedra haben, die eine in Rottenburg, die andere in Stuttgart.«) fassen noch einmal prägnant zusammen, was den Rang einer Kathedrale ausmacht: Kathedra und Altar des Bischofs sind ihre Kennzeichen, nicht Schönheit ihrer Architektur oder Reichhaltigkeit ihrer Kunstschätze.

Anmerkungen

1 Die erste urkundliche Nennung eines »cives« (Bürger) im Jahr 1274 belegt den geschehenen rechtlichen Vollzug der Stadtwerdung; noch 1292 wird Rottenburg als »angefangener Ort« (»locus initus«) bezeichnet. Die vorausgegangene vor-städtische Siedlung wird ins 11. oder in den Anfang des 12. Jahrhunderts datiert. Vgl. hierzu Dieter MANZ, Kleine Rottenburger Stadtgeschichte, Rottenburg 1988, 21–26.

2 Zum Folgenden zusammengefaßt: Dieter MANZ, Kleine Rottenburger Stadtgeschichte (Anm. 1), 18–21.

3 Dieter MANZ, Meinrad von Sülchen, in: Ders., Rottenburger Miniaturen, Bd. 2, Rottenburg 1995, 213–218.

4 Zum Alter der Martinus- und Remigiuspatrozinien vgl. Gustav HOFFMANN, Kirchenheilige in Württemberg, Stuttgart 1932, 14–16.

5 Der Landkreis Tübingen. Amtliche Kreisbeschreibung Bd. 2, Stuttgart 1972, (im folgenden abgekürzt KBTü), 800–801.

6 Beschreibung des Oberamts Rottenburg. Hg. vom K. Statistischen Landesamt (im folgenden abgekürzt OAB), Bd. 2, Stuttgart 1900, 377. Die amtliche Kreisbeschreibung (Anm. 5) nennt als Zeitpunkt der Pfarreigründung das Jahr 1796. Letzteres Datum wird auch in den Pfründbeschreibungen des 19. Jahrhunderts genannt.

7 OAB, 344.

8 OAB, 241.

9 Württembergisches Urkundenbuch (im folgenden abgekürzt WUB), 11 Bde., Stuttgart 1849–1913; hier Bd. 10, 143. Ferner: Monumenta Hohenbergica. Urkundenbuch zur Geschichte der Grafen von Zollern Hohenberg und ihrer Grafschaft (im folgenden abgekürzt MH), Stuttgart 1862, 108, Nr. 137.

10 WUB Bd. 3, 1.

11 Johann Ev. WEITTENAUER, Traditionsbuch von dem Anfang, Ursprung und Wachstum des löblichen alten Stifts St. Mauritii in Ehingen nächst Rottenburg a. N. Handschrift von 1674 ff. im Pfarrarchiv St. Moriz in Rottenburg-Ehingen (Signatur: B 76); das Zitat findet sich auf S. 18. Über Weittenauer als Geschichtsforscher: Dieter MANZ, Sonderbare Liebhaber verloffener Geschichten. Rottenburger Stadtgeschichtsforscher und ihr Werk, in: Der Sülchgau 36, 1992, 37–71, hier 49–52.

12 Rodel von lat. rotulus: Rädchen, (Schrift-)Rolle: Urkunde, Urbar oder Verzeichnis in Rollenform oder allg. für Liste, Urkunde, Aktenstück. Der Sülcher Rodel von 1338 trägt den Titel »Zünß und Einkümpften Beschreibung deren Kürchen in Sylchen, und in Rotemberg disseits des Neccars«. Der Rodel ist erhalten in einer Abschrift des lateinischen Originaltextes und einer deutschen, deutlich vom Barock geprägten Übersetzung – beides Papierhandschriften von verschiede-

nen Schreibern, wohl aus der zweiten Hälfte des 17. Jahrhunderts. Sie befinden sich unter der Signatur U 1 im Bestand M 7 (Depositum: Archiv der Sülchenkaplanei St. Johannes Bapt.) des Rottenburger Diözesanarchivs. (Im folgenden zitiert DAR, M 7, …) Das einzige erhalten gebliebene Teilstück des originalen Pergamentrodels von 1338 dient als Einband der Spitalrechnung von 1605 im Stadtarchiv Rottenburg. Die im folgenden verwendeten Zitate aus dem Sülcher Rodel sind dessen deutscher Übersetzung entnommen. Das hier angeführte Zitat findet sich auf S. 1.
13 Joseph Anton RIEGGER, Analecta Academiae Friburgensis, Ulm 1774, 167–172.
14 Registra subsidii charitativi im Bisthum Konstanz, in: Freiburger Diözesanarchiv (FDA) 1898, 72.
15 Manfred KREBS, Die Investiturprotokolle der Diözese Konstanz aus dem 15. Jahrhundert, in: FDA 1939–1954 (im folgenden zit. Invest. Prot.), 723.
16 Dazu bereits Invest. Prot. (wie Anm. 15), 724.
17 Sülcher Rodel 1338, 9.
18 Adalbert BAUR, Beiträge zur Kirchengeschichte der Stadt Rottenburg. Teil 1: Geschichte der Pfarreien und deren Einrichtungen, in: Rottenburger Jahrbuch für Kirchengeschichte 1, 1982, 173 ff., hier 179.
19 Dazu bereits BAUR (wie Anm. 18), 178.
20 DAR, M 7 (Anm. 12), Urk. 5.
21 DAR, M 7 (Anm. 12), Urk. 8.
22 Invest. Prot. (Anm. 15), 723–724.
23 FDA 1898 (Anm. 14), 72.
24 OAB (Anm. 6), 59, REC Nr. 7793.
25 Invest. Prot. (Anm. 15), 348.
26 Ebd., 723.
27 FDA 1898 (Anm. 14), 72.
28 OAB (Anm. 6), 60f.
29 Adalbert BAUR, Die romanische Kirche in Sülchen, in: Der Sülchgau 1969, 12–24.
30 Deutscher Glockenatlas. Württemberg und Hohenzollern. Bearbeitet von Sigrid THURM, München/Berlin 1959, 553, Nr. 1679.
31 DAR, M 7 (Anm. 12), Urk. 30.
32 Gerhard KITTELBERGER, 700 Jahre Stadt Rottenburg, in: Rottenburg am Neckar. Bilder einer Stadt, Weißenhorn 1974, 25–31, hier 27.
33 Adalbert BAUR, Die Liebfrauenkapelle am Markt zu Rottenburg, in: Der Sülchgau 1966, 3–23.
34 Joh. Ev. WEITTENAUER (Anm. 11), 120.
35 Karl Otto MÜLLER, Quellen zur Verwaltungs- und Wirtschaftsgeschichte der Grafschaft Hohenberg Bd. 2, Stuttgart 1959, 25–26.
36 Invest. Prot. (Anm. 15), 724, 725.
37 KBTü (Anm. 5), 338; A. BAUR (Anm. 18), 180.
38 Depositum im DAR, Bestand M 9, Urk. Nr. 3 und 11.
39 Für die folgenden Belege siehe Invest. Prot. (Anm. 15), 724ff.
40 Dazu: Dieter MANZ, Die Gotteshäuser der Katholischen Kirchengemeinde St. Moriz in Rottenburg-Ehingen. Geschichte – Kunstwerke. Rottenburg 1989.
41 Adalbert BAUR, Probleme der Rottenburger Kirchengeschichte, in: Der Sülchgau 1976, 3–13, hier 3.
42 Invest. Prot. (Anm. 15), 204ff.
43 FDA 1869, 17.
44 Ebd., 52.
45 FDA 1870, 68.
46 Ebd., 99.
47 RIEGGER (Anm. 13), 160.
48 Ebd., 154–155.
49 Sülcher Rodel 1338, 13.
50 RIEGGER (Anm. 13), 155–159.
51 Ebd., 159–161.
52 Ebd., 157–158.
53 MH (Anm. 9), 220: Nr. 269.
54 Ebd., Nr. 279, S. 228.
55 Sülcher Rodel 1338, 12.
56 Feldsiechen = Aussätzige. Das Siechenhaus (heute Gutleuthaus genannt) mit Kapelle lag weit außerhalb der mittelalterlichen Stadt am Neckarufer. Als städtisches Aussätzigenasyl wohl im frühen 14. Jahrhundert gegründet, diente es seit dem 16., 17. Jahrhundert vorwiegend als Armenhaus und Elendsherberge. Vgl. Dieter MANZ, Vom Gutleuthaus und seiner Kapelle, in: Ders., Rottenburger Miniaturen (Anm. 3), 63ff.
57 Die Urkunden befinden sich derzeit als Depositum im DAR, Bestand M 9 (vgl. Anm. 38).
58 DAR, M 9, Urk. 29.
59 Invest. Prot. (Anm. 15), 723.
60 Ebd.
61 Stadt- und Spitalarchiv Rottenburg, Kopiar B 34/9, fol. 34/9. Auch: Württ. Archivinventare 8. Stuttgart 1913, 54. Der Name Gößlingers ist hier in »Gößlin« verstümmelt. (Original!)
62 BAUR, Beiträge (Anm. 18), 177.
63 DAR, M 9, Urk. 24.
64 DAR, M 9, Urk. 25.
65 DAR, M 9, Urk. 11.
66 Dieter MANZ, Pfarrei und Pfarrkirche Obernau, in: Obernau 1145–1995, Obernau 1995, 187–220.

67 Invest. Prot. (Anm. 15), 725.
68 OAB (Anm. 6), 62. Inwiefern an der Stiftung und Dotierung des Urbansaltars vor 1429 die um 1400 gegründete, bis heute ohne Unterbrechung bestehende Urbansbruderschaft beteiligt war, bedarf noch der Untersuchung.
69 Invest. Prot. (Anm. 15), 724.
70 Ebd.
71 Franz MANZ, Der Dreifaltigkeitsaltar in der Marktkirche und sein Kollator, in: Der Sülchgau 1979, 7–11.
72 Peter P. ALBERT, Gründung und Gründer der Universität Freiburg im Breisgau. Eine quellenmäßige Untersuchung, in: Zeitschrift des Freiburger Geschichtsvereins 37, 1922, 19–62.
73 RIEGGER (Anm. 13), 27ff.
74 Joseph CHMEL, Materialien zur österreichischen Geschichte. Aus Archiven und Bibliotheken Bd. 2, Wien 1837, 21ff. und 74ff.
75 BAUR, Beiträge (Anm. 18), 176.
76 Adalbert BAUR, Streit um die Inkorporation. Erzherzogin Mechthild und die Einverleibung der Pfarrei Sülchen-Rottenburg in die Universität Freiburg i. Br., in: Der Sülchgau 1974, 55–59, hier S. 57. Der Wortlaut der Vergleichsurkunde ist abgedruckt bei RIEGGER (Anm. 13), 144–153.
77 Ebd., 58.
78 Ebd., 59.
79 Am Dompfarrhaus Kopie aus den 1990er Jahren; Original im Rottenburger Diözesanmuseum.
80 Paul KOPF, 150 Jahre Diözese Rottenburg. Streiflichter durch ihre Geschichte, in: 150 Jahre Diözese Rottenburg. Ausstellungskatalog, Ludwigsburg/Rottenburg 1978, 11–37.
81 Den Ablauf der Inthronisationsfeierlichkeiten beschreibt ausführlich: Die hohe Feyer der kirchlichen Inthronisation des Hochwürdigsten Bischofs von Rottenburg Johann Baptist von Keller … und der Installation des gesammten Domkapitels in kurzer Skizze entworfen Von einigen Augenzeugen. Rottenburg 1828.
82 Joh. Ev. WEITTENAUER (Anm. 11), 18: »1118 soll die pfarkürch zue Sülchen, oder Zülchen wider gebawt wordten sein … Zeigts an die Schrifft im Gewölb im Chor ober dem hoch altar. also ein alt schrifft eines Anonymi.«
83 Diese und die folgenden Angaben zu Baugeschichte und Ausstattung der Sülchen- und der Domkirche sind dem offiziellen Kirchenführer entnommen: Dieter MANZ, Die Dom- und Pfarrkirche St. Martin zu Rottenburg am Neckar. Das Bauwerk und seine Geschichte. Anhang: Die Sülchenkirche, Rotten-burg ²1987. Dort finden sich auch Hinweise auf weiterführende Literatur.
84 Über Albert II. v. Hohenberg ausführlich bei Ludwig SCHMID, Geschichte der Grafen von Zollern-Hohenberg und ihrer Grafschaft, Stuttgart 1862, 27–122.
85 Ernst RÖSSER, Kathedrale, in: Lexikon für Theologie und Kirche (= LThK²) 6, Freiburg 1961, 67.
86 Zweites Vatikanisches Konzil, Konstitution über die heilige Liturgie, Art. 41.
87 Ebd., Art. 10.
88 Rupert BERGER, Kathedra, in: LThK³ 5, Freiburg–Basel–Rom–Wien 1996, 1336.
89 Joseph Kardinal HÖFFNER, Grußwort. In: Gottes Ja – unsere Hoffnung. 150 Jahre Diözese Rottenburg 1828–1978. Ansprachen und Predigten im Jubiläumsjahr. Herausgegeben von Georg Moser, Ostfildern 1978, 115.

SANKT MARTIN, DIR IST ANVERTRAUT...
Die Diözese Rottenburg-Stuttgart und ihr Patron

Werner Groß

Die Diözese Rottenburg-Stuttgart verehrt wie die Bistümer Mainz und Eisenstadt im deutschsprachigen Raum den heiligen Martin von Tours[1] als ihren Patron[2]. Dieses Lehnwort aus der lateinischen Sprache ist uns heutzutage geläufig, seine Anfänge gehen nach unseren Kenntnissen in das 4. Jahrhundert zurück. Der aus dem römischen Rechtsleben stammende Begriff patronus gehört zur Wortfamilie pater (Vater) und bedeutet ursprünglich (väterlicher) Beschützer, Schutzherr, Vertreter vor Gericht für Leute, die von ihm abhängig sind oder ihn darum angegangen haben, dann allgemein fürsorglich bemühter, einflußreicher Mann. Dieser kraftvolle Begriff wird übertragen auf das Verhältnis eines hochverehrten Märtyrers zur Gemeinde, in deren Mitte sein Grab gehütet wurde. »Ambrosius von Mailand nennt Gervasius und Protasius patroni seiner Kirche. Leo der Große gebraucht in Rom dieselbe Bezeichnung für Petrus und Paulus.«[3]

Später erhalten die Begriffe Patron und Patrozinium eine gewisse Breite; sie werden auch auf Kirchen ausgedehnt, die weder das Grab des Heiligen noch dessen Reliquien besitzen. Schließlich ist eine nochmalige Ausweitung des Begriffs festzustellen, »geographisch und soziologisch«[4]. In unserem Fall: »Der heilige Martinus gilt seit dem frühen Mittelalter als Schutzherr der fränkischen Könige und des fränkischen Volkes.«[5]

Martin, der berühmte Mönch und Bischof von Tours, ist nicht in einem förmlichen kirchlichen Verfahren zur Würde eines Heiligen und Patrons gelangt. Eine Heiligsprechung im heutigen Sinn gab es damals noch nicht. Martin hat vielmehr eine Kanonisation »von unten« erfahren, vollzogen zunächst vom Volk seiner Bischofsstadt und Diözese Tours und dann von den Menschen in Gallien und im Frankenreich. Von Tours mit seiner Bischofskirche und seiner Grabstätte breitete sich eine Verehrung aus.

Martin steht (wie sonst kein anderer Heiliger) in einem besonderen Verhältnis zur Diözese Rottenburg-Stuttgart. Zuerst ist er Patron der Bischofskirche in

Rottenburg; auf seinen Namen weihte der Konstanzer Weihbischof Georg Sigismund Müller am 8. September 1655 die bei einem großen Stadtbrand im Jahre 1644 zerstörte und danach wieder aufgebaute Pfarrkirche am Rottenburger Marktplatz, deren Benennung nach dem heiligen Martin schon für den 1424 begonnenen Neubau bezeugt ist. Außerdem gehört zu seinem Patronat die ganze schwäbische Diözese mit ihren heute ungefähr 1000 Gemeinden. Nicht zuletzt ist er Schutzheiliger des 1828 errichteten Rottenburger Domkapitels, das ebenfalls seinen Namen trägt.

Das diözesane Martinspatrozinium hat eine ganze Reihe von Ausdrucksformen, die sich im Lauf der Zeit mehr und mehr profiliert haben. Der jährliche Gedenktag des heiligen Martin am 11. November wird nicht nur im Dom zu Rottenburg als Hochfest begangen, sondern auch in jeder Gemeinde der Diözese. Mit der offiziellen Liturgie verbindet sich die Volksfrömmigkeit, die Martin als Schutzheiligen und Fürsprecher in Gebeten, Andachten und Wallfahrten anruft.

Das Patronat des Bischofs Martin bekommt seinen besonderen Glanz durch ungezählte Darstellungen der bildenden Kunst. Am häufigsten wird er als römischer Soldat abgebildet, der mit dem armen Bettler am Stadttor von Amiens seinen Offiziersmantel teilt. Das Patronat erhält aber auch volkstümliche Züge durch das Brauchtum, das sich um den 11. November rankt.

Das Martinspatrozinium partizipiert an der Popularität des Bischofs von Tours, der zu den ältesten, bekanntesten und berühmtesten Heiligen der abendländischen Kirche gehört. Er ist einer der ersten Zeugen, wie sich die Heiligenverehrung über den Kreis der Märtyrer hinaus erweitert. Martin zählt »zu den frühesten nichtrömischen Bischofsgestalten, die als Bekenner verehrt und gefeiert wurden«.[6] Ihr Kult beginnt im 5./6. Jahrhundert.

Das Martinsjubiläum 1997 stellt die Frage, wie sich die Diözese Rottenburg-Stuttgart im Lauf ihrer noch nicht allzu langen Geschichte ihrem Patron genähert hat und wie sie heute sein Gedächtnis lebendig erhält. Die historische, liturgische und spirituelle Rezeption des heiligen Martin im schwäbischen Raum ist zu klären.

Schritte zur Rezeption

Die Diözese Rottenburg-Stuttgart gehört zu den deutschen Bistümern, die nach den Napoleonischen Kriegen und der Säkularisation gegründet wurden;[7] ihr Territorium umfaßt das damalige Königreich Württemberg. Im Jahre 1812 errichtete König Friedrich von Württemberg in Ellwangen ein Generalvikariat als inländische Oberkirchenbehörde sowie eine lediglich fünf theologische Lehrstühle umfassende »Katholische Landesuniversität« und ein Priesterseminar auf dem nahen Schönenberg.

Von der Stadtpfarrkirche zur Kathedrale

Doch schon 1817 plante die Regierung die Verlegung der Lehranstalt von Ellwangen nach Tübingen und ihre Vereinigung mit der dortigen Universität. In diesem Zusammenhang kam der Vorschlag auf, für den württembergischen Bischofssitz die in der Nähe von Tübingen gelegene, früher vorderösterreichische Stadt Rottenburg vorzusehen.[8]

Der Rottenburger Stadtpfarrer, Dekan Ignaz von Jaumann, hielt in einem Gutachten vom Frühjahr 1817 die Pfarrkirche St. Martin im Zentrum Rottenburgs »zur Kathedrale sehr geeignet«.[9] Provikar Johann Baptist von Keller war gegenteiliger Auffassung und konnte sich mit der Rottenburger Stadtpfarrkirche als Domkirche weder damals noch später in keiner Weise anfreunden. »Das Volk sei nämlich gewohnt, am Sitz des Bischofs ›die schönsten und größten Tempel zu schauen‹«[10]. Doch die Regierung setzte unbeirrt von solchen Einlassungen ihre Pläne noch im Herbst 1817 durch. Rottenburg war auf dem besten Weg, Bischofsstadt und seine zentrale Pfarrkirche Bischofskirche zu werden.

Eine umfassende rechtliche Klärung stand noch aus. Die süddeutschen protestantischen Länder taten sich 1818 zusammen, um in gemeinsamen Verhandlungen mit der Römischen Kurie »die Verhältnisse der katholischen Kirche in den deutschen Bundesstaaten« zu klären.[11] Eine Deklaration dieser Staaten vom 24. Juli 1819 sprach sich für fünf Diözesen aus und nannte an erster Stelle: »Eine für die katholischen Landestheile des Königreichs Württemberg, mit dem Sitze in der Stadt Rottenburg am Neckar, wo die Haupt- und Pfarrkirche zu St. Martin zu einer Kathedrale erhoben werden soll.«[12] Noch ehe eine abschließende Übereinkunft erzielt worden war, verfügte Papst Pius VII. durch die Bulle »Provida solersque« vom 16. August 1821 die Zirkumskription der neuen Oberrheinischen Kirchenprovinz und der zu ihr gehörenden Diözesen. In dieser Bulle stehen die für die Diözese Rottenburg entscheidenden Anordnungen: »… zur Erhöhung des wahren Glaubens und zur Beförderung der catholischen Religion, errichten und bestimmen Wir für alle Zeit … Rottenburg am Neckar, ehemals die Hauptstadt des Herzogthums Hohenberg, mitten im Königreiche Würtemberg (!), mit einem Provinzial-Justiz-Collegium und 5500 Einwohnern, zur bischöflichen Stadt, den dort befindlichen sehr ansehnlichen Tempel unter Anrufung des heiligen Martin, Bischofs und Beichtigers, zur bischöflichen Kirche.«[13]

Der neue Diözesanpatron und seine Akzeptanz

Mit dieser Verfügung war Rottenburg Bischofssitz und seine zentrale Pfarrkirche Bischofskirche geworden, auch wenn der Bischof der neuen Diözese, Johann Baptist von Keller, erst am 20. Mai 1828 inthronisiert wurde. Es war selbstverständlich, daß der bisherige Patron der Rottenburger Hauptkirche,

153

Abbildung 1
Bischofsstab von Carl Joseph Hefele,
Bischof der Diözese Rottenburg
1869–1893

St. Martin von Tours, zugleich Patron der neu errichteten Diözese Rottenburg wurde. Darüber gab es keine vorherigen Anfragen und Absprachen. Der in der Bulle »Provida solersque« angewandte Grundsatz genügte: Bischofskirche und Diözese haben ein und denselben Patron.

Freilich, ein Diözesanpatron läßt sich nicht einfach auf dem Amts- und Verordnungsweg einführen. Seine Akzeptanz muß wachsen. Er muß einen Namen bekommen in der Diözese und durch Liturgie, Verkündigung und Katechese bekannt gemacht werden. Er muß hineinwachsen in die Spiritualität, wie sie in der Diözese Gestalt gewinnt, gepflegt und gelebt wird. Er muß angenommen werden von den Gemeinden, von Priestern und Laien.

Im Falle Martin von Tours und seiner Akzeptanz als Rottenburger Diözesanpatron ist die kirchliche und kirchenpolitische Situation vor allem des 19. Jahrhunderts zu bedenken. Sie hatte eher verlangsamende als beschleunigende Auswirkungen.

Das Territorium der Diözese Rottenburg bestand aus Gebietsanteilen von fünf verschiedenen Bistümern: Würzburg, Speyer, Worms, Konstanz und Augsburg. Nur Würzburg und Augsburg bestanden nach der Säkularisation weiter, während die drei anderen Diözesen aufgehoben worden waren. Jedes dieser Bistümer hatte seine eigenen Patrone, seine Tradition und sein Proprium für Meßfeier und Stundengebet. Besondere Bedeutung kamen den Patronen der Diözese Augsburg, Bischof Ulrich, und der Diözese

Würzburg, Bischof Kilian und seinen Gefährten, zu, die seit Jahrhunderten tief in der Volksfrömmigkeit verankert waren und durch Feste, Andachten und Wallfahrten zu ihren Gräbern in den beiden Bischofsstädten hoch verehrt wurden.

Die neue Diözese mußte ihre Identität als württembergisches Landesbistum finden. Eine neue Orientierung der Pfarreien und Dekanate war notwendig: geographisch, organisatorisch, theologisch, pastoral, spirituell. Solche Vorgänge, die zu einer übergreifenden neuen Einheit führen, brauchen ungeheuer viel Zeit sowie eine behutsame und zielstrebige Führung.

Pläne zur Verlegung des Bischofssitzes

Im Lande wußte man, daß die Regierung Rottenburg zur Bischofsstadt vorgeschlagen hatte. »So blieb an Rottenburg das Odium haften, aufgrund der staatskirchlichen Politik der (evangelischen) Regierung und des sich daraus ergebenden Übergewichts gegenüber den Wünschen der Römischen Kurie Sitz des Generalvikars, später des Bischofs geworden zu sein. In den folgenden Jahrzehnten verstummte die Kritik am Staatskirchenregiment der württembergischen Regierung nicht, ganz im Gegenteil, sie wurde immer stärker. Dabei schwang auch stets die Kritik an der Wahl der Bischofsstadt des Landes mit«.[14]

Generalvikar von Keller meldete sich 1821 in einer anonymen Schrift überaus kritisch zu Wort: »Stimme der Katholiken im Königreich Wirtemberg. Wünsche und Bitten«.[15] Seine Devise: Von Rottenburg zurück nach Ellwangen. Bürger der Stadt Ellwangen unterstützten ihn nachhaltig.[16] Dieselbe Forderung erhob die Stadt Ellwangen lautstark und energisch erneut 1848 und später.

Auch Kellers Nachfolger, Bischof Joseph von Lipp, hegte ähnliche Gedanken; 1850 und später wollte auch er den Bischofssitz verlegen. »Doch war nicht die Stadt Ellwangen seine erste Wahl, sondern die ehemalige Prämonstratenserabtei Obermarchtal bei Ehingen (damals Schloß der fürstlichen Familie von Thurn und Taxis). Nach Ellwangen wollte Lipp nur gehen, wenn sich die Obermarchtaler Pläne zerschlagen sollten.«[17]

Die Rottenburger Dombaufrage

Nicht vergessen werden darf die Frage eines Neubaus des Rottenburger Doms, die über hundert Jahre nicht zur Ruhe kam. Die Kathedrale ist zweifellos das zentrale diözesane Monument des Diözesanpatrons. Wie soll ein Patron in einem Bistum heimisch werden, wenn der ihm geweihte Dom in der Diözese nur (oder fast nur) negative Resonanz findet?

Immer wieder beklagte Bischof von Keller, »daß Rottenburg keine Kirche habe, die der ›Idee einer Cathedrale‹ entspreche«.[18] Doch konnte er sein verständliches »Bedürfnis nach einem monumentalen, repräsentativen Mittelpunkt der Diözese«[19] nicht verwirklichen. Er ließ zwei Dombaupläne anfertigen, zu

Abbildung 2
Meßkelch, sog. »Keppler-Kelch« mit Email-Darstellung des hl. Martin, G. Leyer, München 1925, Diözesanmuseum Rottenburg

deren Ausführung der Staat aber die nötigen Finanzen nicht bereitstellen wollte.

Bischof Lipps Desinteresse an einem Domneubau gründete nicht zuletzt im Scheitern seiner Pläne, das Bischöfliche Ordinariat nach Obermarchtal zu verlegen. »Das Interesse seiner Nachfolger galt ebenfalls anderen Neubauprojekten. Sie sahen unter anderem dringendere Bedürfnisse in den Diasporagemeinden.«[20]

Im Jahre 1900 ergriff die Rottenburger Bürgerschaft die Initiative und schenkte Bischof Paul Wilhelm von Keppler, im Vorjahr geweiht und inthronisiert, einen Dombauplatz außerhalb der Stadt. Der Bischof ließ sich nach anfänglichem Zögern für die Sache begeistern. Der Plan war schon 1903 erstellt. Doch der Erste Weltkrieg und die Inflation machten auch dieses Vorhaben zunichte.

Martinsfest und Martinspatrozinien

Trotz dieser dem Wachstum der Martinsverehrung wenig förderlichen Entwicklung[21] fand der Diözesanpatron doch schrittweise zunehmende Akzeptanz. Zwei Gründe dafür sind vor allem zu nennen:
- Die jährliche Feier des Martinsfestes in allen Gemeinden am 11. November, der vor allem im bäuerlichen Jahreslauf zugleich ein wichtiger Stichtag war. Dazu kommt, daß die reiche Liturgie des Stundengebets und der Meßfeier ein authentisches Bild des Bischofs Martin mit zahlreichen Zitaten aus der maßgebenden Biographie des Sulpicius Severus vermittelte.
- Die ungewöhnlich vielen, teilweise alten, teilweise bedeutenden Martinskirchen in der Diözese Rot-

Abbildung 3
Bischofsstab von Joannes Baptista Sproll,
Bischof der Diözese Rottenburg
1927–1949

tenburg.²² Sie waren (und sind) die Vororte einer kontinuierlichen Martinsverehrung in der schwäbischen Diözese, zumal sie nicht selten mit hervorragenden Bildwerken und Skulpturen des Bischofs von Tours ausgestattet waren (und sind). In diesen Kirchen und Pfarreien stand Martin im Licht von Liturgie, Volksfrömmigkeit und Kunst.

St. Martin in der Liturgie

Die bedeutsamste Ausdrucksform der Heiligenverehrung sind die jährlichen Heiligenfeste und -gedenktage der Liturgie mit ihren Lesungen, Gesängen und Gebeten. »In den Gedächtnisfeiern der Heiligen verkündet die Kirche das Pascha-Mysterium in den Heiligen, die mit Christus gelitten haben und mit ihm verherrlicht sind. Sie stellt den Gläubigen ihr Beispiel vor Augen, das alle durch Christus zum Vater zieht, und sie erfleht um ihrer Verdienste willen die Wohltaten Gottes.«²³

Das Martinsfest besitzt zwei bemerkenswerte Vorzüge:
– Seine sehr weit zurückreichende Tradition: Im ältesten bekannten Kalendarium von Tours, verfaßt von Bischof Perpetuus von Tours († 491), ist das Fest des heiligen Martin bereits verzeichnet.²⁴ Für die römische Liturgie bezeugt das Sacramentariun Gregorianum Hadrianum in einem späteren Zusatz seine Feier am 11. November.²⁵

- Seine außergewöhnliche Ausgestaltung: Zurecht wird der »besonders glanzvolle Kult«[26] des Martinsfestes in der alten römischen Liturgie gerühmt. Die Biographie des Sulpicius Severus ist mit ihren wesentlichen Aussagen in die Liturgie eingegangen. Dieser berühmten Vita ist es zu verdanken, daß das Proprium und nicht das Commune das Martinsgedächtnis prägt. Seine Einzigartigkeit ist gewährleistet.

Von Anfang an hat die Diözese Rottenburg für das Fest ihres Diözesanpatrons die Texte des Breviarium Romanum und des Missale Romanum verwendet. Die Nähe der gesamtkirchlichen Texte zum Leben und Wirken des heiligen Martin, vor allem im Stundengebet, ließ den Wunsch nach diözesanen Eigentexten zurücktreten.

Die Liturgiereform des Zweiten Vatikanischen Konzils hat für das Stundengebet eine Auswahl aus den bisherigen Texten getroffen (da in den Tagzeiten die Zahl der Psalmen verringert wurde) und für die Meßfeier ein neues Formular zusammengestellt.

Stundengebet

Der Hymnus zu Lesehore, Laudes und Vesper stellt eine freie Übertragung des aus karolingischer Zeit stammenden Hymnus »Iste confessor Domini sacratus«[27] dar, der wahrscheinlich als Gesang zu Ehren Martins gedichtet wurde. Im nachkonziliaren Stundengebet ist er für die Feste und Gedenktage heiliger Männer vorgesehen; eine ausdrückliche Beziehung zum Leben Martins besitzt er in seiner deutschen Fassung nicht:

»Preis dem Bekenner,
dessen Fest wir feiern.
Er ward berufen,
Christus nachzufolgen
und für die Wahrheit
durch sein Wort und Beispiel
Zeugnis zu geben.

Wie einst sein Meister,
um die Welt zu retten,
ganz sich dahingab
bis zum Tod am Kreuze,
trug auch sein Jünger
hier auf dieser Erde
Mühsal und Leiden.

Nach Christi Weisung
nahm sein Kreuz er auf sich,
folgte ihm täglich,
hat sich selbst verleugnet.
Mit ihm gestorben,
erbt er jetzt zum Lohne
ewiges Leben.

Ihn zu verehren,
schallt nun unsres Liedes

freudiger Lobpreis
aus bereitem Herzen,
daß er im Himmel
Hilfe uns erbitte
all unsre Tage.

Lob sei dem Vater
auf dem höchsten Throne,
Lob sei dem Sohne,
Gott aus Gott geboren,
Lob sei dem Geiste,
der von beiden ausgeht,
immer und ewig. Amen.«[28]

Die Antiphonen zu Laudes und Vesper[29] sind Zitate aus der Biographie des Sulpicius Severus, die das Sterben Martins beleuchten.

Die Antiphonen der Laudes rühmen Martin, den unermüdlichen Beter und den Mann, der auf Erden arm war wie Lazarus in der bekannten Beispielgeschichte Jesu und deshalb am Ende seines Lebens in den Schoß Abrahams getragen wurde (vgl. Lk 16, 19–31):

– »Martin, Priester des Herrn, dir steht der Himmel offen und das Reich meines Vaters.«
– »Martin verharrte unermüdlich im Gebet, Augen und Hände zum Himmel erhoben. Halleluja.«
– »Martin, auf Erden arm und gering, geht reich in den Himmel ein und genießt in Abrahams Schoß ewige Freude. Halleluja.«

Die Antiphonen der Vesper rühmen Martins Bereitschaft, die Mühsal des Lebens und das Los des Todes gemäß dem Willen Gottes gelassen anzunehmen:

– »O unvergleichlicher Mann! Die Mühsal des Lebens konnte dich nicht bezwingen, der Tod dich nicht besiegen! Obwohl du bereit warst, zu sterben, hast du dich nicht geweigert, die Bürde des Lebens weiterzutragen.«
– »Herr, wenn dein Volk meiner noch bedarf, so weigere ich mich nicht. Dein Wille geschehe.«
– »Der Bischof Martin hat die Welt verlassen. Nun herrscht er mit Christus im Himmel.«

Die Antiphonen zum Benedictus und Magnificat sind Seligpreisungen Martins in seiner Vollendung. Der Lobpreis Gottes verbindet sich mit der Seligpreisung des Heiligen. »Die Antiphon zum Magnificat reicht ihm ohne Martyrium dennoch die Märtyrerkrone. Immer noch ist der Märtyrer der Prototyp des Heiligen schlechthin.«[30]

– »O seliger Mann, du hast die Freude des Paradieses erlangt. Jubelnd begrüßen dich Engel und Heilige, und die Jungfrauen heißen dich willkommen: Der Himmel sei deine Stätte in Ewigkeit.«
– »Seliger Bischof, von ganzem Herzen liebtest du Christus und kanntest keine Furcht vor den Herrschern der Erde! Heiliger Mann, raffte dich auch das Schwert des Verfolgers nicht hinweg, so gingst du der Märtyrerpalme dennoch nicht verlustig.«

Meßfeier

Die Liturgische Erneuerung des Zweiten Vatikanischen Konzils hat eine Neuausgabe des Missale Romanum vorgelegt. Die Texte für die Meßfeier am Martinstag wurden neu zusammengestellt[31]; die Änderungen betreffen vor allem das Evangelium sowie das Tagesgebet und das Schlußgebet.[32]

Das Evangelium, der erste Teil der Rede Jesu vom Weltgericht nach Matthäus (25,31–40), steht in unmittelbarer Beziehung zur Christusvision Martins in der Nacht nach der Mantelteilung. Sulpicius Severus berichtet: »Dann hörte er Jesus mit lauter Stimme zu der umstehenden Engelschar sprechen: ›Martinus, der noch Katechumene ist, hat mich mit diesem Mantel bekleidet.‹ Der Herr dachte dabei wahrhaftig an seine eigenen Worte, die er einst gesprochen hat: ›Was immer ihr einem der Geringsten getan habt, das habt ihr mir getan‹ (Mt 25,40). So bekannte Christus, daß er in dem Armen bekleidet worden ist.«[33]

Das Tagesgebet greift die liturgische Tradition Frankreichs auf, wo die Verehrung Martins ihren Anfang nahm; ursprünglich war es im Missale Parisiense von 1736 für den 11. November vorgesehen:
»Allmächtiger Gott,
der heilige Bischof Martin hat dich
in seinem Leben und in seinem Sterben verherrlicht.
Laß auch in uns
die Macht deiner Gnade wirksam sein,
damit weder Tod noch Leben
uns von deiner Liebe trennen.
Darum bitten wir durch Jesus Christus.«

Das Gabengebet ist das einzige Amtsgebet, das für das Martinsfest aus dem bisherigen Missale Romanum übernommen wurde:
»Allmächtiger Gott,
heilige die Gaben,
die wir am Fest des heiligen Martin
voll Freude vor dein Angesicht bringen.
Gib, daß dieses Opfer in guten und bösen Tagen
unserem Leben die Richtung gebe.
Darum bitten wir durch Christus, unseren Herrn.«

Das Schlußgebet stammt aus derselben Quelle wie das Tagesgebet; es gehörte zur Liturgie des 4. Juli, dem Tag der Wahl Martins zum Bischof von Tours im Jahre 371:
»Herr, unser Gott,
in diesem Mahl
hast du uns das heilige Brot gereicht
als Zeichen der Einheit
und als Erweis deiner Vatergüte.
Hilf uns, nach dem Vorbild des heiligen Martin
deinen Willen zu tun,
damit wir gleich ihm dir wahrhaft angehören.
Darum bitten wir durch Christus, unseren Herrn.«

Das Tagesgebet und das Schlußgebet aus der französischen Tradition sind ein Gewinn für die Martinsliturgie. Sie lassen Konturen der geistlichen Gestalt Martins erkennen, wie sie Sulpicius Severus in seinen Schriften darstellte. Zusammen mit dem neu ausgewählten Evangelium, das im Kommunionvers noch einmal anklingt (Mt 25,40), tragen sie zur inhaltlichen Konzentration der Martinsfeier bei.

Die Diözese Rottenburg-Stuttgart ergriff in Zusammenarbeit mit der Diözese Mainz die Chance der Liturgischen Erneuerung und bereicherte die Martinsliturgie mit zwei Texten, die 1976 in dem offiziellen Faszikel ihrer Eigenfeiern veröffentlicht wurden: Präfation und Feierlicher Schlußsegen.[34]

Die Präfation, deren Text in der Benediktinerinnenabtei Kellenried in Oberschwaben entworfen wurde, folgt dem Leitgedanken: »Martin auf dem Weg des Glaubens, der Hoffnung und der Liebe.« Sein vorbildlicher Weg ist Grund zum Lobpreis und zur Danksagung:

»In Wahrheit ist es würdig und recht, dir, allmächtiger Vater, zu danken und dein Erbarmen zu preisen. Denn in den Heiligen offenbarst du deine Güte und schenkst uns im heiligen Martinus einen Bischof nach dem Bild des Guten Hirten: Im Glauben führte er alle, die ihm anvertraut, sicher auf dem Weg des Evangeliums; in der Hoffnung folgte er dem Gekreuzigten und trug die Last seines Amtes bis zum Ende; in Liebe öffnete er sein Herz für die Not des Armen und durfte in ihm Jesus Christus erkennen. Darum preisen wir dich mit allen Engeln und Heiligen und singen vereint mit ihnen das Lob deiner Herrlichkeit.«

Der Schlußsegen zum Martinsfest nach Art der altgallischen Segensformeln verbindet die Anrufung des dreifaltigen Gottes mit drei Segensbitten, die sich jeweils auf das Leben und Wirken Martins beziehen:

»Gott, unser Vater, schenke euch seine Güte, die er kundgetan hat im Leben und Wirken des heiligen Martinus.

Martinus liebte Gott und die Menschen. Eure Liebe nehme zu an Einsicht und Verständnis, damit ihr euch immer für das entscheiden könnt, worauf es ankommt (vgl. Phil 1,9).

Unerschrocken verkündete Martinus das Evangelium und scheute keine Mühe. Seine Fürsprache helfe euch, Christus durch euer Leben zu bezeugen.

Das gewähre euch der dreieinige Gott, der Vater und der Sohn und der Heilige Geist. Amen.«

St. Martin in der Volksfrömmigkeit

Primärer Ort der Heiligenverehrung ist die Liturgie des Stundengebets und der Meßfeier. Es ist angemessen und sinnvoll, wenn die Liturgie in der Volksfrömmigkeit weiterklingt, und die Volksfrömmigkeit zur Liturgie hinführt. In der Verehrung des Diözesanpatrons Martin verdienen zwei Formen der Volksfrömmigkeit Beachtung: Lied und Andacht.

Martinslied

Ursprünglich waren Patronatslieder wie das Martinslied in der Volksfrömmigkeit beheimatet. Mit den muttersprachlichen Kirchenliedern sind in der Liturgiereform des Zweiten Vatikanischen Konzils auch die Patronatslieder amtlich liturgiefähig geworden.[35]

Die Geschichte des Rottenburger Diözesangesangbuchs³⁶ spiegelt die Geschichte des Martinsliedes im schwäbischen Bistum wider.

»Katholisches Gesang- und Gebetbuch zur Feier des öffentlichen Gottesdienstes im Bißthum Rottenburg« war eine Veröffentlichung betitelt, die Domkapitular Urban von Ströbele im Jahre 1837 im Auftrag von Bischof Johann Baptist von Keller vorlegte.³⁷ Dieses Gesangbuch galt auf Weisung des Königlichen katholischen Kirchenrats in Stuttgart nur als »Privatarbeit«³⁸, nicht als offizielle Ausgabe. Ein Lied zum Diözesanpatron Martinus ist darin (noch) nicht zu finden.

»Katholisches Gesangbuch aus der Diözese Rottenburg« nannte Georg Kautzer, Stadtpfarrer in Lauchheim (Dekanat Ellwangen), seine Publikation, die er mit Approbation von Bischof Joseph von Lipp 1850 herausbrachte.³⁹ Im Vorwort verwies Kautzer auf die von ihm benutzten Quellen und fügte die bescheiden klingende Bemerkung hinzu: »Das Wenige, was ein lieber Freund und ich beigesteuert, will weiter nichts als Lückenbüßer und Melodienträger seyn.«⁴⁰ Der »liebe Freund« war Karl Wilhelm Friedrich Stempfle, Pfarrer in Zöbingen (Dekanat Ellwangen). Aus seiner Feder stammt das erste Martinuslied der Diözese Rottenburg, das er 1857 auch in seinem Gedichtbändchen »Knospen und Blüthen« veröffentlichte: »Martinus auf! Den Hirtenstab nimm noch einmal in deine Hand«⁴¹.

Die Urfassung kennt zehn vierzeilige Strophen. Stempfle schied in seiner Gedichtsammlung bereits eine sprachlich und inhaltlich weniger geeignete Strophe aus. In den Rottenburger Diözesangesangbüchern 1865, 1904 und 1949 findet sich das Martinuslied, noch einmal gekürzt, nur mit sechs Strophen.

Die frische, schwungvolle Melodie ist ungleich älter als der Text. Sie ist im wesentlichen zu finden in einem der wichtigsten und prächtigsten katholischen Gesangbücher des 16. Jahrhunderts, das Johann Leisentrit, Domdekan in Bautzen, erstmals 1567 herausgegeben hat: »Geistliche Lieder und Psalmen«. Dort steht sie mit dem Titel »Ein schöner Hymnus vnd lobgesang, am tage Michaelis« und mit dem Text »Herr Gott dich loben alle wir«.⁴²

Das erste Rottenburger Martinslied haben Generationen mit Begeisterung und Bewegung gesungen. Wie immer man seinen Text beurteilen mag – dem Lied kommt das Verdienst zu, die Gemeinden in der Martinsfrömmigkeit verbunden zu haben:

»Martinus auf! Den Hirtenstab
Nimm noch einmal in deine Hand;
Auf, von dem Himmel steig' herab,
Geh' segnend durch das ganze Land!

(Ja heiliger Martin von Tours,
Schenk' uns die Hirten deiner Zeit,
Treu ihrer Kirche, ihrem Schwur,
Auf allen Wegen zum Geleit.)

Die Geißel und dein Bußgewand
Bei Wachen, Fasten und Gebet,
Gib uns als Waffen in die Hand,
Wo Höll' und Satan vor uns steht.

Weck' auf die Todten allzumal,
Wo Glaub' und Lieb' begraben liegt,
Weck' auf, weck' auf, bis überall
Der Ruhm der Kirche Christi siegt.

Gib deinen Mantel, wo wer arm,
An Herz und Liebe nackt und bloß,
Wo nie das Mitleid lebenswarm
Sich für des Bruders Noth erschloß.

Sag's deinem Herrn, getreuer Knecht,
Wo's seinen Kindern noch gebricht,
Und führ' uns treulich, führ' uns recht
Zu Christi Liebe, Christi Licht.

(Wenn dann vor'm Himmelsthor wir All'
Als arme Sünder bettelnd steh'n,
Theil' deinen Mantel noch einmal,
Laß Gott nicht uns're Blöße seh'n;)

(Bedeck' uns vor dem Aug' des Herrn,
Bedeck' uns mit der Liebe dein,
Und bitt' für uns, so wird er gern
Uns ein barmherz'ger Richter sein.)

Martinus auf, sei uns zur Wehr
Im Leben und im Tod bereit,
Der Kampf ist heiß, der Sieg ist schwer,
Hilf uns zu Christi Herrlichkeit!«[43]

Die literarische Idee des Martinusliedes[44] verbindet die einzelnen Strophen miteinander und garantiert eine gedankliche Konzentration: Das Lied ruft Martinus gewissermaßen zu einer Pastoralreise »durch das ganze Land« auf, damit er auf dem Hintergrund seiner Lebensgeschichte von neuem seines Hirtenamtes walte. Die an Martinus gerichteten Imperative durchziehen das Lied von der ersten bis zur letzten Strophe.

Die singende Gemeinde wird in das Wirken Martins einbezogen: Sie bedarf des Segens des exemplarischen Bischofs, der Geißel und des Bußgewandes des Mönches, seiner Wundertaten, die Glaube und Liebe zu neuem Leben erwecken, seines geteilten Mantels, wo das Mitleid mit dem Notleidenden geschwunden ist, seiner Fürsprache und seines Weggeleits zur Vollendung in Christus.

Der christologische Bezug kommt nur zweimal zur Sprache. Martin führt die Glaubenden unterwegs »zu Christi Liebe, Christi Licht« und geleitet sie zum Ziel des Christenlebens, zu »Christi Herrlichkeit«. Die Christusverbundenheit Martins, die Sulpicius Severus so sehr betont, wird allerdings nur verhalten in Worte gefaßt. Martin als Freund und Zeuge Christi gerät kaum in den Blick.

Als das dritte Rottenburger Diözesangesangbuch (1949) im Gebrauch war, wurde immer wieder der Wunsch nach einem neuen Text des Martinsliedes geäußert. Die Melodie erfreute sich allgemeiner Beliebtheit, der Text aber wurde mehr und mehr als altertümlich und ungenügend empfunden. Der Versuch, bereits im Martinsjahr 1961 zu einer zeitgemäßen Textfassung zu kommen, schlug fehl.[45] Bei der Erarbeitung des Diözesanteils des »Gotteslob« kam das Desiderat häufig zur Sprache. Entwürfe bekannter Liedautoren wie Friedrich Dörr[46], Georg Thurmair, Maria Luise Thurmair wurden eingeholt, aber keiner konnte die Zustimmung der Verantwortlichen im Bischöflichen Ordinariat und in der diözesanen Gesangbuchkommission finden. Schließlich legte Akademiedirektor Hans Starz 1974 aus eigener Initiative einen Entwurf vor, den er dann zusammen mit Pfarrer Ernst Hofmann gründlich überarbeitete. Die Mühe der beiden Liedautoren hat sich gelohnt. Der Text fand dankbare Anerkennung. Die Akzeptanz in der Diözese und in den Gemeinden ist ungebrochen:

»Sankt Martin, dir ist anvertraut
das Volk des Herrn in unserm Land.
Heut die Gemeinde auf dich schaut,
auf deinen Mantel, deine Hand.

Schon früh hast du das Wort gehört,
das dich zu Christi Dienst entbot.
Der Liebe schenkt und Liebe lehrt,
gewann dein Herz für fremde Not.

Du wählst als Mönch die Einsamkeit
und lebst in Buße und Gebet,
verkündest Christi Herrlichkeit,
die leuchtend dir vor Augen steht.

Als Bischof voller Glaubenskraft
entziehst du dich der Mühsal nicht
und stärkst auf seiner Pilgerschaft
das Volk in Lieb und Zuversicht.

Martinus, dich hat Gott geehrt;
sei nun zur Hilf für uns bereit,
daß die Gemeinde sich bewährt
und Hoffnung trägt in unsre Zeit.«[47]

Das Lied spricht Stationen der Lebensgeschichte Martins an und hält sich an einzelne Ereignisse und ihre chronologische Folge, wie sie Sulpicius Severus vorgegeben und geschildert hat.

Es gehört zu den unbestreitbaren Vorzügen des Liedes, daß bereits die erste Strophe seinen besonderen Charakter deutlich macht: Die singende Gemeinde tritt in einen geistlichen Dialog mit ihrem Diözesanpatron Martinus. Das Lied verbindet die Diözese und ihre Gemeinden mit ihrem Patron, schafft aber auch Gemeinsamkeit unter den Gemeinden. Die Diözese Rottenburg-Stuttgart besitzt ein zeitgemäßes Patronatslied, das dem besonderen Genus solcher Lieder entspricht.

Martin beim Namen nennen heißt, sich zuerst und zunächst der bekannten »Szene der Barmherzigkeit«

Abbildung 4
Hl. Martinus, Hinterglasmalerei,
Seehausen/Staffelsee, Heimat-
museum Riedlingen

vor den Toren der Stadt Amiens zu erinnern. Der halbierte Mantel des römischen Offiziers und seine gütigen, teilenden Hände kommen in den Blick. Die Mantelteilung gehört nicht nur unauslöschlich zur Biographie des Martinus, sondern auch als markante, exemplarische Tat aus der Gesinnung der Caritas in die Geschichte der christlichen Liebestätigkeit.

Aller Wahrscheinlichkeit nach war Martin sechs Jahre Taufbewerber. Die zweite Strophe sieht die Mantelteilung im Zusammenhang mit dieser langen Einübungs- und Bewährungszeit vor seiner Taufe. Den besten Kommentar gibt Sulpicius Severus: »Er stand den Kranken bei, unterstützte die Armen, nährte Hungernde, kleidete Nackte. Von seinem Sold behielt er nur das für sich, was er zum täglichen Leben brauchte. Schon damals war er kein tauber Hörer des Evangeliums. Denn um den morgigen Tag sorgte er sich nicht (vgl. Mt 6,34).«[48]

Martins Berufung zum Mönch (von ihr singt die dritte Strophe) gab seinem Christenleben die prägende Gestalt. Aus seiner Zelle in Ligugé entstand das erste Kloster auf gallischem Boden. In der Einsamkeit wuchs Martin zu einem Mann des Gebetes heran. »Es verging keine Stunde und kein Augenblick, da er sich nicht dem Gebet gewidmet oder der Lesung hingegeben hätte. Doch auch beim Lesen oder irgendeiner anderen Arbeit ließ er nie im inneren Beten nach.«[49] Durch seine konsequente Lebensweise verkündete er Christus. Sulpicius Severus faßt seine geistliche Ausstrahlung in dem einen Satz zusammen: »In seinem Munde war nie etwas anderes als Christus.«[50]

Schließlich wurde der berühmte Mönch zum Bischof von Tours gewählt. Die vierte Strophe sieht ihn als »Bischof voller Glaubenskraft«, der als geisterfüllter Missionar durch Gallien zog, um das Evangelium

165

zu verkünden und durch Krankenheilungen und Totenerweckungen zu bezeugen. Sein pastoraler Eifer zeigte sich noch einmal, als er, den Tod vor Augen, betete: »Herr, wenn dein Volk mich noch braucht, dann will ich mich der Mühsal nicht verweigern. Dein Wille geschehe!«[51]

Das Lied faßt zu Beginn der fünften Strophe den Lebensweg des Bischofs von Tours mit einer Glaubensaussage zusammen: »Martinus, dich hat Gott geehrt«. Zum Lob des Heiligen fügt sich eine Bitte ganz im Sinne des Sulpicius Severus an: »Glaube es mir, Martinus wird nicht von uns weichen, nein, er wird nicht von uns weichen: er wird bei uns sein, wenn wir von ihm reden, er wird zugegen sein, wenn wir beten.«[52] Martin ist eine Hoffnungsgestalt der Kirchengeschichte; mit seiner Hilfe kann die Kirche zur Hoffnungsträgerin auch für unsere Zeit werden.

Andacht

Ein Blick in die Diözesangesangbücher von 1865[53], 1904[54] und 1949[55] zeigt, daß die aus der früheren Diözese Konstanz stammende Tradition der deutschen Vesper noch lebendig ist. Das Gesangbuch von 1865 enthält eine deutsche Vesper am Fest Allerheilgen und an den übrigen Gedächtnistagen der Heiligen, während das Gesangbuch 1904 eine deutsche Vesperandacht an den Festen der Heiligen vorsieht. Das Gesangbuch von 1949 bietet erstmals in der diözesanen Liturgiegeschichte eine Vesper für das Martinusfest an. Der Diözesanteil des »Gotteslob« von 1975 ergänzt die im Stammteil aufgeführte Heiligenvesper am Fest des Bischofs Martinus mit einer eigenen Antiphon zum Magnificat.

Diese lobenswerte Vespertradition mag ein wichtiger Grund sein, warum das Angebot der Andachten zum heiligen Martin sehr gering ist. Die Gesangbücher von 1865 und 1904 enthalten nur ein gleichlautendes Communeformular: »Andacht zum heiligen Kirchen- und Schutzpatron«. Das Gesangbuch von 1949 weist überhaupt keine Heiligenandacht auf. Die Folgerung liegt nahe, daß der heilige Martin in den Andachten kaum eine Rolle spielte. Seine Gestalt wurde der Volksfrömmigkeit in Schriftlesung, Betrachtung und Gebet nicht oder nur selten erschlossen.

Diesem offenkundigen Mangel suchte man im Martinsjahr 1961 abzuhelfen. Im Auftrag des Bischöflichen Ordinariats erstellten der in der Redaktion des Gesangbuchs 1949 bewährte Pfarrer Erich Dolderer, Herlazhofen, eine »Andacht zu Ehren unseres Diözesanpatrons, des heiligen Bischofs Martinus«[56], und Stadtpfarrer Franz Josef Kuhnle, Künzelsau, eine »Feierstunde zu Ehren des heiligen Bischofs Martinus«[57]. Beide in Broschüren verbreitete Gottesdienstmodelle sind in sympathischer Weise bemüht, ein vor allem an Sulpicius Severus orientiertes, umfassendes Bild des Diözesanpatrons zu vermitteln und zeitgemäße Anliegen in Lob, Dank und Bitte zur Sprache zu bringen.

Die erste Martinsandacht in der Geschichte der Diözese Rottenburg mit den Abschnitten »Leuchte der Kirche«, »Beter und Büßer«, »Vorbild der Liebe«, »Vorkämpfer des Glaubens«, »Patron unserer Diözese« wurde nach 1961 in das Diözesangesangbuch eingefügt. Diese Initiative zur Förderung der Volksfrömmigkeit ist begrüßenswert, auch wenn sie viel zu spät verwirklicht wurde. Eine offenkundige Lücke in der Thematik der Andachten wurde geschlossen.

Für den Diözesananteil des »Gotteslob« erarbeitete Dozent Werner Groß, Rottenburg, 1974 einen Wortgottesdienst zum Fest des Diözesanpatrons Martinus mit dem Titel »Der Heilige der Barmherzigkeit«. Die Form des Gottesdienstes berücksichtigt eine Weisung des Zweiten Vatikanischen Konzils: »Zu fördern sind eigene Wortgottesdienste …«[58] In der Verkündigung kommen die Lebensgeschichte und die Legende des heiligen Martin sowie als neutestamentlicher Schlüsseltext das Hohelied der Liebe (1 Kor 13,1–8a) zu Wort. Der Lobpreis bringt das Leben und Wirken Martins in den Zusammenhang mit den großen Taten Gottes. Die Fürbitten beginnen mit einer Litanei der schwäbischen Heiligen und Seligen; in ihrer Gemeinschaft wird Martin verehrt und um seine Fürsprache angerufen.

Neben die Andacht trat der Wortgottesdienst; in ihn kann nicht nur die Volksfrömmigkeit eingehen, er ist eine neu entdeckte alte gottesdienstliche Form sowie ein Teil der diözesanen Liturgie.

Martinusjahr 1961

Ein unübersehbarer Markstein für die Entwicklung der Martinsverehrung in der Diözese Rottenburg stellt das Jahr 1961 dar. Es steht im Umkreis zweier Jubiläen, das eine aus der Lebens-, das andere aus der Wirkungsgeschichte des Bischofs von Tours:

– Im Jahre 360 zog sich Martin nach Ligugé, in der Nähe von Poitiers gelegen, zurück. Aus seiner Zelle entwickelte sich eine klösterliche Gemeinschaft. Ligugé gilt als das erste Kloster Galliens und des Abendlandes.

– Am 14. Dezember 1860 wurde das Grab Martins, das seit der Verwüstung der Kathedrale in Tours im Hugenottenkrieg (1562) und in der Französischen Revolution (1793) verschollen war, wiederentdeckt. Dieses vielfach dankbar registrierte Ereignis löste in seiner ehemaligen Bischofsstadt und Diözese eine Renaissance seiner Verehrung aus.[59]

Beide Jubiläen nahm Papst Johannes XXIII. zum Anlaß, das Jahr 1961, beginnend mit dem Martinsfest 1960, zum Martinsjahr zu proklamieren. Bischof Carl Joseph Leiprecht schloß sich der päpstlichen Initiative an und kündigte in seiner Silvesterpredigt 1960 im Rottenburger Dom für das Bistum Rottenburg ein Jubiläumsjahr zu Ehren des Diözesanpatrons an: »Machen wir das Jahr 1961 als Martinusjahr zum Jahr der Nächstenliebe.«[60]

Ein Martinsjahr war für die Diözese Rottenburg in jeder Hinsicht eine Premiere. Das 1500jährige Todesjahr Martins anno 1897 fand im Bistum keine besondere Berücksichtigung. Der Erste Weltkrieg aber verhinderte ein festliches Gedächtnis seines 1600jährigen Geburtstages im Jahre 1916/1917.

Ziel

In der ersten offiziellen Verlautbarung zum Martinsjahr wird dessen pastorales und spirituelles Ziel so angesprochen: Martinus soll in der unter seinem Patronat stehenden Diözese »wieder mehr vertraut werden: Martinus, der Mönchsvater, der die Brücke schlug zwischen morgenländischer und abendländischer Frömmigkeit in der einen katholischen Kirche, der Mann des Glaubens und des Betens, der Ost und West miteinander verbunden hat, der Bischof und Erneuerer des religiösen Lebens in seiner Diözese«[61].

Bischof Leiprecht stellte in den Mittelpunkt seines Fastenhirtenbriefs 1961 »die Gestalt des heiligen Martinus und sein großes religiöses Erneuerungswerk«[62]. Mit einer Kennzeichnung des Diözesanpatrons anhand der Biographie des Sulpicius Severus verband er aktuelle pastorale Zielsetzungen: »der Heilige des unerschütterlichen Glaubens«, »der gottinnige Beter«, »der kraftvolle Erneuerer des religiösen Lebens« und »das leuchtende Vorbild christlicher Nächstenliebe«. Im Rückblick auf die Rottenburger Diözesansynode im November 1960 betonte der Bischof besonders »die religiöse Vertiefung und Verinnerlichung unserer Pfarrgemeinden aus dem Geheimnis der heiligen Eucharistie«: »Christus war für den heiligen Martinus der Weg zum Vater. Christus und die Christusgemeinschaft in der heiligen Eucharistie ist auch für uns und unsere Gemeinden der Fasten- und Osterweg, ja der Lebensweg, den wir zu gehen haben.« Mit großer pastoraler Intensität mahnte er: »Seid ernstlich bemüht um die lebendige Gestaltung Eures Gottesdienstes, um die würdige Feier der heiligen Eucharistie!« In seiner Verkündigung im Lauf des Martinsjahres war Bischof Leiprecht bestrebt, (wie er rückblickend selbst formulierte) »die Gestalt unseres Diözesanpatrons der Vergangenheit zu entreißen«[63].

Initiativen

Unterstützt wurden die Pfarrer und Katecheten, die Gemeinden und Verbände durch pastorale und liturgische Handreichungen, für die das Bischöfliche Seelsorgeamt verantwortlich zeichnete. Ihre Brauchbarkeit wurde allgemein anerkannt, weil sie inhaltsreich, praxisorientiert und nicht allzu umfangreich angelegt waren. Eine Nummer des diözesanen »Materialdienstes« enthielt homiletische und katechetische Entwürfe sowie ein Modell für das Spiel der Mantelteilung am Abend des 11. November.[64] Beachtung verdient ein an Sulpicius Severus und Reinhold Schneider orientierter Aufsatz von Rainer Leitelt: »Die innere Gestalt des heiligen Martinus«[65]. Der Caritasverband gab ein eigenes Werkheft heraus: »St. Martinus ruft zu helfender Tat«[66].

Dem Martinusjubiläum sind zwei längst fällige Ergänzungen des Rottenburger Gesangbuches zu verdanken, die über das Martinsjahr hinaus bis zum Erscheinen des »Gotteslob« (1975) gute Dienste taten:
– »Andacht zu Ehren unseres Diözesanpatrons, des heiligen Bischofs Martinus«
– »Feierstunde zu Ehren des heiligen Bischofs Martinus«.

Das »Katholische Sonntagsblatt«, das Bistumsblatt der Diözese Rottenburg, veröffentlichte während des ganzen Martinsjahres in unregelmäßiger Folge Beiträge über den Diözesanpatron. Die Anfänge seiner Verehrung im jetzigen Territorium der Diözese Rottenburg wurden skizziert und seine zahlreichen Patrozinien wurden im Überblick präsentiert.[67] Beispiele seiner zahlreichen Gemälde und Skulpturen quer durch die Kunstgeschichte wurden vorgestellt.[68] Das diözesane Martinslied und sein Verfasser erhielten eine entsprechende Würdigung.[69]

Das Martinsjahr wurde zu einem Jahr zahlreicher Wallfahrten. An erster Stelle ist die jährliche diözesane Lourdeswallfahrt zu nennen, die 1961 unter Leitung des Diözesanbischofs auch nach Tours und Ligugé führte. Den Spuren des heiligen Martin an den Orten seines Lebens und Wirkens zu begegnen, wurde für zahlreiche Pilger und Pilgerinnen zu einem einmaligen geistlichen Erlebnis. Häufiges Ziel der Wallfahrten der Gemeinden und Dekanate war (außer bedeutenden Martinskirchen im Bistum) vor allem der Dom zu Rottenburg. Bischof Leiprecht kommentierte dankbar:

»Das neue Verhältnis, das dabei zum Diözesanpatron gewonnen wurde, hat auch die Verbindung zum Diözesanbischof neu gestärkt.«[70] Insgesamt hat das Jubiläumsjahr die Identität der schwäbischen Martinsdiözese vertieft. Bischof Leiprecht sprach von einem »Brückenschlag von der Vergangenheit zur Gegenwart«[71].

Die Chance zu pastoraler Fort- und Weiterbildung, die das Martinsjahr brachte, wurde mit Erfolg ergriffen. Ein Beispiel sind die Caritas-Priestertage in Aulendorf, Ulm, Stuttgart, Heilbronn, Ellwangen und Rottweil. Das im Blick auf Martin, den Heiligen der Nächstenliebe, gewählte Thema der Konferenzen lautete: »Die Caritasaufgaben in der heutigen Seelsorge«[72].

Martinsfestwoche

Das Martinsjahr 1961 fand seinen Abschluß mit einer Martinsfestwoche Anfang November in Rottenburg[73]. Auf dem Programm standen die Martinusfeier für die Bischofsstadt, die zweitägige jährliche Dekanenkonferenz, der Wallfahrtstag der Welt- und Ordenspriester, der Wallfahrtstag der Ordensschwestern, der Wallfahrtstag der Jugend und schließlich die Martinusfeier der Diözese. Die festlichen Eucharistiefeiern leiteten der Apostolische Nuntius, Dr. Konrad Bafile, Erzbischof Hermann Schäufele, Freiburg, Bischof Carl Joseph Leiprecht, Bischof Josephus Hasler, St. Gallen, und Weihbischof Wilhelm Sedlmeier. Am Predigtdienst beteiligten sich Äbte aus dem Benediktinerorden, wohl eingeladen in Anerkennung der Tatsache, daß die Benediktiner, beginnend mit ihrem Ordensgründer, die Verehrung des heiligen Martin durch die Jahrhunderte sehr gefördert hatten: Benedikt Reetz, Beuron, Wilfrid Fenker, Weingarten, und Vitalis Maier, Ottobeuren. Zwei Referate stellten die Martinusfeier in den aktuellen Zusammenhang des christlichen Glaubens und Lebens heute: »Der Weltauftrag des Christen in der pluralistischen Gesellschaft« (Professor Franz Xaver Arnold, Tübingen) und »Der Mensch von heute in der Spannung zwischen christlichem Glauben und modernem Atheismus« (Professor Alfons Auer, Würzburg).

Wie kein anderes Ereignis in der bisherigen Diözesangeschichte ließ die Martinuswoche 1961 das Profil des Diözesanpatrons aufleuchten. Das vielfältige Bemühen verdient Anerkennung, Martin nicht nur als prägende Gestalt der Vergangenheit zu begreifen, sondern auch als Wegweiser für Gegenwart und Zukunft. Das Martinsjahr kann insgesamt als ein gelungenes Beispiel gelten, das Profil und die Popularität eines Heiligen zu verstärken und zu vertiefen.

Martinus-Darstellungen

Bedingt durch die zahlreichen Martinus-Patrozinien finden sich in Kirchen der Diözese Rottenburg-Stuttgart viele künstlerische Darstellungen des Bischofs von Tours. Bekannt geworden sind vor allem zwei Martinsbilder, die allerdings nicht in schwäbischen Kirchen zu sehen sind.

Als 1904 das zweite Rottenburger Diözesangesangbuch erschien, erhielt es als Titelbild eine Martinsdarstellung der »Beuroner Schule«. Es zeigt den heiligen Martin als Patron der Klosterkirche Beuron. In bischöflicher Gewandung, mit Hirtenstab und Mitra, hält er auf seiner rechten Hand ein Modell der Beuroner Abteikirche. Entworfen und ausgeführt wurde dieses Ölgemälde im Jahre 1875 von den Benediktinerpatres Gabriel Wüger und Andreas Amrhein für einen der Seitenaltäre der Abteikirche. Heute hängt dieses Gemälde im Foyer des Beuroner Klostergebäudes.[74]

Wahrscheinlich hat Bischof Paul Wilhelm von Keppler mit seiner dezidierten künstlerischen Auffassung und Richtung die Auswahl des Bildes maßgeblich bestimmt. So kam es, daß ein Beuroner Patronatsbild über vierzig Jahre lang das bekannteste Martinsbild in der schwäbischen Diözese war. Als 1949 ein neues Gesangbuch mit anderer Bebilderung herauskam, war es freilich rasch vergessen.

Heute steht in der Diözese Rottenburg-Stuttgart und weit darüber hinaus ein anderes Bild des Diözesanpatrons im Vordergrund: Die Mantelteilung des heiligen Martin. Dieses oberdeutsche Tafelbild, das von einem unbekannten Flügelaltar stammt und um das Jahr 1440 gemalt wurde, hat nunmehr als herausragende Kostbarkeit seinen Vorzugsplatz im Eingangsbereich des 1996 eröffneten neuen Rottenburger Diözesanmuseums (s. Abb. S. 233).

Abbildung 5
Hl. Martin, Frontispiz des Rottenburger Diözesangesangbuchs 1904, »Beuroner Schule«

Bischof Joseph von Lipp hat dieses Tafelbild im Jahre 1862 aus der Sammlung seines Freundes, des Rottweiler Stadtpfarrers Johann Georg Martin Dursch, erworben; daher gehört es zum Urbestand des Diözesanmuseums Rottenburg. Pfarrer Albert Pfeffer hat dieses Frühwerk der Tafelmalerei in seinem 1928 erschienenen Bildband »Das Diözesanmuseum in Rottenburg« erstmals publiziert.[75] Bewußt setzte er die Reproduktion dieses Tafelbildes in exzellentem Vierfarbendruck an die erste Stelle der vierzehn Bildwiedergaben. In der Martinswoche 1961 war dieses Kunstwerk mit seiner kaum beschreibbaren Aussage- und Anziehungskraft im Chor des Doms aufgehängt und bildete den Mittelpunkt der festlichen Gottesdienste und Feiern.

Was dieses Bild auszeichnet, ist die auf die Diagonale ausgerichtete Komposition. »Dadurch entsteht der doppeldeutige Eindruck, daß Christus nicht nur der Empfangende ist, daß die Linie vom Bettler über den heiligen Martin hinaufführt zu Gott, sondern auch umgekehrt, daß eine Linie hinabgeht von Christus über den heiligen Martin zum Bettler, so daß der Heilige als der verlängerte Arm der Barmherzigkeit erscheint.«[76]

Zwei Martinsdarstellungen in der Diözese Rottenburg-Stuttgart aus dem 20. Jahrhundert erinnern an die erlebte und erlittene Not und Bedrängnis dieser Zeit, in der Martin von Tours als Helfer und Beschützer erfahren wurde.

In der Pfarrkirche St. Martin in Leutkirch sind am Ostabschluß der Seitenschiffe zwei große Freskobilder

Abbildung 6
Freskobild in St. Martin Leutkirch von Albert Burkhart, 1935/1936

zu sehen, die Heilige der Caritas zeigen: links Elisabeth von Thüringen, rechts Martin von Tours.[77] Der aus Riedlingen stammende und in München arbeitende Maler Albert Burkhart hat die Fesken 1935/36 wohl auf dem Hintergrund der wirtschaftlichen und sozialen Krise der beginnenden dreißiger Jahre geschaffen. Auffallend sind »die gedämpfte, erdfarbene Kolorierung und vor allem das spannungsreiche Wi-

*Abbildung 7
Martins-Brunnen vor der Basilika
in Weingarten von Maria Elisabeth
Stapp*

derspiel zwischen zentraler Monumentalfigur und umgebenden Bilderzählungen«[78]. Der überlebensgroßen Gestalt des Bischofs von Tours sind sechs Bilder aus seiner Lebensgeschichte zugeordnet. Beachtung verdient ein Bild mit Seltenheitswert: Bischof Martin, dessen Haupt eine strahlende Sonne umgibt, bei der Meßfeier. Der Künstler greift eine Erzählung aus der Biographie des Sulpicius Severus[79] auf, aber auch den Ehrennamen »Sonne Galliens«, der Martin immer wieder von gallischen Autoren zugesprochen wurde. Ein Schriftband faßt den Bildinhalt zusammen: »Beatus vir, qui timet dominum, in mandatis eius volet nimis« (Wohl dem Mann, der den Herrn fürchtet und sich herzlich freut an seinen Geboten) (Ps 112,1).

Seit dem Jahr 1954 steht in Weingarten am Fuß des Martinsberges, über dem Treppenaufgang zur Basilika ein monumentaler, vierschaliger Brunnen, der gekrönt ist mit einer überlebensgroßen Darstellung der Mantelteilung des heiligen Martin. Dieses steinerne Bildnis des römischen Offiziers Martin, hoch zu Roß, an das sich der nackte Bettler mit dem geteilten Mantel schmiegt, besticht durch seine kraftvolle, auf das Wesentliche konzentrierte Gestalt. Martin, der aufrechte Mann, schaut gütig auf den armen Bettler. Der Martinsbrunnen ist ein Werk der Bildhauerin Maria Elisabeth Stapp, die ebenfalls in Riedlingen geboren wurde, damals in Ravensburg und später in Mooshausen lebte.[80]

Dieses Monument erinnert an die Geschichte Weingartens im Zweiten Weltkrieg. Der abgesetzte

Abbildung 8
Martins-Brunnen in Leutkirch von
Josef Henselmann, 1984

Bürgermeister Wilhelm Braun war als Gegner des nationalsozialistischen Regimes Mitte April 1945 inhaftiert worden und sollte hingerichtet werden. »Damals gelobte er, ein Denkmal des Dankes zu errichten, sollte er die Stadt Weingarten unversehrt vorfinden. 1945 begann er, seinen Vorsatz zu verwirklichen … Erst sieben Jahre später konfrontierte Braun den Gemeinderat mit diesem Vorhaben. 1954 wurde das Denkmal samt Brunnen eingeweiht.«[81] In die Steinwand zwischen Plastik und Brunnen ist eine biblische Inschrift eingearbeitet, die das Motiv zur Errichtung des Monuments in wenige Worte faßt; sie stammt aus den Klageliedern des Propheten Jeremia (3,22): »Barmherzigkeit des Herrn ist es, daß wir nicht vernichtet sind.« Der Martinsbrunnen in seiner eindrucksvollen künstlerischen Gestaltung ist Zeitzeuge und Glaubenszeuge; im Bildnis des heiligen Martin verbindet er die Vergangenheit mit der Gegenwart und Zukunft. Die Martinsfrömmigkeit hat im Herzen der Stadt Weingarten eine neue öffentliche Dokumentation gefunden.

Zu den jüngsten Martinsdarstellungen in der Diözese Rottenburg-Stuttgart gehören zwei Bronzeskulpturen des Bildhauers Josef Henselmann, der aus Laiz stammte und in München tätig war: der 1984 aufgestellte Martinsbrunnen in der Altstadt von Leutkirch, der die Szene der Mantelteilung zeigt, sowie die 1986 vor der Pfarrkirche Altheim bei Riedlingen im Rahmen der Neugestaltung des Dorfmittelpunkts plazierte, unkonventionelle Martinsgruppe.[82] Henselmann präsentiert den heiligen Martin an eine Garbe lehnend, von fünf Gänsen umgeben, die ihn nach einer weit verbreiteten Legende durch ihr Schnattern verrieten, als er sich in einem Gänsestall verborgen

Abbildung 9
Martins-Brunnen in Altheim bei
Riedlingen von Josef Henselmann,
1986

hielt, um nicht zum Bischof von Tours gewählt zu werden. Die Bescheidenheit und Demut Martins kommen in dieser originellen Skulptur zum Ausdruck, aber auch sein Hang zur Einsamkeit und seine Berufung zum Mönch und Bischof. Bezeichnend für die beiden Skulpturen Henselmanns ist der Standort: nicht in der dem heiligen Martin geweihten Kirche, sondern mitten in der Stadt, mitten im Dorf. Auf diese Weise wird die Weltoffenheit der Martinsfrömmigkeit dokumentiert.

Abbildung 10
Überreichung der Martinus-Medaille
durch Bischof Walter Kasper an
Maria Concepcion Amieva, 1994

Martinus-Medaille

Der Name des Diözesanpatrons ist mit einer Auszeichnung verbunden, die Bischof Georg Moser nach dem Vorbild anderer deutscher Bistümer gestiftet hat: »Martinus-Medaille der Diözese Rottenburg«[83]. Sie wurde als Zeichen des Dankes und in Anerkennung besonderer Verdienste Personen des kirchlichen und öffentlichen Lebens von ihm persönlich verliehen.

Die Medaille trägt auf der einen Seite das Bild des Diözesanpatrons St. Martin von Tours mit der Szene der Mantelteilung, auf der anderen zeigt sie den St.-Martins-Dom in Rottenburg, das Wappen des neunten Rottenburger Diözesanbischofs und seinen Wahlspruch »Ut habeant vitam – Damit sie das Leben haben«. Die Medaille wurde nach Entwürfen des Numismatikers Enrico Manfrini, Mailand, in Bronze und in Silber gefertigt.

Nach dem Tode von Bischof Moser im Jahre 1988 wurde die Martinus-Medaille in der Sedisvakanz nicht verliehen. Die offizielle Begründung: Die Martinus-Medaille war »nach Idee und Gestalt die ganz persönliche Gabe« des verstorbenen Bischofs.[84]

Im Jahre 1991 stiftete Bischof Walter Kasper eine neue Martinus-Medaille. Wiederum stellt sie auf der Vorderseite die Mantelspende des heiligen Martin dar, während auf der Rückseite die beiden Domkirchen von Rottenburg und Stuttgart, verbunden mit dem Diözesanwappen, zu sehen sind. Der 1978 mit päpstlicher Zustimmung eingeführte Doppelname »Diözese Rottenburg-Stuttgart« wird auf der Medaille ins Bild umgesetzt. Der Entwurf der Bronzearbeit stammt von Professor Inore Bezetta, Buja (Udine).

Die Martinus-Medaille wird nunmehr in der Regel am Martinsfest an ungefähr 24 Personen verliehen. »Geehrt werden solche Frauen und Männer, die über ihren amtlichen Dienst hinaus oder neben ihrer beruflichen Tätigkeit Zeit, Gesundheit, Kraft und Vermögen mit anderen im Sinne des heiligen Martinus geteilt haben. Es geht besonders um ehrenamtliche Dienste im Bereich von Kirche, Staat und Gesellschaft, aber auch um bemerkenswerte Taten Einzelpersonen gegenüber.«[85] Im Vordergrund steht das im Geist des Heiligen der Nächstenliebe ausgeübte Ehrenamt. Die Martinus-Medaille erinnert an den Bischof von Tours und bekundet, daß sein Beispiel christlichen Handelns nach wie vor maßgebend ist.

Martinus-Liebeswerk – Aktion Martinusmantel

Ein erster Schritt zur Organisation der Caritas in der Diözese Rottenburg[86] erfolgte in einem Erlaß, den Bischof Paul Wilhelm von Keppler am Martinsfest des Kriegsjahres 1916 unterzeichnete und im »Kirchlichen Amtsblatt« veröffentlichte: »Eine durchgreifende systematische Zusammenfassung aller katholischen caritativen Kräfte und Vereinigungen war schon vor dem Krieg nicht bloß wünschenswert, sondern als notwendig anerkannt worden. Der Krieg mit seinem unübersehbaren Gefolge von Not, Elend und Armut und mit den gewaltigen sozialen Problemen, die er geweckt hat, ohne sie lösen zu können, die er vielmehr der künftigen Friedenszeit als Erbe hinterlassen wird, hat diese Notwendigkeit noch verschärft.«[87] Das Datum des Erlasses über die »Caritas-Organisation« ist wohl bewußt gewählt, es hat programmatische und symbolische Bedeutung, auch wenn der Name des heiligen Martin in der Verlautbarung selbst nicht ausdrücklich erwähnt wird. Die caritative Arbeit in den einzelnen Gemeinden und in der ganzen Diözese wird als Martinstat gesehen, die aus einer Martinsgesinnung herauswachsen muß, um fruchtbar zu werden.

Nach der Gründung der örtlichen Wohlfahrtsausschüsse konnte am 5. Juni 1917 ein »Diözesan-Caritassekretariat« in Stuttgart errichtet werden, das am 15. Juli in den »Diözesan-Caritasverband« umgewandelt wurde.[88] Die Geschäftsführung übernahm der seitherige Caritas-Diözesansekretär Johannes Straubinger.

Der Caritasverband erlebte seine erste Bewährungsprobe in den Jahren nach dem Ersten Weltkrieg. Eine der anfänglichen Initiativen »im Abwehrkampf gegen die immer spürbarer werdende Nachkriegsnot und der damit verbundenen Geldentwertung bildete die Gründung des Martinus-Liebeswerkes«[89], das neben der allgemeinen Caritashilfe vor allem die caritativen Heime und Anstalten unterstützen sollte. Der Gründungserlaß, den Bischof Keppler am 16. April 1920 ausfertigte, hebt deutlich auf das verpflichtende Beispiel des heiligen Martin ab: »Wir sprechen hierdurch die Genehmigung zur Errichtung eines Liebeswerkes der Diözese Rottenburg unter dem Schutz und der Anrufung des hl. Martinus aus und bestellen zu dessen erstem Präses den hochw. Herrn Caritas-Direktor Dr. Straubinger, dem wir die ganze Leitung und Verwaltung dieses Liebeswerkes übertragen. Er möge uns jedes Jahr auf 1. Januar einen kurzen Bericht über den Stand des Werkes, dessen Einnahmen und deren Verwendung vorlegen. Wir begleiten die Gründung des Liebeswerkes mit unseren besten Segenswünschen. Möge es unter Anrufung und nach dem Vorbild seines Patrons, der in der Winterkälte den Mantel mit einem Armen teilte, vielen Verlassenen, Bedrängten und Gefährdeten Brot und Kleid, Trost und Kraft, Segen und Gnade vermitteln.«[90] Publikationsorgan des neuen Liebeswerkes wurde das »Martinusblatt«, das am 1. Mai 1920 in einer Auflage von 33 000 Exemplaren erstmals erschien.

Die Resonanz in der Diözese war nicht überall zustimmend, aber der Aufruf des Bischofs verhallte nicht ungehört. »Ein großer Teil des Volkes und der Geistlichkeit schenkte dem jungen Werk volle Unterstützung und vertraute ihm Gaben in einem Umfang an, den selbst Optimisten nicht erwartet hatten. Schon im ersten Vierteljahr kamen über 50 000 Mark zusammen. Im Jahr 1921 lag das Ergebnis sogar bereits um 100 000 Mark höher.«[91]

Der Diözesanpatron Martin von Tours wurde im zunehmenden Maße zum geistlichen Animator der Caritasarbeit, nicht zuletzt dank einer kontinuierlichen Bildungsarbeit. Die Diakonie, einer der drei Grunddienste der Kirche, bekam in der Diözese Rottenburg ein deutlicheres Profil.

Eine weitere sozial-caritative Initiative aus dem Geist des heiligen Martin ist die »Aktion Martinusmantel für Arbeitslose«, die am 11. November 1987 der Öffentlichkeit vorgestellt wurde. Diese Initiative, die in die bisherigen Maßnahmen der Diözese Rottenburg-Stuttgart gegen die Arbeitslosigkeit eingebettet ist, kommt besonders Jugendlichen zugute, vor allem solchen mit mäßigem Hauptschulabschluß, jugendlichen Ausländern, jungen Frauen sowie Ausbildungs- und Berufsabbrechern.

Drei bereits bestehende Arbeitsloseninitiativen in Heidenheim, Heilbronn und Ravensburg, die in Zusammenarbeit mit den zuständigen Arbeitsämtern entstanden sind, wurden als Orte der »Aktion Martinusmantel« bestimmt, um dort die Jugendlichen für Arbeit und Beruf besser zu qualifizieren, etwa durch Vorbereitung zum nachträglichen Erwerb des Hauptschulabschlusses, durch Deutschunterricht, durch Förderunterricht für Auszubildende, durch Einübung in den Arbeitsrhythmus und in andere Bedingungen der Arbeitswelt.

Ein weiteres Ziel der »Aktion Martinusmantel« ist die Bewußtseinsbildung von Männern und Frauen in Kommunen und Kirchengemeinden, damit sie besonders benachteiligte Gruppen ins Blickfeld bekommen und zum ehrenamtlichen Engagement angeregt werden.[92]

Förderer der Martinsverehrung in der Diözese Rottenburg-Stuttgart waren je auf ihre Weise die Bischöfe des schwäbischen Bistums. Für sie war der Bischof von Tours mit seinem überzeugenden Profil ein Leitbild ihres eigenen bischöflichen Wirkens. Dieser Blick auf den Diözesanpatron läßt sich beispielsweise ablesen im Hirtenstab von Bischof Joannes Baptista Sproll, der im Diözesanmuseum Rottenburg ausgestellt ist; in seiner Krümme ist die Mantelteilung des heiligen Martin dargestellt.

Bischof Joannes Baptista Sproll stellte eine Predigt zur Firmung im oberschwäbischen Hochdorf, dem Nachbarort seines Heimatdorfes Schweinhausen, am

11. Juli 1948 unter das Thema »St. Martinus, ein Kämpfer für den Glauben«. In dem von ihm benützten Schrifttext »Kämpfe den guten Kampf des Glaubens« (1 Tim 6,12) klingen seine persönlichen, leidvollen Erfahrungen aus seiner Verfolgung und Verbannung in der Zeit des Nationalsozialismus an. Im Blick auf die Nöte der Nachkriegszeit formulierte er mit schlichten Worten die überzeitliche Botschaft des Diözesanpatrons: »Helfen wir einander, wo immer wir helfen können, und nehmen wir uns ein Beispiel am heiligen Martinus. Sehen wir im Bettler zu seinen Füßen unseren armen, leidenden Nächsten und geben wir ihm, was immer in unseren Kräften steht.«[93] Der ermutigende Name und die exemplarische Gestalt des heiligen Martin begleiten die ihm anvertraute Diözese Rottenburg-Stuttgart auf ihrem Weg durch die Zeit.

Abbildung 11
Martinus und der erhöhte Christus,
Sieger Köder,

Anmerkungen

1 Zur Biographie: Karl Suso FRANK, Martin von Tours und die Anfänge seiner Verehrung, in diesem Band 28f. Außerdem: Jean HONORE, Michel LAURENCIN, Guy-Marie QURY, Saint Martin de Tours. XIe Centenaire, Chambray-lès-Tours 1996.
2 Vgl. Arnold ANGENENDT, Heilige und Reliquien. Die Geschichte ihres Kultes vom frühen Christentum bis zur Gegenwart, München 1994, 190–206. Hansjörg AUF DER MAUR, Feste und Gedenktage der Heiligen, in: Gottesdienst der Kirche 6,1, Regensburg 1994, 65–357, hier: 252–255.
3 Josef Andreas JUNGMANN, Vom Patrozinium zum Weiheakt, in: Ders., Liturgisches Erbe und pastorale Gegenwart, Innsbruck 1960, 390–413, hier: 391.
4 Ebd., 392
5 Ebd.
6 AUF DER MAUR, Feste und Gedenktage der Heiligen (wie Anm. 2), 113.
7 Vgl. Rudolf REINHARDT, Von den Anfängen zur Oberrheinischen Kirchenprovinz. Der weite Weg zur Diözese Rottenburg, in: Werner GROSS, Heinz Georg TIEFENBACHER (Hg.), Das Katholische Württemberg. Die Diözese Rottenburg-Stuttgart. Zeiten. Zeichen. Zeugen. Zukunft, Ulm ²1993, 19–56, hier: 25–56.
8 Vgl. Klaus GANZER, Ein Kapitel aus der Vorgeschichte der Diözese Rottenburg: Die Verlegung des Generalvikariats von Ellwangen nach Rottenburg im Herbst 1817, in: Theologie im Wandel. FS zum 150jährigen Bestehen der Katholisch-theologischen Fakultät der Universität Tübingen 1817–1967, München – Freiburg i. Br., 1967, 190–208.
9 Zit. ebd., 196.
10 Ebd.
11 Ernst Rudolf HUBER, Wolfgang HUBER, Staat und Kirche im 19. und 20. Jahrhundert. Dokumente zur Geschichte des deutschen Staatskirchenrechts. I, Berlin 1973, 237.
12 Abgedruckt ebd., 214–245, hier: 242.
13 Abgedruckt ebd., 246–257, hier: 247–248.
14 Rudolf REINHARDT, Obermarchtal als Bischofssitz? Die Verhandlungen des Rottenburger Bischofs Joseph von Lipp mit dem Hause Thurn und Taxis (1850 bis 1852), in: Max MÜLLER – Rudolf REINHARDT – Wilfried SCHÖNTAG, Marchtal. Festgabe zum 300jährigen Bestehen der Stiftskirche St. Peter und Paul (1692–1992), Ulm 1992, 355–365, hier: 357.
15 Gmünd 1821. Dazu: Rudolf REINHARDT, Wer war der Verfasser der Flugschrift »Stimme der Katholiken im Königreiche Wirtemberg. Wünsche und Bitten«?, in: Rudolf REINHARDT (Hg.), Tübinger Theologen und ihre Theologie. Contubernium 16, Tübingen 1977, 353–357.
16 Vgl. Gisela ZEISSIG, Zurück nach Ellwangen? Die Bemühungen um eine Rückverlegung von Bischofssitz, Katholisch-theologischer Fakultät und Priesterseminar in der ersten Hälfte des 19. Jahrhunderts, in: Rottenburger Jahrburch für Kirchengeschichte 3, 1984, 235–257.
17 REINHARDT, Obermarchtal als Bischofssitz? (wie Anm. 14) 357.
18 Ebd., 356.
19 Irina BAUMGÄRTNER-WALLERAND, Die Rottenburger Dombaufrage, in: Rottenburger Jahrbuch für Kirchengeschichte 14, 1995, 189–204, hier: 191.
20 Ebd., 200.
21 Im Orts-, Namen und Sachregister von August HAGEN, Geschichte der Diözese Rottenburg. 1–3. Stuttgart 1956–1960, wird Martin von Tours nicht erwähnt. Auch die FS zum einhundertjährigen Diözesanjubiläum Franz STÄRK, Die Diözese Rottenburg und ihre Bischöfe 1828–1928, Stuttgart 1928, kommt auf den Diözesanpatron nicht zu sprechen.
22 Vgl. Gustav HOFFMANN, Kirchenheilige in Württemberg. Darstellungen aus der Württembergischen Geschichte 23, Stuttgart 1932.
23 Zweites Vatikanisches Konzil, Liturgie-Konstitution, Art. 104.
24 AUF DER MAUR (wie Anm. 2), 197.
25 Ebd., 112.
26 Joseph PASCHER, Das liturgische Jahr, München 1963, 659–667, hier: 659.
27 Anselmo LENTINI, Te decet hymnus. L'innario della »Liturgia horarum«, Città del Vaticano 1984, 235.
28 Stundenbuch für die katholischen Bistümer des deutschen Sprachgebietes, 3., Einsiedeln und Köln u. a. 1978, 978–979.
29 Ebd., 976–980.
30 PASCHER, Das liturgische Jahr (wie Anm. 26), 664.
31 Meßbuch für die Bistümer des deutschen Sprachgebietes. 2., Einsiedeln und Köln u. a. ²1988, 839–840.
32 Zur Quellenangabe der Orationen: Antoine DUMAS, Les sources du Missel Romain (V), in: Notitiae 7, 1971, 277.
33 SULPICIUS SEVERUS, Vita 3,3.
34 Meßbuch. Eigenfeiern der Diözese Rottenburg, Freiburg 1976, 15–18.
35 Werner GROSS, Der katholische Gemeindegesang, in: Reiner NÄGELE (Hg.), »...das heilige Evangelion in Schwung zu bringen«. Das Gesangbuch. Geschichte-Gestalt-Gebrauch, Stuttgart 1996, 198–217, hier: 204.
36 Vgl. Werner GROSS, Gebet und Gesang im Bistum. Vier Rottenburger Diözesangesangbücher in 150 Jahren, in: Katholisches Sonntagsblatt 1976, Nr. 2, 16–18. Wilhelm SEDLMEIER, Zur Geschichte

des Rottenburger Gesangbuchs, in: Theologische Quartalschrift 129, 1949, 472–492.
37 Stuttgart 1837.
38 Zit. SEDLMEIER, Rottenburger Gesangbuch (wie Anm. 36), 473.
39 Tübingen 1850.
40 Georg KAUTZER, Katholisches Gesangbuch aus der Diözese Rottenburg, Tübingen 1850, IV.
41 Wilhelm STEMPFLE, Knospen und Blüthen, Nördlingen 1857, 167–168.
42 Wilhelm BÄUMLER, Das katholische deutsche Kirchenlied in seinen Singweisen von den frühesten Zeiten bis gegen Ende des siebzehnten Jahrhunderts. II, Hildesheim 1962. Nachdruck der Ausgabe Freibug 1883, 149.
43 Die eingeklammerten Strophen finden sich nur in der Gedichtsammlung »Knospen und Blüthen«, nicht aber in den Diözesangesangbüchern von 1865, 1904 und 1949.
44 Vgl. zur Erschließung des Martinuslieds: Alfons BOPP, Das Rottenburger Gesangbuch von 1949, Stuttgart 1955, 294–296.
45 Vgl. Diözesanarchiv Rottenburg (DAR), Abt. G 1,2, Nr. 145.
46 Vgl. Friedrich DÖRR, In Hymnen und Liedern Gott loben, Regensburg 1983, 178: »Martin – Vorbild der Christus- und Nächstenliebe«. »Sankt Martin, der zu Pferde ritt ...« (1974).
47 Gotteslob. Katholisches Gebet- und Gesangbuch, Ostfildern 1975. Gemeinsamer Anhang für die Diözesen Freiburg und Rottenburg, Nr. 899. Neuerdings findet sich das Lied auch in der Broschüre: Limburger Diözesanteil. Anhang. Frankfurt am Main 1996, Nr. 992. Allerdings entspricht die erste Strophe der fünften; die fünfte Strophe des Originals ist leider nicht abgedruckt.
48 SULPICIUS SEVERUS, Vita 2,6.
49 Ebd., 26,3–4.
50 Ebd., 27,1.
51 SULPICIUS SEVERUS, 3. Brief.
52 SULPICIUS SEVERUS, 2. Brief.
53 Katholisches Gesang- und Andachtsbuch zum Gebrauch bei dem öffentlichen Gottesdienst im Bisthum Rottenburg, Rottenburg und Gmünd 1865.
54 Katholisches Gesang- und Andachtsbuch zum Gebrauch bei dem öffentlichen Gottesdienst im Bistum Rottenburg. Herausgegeben vom Bischöflichen Ordinariat, Rottenburg 1904.
55 Gesang- und Andachtsbuch für das Bistum Rottenburg. Herausgegeben vom Hochwürdigsten Herrn Bischof Dr. Carl Joseph Leiprecht, Stuttgart 1949.
56 Andacht zu Ehren unseres Diözesanpatrons, des heiligen Bischofs Martinus. Herausgegeben vom Bischöflichen Seelsorgeamt Rottenburg, Rottenburg o.J.
57 Feierstunde zu Ehren des heiligen Bischofs Martinus. Herausgegeben vom Bischöflichen Seelsorgeamt Rottenburg, Rottenburg o.J.
58 Zweites Vatikanisches Konzil, Liturgie-Konstitution, Art. 35,4.
59 Vgl. Michel LAURENCIN, Saint Martin: sa vie, son oeuvre, in: Saint Martin de Tours (wie Anm. 1) 108–110.
60 Katholisches Sonntagsblatt 109, 1961, Nr. 3, 18.
61 Kirchliches Amtsblatt für die Diözese Rottenburg 24, 1960–1961, 225.
62 Ebd., 233–237.
63 Ebd., 335.
64 Materialdienst. Handreichungen für die Seelsorger der Diözese Rottenburg 1961, Nr. 2.
65 Ebd., 1–7.
66 Stuttgart 1961.
67 Hermann TÜCHLE, Wie Martinus in unsere Heimat kam, in: Katholisches Sonntagsblatt 109, 1961, Nr. 23, 12–13. Ders.: Die Martinuskirchen unserer Diözese, ebd., Nr. 46,12.
68 Heiliger Martinus, Patron unserer Diözese, bitte für uns, ebd., Nr. 45, 14–15.
69 A.B. (= Alfons Bopp), Der Dichter unseres Martinusliedes, ebd., Nr. 25,13.
70 Kirchliches Amtsblatt für die Diözse Rottenburg 24, 1960–1961, 335–336, hier: 335.
71 Ebd.
72 Ebd., 332.
73 Vgl. ausführliches Programm ebd., 343–344. Ausführliche Berichte über die Martinusfestwoche in: Katholisches Sonntagsblatt 109, 1961, Nr. 47.
74 Vgl. Harald SIEBENMORGEN, Die Anfänge der »Beuroner Kunstschule«. Peter Lenz und Jakob Wüger 1850–1875, Sigmaringen 1983, 224, 235–236.
75 Albert PFEFFER, Das Diözesanmuseum Rottenburg, Stuttgart 1928, 6.
76 Wolfgang URBAN, Das Diözesanmuseum Rottenburg, Ulm 1997.
77 Artur ANGST, Kath. Pfarrkirche St. Martin Leutkirch. Schnell, Kunstführer 1359, München-Zürich 1983, 9–10.
78 Ebd., 9.
79 SULPICIUS SEVERUS, 2. Dialog 2.
80 Vgl. Hanna-Barbara GERL, Elisabeth PRÉGARDIER, Annette WOLF (Hg.), Begegnungen in Mooshausen, Weißenhorn ²1990, 122–123.
81 Norbert KRUSE, Hans Ulrich RUDOLF, Dietmar SCHILLIG, Edgar WALTER, Weingarten von den Anfängen bis zur Gegenwart, Biberach an der Riß 1992, 517.
82 Vgl. Ingeborg Maria BUCK, St. Martin Altheim. Schnell, Kunstführer 1714, München-Zürich 1988, 22.
83 Vgl. DAR, B 7u.

84 Kirchliches Amtsblatt 40, 1988-1989, 192.
85 Ebd., 41, 1990–1991, 573.
86 Vgl. Anton LAUBACHER, Gelebte Caritas. Das Werk der Caritas in der Diözse Rottenburg-Stuttgart, Stuttgart-Aalen 1982.
87 Kirchliches Amtsblatt für die Diözese Rottenburg 8 (1916), 259–260.
88 Vgl. LAUBACHER, Gelebte Caritas (wie Anm. 86), 18–19.
89 Ebd., 28.
90 Zit. ebd., 29.
91 Ebd.
92 Vgl. Registratur des Bischöflichen Ordinariats Rottenburg R 6 Q II.
93 DAR, N 27.

NEUE ZUGÄNGE ZU MARTIN UND SEINER VEREHRUNG
Mit Martin »on tour(s)«

Franz-Josef Scholz

Anlaß

Martin ist ein populärer Heiliger in der Diözese Rottenburg-Stuttgart. Nicht nur weil er der Diözesanpatron ist, vielmehr hat ihn vor allem die großartige Szene der Mantelteilung berühmt gemacht, durch Menschengenerationen hindurch, von der Antike bis herauf in unsere Zeit. Martin ist ein in Brauchtum und Volksfrömmigkeit tief verwurzelter Heiliger in Deutschland und Europa. Die alljährlichen unzähligen Martinsumzüge und Feiern des Martinsritts zeugen davon.

Dennoch ist uns der Volksheilige Martin eine durchaus ferne Gestalt geblieben. Nicht nur 1600 Jahre liegen zwischen ihm und uns, es trennen uns Welten.

Die Gestalt des Martin wird vor allem mit der Mantelteilung in Verbindung gebracht und gefeiert. Von Martins Lebensgeschichte ist aber mehr überliefert und bekannt.

Dies hat Bischof Walter Kasper mit dazu veranlaßt, die Jugend der Diözese Rottenburg-Stuttgart im Jahr seines Amtsantritts 1989 aufzurufen, den hl. Martin neu zu entdecken, seine Lebensgeschichte mehr kennenzulernen und daraus Impulse für das heutige Leben zu erfahren. Im Bischöflichen Jugendamt in Wernau wurden hierzu drei Initiativen entwickelt, die im folgenden beschrieben werden.

Mit Martin »on tour(s)« – das Martinus-Camp 1990 in Tours/Frankreich

»Tours im August 1990. Wir stehen in der Rue des Halles. Mitten in der kleinen, belebten Straße, die zu den Markthallen in Tours führt. Spurensuche zum hl. Martin. Hier etwa stand mal der Altar. Da drüben, hinter der Häuserreihe, schloß sich das Kloster an. Vor 160 Jahren hätten wir hier noch in der alten Basilika St. Martin, der Grabeskirche des Heiligen, gestanden. Heute stehen wir am gleichen Ort in einer Straße,

Abbildung 1
Basilika St. Martin in Tours, Reste der früheren Basilika mit dem
Tour Charlemagne und dem Tour de l'Horloge

Abbildung 2
Candes–Saint–Martin, Sterbeort des hl. Martin 397

Autos drängen uns zur Seite, Menschen sind zum Einkaufen oder zum Bummeln unterwegs, Touristen schieben sich an uns vorbei.

Spuren der Französischen Revolution treffen wir hier erstmals an. Die Revolutionäre haben ganze Arbeit geleistet. Die Basilika wurde abgebrochen. Das Gelände verkauft. Eine Straße mitten durch die Kirche gelegt, Häuser gebaut. Das Anliegen der Revolutionäre war klar: Der Martinskult sollte verschwinden. Ein Versuch, der nicht gelungen ist: denn an der Rue des Halles finden wir heute die neue Basilika St. Martin. Keine Schönheit von Kirche. Aber sie beherbergt, wie schon die alte Basilika, das Grab des Heiligen, das bei Ausgrabungen um 1860 wiederentdeckt worden ist.

Unten in der Krypta finden wir viele Inschriften von Wallfahrern. Sie zeigen uns: Es waren schon viele vor uns da. Oben in der Kirche lesen wir dann in der Lebensgeschichte Martins: Am 11. November 397 wurde Martin hier begraben, nachdem er drei Tage zuvor in Candes gestorben war. Tausende waren damals beim Begräbnis auf den Beinen. Aus dem Leichenzug wurde ein Triumphzug, so beschreibt der Biograph diesen Tag. Martin galt als Heiliger im Volk. Für ihn brauchte es keinen Heiligsprechungsprozeß in Rom. Das Volk, die Christengemeinde von Tours hat ihn heiliggesprochen. Es hat ihn schon zu Lebzeiten verehrt, so wie viele nach seinem Tod durch die Jahrhunderte hindurch.«[1]

Mit Martin »on tour« – in diesem Slogan bündelte sich der neue Zugang zum Leben des hl. Martin im Martinus-Camp, das im August 1990 in und um Tours stattfand. Mit Martin unterwegs sein, gemeinsam seine Spuren suchen und entdecken, vor Ort, dort wo er 25 Jahre seines Lebens als Bischof und Seelsorger für die Menschen gelebt hat. Spurensuche hieß auch: Es ging darum, die Welt Martins im 4. nachchristlichen Jahrhundert verstehen und damit auch die Person Martin besser kennenzulernen. Bei der Spurensuche half ein Camp-Heft[2] mit Auszügen aus der Lebensbeschreibung des hl. Martin von Sulpicius Severus, mit Hintergrundinformationen und besinnlichen Texten.

Wichtig und ganz entscheidend für die jugendlichen Campteilnehmerinnen und -teilnehmer waren das Miteinander der Spurensuche und das gemeinsame Leben im Camp. Das Camp-Haus stand in Huismes[3], einem kleinen Ort zwischen Tours und Candes gelegen. Gemeinsames Kochen und Essen, miteinander singen, spielen und Freizeit gestalten, gemeinsame Gebets- und Gottesdienstzeiten prägen den Alltag im Martinus-Camp. Und immer wieder kam die Rede auf den hl. Martin und seine Lebensgeschichte: Nicht nur den Mantel, sondern auch das Leben teilen – so wie Martin –, das wurde für jeweils einige Tage für die Teilnehmerinnen und Teilnehmer erlebbar.

Die Stationen der Spurensuche im Martinus-Camp waren:
– Tours: die Basilika Saint-Martin (Grabeskirche des Heiligen) und die Kathedrale Saint Gatien (der erste Bischof von Tours).

Abbildung 3
Reste des Klosters in Marmoutier

Abbildung 4
Höhlengang in den Kreidefelsen des Loire–Ufers in Marmoutier. In solchen Höhlen lebten der hl. Martin und seine Gefährten

– Marmoutier: Das Kloster gründete Martin im Jahr 372 vor den Toren der Stadt Tours (ca. 4 km östlich).
– Candes-Saint-Martin: In diesem Dorf starb Martin 397 auf einer Missionsreise. Eine kleine Kapelle in der Wallfahrtskirche erinnert daran.
– Ligugé: Die erste Klostergründung Martins in der Nähe von Poitiers (361).

Bei der gemeinsamen Spurensuche war die Frage nach der Bedeutung des Entdeckten für heute eine zentrale Frage. Aus der gemeinsamen Beschäftigung mit der Person des hl. Martin im Camp sind folgende Aspekte seines Lebens wichtig geworden:

Martin hat Mut, Christ zu werden und zu sein

Seine Eltern hatten große Pläne mit dem jungen Martin. Er sollte, wie der Vater, im Militär des römischen Kaisers Karriere machen, ein tapferer und guter Soldat werden. Martin kam im Laufe seiner Kindheit mit dem Christentum in Berührung. Diese Lebensform, diese Lebensart, dieser Glaube faszinierten ihn und ließen ihn nicht mehr los.

Sich gegen den Willen der Eltern stellen – das mußte zum Konflikt und zur Auseinandersetzung führen. Für Martin führte es sogar zur Entzweiung mit dem Vater. Martin hat Mut, zu seiner Begeisterung vom christlichen Glauben zu stehen, und gewinnt damit ein gutes Stück seines eigenen Lebens in die Hand.

Für die Jugendlichen im Camp war dieser Teil in der Lebensgeschichte des hl. Martin nahe an ihren eigenen Erfahrungen: eigene Vorstellungen über die Welt entwickeln, eine eigene Überzeugung zu Fragen des Lebens gewinnen, seinen eigenen Weg gehen – das sind wichtige Schritte des Wachsens und Erwachsenwerdens im Leben von jugendlichen Menschen damals bei Martin und heute.

Martin hat Mut, als Christ zu leben und zu handeln

Eine mutige Geste war das in der kalten Winternacht vor den Toren von Amiens: Martin teilte spontan seinen Mantel mit dem frierenden Bettler. Eine mutige Geste war es auch, weil es dafür das Gelächter und den Spott der Kameraden, den Zorn und den Ärger der Vorgesetzten als Konsequenzen dieser spontanen Aktion gab. Für Martin aber wurde in dieser Szene wichtig: Er handelte nach dem, was er vom Evangelium gehört hatte. Er überlegte nicht lange dabei. Glauben und Tun verschmelzen und sind eins. So werden Menschen glaubwürdig, echt und identisch. Jugendliche haben ein feines Gespür für diese Echtheit und Stimmigkeit der Menschen. Kein Wunder also, daß diese Szene Martins bei vielen Jugendlichen hoch im Kurs steht.

Martin hat Mut, aus alten Gewohnheiten auszusteigen

Bei Worms soll es geschehen sein: Vor dem Kaiser, der Staatsmacht, sagte Martin nein zum weiteren Militärdienst. Für den Berufssoldaten Martin war das

Abbildung 5
Klosterkirche Saint Martin in Ligugé

keine Kleinigkeit, genauso wie heute für junge Wehrpflichtige und Soldaten, die den Kriegsdienst mit der Waffe aus Gewissensgründen verweigern. Arbeitsamt, Umschulungsprogramme – in der Zeit Martins weit gefehlt. Für Martin war es ein hohes Risiko, und dennoch handelte er, als die Zeit reif dafür war, entschieden und mutig: Er stieg aus. Christsein war ihm wichtiger als Soldatsein; Gott zu dienen war ihm wichtiger, als weiter dem Kaiser zu dienen. Beides zusammen, das war ihm nicht länger möglich.

An Martin wird deutlich: Suchen und fragen, verschiedene Lebenswege ausprobieren und verstehen lernen, gewohnte Bahnen verlassen und dem Leben eine neue Richtung geben, das sind Vorrechte der Jugend. Martin hat sie erlebt und gelebt, er hat sich entwickelt und sich verändert und ist an seinem Mut zur Entschiedenheit gewachsen und gereift.

Martin kann und will gerade darin Vorbild und Ansporn für Jugendliche heute sein, die suchend und fragend, zögernd und mutig ihren Lebensweg gehen.

Martin hat Mut, der Kraft des Wortes zu vertrauen

Im Streit um Priscillian geht es um die Wahrheitsfrage. Einige Bischöfe fordern für ihn, den umstrittenen Bischof von Avila, die Todesstrafe. Martin stellt ihnen das Prinzip des Gewaltverzichts entgegen: Über die Lehr- und Wahrheitsfrage darf nicht das Schwert entscheiden. Er will sich mit Priscillian mit der Kraft seiner Gedanken und seines Wortes auseinandersetzen, den Dialog und das Gespräch suchen. Aber: der Kaiser und einige Bischofskollegen verurteilten Priscillian zum Tode, Martin unterliegt mit seiner gewaltfreien Auseinandersetzungsstrategie und bleibt sich dennoch treu und vertraut in seinem Tun weiterhin der Kraft seines Wortes.

Martins Glaube an die Kraft des Gespräches und des Dialoges ist heute genauso wichtig und aktuell, ob in zwischenmenschlichen, politischen oder kirchlichen Bezügen und Auseinandersetzungen.

Die Spurensucherinnen und -sucher im Martinus-Camp sind fündig geworden. Sie haben im Leben des hl. Martin von Tours mehr entdeckt und für sich gedeutet als die ihnen bisher bekannte Szene der Mantelteilung. Vor allem sein Mut ist ein Aspekt im Leben des Martin, der ihn zu einem heiligen Menschen gemacht hat. Mutigsein, sein Leben in die Hand nehmen, es mit anderen teilen, wenn es sein muß, sich ganz neu orientieren und verändern – hierin ist uns Martin Vorbild, Weggefährte und Heiliger.

Martinus-Wettbewerb und Martinus-Werkstatt

Mit zwei weiteren Initiativen wurden neue Zugänge zum Leben des hl. Martin gefördert und aufgetan. Im Martinus-Wettbewerb waren Kinder, Jugendliche und junge Erwachsenen im Laufe des Jahres 1990 aufgerufen und eingeladen, die Lebensgeschichte des Martin von Tours mehr kennenzulernen und Ideen zur Gestaltung des Martinsfestes zu entwickeln. 25 Gruppen, Schulklassen und Einzelpersonen beteiligten sich an diesem Wettbewerb zu Martinus und entwarfen und erstellten Spiele und Spielszenen, einen Video, Gottesdienstmodelle. Von einer Musikgruppe wurde ein Musical zu Martinus erarbeitet. Die Ergebnisse des Martinus-Wettbewerbes sind in der Broschüre »De Martin«[4] zusammengestellt.

In der Martinus-Werkstatt sind alle ehren- und hauptamtlichen Mitarbeiterinnen und Mitarbeiter in Gemeinden, Gruppen und Verbänden eingeladen, die an der Gestaltung des Martinsfestes interessiert und beteiligt sind. Der gegenseitige Informations- und Erfahrungsaustausch und das Kennenlernen und Umsetzen neuer Ideen stehen dabei im Mittelpunkt dieser Weiterbildungsveranstaltung. Seit 1991 findet diese Werkstattarbeit jedes Jahr im Herbst statt, gemeinsam getragen von Bischöflichem Jugendamt und der Diözesanstelle Theater, Spiel und Fest.

Von Martinus lernen

Die Spurensucherinnen und -sucher im Martinus-Camp und im Martinus-Wettbewerb haben neue Zugänge zum hl. Martin für sich und miteinander entdeckt und wahrgenommen. »Martin hat einen Weg gewiesen, unbeirrt und tapfer, barmherzig und unnachgiebig, voller Hoffnung und Zuversicht. In seiner Art war er zupackend, seine Begeisterung für das

Evangelium war ansteckend, sein Vorbild mitreißend. Und doch war es eher eine schlichte Frömmigkeit, die Martin von Tours trieb, eine fast naive Zuneigung zu seinem Gott, dessen Führung er sich bedingungslos anvertraute. Martin war nicht ein Mensch, der sich auf sich selbst zurückzieht, sondern der aus übervollem Herzen seine Mitmenschen teilnehmen läßt am Glück des Glaubens. Martin hat keine theologischen Konzepte entwickelt, keine theoretischen Abhandlungen hinterlassen, die als die Summe seines Lebens gelten könnten. Nein, Martin war eher ein Mensch der Tat.«[5]

Ja, im Tun ist Martin überzeugend und motivierend: Er teilte seinen Mantel mit dem Bettler, er verweigerte den weiteren Kriegsdienst für den Kaiser und legte seine Waffen und damit die Gewalt ab, er lebte das Evangelium im Geist Jesu Christi.

Dieses mutige und überzeugende Tun macht ihn so anziehend und vorbildhaft für uns heutige Christinnen und Christen. Darin können wir von Martin lernen: im Tun und Handeln unseren Gott des Lebens benennen und bekennen.

Abbildung 6
Martin mit seiner ersten Klostergründung, Ligugé, in der Hand, Klosterkirche Ligugé

Anmerkungen

1 Franz-Josef SCHOLZ, Eindrücke vom Martinus-Camp, in: Querschnitt 1991, Heft 11.
2 Camp-Heft zum Martinus-Camp 1990, Hg. vom Bischöflichen Jugendamt der Diözese Rottenburg-Stuttgart, Wernau 1990.
3 Im Ortsnamen Huismes spiegelt sich die Zahlenangabe »huit« = acht wieder. Einer Überlieferung nach soll der Ort der achte gewesen sein, der von Martinus missioniert und für den christlichen Glauben gewonnen wurde.
4 De Martin – Ideen zum Martinsfest, Hg. vom Bischöflichen Jugendamt der Diözese Rottenburg-Stuttgart, Wernauer Reihe Heft 14, 1991.
5 Martin THULL, Martin von Tours, Aschaffenburg 1984, 60f.

DER HEILIGE AM THRONE CHRISTI
Die Darstellung des heiligen Martin im Überblick von der Spätantike bis zur Gegenwart

Wolfgang Urban

Die ältesten Zeugnisse

Im Jahre 402, fünf Jahre nach dem Tode Martins von Tours, bittet Sulpicius Severus († um 420) in einem Brief seinen Freund Paulinus von Nola († 431) um ein Porträt. Er beabsichtige, das Bildnis neben demjenigen des verstorbenen Bischofs von Tours im Baptisterium, der Taufstätte des Klosters Primuliacum im südwestlichen Gallien, das Sulpicius Severus gegründet hatte, anzubringen. Paulinus hegt in seiner Antwort erhebliche Bedenken, sein Konterfei neben jenem des auch von ihm hochverehrten Martin angebracht zu sehen. Emphatisch stimmt er zwar zu, daß dieser im Bild vorgestellt wird. Martin von Tours »wird mit Recht am Ort der Erneuerung des Menschen gemalt, weil er durch vollkommene Nachfolge Christi das Bild des himmlischen Menschen getragen hat, damit denen, welche im Bad der Taufe das alte irdische Bild ablegen, das nachzuahmende Vorbild einer himmlischen Seele begegne«.[1]

Damit jedoch keine Mißverständnisse und Verwechslungen aufkommen können, verfaßt Paulinus in Versen Bildunterschriften, in denen Martin als die »vollkommene Norm der Lebensführung« – »perfectae Martinus regula vitae« –, als »ein Idealbild für die Getauften«, während er selbst nur als abschreckendes Beispiel für die Sünder dienen könne. Der Brief ist ein wichtiges Zeugnis, daß schon unmittelbar nach dem Hinscheiden Martins Bilder des Heiligen existierten, die zudem noch besondere Verehrung genossen.[2] Zwar bildet der römische Brauch, Totengedenkbilder anzufertigen, zunächst den Hintergrund des Vorganges[3], doch bekommt gerade dieser hier eine überraschend neue Akzentuierung. Es geht nicht mehr um das Gedächtnis Verstorbener, sondern um die Vorstellung eines Ideals.

Das Baptisterium ist der Ort, wo der alte Mensch begraben wird, darum gleicht es in der Spätantike dem Mausoleum, zugleich aber auch die Geburtsstätte der in der Taufe Wiedergeborenen. Dieser neuen Ausrichtung des Lebens dient sowohl für Sulpicius Severus wie auch für Paulinus von Nola das Bild des hl. Martin als sinnfälliger Wegweiser. Damit ist gleichzeitig eine schärfere Unterscheidung zwischen »Porträt, Gedächtnisbild und Kultbild« notwendig geworden[4], was nicht zuletzt die Bildverse des Paulinus von Nola erreichen wollen.

Tours: Fortleben in der Grabeskirche

Die schon zu Lebzeiten einsetzende Verehrung Martins pflanzt sich nach seinem Tode fort und erlebt in der zweiten Hälfte des 5. Jahrhunderts einen ersten Höhepunkt, der sich in Dichtung, Architektur und Bildkunst niederschlägt und kommenden Darstellungen den Weg weist. Paulinus von Périgueux verfaßt um 470 aufbauend auf Sulpicius Severus ein 3622 Verse umfassendes Epos »De vita S. Martini« (das Leben des hl. Martin).[5] Und nachdem schon Brictius (397–444), Martins unmittelbarer Nachfolger auf dem Bischofsstuhl von Tours, über dem Grab seines Vorgängers eine Kirche erbaut hatte, ersetzte, um die wachsenden Pilgerströme aufzunehmen, da an der Begräbnisstätte »unablässig Wundertaten geschahen«, Bischof Perpetuus (461–91) diesen Bau durch einen neuen.[6] Es entstand eine »gigantische Wallfahrtsbasilika«.[7] Deren mit Inschriften, kurzen erläuternden Textabschnitten aus Sulpicius Severus versehene Wandmalereien oder Mosaiken schilderten die Stationen und die Wunder im Leben des hl. Martin. Es ist der älteste, wenngleich zerstörte umfangreiche Zyklus eines Heiligenlebens in der westlichen Welt, von dem wir wissen, welcher die lange Tradition der Martinsdarstellungen begründet.[8]

Wunder wirkendes Martinusbild

Knapp hundert Jahre später, so erfahren wir von Venantius Fortunatus († um 600), dem Dichter der großartigen Kreuzhymnen »Vexilla regis prodeunt« und »Pange lingua gloriosi« und späteren Bischof von Poitiers, daß in Ravenna in der Kirche des hl. Johannes und des hl. Paulus (ecclesia SS. Johannis et Pauli) ein Altar zu Ehren des hl. Martin errichtet war, wo ein wunderwirkendes Bildnis des hl. Martin aufgesucht wurde. Dorthin hatten sich Bischof Felix von Treviso (Travisum) und Venantius Fortunatus († um 600) gewandt, um von ihren starken Augenschmerzen befreit zu werden, was später auch Gregor von Tours († 594) und Paulus Diaconus († 799), dieser der Geschichtsschreiber der Langobarden, jener der Franken, zu berichten wissen. Sie benetzten ihre Augen mit dem Öl der Lampe, die vor einer Nische mit dem Bildnis Martins hing und wurden dadurch geheilt.[9] Venantius Fortunatus plante daraufhin eine Reise nach Tours zum Grabe des hl. Martin, wohin er nur wenige Jahre später in gefahrvoller Reise über die Alpen aufbrechen sollte.[10] Da Venantius Fortunatus 565 Ravenna verließ und nicht mehr zurückkehrte, dürfte sich das geschilderte Wunder um 560 zugetragen haben[11], womit zugleich ein Zeitpunkt für die Existenz dieses Martinusbildes gegeben ist. Die von dem ravennatischen Bild ausgelöste Hinwendung zum hl. Martin zeitigte bei Venantius Fortunatus zusätzlich Früchte in seinen in Hexametern abgefaßten vier Büchern über das Leben des hl. Martin.[12]

Ravenna: Martin an vorderster Stelle

Während die drei eben aufgezeigten Fälle belegen, wie früh Martin bereits im Bild dargesellt und wie früh schon die Hagiographie bildlich umgesetzt wird, wobei keines der literarisch dokumentierten Beispiele die Zeiten überstanden hat, besitzen wir in San Apollinare Nuovo in Ravenna das älteste erhalten gebliebene Martinsbild. Es dürfte nur wenige Jahre oder Jahrzehnte jünger sein als das von Venantius Fortunatus in der benachbarten Kirche erwähnte und markiert darüber hinaus eine kirchenpolitische Wende. Denn das Gotteshaus mit seinen heute noch zu bewundernden prachtvollen Mosaiken war im ersten Viertel des 6. Jahrhunderts als Palastkirche des Ostgotenkönigs Theoderichs des Großen († 526) als Christus-Kirche[13] – »Theodericus hanc eclesiam (sic!) a fundamentis in nomine domini nostri Iesu Christ fecit«, lautet die Gründungsinschrift[14] – errichtet worden und stand zunächst unter arianischem Einfluß, jener im 4. Jahrhundert durch den alexandrinischen Priester Arius aufgekommenen Richtung, welche Jesus Christus nicht als gleichen Gott mit dem Vater anerkennen wollte.

Nachdem Ravenna 540 unter die Herrschaft von Byzanz geraten war und Erzbischof Agnellus (um 556–570) von Kaiser Justinian ein Edikt erwirkt hatte, das allen heidnischen Kultbesitz und alles arianische Gut »der heiligen Mutter Kirche von Ravenna, der wahrhaft rechtgläubigen Mutter« (Sancta Mater Ecclesia Ravennae, vera Mater orthodoxa) zuschlug[15], wurde die Hofkirche Theoderichs um 561 von Erzbischof Agnellus für den katholischen Kultus zu Ehren des hl. Martin neu geweiht (rekonziliert). Erst im 9. Jahrhundert, wohl unter Erzbischof Johannes VII. im Jahre 856, findet nach Übertragung der Gebeine des hl. Apollinaris noch einmal ein Titelwechsel statt.[16]

Bei der Bestimmung Martins zum neuen Patron mag einerseits die von Venantius Fortunatus in Ravenna bezeugte Popularität des Heiligen leitend gewesen sein, zumal ihm dort außer einem Altar noch keine Memorialkirche gewidmet war, zum anderen findet darin kirchenpolitisch ein antiarianisches Programm seinen Ausdruck.[17] Martin, der selbst im Kampf gegen die Häresie des Arianismus gestanden hatte, was im Anschluß an Sulpicius Severus nicht zuletzt Venantius Fortunatus betonte, konnte als Bekenner zum Kronzeugen in der Bekämpfung von Irrlehren herangezogen werden.

Die Neuweihe der ehemaligen theoderizianischen Palastkirche schlug sich in einer Veränderung des Bildprogramms von San Apollinare Nuovo nieder mit einer wahrhaft exponierten Darstellung des neuen

Titelheiligen. Denn aus der Agnellus-Zeit stammen die Prozessionszüge der sechsundzwanzig Märtyrer und zweiundzwanzig Märtyrerinnen an den Wänden des Hochschiffs unmittelbar über der Arkadenzone.[18] Die Reihen der heiligen Frauen und Männer ersetzen hier voraufgegangene unter Theoderich entstandene Mosaiken, aus deren Zyklen noch der zwischen vier Engeln thronende Christus auf der einen und die thronende Gottesmutter mit dem Jesuskind auf der anderen Seite stammen[19], denen die beiden Züge von Heiligen huldigen. »Sie schreiten über eine Blumenwiese voran, die durch die zwischen jeder Gestalt stehenden Palmbäume als Paradieslandschaft gekennzeichnet ist.«[20] Der hl. Martin steht nicht nur an der Spitze des Zuges der Märtyrer direkt am Thron Christi, er unterscheidet sich auch in der Gewandung. Während alle übrigen Märtyrer, über deren Häupter übrigens zur namentlichen Identifizierung ein Inschriftenfries verläuft, weiß gekleidet sind, trägt er allein einen Purpurmantel.[21] Die kostbare Purpurfarbe zeichnet Könige und Herrscher aus, und auch der thronende Christus ist hier in Purpur gewandet, wodurch Martin, der seinen Mantel mit dem Bettler und damit nach dem Matthäusevangelium (vgl. Mt 25,36.40) auch mit Christus geteilt hat, als Teilhaber am Königtum Christi vorgestellt wird; denn der Mantel Christi als Insigne seiner Würde ist auch der seine. Er wird damit zugleich zum Exponenten der »königlichen Priesterschaft«, von welcher der 1. Petrusbrief spricht (1 Petr 2,5).

Martin und die übrigen Märtyrer »bringen in einer großen feierlichen Prozession« Christus »ihre Kronen dar, ihren Siegespreis, dem himmlischen Herrscher, dem sie nachgefolgt waren und für den sie« – mit Ausnahme Martins – »den Tod erlitten hatten«.[22] Wie Martin hier durch die ›Krone des Lebens‹ in seinen Händen in die Schar der Märtyrer aufgenommen ist, diesen sogar, obwohl von der geschichtlichen Folge her der jüngste, vorangeht, macht in einem der großartigsten überkommenen Mosaiken eindrucksvoll sichtbar, welch herausragende Verehrung Martin von Tours im 6. Jahrhundert außerhalb Galliens und des Frankenreichs zugewachsen war. Gleichzeitig wird hier die Aufnahme eines Nicht-Märtyrers, eines Bekenners, in die Schar der Heiligen sanktioniert.

Mailand: Die Vision des hl. Ambrosius

Zu den frühesten erhaltenen monumentalen Martinsdarstellungen zählt das Apsismosaik von San Ambrogio in Mailand, einer der elf Mutterkirchen der Stadt. Die Baugeschichte von San Ambrogio beginnt mit dem Kirchenvater Ambrosius von Mailand († 397), dem herausragenden theologischen Lehrer der lateinischen Welt im 4. Jahrhundert, einem Zeitgenossen des hl. Martin. Jener gründete nach 374, nach der Niederwerfung der Arianer, die später nach ihm benannte Kirche als »Basilica Martyrum«. 783/84 und noch einmal im 11. Jahrhundert erfährt der Bau eingreifende Veränderungen. In der Frühromanik des

Abbildung 1
S. Apollinare Nuovo, Ravenna, Ausschnitt aus dem Zug der Märtyrer

11. Jahrhunderts wird auch das golden leuchtende Mosaik in der Apsiskalotte neu zusammengesetzt, allerdings unter Rückgriff auf Fragmente des 8. und 9. Jahrhunderts. Daher ist davon auszugehen, daß das Bildprogramm die traditionellen Vorgaben aufgreift. Das Mosaik thematisiert, darin auch die folgenden Zeiten beeinflussend, die Beziehung zwischen Ambrosius und Martin. Gezeigt wird als Nebenszene zu einem thronenden Christus, wie Ambrosius während eines Gottesdienstes geistig entrückt wird und in dieser Entrückung am Begräbnis des hl. Martin teilnimmt. Aufgeteilt in zwei Szenen wird rechts vom Thron Christi die Situation des Gottesdienstes, links die Bestattung des hl. Martin wiedergegeben.

Der Anachronismus, daß Ambrosius von Mailand bereits am 4. April des Jahres 397, über sieben Monate vor Martin von Tours verstarb, fällt für Hagiographie und Ikonographie nicht ins Gewicht, geht es ihnen doch in erster Linie nicht um das bloß Faktische, sondern um die Veranschaulichung innerer Beziehungen, wie derjenigen der geistigen Verbundenheit von Ambrosius von Mailand und Martin von Tours.

Flut von Darstellungen

Die älteste erhaltene Martinsdarstellung in der Buchmalerei begegnet in einer Illumination einer Fuldaer Handschrift aus karolingischer Zeit. In diesem Codex des 9. Jahrhunderts, der sich heute in der Vatikanischen Bibliothek befindet, wird Hrabanus Maurus († 856), der große Gelehrte und spätere Erzbischof von Mainz, der übrigens als junger Mönch bei Alkuin in Tours studiert hatte, gezeigt, wie er eines seiner Werke Martin überreicht.[23]

Mit dem 10. Jahrhundert setzt nun die ganze Fülle der Martinsdarstellungen, die uns erhalten geblieben sind, auf allen Gebieten der Bildenden Kunst ein. Zunächst in der Buchmalerei, die ja für die Kunst des Mittelalters mit ihren Lösungen für Bildthemen immer eine Schlüsselrolle besaß, dann aber auch in der Glasmalerei, in Fresken und Großplastik, schließlich mit Entwicklung der Altarretabel auch in der Tafelmalerei vornehmlich des 15. und 16. Jahrhunderts. Martin wird in kunsthandwerklichen Arbeiten bildlich umgesetzt. Wir finden ihn auf liturgischen Textilien (Paramenten) und auf Sakralgefäßen, als Relief auf Glocken, auf Schlußsteinen in Gewölben. Besonders bemerkenswert, weil hier zugleich ein Licht auf die Ausstrahlung des Martinskultes geworfen wird, ein Gänse segnender Martin auf einer isländischen Stickerei des 13. Jahrhundert.[24]

Zu den frühesten nördlich der Alpen erhaltenen monumentalen Umsetzungen der Martinsvita zählen die romanischen Wandmalereien in der 1103 bis 1107 errichteten ehemaligen Benediktinerklosterkirche St. Peter bei Erdweg (Petersberg) in der Nähe von Dachau. Die Ausmalung der nördlichen Apsis bringt dort nach einer Mantelteilung, bei der der Heilige dem auf eine Krücke gestützten barfüßigen Bettler gegenüber steht, die Inthronisation Martins als Bischof von Tours.

Abbildung 2
Leben des hl. Martin, Nebenaltar–Fresken aus der romanischen Kirche
Petersberg bei Dachau

Abbildung 3
Fuldaer Sakramentar, 11. Jahrhundert, Staatsbibliothek Bamberg

Der Blick aufs Ende: das eschatologische Moment in der Mantelteilung

Eschatologische, auf das Endgericht und die letzten Dinge ausgerichtete Bezüge eröffnen die Miniaturen der Mantelteilung, die im letzten Drittel des 10. Jahrhunderts für Sakramentare, Büchern mit den Texten für die heilige Messe, in Fulda entstanden sind. Im Mittelpunkt der jeweiligen Darstellung thront Christus auf der kugelförmigen Gestalt des Universums oder auf dem Regenbogen in einer Mandorla, umgeben von Engeln. Die Bereiche des Himmlischen und des Irdischen sind farblich, wie im 970–980 vollendeten Fuldaer Sakramentar in Göttingen[25], oder durch eine Trennlinie, wie in dem nur wenig später 975–993 angelegten Exempel, das sich in der Kapitelsbibliothek von Udine befindet[26], geschieden. Christus sitzt genau auf der Scheidelinie, ragt mit seiner Gestalt in beide Sphären hinein, verbindet und verklammert sie gewissermaßen. Die Urheber dieser Miniaturen gingen vom Bildtyp der »Maiestas Domini« aus, der Darstellung der Herrlichkeit des Herrn. Damit haben sie zugleich die Anbindung der Martinsvita an Mt 25,31–46 mit dem von Jesus dort selbst vorgetragenen Ausblick auf das Endgericht, wenn »der Menschensohn in seiner Herrlichkeit kommt und alle Engel mit ihm« und »sich auf den Thron seiner Herrlichkeit« setzt (Mt 25,31), bildlich freigelegt. Dem gegenüber erscheinen das Ereignis der Mantelteilung und die Traumvision des hl. Martin zunächst nur als Nebenszenen. Jeweils auf der linken Seite, dem Ausgangsort für den Lesenden, befindet sich der zeitlich frühere Vorgang, die Begegnung mit dem Bettler, rechts folgt dann auf Decken gebettet, das Haupt auf einer Kopfrolle ruhend, der schlafende Martin in der Traumvision.

Abbildung 4
Sakramentar von Warmundus,
Bischof von Ivrea (um 1002),
Biblioteca Capitolare, Ivrea

Die »Maiestas Domini« repräsentiert nun das Traumgesicht, wodurch gleichzeitig ein Bezug zum richtenden Christus und seinem Urteilsspruch – »ich war nackt, und ihr habt mir Kleidung gegeben« ... »Was ihr für einen meiner geringsten Brüder getan habt, das habt ihr mir getan« (Mt 25,36.41) – hergestellt wird.

An diese vorgefundene Verschränkung von »Maiestas Domini« mit Mantelteilung und Traumerlebnis hält sich auch eine dritte Illumination eines heute in Bamberg aufbewahrten Sakramentars Fuldensischer Provenienz, die wenige Jahrzehnte nach den schon angeführten zu Beginn des 11. Jahrhunderts die Schreibstube verlassen hat.[27] Sie unterscheidet sich im Format, indem anstelle des bisherigen Querformats jetzt eine Komposition im Hochformat getreten ist und wohl dadurch die Trennung von oberem und unterem Bereich weggefallen ist, da das Hochformat ohnehin schon die Distanz des thronenden Christus betont und die Erhabenheit der Thronszenerie vor blauem Hintergrund hervortreten läßt.

In all den genannten Beispielen stehen Martin und der Bettler, ohne daß ein Reittier abgebildet wäre, wie es später Standard der Wiedergabe der Mantelspende wird, zu Fuß einander gegenüber. In den beiden früheren Versionen aus Fulda wird noch versucht, die Stadt als ganze in einer Draufsicht aus der Totalen mit zinnen- und türmchenbewehrten Mauern wiederzugeben, während die etwas spätere sich nur noch mit einer Teilansicht begnügt.

Die Mantelteilung als solche, konzentriert allein auf die beiden Akteure, bietet um 1002 das Sakramentar des Bischofs Warmundus (Varmondo) von Ivrea[28], eines großen Förderers von Wissenschaft und Kunst. Beide stehen wiederum einander gegenüber[29], Martin vollständig bekleidet mit Obergewand, Hosen und Schuhen, der Bettler barfüßig nur mit einem ge-

201

Abbildung 5
Martin mit Bettler, 12. Jahrhundert,
Miniatur, »Stuttgarter Passionale«,
Handschrift aus Hirsau, Landes-
bibliothek Stuttgart

zaddelten Obergewand, das die nackten Beine nicht zu bedecken vermag.

Ins frühe 12. Jahrhundert ist die zweifarbige Federzeichnung des sogenannten »Stuttgarter Passionale« zu datieren.[30] Wiederum tritt Martin zu Fuß dem Bettler entgegen und halbiert mit seinem Schwert den Mantel. Doch bei dieser Arbeit aus dem Kloster Hirsau kommen einige vielsagende neue Sujets hinzu. Neben Martin steht sein Pferd. Martin ist also vom hohen Roß herabgestiegen und hat sich damit auf dieselbe Ebene wie der barfüßige, nur dürftig mit einer kurzärmeligen, knapp hüftlangen Jacke bekleideten bärtigen Bettler begeben. Letzterer trägt nun zusätzlich eine Umhängetasche, die ihn als Kranken, womöglich als Leprosen kenntlich macht. Hinzukommt, daß der Künstler mit roter Tinte Muskelverläufe an den nackten Beinen herausgehoben hat, was den ganzen Jammer der Gestalt deutlicher macht. Hinter ihr liegt eine fallengelassene Krücke. Zum ersten Mal wird damit der Eindruck der Bedürftigkeit noch durch Hinweise auf Krankheit und Gebrechlichkeit verstärkt.

Beispielgebende Buchmalerei

Etwa zur selben Zeit, Anfang des 12. Jahrhunderts, in der Hirsauer Mönche das »Stuttgarter Passionale« schrieben und illustrierten, wurde in Frankreich ein heute noch in Tours vorhandener Codex mit des Sulpicius Severus Vita des hl. Martin gestaltet.[31] Der dort gewählten Komposition sollte eine beträchtliche Wirkungsgeschichte beschieden sein. Die beiden Ereignisse, Martins Werk der Barmherzigkeit als junger römischer Soldat und der darauffolgende Traum, in dem er Christus mit dem abgetrennten Mantelstück sieht, werden in einer Komposition auf zwei übereinanderliegenden Bildebenen gleichzeitig gezeigt. Auf der unteren kommt es zur Mantelübergabe. Martin ist vom Pferd gestiegen und zerschneidet seinen Umhang, dem Bettler zuwerfend, im Wurf mit dem Schwert. Der wiederum barfüßige, jetzt aber eine Hose tragende Bettler mit nacktem Oberkörper streckt ihm die

Abbildung 6
Fresko aus Gombreny, katalanisch,
11. Jahrhundert, Museum Vic
(Barcelona)

Gabe auffangend seine Hände entgegen. Das edel anmutende Pferd hat ein Vorderbein, wie plötzlich im Trab gestoppt, angezogen, was ganz im natürlichen Ablauf der Gesamtbewegung dieser offensichtlich bewußt auf Dynamik hin angelegten Federzeichnung liegt.

Im übergeordneten Bildabschnitt ruht Martin auf einem Bett. Die Traumvision offenbart ihm Christus als den eigentlich Beschenkten. Dieser steht hinter der Liegestatt und präsentiert mit beiden Händen seitlich hochhaltend das ihm als Schultervelum umgelegte Mantelstück. Zwei Engel umschweben anbetend die Halbfigur der Herrschergestalt Christi, wobei der rechte auf den schlafenden Martin verweist.

Hier sind nun nicht nur die beiden Schlüsselszenen der Martinsvita, wenn auch in Unter- und Überordnung zusammengestellt, es werden darüber hinaus die unterschiedlichen Einstellungen und Haltungen von Aktion und Vision, von Extemplation und Kontemplation, nicht zuletzt in ihrer Beziehung und Zusammengehörigkeit, in ihrer Konkretion in der Gestalt des hl. Martin von Tours, bildlich vermittelt.

Symbolische Anspielungen der Mantelszene

Wenn Christus im eben angesprochenen Codex von Tours (ms. 1018) das Mantelstück als Schultervelum gleich einem Abzeichen seiner Würde umgelegt hat, dann kommt hier die antike und mittelalterliche Bedeutung von Gewandung und Bekleidung zum Ausdruck, die in der Wendung »ein Amt bekleiden« im modernen Deutsch nachklingt oder sachlich in liturgischen Gewändern, im Talar oder in der Robe noch

Abbildung 7
Albani–Psalter, Dombibliothek
Hildesheim (Eigentum der Pfarr-
gemeinde St. Godehard)

gegenwärtig ist. Die Kleidung war Ausweis der Stellung und des Ranges einer Person, das Bekleiden selbst ein hoheitlicher Akt, durch den jemand in ein Amt eingesetzt wurde. Welch rechtlich-politische Brisanz damit verbunden sein konnte, mag die Erinnerung an den Investiturstreit im letzten Drittel des 11. Jahrhunderts verdeutlichen. Die Wörter »Investitur«, »Investition« leiten sich vom lateinischen Verb »investire« gleich »bekleiden«, »einsetzen« ab. Jemanden bekleiden heißt, ihn in seinem Rang erhöhen, ihn in eine Position einsetzen. Martins Bekleidung des Bettlers als Personifikation eines der Niedrigsten und Geringsten wird in vorliegender Umsetzung in der Buchmalerei als ein hoheitlicher Akt verstanden, der – Mt 25,41 als Hintergrund – den so Bekleideten an die Stelle des Höchsten, an Christi Statt versetzt. Dies wird in der Gewandung und der Art, wie sie Christus trägt und präsentiert, sinnenfällig gemacht.[32]

In der ganzseitigen illuminierten Mantel- und Traumszene des Psalteriums der Christine von Markyate, dem sogenannten Psalterium von St. Alban, entstanden in England zwischen 1119–1135, aus der Bibliothek von St. Godehard in Hildesheim[33], ist nun die Halbfigur der Gestalt Christi in einen nach oben offenen Halbkreis, in Anlehnung an die Mandorla der früheren Beispiele (vgl. oben S. 200) eingefaßt. Wiederum hält Jesus das zum Schultervelum gewordene Gewandstück demonstrativ auseinander und dem Betrachter vor Augen. Die Doppeldeutigkeit des auch von den Römern und im Mittelalter verwendeten altgriechischen Wortes »chlamys« als »Soldatenmantel« und »Staatskleid« spielt herein. Es ist auch das Wort, das Sulpicius Severus gebraucht[34], wodurch von vornherein die bildlichen Umsetzungen bestimmt sind, und weshalb der Mantel häufig als Purpurkleid – Purpur die Farbe der Herrscher – wiedergegeben wird.

Wie der Soldatenmantel durch die Spende an den Bettler bei Christus zum »Staatskleid« avanciert, signalisiert die Illumination dieses Hildesheimer Codex durch die kostbare Schließe, welches das Zeichen der Würde nun über der Brust Christi zusammenhält. Ein ganzes Welt-Bild wird in diesem in England in einem Skriptorium, der Schreib- und Malstube eines Klosters, angefertigten Miniatur entfaltet. Himmel und Erde, das Walten Gottes und des Menschen werden zu Gesicht gebracht.

Der Bildraum ist vom Künstler analog dem nur wenige Jahre oder Jahrzehnte zuvor in Frankreich vorgelegten Entwurf des Codex von Tours (ms. 1018; vgl. oben S. 202f.) zunächst in zwei Teile gegliedert worden, in einen unteren und einen oberen.

In der unteren Ebene sehen wir links vor einem zinnenbewehrten Mauerwerk ein Stadttor, in dessen vorgelagerten mit Akanthuskapitellen bekrönten Säulen (nach Art der antiken korinthischen Kapitele) eine Anknüpfung an historische Verhältnisse gesucht wird, einen völlig nackten Bettler. An einem langen Riemen hat er eine Wasserflasche um die Schultern hängen. Sie besitzt die Form einer Pilgerflasche, womit zugleich ganz allgemein auf das Leben des Menschen als einer Pilgerschaft auf Erden hingewiesen wird.

Martin, nun im Unterschied zu den vorhergehenden Exempeln hoch zu Roß, wird durch einen flachen Helm als Soldat kenntlich gemacht. Bettler und Reiter stehen einander frontal gegenüber. Obwohl zu jener Zeit die feineren künstlerischen Mittel, Bewegungen – insbesondere rasche Handlungsabläufe – ins Bild zu setzen, noch nicht voll entwickelt waren, versucht der Maler, das Abrupte, das Plötzliche der Aktion in der Begegnung zu vermitteln. Energisch hat der Reiter in die Zügel gegriffen, wodurch der Kopf des Pferdes zurückgebogen wird. Das angehobene rechte Vorderbein läßt das Pferd als im Gang gestoppt erscheinen. Der Bettler hat bereits einen Teil des Mantels gepackt, während Martin im Begriff ist, mit dem Schwert das Kleidungsstück vollends zu zerschneiden.

Die Szene spielt sich vor den Mauern einer Stadt ab. Für zeitgenössische Betrachter, für Menschen des Mittelalters lag darin durchaus ein zusätzlicher inhaltlicher Akzent. Bot die Stadt den Menschen Schutz und Sicherheit, so galt das Territorium außerhalb der schützenden Stadtmauern als Gebiet, wo kaum etwas Gutes zu erwarten war. Im Gegenteil: hier drohten Gefahren wie Überfall, Raub und andere Verbrechen, konnte einer wie im Gleichnis vom »barmherzigen Samariter« (vgl. Lk 10,30–37) unter die Räuber fallen, wo ihm alles genommen werden konnte. Der Bezug zur Samaritererzählung im Neuen Testament, wo exemplifiziert wird, wer der Nächste ist, schwingt hintergründig schon seit Sulpicius Severus in der schriftlichen wie der bildlichen Tradition mit. So gesehen, bedeutet die Mantelspende gerade eine Umkehrung der gängigen Erfahrung und des Erwartungshorizontes. Wo eher mit Verlust gerechnet wird, kommt es zu einer großzügigen Geste der Schenkung.

Zu beachten ist bei dieser Miniatur auch die Farbgebung des Hintergrundes, die von einem breiten grünen Rahmen eingefaßte blaue Fläche. Das Grün steht für die Zone des Irdischen, das Blau, zugleich die Farbe des Himmels, versinnbildlicht Weite, Tiefe, Unendlichkeit, das Übersteigende oder, mit dem lateinischen Fremdwort gesagt: Transzendenz.

Auf der zweiten Ebene des Bildraumes liegt Martin lang ausgestreckt auf einem Bett. Das Gesicht ist zum Himmel gekehrt, ist auf Gott ausgerichtet. Es ist dies eine der Grundhaltungen des Heiligen. Auf der einen Seite, wie beim Zusammentreffen mit dem Bettler, ist er ganz dem Nächsten, auf der anderen ist er ganz Gott zugewandt. Martin schläft, er träumt. Traditionell ereignet sich im Traum die Vermittlung von Übernatürlichem, ist er der Ort der Empfängnis himmlischer Botschaften und Weisungen.

Als dritter Bereich ragt in diese Situation des Schlafes und des Träumens die göttliche Wirklichkeit herein in Form des in seiner Herrlichkeit erscheinenden Christus. Die eschatologische Dimension, auf welche die frühen Versionen der frühen Fuldaer Buchmalerei des späten 10. und frühen 11. Jahrhunderts ausgerichtet waren, hat sich nun verschmolzen mit der allem Anschein nach erst im 12. Jahrhundert aufgekommenen Gliederung und Anordnung der Grundereignisse in der Martinsgeschichte. Christus bildet, obwohl exzentrisch im oberen Bilddrittel plaziert, die eigentliche Mitte, das Zentrum der Darstellung. Er steht sowohl im Vorder- als auch im Hintergrund; denn optisch überlagert die Sphäre des Himmlischen einerseits das Geschehen, während sie andererseits zugleich hinter den Vorgängen der unteren und oberen Ebenen zu stehen scheint.

Diese mittelalterliche Miniatur der Mantelteilung des hl. Martin legt die Wirkung menschlichen Handelns offen. Sie eröffnet damit zugleich den Blick auf die wahre Wirklichkeit, indem sie Christus als das Mysterium dieser Wirklichkeit, »Gott als Geheimnis der Welt«, um einen Titel des evangelischen Theologen Eberhard Jüngel illustrierend zu gebrauchen, zu erkennen gibt.

Bildaufbau und Bildverständnis der Hildesheimer Mantelteilung kehren in der Federzeichnung in Sepia eines Trierer, aus Echternach kommenden Codex mit der in Versen abgefaßten Vita des hl. Martin des Abtes Richer von Metz wieder.[35] Zu dieser Handschrift aus dem letzten Viertel des 12. Jahrhunderts existiert außerdem eine aus St. Martin in Metz herrührende Parallele in Epinal[36], »die deutlich besser und sorgfältiger ausgeführt ist«, während die Zeichnungen der ersteren »nicht sehr geschickt, zugleich hart und unsicher im Strich, mit schiefen verzogenen Gesichtern« erscheinen.[37] Möglicherweise hängt die Trierer Fassung von einer inzwischen verschollenen Vorlage ab. Diese wird jedoch nicht in der Schwesterhandschrift von Epinal vermutet, sie gilt vielmehr als Replik der Trierer Vorgabe.[38] Bei aller Unbeholfenheit in der Ausführung besitzen wir in letzterem Beispiel allerdings ein einflußreiches, nachfolgende Rezeptionen

Abbildung 8
Trierer Codex, Mantelteilung und
Erscheinung im Schlaf

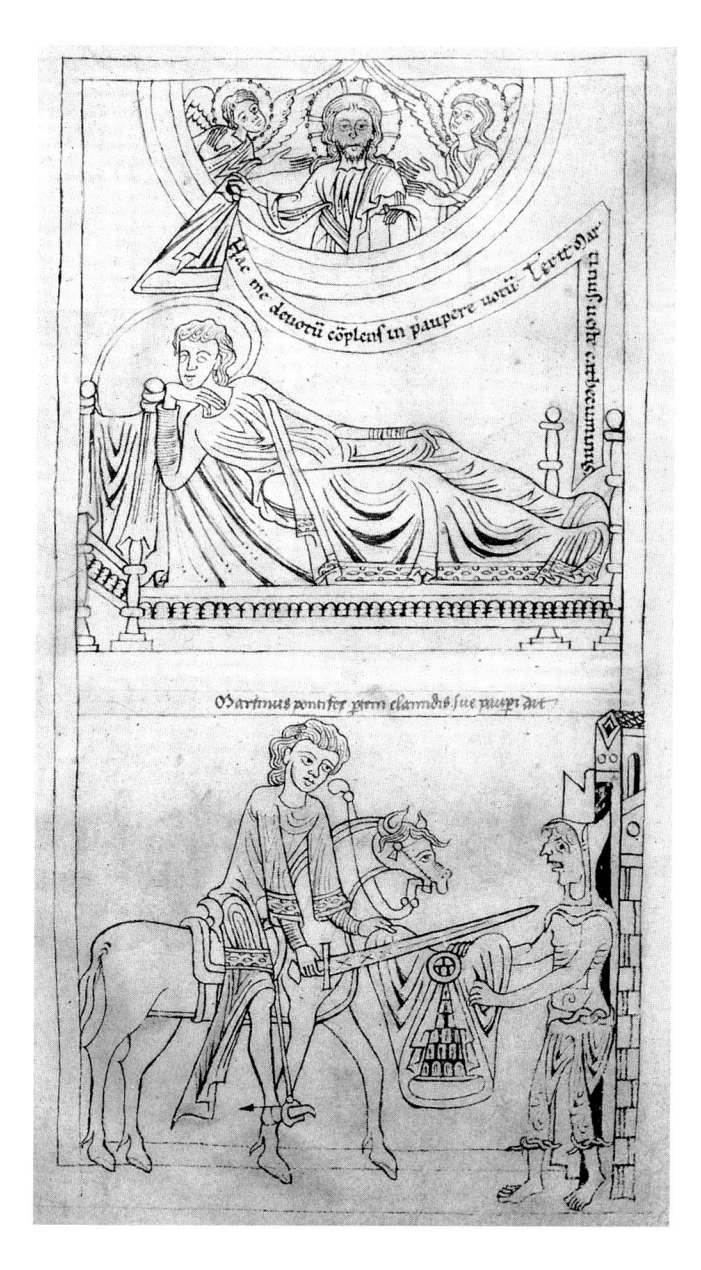

der Mantelteilung bestimmendes Vorbild. Wiederum vollzieht sich die Mantelteilung hoch zu Roß, diesmal mit der Bewegung von links nach rechts. Der Bettler mit Kapuzenkragen, zerlumpter Hose und nacktem Oberkörper, an dem sich die Rippen abzeichnen, steht vor einem nur noch am Rande angedeuteten Stadttor.

Eine lateinische Bildlegende erläutert den Vorgang: »Martinus pontifex partem clamidis suae pauperi dat« (Bischof Martin gibt dem Bettler einen Teil seines Mantels). Der Bettler wird deutlich als Elendsgestalt »verhäßlicht«, mit einem jammervoll verzerrtem Gesicht, den Mund zur Klage geöffnet, tritt er Martin entgegen. So, wie nun versucht wird, den Bedürftigen expressiv zu zeichnen, erhalten nun auch die Materialien inhaltlich Gewichtung, wenn der Mantel durch andersartiges Futter und eine dekorative Schließe als kostbar wiedergegeben wird. Zum ersten Mal wird damit auch der Gegensatz von Reich und Arm stärker ins Bild gerückt. Deutlich abgehoben wurde in der ganzseitigen Zeichnung die Szene der Traumvision. Sie ähnelt jener der Hildesheimer Handschrift bis auf ein Detail, daß Christus in der Gloriole nun das abgeschnittene Mantelstück nicht mehr umgelegt hat, sondern in der rechten Hand haltend vorzeigt. Das Mantelstück fällt dabei über die Halbkreise des Christus einfassenden Nimbus heraus und hängt direkt über dem Haupt des schlafenden Martin herab. Eine zweite lateinische Inschrift erklärt: »Hac me devotum complens in paupere votum texit Martinus veste me cathecuminus« (»durch dieses Gewand hat Martin noch als

Katechumene«, d.h. noch als Ungetaufter, erst in der Vorbereitung, dem Katechumenat, stehend, »am Armen ein Opfer vollbringend, mich, der mit dem Opfer bedacht worden ist, bekleidet«).

Der Mantel als Teilstück besitzt hier den Charakter des »Symbolon«, was auf das Assoziationsfeld eines schon aus der Antike bekannten Brauchs führt. Das Wort Symbolon leitet sich davon ab, daß nach genossener Gastfreundschaft Gegenstände zerbrochen, geteilt wurden, die bei späteren Begegnungen zusammengehalten wurden – das griechische Wort dafür heißt »symballein«, wovon sich »Symbolon« ableitet – und als Erkennungszeichen früherer Beziehungen dienten.[39] Der Mantel ist somit bei Christus das Erkennungszeichen in der Ewigkeit für das im Zeitlichen schon begonnene Verhältnis der Freundschaft.

Autorenbild, Kuß des Aussätzigen und Teufelsaustreibung

Der Trierer Codex bringt außerdem noch zwei zusätzliche Zeichnungen. Die eine bietet ein Autorenbild (s. Abb. S. 22). Abt Richer von Metz sitzt am Schreibpult. Ein hinter ihm stehender jüngerer Mönch hält den Abtstab als Zeichen seiner Würde, während vor dem Mönch Sulpicius Severus als Inspirator mit einem aufgeschlagenen Buch in den Händen abgebildet ist, womit zugleich die Ausgangsbasis für Richers Vers-Vita des hl. Martin benannt ist. Der Vergleich mit dem Codex von Epinal ermöglicht die Identifizierung der Hauptpersonen des Autorenbildes. Allerdings hält im Codex von Epinal Sulpicius Severus sinnvollerweise die Innenseiten des geöffneten Buches dem Schreiber entgegen und nicht wie im Trierer Codex zwar aufgeschlagen, aber den Buchrücken. Sonst aber stimmen die Illustrationen der beiden Handschriften überein »bis in die einzelnen Faltenlinien und Bortenmotive«.[40]

Der Trierer Codex enthält schließlich noch eine weitere Illumination, bei der in einem Bild drei verschiedene, bei Sulpicius Severus aufeinander folgende Ereignisse zusammengefaßt sind. Einmal sind es zwei Dämonenaustreibungen, zum anderen die Begegnung mit einem Aussätzigen in Paris. Martins Kampf gegen die unreinen Geister und seine Heilung der Unreinheit des Leibes werden damit simultan in einem Bild akzentuiert.

Es handelt sich einmal um die Befreiung eines Sklaven des Prokonsuls Tetradius von einem Dämon, der ihm aus dem After entweicht, und zum anderen um die anschließende Entlarvung eines lügenhaften, falsche Gerüchte verbreitenden bösen Geistes in einem Besessenen der Stadt Trier.[41] Beide Exorzismen gehen der Begegnung mit dem Aussätzigen voraus.

In der zweifarbig gehaltenen Federzeichnung mit brauner und roter Tinte des Trierer Codex gebietet der Heilige mit der einen Hand den Dämonen, die als schwarze Teufelchen über Mund und Hinterteil ihre Opfer verlassen, und kopfwendend küßt er zugleich den durch unzählige Pusteln entstellten Leprosen, von

*Abbildung 9
Das Leben des hl. Martin von Richer
von Metz (nach 1102), Trierer
Codex. Zwei Dämonenaustreibungen und Begegnung mit einem
Aussätzigen*

dem sich alle übrigen mit Entsetzen abgewandt hatten, und segnete ihn, worauf er nach Sulpicius Severus »sofort von jedem Übel gereinigt war«.[42]

Am Tisch des Tyrannen und andere Szenen aus dem Leben des hl. Martin

Im 12. Jahrhundert stoßen wir nun häufiger in der Buchmalerei auf Abbildungen, die andere Ereignisse des Martinslebens als die geläufige Szene der Mantelteilung thematisieren. Im bereits erwähnten Codex von Tours vom Anfang des 12. Jahrhunderts (ms. 1018) wird Martin an der Tafel des gefürchteten Usurpators Magnus Maximus (383–388) in Trier gezeigt. Den zum Verständnis der Miniatur notwendigen Hintergrund erzählt Sulpicius Severus. Martin, der deutlich Distanz zu diesem tyrannischen Kaiser, der widerrechtlich die Macht an sich gerissen hatte, hielt, und nicht im geringsten ihm zu schmeicheln bereit war, ja sich mehrfach geweigert hatte, an dessen Gastmähler teilzunehmen, konnte schließlich eine Einladung nicht ausschlagen. Als ein Diener Magnus Maximus in der Mitte des Mahles eine Trinkschale reichte, bedeutete der Kaiser, zuerst Martin als Ehrengast zu bedienen in der Hoffnung, anschließend von ihm die Schale zu erhalten, was ihn ausgezeichnet hätte. Martin gab sie jedoch, den Kaiser übergehend, an den ihn begleitenden Priester weiter, als den aus seiner Sicht der Würde nach Nächstfolgenden. Maximus und sein Gefolge bewunderten daraufhin die Souveränität und den Mut Martins, der sich in keiner Weise von der Machtstellung des Kaisers beeinflussen ließ und zu heuchlerischer Unterwürfigkeit zu bewegen war.[43]

Dieselbe Handschrift liefert eine Federzeichnung, wie Martin einen erhängten Sklaven ins Leben zurückholt.[44] Der von einer dichten Menschengruppe begleitete Bischof berührt den vom Strick Gelösten mit seinem Stab und reicht ihm die Hand, worauf der Sklave sich zu erheben beginnt.[45] Der Heilige ruft zurück ins Leben, erweckt zum Leben, ist die Botschaft des Bildes.

Nur den Traum des hl. Martin, wobei Christus am Bett des Schlafenden steht und das Mantelstück hoch-

209

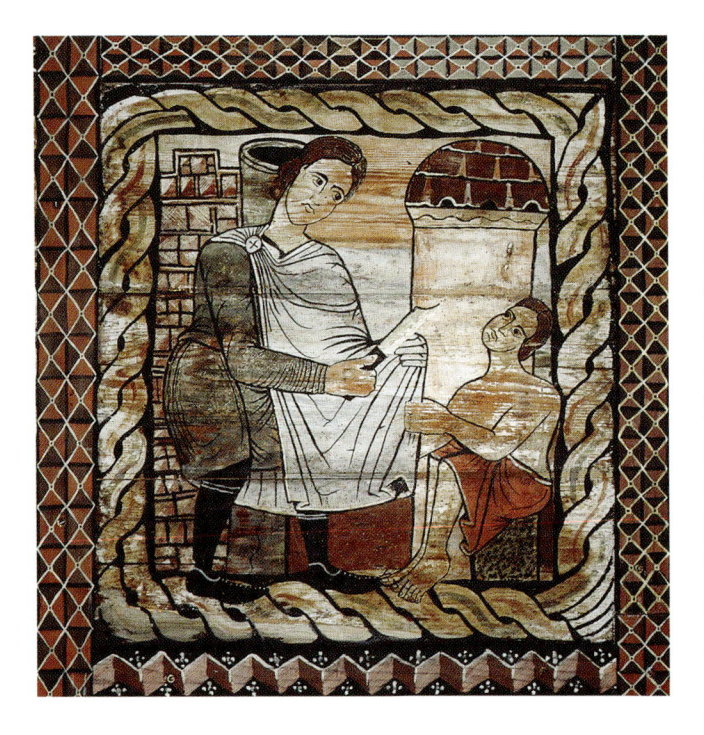

Abbildung 10
Mantelteilung, Tafel aus der Kastendecke St. Martin, Zillis (Schweiz)

hält und ein Engel mit einem Griffel Jesu Worte auf ein Spruchband zu schreiben beginnt, bringt um 1150 ein Steinrelief aus Neustadt am Main, heute im Mainfränkischen Museum in Würzburg (s. Abb. S. 31).

Die romanische Holzdecke von Zillis

Noch aus der ersten Hälfte des 12. Jahrhunderts rührt die bemalte Holzkassettendecke des Kirchleins in Zillis, wobei die Vorlagen für die Ausführung in der Buchmalerei zu vermuten sind.[46] Eingebettet in zwei Bildzyklen, von denen der erste Tiere, Dämonen, Engel und allerlei Chimären umfaßt wie fischschwänzige Landtiere und Vögel, Drachen, Adler, Elefant, Einhorn, Widder, der zweite und innere Bildkreis hauptsächlich Szenen des Alten und Neuen Testaments miteinander verknüpft, erscheinen sieben Felder mit Ereignissen aus dem Leben des hl. Martin. Sie füllen damit von den Randfeldern abgesehen eine komplette Bildreihe der Decke von Zillis. Zugleich ist sie diejenige, die unmittelbar am Westeingang gelegen ist und somit den Eintretenden sogleich mit dem Leben des Patrons der Kirche vertraut macht. Die Mantelspende ist über zwei Bildquadrate aufgeteilt. Hoch zu Roß reitet Martin heran, beim Werk der Barmherzigkeit ist er vom Pferd gestiegen und halbiert mit dem Schwert vor dem auf einem Stein hockenden Bettler den Umhang. Es folgen als weitere Täfelchen die Weihe Martins zum Akolythen durch Bischof Hilarius von Poitiers und die Erweckung eines Toten. Der Akolyth ist die höchste Stufe der niederen Weihen. Martin ist mit Erhalt der niederen Weihe in den Klerikerstand aufgenommen. Über drei Quadrate erstreckt sich die Begegnung Martins mit dem Satan, der ihm in prunkvollem Gewand mit einem Diadem aus Gold und Edelsteinen erscheinend sich als Jesus Christus ausgibt. Der Heilige entlarvt ihn damit, daß Christus nicht angekündigt habe, er werde in Purpur und Gold wiederkommen, sondern in Gestalt seines Leidens mit den Wundmalen des Kreuzes.[47]

Mantelteilung und Maiestas-Domini-Bild

Was sich jetzt im 12. Jahrhundert vor allem aber herausgeschält hat, ist die zwei- und dreiteilige Entfaltung der Schlüsselszenen in Mantelteilung, Traumvision und Maiestas Domini. Dieser Bildaufbau mit dem in der Herrlichkeit thronenden Christus findet sich außerhalb der Buchkunst in der ersten Hälfte des 12. Jahrhunderts seitlich aufgefächert an einem Kapitell von Moissac[48], so daß auf der einen Fläche die Mantelteilung, auf der anderen das Traumereignis skulpiert ist, er liegt genauso um 1220 der Glasmalerei in Chartres, dort auch schon um 1210 im Tympanon des östlichen Südportals (zusammen mit zwei Szenen der Nikolauslegende)[49] oder den Fenstern der Kirche von Varennes-Jarcy (1220–30), heute in Paris im Musée Cluny, zugrunde. Die Traumszene mit dem thronenden Christus, zunächst nur mit der Mantelteilung verbunden, verselbständigt sich und wird nun auch in Siegel geschnitten. Mehrere Siegel der Stadt Mainz bringen seit dem Ende des 13. Jahrhunderts den Traum des hl. Martin mit der Maiestas Domini.[50]

Seelenrettung

An der Kathedrale von Chartres erscheint um 1220 Martin als Monumentalskulptur im Gewände des Südportals neben den beiden lateinischen Kirchenvätern Hieronymus und Papst Gregor dem Großen, womit zugleich etwas über den Rang, den er in der Verehrung einnahm, gesagt ist. Identifiziert werden kann er anhand der zwei Hunde am Sockel der Statue, denen Martin seinen spitzen Bischofsstab durch die Zunge stößt. Den Dialogen des Sulpicius Severus zufolge hat Martin einen Hasen vor der Verfolgung durch zwei Hunde gerettet.[51] Das Motiv des von Hunden gehetzten Hasen geht auf den schon Ende des 2., Anfang des 3. Jahrhunderts verfaßten »Physiologus« zurück. Dort wird der Mensch mit einem Hasen verglichen, der von den Hunden als Sinnbild des bösen Feindes gejagt wird.[52]

Weingarten: Der Meister des Berthold-Sakramentars

Eine völlig andere Aufteilung des vorgefundenen zweiteiligen Bildschemas, worin sich allein schon die Kreativität des Urhebers zu erkennen gibt, erleben wir im 1215–1217 in Weingarten angelegten Berthold-Sakramentar.[53] Die nach dem Weingartener Abt Berthold (1200–1232) benannte Zimelie, zugleich eines der glanzvollsten Zeugnisse des Kunstschaffens im Bodenseeraum in der Spätromanik, bringt unter der Mantelteilungsszene, die sie in die obere Bildhälfte gerückt hat, die Auferweckung von drei Toten. Der untere Bildabschnitt repräsentiert in diesem Fall gewissermaßen die Unterwelt, die Schattenwelt des Todes. Die drei Leichen, in offenen Särgen zu sehen, eingewickelt in das Totenhemd mit fahlen Gesichtsfarben, vergegenwärtigen die Erweckungen, von denen Sulpicius Severus berichtet. »Und zwar handelt es sich dabei durchweg um ›doppelte‹ Wiederbelebungen, körperliche und geistliche: Einmal betraf es einen ›Ungetauften‹, dann einen Selbstmörder, denen beide die ewige Verdammnis gedroht hätte, beim dritten Fall handelte es sich um einen Aussätzigen, also einen, der vor der Welt schon als tot galt, und dem die Heilung zu neuem leiblichen und geistlichen Leben verhalf.«[54] Martin steht in pontifikalen Gewändern beherrschend mit Segens- und Redegestus zwischen den Särgen mit ihren Toten, ihnen neues Leben schenkend (s. Abb. 8, S. 115).

Die Mantelteilung auf der höheren Ebene geschieht zu Fuß. Martin ist vom Pferd gestiegen. Kniend empfängt der Bettler das Almosen. Der neue Aspekt jedoch liegt in der Sicht des Bettlers als eines Krüppels. Der Bettler hat nun durch Geburt oder Krankheit verkrümmte Beine, die ihn nicht mehr aufrecht gehen lassen. Er stützt sich daher, um sich fortzubewegen, mittels kleiner Handböcke ab. Die Mantelteilung des Berthold-Sakramentars ist eines der frühesten Beispiele überhaupt, wo der körperlichen Verfassung des Bettlers, vor allem jetzt seiner Gehbehinderung durch Verkrüppelung der Extremitäten erhöhte Aufmerksamkeit geschenkt und detailreich eingebracht wird und die damit ihrer Zeit vorauseilt. Die bildliche Auseinandersetzung mit dem Patron des Klosters im 12. und frühen 13. Jahrhundert, in der sich ja auch die Spiritualität jener Zeit spiegelt, findet in dieser ganzseitigen Miniatur und in der Martinsfigur auf dem kostbaren Einband des Sakramentars ihren Höhepunkt. Abt Berthold, der Auftraggeber dieses liturgischen Buches, hatte außerdem eine in der Säkularisation zerstörte silbervergoldete Büste des hl. Martin anfertigen lassen. Eine Vorstellung von diesem Werk der Gold- und Silberschmiedekunst vermag das im Louvre in Paris erhaltene Exempel des frühen 13. Jahrhunderts zu vermitteln.[55]

Frühe Martinsskulpturen in Süddeutschland

Die früheste erhaltene plastische Darstellung der Mantelteilung an einer Kirche des späteren Württemberg blieb in Plieningen erhalten. Das Bildwerk aus der zweiten Hälfte des 12. Jahrhunderts schmückt mit elf weiteren figürlichen Reliefs, wozu mythologische Motive wie Sirenen und Kentauren gehören, das Dachgesims der dortigen Martinskirche.[56] Der Bettler sitzt hier am Boden und ergreift den Oberkörper wendend rückwärts die untere Mantelhälfte, die der junge römische Soldat eben mit dem Schwert abtrennt.

Die älteste monumentale Darstellung des hl. Martin aus dem Bereich der heutigen Diözese Rottenburg-Stuttgart stammt aus Lauffen am Neckar, einem Ort, dessen Martinskirche nachweislich auf eine Schenkung des Frankenherrschers Karlmann im Jahre 742 zurückgeht.[57] Auf dem steinernen Tympanon aus dem ersten Drittel des 13. Jahrhunderts (nach 1227?), jetzt im Württembergischen Landesmuseum in Stuttgart, wird der Bischof von Tours versehen mit den Insignien

Abbildung 11
Tympanon mit hl. Martin (?), 1787 (angeblich) im Neckar bei Lauffen gefunden, Württembergisches Landesmuseum, Stuttgart

seiner Würde, Mitra und Hirtenstab, auf der Kathedra, seinem Bischofssitz und Lehrstuhl, wiedergegeben.[58] Die Bedeutung eines Heiligen als des nach mittelalterlicher Auffassung eigentlichen Inhabers und Schutzherrs des jeweiligen Ortes findet hier plastisch seinen Ausdruck. Den hl. Martin als residierende Bischofsgestalt verbreitete schon um 1150 ein Mainzer Stadtsiegel.[59]

Aus der ersten Hälfte des 13. Jahrhunderts ist die Wandmalerei am Chorbogen der heute evangelischen Kirche von Bissingen bei Ulm auf uns gekommen.[60] Die beiden Patrone Martin und Georg dieses Gotteshauses sind an der Bogeninnenseite einander gegenüber als Ganzfiguren freskiert. Martin in bischöflichen Gewändern mit Hirtenstab in der Linken hebt, den Blick zur Apsis gerichtet, segnend die rechte Hand.

Abbildung 12
Tympanon in der Memorie des
Mainzer Domes

Abbildung 13
Tympanon des Leichhofportals im
Mainzer Dom

*Die romanischen Martinsdarstellungen des
Mainzer Doms*

In aller wünschenswerten Deutlichkeit macht den Segensgestus ein Tympanon in der Memorie des Mainzer Domes aus der spätromanischen Bauperiode sinnfällig. Die Memorie, zusammen mit dem Westchor errichtet, war Versammlungsort des Domkapitels, zugleich Begräbnis- und Gedächtnisort – daher der Name – für die verstorbenen Mitglieder des höheren Domklerus. Auf dem nach 1220 geschaffenen Brustbild des Heiligen über einem später vermauerten Por-

tal zum südlichen Seitenschiff hält Martin in der einen Hand ein Modell der ihm geweihten Mainzer Kathedrale, in der anderen ein aufgeschlagenes Buch mit einem lateinischen Segensspruch, der in deutscher Übersetzung lautet: »Friede diesem Haus und allen, die darin wohnen«.[61] Eine solche Hervorhebung »des hl. Martinus als Füllung des ganzen Tympanons in einer Form, wie sie sonst Christus zustand, ist aus der Eigenschaft dieses Raumes als ursprünglichem Kapitelssaal zu erklären«.[62] Es ist die zweitälteste der erhaltenen insgesamt zwanzig Martinsdarstellungen in und am Mainzer Dom, dessen Martinspatrozinium ins 6. Jahrhundert zurückreicht.[63]

Nur die Gestalt des hl. Martin auf dem Türbogenfeld des Leichhofportals ist im Mainzer Dom älter.

Um 1200 geschaffen, ist dort Martin unter den beiden bischöflichen Assistenzfiguren zur Person Christi zu suchen. Die Zentralfigur des thronenden Christus wird begleitet von Maria und Johannes d. Täufer sowie zwei nur noch in Halbfigur angebrachten Bischöfen, die wohl als Martin und Bonifatius bestimmt werden müssen. Ein Begleittext, wie beim Tympanon der Memorie, der die Identifikation sicherte, fehlt.[64] Bezeichnend aber wiederum Ort, Form und Inhalt. Denn Maria und Johannes der Täufer legen Fürbitte ein beim richtenden Herrn, sogenannte »Deesis«. Auch hier der eschatologische Bezug, soll doch beim Leichhof mit dem Tod Auferstehung und Gericht ins Bewußtsein gerufen werden. Martin steht hier zusammen mit Maria, Johannes und Bonifatius als Fürsprecher am Richterstuhl des Gottessohnes.

Lucca: Macht über Tod und Teufel

An der Westfassade des Domes von Lucca in der Toscana kommt es 1233–1257 durch Guido da Como[65] zu einer Umsetzung der Mantelteilung in einer Großskulptur. Martin zu Pferd übergibt dem stehenden Bettler das Kleidungsstück. Von der Buchmalerei ausgehend muß man die Inszenierung am Westportal des Domes von Lucca als eine Umsetzung traditioneller Bildformen ins Monumentale verstehen. Denn im Mittelpunkt des Lucceser Fassadenprogramms steht eine Maiestas Domini. Ihr unter- und beigeordnet sind alle übrigen Bildwerke, auch jene der Mantelteilung.

Abbildung 14
St. Martin und der Bettler
Romanische Skulptur, Dom
zu Lucaa

Dem Schutzherrn dieser Kathedrale gelten außerdem skulpierte Reliefs mit weiteren Ereignissen aus dem Leben des Bischofs von Tours. »In Fortführung der stehenden Apostelreihe wird der Mönch Martin zum Bischof gekrönt.«[66] Wir erleben Martin bei der Feier der heiligen Messe. Über seinem Haupt flammt das Feuer des Heiligen Geistes. Noch im Habit des Mönches erweckt er in der Eröffnungsszene einen Toten zum Leben. Als Bischof im Ornat und mit Krummstab befreit er einen Besessenen von seinem Quälgeist. »Also vier breite Tafeln in halber Lebensgröße, nach durchdachter Ordnung zeigen sie, zunächst dem Christus-Tor, die sakramentalen Vorgänge der Bischofsweihe und Messe in ihrer höchsten Erfüllung, dann nach außen hin zwei Wundertaten, die Macht über den Tod und den Teufel ... Dies ist also das Leben des Heiligen. Keine lauten Bewegungen gehören zu ihm, keine Nebensachen, keine nur scheinbar belebenden Realien der Außenwelt. Kein Hintergrund gehört dazu und nicht einmal Raumtiefe ... Weil dies alles hier nur Trug wäre. Solche Heiligen leben in einem anderen, ihrem eigenen Raum, dessen Tiefe allein in Mienen und Gebärden angedeutet zu werden vermag; ihr Hintergrund ist über der Zeit.«[67]

Der »Bassenheimer Reiter« des Naumburger Meisters

Als künstlerische Ausnahmeerscheinung unter den Bildhauern seiner Zeit ragt der Meister der Naumburger Stifterfiguren heraus. An der französischen Kathedralplastik geschult mit Aufenthaltsorten in Amiens und Reims, möglicherweise auch in Noyon und Chartres, gelangt er über Metz nach Mainz.[68] Hier arbeitet er um 1240 am Westlettner. Aus dieser Zeit stammt der sogenannte »Bassenheimer Reiter«, der erst 1935 als ein Werk des Naumburger Meisters erkannt wurde.[69] Vergleiche mit den übrigen noch erhaltenen Figuren des Westlettners offenbaren engste Verwandtschaft, weshalb der Bassenheimer Reiter als Teil des Bildprogramms der Chorabschrankung vermutet worden ist. Dorothea Issersted hat diesen Faden verfolgt, ohne einen letztgültigen Beweis liefern zu können, dennoch vermag die naheliegende Plausibilität dieser These zu überzeugen.[70]

Als ikonographisches Argument kann geltend gemacht werden, daß es sich beim »Bassenheimer Reiter« um eine Mantelteilung Martins handelt. Die traditionelle Sicht und Deutung der Mantelteilung bewegt sich, wie schon mehrfach hingewiesen, im Kontext der Eschatologie, d.h. der Lehre von den letzten Dingen, zu denen die Wiederkunft Christi und das Jüngste Gericht (vgl. Mt 25,31–46) gehören. Die noch vorliegenden Teile des Mainzer Westlettners beziehen sich auf das Jüngste Gericht, auf Seligpreisung und Verdammung. In diesen Zusammenhang konnte das zentrale Ereignis im Leben Martins, des Mainzer Dompatrons, problemlos in das thematische Gefüge des Lettners integriert werden.

Der Naumburger Meister hat in diesem plastisch tief herausgearbeiteten Relief eine singuläre Leistung erbracht. Sein weit vorauseilender Realismus schuf eine Gruppe von großer Eindringlichkeit. Die Umsetzung der Dynamik der Aktion der Mantelteilung

Abbildung 15
Der »Bassenheimer Reiter« des Naumburger Meisters

sucht vom 13. bis zum 15. Jahrhundert ihresgleichen. Die Übergabe des Mantels geschieht im zurückgenommenen Galopp des Pferdes. Der Reiter dreht sich im Sattel rückwärts, um dabei die Bewegung des Ritts und dessen vorwärts zerrende Kraft zum Zerschneiden des Mantels zu nutzen, dessen Ende der hinterher rennende Bettler schon erfaßt hat. Erschütternd die Gestalt des halbnackten, nur mit einer zerfetzten Hose bekleideten Bettlers. Ein gehetzter Mensch, in dessen Gesicht Verzweiflung geschrieben steht – und ein Anflug von Hoffnung. Daß der Naumburger Meister diese existentielle Not in seiner Skulptur abzuzeichnen vermochte, daß er dieses Wechselbad der Gefühle und Befindlichkeiten im scharfen Kontrast zum fast jugendlich übermütig wirkenden, aus einer spontanen, unbekümmerten Herzlichkeit heraus agierenden Martin in seinem Werk ausdrückte, macht Urheber und Werk zu einem kulturgeschichtlichen Ereignis.

Nicht zuletzt vermag der »Bassenheimer Reiter« die grundsätzliche Bedeutung der Darstellungen der Mantelteilung ins Bewußtsein zu rücken. Die Szene wird zum möglichen Kristallisationspunkt, um der Not des menschlichen Daseins, der Fragilität und Hinfälligkeit der menschlichen Existenz, ihrer Bedürftigkeit schlechthin einen bildlichen Ausdruck zu verleihen. Sie ist ein Bild der »conditio humana«, der Grundverfassung des Menschseins mit ihren Nöten und Abgründen, aber auch mit ihren positiven Möglichkeiten, ihre alle Zwänge der Natur übersteigenden lichten Dimensionen. Freiheit als Möglichkeit, Gutes zu tun, leuchtet auf. Elend, Angst und Sorge auf der einen korrespondieren mit Hoffnung, Güte und Barmherzigkeit auf der anderen Seite.

Der Bettler als Attribut

Mit Beginn der Gotik, vor allem mit der Aufgabe der Ausgestaltung von Figurenportalen und -fassaden wird in Reduktion der Mantelteilung auf eine Einzelfigur der Bettler zum bloßen Attribut des hl. Martin. Eines der ersten Beispiele dafür finden wir an der Fassade des südlichen Querhauses des ehemaligen ritterbürtigen Chorherren vorbehaltenen Stiftes in Wimpfen im Tal (bis 1804, seit 1947 Abtei der Benediktiner von Grüssau). Der dortige Bau ist ein frühes Zeugnis des Einzugs der Gotik in Baukunst und Architekturgestaltung in Süddeutschland. Als Initiator nennt die von seinem Nachfolger Burkhard von Hall vor 1300 verfaßte Chronik den Dekan des Stiftes Richard von Deidesheim. Dieser habe 1269 befohlen, eine Basilika »nach französischer Werkart«, aus speziell behauenen Steinen – »opus Francigenum« heißt es aufschlußreich im lateinischen Original – zu errichten.[71] Die Skulptur Sankt Martins, der möglicherweise als Gewändefigur vorgesehen war, befindet sich heute seitlich des Fensters am Südgiebel. Als Standfigur ohne Pferd um 1270 ausgearbeitet, teilt er den Mantel mit einem Bettler zu seinen Füßen.[72] Auf diese Weise hat der Bettler nun mehr oder weniger die Funktion eines Erkennungszeichens, eines Attributes für den Heiligen erhalten.

Abbildung 16
Taufbecken im Dom zu Mainz,
1328

Münsteraner Kapitelskreuz und Mainzer Taufbecken

Die Gestalt des hl. Martin, seiner jeweiligen Schutzherrschaft entsprechend, zeichnet zunehmend sakrale Gegenstände und Objekte aus. Als ein bedeutsames Beispiel dafür sei das Kapitelskreuz aus dem Stift St. Martini in Münster aus der Zeit um 1320/30 genannt.[73] Neben emaillierten Bildfeldern mit Szenen der Jugend und der Passion Christi, die in einer Maiestas Domini und einer Marienkrönung gipfeln, enthält das 57 cm hohe Kreuz im untersten Bildfeld oberhalb des Dorns auch eine Abbildung der Mantelspende. Martin reagiert im Lauf hoch zu Roß auf den am Boden kauernden Bettler. Handstützen zeigen an, daß er sich nur kniend fortbewegen kann.

Wie das Kapitelskreuz von St. Martini in Münster als ein herausragendes Exempel der Goldschmiedekunst des ersten Drittels des 14. Jahrhunderts, so darf das bronzene Taufbecken des Mainzer Doms als ein großartiges Werk der Bronzearbeiten jener Epoche gelten. Auch hier finden wir eine Mantelteilung. Wiederum verläuft die Aktion während des Ritts und kniet der Bedürftige halbnackt – die Rippen des Brustkorbs sind sichtbar – auf der Erde.

Die volle inhaltliche Bedeutung tritt zu Tage, wenn beachtet wird, daß Martin an diesem Taufbecken zusammen mit der Gottesmutter Maria in die Folge der Apostel als den Zeugen und Säulen des Glaubens eingereiht ist. Das Werk ist vom Künstler in einer umlaufenden Inschrift signiert und datiert. Die Aufschrift heißt in deutscher Übersetzung: »Wisse, im Jahre 1328 formte dieses Gefäß die erfahrene Hand des Johannes auf Geheiß des Höchsten der Domherren. Der sei verdammt, der dies Gefäß zu beschädigen sucht.«[74]

Bildzyklen des Martinslebens: Chartres, Tours, Bourges

Wie schon mehrfach angeführt, gab es seit dem 5. und 6. Jahrhundert – die ältesten Beispiele boten die Ausgestaltung der Grabeskirche in Tours oder von S. Justina in Padua, wovon Venantius Fortunatus zu berichten weiß[75] – Darstellungen des Lebens des hl. Martin in einer Folge von einzelnen Ereignissen. Genannt sei der Zyklus in der Kathedrale von Chartres von 1220 mit insgesamt 16 Szenen, der Mantelspende und Traumvision, der Taufe Martins und seiner Weihe zum Akolythen durch Hilarius, der Bekehrung des Räubers, der Martin überfallen hat, Totenerweckung, Heilung eines Besessenen, Bischofsweihe, Erweckung eines verstorbenen Kindes, Fällung des Götzenbaumes, Heilung eines Gelähmten, Begegnung mit dem Aussätzigen, Voraussage des Todes, Sterben des Heiligen und Verschiffung seines Leichnams nach Tours[76]. Die in die zweite Hälfte des 13. Jahrhunderts zu datierenden Fenster der Kathedrale umfassen 14 Szenen: Lossagung vom Militärdienst, Mantelteilung und Traumgesicht, Taufe, Bekehrung des Räubers, Bezwingung des Teufels, Totenerweckung, Heilung des Besessenen, Fällung des Götzenbaumes, Begegnung und Küssen des Leprosen, die Messe des hl. Martin, Tod des Heiligen, Streit um seine sterblichen Überreste zwischen den Bürgern von Tours und Poitiers, Verschiffung des Leichnams nach Tours.[77]

Ein nur noch unvollständiges Gesamtbild bieten nach bilderstürmerischen Zerstörungen im 16. Jahrhundert die Glasfenster von Bourges. Überkommen sind von den im 13. Jahrhundert geschaffenen Scheiben mit der Martinsvita folgende Ereignisse: der Heilige bekehrt seine Mutter, spendet eine Taufe, befreit den Sohn des Prokonsuls Tetradius von einem Dämon, erweckt ein totes Kind, die Messe des hl. Martin, sein Sterbelager und die Aufnahme seiner Seele in den Himmel.[78]

Die literarische Grund- und Vorlage für all diese Bildreihen lieferte die in jeder Hinsicht im wahrsten Sinne des Wortes mustergültige Vita des Sulpicius Severus. Großen Einfluß besaßen außerdem die darauf aufbauenden umfangreichen Vers-Viten des Paulinus von Périgueux und des Venantius Fortunatus. In die 1263-1273 abgefaßte »Legenda aurea« des Dominikaners Jacobus a Voragine († 1298), dem maßgeblichen Werk zum Leben der Heiligen vom ausgehenden Mittelalter bis in die Barockzeit, gingen noch spätere, erst im 11. Jahrhundert niedergelegte Erzählungen über Wundertaten, die sich um die Gebeine des hl. Martin ereigneten, ein.[79]

Assisi: Simone Martinis Lebensbild des hl. Martin

Einen der eindrucksvollsten Zyklen der Vita des hl. Martin hat der Sieneser Meister Simone Martini um 1320 in der Unterkirche von San Francesco in Assisi hinterlassen. Der Schöpfer dieser Werke, um 1285 geboren und 1344 gestorben, der erstmals 1315 mit einer Arbeit greifbar wird[80], gehört zu den bedeutendsten Malern Italiens im ausgehenden Mittelalter. Obwohl noch der gotischen Kunst verpflichtet, findet sich in seiner Malerei, wie in jener seines Zeitgenossen Giotto, schon der Keim einer neuen Sehweise und eines neuen Bildes vom Menschen, das dann hundert Jahre später in der Kunst der Renaissance sich voll entfalten soll.

Die Basilika S. Francesco, in der Simone Martini das Lebensbild des hl. Martin geschaffen hat, ist nicht nur durch das Wirken des hl. Franz von Assisi und seine Verehrung einer der bedeutendsten Orte der Frömmigkeitsgeschichte, sie gilt außerdem als einer der wichtigsten Orte der Kunstgeschichte Italiens und damit Europas. Kardinal Gentile Partino von Montefiore († 1312), ein Mitglied des Franziskanerordens und zu seiner Zeit eines der einflußreichsten Mitglieder der römischen Kurie, hat die Martinskapelle in der Unterkirche von S. Francesco samt Fresken in Auftrag gegeben. Er liegt in der gegenüberliegenden, gleichfalls von ihm gestifteten Ludwigskapelle begraben.[81] Der Stifter hat sich selbst, dem hl. Martin huldigend, auf der ganzen Breite der Eingangswand abbilden lassen. Der Kardinal kniet dabei, sein Hut ist abgelegt, unter einem gotischen Baldachin vor dem Heiligen. Die Blicke der beiden treffen sich. Martin ergreift die linke Hand des demütig Knienden, als wolle er ihm aufhelfen.[82] Daß es zur Stiftung einer eigenen Martinskapelle in San Francesco in Assisi kommen konnte, hat seinen Grund einmal darin, daß Gentile Partino da Montefiore von Papst Bonifatius VIII. zum Kardinal von SS. Silvestro e Martino ai Monte erhoben worden war und hier den zweiten Titelheiligen seiner Kathedrale ehren wollte[83], zum anderen wohl aber auch in den auffälligen Gemeinsamkeiten, die zwischen den Lebenswegen von Martin und Franz von Assisi ausgemacht werden können, so daß Martin als ein Vorläufer, als ein Vor-Bild, ein Typos des Armen von Assisi gesehen werden konnte. Beiden gemeinsam sind anfänglicher soldatischer Dienst, das Ablegen der Kleider, zahlreiche Wundertaten, die Begegnung mit Aussätzigen, Christusvisionen.[84]

Der Zyklus des Simone Martini in Assisi hebt an mit der Mantelteilung und dem anschließenden Traum, es folgen die Investitur (Einkleidung) Martins als Ritter, die Absage an den Waffendienst vor Julian, das Wunder der Erweckung des toten Kindes, die Messe des hl. Martin, bei der die nackten Arme des Heiligen, nachdem er vor dem Gottesdienst einem Bettler seine Tunika überlassen und sein Archidiakon ihm danach ein zu kurzes Gewand als Ersatz gekauft hatte, von Engeln mit einem kostbaren Tuch bedeckt worden sind. Über dem Haupt des Zelebrierenden sei ein Feuerball zu sehen gewesen.[85]

Bei der Mantelszene erleben wir eine Reminiszenz an die Buchmalerei, wenn, jetzt freilich in die weite Ferne des tiefblauen Malgrundes gerückt, die Halbfigur Christi als Teil-Nehmer im vollen Wortsinn des Geschehens in der Ewigkeit aufleuchtet. Hervorgehoben seien die Traumvision und Martins Abschied vom

Abbildung 17
Die Mantelspende des hl. Martin, Simone Martini (um 1280/85–1344),
Fresco, um 1320/25, Assisi, S. Francesco (Unterkirche, Martinskapelle)

Abbildung 18
Christus erscheint dem hl. Martin im Traum, Assisi, S. Francesco
(Unterkirche, Martinskapelle)

Militärdienst. Bei der Traumszene liegt Martin friedlich schlafend in seinem Bett. Christus ist umgeben von einer dichten Schar von Engeln an die Liegestatt herangetreten. Er trägt – mit der einen Hand demonstrativ anhebend – das violettpurpur schimmernde Mantelstück lose um die Schultern, während er mit der Linken auf den Schlafenden weist. Wie sehr dieser Bildgedanke, bei dem nun nicht mehr ein Blick in den Himmel gestattet wird, sondern Christus mit seinem himmlischen Gefolge zur Erde niedergekommen ist, Wirkung zeigte, vermag beispielsweise eine verwandte, anderthalb Jahrhunderte später ausgeführte Komposition aus der Schule des Domenico Ghirlandaio (1449–1494) zu illustrieren. Im Gemälde »Schlaf des hl. Martin« aus S. Martino dei Buonomini in Florenz geht Christus mit den ihn begleitenden Engeln in einem Schlafgemach auf den ruhenden Martin zu. Die Bogenfenster des großzügigen Renaissanceraums eröffnen eine Aussicht auf eine weite Landschaft mit Fluß, Stadt und Gebirgskette.

In der Umsetzung von Martins Abschied aus dem Militärdienst hält sich Simone Martini einerseits eng an die literarische Vorlage des Sulpicius Severus, wobei auch schon die Version des Jacobus a Voragine in der »Legenda aurea« herangezogen werden konnte, läßt aber andererseits, was den besonderen Reiz der Fresken ausmacht, Kolorit und Habitus der eigenen Zeit, der des ersten Drittels des 14. Jahrhunderts, einfließen. »Die Szenen sind in eine weltlich-irdische Atmosphäre getaucht, in der Geschlechtersymbole, Ritter, Knappen, und Musikanten ganz eindeutig auf das Milieu der Adelshöfe des 14. Jahrhunderts verweisen.«[86]

Zum besseren Verständnis des Vorgangs sei rekapituliert, daß Martins junges Leben zunächst ganz auf

Abbildung 19
Der Traum des hl. Martin, Ghirlandaio Domenico (Schule),
S. Martino dei Buonomini, Florenz

den Kriegsdienst ausgerichtet sein sollte. Schon der Name bedeutet »Sohn des Kriegsgottes Mars« oder »dem Mars zugehörig«. Als Sohn eines hohen römischen Offiziers in Sabaria, dem Szombathely (deutsch: Steinamanger) im heutigen Ungarn geboren, hatte er aufgrund eines kaiserlichen Ediktes, das Söhne von

Abbildung 20
Der hl. Martin sagt sich vom Waffendienst los, Assisi, S. Francesco (Unterkirche, Martinskapelle)

Offizieren 25 Jahre lang im Heer zu dienen verpflichtete, die Militärlaufbahn anzutreten. Martin jedoch hatte schon mit zwölf Jahren den Glauben an Christus entdeckt und sich in den Kreis der Katechumenen, derjenigen, die sich auf die Taufe vorbereiten, aufnehmen lassen. Gewaltsam, »in Ketten gelegt«, wurde er als Fünfzehnjähriger zum Fahneneid gezwungen.[87]

Nachdem er sich infolge der Erlebnisse der Mantelteilung vor den Toren Amiens hatte taufen lassen, stand sein Entschluß fest, sich vom Waffendienst loszusagen, um ganz Christus dienen zu können. Sulpicius Severus berichtet, daß Martin zum Heer des römischen Feldherrn Julian (332–363) gehörte. Das riesige römische Reich war damals an seinen Grenzen im Osten und im Westen ständig von feindlichen Völkerschaften bedroht. Am Limes und an der Rheinlinie drängten germanische Völker vor. Julian stand bei Worms einem Heer feindlicher germanischer Völker, den Alamannen, gegenüber. Vor einer Schlacht war es Brauch, daß der Feldherr, um die Einsatzbereitschaft seiner Soldaten zu motivieren, ein besonderes Geldgeschenk an jeden verteilte, wobei sie einzeln vor den Feldherrn traten. Als Martin nun an die Reihe kam, schlug er das angebotene Geld aus und bat stattdessen um seine Entlassung aus dem Kriegsdienst. Laut Sulpicius Severus habe er zum Kaiser gesagt: »Bis heute habe ich dir gedient; erlaube mir, daß ich Gott diene. Deine Gabe sollen die nehmen, die kämpfen wollen; ich bin Soldat Christi, es ist mir nicht erlaubt zu kämpfen.«[88] Als der Kaiser daraufhin ihm entgegenhielt, nur aus Angst und nicht um der Religion willen verweigere er den Waffendienst, erwiderte ihm Martin, um zu zeigen, daß ihn nicht Feigheit bewege, er werde allein ohne Waffen, nur mit dem Kreuz Christi dem feindlichen Heer entgegentreten.[89]

Genau dieser Moment ist hier im Bild festgehalten worden. Wir sehen den jugendlich unschuldig wirkenden Martin vor dem thronenden Julian. Im Hintergrund vor dem aufgeschlagenen Zelt werden einem Soldaten die Münzen, die Vorausprämie für die bevorstehende Schlacht, in die Hand gezählt. Julian schmückt ein goldener Lorbeerkranz zum Zeichen seiner Würde als Caesar. Die Füße des Feldherrn ruhen auf einem »suppedaneum«, einem Fußschemel, wodurch gleichfalls seine besondere Stellung hervorgehoben wird. Es ist schon die Vermutung geäußert worden, daß für den Kopf des Julian Porträts römischer Münzen von Simone Martini als Vorlagen herangezogen wurden.

Julian hält in der linken Hand einen Reichsapfel, die rechte weist mit dem Zepter provoziert auf Martin und bedeutet ihm zu gehen. Durch Körperdrehung hat sich Martin bereits abgewandt, dreht sich aber noch einmal um zu Julian. Mit scharfem Blick aus den Augenwinkeln heraus fixiert ein zwischen Julian und Martin plazierter Offizier mit ungläubigem Staunen den scheidenden Soldaten.

Die ganze Szenerie spielt in einer Gebirgslandschaft, die von einem Flußtal durchschnitten wird. Hinter den Bergen ist die dichte Reihe der Zelte des feindlichen Lagers erkennbar. Davor wartet kampfbereit die Phalanx des hochgerüsteten, bis an die Zähne bewaffneten Feindes. Bemerkenswert wiederum, wie Simone Martini bei der Darstellung die zeitgenössische höfische Kleidung und Ausrüstung einbezogen hat.

Im weiteren Verlauf der Ereignisse kommen vor Beginn der erwarteten Schlacht Boten des Feindes und unterbreiten Julian ein Friedensangebot. Der unblutige Ausgang der Konfrontation wird dem Einfluß und dem Mut des hl. Martin zugeschrieben. Er ist, das ist der Kern dieser Episode, ein wahrhafter Friedensbringer, ein »pacificus«. Die Aussage der Bergpredigt: »Selig die Frieden stiften, denn sie werden Söhne Gottes genannt werden« (Mt 5,9), steht im Hintergrund und findet hier ihre Exemplifikation.

Abbildung 21
Das Feuerwunder, Assisi,
S. Francesco (Unterkirche,
Martinskapelle)

Abbildung 22
Der Tod des hl. Martin, Assisi,
S. Francesco (Unterkirche, Martinskapelle)

Zur Bildreihe des Simone Martini in der Unterkirche von S. Francesco in Assisi gehört das Feuerwunder. Als Kaiser Valentinian II. (375–392) Bischof Martin keine Audienz gewähren wollte, der Heilige aber dennoch zu ihm vordrang und der verärgerte Herrscher sich nicht erheben wollte, schlugen Flammen aus seinem Thron.[90] Der Kaiser wirft sich nun bei Simone Martini vor Martin, bestürzt um Verzeihung und Gnade flehend, nieder, der sich ihm im Segensgestus beruhigend zuwendet.

Die übrigen Fresken befassen sich mit dem Tod und dem Begräbnis des Bischofs von Tours. Der Heilige liegt im vollen Ornat aus Goldbrokat flach auf dem Boden auf einem Bett aus Asche ausgestreckt, wie er es den Aussagen des Sulpicius Severus zufolge wünschte. Zwei Diakone in goldenen Dalmatiken beugen sich über ihn, wobei der eine die Hand des Entschlafenen fühlt. Ein Mönch in erdbrauner Kutte faltet Gram verzerrt die Hände. Dicht drängen sich im Hintergrund geistliche und weltliche Personen, während über dem flachgedeckten Gebäude, in dem sich die Beweinung des Verstorbenen abspielt, Engel seine in Halbfigur und bischöflichen Insignien wiedergegebene Seele zum Himmel tragen.

Die Exequien, das Leichenbegängnis, als eigenes Bildthema findet in einer dreischiffigen gotischen Halle statt. Martin liegt mit allen Zeichen seiner bischöflichen Würde versehen wiederum umringt von zahlreichen geistlichen und weltlichen Personen aufgebahrt auf einem mit blauem, Gold durchwirkten Tuch bedeckten Katafalk. Das Gesicht des Toten, Zeichen des Bemühens um realistische Wiedergabe bei Simone Martini, ist grüngrau verfärbt. Ein Bischof tritt heran, dem ein junger Kleriker die Hand küßt. Ob mit diesem Bischof Ambrosius von Mailand gemeint ist, bleibt offen. Tatsächlich bildet die Entrückung des Ambrosius während der Messe, woraufhin er später den erstaunten Anwesenden erklärt, er habe soeben am

Begräbnis des hl. Martin in Tours teilgenommen[91], eine dritte großangelegte Szene, die in Assisi auf Tod und Bestattung des hl. Martin bezogen ist. Der großartige Martinus-Zyklus des Simone Martini hat in seiner Zeit Maßstäbe gesetzt, an denen sich insbesondere nachfolgende künstlerische Auseinandersetzungen mit dem Thema in Italien, wie beispielhaft schon aufgezeigt[92], orientierten.

Die Zyklen in Erfurt, Stendal und Lüttich

In Deutschland entstanden im 14. Jahrhundert für die Kirche der Augustinereremiten in Erfurt und für die Jakobikirche in Stendal umfangreichere Bildfolgen zum Leben des hl. Martin. Erfurt gehörte zur Diözese Mainz. Von dort kam die Verehrung des hl. Martin. »Um 1300 waren ihm in Erfurt zwei Kirchen und zahlreiche Altäre geweiht.«[93] Insgesamt sind zehn Scheiben erhalten geblieben, die jedoch nicht alle sicher zu deuten sind. Die einzelnen Szenen sind Martins »Abschied von Militärdienst«, Martin erhält durch Handauflegung des Bischofs Hilarius eine »Weihe«, »Martin wird von Räubern überfallen«, »Martin auf der Insel Gallinaria«. Weitere Szenen werden »Martinus wird von einer Vergiftung geheilt«, »Erscheinung des Jesuskindes«, »Martinus und zwei Jungfrauen«, »Martinus hilft in Seenot« und »Martinus im Feuer« bezeichnet.[94] Die Glasmalerei des Martinsfensters weist stilistisch große Übereinstimmungen mit dem Augustinusfenster in derselben Kirche auf, so daß sie wohl wie diese im zweiten Viertel des 14. Jahrhunderts geschaffen wurden.[95] Etwas später, in der zweiten Hälfte des 14. Jahrhunderts, wurde der Martinuszyklus in Stendal gefertigt. Hier zeichneten die Gewandschneider sich als Stifter aus. Tuchmacher und Schneider hatten ja Martin zum Patron. Das Fenster stand wohl in Beziehung zu einem ihm geweihten Altar in der Jakobikirche von Stendal.[96]

Elf Scheiben befassen sich mit Ereignissen aus dem Martinusleben. Wir sehen Martin als Soldat (Ritter) – es ist wohl sein Rücktritt vom Soldatendienst gemeint – seine Taufe, eine Begegnung mit dem Teufel, Martin in Gesellschaft eines Bischofs (Hilarius), eine Begegnung mit einem Blinden, die Bischofsweihe, die Messe des hl. Martin, eine Totenerweckung, wie der Teufel sich als Christus ausgibt, den Tod Martins, bei dem Engel seine Seele gen Himmel tragen, den Transport der Totenbahre, bei deren Vorüberzug Menschen Heilung erfahren.[97] Schließlich ist noch auf eine Textilarbeit des 14. Jahrhunderts aus Lüttich (Liège) hinzuweisen. Es ist ein Antependium, welches 18 Themen aus dem Werdegang und der Wirkung des fränkischen Nationalheiligen bietet, beginnend bei Mantelteilung und Taufe, über Totenerweckungen bis hin zur Gründung des Kollegialstiftes in Lüttich.[98]

Martinusfigur als Portalplastik

Wie Martin in das Figurenprogramm der gotischen Portale eingegliedert wurde, konnte schon für die Zeit

Abbildung 23
Colmar, Kathedrale St. Martin

von Wimpfen im Tal erfahren werden. Auf dem Siegel der Stadt Aschaffenburg vom Anfang des 14. Jahrhunderts – Martin ist Patron der Stiftskirche – thront Martin in einem Kirchenportal.[100] Der hl. Martin zu Pferd im Giebel des Wimpergs der Westfassade von Groß-St.-Martin in Colmar entstand um 1300. Das Original wird heute im Museum Unterlinden in Colmar aufbewahrt. Auffällig die nach außen gedrehten, verkrüppelten Füße des Bettlers, der mit klagend aufgerissenem Mund am Boden hockt. Um 1350 wurde das Tympanon des Nordportals der Stiftskirche St. Martin (Bergkirche) in Heiligenstadt in Thüringen mit der Darstellung einer Mantelspende gestaltet. Aus dem Schnittpunkt der Archivolten herab nimmt Christus in Halb-

der Romanik (Mainz, Lauffen am Neckar) und der Hochgotik in Chartres, wobei in Frankreich noch auf die Skulptur von Notre Dame in Paris zu verweisen wäre[99], und in Deutschland im Falle der Stiftskirche

Abbildung 24
Tympanon des Nordportals der Stiftskirche St. Martin in Heiligenstadt/Thüringen

figur gleichzeitig mit dem auf der Erde kauernden Bettler das Teilstück des Umhangs in Empfang.

Theologisch und liturgisch, und das ist hier vor allem bedeutsam, wenn der tiefere ikonographische Hintergrund beleuchtet werden soll, spielt hier einmal Martins Stellung als Schutzpatron herein, sodann die grundlegende Bedeutung der Tür, des Portals als eines Sinnbildes für Christus. Jesus sagt von sich selbst: »Ich bin die Tür ... niemand kommt zum Vater außer durch mich« (Joh 10,9; 14,6). Mit Portalen ist damit immer auch ein eschatologisch-apokalyptischer Sinn verbunden. Auf den eschatologisch-apokalyptischen Grundton in der Mantelteilungsgeschichte, ihren engeren Zusammenhang mit der in Mt 25,31ff ausgebreiteten Endzeit- und Gerichtsvision wurde oben schon wiederholt hingewiesen. Assoziativ muß er auch das Verständnis einer Martinsfigur begleiten, wie jener am gotischen Memorienportal im südlichen Seitenschiff des Mainzer Doms. Der Zugang zur Memorie, dem Versammlungsraum des Domkapitels und Begräbnisort hoher Domgeistlicher, von dem schon die Rede war, erfuhr nach 1400 eine Neugestaltung. Madern Gerthner, tätig auch an den Portalen des Frankfurter Domturms, lieferte die Entwürfe.[101] Ob er auch als Schöpfer der Plastiken gelten darf oder der Meister des Grabmals des Erzbischofs Friedrich von Saarweder im Kölner Dom, ist umstritten. Die kleinen Heiligenfiguren des gotischen Mainzer Memorienportals stellen jedenfalls »einen Höhepunkt der mittelrheinischen Plastik« dar[102], insbesondere zählt der hl.

Abbildung 25
Figur des hl. Martin vor der Memorienpforte im Mainzer Dom, Anfang 15. Jahrhundert, Mainz, Dommuseum

Martin »zu den schönsten Darstellungen mittelrheinischer Kunst«[103].

Von der Domseite her sind zu sehen: St. Stephan (zweiter Dompatron nach Martin), Elisabeth, Barbara und Agnes und ihnen gegenüber St. Martin, Margareta, Katharina und Georg. Wir erleben in der Martinsfigur mit ihrer höfischen Eleganz, ihrer tänzerisch anmutenden, zart verhaltenen Bewegung zugleich den vollendeten Ausdruck des damaligen »weichen Stils« oder des Stils der »internationalen Gotik«.

Die idealisierenden Momente, das Weltentrückte, die scheinbar allzu glatt wirkende Eleganz dieser Skulptur darf allerdings nicht, wie schon geschehen, als »ausdruckslos« mißverstanden werden.[104] Zurecht wurde dem entgegengehalten, daß die idealisierende Zeichnung des hl. Martin einen scharfen Kontrast bilden will zum ganz naturalistisch wiedergegebenen Bettler zu seinen Füßen. Die Proportionen der 80 cm hohen Figur aus grauem Sandstein sind so angelegt, daß der Bettler zu seinen Füßen zwerghaft klein erscheint. Die nähere Betrachtung nimmt eine gequälte und geschundene Kreatur wahr, mit vom weinenden Klagen verzerrtem Gesicht und fast kahl geschorenem Kopf, einen Mann ohne Füße, der sich kniend mühsam mittels einer Krücke aufrecht hält. Der nackte Oberkörper läßt zum Überfluß der Gebrechen noch einen Buckel erkennen. Zwischen der Gestalt Martins und dem Bettler zu seinen Füßen am Mainzer Memorienportal wird »die ganze Spannbreite der Kunst um 1400... offenbar. Während die Verkrüppelung des Körpers, das Abstützen des Oberarmes auf der Krücke, das verdrehte Gesicht und die stoppelige Schädelplatte des Bettlers an anatomische Studien denken läßt, wirkt der heilige Martin wie eine überirdische Erscheinung. Der Krüppel zeigt in aller Drastik, wie das glatte Gesicht des Martin nicht dem Unvermögen, sondern einem gezielten Formwillen entsprang. Diese Formunterscheidung korrespondiert mit dem Charakter der Kleidung. Der in Lumpen gehüllte alte Mann ist seiner sozialen Bedeutungslosigkeit entsprechend winzig wie ein Zwerg gegeben, während der in kostbaren, modischen Kleidern als hochgestellte Person präsentierte Martin in dem ihm angemessenen Maßstab gebildet ist«. Es ist »die karitative Tat des Martin«, welche sich »über die Schranken« hinwegsetzt und »die Überwindung der scharfen Trennung zwischen niederen und höheren Schichten in der Idee der religiösen Gemeinschaft« offenbart.[105]

Hervorgehoben positioniert finden wir den hl. Martin auch am Hauptportal des Ulmer Münsters. In engste Nachbarschaft ist er dort zur Gottesmutter Maria gestellt. Wiederum handelt es sich um ein Werk des »weichen Stils« oder der »internationalen Gotik«. Als Urheber dieser Martinsskulptur vom Typ der stehenden Mantelteilung aus der Zeit um 1420 ist der in den Rechnungen nachweisbare Meister Hartmann und dessen Werkstatt auszumachen.[106] Meister Hartmann, ein typischer Vertreter des »weichen Stils«, wird als »subtiler, lyrisch gestimmter Künstler« charakterisiert.[107]

Wenn auch keine Portalfigur, so gehört doch der Stilepoche der eben genannten Werke, jener des »weichen Stils«, der reitende Martin aus der Pfarrkirche St. Luzia von Ostrach-Levertsweiler aus der Zeit um 1400 an. Der aufrecht auf dem Pferd sitzende jugendlich wirkende Heilige hat, den Oberkörper um 90 Grad gedreht, den Blick direkt auf den möglichen frontalen Betrachter gerichtet. Auf dem gelockten Haupt trägt er einen gesteiften Hut mit Federbusch.[108] Wir haben nun zu Anfang des 15. Jahrhunderts eine Martinsskulptur vom Typus »jugendlicher Ritter in zeitentsprechender Tracht«[109].

Verbindungsstück von Erde und Himmel

Die Entstehung der Altarretabel um die Mitte des 14. Jahrhundert bot Malerei und Plastik neue Möglichkeiten. Die Altarschreine sind nun als Wandelaltäre konzipiert, deren Flügel sich schließen und öffnen und sich so der Liturgie des Kirchenjahres entsprechend verändern ließen. Ihren Höhepunkt erreichten diese Flügelaltäre im 15. und frühen 16. Jahrhundert. Die aus dieser Zeit überkommenen einzelnen Martinsdarstellungen sind daher nur Teile ehemals umfangreicherer Komplexe.

Eine solche, gleichwohl von ihrer Bildaussage hochbedeutende, um 1440 in Oberdeutschland entstandene Einzeltafel – man spricht von »Tafeln«, weil Holztafeln als Bildträger fungieren – besitzt das Diözesanmuseum in Rottenburg. Kunst- und stilgeschichtlich steht dieses Werk am Übergang vom Stil der internationalen Gotik, dem »weichen Stil«, zum Realismus des »harten Stils« am Beginn des zweiten Drittels des 15. Jahrhunderts. Die Tendenzen der neuen Seh- und Malweise werden sichtbar am Sinn für Differenzierungen im Stofflichen und der Kennzeichnung der unterschiedlichen Valeurs des Materiellen oder an ersten Ansätzen, Landschaft ins Bild zu bringen.[110]

Allein durch die Komposition, durch den formalen Aufbau des Bildes hat der anonyme Urheber dieses Tafelbildes optisch eine inhaltliche Vertiefung und Entfaltung des Schlüsselereignisses der Martinslegende erreicht. Der Maler hat das Geschehen – und darin liegt das Besondere seiner kompositorischen Anlage – entlang der Diagonalen, die von rechts unten nach links oben führt, ins Bild gesetzt. Der Mantel dient ihm dabei als Augenführung zwischen unten und oben, als Verbindungsstück im mehrfachen und emphatischen Wortsinn, der die Extreme von unten und oben, von Irdischem und Himmlischem, von Geringstem und Höchstem miteinander verknüpft. Er setzt Bettler und Christus in eine Linie.

Auf diese Weise kommt der katechetische Hintergrund ins Spiel, geht es doch bei der Mantelszene nicht zuletzt um eine Exemplifikation der Aussagen der Endgerichtsvision des Matthäusevangeliums, wo Christus sagt: »Ich war hungrig, und ihr habt mir zu essen gegeben, ich war durstig, und ihr habt mir zu trinken gegeben ... ich war nackt, und ihr habt mich bekleidet ...

Abbildung 26
Mantelteilung, Oberschwäbischer Meister, um 1440,
Diözesanmuseum Rottenburg

was ihr einem meiner geringsten Brüder getan habt, das habt ihr mir getan« (Mt 25,35–36.40).

Dieser Kontext wird im Bild mittels des Schriftbandes direkt hergestellt. Der lateinische Text des Schriftbandes »Martinus adhuc katecominus hac veste me contexit« (»Martin zu diesem Zeitpunkt noch Katechumene«, d. h. noch ungetauft, erst in der Taufbereitung stehend, »hat mich mit diesem Gewand bekleidet«) ist ein wörtliches Zitat aus Sulpicius Severus. Es ist das Wort, das Christus in der Traumvision nach der Mantelteilung spricht. Seine besondere Auszeichnung liegt darin, daß es »Wort Gottes« ist, zumal es mit »me contexit« (er hat mich bekleidet) einen wörtlichen Anklang an die Vulgata-Übersetzung der Heiligen Schrift enthält.

Drastisch stellt der Künstler den »Geringsten der Brüder« dem Betrachter vor Augen. Denn der in der unteren Ecke vor dem angedeuteten Stadttor kauernde Mann kann sich gar nicht mehr auf die Beine stellen. Es fehlen ihm beide Füße. Die bandagierten Unterschenkel, die roten Flecken im Gesicht und die Umhängetasche, typisch in jener Zeit für die Taschen der Feldsiechen, lassen ihn als Leprosen, als Aussätzigen, erkennen. Diese mußten vor den Toren der Stadt in den Feldsiechenhäusern, den Quarantänestationen des Mittelalters und der Neuzeit, wohnen.

Mit der Gestalt eines Leprakranken, mit dem Martin hier seinen Mantel teilt, wird zugleich vorgegriffen auf eine zweite Begegnung des späteren Bischofs von Tours an einem Stadttor, auf sein Zusammentreffen mit einem Aussätzigen am Stadttor von Paris. Nur mühselig mittels Beinschienen und Krücke kann sich der Bettler fortbewegen. Martin hingegen sitzt hoch zu Roß auf einem edlen Pferd, einem Schimmel. Seine Kleidung, ein golddurchwirktes, pelzverbrämtes Gewand macht ihn als Reichen kenntlich. Die Gegensätze könnten kaum schärfer formuliert werden. Weit oben, fern in einer rot-blau-weiß – die Dreifarbigkeit ein Hinweis auf die Dreifaltigkeit Gottes – geränderten Wolkenkrause erscheint die Gestalt Christi, wie er eben, gleichzeitig mit dem Bettler, den Mantel entgegennimmt.

Es ist das Werk der Barmherzigkeit, das die beiden weit entfernten Bereiche miteinander verbindet, es ist der geteilte Mantel, der die Brücke vom Diesseits zum Jenseits schlägt, der den Zusammenhang der Sphären sichtbar macht. Martin wird später Bischof. Bischof heißt auf lateinisch »pontifex«, d. h. Brückenbauer.

Die kompositorische Innovation dieses Bildes liegt darin, die in der ikonographischen Tradition getrennt dargestellten Ereignisse der Mantelspende und der Traumvision – man betrachte dazu die oben besprochenen Exempel aus der Buchmalerei des 12. Jahrhunderts – in einem Bild vereinigt zu haben und dabei den Mantel als Bindeglied entdeckt zu haben. Der Mantel fungiert, um es noch einmal anders auszudrücken, als Gleichheitszeichen und zieht die Gleichung zwischen dem Bettler und Christus.

Der Aufbau des Bildgeschehens entlang der Diagonalen nutzt dabei deren Ambivalenz, deren Doppeldeutigkeit. Denn der Mantel als Augenführung lenkt den Blick nicht nur hinauf zu Christus, auch umgekehrt wird die Betrachtung von oben, von Christus beginnend, herabgeführt zu Martin und dem Bettler. In letzterer Perspektive erscheint Christus nicht nur als der Empfänger des Mantels, sondern als der eigentliche Initiator, als derjenige, von dem alles ausgeht und seinen Anfang (»initium«) nimmt, und somit primär als Geber und Spender und der Heilige als Mittler, als der verlängerte Arm der Barmherzigkeit Gottes.[111] Wie nahe diese Sicht und damit die Komposition des Bildes dem Text des Sulpicius Severus kommt, erweist dessen abschließende Bemerkung zum Bericht der Vorgänge, wenn nach der Schilderung der Traumvision angefügt wird, daß Martin »in seiner eigenen Tat das Wirken der göttlichen Gnade« erkannte.[112]

Südosteuropäische Altarwerke des 15. Jahrhunderts

Ein nahezu vollständiges, dem hl. Martin gewidmetes Altarretabel des 15. Jahrhunderts beherbergt die Ungarische Nationalgalerie in Budapest. Das 1483 für Cserény geschaffene Werk spiegelt den Einfluß des Meisters von Jánosrát. Im Mittelschrein flankiert die Holzskulptur des hl. Martin zusammen mit einer Figur des hl. Nikolaus die zentral plazierte Plastik des hl. Johannes des Evangelisten. Außen- und Innenseiten der gemalten Flügel bieten acht Episoden aus dem Leben des hl. Martin. Die Reihe beginnt bei geöffnetem Schrein links oben mit der Mantelteilung und zeigt darunter die Versuchung des Heiligen durch den Teufel. Die rechte Flügelinnenseite bietet die Messe des hl. Martin und darunter die Heilung eines Kranken. Im geschlossenen Zustand sind links Martins Abschied von seinen Schülern und die Heilung eines Kindes zu sehen, während Tod und Begräbnis des Bischofs von Tours den Zyklus beschließen.[113]

Gleich zwei Hilfesuchende kommen in einer Tafel unbekannter Herkunft aus der Zeit um 1490, ebenfalls in der Ungarischen Nationalgalerie in Budapest, auf den einen Schimmel reitenden jugendlichen Martin zu. Auf der linken Seite dieses Bildes erhält der Betrachter Einblick in die Schlafstube eines spätgotischen Steinhauses. Der Blick ins Interieur durch ein Figuren geschmücktes Fenster weckt Erinnerungen an flämisch-niederländische Vorbilder, aber auch an den Magdalenen-Altar des Lukas Moser von 1432 in Tiefenbronn. Während Christus an seine Ruhestatt herantritt, schläft der hl. Martin in einem rotbezogenen Bett.

Die beidseitig bemalte Tafel zeigt auf der Rückseite eine Dornenkrönung Christi. Der goldpunzierte Himmel über einer weiten Flußlandschaft in der Martinsdarstellung gibt diese als Innenseite des Altarflügels zu erkennen, woraus der Schluß gezogen werden darf, daß wohl das ganze Altarwerk dem hl. Martin geweiht war.[114]

Nur in einer mehrteiligen Bildreihe mit Szenen aus der Vita Martins ist das Motiv der »Messe des hl. Martin« zu erwarten. Aus einer solchen rührt wohl das ent-

Abbildung 27
Der hl. Martin und der Bettler, Altartafel, ungarischer Meister, um 1490,
Ungarische Nationalgalerie, Budapest

Abbildung 28
»La charité de Saint Martin«, aus dem Stundenbuch
von Etienne Chevalier, Jean Fouquet (1420–1481),
Louvre, Paris

*Abbildung 29
Der hl. Martin teilt den Mantel,
Sassetta (1392–1450),
Privatsammlung, Siena*

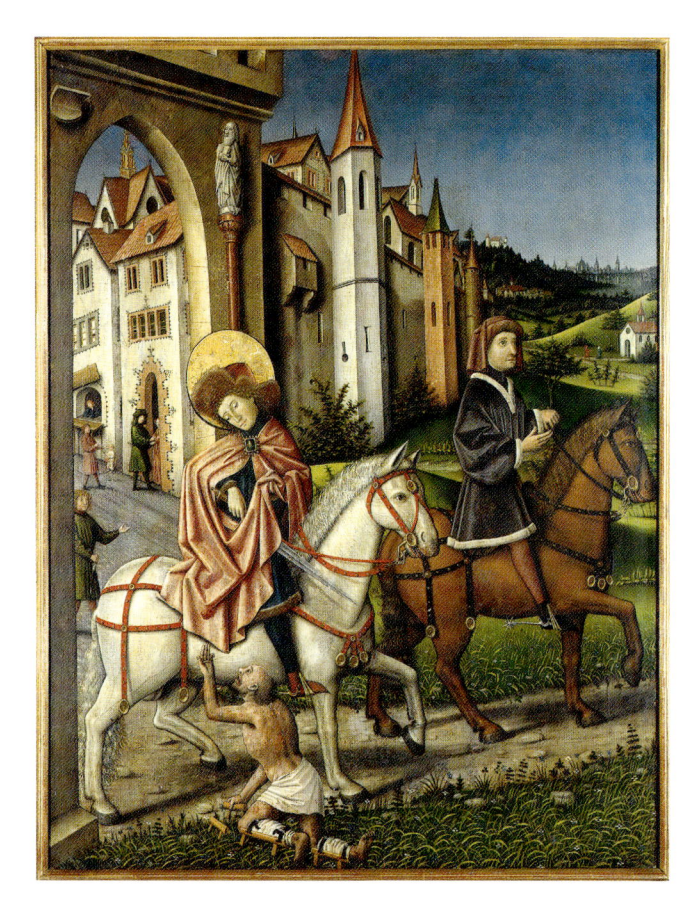

sprechende Beispiel aus der Spätgotik in der Sammlung der Ungarischen Nationalgalerie her. Im Augenblick der Elevation der Hostie bedecken Engel die bloßen Arme des zelebrierenden Bischofs. Aufschlußreich bei dieser Malerei um 1490 die minutiöse Wiedergabe des Altars mit seiner Ausstattung, einschließlich des Retabels mit einer – Bild im Bilde – Kreuzigung Christi im Querformat.[115]

Kontraste: Arm und reich, hoch und niedrig

Auffällig, wie in den Darstellungen der Mantelteilung seit dem 14. Jahrhundert die Möglichkeit wahrgenommen wird, soziale Unterschiede ins Bild setzen. Das äußere Erscheinungsbild von Personen regelten in der Vergangenheit Kleidervorschriften. Die Kleidung machte den jeweiligen gesellschaftlichen Stand erkennbar. Bereits in der Plastik des beginnenden 14. Jahrhunderts konnten Differenzierungen ausgemacht werden, wenn beispielsweise Madern Gerthners hl. Martin von der Memorienpforte im Mainzer Dom in Erinnerung gerufen wird. Die Art der dort vorkommenden Kopfbedeckung, die rautenförmige, an einen geschliffenen Edelstein gemahnende Brosche, welche Martins Gewand am Hals zusammenhält, das alles signalisiert für die dargestellte Person hohe soziale Stellung und Vermögen.

Die Mantelteilung des Rottenburger Diözesanmuseums von 1440 bringt ebenfalls die Gegensätze deutlich ins Spiel. Martin trägt dort ein kurzes pelzverbrämtes, golddurchwirktes Wams, also ein Kleid aus kostbarem Brokat, und modische Beinlinge. Der rote pelzgefütterte Hut stand nur einem Adeligen zu.

Einen rotsamtenen Herzogshut oder eine ihm wenigstens sehr ähnliche Kopfbedeckung trägt Martin bei

Abbildung 30
Hl. Martin und Bettler,
Spanische Schule, 15. Jahrhundert,
Museum Bonnat, Bayonne

der Mantelteilung des Altares von Cserény in Budapest. Ein knöchellanges weites, reich gemustertes kostbares Brokatkleid macht den schier unüberbrückbaren sozialen Gegensatz zu den beiden zerlumpten Bettlern mit ihrer durchlöcherten und zerschlissenen Kleidung in der oben erwähnten Tafel einer Mantelteilung aus der Zeit um 1490 klar. Wer um die festgefügten, unverrückbaren Standesgrenzen der mittelalterlichen Gesellschaft weiß, vermag daran zu ermessen, welch unübersehbarer Appell von diesen Bildern ausgehen konnte. Er richtete sich in aller Deutlichkeit an Hochgestellte und Reiche, die Armen und Hilfsbedürftigen, die Besitzlosen nicht zu übersehen, mit ihnen zu teilen. Hier werden durchaus auch sozialkritische Töne angeschlagen, wird eine Kultur des Teilens angemahnt.

Dieser kritische Akzent wird besonders deutlich an einer Tafel aus der Zeit um 1450 aus der Pfarrkirche St. Martin in Sierenz im Sundgau in der Schweiz, die heute im Kunstmuseum Basel zu sehen ist. Sie erscheint geradezu als Lehrstück angelegt. Denn der Künstler aus dem Umkreis des Konrad Witz zeigt vor Landschaftshintergrund und der Kulisse von Stadttor und Stadtbefestigung zwei Reiter. Während der eine in vornehmer Kleidung achtlos an dem am Boden knienden, Hilfe erflehenden Bettler vorbeizieht, hält Martin an. Dabei ist er nicht weniger als jener reich gewandet, ja seine Kleidung macht noch einen aufwendigeren Eindruck als die des Vorbeireitenden. Zwei Haltungen werden damit vorgestellt, eine, die das Elend wahrnimmt, eine andere, die ihm gegenüber

Abbildung 31
Der hl. Martin, Konrad Witz
(Nachfolger), um 1450,
Kunstmuseum Basel

gleichgültig bleibt. Künstler und Auftraggeber war es offensichtlich ein Anliegen, die sozialkaritativen Forderungen und Herausforderungen der Aussagen des Evangeliums zu betonen.

»Unsere Krankheiten getragen«

Aber nicht allein soziale und gesellschaftliche Kontraste rücken die Darstellungen der Mantelteilung ins Gesichtsfeld. Mit der Gestalt des Bettlers wird gemeinhin nicht nur hoffnungslose Armut vor Augen gestellt, sie wird darüber hinaus zum Spiegel schwerster physischer Gebrechen und Krankheiten. Die Anzeichen der Leiden sind in den meisten Fällen so deutlich wiedergegeben, daß sie moderner medizinischer Analyse und Diagnose zugänglich sind.

Anhand der Untersuchung von sechzig Darstellungen des hl. Martin, vornehmlich Bildern der Mantelteilung, konnte eine zweistellige Zahl von Krankheitssymptomen konstatiert werden.[116] Feststellbar sind beispielsweise an den Bettelgestalten verschiedene Hautveränderungen, Arthritis und damit verbundene Gelenkveränderungen, Lähmungen unterschiedlicher Ursachen, Sehbehinderungen bis hin zur Erblindung, Amputationen der Extremitäten wie eines Beines, häufig gar beider Füße. Zahlreiche unübersehbare Hinweise gelten der Lepra.

Mit Aussatz vor allem hängt in den Gemälden und Plastiken der abgebildete Verlust von Gliedmaßen zusammen. Im Gesicht zeigen »eingesunkene Nasenrücken, wulstige Lippen, entzündlich veränderte, ödematöse« Schwellungen die Erkrankung an. Sie sind die typischen Merkmale einer »lepramatösen Infiltration«[117], wodurch die sogenannte »Facies leonina«, das »löwenartige Aussehen« entsteht.

Die häufige Charakterisierung des Bettlers als Leprosen bei der Mantelteilung gründet zum einen in der Martinsvita des Sulpicius Severus, die ja von einer Begegnung des Heiligen in Paris mit einem Aussätzigen weiß[118], zum anderen mit dem Ort des Zusam-

Abbildung 32
Der hl. Martin und der Bettler,
Ulmer Meister, um 1465, Bayerische
Staatsgemäldesammlungen,
München

mentreffens außerhalb der Stadt. Die von ansteckenden Krankheiten Befallenen mußten in gesonderten Spitälern außerhalb der Siedlungen in »Feldsiechenhäusern«, den Quarantänestationen, ihr Dasein fristen. Pest- oder Feldsiechenhäuser gab es oft bis ins 18. Jahrhundert hinein in Aachen, Augsburg, Hamburg, Lüneburg, München, Nürnberg, Ulm. In Landshut erfolgte noch 1714 eine Gründung.[119] Feldsiechenhäuser lagen vor den Toren der Städte von Tübingen, das heutige Pauline-Krone-Heim war ein solches, von Rottenburg, das »Gutleuthaus«, oder von Stetten a. k. M., Bad Wurzach und Feldkirch in Vorarlberg[120], um nur einige weitere Beispiele anzuführen. Die Aussätzigen gehörten zur äußersten Randgruppe der Gesellschaft, denen das Betreten des Bereichs der Gesunden untersagt oder nur unter Einhaltung strenger Vorschriften erlaubt war.

Schließlich erzeugte und erzeugt die Lepra mit ihrem ebenso auffälligen wie langwierigen Krankheitsverlauf, verbunden mit den durch sie bedingten deutlichen Veränderungen des Aussehens, dem fortschreitenden Verlust von Gliedmaßen einen besonders furcht- und schreckenerregenden Eindruck.

Da in der Begegnung mit dem Bettler eine verdeckte Christusbegegnung stattfindet, werden theologisch als ikonographischer Hintergrund in diesen Darstellungen von Siechen, insbesondere von Aussätzigen, die Aussagen des vierten Gottesknechtliedes bei Jesaja bedeutsam: »Er wurde verachtet und von den Menschen gemieden, ein Mann voller Schmerzen, mit der Krankheit vertraut. Wie ein Mensch, vor dem man das Gesicht verhüllt, war er bei uns verfemt und verachtet. Aber er hat unsere Krankheiten getragen und unsere Schmerzen auf sich genommen« (Jes 53,3–4). Es ist insbesondere der Status der aus der Gemeinschaft der Gesunden ausgeschlossenen und gemiedenen Aussätzi-

Abbildung 33
Nördlingen, Salvatorkirche,
Hochaltar, rechter Außenflügel,
Innenseite

gen, durch die dem Betrachter ein Begriff vom »Geringsten meiner Brüder« (Mt 25,40.45) vermittelt wurde. Das »Geringe« und Niedrige wurde augenfällig gemacht durch den Umstand, daß die Leprosen aufgrund des Verlustes eines oder beider Füße und Beine sich gar nicht mehr erheben konnten, aufrecht, »groß« dazustehen vermochten.

Die Beziehung Martins zu Leprosen, zu Kranken allgemein, veranschaulicht das Retabel von 1440 aus St. Kathrein in Österreich, heute im Landesmuseum in Graz. Auf der gemalten Mitteltafel dieses Flügelaltars findet die Mantelteilung vor dem Innenraum eines Spitals statt. Zwei Kranke umringen das Pferd Martins. Der linke von ihnen, dem der Mantel gereicht wird, ist als Leproser gezeichnet. Am ganzen Körper weist er »Knoten und Flecken« auf[121]. Der rechte Fuß ist amputiert und bandagiert. Den fehlenden Unterschenkel ersetzt ein in der Kniekehle ansetzender Stelzfuß. Der zweite Kranke vermag sich, da ihm beide Füße fehlen, nur noch kriechend mittels kleiner Handschemel für die Hände und auf Holzschienen an den Unterschenkeln fortzubewegen. »Seine Gesichtszüge erscheinen leicht vergröbert, der Nasenrücken ist eingesunken und im Bereich des rechten Nasenflügels geschwollen.« Die Symptome, so die Diagnose der Medizinhistorikerin Ingeborg Danai, sprechen »für eine Erkrankung an Lepra nervosa im fortgeschrittenen Stadium«.[122]

Die Szene ist von Engeln umgeben, doch auf den Türmchen des Spitals sitzen zwei Meerkatzen (cercopetheci). Affen und Meerkatzen versinnbildlichen nach den spätantiken und mittelalterlichen Bestiarien den Teufel[123] und den Sünder. Sie stehen für Eitelkeit, Oberflächlichkeit, Götzendienerei, Torheit und Wahnsinn.[124]

Von Affen geht ein starker Geruch aus. Hrabanus Maurus, dem großen Theologen der karolingischen Zeit, zufolge bedeutet der Geruch der Affen den Gestank der Sünde.[125] Es ist hierbei durchaus die Geruchssituation angesichts völlig unzureichender hygienischer Verhältnisse in mittelalterlichen Spitälern, speziell in Quarantänehäuser zu vergegenwärtigen. Zudem bildeten Sünde und Krankheit im antiken und mittelalterlichen Verständnishorizont einen engen Zusammenhang.

Mittelalterliche Spitäler kannten keine Spezialisierung. Sie waren oft zugleich Waisenhäuser und Altersheime, in ihnen waren nicht nur akut und chronisch physisch Kranke untergebracht, auch alle Formen psychischer Krankheiten waren dort zu finden. Darauf beziehen sich die beiden Heilungen durch Martin, die auf dem linken Innenflügel des Altars aus St. Kathrein abgebildet sind. Durch Segenszeichen befreit der heilige Bischof zwei von Helfern festgehaltene Besessene, einen Mann und eine Frau, von ihren bösen Geistern. Im anderen Fall behandelt er ein auf einer Bahre sitzendes Mädchen. Daß das Kind sich bereits aufgerichtet hat, ist Zeichen seiner Genesung. Es geht hier um die Tochter des Arborius, die Martin von »hohem Fieber« kurierte.[126]

Krankheitsbilder

Erscheinungsbilder der Lepra gehören im Spätmittelalter zu den häufigsten Krankheitszeichen auf Martinsdarstellungen. Bereits bei der Figur des Bettlers der Mantelteilung vom Wimperg der ehemaligen Stiftskirche St. Martin in Colmar von 1300 scheint den krankhaften körperlichen Veränderungen Aussatz zugrundezuliegen. Obwohl das Gesicht nicht mehr gut erhalten ist, sieht Ingeborg Danai in ihm die Spuren einer »Facies leontina«, wie sie Aussatz hervorruft. Das gilt ebenfalls für das um fast 180 Grad im oberen Sprunggelenk verdrehte Bein, das auf spastische Lähmung hindeutet, während die »Krallenzehen« ebenfalls den Befund Lepra nahelegen.[127]

Abgefallene Füße zeigen sich auch beim Bettler des Martin des Mainzer Memorienportals von 1420. Beide Füße fehlen, die Unterschenkel in Binden gewickelt, dem Hilfesuchenden auf der Rottenburger Martinstafel von 1440. In ähnlicher Weise wird der kranke Bettler auf der Mantelteilung von 1450 des Basler Kunstmuseums wiedergegeben oder auf jener, einem Ulmer Meister zugeschriebenen von 1470 in Augsburg.[128] Auf einer rheinischen Tafel von 1460 in der Domschatzkammer von Aachen hat der Bettler nicht nur beide Füße durch Aussatz verloren, der rechte in Binden gewickelte Unterarm besteht nur noch aus einem Stumpf.[129]

Amputierte und bandagierte Unterschenkel sowie die charakteristische Umhängetasche der Feldsiechen

Abbildung 34
St. Martin, Niklaus Weckmann,
Ulm, um 1495, Diözesanmuseum
Rottenburg

kennzeichnen auch den Bettler zu Füßen der Skulptur des hl. Martin aus der Werkstatt des Ulmer Bildschnitzers Niklaus Weckmann von 1495 im Diözesanmuseum Rottenburg.[130] Die Plastik gehört zusammen mit einer hl. Barbara und einem hl. Theodul zu den Schreinfiguren eines als ganzes sonst verlorengegangenen Retabels.

Ebenfalls nur noch mit Beinstümpfen charakterisieren ein Kupferstich der Mantelteilung von Martin Schongauer († 1491), ein Holzschnitt von Hans Baldung Grien († 1545) sowie eine Federzeichnung Albrecht Dürers († 1528) die Elendsgestalt des Bettlers[131].

Als Bischof, der einem beinamputierten Bettler in eine Almosenschale eine große Münze spendet, zeigt eine Tafel von 1470 vom »Meister des Kalkarer Marientodes« den hl. Martin im Verein mit dem hl. Vincentius und den orientalischen Mönchsvätern Paulus von Theben und Antonius dem Einsiedler. Gestützt auf zwei Schulterkrücken nimmt ein Halbnackter auf einem Flügel des 1488 datierten Flügelaltars von Stetten im Remstal im Württembergischen Landesmuseum in Stuttgart vom stehenden Martin im Bischofsornat ein Almosen entgegen. Neben Martin ist hier der Apostel Jakobus d. Ä. abgebildet. Der Bettler hat beide Füße verloren. Während das eine Bein angewinkelt hochgehalten wird, hebt eine kleine Stelze den linken Unterschenkel vom Boden ab.[132] Gleichfalls im bischöflichen Ornat sieht Israhel van Meckenem († 1503) in seinem Kupferstich den hl. Martin. Ein

Abbildung 35
Der hl. Martin, Martin Schongauer,
Kupferstich, Staatsgalerie Stuttgart

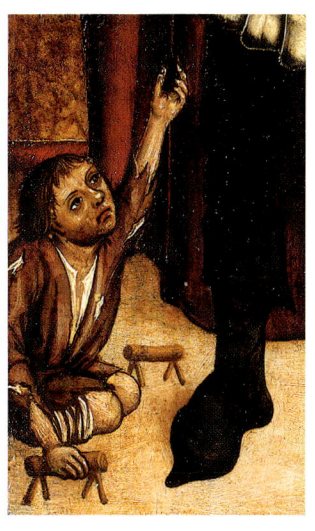

Abbildung 36
Bettler, Detail aus »Die hl. Martin
und Florian«, tirolisch,
2. Hälfte 15. Jahrhundert,
München

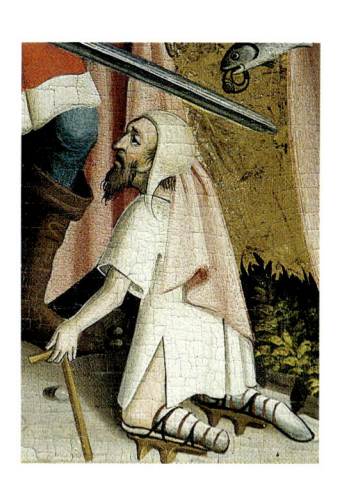

Abbildung 37
Bettler, Detail aus spätgotischem
Flügelaltar, Ulmer Schule,
um 1500, Pfarrkirche St. Martin,
Oberstadion

von Unterschenkel- und Armkrücken gestützter Bettler ohne Füße hält dem Geistlichen zur Münzgabe eine Almosenschale entgegen. Außer den üblichen Kennzeichen von Lepra liegt hier bei dem im Verhältnis zum übrigen Körper auffällig kleinen Kopf des Hilfe Heischenden möglicherweise zusätzlich Mikroenzephalie, eine Unterentwicklung des Gehirns, vor.[133]

Nur mit einem amputierten, in Verbände gehüllten Unterschenkel wird der Bettler im Triptychon des sogenannten »Mariasteiner Altars«, der im Salzburger Land um 1440 geschaffen wurde und sich gegenwärtig in Genf im Musée d'Art et d'Histoire befindet, abgebildet. Martin ist auf diesem Flügel in Begleitung des hl. Georg. Der Bettler weist neben dem Verlust eines Fußes noch zahlreiche weitere Symptome der Lepra auf. Am Kopf hat er »wulstige Verdickungen

Abbildung 38
Bettler, Detail, Altarbild,
Martin Acker, Ulm, 1483,
Leonhardskapelle Rißtissen

Abbildung 39
Bettler, Detail, Altarbild,
Martin Acker, Ulm,
zugeschrieben, 1500–1510,
Franziskuskirche Ersingen

und Knoten«. Das Gesicht ist durch die Krankheit bereits schwer angegriffen. »Wangen und Kinn sind schlaff«, beschreibt Ingeborg Danai seinen Zustand. »Nasenspitze und Mundpartie erscheinen geschwollen.«[134] Gesichtslähmung (Fazialisparese) kann bereits vermutet werden. Ebenso ist der Brustkorb durch die Krankheit betroffen. Das linke Bein scheint spastisch gelähmt zu sein.[135]

Zwergenhaft klein, geduckt neben der mächtig aufwachsenden Martinsskulptur, vom Aussatz geschlagen, was wiederum der abgefallene linke Fuß deutlich signalisiert, der fast nackte schnurrbärtige Bettler der Kirche von Großengstingen. Die Figur entstand in der zweiten Hälfte des 15. Jahrhunderts.

Auf der Aschaffenburger Rundscheibe aus dem Umkreis des »Hausbuchmeisters« von 1500 mit der Mantelteilung können am Gesicht des Bettlers in den Bereichen Stirn, Nase, Wange und Hals Knoten abgelesen werden.[136] Der linke Fuß ist amputiert, der Unterschenkel in Tücher gewickelt.

Eine eigene Untersuchung lohnten die verschiedenen Hilfsmittel, Krücken und Prothesen, welche die Kranken in den Bildwerken benutzen. Schon beim Berthold-Meister in der Mantelteilung des Weingartener Sakramentars vom Anfang des 13. Jahrhunderts bewegt sich der verkrüppelte Bettler mittels schemel- oder kleiner sägebockartiger Handstützen. Ähnliche Instrumente tauchen auch später auf wie im Fresko der Mantelteilung aus der Zeit um 1430 in der Martinskirche von Gruibingen, wo der Bettler gleichfalls derartige Stützen verwendet.[137] Die Verkrümmung der Beine, die ihn auf den Boden zwingt, scheint in diesem Falle nicht von Lepra verursacht zu sein. Auf einem niedrigen Rollwägelchen fährt der beidseitig beinamputierte Bettler des 1477 geschnittenen Siegels des Martinsstifts von Sindelfingen daher.

In den Niederlanden und Flandern finden sich mehrfach Beispiele, bei denen der Bettler nur einen Fuß oder einen Unterschenkel verloren hat. Letzteren ersetzt häufig eine Prothese.[138] Hervorzuheben wären hier zwei Schnitzwerke des 16. und 17. Jahrhunderts, einmal die wahrlich monumentale Holzskulptur von über zwei Meter Höhe mit einer Mantelteilung von 1510–1520 im Stedelijk Museum von Tirlemont (Belgien).[139] Der Bett-

Abbildung 40
Mantelteilung, Bettler mit Krücke,
humpelnd

Abbildung 41
Mantelteilung, Niederlande,
1. Hälfte 17. Jahrhundert,
Städtisches Suermondt–Ludwig–
Museum, Aachen

ler kniet mit seinem amputierten und umwickelten linken Bein am Boden, das rechte Bein ist aufgestellt, als Martin ihm das Mantelstück abschneidet. Zum anderen die Skulpturengruppe im Suermondt-Museum in Aachen vom Anfang des 17. Jahrhunderts, eine Komposition, die auf Vorbilder des späten 15. Jahrhunderts zurückgreift.140 Auf Krücken und Fußstelzen humpelt hier der Bettler dem reitenden Martin hinterher.

Gleich drei Kranke um den reitenden Martin vereinigt eine spätgotische Tafel um 1500 in der Hardenrathkapelle von St. Maria im Kapitol in Köln. Einer der Kranken, wiederum mit bandagierten Unterschenkeln, greift kniend zur Mantelgabe des Heiligen. Sein Gesicht ist durch fleckige und knotige Hautveränderungen entstellt, den Fortschritt der Lepra machen schon die abgefallenen Füße deutlich. Lepra plagt auch die beiden anderen von hinten herankommenden Bettler. Den amputierten Fuß des ersten der beiden ersetzt ein Stelzfuß, das zweite Bein scheint auch schon lädiert. Gestützt auf Schulterkrücken streckt er eine Almosenschale aus. Mit der Hand klammert sich der dritte an den Mantel seines Vordermannes. Nach dessen Körperhaltung und Gesichtsausdruck zu urteilen, ist er sehbehindert, wenn nicht gar blind.[141] So ist in diesem Bild – wie häufig in den Darstellungen des 15. und frühen 16. Jahrhunderts – gleich ein ganzes Spektrum menschlicher Leiden und Krankheitsbilder versammelt.

Wandlungen der Martinsdarstellungen im Spätmittelalter

Im 15. Jahrhundert ändern sich die Martinsdarstellungen durch die Erfordernisse der Wandelaltäre, die nicht immer in ihrem Programm eine Entfaltung der Martinsvita vorsahen, sondern nur eine Einzeldarstellung als Schreinfigur oder auf einem Flügel verlangten. Dies erforderte möglichst viel Information in einer Figur zu verdichten und zu vermitteln. Schon bei Skulpturen des 13. und 14. Jahrhunderts konnte unter vergleichbaren Bedingungen, wenn Martin als Portalskulptur neben anderen Heiligen darzustellen war, beobachtet werden, wie in der Einzelplastik der Bettler zum Attribut »herunterkommen« konnte. Die zuvor durch die Vita des Sulpicius Severus festgeschriebenen literarischen Voraussetzungen überspringend, kommt es jetzt, dem Bedürfnis nach kompakter Information gehorchend, zur Wiedergabe Martins als Bischof mit Bettler zu seinen Füßen. Darin liegt der neue Schritt. Es sind nun auch, um keinen offensichtlichen Anachronismus zur Biographie an den Tag zu legen, keine Mantelteilungen mehr, die ins Bild gesetzt werden, sondern allgemein Almosenspenden. Das Motiv der ehemals grundlegenden Mantelgabe weicht mit der Präsentation Martins als Bischof dem der Münzspende. Damit konnte Martins Fürsorge für die Armen als durchgehender Grundzug seines Lebens und gleichzeitig seine Stellung und sein Wirken als Bischof optisch gefaßt werden. Beispiele dafür wurden oben beim Exkurs zu den verschiedenen Krankheitsbildern bereits vorgestellt wie die Martinsdarstellung von 1488 des Altares aus Stetten im Remstal im Württembergischen Landesmuseum.

Wie sehr diese Bildfindungen Ende des 15. und zu Beginn des 16. Jahrhunderts zum Standard werden, demonstrieren allein schon die Exempel in der Denkmalsplastik des Mainzer Doms. Zum ersten Mal kommt dort Martin als Bischof mit Bettler in der Hohlkehle des Rahmens des Grabmals für Erzbischof Johann von Nassau († 1419) vor.[142] Schöpfer dieses Monuments ist Madern Gerthner, dem ja auch die gotische Memorienpforte des Domes zu verdanken ist[143]. Martin als Bischof mit Bettler unter seinem Mantel begegnet dann am Denkmal für Erzbischof Diether von Isenburg († 1482) und am Epitaph für den Administrator Adalbert von Sachsen († 1484),

Abbildung 42
Grabmal für Uriel von Gemmingen (1514), Mainzer Dom

wobei die Schließe des Pluviale der Steinskulptur Adalberts zusätzlich noch eine Mantelteilung beinhaltet.[144] Zu den großartigsten Werken spätgotischer Grabmalkunst in Deutschland zählt das Epitaph für Uriel von Gemmingen († 1514), das Erzbischof Albrecht von Brandenburg († 1545) für seinen Vorgänger bei dem Bildhauer Hans Backoffen in Auftrag gegeben hatte. Die Gestalt des verstorbenen Mainzer Erzbischofs kniet betend vor den stehenden Dompatronen Martin und Bonifatius. Martin im bischöflichen Ornat ist aufgrund des Bettlers zu seinen Füßen identifizierbar.[145]

Bernhard Strigel (1460–1528) malt auf einem Altarflügel von 1490, jetzt Staatsgalerie Stuttgart, einen im Verhältnis zur Hauptfigur als Attribut konzipierten Aussätzigen mit Bandagen und Schienen an den Unterschenkeln, dem Martin als Bischof in erhabener Milde ein Goldstück schenkt.[146] Der »Meister von Frankfurt« läßt um 1505 auf einem in Grisaille gehaltenen Altarflügel mit Martin und Valentin im Historischen Museum der Stadt Frankfurt, den heiligen Bischof dem kranken, zerlumpten Bettler Geldstücke in dessen erhobenes Gefäß zählen. Auf der Innenseite des linken Standflügels des 1519 vollendeten »Maria-Schnee-Altars« der Stiftskirche von Aschaffenburg blieb die einzige der Martinsdarstellungen von Mathias Grünewald (um 1480–1531/32) erhalten.[147] Der Meister hält sich an das inzwischen in der Tradition herausgebildete Muster. Angetan mit bischöflichem Ornat – in der Krümme des Stabes ist eine Strahlen-

Abbildung 44
Detail aus Abb. 43

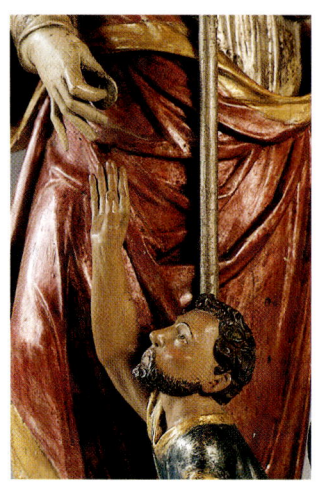

kranz-Madonna als Reverenz an das Hauptthema des Altarwerkes zu sehen – legt Martin dem am Boden knienden Bettler Geld in die Hand.

Aus der Zeit um 1520 ist ein Flachrelief als Rest wohl eines Altarflügels aus Oberschwaben im Rottweiler Dominikanermuseum auf uns gekommen mit einem leprösen, zum Heiligen aufblickenden bärtigen Bettler als Kennzeichen. In der linken Hand, bereit zur Spende, hält Bischof Martin zwei Münzen.[148] In Verbindung mit einer hl. Barbara hat – ein Werk im Germanischen Nationalmuseum Nürnberg – der »Meister von Ottobeuren« im 16. Jahrhundert einen bischöflichen Martin geschnitzt, der dem Bettler zu seiner Seite ein Geldstück reicht. Daß der Bettler nun seit dem letzten Drittel des 15. Jahrhunderts nicht

Abbildung 43
St. Martin, dem Bettler eine Münze reichend, Melchior Binder, frühes 17. Jahrhundert, Kirche St. Georg, Riedlingen

mehr mit Sachgütern bedient, sondern mit Geld abgespeist wird, mag seinen Grund in der aufblühenden Geldwirtschaft jener Epoche haben.[149]

Auch dem »Meister von Meßkirch«, einem der wichtigsten Vertreter der nachdürerschen Renaissancemalerei in Süddeutschland, stellte sich zwischen 1536 und 1540 mehrfach die Aufgabe, einen hl. Martin zu malen. Die Herren von Zimmern, seine damaligen wichtigsten Auftraggeber, besaßen das Patronat der Martinskirche von Meßkirch. So war es selbstverständlich, daß Martin am Hochaltar in Erscheinung treten mußte. Auf dem linken Flügel zeigt er Martin, wie er väterlich beschützend die Hand auf die Schultern des Stifters Graf Gottfried Werner von Zimmern legt. Eine der Tafel beigefügte Laudatio auf den Altarheiligen und der Bettler als Attribut zeichnen den Patron zusätzlich aus.[150] Martin erscheint außerdem an exponierter Stelle des 1536 datierten »Wildensteiner Altars« des »Meisters von Meßkirch«. Im Zentrum des Bildes steht eine Strahlenkranzmadonna. Diese umgeben die Hausheiligen und die Namenspatrone der Zimmerschen Familie. Martin, als Bischof prächtig mit Brokatgewändern ausgestattet, ist eben im Begriff, einem halbnackten Bettler ein Geldstück in die vorgehaltene Schale fallen zu lassen.[151] Nur knapp zwei Jahrzehnte zuvor wurde 1522 ein Martin als Bischof zu Pferd, den Mantel zum Zerschneiden raffend, für die Kirche in Gechingen bei Calw (heute im Städtischen Museum in Sindelfingen) gefertigt.[152]

Christus erkennen

Martin und Christus als Schmerzensmann ist das Thema einer Tafel eines Diptychons des Augsburger Malers Leonhard Beck aus dem zweiten Jahrzehnt des 16. Jahrhunderts.[153] Das bürgerliche Stifterehepaar Martin und Barbara Weiß hat sich zusammen mit Christus und der Gottesmutter Maria sowie mit ihren Patronen Martin und Elisabeth von Thüringen – eigentlich wäre eine Barbara zu erwarten gewesen – ins Bild setzen lassen. Maria und Elisabeth sind der Tafel der Ehefrau zugeordnet, Christus und Martin der des Mannes. Neben der Bischofsgestalt kauert, den Heiligen determinierend, ein Bettler.

Das ikonographisch kreative Moment dieser Martinstafel gründet in der Verknüpfung von Stifter und Schutzpatron mit der Gestalt des Schmerzensmannes. Hier haben sowohl spätmittelalterliche Passionsfrömmigkeit als auch genaue Kenntnis und ein vertieftes Verständnis der Martinslegende ihren Niederschlag gefunden. Martin wird als Vorbild im Christus-Erkennen herausgestellt. Der Kontext, der hier herangezogen werden kann, ist einmal der mit der Mantelteilung angestoßene Erkenntnisprozeß, welcher im Bruder Christus wahrnimmt, zum anderen die in der Legende berichtete Entlarvung des prunkvollen Auftretens des Teufels als Täuschung, indem Martin dem Satan entgegenhält, daß Christus seine Ankunft in der Gestalt des Leidens verheißen habe.[154]

Schließlich erfahren hier Kernaussagen aus einem Disput mit dem Teufel, den Martin in der Vita des

Abbildung 45
Martin und der Schmerzensmann, Tafel eines Diptychons von Leonhard Beck, um 1520

Sculpicius Severus führt, eine bildhafte Umsetzung. In dieser Auseinandersetzung erwiderte Martin, nachdem ihm vom Widersacher die Vergehen seiner Brüder vorgehalten worden waren, daß durch die Bekehrung zu einem besseren Leben die alten Vergehen getilgt seien und daß denen, die aufhörten zu sündigen, durch »die Barmherzigkeit des Herrn die Sünden nachgelassen sind«.[155] Martin wird somit hier zum Zeugen der Barmherzigkeit Christi und der Hoffnung auf die Seligkeit.

Die Gestalt des Schmerzensmannes beinhaltet nicht nur den direkten Hinweis auf das Erlösungswerk Christi, sie ist in der spätmittelalterlichen Frömmigkeit auch Aufruf zur Nachfolge Christi. Dafür steht gleichfalls expressis verbis die Botschaft Martins von Tours, wie sie Sulpicius Severus bei seinem persönlichen Zusammentreffen mit dem Bischof von Tours vernommen hat. Martin fordert auf, die Verlockungen der Welt und ihre Lasten abzuwerfen, um frei und unbeschwert Christus nachzufolgen.[156]

Gans und Pokal oder Spuren des Brauchtums im Martinsbild

Martin war zwar von Anfang an ein außerordentlich populärer und volkstümlicher Heiliger, doch die künstlerischen Darstellungen orientierten sich zumeist strikt an der Autorität des Sulpicius Severus und dessen Lebensbeschreibung. Volkstümliche Elemente ziehen verstärkt erst im 15. Jahrhundert in die Darstellungen des hl. Martin ein. Die größte Ausstrahlung sollte dabei die Gans gewinnen. Die Gans als Attribut taucht erst im letzten Viertel des 15. Jahrhunderts auf[157], kann jedoch in der Folgezeit bis ins 19. Jahrhundert hinein alle übrigen Kennzeichen ablösen und als alleiniges Erkennungszeichen dienen.

Die Ausgangssituation bildet die besondere Stellung des Martinstages im Jahreslauf und seine Bräuche. Er war Abschluß des Arbeitsjahres, Zins- und Lohntag. An Martini wurden als Festtagsbraten Gänse verspeist. Gänse waren auch Opfertiere und gehörten zu den Abgaben des kleinen Blutzehnt, der an Martini geleistet werden mußte.[158] Diese Umstände brachten Martin in Zusammenhang mit Gänsen. Es entstand schließlich die Legende, daß Martin, als er sich der Wahl zum Bischof von Tours seinerzeit entziehen wollte, sich in einem Gänsestall versteckt habe, wo ihn die Gänse durch ihr Schnattern verraten haben.[159] Martin als thronender Bischof mit einer Gans zu Füßen zeigt eine Glasmalerei aus der Zeit um 1500 in der Frauenkirche in Ingolstadt. Von Egid Quirin Asam (1692–1750) stammt der in rhetorischer Geste ausschwingende Martin von 1721/1735 am Hochaltar der ehemaligen Klosterkirche von Weltenburg.[160] Daß mit dem Bischof Martin gemeint ist, gibt allein die mit gestrecktem Hals schnatternde Gans am Sockel der Skulptur zu erkennen. Ebenfalls nur am Beizeichen einer friedlichen, auf dem Rauchmantel des sitzenden Bischofs stehenden Gans kann Martin im Kuppelfresko des Heiligenhimmels mit der Glorie des hl. Benedikt von Irsee identifiziert werden. Martin

Abbildung 46
Martins–Napf, Johannes Schouw,
1597, Westfälisches
Landesmuseum, Münster

Knoller (1725–1804) hat hier 1773 seinen Namenspatron neben dem hl. Meinrad von Einsiedeln als markanten vitalen Greis freskiert.[161]

Der hl. Martin zählt zu den Weinheiligen, wird »als Schutzherr des Weines sowie der Winzer und Zecher verehrt«.[162] Am Martinstag wurde auch der neue Weinjahrgang verkostet. Martini wurde daher vielerorts als Weinfest begangen. Verschiedentlich wurde in Klöstern und Städten Wein als Almosen an die Armen ausgeschenkt. Die »Martinsminne« trinken war ehdem so bekannt wie die »Johannesminne« am 27. Dezember. Auf diesen Brauch dürfte der Becher, Krug oder Pokal als Attribut der Heiligenfiguren zurückzuführen sein. Das Weiterreichen der Trinkschale an den Rangniederen, wie Martin es beim Mahl mit dem Usurpator Maximus es tat, mag von der literarischen Quelle her grundlegend gewesen sein.[163]

Ein herausragendes Zeugnis eines Martinus-Pokals mit Brustbildern des Heiligen, des Apostels Paulus, des Patrons von Münster, und des Kirchenvaters Papst Gregors des Großen besitzt das Westfälische Landesmuseum in Münster. Dieses Meisterwerk der Goldschmiedekunst der Spätrenaissance ist 1597 in Münster für die Pfarrei St. Martini geschaffen worden.[164]

Tumult und stille Größe

Der vielerorts den Armen und Bedürftigen am Martinstag gewährte Freitrunk machte den 11. November zu einem tollen Tag. So entstehen in Flandern und in den Niederlanden eine ganze Reihe von Bildern zur Kirmes an Martini (Martens Kermess). Alles scheint in ihnen drunter und drüber zu gehen. Da türmt sich vor unseren Augen ein Berg von Bettlern, von Verletzten, von Krüppeln, von sogenannten »armen Teufeln«, Außenseitern der Gesellschaft auf, purzeln und fallen sie wie in einem grotesken und bizarren Schauspiel übereinander. Bein- und Armamputierte, Lahme und Blinde drängen sich drückend, schiebend, stoßend, zerrend um einen Ausschank im Freien, wo der Wein in Strömen zu fließen scheint.

Daß es sich hier um Martinsbilder handelt, wird der Betrachter meist erst auf den zweiten Blick gewahr, wenn er in einer der Nebenszenen die Mantelteilung entdeckt. Solche Bilder erinnern an die Gelage und den Ernteschmaus, die an Martini abgehalten wurden, und an das Trinken der Martinsminne. Zu Ehren des Heiligen wurde ein Becher Wein geweiht und zum Trunk gereicht. Martinswein wurde als Almosen verteilt.

In der Nachfolge Pieter Brueghels steht das Gemälde eines solchen Martinsfestes im Kunsthistorischen Museum Wien. Das Weinfaß ist auf einem Podest aufgestellt, das von allen Seiten erklettert wird. Da werden Krüge und Trinkgefäße hochgereicht. Diejenigen, die vom begehrten Naß erhalten, haben sich allein oder in Gruppen niedergelassen, um den Wein zu genießen. Nur von wenigen wird der Reiter bemerkt, der hl. Martin, der auf einem Schimmel vorbeikommt.

Der Flame Pieter Balten (um 1525–1598) hat mehrere Versionen solcher Martinsfeste gemalt (s. Abb. S. 302). Neben einer »Sant Martens Kermess« in Utrecht existieren andere sehr ähnliche Variationen des Themas; zu nennen wäre noch jene in Antwerpen. Ein nach diesen Vorbildern später von N. Guèrand gefertigter Stich nennt Pieter Brueghel als Urheber. Die Verwechslung Pieter Baltens mit seinem Zeitgenossen Pieter Brueghel war durch die Gleichheit der Initialen zustandegekommen. Pieter Balten zählt zu jenen niederländisch-flämischen Malern, die einen Sinn für Alltagsereignisse und Volksleben gewonnen haben und Themen wie Raufereien, Bauernstuben, Wirtshausszenen, Bilder der Arbeit und der Freizeitvergnügungen in die Malerei einführen. Hingebungsvolle Liebe zum Detail zeichnet sie aus. Ihr Gespür fürs Psychologische und ihr zuweilen derber Humor geht dabei Hand in Hand mit sozialkritischen Tönen.

In Pieter Baltens Martinskirmes-Bildern beobachtet in gehöriger Distanz eine Gruppe gutgekleideter Bürger und Honoratioren die Balgereien und den Rummel um den Ausschank. Es sind die Spender des Freiweins. Sie stehen in krassem Gegensatz zum stillen Werk der Mantelspende des hl. Martin auf der anderen Seite. Martin nimmt wirklich Anteil an der Not des nackten Bettlers, während die vermögenden Bürger als Initiatoren eines großen Rummels erscheinen, der die Not nicht wirklich lindert, sondern wie ein Strohfeuer brennt, das rasch wieder zur grauen Asche des alten Elends zusammenfällt.

*Abbildung 47
Der hl. Martin und der Bettler,
El Greco (1541–1614), Washington,
National Gallery*

Neben den Tumulten der Martinsfeste auf den flämisch-niederländischen Gemälden des 16. Jahrhunderts nehmen sich die Altarblätter eines Bernardino Jacobi Butinone († nach 1507) oder eines El Greco (1541–1614) aus wie Werke von vornehmem Pathos und erhabener Strenge und Konzentration. Beide haben, auch wenn ein Jahrhundert zwischen ihren Schöpfungen liegt, einen verwandten Bildaufbau gewählt, was hauptsächlich mit der Funktion der Bilder als Altarblätter zu tun hat. Sie verbinden in ihrer perspektivischen Anlage annähernd frontal gesehene Mantelteilungen mit der Untersicht des natürlichen Standpunktes eines möglichen Betrachters. Beide Male füllt die Dreiergruppe Pferd, Reiter und stehender Bettler fast den gesamten zur Verfügung stehenden Bildraum.[165] Bei Butinone, der seine Arbeit zwischen 1485 und 1507 für die Kirche San Martino zu Treviglio ausführte, ereignet sich der Akt der Barmherzigkeit unter einem tonnengewölbten Torbogen, bei El Greco, wie der spanische Maler kretischer Herkunft Dominikus Theotokopoulos genannt wird, unter freiem Himmel. Letzterer hat zum Martinsjubiläumsjahr 1597 den Auftrag erhalten, den Martinsaltar und einige andere Altäre der »Capilla S. José« in Toledo mit neuen Altarblättern zu versehen. Heute gehört das Werk zum Bestand der National Galery of Art in Washington.

Martin auf einem Schimmel reitend gleicht einem spanischen Adeligen. Die hochgewachsene hagere Gestalt des Bettlers reicht dem Reiter bis zum Ellenbo-

Abbildung 48
Die Mantelspende des hl. Martin,
Anthonius van Dyck Nachfolge,
Staatsgalerie Stuttgart

gen. Er scheint völlig nackt gewesen zu sein, denn er hat das herabhängende hellgrün schimmernde samtene Mantelstück, das Martin vollends mit seinem Degen abtrennt, um die Hüften geschlungen.

Mit großer kompositorischer Kraft bewältigt auch Anthonis van Dyck (1599–1641) das Thema der Mantelspende. Der jugendliche Heilige trifft gleich auf zwei Bettler, die, am Boden hockend, um seine Hilfe anhalten und sich dann um das Mantelstück streiten.

Im Hintergrund streckt eine Mutter mit Kind auf dem Arm flehend die Hand aus. Martin trägt jetzt, der Epoche entsprechend einen modischen Federbarett. Daß die Martinsgestalten mit der Zeit gehen, daß die jeweiligen modischen Sujets auftauchen, dies gilt generell für die Umsetzung eines biblischen oder geschichtlichen Themas in der Malerei vom Mittelalter bis zum Barock. Für Künstler und Betrachter war er nur in ihrer eigenen Epoche vorstellbar. Das Geschehen hatte somit nicht den Charakter von etwas Vergangenem, etwas Gewesenem, sondern besaß Aktualität. Das zeitbedingte Aussehen des hl. Martin ermöglichte Identifikation.

Georg Raphael Donner (1693–1741) modelliert um 1730 für den Dom zu Preßburg eine Gruppe der Mantelspende, die in Bleiguß realisiert wurde. Machtvolle Bewegung bestimmt die Skulptur. Das Pferd bäumt sich auf. Es ist die zweifache, gekoppelte Aktion des Anhaltens und des Griffs zum Säbel, um den Schnitt zu vollführen, welche das Tier kraftvoll hochsteigen lassen. Der fast völlig nackte Bettler – einzig der Schambereich ist knapp bedeckt – liegt auf den Ellbogen aufgestützt lang auf der Erde. Martin, ganz hingegeben seinem Werk der Barmherzigkeit, trägt magyarische Nationaltracht.[166]

Glorie des heiligen Martin

Aus den Entwürfen der Tradition heraus entwickeln Barock und Rokoko eigene Martinusdarstellungen, die

Abbildung 49
St. Martin, Freskenausschnitt,
unbekannter Maler, frühes
18. Jahrhundert, Pfarrkirche
St. Martin, Tannheim

»Glorie des hl. Martin« tituliert werden können. Die Himmelsnähe, die Nähe zu Jesus Christus unterstrichen bereits die zahlreichen Veranschaulichungen der Traumvision. Die Gegenwärtigkeit des Himmels in den liturgisch-ästhetischen Konzeptionen des 18. Jahrhunderts verleihen dem hl. Martin in der jeweiligen künstlerischen Vor-Schau der Ewigkeit, wie sie in den Ausstattungen der Kirchen des 18. Jahrhunderts erlebt werden können, einen ausgezeichneten Platz. Als Beispiele mögen die Fassungen dieses Bildtyps das Hochaltarblatt von 1716 des führenden Augsburger Meisters Johann Georg Bergmüller (1688–1762) in Tannheim dienen[167] oder eine Franz Sigrist (1727 bis 1803) zuzuschreibende Ölskizze in der Städtischen Sammlung von Augsburg.[168] In Ailringen, einem Ort mit alter Martinstradition, beherrscht, im 18. Jahrhundert entstanden, die Himmelfahrt des hl. Martin das Kirchenschiff. Das Hochaltarblatt wiederholt das Thema.[169] Martin schwebt von Putti umgeben, die Mitra und Mantel halten, in die Höhe. Joseph Wannenmacher (1722–1780) bringt im Hauptfresko des Kirchenschiffs von Donzdorf eine Verherrlichung des Titelheiligen des Gotteshauses. Ursprünglich auf mehr Szenen ausgelegt, konzentriert sich das Gemälde nach Vorschlägen des Münchner Hofmalers Augustin Demmel auf Mantelteilung und Traumvision an den Bildrändern. Im Mittelpunkt leuchtet die Gestalt Martins in bischöflichen Gewändern, von Putti und Engeln umgeben und einer Gans als kennzeichnendem Attribut. Es war Wannenmachers letztes Werk vor seinem Tod.[170]

Die Verbindung von Traumvision und sich öffnendem Himmel, so daß ein Vor-Schein des Himmels in diese Welt hineinleuchtet, hat schlüssig Franz Martin

Abbildung 50
St. Martin, Deckenfresko von Franz Joseph Spiegler, 1747, Altheim

Kuen (1719–1771) um 1770 im Deckenbild des Chores der Martinskirche von Oberstotzingen gefunden. Martin liegt im Traum entrückt, der Wolkenvorhang reißt auf und gibt den Blick auf Christus frei.[171]

Im Chorfresko der Kirche von Erbach bei Ulm hat derselbe Franz Martin Kuen, ein Schüler Bergmüllers, die Todesstunde des hl. Martin geschildert. Engel vertreiben gewaltsam mit Geißeln Teufel und Dämonen vom Sterbelager des Heiligen. Eine verwandte Bildidee hatte Derrick Baeggert bereits im 15. Jahrhundert umgesetzt. Die Todesstunde gilt als der letzte Kampf um die Seele. Hier soll gezeigt werden, daß die Mächte der Finsternis keinen Anteil am Leben der Heiligen haben. Martin selbst liegt unter einem zeltförmigen kostbaren Baldachin, umgeben von weißen Mönchen. Ein Priester reicht ihm das Kreuz zum Kuß.[172]

Der Himmel öffnet sich im Hauptfresko von Franz Joseph Spiegler (1691–1756) von Altheim bei Riedlingen, wenn Martin dort einen Jüngling zum Leben erweckt.[173] Von der Glorie des hl. Martin handelt auch ein Gemälde des aus Langenargen gebürtigen Franz Anton Maulpertsch (1724–1796) im bischöflichen Palais von Szombathely, dem Geburtsort des hl. Martin von Tours. Der Heilige steht mit allen Zeichen seines Amtes und seiner Würde unter einer weiten Kuppel. Im Vordergrund kauert der Bettler, mit dem er geteilt hat. Das stumme Mädchen, das er geheilt, und Paulinus, den er zum geistlichen Leben angeleitet hat, umringen ihn mit zahlreichen anderen Personen. Im Kuppelrund schweben Putti und Engel. Die Kuppel scheint

Abbildung 51
Hl. Martin, Altarblatt, ehemalige Karmeliterkirche, Rottenburg, um 1720, Diözesanmuseum Rottenburg

sich nach oben zu öffnen. Sie wird von einem fernen Licht erleuchtet.[174]

Nicht in dieser künstlerischen Vollendung und Großartigkeit und doch alle Möglichkeiten der Martinsdarstellung im 18. Jahrhundert vereinend, so zeigt sich ein ehemaliges Altarblatt von etwa 1730 aus der früheren Karmelitenkirche von Rottenburg im Diözesanmuseum am gleichen Ort. Durch verschiedene Gestalten und Utensilien kommt die ganze Lebensgeschichte des Heiligen zum Vorschein. Zu seinen Füßen liegen Helm, Rüstung und Schwert, in Erinnerung an den Militärdienst. Daneben streckt eine Gans ihren Hals in den Vordergrund als Anspielung auf die Geschichte, die wissen will, daß Gänse Martin in seinem Versteck verraten haben, als er sich der Wahl zum Bischof entziehen wollte.

Schließlich kann der Bettler nicht fehlen. Er füllt ihm großzügig mit einer ganzen Reihe von Münzen die Schale. Putti halten Lilie und Palme. Die Lilie versinnbildlicht Reinheit und Keuschheit, die Palme ist das Ehrenzeichen der Martyrer. Ein weiteres Engelchen zeigt ein Kruzifix, Hinweis auf die Kreuzesnachfolge. Schließlich halten die kleinen Himmelsboten eine Krone über sein Haupt, um damit der ganzen Glorie Martins Ausdruck zu verleihen.

Martinsbilder des 20. Jahrhunderts

Den Martinsbildern des 20. Jahrhunderts sind im 19. Jahrhundert stark historisierende, die Elemente

Abbildung 52
Triptychon »Die drei Reiter«,
linker Flügel: Der hl. Martin,
Hans von Marées (1837–1887),
Neue Pinakothek, München

der Tradition amalgamierende, häufig volkstümlich verkitschende Versionen vorausgegangen. Sonderfälle stellen Hans von Marées Martin mit Bettler als Flügel eines Triptychons von 1869 mit dem Titel »Die drei Reiter« und Werke der Beuroner Schule (ab 1875). Im kahlen Wald bei Schnee inszeniert Marées die Begegnung mit dem Bettler. Es ist die von der Farbe erzeugte Atmosphäre, die als zusätzliche Information hinzutritt. »Mann und Roß werden mythisch überhöht und ein Ideal des Rittertums gezeichnet, die eigentliche christliche Thematik ist aufgegeben«.[175]

Im rein Symbolischen verharren die Martinsdarstellungen der Beuroner Kunstschule, ist es ohnehin eine Tendenz dieser von den Patres Desiderius Lenz und Jakob Wüger ins Leben gerufenen Richtung religiöser Kunst, eine neue Zeichenhaftigkeit, orientiert an altägyptischen und antiken Vorbildern, zu entfalten.[176] Ihr Martinsbild will Ikone sein, ihm eignet aber eine distanzierende kühle Erhabenheit und Feierlichkeit.

Spannungsreich hingegen Wassily Kandinskys Einlassung auf die Thematik (s. Abb. des Covers). Auf einem seiner Bilder bäumt sich ein Pferd auf. Der Reiter stemmt sich in die Steigbügel. Der eine Arm breitet den Umhang aus. Vorn links kauert eine dunkle Gestalt. Der ganze figürliche Bildaufbau gleicht dem Schema einer Mantelteilung des hl. Martin. Doch formal hat sich zu den traditionellen Wiedergaben des Themas Wesentliches gewandelt. Zwar bleiben die Vorgaben noch erkennbar, doch die

Abbildung 53
Martinsdarstellung an der
Westfassade der Klosterkirche
Beuron

Umrisse von Tier und Personen sind skizzenhaft nur flüchtig hingeworfen. Wenn auch noch ablesbar, sie spielen offensichtlich nicht mehr die Hauptrolle. Dieser Part ist voll und ganz auf die Farbe übergegangen. Mit ihr allein, mit ihren Werten, mit ihrer »Sprache« formuliert nun der Künstler das Bild. Die flüchtig hingesetzten Umrisse scheinen sich angesichts der Übermacht, angesichts der Kraft der Farbe aufzulösen und vollends zu verschwinden. Das Bild verliert seine Gegenständlichkeit, die genaue Ablesbarkeit des Dargestellten zugunsten einer anderen Bildauffassung und dessen, was »Gegenstand« eines Bildes sein kann.

Hier wird ein entscheidender Schritt getan, der Schritt zur Abstraktion, in der eine überkommene Bildauffassung abgelöst wird und an deren Stelle nun die Dominanz der reinen Farbe und des Dialogs der Farben unter- und miteinander tritt. Es geht um den reinen Ausdruck, die pure Expression von Farbe. Der Schöpfer dieses Werkes, der russische Maler Wassily Kandinsky, 1866 in Moskau geboren und 1944 in Paris gestorben, gilt als einer der großen Väter der Moderne und der abstrakten, der sogenannten »gegenstandslosen« Malerei. Seit 1896 lebt und arbeitet er in München und in der Umgebung von München. 1909 gründet er dort die »Neue Künstlervereinigung«, ruft schließlich 1912 zusammen mit Franz Marc (1880–1916) die Künstlergruppe »Der blaue Reiter« ins Leben, einer der wichtigsten Zusammenschlüsse von Malern innerhalb der expressionistischen Bewegung in den beiden ersten Jahrzehnten des 20. Jahrhunderts.

Dieses Reiterbild, dessen dominierende Farbe Gelb ist, entstand 1909. Der Maler hat es signiert und datiert und zeigte damit, daß es ihm wichtig war.[177] Das Bild gehört zu jenen Werken des Übergangs in jene Phase der totalen Abstraktion, die Kandinskys spätes Oeuvre kennzeichnet.

Die Szene der Mantelteilung wird eingerahmt von zwei Bäumen. Im Hintergrund ist mit dunklen Strichen, leuchtendem Rot und tiefem Blau ein Gebirgszug angedeutet. Hinter dem Baum links ist ein weiße Wolke sichtbar. Der Baum selbst offenbart in der

Krone eine reiche Farbigkeit, die nicht nur Blätter, sondern auch Früchte anzuzeigen scheint.

Inspiriert ist dieses Bild von bäuerlicher, volkstümlicher Hinterglasmalerei. Kandinsky hatte sich schon in seiner russischen Heimat mit Formen der Volkskunst auseinandergesetzt, diese schätzengelernt und deren Ansätze in seine Bilder aufgenommen und transformiert. Ihn faszinierte dann die auf reine Farbigkeit ausgerichtete, Farbfelder gleichwertig nebeneinander plazierende Hinterglasmalerei, wie er sie vor allem in Oberbayern, in Murnau, einem seiner bevorzugten Aufenthaltsorte, kennengelernt hatte.

So liegt diesem Reiterbild wohl die Erinnerung an eine Martinsdarstellung bäuerlicher Hinterglasmalerei zugrunde. Das vorherrschende Gelb gibt dieser Ölskizze einen leuchtenden, strahlenden Glanz. Etwas Festliches scheint in diesem Gemälde auf. Der Reiter mit seinem über den Spitzen der Berggipfel aufsteigenden Pferd wird geradezu eine Erscheinung des Himmels.

Ein Zeitgenosse Kandinskys ist Gebhard Fugel (1863–1939). Die Lebensdaten sind fast deckungsgleich, doch welche Welten liegen zwischen dem explorativen Experiment im besten Sinne des Wortes, das sich in Kandinskys Fassung einer Mantelteilung nacherleben läßt, und den historisierenden Umsetzungen der Martinsvita durch Fugel in Wangen im Allgäu. Doch auch Fugel hat Brillianz, er ist ein Erzähler, er breitet Geschichten aus, funkelt mit Farben. Und die Martinsgeschichte, sie will ja erzählt werden, kann nicht genug wiedererzählt und damit von immer neuem ausgelotet werden.

Der Bildhauer Gerhard Marcks (1889–1991) befaßte sich hochbetagt mit der Gestalt des hl. Martin und mit der Mantelteilung (s. Abb. S. 376). Es wird, es ist eine Begegnung auf der gleichen Ebene. Ob er die Beispiele aus der frühen Buchmalerei kannte, wissen wir nicht. Jedenfalls wollte er keine Aktion von oben herab. Martin schneidet auch nicht nur ein Stück seines Umhangs ab, er bekleidet den Nackten im wahrsten Sinn des Wortes, legt ihm selbst das Tuch um die bloßen Schultern. Brüderlichkeit, Geschwisterlichkeit, Mitmenschlichkeit ist die Botschaft dieser Bronzeskulptur.

Emblematisch aufs Wesentliche reduzierte HAP Grieshaber (1909–1981) in seinem Holzschnitt Martin den Vorgang der Mantelspende (s. Abb. S. 371). Das Gewand, das dabei zerschnitten wird, hat die Umrisse eines Kreuzes. Das Kreuz signalisiert die Gegenwart Christi. Einen verwandten Zug zur Reduktion und Konzentration liegt der Mantelteilung des Malers Emil Kiess zugrunde, ausgeführt 1984 für die Pfarrei St. Martin Loßburg, in einer Schraffurtechnik sich überlagernder Striche. Die beteiligten Personen sind kaum zu erkennen. Der Bettler kniet und kehrt dem Betrachter den Rücken zu.

Dominierend das Rot des Mantels. Rot, Purpur ist die Farbe von Macht und Herrschaft. Purpur war die kostbarste Farbe. Man benötigte 10 000 Purpurschnecken, um ein Gramm Purpur zu gewinnen. Die römischen Kaiser waren in Purpur gewandet.

Abbildung 54
Die Mantelteilung des hl. Martinus,
Malerei auf Eichenholz, Emil Kiess,
1984, kath. St.-Martin-Kirche,
Loßburg

Martin hält das rote Gewand wie eine Schutzwand vor dem Bettler, wie einen Schutzmantel. Ein scharfer Schnitt mit dem Schwert trennt die Hälfte. Im aufklaffenden Spalt wird die Gestalt Martins erfahrbar. Gegenüber dem grellen aggressiven Rot sind die Körper von Bettler und Martin mit wärmeren, milderen Farben modelliert. Im Zerschneiden des Zeichens von Macht – und damit auch für Krieg und Tod – wird erst der Mensch sichtbar, kann er hervortreten und dem anderen brüderlich begegnen, wie es hier Martin tut.

Doch sei abschließend noch ein Blick zurück in die zwanziger Jahre unseres Jahrhunderts geworfen, auf das Bild »Streichholzverkäufer« von Otto Dix. Wer sich diesem Werk nähert, wird zunächst kaum an ein Martinsbild denken. Da sitzt ein Häufchen Elend auf dem Trottoir, blind, ohne Arme und Beine. Auf dem Schoß ein Bauchladen mit Streichhölzern. Aus dem fast zahnlosen Mund kommen seine Hilferufe an die Vorübereilenden. Sie verhallen ungehört. Keiner von ihnen zeigt sein Gesicht. Gut gekleidet, die Dame mit Stiefeletten, der Herr neben ihr im modisch gelb-braun gestreiften Anzug, ein anderer Mann mit blitzblank gewienerten Schuhen und makellos weißen Gamaschen stürzen sie an ihm vorbei. Nur ein Hund, ein Dackel hält an, hebt sein Bein, um seine Duftmarke an dem armen Tropf abzusetzen.

Mit Kreide hat der Maler Otto Dix in deutscher Schrift die Rufe des Krüppels auf das Bild geschrieben: »Streichhölzer«, »Schwedenhölzer«. Kreide auf mit Ölfarbe gemaltem Bild haftet nicht, kann abgewischt werden. Sie ist zusammen mit den flüchtigen Schriftzügen des Künstlers das optische Pendant

Abbildung 55
Otto Dix (1891–1969), Streichholzhändler, 1920, Staatsgalerie Stuttgart

zur Stimme dieses armen Mannes, die überhört wird, die niemand vernimmt. Dieses anklangende sozialkritische Werk hat Otto Dix 1920 in altmeisterlicher Manier gemalt. Der Streichholzverkäufer ist eines der vielen Opfer des Ersten Weltkriegs. Seine zerschlissene Uniform und die Schildmütze auf dem Kopf lassen ihn als ehemaligen Marinesoldaten, als U-Boot-Matrose erkennen. Er ist einer der vielen Menschen, die politischer Größenwahn an den Abgrund menschlicher Existenz getrieben hat. Otto Dix und seine Freunde, zu denen der Maler George Grosz zählte, suchten damals in ihren Werken die kritische Auseinandersetzung mit ihrer Zeit, den eigenen Erlebnissen mit dem Ersten Weltkrieg und seinen Folgen. Warum kann dieses Bild als Martinsbild gelten? Ikonographisch steht es eindeutig in der Tradition der Mantelteilungsdarstellungen. Hier kommen gerade seit dem 12. Jahrhundert in der Gestalt des Bettlers immer wieder Krüppel ins Bild. In vielen Fällen sind es Gehbehinderte, Menschen ohne Füße oder mit einem Bein. Die Trostlosigkeit des Bildes des Elends von 1920 von Otto Dix liegt darin, daß hier unter den Vorbeikommenden kein Martin dabei ist.

Streichhölzer vermögen ein Licht anzustecken und Feuer anzuzünden. Durch Streichhölzer kann Licht und Wärme in die Welt gelangen. Doch niemand kauft sie hier. Die Kälte einer Gesellschaft, ihre Gleichgültigkeit und Teilnahmslosigkeit, das ist der Tenor dieses gewissermaßen negativen Martinsbildes. Otto Dix lehrt uns damit zugleich, was Martin bedeutete und was über mehr als anderthalb Jahrtausende die Martinsbilder vermittelten. Daß wahre Menschlichkeit Göttliches zum Vorschein bringt, daß menschliches Handeln eine Nähe zu Gott schafft.

Anmerkungen

1 PAULINUS NOLANUS, Epistola 32,2 (ed. G. von Hartel = Corpus Scriptorum Ecclesiasticorum 29, 276,14–18): »...recte enim in loco refectionis humanae Martinus pingitur, qui caelestis hominis imaginem perfecta Christi imitatione portavit, ut deponentibus in lavacro terrenae imaginis vetustatem imitanda caelestis animae occurrat effigies.« – Vgl. hierzu Tomas LEHMANN, Martinus und Paulinus in Primuliacum (Gallien). Zu den frühesten nachweisbaren Mönchsbildnissen (um 400) in einem Kirchenkomplex, in: Hagen KELLER – Franz NEISKE (Hg.), Vom Kloster zum Klosterverband. Das Werkzeug der Schriftlichkeit., München 1997, 56–57.
2 Ebd., 277,21.24: »exemplar sanctis ille sit, iste reis«; vgl. Johannes KOLLWITZ, Zur Frühgeschichte der Bilderverehrung, in: Das Gottesbild im Abendland (Glaube und Forschung 15), Witten – Berlin 1957, 70; Hans BELTING, Bild und Kult. Eine Geschichte des Bildes vor dem Zeitalter der Kunst, München 1990, 110. – Vgl. auch Wolfram VON DEN STEINEN, Homo caelestis. Das Wort der Kunst im Mittelalter I, Bern – München 1965, 106f. Vgl. LEHMANN (Anm. 1), 63f.
3 Vgl. BELTING (Anm. 2), 92f.
4 Ebd., 110.
5 Vgl. Berthold ALTANER – Alfred STUIBER, Patrologie. Leben, Schriften und Lehre der Kirchenväter, Freiburg u. a. 81978/1983, 497; vgl. PAULINUS PETRICORDIENSIS, De vita Sancti Martin, (PL 61, 1010–1072).
6 GREGOR VON TOURS, Historiarum libri decem 2,14, ed. Krusch – R. Buchner (Übers. W. Giesebracht – R. Buchner). Vol. I, Darmstadt 71990, 97,33–41.
7 Peter BROWN, Die Entstehung des christlichen Europa, München 1996, 81. – Nach Gregor von Tours (Anm. 6) maß die Kirche in der Länge 160 Fuß, 60 Fuß in der Breite und 45 Fuß in der Höhe.
8 Vgl. BROWN (Anm. 7), 81; – Die Wandgemälde erwähnt auch im Zusammenhang mit dem schändlichen Treiben des unter König Gunthramn dienenden fränkischen Hofkämmerers Eberulf in der von Perpetuus erbauten Martinskirche GREGOR VON TOURS (Anm. 6) 7,22, Vol. II, 116,14–15: »susciebant picturas parietum rimabantque ornamenta beati sepulcri«. – Vgl. Tony SAUVEL, Les miracles de Saint-Martin. Recherches sur les peintures murales de Tours au Ve et au VIe siècle, in: Bulletin Monumental 114, 1956, 157ff.; S. KIMPEL, Martin von Tours, in: Lexikon der christlichen Ikonographie 7, 574; Thomas LUTZ – Bert SCHLICHTENMAIER, Martin in Kunst und Brauchtum, in: Der heilige Martin von Tours und seine Kirche in Sindelfingen 1083–1983, Sindelfingen 1983, 67.
9 Vgl. VENANTIUS FORTUNATUS, De vita S. Martini 4,1; vgl. GREGORIUS TURONENSIS, De miracula S. Martini 1,15 (PL 71,927): »Sibi quoque in rhetorica socio suo Felici, ex oleo, quod sub imagine picturae beati Martini in cicendili ardebat, dum tetigerunt oculos, lumen reddidisse confessus est«; PAULUS DIACONUS, Historia Langobardica, ed. Bethmann – Waitz (MGH SS Rer. Lang. et It saec. VI–IX, 79: »In qua etiam altarium in honore beati Martini confessoris constructum propinquam habet fenestram, in qua lucerna ad exhibendum lumen est constituta. De cuius oleo mox sibi isti, Fortunatus scilicet et Felix, dolentia lumina tetigerunt«.
10 Vgl. PAULUS DIACONUS ebd.
11 Vgl. Friedrich Wilhelm DEICHMANN, Ravenna. Hauptstadt des spätantiken Abendlandes. Kommentar, 1. Teil, Wiesbaden 1974, 333.
12 Vgl. VENANTIUS FORTUNATUS, De vita sancti Martini (PL 88, 363–426).
13 Vgl. Friedrich Wilhelm DEICHMANN, Ravenna. Geschichte und Monumente. Wiesbaden 1969, 171; ders., Ravenna. Hauptstadt des spätantiken Abendlandes. Kommentar, 2. Teil, Wiesbaden 1976, 128.
14 DEICHMANN (Anm. 13), Kommentar, 2. Teil, 127.
15 Guiseppe BOVINI, Ravenna. Kunst und Geschichte, Ravenna 1991, 59; vgl. DEICHMANN (Anm. 13), Ravenna. Geschichte und Monumente, 15.
16 Vgl. DEICHMANN (Anm. 15), 171.
17 Vgl. ebd.; DEICHMANN, Kommentar, 2. Teil, (Anm. 13), 129.
18 Vgl. DEICHMANN (Anm. 15), 173.
19 Vgl. ebd., 173.
20 Ebd.
21 Vgl. ebd.
22 Ebd., 200.
23 Vgl. LUTZ – SCHLICHTENMAIER (Anm. 8), 67.
24 Vgl. KIMPEL (Anm. 8), 575.
25 Vgl. Sakramentar, Fulda, um 970–980, Niedersächsische Staats- und Universitätsbibliothek Göttingen, cod. theol. 231, fol 113 r.
26 Vgl. Sakramentar, Fulda, um 975–993; Udine, Biblioteca Capitolare, cod. 76, fol 70 r. – Zum Sakramentar von Udine vgl. Heinrich DETZEL, Christliche Ikonographie. Ein Handbuch zum Verständnis der christlichen Kunst, Bd. 2. Freiburg i. Br. 1896, 525; Karl KÜNSTLE, Ikonographie der Heiligen, Freiburg i. Br. 1926, 440.
27 Vgl. Sakramentar, Fulda, Anfang 11. Jh., Staatsbibliothek Bamberg, ms. lit. 1, fol 170 r.
28 Vgl. Sakramentar des Warmundus, um 1002, Ivrea, Biblioteca Capitolare, cod 86, fol 114 v.
29 Kompositorisch verwandt zu diesen Exempeln der Mantelteilung mit zwei zu Fuß einander begegnenden Personen erscheint eine Federzeichnung zur Illustration des Buches Tobit im Alten Testament aus

der Zeit um 1000 aus Süd- bis Zentralfrankreich in der Bibliothèque Nationale (ms. lat. 94, fol 18 r), wo Tobit dem Gabael sein Vermögen anvertraut und diese eine Urkunde darüber austauschen (vgl. Tob 1,14–15; Tob 5,3). – Vgl. Pierre BUREAU, La chape de saint Martin dans tous ses états. Sens et fonctions symboliques du vetement partagé à travers la miniature du Xe au XIIIe siècle, in: Jean-Pierre DELVILLE – Marylène LAFFINEUR-CRÉPIN – Albert LEMEUNIER (Hg.), Martin de Tours. Du légionnaire au saint évêque, Liège 1994, 76.

30 Vgl. Stuttgarter Passionale, Württembergische Landesbibliothek Stuttgart, cod.; vgl. Albert BOECKLER, Das Stuttgarter Passionale. Augsburg 1923.- Mit dem sog. Stuttgarter Passionale, das besser mit »Hirsauer Passionale« bezeichnet ist, hängt traditionsgeschichtlich, zumal Zwiefalten eine Hirsauer Gründung des Jahres 1089 ist, das dreibändige »Zwiefaltener Passionale« der Württembergischen Landesbibliothek in Stuttgart (Cod. Bibl. 2° 56–58) zusammen; vgl. Carl LÖFFLER, Schwäbische Buchmalerei in romanischer Zeit, Augsburg 1928.

31 Vgl. Vita Sancti Martini, Tours, Bibliothèque Municipale, ms. 1018, fol 9 v; SAUVEL (Anm. 8), 172; BUREAU (Anm. 29), 71.

32 Auf die symbolisch-rechtliche Bedeutung des Bekleidens verweist auch BUREAU (Anm. 29), 74.

33 Dombibliothek Hildesheim, HS St. God 1, fol 53. – Vgl. SAUVEL (Anm. 8), 172; BUREAU (Anm. 29), 74f.

34 Vgl. SULPICIUS SEVERUS, De vita beati Martini 3 (PL 20, 162): »nihil praeter chlamydem, qua indutus erat, habebat« (er hatte nichts außer dem Mantel, mit dem er bekleidet war).

35 Stadtbibliothek Trier, cod. 1378/103, fol 132 v. – Es handelt sich um eine Sammelhandschrift mit Werken unterschiedlicher Entstehungszeit, die eine Vita des hl. Willibrord, und das »Liber Florum« (»Blumenbuch«) des Thiofrid von Echternach († um 1110), der seit 1083 dem gleichnamigen Kloster in Luxemburg als Abt vorgestanden hatte, eröffnen. Das Faszikel mit dem illuminierten »Liber florum« ist bereits im ersten Viertel des 12. Jahrhunderts (nach 1102) entstanden; vgl. M. KEUFFER – G. KENTENICH, Beschreibendes Verzeichnis der Handschriften der Stadtbibliothek zu Trier, Heft 8, 1914, 39 (Nr. 82); Schatzkunst Trier (Treveris Sacra 3, hg. Franz J. RONIG), Trier 1984, 123f. (Nr. 61); Kostbare Bücher und Dokumente aus Mittelalter und Neuzeit. Katalog der Ausstellung der Stadtbibliothek und des Stadtarchivs Trier 1984. Trier 1984, 21 (Nr. 17); Die Zeit der Staufer. Geschichte – Kunst – Kultur. Katalog der Ausstellung Stuttgart 1977, Bd. I. Stuttgart 61977, 578ff.; vgl. BUREAU (Anm. 29), 71f., 76f.

36 Epinal, Bibliothèque municipal, ms. 73; vgl. Die Zeit der Staufer (Anm. 34), 579; vgl. Schatzkunst Trier (Anm. 34), 124.

37 Die Zeit der Staufer (Anm. 34), 579.

38 Vgl. ebd.; J. PORCHER, L'enluminure française, Paris 1959, 21.

39 Vgl. Art. »Symbolon«, in: Der kleine Pauly Bd. 5, Stuttgart 1979, 443.

40 Die Zeit der Staufer (Anm. 34), 579.

41 Vgl. SULPICIUS SEVERUS (Anm. 34), 17.18 (PL 20,169–170).

42 Ebd., 18 (PL 20,180): »Apud Parisios vero … leprosum miserabili facie horrentibus cunctis osculatus est atque benedixit: Statimque omni malo emundatus«.

43 Vgl. SULPICIUS SEVERUS (Anm. 34), 20 (PL 20,171).

44 Vgl. Vita Sancti Martini (Anm. 31), ms. 1018, fol 18; Marylène LAFFINEUR-CRÉPIN – Albert LEMEUNIER, L'art raconte saint Martin, in: Martin de Tours (Anm. 29), 83.

45 Vgl. SULPICIUS SEVERUS (Anm. 34), 8 (PL 20,168).

46 Vgl. Walter MYSS, Kirchendecke von St. Martin in Zillis, Beuron 21965, 17. – Ebd., 15: »Stilistisch gesehen steht die Bilddecke von St. Martin in Zillis der Miniaturkunst näher als der Monumentalmalerei. Man könnte es daher auch ein überdimensionales Werk der mittelalterlichen Illuminationskunst bezeichnen … Seine Vorbilder waren die in den Skriptorien damals allgemein bekannten Buchwerke«.

47 Vgl. ebd., 14. – Zur Szene der Entlarvung des Satans vgl. SULPICIUS SEVERUS (Anm. 34) 24 (PL 20, 174).

48 Vgl. SAUVEL (Anm. 8), 175f.

49 Vgl. Y. DELAPORTE, Les Vitraux de la Cathédrale de Chartres, Chartres 1926, Tafeln 59–62.

50 Vgl. Dorothea ISSERSTEDT, Der »Bassenheimer Reiter« des Naumburger Meisters. Versuch einer Rekonstruktion, in: Marburger Jahrbuch für Kunstwissenschaft 16, 1955, 185 mit Tafeln 3.4.

51 Vgl. SULPICIUS SEVERUS Dialogi 2,9 (PL 20,208). – Vgl. Karl KÜNSTLE, Ikonographie der Heiligen, Freiburg 1926, 441; LUTZ – SCHLICHTENMAIER (Anm. 8), 70.

52 Vgl. Der Physiologus 51, übers. und erl. von Otto SEEL, Zürich – München 31977, 47f.

53 Zum Berthold-Sakramentar vgl. 900 Jahre Heilig-Blut-Verehrung in Weingarten 1094–1994. Katalog zur Jubiläumsausstellung. Hg. und bearb. von Norbert KRUSE und Hans Ulrich RUDOLF, Sigmaringen, Bd. III, 36f.

54 Hans Ulrich RUDOLF, »Ein Buch von Gold und Silber«. Das Berthold-Sakramentar aus Weingarten (1215–1217), Ravensburg 1996, 94; vgl. 900 Jahre (Anm. 52), 37.

55 Zu den Martinsdarstellungen der Benediktinerabtei Weingarten siehe die Ausführungen von Norbert KRUSE in diesem Band, S. 112–115.

56 Vgl. Wolfgang METZGER, Die romanischen Reliefbilder an der Plieninger Martinskirche, Stuttgart. o. J., 23.

57 Vgl. Friedrich PRINZ, Frühes Mönchtum im Frankenreich, Darmstadt 21988, 43 Anm. 147.

58 Vgl. Württembergisches Landesmuseum. Die mittelalterlichen Skulpturen I. Stein- und Holzskulpturen 800–1400, Bearb, von Heribert MEURER – Hans WESTHOFF, Stuttgart 1989, 56f.

59 Vgl. ISSERSTEDT (Anm. 45), 187.
60 Vgl. Die Kunstdenkmäler des ehemaligen Oberamtes Ulm. Bearb. Hans Andreas KLAIBER – Reinhard WORTMANN (Die Kunstdenkmäler in Baden-Württemberg), Berlin 1978, 179.
61 Vgl. Fritz ARENS, Der Dom zu Mainz, Darmstadt 1982, 66f.; vgl. ders., St. Martin, der Mainzer Dom und das Erzstift, in: Neues Jahrbuch für das Bistum Mainz 1982, 23.
62 ARENS, St. Martin, ebd., 24.
63 Vgl. Eugen EWIG, Die ältesten Mainzer Patrozinien und die Frühgeschichte des Bistums Mainz, in: ders., Spätantikes und fränkisches Gallien. Gesammelte Schriften (1952–1973) Bd. 2 (Beihefte der Francia 3/2), Zürich – München 1979, 156f.; ders., Der Martinskult im Frühmittelalter, in: ebd., 378: »In Mainz wurde die im zweiten Drittel des 6. Jahrhunderts restaurierte Kathedrale Martin ... geweiht«.
64 Vgl. ARENS, St. Martin (Anm. 61), 18.
65 Vgl. KÜNSTLE (Anm. 26), 440; KIMPEL (Anm. 8), 577.
66 VON DEN STEINEN (Anm. 2), 92.
67 Ebd., 92f.
68 Vgl. Paul HINZ, Der Naumburger Meister. Ein protestantischer Mensch des XIII. Jahrhunderts, Berlin 1953, 14.
69 Vgl. Hermann SCHNITZLER, Ein unbekanntes Reiterrelief aus dem Kreise des Naumburger Meisters, in: Zeitschrift des deutschen Vereins für Kunstwissenschaft 2, 1935, 398ff.; ISSERSTEDT (Anm. 45), 181.
70 Vgl. ISSERSTEDT (Anm. 45); zur Westlettner-Frage des Mainzer Doms vgl. Kathryn Louis BRUSH, The West Choir Screen at Mainz Cathedral: Studies in Program, Patronage and Meaning. Diss. Phil. Mschr. Brown University 1987.
71 Vgl. Fritz ARENS – Reinhold BÜHRLEN, Wimpfen. Geschichte und Kunstdenkmäler, Wimpfen 1991, 87f. – Zur Übersetzung des Terminus »Opus francigenum« und zur Diskussion über seine Bedeutung vgl. Günther BINDING, Opus Francigenum. Ein Beitrag zur Begriffsbestimmung, in: Ders., Beiträge zum Gotik-Verständnis, Köln 1995, 128.134 (auch in: Archiv für Kulturgeschichte 71, 1989, 45–54).
72 Vgl. ARENS – BÜHRLEN (Anm. 68), 100.
73 Vgl. Johann Michael FRITZ, Goldschmiedekunst der Gotik in Mitteleuropa, München 1982, 205f. Rainer BRANDL, Das Kreuzreliquiar des ehemaligen Kollegiatstiftes St. Martini in Münster, in: Westfalen 58, 1990, 1–30.
74 »Disce millenis tercentenisque vigentis octonis annis manus hoc vas docta Johannis format ad imperium de summo canonicorum. Hunc anathema ferit, hoc vas qui ledere querit«; vgl. ARENS, St. Martin (Anm. 61), 19; Schutzpatron des Mainzer Doms. 20 Martinus-Darstellungen im und um den Dom, in: Religionsunterricht heute. Informationen des Dezernates Schulen und Hochschulen im Bischöflichen Ordinariat Mainz 1–2, 1997, 9.
75 Vgl. VENANTIUS FORTUNATUS (Anm. 9). – Vgl. KÜNSTLE (Anm. 50), 442.
76 Vgl. KÜNSTLE (Anm. 26), 443f.; vgl. KIMPEL (Anm. 8), 575; LUTZ – SCHLICHTENMAIER (Anm. 8), 70.
77 Vgl. KIMPEL ebd.; LUTZ – SCHLICHTENMAIER ebd.
78 Vgl. KÜNSTLE (Anm. 26), 444.
79 Vgl. LUTZ – SCHLICHTENMAIER (Anm. 8), 69.
80 Vgl. Cecilia JANELLA, Simone Martini, Florenz 1991, 3f.; vgl. Joachim POESCHKE, Die Kirche San Francesco in Assisi und ihre Wandmalereien, München 1985, 115.
81 Vgl. POESCHKE (Anm. 79), 115.
82 Vgl. ebd.
83 Vgl. ebd.
84 Vgl. JANELLA (Anm. 79), 42ff.
85 Vgl. SULPICIUS SEVERUS, Dialogus 2,1–2 (PL 20,201–202); JACOBUS DE VORAGINE, Die Legenda aurea, übers. von Richard Benz, Heidelberg 11993, 867.
86 JANELLA (Anm. 79), 22.
87 SULPICIUS SEVERUS (Anm. 34), 2 (PL 20,16i): »Sed cum edictum esset a regibus, ut veteranorum filii ad militiam scriberentur; prodente patre, qui felicibus eius actibus invidebat, cum esset annorum quindecim, captus et catenatus sacramentis militaribus implicatus est«.
88 SULPICIUS SEVERUS (Anm. 34) 4 (PL 20,162): »Hactenus, inquit ad Caesarem, militavi tibi: patere ut nunc militem Deo; donativum tuum pugnaturus accipiat, Christi ego miles sum, pugnare mihi non licet«.
89 Vgl. ebd. (PL 20,163): »crastina die ante aciem inermis non clypeo protectus aut galea, hostium cuneos penetrabo securus«.
90 Zu dieser Episode vgl. SULPICUS SEVERUS, Dialogus 2,5 (PL 20,205); JACOBUS A VORAGINE (Anm. 84), 863.
91 Vgl. oben 198. – Cecilia JANELLA (Anm. 79), 38 bezeichnet diese Szene irrtümlich als »Meditation« des hl. Martin; vgl. jedoch POESCHKE (Anm. 79), 117 Nr. 285.
92 Vgl. oben 223.
93 Erhard DRACHENBERG – Karl-Joachim MAERCKER – Christa SCHMIDT, Die mittelalterliche Glasmalerei in den Ordenskirchen und im Angermuseum zu Erfurt (Corpus Vitrearum Medii Aevi, Deutschland Bd. XVIII, 2), Berlin 1976, 225.
94 Vgl. ebd., 225f.
95 Vgl. ebd., 227.
96 Vgl. Karl-Joachim MAERCKER, Die mittelalterlichen Glasmalereien in der Stendaler Jakobikirche, Berlin, 63.

97 Unsicherheiten in der ikonographischen Identifizierung wurden von mir stillschweigend korrigiert, z. B., wenn die Messe des hl. Martin als »ein Engel erscheint Martin« (vgl. ebd. Tafel 35, Abb. 82) bestimmt wird
98 Vgl. DELVILLE – LAFFINEUR-CRÉPIN – LEMEUNIER (Anm. 29), 120–123.
99 Vgl. KIMPEL (Anm. 8), 576.
100 Vgl. ebd., 70.
101 Vgl. ARENS (Anm. 61), 99; Herbert BECK – Horst BREDEKAMP, Der internationale Stil um 1400, in: Kunst um 1400 am Mittelrhein. Ein Teil der Wirklichkeit. Ausstellung im Liebighaus Museum alter Plastik, Frankfurt am Main 1970.
102 ARENS ebd.
103 BECK – BREDEKAMP (Anm. 93), 51.
104 D. EHRESMANN, Middle Rhenish Sculpture 1380–1440. Dissertation New York 1968, 225; vgl. M. J. LIEBMANN, Deutsche Plastik, 1350–1550, Leipzig 1982, 118: »Es sind ›kokette‹ und schöne Gestalten mit anmutigen Gesichtern und in vornehmer Kleidung.«
105 BECK – BREDEKAMP (Anm. 93), 52.
106 Westturm und Hauptportal entstanden nach Entwürfen von Ulrich von Ensingen, der 1392 die Bauleitung übernahm, 1399 schon nach Straßburg gerufen wurde. Abrechnungen mit dem am Hauptportal wirkenden Meister Hartmann sind für die Jahre 1417–1421 vorhanden. Vgl. hierzu Gerhard RINGSHAUSEN, Die Archivoltenfiguren des Ulmer Westportals, in: Hans Eugen SPECKER – Reinhard WORTMANN, 600 Jahre Ulmer Münster. Festschrift (Forschungen zur Geschichte der Stadt Ulm 19), Ulm 21994, 214–217.
107 LIEBMANN (Anm. 96), 116.
108 Manfred HERMANN (Hg.), Kunst im Landkreis Sigmaringen. Plastik, Sigmaringen 1986, 34 (die Beschreibung des Martin von Levertsweiler verfaßte Bruno Effinger).
109 Ebd.
110 Vgl. Carl Gregor HERZOG ZU MECKLENBURG, Das Diözesanmuseum in Rottenburg. Gemälde und Plastiken. Katalog und stilkundlicher Führer, Ostfildern 1978, 48 und 79.
111 Vgl. hierzu auch meine Interpretation in DELVILLE – LAFFINEUR-CRÉPIN – LEMEUNIER (Anm. 29), 137.
112 Joachim DRUMM (Hg.), Martin von Tours. Der Lebensbericht von Sulpicius Severus. Übertragen von Wolfgang RÜTTENAUER, Ostfildern 1997, 25; SULPICIUS SEVERUS (Anm. 40), 3 (PL 20,162): »sed bonitatem Dei in suo opere cognoscens«. Die bessere und wörtlichere Übersetzung wäre daher: »sondern er (Martin) erkannte in seinem Werk das Wirken der Güte Gottes«.
113 Vgl. Miklos MOJZER (Hg.), – Ungarische Nationalgalerie Budapest. Alte Sammlung, Budapest 1984, 109.111 (Abb. 53, 54).
114 Vgl. ebd., 137 (Abb. 68).
115 Vgl. ebd., 133 (Abb. 66); Otto BENESCH, Der Meister des Krainburger Altars, in: ders., Collectes Wrtitings III, New York 1972, 221f.
116 Vgl. Ingeborg DANAI, Die Darstellung des Kranken auf den spätgotischen Bildnissen des heiligen Martin von Tours (1280–1520) (Studien zur Medizin-, Kunst- und Literaturgeschichte, hg. von A. H. MURKEN, Bd. 12), Herzogenrath 1987 (zugleich Diss. Aachen), 278ff.
117 Ebd., 279.
118 Vgl. Anm. 42.
119 Vgl. DANAI (Anm. 108), 65; vgl. Dieter JETTER, Geschichte des Hospitals I, Wiesbaden 1966, 43.
120 Das mittelalterliche Leprosenhaus außerhalb von Stetten a. k. M. unweit des Friedhofs gelegen wurde erst Anfang der 70er Jahre unseres Jahrhunderts zerstört, die Feldsiechenhäuser von Bad Wurzach und Feldkirch sind als Museen zugänglich.
121 DANAI (Anm. 108), 73.
122 Ebd.
123 Vgl. L. WEHRHANS-STRAUCH, Affe, in: Lexikon der christlichen Ikonographie I, Freiburg i. Br. 1968, 76; DANAI (Anm. 108), 74.
124 Vgl. DANAI ebd.
125 Vgl. HRABANUS MAURUS, De universo 8,1 (PL 111,225): »simiae ... peccatis fetidos homines significant«.
126 Vgl. DANAI (Anm. 108), 75; SULPICIUS SEVERUS (Anm. 40) 19 (PL 20,170).
127 Vgl. DANAI (Anm. 108), 152f.
128 Vgl. Staatsgalerie Augsburg. Städtische Kunstsammlungen Bd. 1. Altdeutsche Gemälde. Katalog, München 21978, 122f.
129 gl. DANAI (Anm. 108), 87f.
130 Vgl. Joseph BRAUN, Trachten und Attribute der Heiligen in der deutschen Kunst, Stuttgart 1943, 513f.; HERZOG ZU MECKLENBURG (Anm. 102), 70 und 196; Meisterwerke massenhaft. Die Bildhauerwerkstatt des Niklaus Weckmann und die Malerei in Ulm um 1500, Stuttgart 1993, 442.
131 Vgl. zu Schongauer und Dürer DANAI (Anm. 108), 121–124, 128–131; zu Hans Baldung Grien vgl. DELVILLE – LAFFINEUR-CRÉPIN – LEMEUNIER (Anm. 29), 143; F. W. H. HOLLSTEIN, German Engravings, Etchings ans Woodcauts. 1400–1700, to. II, 1954, Nr. 124.
132 Vgl. DANAI (Anm. 108), 91f.
133 Vgl. ebd., 125f.
134 DANAI (Anm. 108), 79.
135 Vgl. ebd., 80.
136 Vgl. ebd., 108f.

137 Vgl. Heribert HUMMEL, Wandmalereien im Kreis Göppingen, Weißenhorn 1978, 111.
138 Vgl. das Beispiel aus Brabant von 1480 sowie jene von Wonck (Belgien) oder Seille (Belgien) aus den ersten Jahrzehnten des 16. Jahrhunderts im Katalog DELVILLE – LAFFINEUR-CRÉPIN – LEMEUNIER (Anm. 29), 139f., 143 f. und 147f (Nrn. 25, 29 und 33)
139 Vgl. ebd., 144ff. (Nr. 30).
140 Vgl. DELVILLE – LAFFINEUR-CRÉPIN – LEMEUNIER (Anm. 29), 151f. (Nr. 51).
141 gl. DANAI (Anm. 108), 110f.
142 Vgl. ARENS, St. Martin (Anm. 61), 36.
143 Vgl. ARENS, Der Dom zu Mainz (Anm. 61), 96.
144 Vgl. ARENS, St. Martin (Anm. 61), 36f.
145 Vgl. ebd., 38f. – »Das Vorbild für die Figurenordnung des Gemmingen-Denkmals«, so Fritz Arens, »könnte eine verlorene Wandmalerei in der Andreaskapelle des Domes gewesen sein, wo der Dekan Peter Echter von Mespelbrunn († 1442) vor dem Kruzifix und dem hl. Martin kniend dargestellt war« (ebd. 39). – Vgl. ARENS, Der Dom zu Mainz (Anm. 61), 111f.
146 Vgl. Edeltraut RETTICH, Bernhard Strigel (1460–1528). Teile eines Flügels, um 1490: Die Heiligen Georg und Martin, in: Jahrbuch der Staatlichen Kunstsammlungen in Baden-Württemberg 29, 1992, 206ff.
147 Zum Maria-Schnee-Altar von Mathias Grünewald vgl. Hans Jürgen RIECKENBERG, Matthias Grünewald. Name und Leben neu betrachtet, in: Jahrbuch der Staatlichen Kunstsammlungen in Baden-Württemberg 11, 1974, 82f. und 116 Nr. 23; ders., Der historische Grünewald, in: Jahrbuch für fränkische Landesforschung 40, 1980, 18; Wolf LÜCKING, Mathis. Nachforschungen über Grünewald, Berlin 1983, 104–111. – Zu den Verlusten von Werken Grünewalds im Mainzer Dom durch die Schweden 1631 oder 1632 vgl. ARENS, St. Martin (Anm. 61), 43.
148 Vgl. Willi STÄHLE, Schwäbische Bildkunst II. Die Sammlung Dursch Rottweil. Katalog (Veröffentlichungen des Stadtarchivs Rottweil 10), 151.
149 Vgl. LUTZ – SCHLICHTENMAIER (Anm. 8), 74.
150 Vgl. Heinrich FEURSTEIN, Der Meister von Meßkirch im Lichte der neuesten Funde und Forschungen, Freiburg 1934, 5ff. und 46; Christian Altgraf SALM, Der Meister von Meßkirch. Eine Untersuchung zur geschichtlichen und kunstgeschichtlichen Stellung seines gesicherten Werkes. Diss. Mschr. Freiburg 1950, 139f.; Claus GRIMM – Bernd KONRAD, Die Fürstenberg Sammlungen Donaueschingen. Altdeutsche Malerei des 15. und 16. Jahrhunderts, München 1990, 225f. – Im Bettler vermutet Salm ein Selbstporträt des Meisters von Meßkirch (vgl. ebd., 104).
151 Vgl. FEURSTEIN ebd., 110, 122, 136; SALM ebd., 111; GRIMM – CONRAD ebd., 220ff.
152 Vgl. LUTZ – SCHLICHTENMAIER (Anm. 8), 72.
153 Vgl. Hans Holbein der Ältere und die Kunst der Spätgotik. Augsburg 1965 (Katalog der Ausstellung vom 21. August 1965 bis 7. November 1965), 141f.
154 Vgl. SULPICIUS SEVERUS (Anm. 40), 24 (PL 20,174).
155 Vgl. ebd. 22 (PL 20,172): »Martinum repugnantem respondisse constanter, antiqua delicta melioris vitae conversatione purgari; et per misericordiam Domini absolvendos esse peccatis, qui peccare desinerent«.
156 Vgl. ebd. 25 (PL 20,174f.): »Sermo auten illius non alius apud nos fuit, quam mundi huius illecebras et saeculi onera relinquenda, ut Dominum Jesum liberi expeditique sequeremur«.
157 Vgl. BRAUN (Anm.), 516f.
158 Vgl. Hanns BÄCHTOLD-STÄUBLI (Hg.), Handwörterbuch des Aberglaubens 5, Berlin – Leipzig 1933 (Repr. Berlin–New York 1987), 1718; Heinrich DETZEL, Christliche Ikonographie 2, Freiburg 1896, 524f.
159 Vgl. DETZEL ebd., 524.
160 Die genaue Datierung des Hochaltars von Weltenburg ist umstritten. Die Weihe der Kirche war 1721 erfolgt. – Vgl. Bruno BUSHART (Hg.), Cosmas Damian Asam 1686–1739. Leben und Werk, München 1986, 220.
161 Zu Martin Knollers Tätigkeit in Neresheim vgl. Karl SETZ, Martin Knoller, Köln 1961, 25.
162 Dieter GRAFF, Weinheilige und Rebenpatrone, Saarbrücken o. J., 56.
163 Vgl. LUTZ – SCHLICHTENMAIER (Anm. 8), 75; BRAUN (Anm. 130), 518ff. – Vgl. Oben Anm. 43.
164 Vgl. Géza JÁSZAI, Der Martinus-Pokal. Gestalt und Bildprogramm, Münster 1980, 5–13.
165 Zu Butinone vgl. auch KÜNSTLE (Anm. 26), 440.
166 Vgl. KIMPEL (Anm. 8), 577.
167 Vgl. Otto BECK – Ingeborg Maria BUCK, Oberschwäbische Barockstraße, München – Zürich 41988, 55.
168 Vgl. Deutsche Barockgalerie. Katalog der Gemälde. Städtische Kunstsammlungen Augsburg – Bayerische Staatsgemäldesammlungen Bd. 2, Augsburg 1984, 235.
169 Vgl. Georg HIMMELHEBER, Die Kunstdenkmäler des ehemaligen Oberamts Künzelsau, Stuttgart 1962, 62.
170 Vgl. HUMMEL (Anm. 137), 102.
171 Vgl. KLAIBER – WORTMANN (Anm. 60), 62
172 Vgl. Gebhard SPAHR, Oberschwäbische Barockstraße I. Ulm bis Tettnang, Weingarten 21977, 37. – Spahrs Interpretation, daß hier

ein Ereignis aus der Vita wiedergegeben würde, als Martin auf dem Weg nach Candes, seinem Sterbeort, Tauchervögel Fische jagen sah und dies als Gleichnis der Jagd des Teufels nach den arglosen Seelen deutete, erscheint mir in diesem Zusammenhang nicht nachvollziehbar.

173 Vgl. Raimund KOLB, Franz Joseph Spiegler 1691–1756, Bergatreute 433f.
174 Vgl. Klara GARAS, Franz Anton Maulbertsch (1724–1796), Wien 1960, 160.
175 Vgl. LUTZ – SCHLICHTENMAIER (Anm. 8), 73.
176 Zur Beuroner Kunstschule vgl. Harald SIEBENMORGEN, Die Anfänge der Beuroner Kunstschule. Peter Lenz und Jakob Wüger 1870–1875, Sigmaringen 1983.
177 Das Werk befindet sich in Privatbesitz; zu den Daten vgl. Magdalena M. MOELLER, Der frühe Kandinsky, München, 1994, 110.

»BRENNE AUF MEIN LICHT ...«
Zur Entwicklung, Funktion und Bedeutung der Brauchformen des Martinstages

Werner Mezger

Kein anderer Heiliger ist, von Sankt Nikolaus einmal abgesehen, im Lauf der Jahrhunderte zum Kristallisationskern so vieler und so breit gefächerter Brauchformen geworden wie Martin von Tours. Entstehungsgeschichtlich zerfallen die Martinibräuche, ungeachtet ihrer heute kaum noch überschaubaren Fülle und ihres regionalen Variantenreichtums, im wesentlichen in zwei große Gruppen: Die ältere Schicht der Brauchübungen ergibt sich fast ausschließlich aus der konkreten, lebenspraktischen Tatsache, daß der Martinstag am 11. November eine wichtige Zäsur im bäuerlichen Arbeitsjahr und der Vorabend einer längeren Fastenperiode im Kirchenjahr war, ist also im weitesten Sinne *ökonomisch* bedingt. Die jüngere Brauchschicht dagegen hat ihre Begründung vorwiegend in abstrakteren, geistigen Aspekten, nämlich teils in der kirchlichen Schriftlesung des Martinsfestes, teils in der Vita des Heiligen selbst und ist somit eher *katechetisch* bzw. *hagiographisch* motiviert. Zur Brauchrelevanz der Hagiographie bleibt allerdings vorab festzuhalten, daß sie speziell im Fall von Sankt Martin nicht überbewertet werden darf und daß insbesondere die berühmteste Szene aus der Martinus-Legende, die Mantelteilung vor dem Stadttor von Amiens – so wichtig sie im Zuge der Kultausprägung auch gewesen sein mag[1] –, für die Genese von Bräuchen zunächst nur untergeordnete Bedeutung hatte und erst in jüngerer Zeit als Anknüpfungspunkt und Handlungsvorlage für den populären Brauchvollzug entdeckt wurde. Der folgende Überblick über das Brauchtum um den heiligen Martin von Tours versucht, die verschiedenen Facetten der Brauchentwicklung zwar ohne Anspruch auf Vollständigkeit, aber doch einigermaßen systematisch zu erschließen, indem er eben die allmähliche Verlagerung der Intentionen von der Ökonomie zur Katechese nachzeichnet und die einzelnen Untersuchungsabschnitte diesen Bezugsgrößen entsprechend anordnet, zumal sie zugleich eine gewisse Chronologie vorgeben.

Martini als Kalendereinschnitt: Feiern und Fasten

Die ältesten Nachrichten über bräuchliche Aktivitäten am und um den Martinitag verweisen, wie gesagt, in einen wirtschaftlichen Kontext. Sie reichen bis ins frühe Mittelalter zurück, bleiben anfangs noch weitgehend auf den unmittelbaren Wirkungsraum des Heiligen im heutigen Zentralfrankreich begrenzt und beziehen sich durchweg auf das zeremonielle Kosten des neuen Weins um den 11. November, das offenbar schon bald in ausgedehnte Eß- und Trinkgelage überging. Mit einiger Wahrscheinlichkeit ist der Beginn dieser Tradition bereits im 6. Jahrhundert, also nur wenige Generationen nach Martins Tod, anzusetzen. In den Schriften eines seiner Amtsnachfolger, des Bischofs Gregor von Tours (538–594), finden sich jedenfalls mehrere Stellen, die den Heiligen, ganz entgegen den Aussagen der Vita[2] über seine streng asketische Lebensweise, in einer besonderen Verbindung mit Wein sehen. So soll er etwa einen wundertätigen Weinstock gepflanzt[3], einen armen Fährmann mit Wein versorgt[4] und sogar über den Tod hinaus die Fähigkeit gehabt haben, von seinem Grabe aus Wasser in Wein zu verwandeln.[5]

Als Erstbeleg für ausschweifenden Weinkonsum an Martini wird in der Regel eine Bestimmung der Synode von Auxerre aus dem Jahr 585 angeführt, die das nächtliche Feiern zu Ehren des heiligen Martin – »pervigilias, quas in honorem domini Martini observant« – untersagte[6]. Eben das Faktum des Verbotes läßt nach übereinstimmender Ansicht aller neueren Interpreten darauf schließen, daß der Begriff »pervigiliae«, der ohne den genannten kontextualen Bezug genausogut die ordnungsgemäße Begehung der Vigil im liturgisch erwünschten Rahmen meinen und somit positiv gedeutet werden könnte, hier wohl doch eher negativ zu verstehen sei und sich auf eingerissene Mißbräuche beziehen müsse.[7] Diese nun wiederum primär im übermäßigen Genuß von Wein zu vermuten, ist durchaus legitim, denn das Weinpatronat des heiligen Martin, das sich wie ein roter Faden durch die gesamte Brauchentwicklung zieht, hatte seine Anfänge zweifellos in sehr früher Zeit. Für die ländlich lebende Bevölkerung war eine gedankliche Verbindung zwischen dem Erzeugnis Wein und Sankt Martin durch dessen Gedenktagstermin eigentlich bereits vorgegeben, fand man doch um den 11. November herum nach eingebrachter Ernte und abgeschlossener Weinlese tatsächlich erstmals die nötige Muße, den gerade vergorenen, jungen Wein mit einer gewissen Ruhe und Dankbarkeit zu probieren.[8]

Der vom französischen Raum ausgehende Diffusionsprozeß der Idee, den Martinstag als offiziellen Auftakt der neuen Weinsaison zu nehmen, vollzog sich ebenso rasant wie flächendeckend. Spätestens seit dem Hochmittelalter sind die feuchtfröhlichen Festivitäten an Martini praktisch für ganz Mitteleuropa und bis nach Skandinavien belegt. Die älteste im deutschen Sprachgebiet bekannte Erwähnung des heiligen

Martin als Weinspender findet sich in einem Gedicht des sogenannten Archipoeta aus dem Rheinland, das an den Kölner Erzbischof und Kanzler Reinald von Dassel gerichtet ist und um 1165 entstanden sein dürfte.⁹ Obwohl es sich bei diesem frühesten Beleg noch um eine lateinische Quelle handelt, ist anzunehmen, daß in der Volkssprache für das Trinken zu Ehren des heiligen Martin damals auch schon der Begriff »Martinsminne« bekannt war, wie er dann das ganze Mittelalter hindurch Verwendung fand.¹⁰ Nur wenig später heißt es nämlich in einer Versnovelle beim »Stricker«, einem mitteldeutschen Dichter aus der ersten Hälfte des 13. Jahrhunderts:

> »Sus trank er und die sîne
> Dem guoten sande Martîne
> Ze lobe unde zu minnen,
> Unz [= bis] si quâmen [= kamen] von den sinnen.«¹¹

Und eines der ältesten überlieferten deutschen Martinslieder, das aus der zweiten Hälfte des 14. Jahrhunderts stammt und dem Mönch Hermann von Salzburg zugeschrieben wird, enthält – ohne allerdings den Terminus »Martinsminne« aufzugreifen – folgende Passage:

> »Seyt willekommen her mertein,
> Liber zarter trawter herre mein,
> Schenck ein,
> vns den wein,
> sunder pein
> Daz wir ymmer selick müssen sein!«¹²

Auch in vielen späteren Liedern und Dichtungen wird der Name des Heiligen regelmäßig mit der Erwähnung von Trinkgelagen und mit dem Lob des guten Weins verbunden.¹³

Welcher Gruppenzwang mit der Zeit zumindest für gewisse Bevölkerungskreise sowohl des romanischen als auch des germanischen Kulturraums entstanden sein muß, sich am Martinstag so exzessiv wie möglich, offenbar bis zur völligen Betrunkenheit, dem Weingenuß hinzugeben, entnehmen wir einer Äußerung des 1505 gestorbenen niederländischen Humanisten Johannes Pontanus, der kritisch berichtet, »dat de Franschen, Spanjaarden, Duitschers en Italianen St. Maartin zoo eerden [= so ehrten], dat het eene schande war, zoo ze [= wenn sie] op zijn feestdag niet dronken waren.«¹⁴ Die Tradition des mehr oder weniger ausufernden Weinprobierens am 11. November hielt sich zäh. Bis in die jüngste Vergangenheit genossen die Winzer in Süddeutschland den sogenannten »Märtenswein«; und so verwundert es auch nicht, daß Martinus neben seinem alt angestammten und durchaus seriösen Weinpatronat gegen das Spätmittelalter hin zumindest in manchen Regionen zusätzlich noch die eher komische Funktion eines milden und nachsichtigen Schutzpatrons der Trinker und Zecher erhielt. Hierauf spielt ein vermutlich im 16. Jahrhundert entstandenes Trinklied an, das mit seiner

Mischung aus Deutsch und Latein deutliche Züge der Vagantenlyrik trägt und das dem Heiligen, anknüpfend an die bekannte Legenden-Szene vor dem Stadttor von Amiens, ebenso naiv wie frivol unterstellt, er habe den Mantel eigentlich nur deshalb geteilt, weil er seine Zeche schuldig geblieben und dafür durch ein Pfand in die Pflicht genommen worden sei:

»Sankt Martin war ein milder Mann,
  Trank gerne Cerevisiam [= Bier]
  Und hatt' doch kein Pecuniam [= Geld],
  Drum mußt er lassen Tunicam [= den Mantel].«[15]

Derartige Legendenmanipulationen oder gar -neuschöpfungen zur nachträglichen Rechtfertigung eines Brauchphänomens, das mit der Person des Heiligen in Wirklichkeit gar nichts zu tun hat, sind übrigens ein in der religiösen Volkskunde immer wieder zu beobachtender Vorgang. Wir werden einem ähnlichen Prozeß nochmal im Zusammenhang mit der Martinsgans begegnen.

Für die starke kulinarische Akzentuierung des Martinstags, bis hin zu ausgedehnten Sauforgien und Freßgelagen, aber gab es noch einen anderen als lediglich den profanen Grund der eben eingebrachten Ernte und des Mitte November probierfertigen neuen Weins, da dem Datum 11. 11. neben dem Charakter eines mit besonderen Bräuchen markierten Wendezeitpunkts vom Herbst zum Winter auch die Funktion eines wichtigen Einschnittes im liturgischen Jahr zukam, der freilich genauso eng mit Speisegewohnheiten verknüpft war. In Analogie zur vierzigtägigen Fastenzeit vor Ostern hatte die Kirche nämlich schon sehr früh eine ebenfalls vierzigtägige Fastenperiode vor dem Epiphaniefest am 6. Januar entwickelt, die insbesondere in Gallien und Mailand starke Resonanz fand und »Epiphanias-Quadragesima« oder »Quadragesima Sancti Martini« genannt wurde.[16] Die letztere Bezeichnung rührt eben daher, daß man die vierzig Fasttage unter Auslassung der Samstage und der Sonntage vom Epiphanie- bzw. Erscheinungsfest her zurückzählte und so exakt zum Martinstag als dem Schwellentermin vor dem Fastenanbruch gelangte. Mit zunehmender gesamtkirchlicher Durchsetzung des 354 von Papst Liberius eingeführten Weihnachtsfestes am 25. Dezember, das die ursprüngliche Epiphanias-Quadragesima des gallikanisch-mailändischen Liturgiebereichs unterbrach, wurde es dort nötig, nach Ersatzlösungen zu suchen. Zur Erprobung kamen mehrere Modelle, unter denen nach dem Bericht Gregors von Tours die im Jahr 480 von Bischof Perpetuus, einem seiner Vorgänger im Bischofsamt, angeordnete Lösung am besten praktikabel schien, wonach beginnend mit dem Fest des heiligen Martin bis Weihnachten jede Woche dreimal gefastet werden sollte.[17] Ziemlich genau ein Jahrhundert später, nämlich 581, wurde diese Fastenregelung dann auf der ersten Synode von Mâcon durch folgende Formulierung bestätigt: »Vom Tage des heiligen Martin an bis Weihnachten muß am Montag, Mittwoch und Freitag jeder Woche gefastet werden. Das Opfer ist nach Art der Quadragesimalzeit zu feiern.«[18]

Das Martinsfest am 11. November bildete somit für die Bevölkerung die letzte Möglichkeit, sich unmittelbar vor dem Beginn der »geschlossenen Zeit« nochmal nach Herzenslust auszuleben. Daß das Weihnachtsfasten später von der römischen Kirche im Sacramentarium Gelasianum auf fünf Wochen reduziert wurde und schließlich nur noch die vier Adventssonntage umfaßte[19], vermochte an der ursprünglichen Funktion des Martinstages nichts mehr zu ändern. Er war und blieb das traditionelle große »Ventilfest« vor der kurz darauf folgenden Periode der Enthaltsamkeit. Durch Fasten sollte nach Auffassung mittelalterlicher Theologie erreicht werden, daß der Mensch, in den Formulierungen des heiligen Augustinus ausgedrückt, nicht wie gewöhnlich »secundum carnem – nach dem Fleisch« lebt, sondern sein Dasein über einen gewissen Zeitraum hinweg konsequent »secundum spiritum – nach dem Geist« ausrichtet.[20] In der praktischen Umsetzung bedeutete dies zum einen, wie hinlänglich bekannt, Verzicht auf den Genuß von Fleischspeisen aller Art und zum anderen, was heute kaum noch jemand weiß, zugleich Abstinenz von den sonstigen Versuchungen des Fleisches, von jeglicher Form der Sexualität also, insbesondere aber vom Geschlechtsverkehr.[21] – Gerade angesichts des mit dem Fastenbeginn in Kraft tretenden Gebots der sexuellen Zurückhaltung, gewinnt übrigens der Begriff »Martinsminne«, der uns bislang nur im Kontext des zeremoniellen Weinverkostens begegnet ist, möglicherweise eine weitere Bedeutungsdimension: »Minne« wurde an Martini nicht nur in Form von Wein getrunken, sondern wohl auch ein letztes Mal ganz konkret körperlich vollzogen, ehe die kirchlichen Vorschriften dies in den Folgewochen zumindest für eine erhebliche Reihe von Tagen untersagten.

Bezogen wiederum auf den bloßen Ernährungsbereich und auf die Umstellung der Eßgewohnheiten hatte das nach dem 11. 11. in Kraft tretende und mit nur geringen Unterbrechungen bis Weihnachten geltende Fleischtabu zur Folge, daß am Vorabend der Fastenzeit natürlich nochmals in erheblichen Mengen Fleisch konsumiert wurde. Tatsächlich mußten alljährlich unmittelbar vor dem Fest des heiligen Martin zahlreiche Tiere ihr Leben lassen. Das »Martinischlachten« war über Jahrhunderte hin ein geläufiger Begriff und eine feststehende Tradition. Für die Metzger hatte es geradezu existentielle Bedeutung, denn die Fastenperioden des Kirchenjahres trafen ihren Berufsstand empfindlich, weil sie massive Umsatzeinbußen verursachten, wenn nicht gar die Einnahmequellen des Fleischerhandwerks für Wochen fast völlig zum Versiegen brachten.[22] Auf den Martinstag hin zu schlachten, lag aber auch im Interesse der Bauern. Nach dem Eintreiben des Viehs von Anfang bis Mitte November blieb ihnen nämlich gar keine andere Wahl, als den Tierbestand drastisch zu reduzieren, denn aus Futtermangel konnten sie nur einen Teil des Mastviehs die Wintermonate hindurch ernähren.[23]

Da die Fastenvorschriften jedoch noch weiter reichten und über das bloße Fleischverbot hinaus auch den

Verzicht auf sämtliche sonstigen, von warmblütigen Tieren gewonnenen Nahrungsmittel forderten, mußten in den Wochen nach Martini Eier, Fett und Schmalz ebenso vom Küchenzettel gestrichen werden wie die sogenannten Laktizinien, nämlich Milch, Butter und Käse. Daraus ergab sich nun wiederum die Notwendigkeit, am Martinstag oder kurz davor zumindest noch diejenigen der genannten Erzeugnisse vollends aufzubrauchen, die in der Fastenzeit zu verderben drohten. So wurde es üblich, am 11. 11. neben der ursprünglichen Aufwartung mit alkoholischen Getränken und mit Fleischgerichten aller Art zusätzlich noch spezielle Speisen und Gebäcke anzubieten, für deren Herstellung man möglichst viele Eier, aber auch Milch und Fett benötigte. Typische Martini-Spezialitäten dieser Kategorie waren Pfannkuchen und Schmalzgebackenes, dessen Formen und Bezeichnungen je nach Landschaft wechselten. Die Palette der Möglichkeiten erstreckte sich dabei von einfachen, runden Küchlein oder Krapfen über die hufeisenähnlich gebogenen »Martinshörnchen«, die für ganz Schlesien, Böhmen, Sachsen und Teile von Schwaben belegt sind[24], bis hin zu so ausgefallenen Kreationen wie den sogenannten »Märtesschifflich«, kleinen Gebildbroten in Schiffsgestalt, die etwa in Vellberg im Hohenlohischen noch bis etwa 1930 zu Martini gebacken und an die Schulkinder verkauft wurden.[25]

Daß die Speisebräuche am Martinstag in Wirklichkeit aber noch wesentlich differenzierter waren, als es bis zu dieser Stelle unserer Ausführungen scheinen könnte, mag ein letzter Hinweis verdeutlichen. Die Erlaubnis des exzessiven Weintrinkens, des verstärkten Fleischverzehrs und des Konsums von Pfannkuchen, Schmalzgebäck und sonstigen Leckereien galt nämlich nur dann uneingeschränkt, wenn der 11. November nicht auf einen Wochentag mit ohnedies gebotener Abstinenz fiel. Eben für eine solche Konstellation bestand pro Woche gleich zweimal die Möglichkeit, denn traditionelle Fasttage waren jeweils der Mittwoch mit der Begründung, daß Jesus angeblich an diesem Tag gefangengenommen worden sei, und wesentlich strenger noch jeder Freitag als Tag der Erinnerung an die Kreuzigung Christi[26]. Wie sich der Speiseplan des Martinstags im Fall seines Zusammentreffens mit einem Abstinenztag änderte, darüber geben vor allem spätmittelalterliche bzw. frühneuzeitliche Spital-Ordnungen Auskunft, in denen unter anderem genauestens festgehalten ist, welche Speisen den Insassen an den einzelnen Werktagen, Sonntagen, aber auch an Fast-, Fest- und Feiertagen zustanden. So besagt zum Beispiel die Mahlordnung des Heilig-Geist-Spitals in Villingen von 1502 für Martini, daß jeder Pfründner am 11. 11. »zuo nacht ain maß win und ... ops, es sy biren oder oepffell« bekommen solle. Darüber hinaus allerdings hatte sich das Küchenpersonal je nach der Position des Martinstags im Wochenablauf an folgende Zusatzanweisungen zu halten: »ysset man flaisch [= handelt es sich um keinen Abstinenztag], so gibt man brue und flaisch, und mag man die milck haben, so git man ain gwirtz muoß dar zuo oder ain hirßen, uß milck gemacht; mag man aber die milck nit hon, so gibt man ain ander tracht zuo der brüe; ist es aber nit ain flaisch tage [= ist es ein Tag mit Fleischverbot] so gibt man ain koecht und iedem dry pfankuochen oder ander gebachens.«[27] Die Speisebräuche des Martinstags waren also in früheren Jahrhunderten überaus fein strukturiert und für öffentliche Einrichtungen wie Spitäler sogar bis ins kleinste reglementiert.

Martinsgans: Vom Wirtschaftsgut übers Brauchobjekt zum Heiligenattribut

Wenn von den Speisegepflogenheiten am Fest des heiligen Martin die Rede ist, so darf natürlich ein Phänomen nicht fehlen, das wir bis jetzt noch völlig unerwähnt gelassen haben: die Martinsgans. Ihr funktionaler und bedeutungsgeschichtlicher Kontext erweist sich als so interessant, daß ihm ein eigener Abschnitt gewidmet werden muß. Ihre Wurzeln hat die Tradition der Martinsgänse wie viele andere Brauchelemente des 11. 11. ebenfalls in ökonomischen Notwendigkeiten. Zum Martinitag hin ist die über den Sommer und den Herbst sich erstreckende Mast der Gänse abgeschlossen, und die Tiere sind zur Schlachtreife gelangt. Bei deren Verwertung dominierte früher allerdings der Aspekt des Festtagsschmauses keineswegs so eindeutig wie heute; mindestens genauso wichtig waren sie als Lieferanten von Federn, die man gerade im Herbst gut gebrauchen konnte und von denen man langfristig unbestritten noch größeren Nutzen hatte als von dem wohlschmeckenden Fleisch.[28] Bedarf an Gänsefedern gab es im Hoch- und Spätmittelalter insbesondere beim Adel und bei der Geistlichkeit: Mit dem Flaum wurden die warmen herrschaftlichen Daunenbetten gefüllt – die einfachen Leute schliefen noch auf Stroh –, und aus den langen Flügelfedern entstanden durch genaues Zuschneiden und Anspitzen der Kiele Schreibfedern, an denen man in den Skriptorien der Klöster, aber auch in Kanzleien, Ratsstuben, Lateinschulen und Hörsälen der Universitäten einen erheblichen Verschleiß hatte.

Der Sachverhalt, daß die Hauptnachfrage nach Federn praktisch ausschließlich bei den oberen Ständen lag, spielte für den sozialen Zugang zum Brauch der Martinsgans eine entscheidende Rolle. Die weitaus meisten Tiere mußten nämlich als Zinsgaben an weltliche Grundherren und Klöster abgeliefert werden, während die ärmeren Teile der Bevölkerung kaum je in den Genuß eines Gänsebratens an Martini kamen. Außer Adeligen und Klerikern konnten es sich allenfalls noch wohlhabende Bauern und gut situierte Stadtbürger leisten, auf den 11. 11. eine Gans zu schlachten. Für sie freilich scheint das Gansessen am Martinstag eben deshalb eine sehr wichtige Prestigeangelegenheit und ein geradezu obligatorischer Bestandteil der traditionellen Eß- und Trinkgelage dieses Festes gewesen zu sein. Das bestätigt auch die relativ frühe Brauchschilderung von Sebastian Franck, der in seinem 1534 erschienenen »Weltbuch« aus reformationspolemisch zugespitzter Perspektive schrieb:

»Nach dem kumpt S. Martin / da isset eyn yeder hauß vatter mit seinem gesind eyn gans / ist er in vermoegen kaufft er jn [= ihnen] wein vnd medt / vnd loben sanct Martin mit vol sein [= voll sein] / essen vnnd trincken / singen etc.«²⁹ Welch hohe soziale Indikatorfunktion die Einladung zum Verzehren einer Gans an Martini in Bezug auf den Gastgeber hatte, wird bei Franck trotz oder gerade wegen dessen tendenziöser Darstellung deutlich.

Das von ihm am Ende erwähnte Singen können wir uns übrigens dank einer relativ breiten Überlieferung von Martinsliedern heute noch ganz gut vorstellen. Nicht wenige der damaligen Gesänge waren das, was man modern als »Stimmungslieder« bezeichnen würde, dienten zur Steigerung der Fröhlichkeit bei den Gelagen, priesen das Essen und Trinken und thematisierten dabei nicht selten eben die Gans als Mittelpunkt des Martinsabends. Das folgende Beispiel aus dem zweiten Drittel des 16. Jahrhunderts, dem unmittelbaren zeitlichen Umfeld von Sebastian Franck also, widmet sich sogar ausschließlich dem Gänsemotiv:

»Den besten Vogel, den ich waiß,
   Dz ist ein gans,
   Sie hat zween preyte füß
   Dar zu ein lange halß,
   Ir füß sein gel,
   Ir stim ist hell,
   Sie ist nit schnell,

Das best gesang,
Das sie kann: da, da, da, da
Dz ist gick gack, gick gack, gick gack,
Da, da, da, da,
Das ist gick gack, gick gack, gick gack.
Singen wir zu sant Mertens tag.

Ein gans, ein gans gesotten, gebraten
Bey dem feuer ist gut,
Ein guten wein, dar zu
Ein guten frölichen mut;
Den selbigen vogel sollen wir loben,
Der do schnattert vnd dattert
Im haberstro.
So singen wir: Benedicamus Domino,
So singen wir: Benedicamus Domino.«³⁰

Die in Relation zum Kontext leicht frivol wirkende Schlußwendung mit versatzstückartig verwendeten Formeln aus dem Kirchenlatein zeigt wiederum deutliche Merkmale der Vagantenlyrik, wie sie für viele Martinslieder der frühen Neuzeit typisch sind.³¹

Vom 14. Jahrhundert bis in die Gegenwart läßt sich der Gänsetopos in den gesungenen oder gesprochenen Reimen zu Martini fast durchgängig beobachten. Schon die Verse der ältesten Überlieferungsschicht kennen ihn. So heißt es etwa in dem von uns bereits an anderer Stelle erwähnten, dem Mönch Hermann von Salzburg zugeschriebenen Preislied auf Sankt Martin »Wolauf lieben gesellen«, das kurz nach 1350 entstanden ist und damit zu den frühesten erhaltenen Dokumenten seiner Art gehört, in der vierten Strophe:

> »Nü schib wir ein die gense,
> Die flense,
> die kesten,
> die besten,
> Vnd den külen wein!
> Trag her bey vieren
> Die küten vnd die piren,
> Ob sie gepraten sein!
> Geuß auz, schenk ein.«[32]

Solche oder ähnliche Anspielungen auf die Martinsgans finden sich fortan in Liedern und Sprüchen nahezu aller Epochen. Inhaltlich reichen sie von der einfachen Speiseaufforderung im gerade zitierten Stil über nachträgliche Legendenkonstruktionen bezüglich des besonderen Verhältnisses zwischen den Gänsen und dem Heiligen, wovon später noch die Rede sein wird, bis hin zu mehr oder minder kernigen Bauernregeln, wie etwa der folgenden, die aus dem donauschwäbischen Raum stammt und dort anscheinend allgemein gebräuchlich war:

> »Zu Martini soll sein
> s' Weinl a Wein,
> s' Schweinl a Schwein,
> s' Gänsl a Gans.«[33]

Hier sind übrigens nochmal alle kulinarischen Elemente des Martinstags zusammen aufgeführt. Dabei macht das Wortspiel mit dem Diminuitiv auf recht originelle Weise deutlich, was zum 11. 11. erwartet wird: Der neue Wein soll probierfertig, das Schwein schlachtreif und last but not least eben aus dem Gänseküken vom Frühjahr durch die Mast eine fette Gans geworden sein.

Mindestens genauso kontinuierlich wie in der verbalen Überlieferung, ob oral oder schriftlich, sind die Martinsgänse in der Bildtradition dokumentiert. Welchen Stellenwert ihnen etwa die populäre Gedankenwelt der frühen Neuzeit beimaß, zeigt sich auf einer als Scheibenriß konzipierten Monatsdarstellung »November« von Jörg Breu d. Ä. aus den 20er Jahren des 16. Jahrhunderts, wo sie den zentralen Blickfang bilden (Abbildung 1).[34] Ganz im Vordergrund der in Augsburg entstandenen und heute im Berliner Kupferstichkabinett befindlichen Zeichnung, die das ökonomische Geschehen des Monats November weitgehend mit den Festivitäten des Martinstags gleichsetzt, sind nämlich sechs lebende Gänse zu sehen, um die ein bürgerlich gekleideter Kaufinteressent mit einem am Boden hockenden Bauern feilscht, indem er eine davon prüfend hochhebt. Links im Bild, wo ein erlegter Eber auf einer Bank liegt, geht es um den Handel mit Wildschwein-Keulen, und im Mittelgrund rechts steigt ein heftiges Gelage, bei dem in vollen Zügen Wein genossen und wiederum gerade eine gebratene Martinsgans über den Tisch gereicht wird.

In einem offenbar durch diese und andere Vorlagen von Jörg Breu d. Ä. angeregten, um 1530/31 von

Abbildung 1
Monatsdarstellung »November«, Federzeichnung als Entwurf für eine Glasscheibe von Jörg Breu d. Ä., Augsburg, um 1525

Abbildung 2
*Bildausschnitt »November« aus den sog. Augsburger Monatsbildern,
Gemälde eines unbekannten Augsburger Meisters, um 1530/31*

einem unbekannten Augsburger Meister geschaffenen Monatsbilderzyklus aus vier großformatigen, je drei Monate zusammenfassenden Gemälden, die im Deutschen Historischen Museum in Berlin ausgestellt sind, ist das Martini-Szenario bezüglich des Fleischkonsums noch erweitert (Abbildung 2).[35] Dort zeigt der Bildteil »November« im Mittelgrund gleich eine ganze Herde herbeigetriebener Schlachtschweine und links davon einen Metzger, der soeben damit beschäftigt ist, eine Kundin mit der Speckseite einer bereits ausgenommen aufgehängten Sau zu bedienen. Direkt unterhalb, im Vordergrund, wird wiederum mit Schweinshaxen gehandelt, während ein blau gekleideter Knabe auf einem Tablett einen ganzen Schweinskopf davonträgt. Den eigentlichen optischen Schwerpunkt aber machen neuerlich die Martinsgänse aus, um die sich diesmal vier Personen gruppieren. Eine auf der Erde kauernde Frau fungiert als Anbieterin, zwei potentielle Käufer lassen sich die Tiere zeigen bzw. kontrollieren deren Schlachtreife selbst, und ein vornehm gekleideter Mann mit Schwert und Barett, der in der Zeichnung von Jörg Breu noch eher unbeteiligt wirkt, ist jetzt sichtlich in das Verkaufsgespräch einbezogen, indem er es mit ausladender Gebärde kommentiert. Zwar nicht alles, aber doch sehr viel drehte sich also an Martini um die Gänse. Zumindest scheint man sie mit dem Fest noch wesentlich spontaner assoziiert zu haben, als etwa den neuen Wein oder die Metzelsuppe.

Daß die Gans bei der Charakterisierung der Bräuche des 11. 11. mitunter wirklich pars pro toto genommen wurde, ja sogar als Symbol für den Martinstag an sich stehen konnte, beweist ein in den Beständen der Universitätsbibliothek Tübingen erhaltener früher Volkskalender auf das Jahr 1531, der – zufällig identisch mit der Entstehungszeit der Augsburger Monatsbilder – in der Werkstatt von Mathys Hoffischer in Ulm gedruckt wurde (Abbildung 3).[36] Um für Leseunkundige entzifferbar zu sein, sind die Werktage jeweils als schwarze und die Sonntage als rot kolorierte Kerbdreiecke am unteren Rand jeder Monatsleiste eingetragen. Oberhalb der dadurch entstehenden Zackenstreifen erscheinen, in der Kopfleiste erklärt, die unterschiedlichsten Zeichen, die über die Mondphasen Auskunft geben oder günstige Termine fürs Aderlassen, Baden, Haarschneiden, Pflanzen und anderes mehr anzeigen. Insbesondere aber werden auch die wichtigsten kirchlichen Feste und Heiligengedenktage mit kleinen bildlichen Darstellungen markiert, wie sie den Menschen des 16. Jahrhunderts auf den ersten Blick verständlich waren. Da erscheinen etwa im Monat November, in der zweituntersten Leiste also, an Allerheiligen (1. 11.) kniende Beter, an Allerseelen (2. 11.) ein Beinhaus, an Leonhardi (5. 11.) der heilige Leonhard mit Kette und eben am Fest des heiligen Martinus am 11. 11. schlicht eine aufgespießte Bratgans. Hier hat die Gans somit offenbar bereits den Rang eines Heiligenattributs angenommen, genauso wie im weiteren Verlauf des Monats November der Tag des heiligen Otmar (16. 11.) durch dessen Faß, das Fest der heiligen Elisabeth von Thüringen

Abbildung 3
Kalender auf das Jahr 1531,
gedruckt bei Mathys Hoffischer
in Ulm

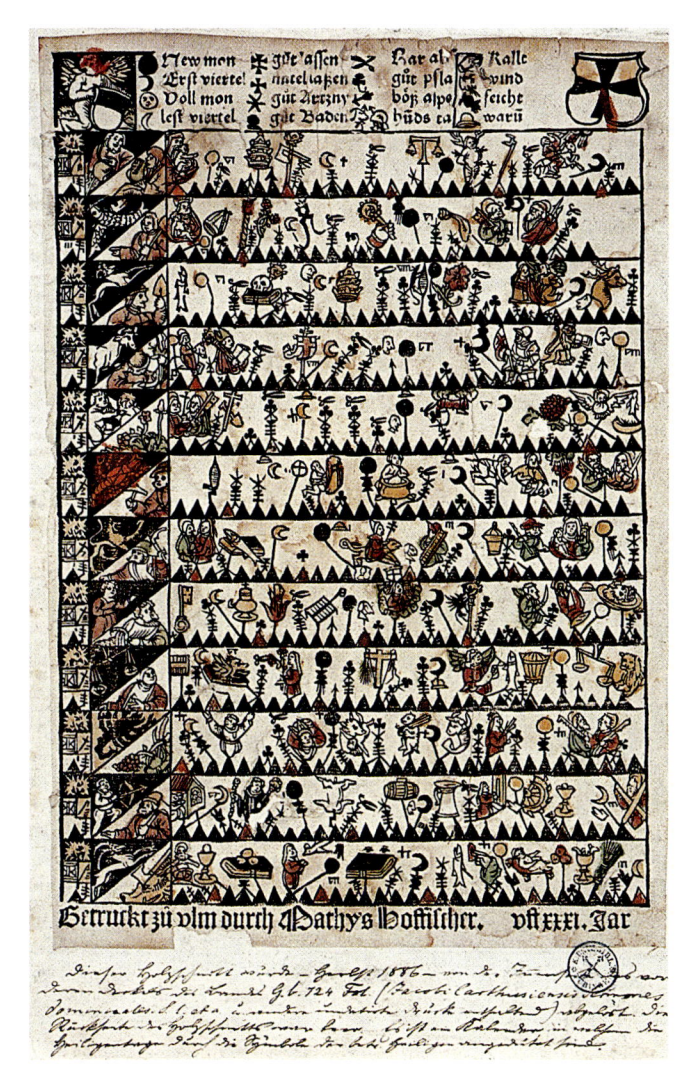

(19. 11.) durch einen Weinkrug und der Katharinentag (25. 11.) durch das zerbrochene Rad ausgewiesen werden, entsprechend der üblichen Ikonographie.

Angesichts einer solch spontanen Zuordnung der Gans zu Sankt Martin ergab sich nun aber zwangsläufig ein hagiologisches Problem. Im Gegensatz zu den üblichen Heiligenattributen, wie dem Rad der Katharina oder dem Fäßlein des Einsiedlers Otmar, die ihre konkreten Anknüpfungspunkte ja jeweils in der Lebensbeschreibung der Betreffenden hatten, war die Gans, wie sie im Lauf der Zeit immer stärker mit Martin von Tours in Verbindung gebracht wurde, aus der Legende des Heiligen selbst nicht zu begründen. Was lag also näher, als im nachhinein, ein gutes Jahrtausend nach der Martins-Vita des Sulpicius Severus, noch eine Legende hinzu zu konstruieren, die einen direkten Bezug des Heiligen zu den Gänsen bereits während seines Lebens und Wirkens plausibel erscheinen ließ? In der Tat kam es im ausgehenden Mittelalter zu einer solchen, den Ursprung des Gänsemotivs nachträglich erklärenden Sekundärlegende, deren geographisches Entstehungsgebiet möglicherweise das Rheinland war, was allerdings nicht mit Sicherheit zu belegen ist. Die auf diese Weise entstandene Geschichte, vom Typus her den sogenannten aitiologischen Sagen vergleichbar und spätestens seit dem 16. Jahrhundert in weiten Teilen des deutschsprachigen Raums bekannt, hatte jedenfalls folgenden Inhalt: Als man den Heiligen zum Bischof weihen wollte, habe der aus Bescheidenheit die Flucht ergriffen und sich in einem Gänsestall versteckt. Die Tiere hätten ihn jedoch durch ihr aufgeregtes Geschnatter verraten. Zur Strafe dafür würden sie nun jeweils am Martinstag geschlachtet.[37]

Schon bald wurde diese nachgeschobene Legende, die dem Heiligen im Hinblick auf die Tugend des Vergebens und Verzeihens übrigens kein besonders gutes Zeugnis ausstellt, nicht nur als Sprechtext erzählt, sondern auch in einer ganzen Reihe von Liedern besungen.[38] Da hieß es dann etwa über die Martinsgänse:

> »Ist's war, daß sie verraten han
> Sant Martin, den heiligen mann?
> So müßens mit dem leben zwar
> Den zehend geben alle jahr.
> Bei süßem most und külem wein
> Vertreibt man in [= ihnen] das dadern
> [= Schnattern] fein.«[39]

Ein Fabellied, das erstmals 1530 nachzuweisen ist, gibt noch eine andere Deutung, indem es erzählt, daß zwischen dem heiligen Martin und den Gänsen eine Art geschäftlicher Vereinbarung bestehe: Er habe ihnen versprochen, sie das Jahr über vor dem Wolf zu beschützen, erwarte dafür aber von ihnen, daß sie sich an seinem Gedenktag schlachten lassen sollten, um zu seinem Ruhme verzehrt zu werden.[40] Weitaus bekannter als diese Variante war und blieb freilich die frühere Version mit dem verratenen Versteck im Gänsestall.

Unabhängig von den Details ihrer jeweiligen Ausgestaltung haben wir in den sekundären Begründungsgeschichten zur Herkunft der Martinsgänse den interessanten Sonderfall, daß hier nicht, wie normalerweise üblich, eine längst vorhandene Legende die Entstehung eines Brauches gefördert, sondern daß umgekehrt ein ursprünglich legendenunabhängiger Brauch, eben das Gänseschlachten an Martini, zur Bildung einer neuen Legende geführt hat. Diese in der Hagiographie eher selten anzutreffende Inversion der Kausalitäten im Verhältnis zwischen Legende und Brauch findet sich nur bei Heiligen mit besonders hohem Popularitätsgrad. So hat die Gänselegende des heiligen Martin ihre Entsprechung etwa in der sogenannten Pökelfaßlegende über Sankt Nikolaus, die dem Bischof von Myra nachsagt, er habe drei junge Knaben wieder zum Leben erweckt, die zuvor von einem Gewaltverbrecher grausam niedergemetzelt, zerstückelt und in einem Faß eingepökelt worden seien.[41] Den realen Anknüpfungspunkt für die Ausprägung dieser merkwürdig blutrünstigen Geschichte, die nachweislich im 12. Jahrhundert im nordfranzösischen Raum aufkam, lieferte offenbar die Tatsache, daß es seit dem Hochmittelalter Brauch war, auf den Nikolaustag ähnlich wie auf Martini zu schlachten. Anders jedoch als beim Martinsschlachten, das ja noch vor der weihnachtlichen Fastenperiode stattfand, kam beim Nikolausschlachten wegen der laufenden Adventsfastenzeit ein Großteil des Fleisches, ausgenommen natürlich die schnell verderblichen Innereien, nicht sofort zum Ver-

Abbildung 4
Verherrlichung des heiligen Martin im Himmel, Kupferstich (vermutlich Frontispiz eines Buches), 18. Jahrhundert

zehr, sondern wurde als Vorrat für Weihnachten eingepökelt. Eben diese konkrete Gepflogenheit dürfte die entscheidende Anregung für die Motivik der geschilderten sekundären Nikolauslegende gegeben haben, die dann übrigens im romanischen Sprachraum zu derartiger Dominanz gelangte, daß Nikolaus dort in der bildenden Kunst bis heute ausschließlich mit dem Attribut der drei Knaben im Pökelfaß dargestellt und nicht wie westlich des Rheins durch das aus der älteren Jungfrauenlegende resultierende Buch mit den drei Goldkugeln gekennzeichnet wird.[42]

Was die Ikonographie bei Sankt Martin betrifft, so erscheint er zwar in den weitaus meisten Fällen als Ritter bei der Mantelteilung, in der Regel zu Pferd, seltener zu Fuß, einmal mit, einmal ohne Bettler. Vereinzelt aber wird ihm, zweifellos erst ermöglicht durch die entsprechenden Sekundärlegenden, durchaus auch die Gans als Attribut beigegeben. Die frühesten Darstellungen dieser Art sind schon zu Beginn des 16. Jahrhunderts nachweisbar, also nahezu gleichzeitig mit dem ersten großen Verbreitungsschub der aitiologischen Legendenbildungen zur Martinsgans.[43] Den Höhepunkt ihrer Beliebtheit hatten die Bilder des heiligen Martin mit dem Attribut der Gans dann zweifellos im Spätbarock, und ihr geographischer Schwerpunkt liegt eindeutig im Süden des deutschen Sprachraums. Dort kam es schließlich auch zunehmend zur optischen Verschmelzung von Primär- und Sekundärlegenden in der populären Bildtradition zu Sankt Martin. Besonders schön belegt dies ein Kupferstich

Abbildung 5
*Triumph der Kirche mit dem heiligen Martin im Zentrum (Ausschnitt),
Deckenfresko von Andreas Meinrad von Au, Meßkirch, Pfarrkirche
Sankt Martin, 1773*

aus dem 18. Jahrhundert, der – leider ohne genaueren Herkunftsnachweis – im Diözesanarchiv Rottenburg aufbewahrt wird (Abbildung 4).⁴⁴ Das Blatt, dem Format (14,5 x 9,3 cm) nach eher Frontispiz eines Buches als Andachtsbildchen, zeigt die Verherrlichung des heiligen Martin im Himmel. Während ihm Gottvater die himmlische Krone in Mitrenform aufsetzt und er von einem Putto den Mantel der Glorie umgelegt bekommt, preist ihn in der unten klein wiedergegebenen Mantelteilungsszene der Bettler mit den Worten: »Martinus hac me veste contexit – Martinus hat mich mit diesem Kleidungsstück bedeckt.«[45] Vor allem aber fliegt, genau im Mittelpunkt des Bildes und in ihrer Größe unübersehbar, direkt vor dem Heiligen als seine offenbar wichtigste Kennzeichnung eine Gans vorbei.

In ähnlicher Form begegnet das Gänse-Motiv, um noch ein zweites Beispiel zu nennen, etwa auch in den 1773 von dem hohenzollerischen Künstler Andreas Meinrad von Au geschaffenen Deckenfresken der Pfarrkirche Sankt Martin in Meßkirch (Abbildung 5).[46] In der dortigen Zentraldarstellung über dem Langhaus, die der ecclesia triumphans gewidmet ist, erscheint der Kirchenpatron, mit anderen Heiligen auf einer Wolke schwebend, wiederum in der himmlischen Glorie. Zu seinen Füßen sitzt der Bettler der Mantelteilung und hält ihm den Bischofsstab, und unter seinen weit ausschwingenden Pontifikalgewändern hat ein anderer Mann die Gans im Arm. Sankt Martin mit der Gans – dieses Bild war in der volksfrommen Vorstellungswelt, durch jahrhundertelang konstant gebliebene, ursprünglich rein ökonomisch bedingte Brauchformen des Martinstags vermittelt, nach und nach zu einer untrennbaren Einheit geworden.

Angesichts eines solch enormen ideellen Aufwertungsprozesses der Martinsgans vom Wirtschaftsgut zum Heiligenattribut, der schließlich geradezu einer Kanonisierung gleichkam, verwundert es nicht, daß sich im Lauf der Zeit um die Gänse am 11.11. außer dem bloßen Verzehr und der Federngewinnung noch zusätzliche Brauchformen anlagerten. So bürgerte es sich an vielen Orten ein, daß sie vor ihrer eigentlichen Verwertung noch für diverse wettkampfähnliche Spiele herhalten mußten, deren originaler Ablauf allerdings wenig Respekt vor der Kreatur zeigte und wegen seiner Grausamkeit heute mit Recht sofort die Tierschützer auf den Plan rufen würde. In früheren Generationen herrschten in dieser Hinsicht jedoch andere Maßstäbe. Größter Beliebtheit erfreute sich jedenfalls das sogenannte »Gansschlagen«, »Gansreißen« oder »Ganswürgen«, das dutzendfach bezeugt ist und übrigens auch an anderen Brauchterminen als dem Martinstag, etwa an Fastnacht, durchgeführt werden konnte.[47] In der Regel handelte es sich dabei um ein Reiterspiel: An einer zwischen zwei Bäumen bzw. zwei Stangen ausgespannten Leine wurde entweder an den Füßen oder am Hals eine lebende Gans aufgehängt, und die Aufgabe der im Galopp unter ihr durchpreschenden Reiter bestand darin, ihr mit der bloßen Hand den Kopf abzureißen oder sie mit einem Schwert oder Säbel zu köpfen. Einen Eindruck vom Ablauf dieses Spiels, aber auch von der Unbekümmertheit der daran Beteiligten, gibt ein Augsburger Kupferstich von Martin Engelbrecht aus dem 18. Jahrhundert mit dem Titel »Strangulatio Anserum – Daß Ganß-Würgen«, auf dem im Hintergrund das laufende Wettkampfgeschehen und im Vordergrund der Sieger mit seiner Trophäe zu sehen ist (Abbildung 6).[48]

289

Abbildung 6
»Daß Ganß–Würgen«, Kupferstich
von Martin Engelbrecht, Augsburg
18. Jahrhundert

Abbildung 7
Gansabhauet in Sursee, Kanton
Luzern, 11. November 1996

In modifizierter Form hat sich das Gansschlagen bis zur Gegenwart in dem Schweizer Städtchen Sursee im Kanton Luzern erhalten. Jedes Jahr am 11. November versucht dort beim »Gansabhauet«, wie der Brauch in der lokalen Bezeichnung heißt, eine Reihe junger Burschen, einer über ihnen aufgehängten toten Gans – früher waren hier ebenfalls lebende Tiere verwendet worden – mit einem Schwertschlag den Kopf abzutrennen. Die Schwierigkeit für die Kandidaten besteht darin, daß sie, bevor sie die eigens für das makabre Schauspiel errichtete Bühne betreten, einen roten Mantel umgelegt und eine Sonnenmaske ohne Augenöffnungen aufgesetzt bekommen, daß sie also den ihnen zustehenden Streich blind führen müssen (Abbildung 7).[49] Der Gewinner des Spektakels darf das kopflose Tier behalten, muß am Abend seine Mitkonkurrenten verköstigen und wird vom Publikum als eine Art Zufallskönig gefeiert.

Abschließend bleibt zu dem weiten Thema »Martinsgans« noch zu erwähnen, daß sich um das Verzehren der Tiere nicht zuletzt auch zahlreiche abergläubische Vorstellungen und Wahrsagebräuche rankten. So galt etwa das Brustbein der Gans an Martini als Orakelknochen, aus dessen Farbe man Hinweise auf die Witterung des bevorstehenden Winters ableiten zu können meinte. Rötliche Färbung sprach für strenge Kälte, weiße für mildes Wetter. Helle Flecken deuteten auf viel Schnee, dunkle dagegen auf trockenen Frost mit wenig Niederschlägen.[50] Daß man an Martini gerne über die Zukunft rätselte, ergab sich aus dem bereits mehrfach erwähnten Wendecharakter des Festes: Am 11. November, dem offiziellen Ende des bäuerlichen Wirtschaftsjahres, dem Fälligkeitsdatum für Naturalabgaben und dem Stichtag für den Gesindewechsel, wurde eben nicht nur rückblickend Bilanz gezogen, sondern auch intensiv spekulierende Vorschau auf die kommenden zwölf Monate betrieben, ähnlich wie heute mit dem Wechsel des bürgerlichen Jahres am 31. Dezember allerlei Orakelbräuche verbunden sind.

Ende des bäuerlichen Jahres: Kirchweih, Schlamperwoche und Spinnstuben

Wegen der ungeheuren Menge der Kirchen mit Martins-Patrozinium – Karl Meisen gibt allein für Frankreich eine Zahl von mehr als 3600 an[51] – fanden am 11. November zusätzlich zu den üblichen Martini-Festivitäten auch vielerorts ausgedehnte Kirchweihfeiern statt. Nicht selten waren damit große Jahrmärkte verbunden, auf denen insbesondere die Bauern ihren Erlös aus dem Verkauf von Vieh und Ernteprodukten gleich wieder umsetzen konnten. Vorwiegend in der Schweiz hat sich die traditionelle Kirmes an Martini, die sogenannte »Martinschilbi«, noch in einer ganzen Reihe von Gemeinden bis in die Gegenwart erhalten.[52] Daß es Vergleichbares außerhalb der Schweiz heute so gut wie nicht mehr gibt, ist eine Folge der Aufklärung. Weil die Kalenderdaten der Kirchweih je nach Patron oder Weihetag der einzelnen Gotteshäuser von Ort zu Ort verschieden waren, hatte Kaiser Joseph II., um das ständige Feiern der Bevölkerung und deren praktisch ganzjährigen Kirchweihtourismus von einer Pfarrei zur anderen zu unterbinden, im Rahmen seiner Reformen den Kirchweihtermin kurzerhand vereinheitlicht und generell aufs dritte Oktoberwochenende festgesetzt. Diese Regelung, für die der Volksmund schon bald die Bezeichnungen »Kaiser-« oder »Allerweltskirbe« erfand, wurde nach dem Ende des Heiligen Römischen Reichs von den süddeutschen Staaten übernommen bzw. beibehalten.[53] In Württemberg war es Kurfürst Friedrich II., der sie in einem am 30. März 1804 erlassenen »General-Rescript, die Feier des Kirchweihfestes in den neuen Landen betreffend« bestätigte.[54] Damit hatten sich die einst so zahlreichen Kirchweihfeste an Martini erledigt.

Wie es jedoch ehedem bei einer zünftigen Martinskirbe zugegangen war, schilderte Anton Birlinger

1862 aufgrund von älteren Berichten aus der Zeit vor der Terminvereinheitlichung an einem Beispiel aus Oberschwaben so: »In Hauerz, im Oberamt Leutkirch, ward früher immer zu Martini die Kirchweih gehalten, bei der sich alle Bewohner der Gegend einfanden. Die Bauern brachten alsdann dem hl. Martin alles Mögliche zum Opfer: Frucht, Hanf, Obst, Fleisch, Eier, Schmalz, Butter u. dgl. In den Wirtshäusern wurde geschmaust und getanzt. Am Tag darauf wurde eine ›Nachkirchweih‹, wie man es nannte, gehalten, und da blieb Niemand zu Haus, denn an diesem Tag verzehrte man das Opfer, das dem hl. Martin gefallen war; was aber übrig blieb und nicht eßbar war, wie Flachs, Hanf u. dgl., das vertheilten die Leute unter sich und nahmen es mit nach Haus. – Manchesmal hat man auch wol den hl. Martin aus der Kirche abgeholt und in's Wirtshaus gebracht, damit er selbst sehe, wie fröhlich sein Opfer verzehrt werde.«[55] Die zuletzt erwähnte Gepflogenheit, die Statue des Sankt Martin vorübergehend aus ihrer sakralen Umgebung zu beurlauben, um ihn wenigstens in effigie an den profanen Freuden der Kirchweih teilhaben und mitfeiern zu lassen, ist im 18. und frühen 19. Jahrhundert übrigens auch für andere Heilige bezeugt. Beim Weinpatron Sankt Urban gab es beispielsweise in verschiedenen Orten des mittleren Neckarraums zwischen Rottenburg und Esslingen ein ähnliches Einbeziehen seines Standbildes in die weltlichen Festivitäten des Gedenktags am 25. Mai.[56]

Das in solchen Praktiken zum Ausdruck kommende vertraulich-naive Verhältnis der Bevölkerung zu »ihren« Heiligen, den Schutzpatronen des Weinbaus, der Ernte usw., war typisch für die vorindustrielle Zeit. Mit der seit 1830/40 rasch voranschreitenden Industrialisierung und – als deren Folge – zunehmenden Säkularisierung lösten sich die alten, von den natürlichen Rhythmen des Kalenders und der Gliederung des Kirchenjahres bestimmten Lebensformen mehr und mehr auf. Im Zuge dieser Entwicklung verlor zwangsläufig auch der Martinstag seine früher enorme Bedeutung als Einschnitt im bäuerlichen Jahr. Wie wichtig er über Jahrhunderte hinweg als Rechtstermin etwa zum Abschluß von Pachtverträgen oder anderen Geschäften war, und welches Gewicht er als Fälligkeitsdatum für Natural- und Geldabgaben, für Zehnten, Zinsen und so weiter hatte, können wir uns heute kaum noch vorstellen. Nahezu völlig vergessen aber ist mittlerweile auch diejenige Funktion, die ihm in Bezug auf Knechte, Mägde und Dienstboten zukam. Immer an Martini wechselte nämlich, wie bereits erwähnt, in der Landwirtschaft das Gesinde. In wohlhabenderen Gegenden konnten die Saisonangestellten ihr Dienstverhältnis auf den 11. 11. hin lösen und danach bei einem anderen Bauern anfangen; in ärmeren Regionen wurden sie den Winter hindurch überhaupt nicht beschäftigt.[57]

Über die letzten Tage vor dem Arbeitsende drückten die Bauern in der Regel ein Auge zu, durfte das Personal seine Aufgaben etwas lockerer angehen als sonst. Angesichts dieses Zugeständnisses, das zum Abschluß des Beschäftigungsverhältnisses noch eine gewisse

Schlamperei der Bediensteten tolerierte, sofern sie sich in gewissen Grenzen hielt, nannte man diesen kleinen Freiraum in Oberschwaben sogar ganz unverblümt »Schlump-« oder »Schlamperwoche«. Für die Gegend um Fleischwangen beschreibt Birlinger deren Verlauf kurz nach der Mitte des 19. Jahrhunderts so: »Acht Tage vor Martini haben Knechte und Mägde das Privilegium, nichts zu thun oder nur das zu thun, was sie wollen. Da wird getrunken und gezecht, die Mägde besuchen sich gegenseitig.«[58] Noch plastischer ist seine Schilderung der Schlamperwoche im Allgäu: »Mit Ausnahme kleiner Geschäfte im Stall und Scheuer feiern die Dienstboten eine Martinioctav. Man geht in benachbarte Orte, Höfe, zu Verwandten, zu der Liebsten (...). Überall hält man einen guten Tag in sonntäglichem Anzug. Ärmere Dienstboten verdienen anderwärts ein kleines Taggeld, spinnen für sich. Manchmal kommt man gemeinsam zusammen, wo die Geige nicht fehlen darf, zu der hie und da selbst der Lehrgehilfe sich herbeilassen muß. In Stuben, Hausgängen wird getanzt, immer in bloßen Strümpfen. 'U'förm' (Unordentlichkeiten) laufen mit unter.«[59]

Außer der Freude der Bediensteten über den nahen Arbeitsabschluß aber gab es für das ausgelassene Treiben während der Schlamperwoche oder wie die Bezeichnung für die Tage des Umbruchs auf Martini je nach Landschaft sonst lautete, meist noch einen weiteren Grund zum Feiern, der insbesondere für junge Leute von großem Interesse war: die Eröffnung der Licht- oder Spinnstubenzeit. In den meisten Gegenden begann diese veränderte Form der Feierabendgestaltung nämlich ab dem Martinstag. Der Einbruch der Dunkelheit lag jetzt so früh, daß man sich – im Gegensatz zu den Sommermonaten mit ihren bis zu 16 Stunden langen Tagen und dementsprechend kurzen Nächten – nicht gleich nach Sonnenuntergang schlafen legte, sondern die Abende gesellig verbrachte, indem man »z' Liecht« ging, d. h. in einer erhellten Stube zusammenkam, um sich dort aus ökonomischen Gründen gemeinsam eine Licht- und eine Wärmequelle zu teilen. Die jungen Mädchen fanden sich meist schon früh ein, gruppierten sich um den Tisch und nutzten die Zeit bereits von der Dämmerung an für Textilarbeiten, vor allem zum Spinnen; die jungen Burschen, die in der Regel erst zu vorgerückter Stunde dazustießen, sahen ihnen, traditionelle innerhäusliche Rollenklischees bestätigend, von den rückwärtig plazierten Stühlen oder von der Ofenbank aus zu und sorgten für Unterhaltung.[60] Die kommunikative Bedeutung der Institution Spinnstube, Lichtstube, Kunkelstube, Lichtkarz, Nachtkarz, um nur einige der gebräuchlichen Bezeichnungen zu nennen, ist nicht zu unterschätzen: Durch den vollzogenen Gesindewechsel und durch die Heimkehr vieler Knechte und Mägde erhielt das soziale Netzwerk für die Wintermonate neue Impulse und bot somit günstige Voraussetzungen für die mehr oder auch weniger behutsame Anbahnung von Partnerschaften.

In der Tat war die Spinnstube der Ort, an dem sich männliche und weibliche Jugendkultur am direktesten

293

begegneten, an dem der Umgang mit dem anderen Geschlecht eingeübt und eine erste sexuelle Annäherung versucht werden konnte. Die eher schummrigen Lichtverhältnisse – meist brannte nur ein Kienspan oder eine kleine Öllampe – ließen dabei die Hemmschwelle sinken.[61] Hinzu kam, daß bestimmte ritualisierte Formen des »Anbandelns« die Kontaktsuche zwischen den Geschlechtern erleichterten. So war es zum Beispiel Brauch, daß eine Spindel, die von einem Mädchen auf den Boden fallengelassen oder ihm in einem unaufmerksamen Moment von einem Burschen entwendet worden war, durch einen Kuß »zurückgekauft« werden mußte.[62] Nach Beendigung der Arbeit boten gemeinsamer Gesang, Gesellschaftsspiele, manchmal auch Tanz und regelmäßig natürlich der Heimweg Gelegenheit, sich gegenseitig näherzukommen, letzterer in besonderem Maße deshalb, weil man hier der Kontrolle durch die Gemeinschaft weitgehend entzogen war und zudem den Schutz völliger Dunkelheit genoß.[63] Nicht von ungefähr ist im Schwäbischen bis heute die Redensart lebendig geblieben: »Weit heim – lang schee.«

An ein paar wenigen Traditionsterminen wurde in den Spinnstuben sogar überhaupt nicht gearbeitet, sondern ausschließlich gefeiert und getanzt. Ein solches Datum war etwa die Andreasnacht am 30. November, die den Übergang vom alten zum neuen Kirchenjahr markierte und deshalb aufgrund ihres Schwellencharakters – ähnlich der Silvesternacht beim bürgerlichen Jahreswechsel – allerlei Orakelbräuche wie Schuhwerfen, Baumschütteln oder Bettstellentreten zur Erforschung künftiger Liebschaften an sich zog.[64] Die größte Ausgelassenheit während der Lichtstubenzeit aber herrschte in der Thomasnacht am 21. Dezember, die als längste Nacht des Jahres wiederum ein Wendetermin war. Wie aus den dafür üblichen Bezeichnungen, nämlich »Durchsitz« oder »Durchspinn-Nacht«, unschwer zu erschließen ist, dauerte das fröhliche Treiben hier bis weit nach Mitternacht; und daß sich für den Morgen danach in weiten Teilen des Schwarzwalds gar der lapidare Name »Kotzmorgen« eingebürgert hat, läßt zudem einiges über die Art und Intensität der Feier durchblicken, bei der offenbar auch mit Alkohol nicht gespart wurde. Selbstverständlich gab es von den Vertretern der geistlichen ebenso wie von den Organen der weltlichen Obrigkeit permanent Widerstände und heftige moralische Bedenken gegen derlei Erscheinungsformen ländlicher Feierabendkultur; aber trotz zahlloser Reglementierungs- und Disziplinierungsversuche, die schon in den Dorfordnungen des späten 15. Jahrhunderts einsetzen und bis ins 19. Jahrhundert nicht abreißen[65], war das Spinnstubenwesen kaum oder allenfalls bedingt zu steuern.

Einen optischen Eindruck von der Atmosphäre einer Lichtstube in Schwaben um 1830 vermittelt eine kolorierte Radierung von J. Ignatz Hörmann mit dem Titel »Der Nachtkartz«, die auf einer Zeichnung von Johann Baptist Pflug basiert und das letzte von insgesamt zwölf Blättern einer Serie »Ländliche Gebräuche in Württemberg« ist (Abbildung 8).[66] Dank ihrer

Abbildung 8
»Der Nachtkartz«, kolorierte Radierung von J. Ignatz Hörmann nach einer Zeichnung von Johann Baptist Pflug, um 1830

Detailtreue bestätigt die Darstellung sehr augenfällig, welchen Stellenwert die Begegnung der Geschlechter bei diesen abendlichen Zusammenkünften hatte: Während rechts am Tisch ein männlicher Besucher mit einer offenbar beim Lesen eingenickten älteren Jungfer komische Späße treibt, neigt sich links auf der Bank ein junger Bursch vertraulich seiner Nebensitzerin zu, um ihr etwas ins Ohr zu flüstern, und drückt sich im nur noch ganz spärlich erhellten rückwärtigen Teil des Raums ein weiteres Paar herum, dessen Techtelmechtel mit Körperkontakt anscheinend niemanden stört. Der besondere Reiz der Spinnstuben lag also zweifellos in der Verbindung von Arbeit, Geselligkeit und jugendlicher Sexualkultur. Dabei konnte neben das reine Lustprinzip bei der Partnerwahl zugleich noch auf subtile Weise das Realitätsprinzip treten; denn durch die Beobachtung der Mädchen hatte jeder potentielle Heiratsinteressent auch die Möglichkeit, deren Fleiß und Geschicklichkeit zu beurteilen, ja selbst die Größe der zu erwartenden Aussteuer zu taxieren. So verwundert es kaum, wenn ein Großteil der ländlichen Ehen sich tatsächlich in den Spinnstuben anbahnte.[67]

Was die Dauer der Lichtstubenzeit angeht, so umfaßte sie üblicherweise etwa zwölf Wochen und endete in der Regel an Mariae Lichtmeß, also am 2. Februar. »Lichtmeß, / bei Tag eß,« hieß es dann angesichts der wieder kürzer werdenden Nächte im Volksmund – oder eben auch ganz konkret auf den Abschluß der Spinnstuben bezogen: »Lichtmeß, / 's Spinne' vergeß« bzw. »d' Kunkel vergeß«.[68] Damit bildete Lichtmeß als Ausklang der winterlichen Heimarbeit im bäuerlichen Jahr das traditionelle kalendarische Pendant zu deren Auftakt am Martinstag. Für letzteren gab es übrigens im Sprichwortschatz analog zu den zitierten Lichtmeß-Versen thematisch ganz ähnliche Reime, nur eben mit genau umgekehrtem Inhalt wie: »Sanct Martin / macht Feuer ins Kamin; / dann, o Mädel, / greif zum Rädel.«[69] Wie sehr beide Feste – Martini und Lichtmeß – funktional aufeinander bezogen waren und im populären Denken auch tatsächlich als korrespondierende Termine begriffen wurden, das mag abschließend ein letztes, etwas derberes Beispiel aus dem Bereich der sprichwörtlichen Redensarten belegen: »Um Martin schlachtet der Bauer sein Schwîn, / das muß bis zu Lichtmeß gefressen sîn.«[70] Dieser aus dem niederdeutschen Raum stammende Zweizeiler, der dort auch noch in abgewandelten Versionen überliefert ist[71], bestätigt mit seinem Hinweis aufs Schlachten nicht nur eine der bekannten Brauchformen des Martinstags, sondern unterstreicht durch den Brückenschlag zu Lichtmeß einmal mehr die entscheidende Bedeutung des 11. 11. als Beginn der häuslichen Periode im Wirtschaftsjahr, während der man zwangsläufig stärker von der Substanz, d. h. von der Vorratshaltung leben mußte als in den Monaten der Feldarbeit.

Elfter im Elften: Martini als Karnevalsauftakt

Das ausgelassene Feiern, Essen, Trinken, Tanzen und Fröhlichsein als fixe Brauchelemente des Martinstages gaben dem Heiligenfest schon früh und im Lauf der

Zeit immer mehr ein Gepräge, das in all seinen Erscheinungsformen unverkennbar fastnächtliche Züge trug. Dies war nichts weiter als folgerichtig, denn in seiner Eigenschaft als »Schwellenfest« vor dem Anbruch der Weihnachtsfastenzeit bildete der 11. November praktisch ein exaktes Funktionsäquivalent zur eigentlichen Fastnacht am Vorabend der vierzigtägigen Osterfastenzeit, die mit dem Aschermittwoch beginnt. Hier wie dort ging es von der ursprünglichen Intention her um ein und dasselbe: psychologisch um ein abschließendes, lustvolles Austoben vor einer Phase der Besinnung und Kasteiung und rein wirtschaftlich um den letztmaligen Konsum einer Reihe spezieller Nahrungs- und Genußmittel vor dem Eintritt in eine längere Periode der Abstinenz.

Nicht von ungefähr ähnelten sich daher viele Handlungsmuster und stimmten vor allem die ökonomisch bedingten Brauchformen des Martinstages und der Fastnacht teilweise bis in die Einzelheiten überein. So hatte der Großeinsatz des Metzgerhandwerks beim »Martinsschlachten« sein Gegenstück an der Fastnacht darin, daß es dort ebenfalls regelmäßig die Metzger waren, die im Narrentreiben vor Aschermittwoch besondere Privilegien genossen und in jeder Hinsicht eine herausragende Rolle spielten.[72] Gleichermaßen entsprach dem Verzehr der »Martinsgänse« vor der Weihnachtsfastenzeit das Abliefern der »Fastnachtshühner« vor dem Osterfasten. Daß es im November vornehmlich den Gänsen an den Kragen ging, im März oder April aber überwiegend Hühner ihr Leben lassen mußten, war eine Folge der Fastenregeln, die neben dem Fleisch- und Laktizinienverbot bekanntlich auch ein generelles Eierverbot einschlossen. Während der Adventsfastenzeit gab es hier kaum Probleme, weil die Hühner den Winter über ohnehin nicht viel legten. Mit dem nahenden Frühling allerdings änderte sich dies; und so war es notwendig, den Hühnerbestand jeweils vor Aschermittwoch noch drastisch zu dezimieren, um den Eieranfall in den vorösterlichen Wochen der Enthaltsamkeit einigermaßen gering zu halten. Dennoch sammelte sich durch die im Frühjahr naturgemäß zunehmende Legetätigkeit der überlebenden Hühner zum Fastenende hin alljährlich ein so beträchtlicher Eierüberschuß an, daß dieser schließlich die zahlreichen, bis heute gepflegten Ostereierbräuche begründete.[73]

Angesichts der engen Funktionsverwandtschaft des Martinstags mit der Fastnacht verwundert es nicht, wenn Martini früher vereinzelt sogar expressis verbis als »Adventsfastnacht« bezeichnet wurde, wie es etwa aus dem Prämonstratenserstift in Bad Schussenried überliefert ist.[74] Und schwerlich anders als durch die Parallelität zwischen Fastnacht und Martini dürfte wohl der weitere Umstand zu erklären sein, daß es wiederum gerade der Martinstag war, der offenbar auch gerne als Fixpunkt zur Berechnung des beweglichen Fastnachtstermins genommen wurde. In seinem »Calendarium Historicum« von 1594 gab Abraham Sauer jedenfalls folgende Anweisung zur Ermittlung des Datums der Fastnacht: »Merck / die Faßnacht alle

Jar zu erkennen. So zele vom ersten Dienstag / im neuen Liecht / nach Martini an / es komme halb oder lang darnach / vnd vber dreytzehn Wochen / der Dienstag / ist der letzt Fastelabend deß Jars.«[75] In modernes Deutsch gebracht, meint diese Formel: Um den jeweiligen Fastnachtstermin auszurechnen, muß man vom Dienstag derjenigen Woche an, in die der Neumond nach Martini fällt, dreizehn Wochen weiterzählen, dann gelangt man zum Datum des Fastnachtsdienstags. Ohne Zweifel hätte sich für eine solche Art der Berechnung genauso gut jeder andere fixe Kalendertermin heranziehen lassen. Daß aber trotzdem eben der Martinstag als Zählgrundlage gewählt wurde, bestätigt einmal mehr, für wie eng man dessen innere Verbindung zur Fastnacht hielt.

Vor diesem Hintergrund wird endlich auch einsichtig, warum die rheinischen Karnevalisten traditionell am 11. 11. ihre Saison oder Kampagne eröffnen, indem sie sich zu Komiteesitzungen treffen, Proklamationen verlesen, Prinzenpaare präsentieren oder auch in Saalveranstaltungen erste Kostproben des Humors der kommenden »fünften Jahreszeit« geben. Da der 11. 11. als Auftakttermin sich allerdings erst einige Zeit nach der romantischen Kölner Karnevalsreform von 1823 herauskristallisierte[76], ganz zu schweigen von Mainz, wo der Prozeß noch länger dauerte[77], wäre es gewiß falsch, an eine bruchlose Fortführung der Kontinuität der früheren Adventsfastnacht zu glauben. Dennoch ist anzunehmen, daß der inzwischen im gesamten Rheinland übliche Einstieg in die Kampagne an Martini[78] alles anderes als eine willkürliche Setzung war, sondern sehr wohl an ältere Brauchschichten dieses Tages anknüpfte und nicht zuletzt aus dessen einstiger Funktion als Fastnachtsparallele herrührt.[79] Eine gewichtige Rolle dürfte bei der Profilierung des 11. 11. zum Karnevalsauftakt im 19. Jahrhundert freilich noch ein weiterer Aspekt gespielt haben: die Kombination des Monats- und Tagesdatums mit einer bestimmten Stunde und Minute zu der einprägsamen Ziffernfolge »11. 11., 11.11 Uhr«. Der Zufall wollte es, daß diese vermeintliche »Schnapszahl«, die mit dem heiligen Martin und seiner Legende in keinerlei innerem Zusammenhang steht, für die Karnevalsnarren sehr wohl und allen Ernstes tiefere Bedeutung besaß. Schon seit Jahrhunderten existierte nämlich ein besonderer Bezug zwischen der Zahl Elf und der Narrenidee. Was es damit jedoch genau auf sich hatte, das war den Karnevalisten der Spätromantik offenbar selbst nicht mehr klar, obwohl sie ständig mit der Elfersymbolik operierten, die Elf in ihr Wappen nahmen[80], Elferräte bildeten oder auch, wie etwa ein Spendenaufruf der Mainzer Ranzengarde zum »Lustlager« von 1839 zeigt, Texte formulierten, in denen sich die Elf permanent wiederholte (Abbildung 9).[81]

Zur Sinndeutung der Elfzahl im rheinischen Karneval sind daher von Heimatkundlern und selbsternannten Fastnachtsforschern schon die wildesten Spekulationen geäußert und die kühnsten Hypothesen aufgestellt worden, bis hin zu dem absurden Gedan-

Abbildung 9
Spendenaufruf zum »Lustlager« der Mainzer Ranzengarde von 1839

> Zum Bedarf für das 11. Ranzenbataillon der Narrheit, im Lustlager am 12. Februar, sollen billigst möglichst angeschafft werden:
> 511 Pfund bestes Ochsenfleisch,
> 111 Pfund Kalbfleisch, wobei sich 11 Kalbsköpfe befinden müssen,
> 211 Pfund Hammelfleisch, wobei Schaafsköpfe als Zuwage angenommen werden,
> 1 Ctr. 11 Pfund bestes Schweinefleisch von den ersten Wurstfabrikanten,
> 11 Viertel Ohm Sauerkraut ohne Kümmel,
> 11 Malter Gonsenheimer Trüffeln,
> 11 Pfund Raubenwurzel Carotten von gelber und weißer Couleur, alles vaterländisches Produkt,
> 1111 Stück frischgelegte Hühnereier,
> 2011 Stück 1½ pfündiges Brod vom besten Roggenschrot,
> 11 Ohm 1811r, 10¹¹⁄₁₁ Ohm 1822r und 11 Zulast 1834r inländische Weine, — auf gute Qualität wird besonders gesehen, dagegen weniger Rücksicht darauf genommen, ob solche etwas jünger oder älter oder wo solche produzirt sind.
> NB. Besonderes Augenmerk werden unsere hiesigen Weinspekulanten hierauf nehmen, da ihnen die leeren Fässer franco zurückgeliefert werden.
> 211 Flaschen rothen Wein, wobei auf die Aiche der Bouteille nicht besonders gesehen wird, Bordeaux Lafete oder Lafitte, ganz egal nur magnifique et ne pas cher. — Hier kann Ingelheimer oder Heidesheimer beigeschmuggelt werden.
> 11 Originalkörbe Champagner mousseux oder non mousseux von den ersten Häusern der Champagne.
> 1111 Bouteillen, mehr oder weniger, so genau wird es nicht genommen, moussirende Rheinweine, wobei unsere ersten hiesigen patentisirten Fabrikanten den Vorzug haben sollen.
> Alle Lieferungslustige sind aufs freundschaftlichste eingeladen, ihre deßfallsigen Gesinnungen mit Nro. 11 zu bezeichnen, in der Gräbergasse Lit. B, Nro. 299 par terre abzugeben, und überzeugt zu sein, daß Alles bis zum 11. dieses Monats längstens bezogen wird.
> Moguntia bei Weisenau, den 3. Februar 1839.
> Das 11. Ranzenbataillon der Narrheit.

kenkonstrukt, die »ELF« werde von den Karnevalisten deshalb so bevorzugt, weil sie aus den Anfangsbuchstaben der (obendrein in ihrer Reihenfolge vertauschten) französischen Revolutionsbegriffe »*É*galité – *L*iberté – *F*raternité« gebildet sei. Die Liste solcher in sich selbst schon wieder närrischen Kabinettstückchen ließe sich beliebig fortsetzen.[82] Erst der neueren volkskundlichen Forschung ist es gelungen, durch den Rückgriff auf die mittelalterliche Zahlenallegorese die wirklichen Bedeutungszusammenhänge wieder sichtbar zu machen. Danach galt die Elf zum einen als Zeichen für den Anbruch der letzten Stunde und wurde mit den Narren assoziiert, weil diese durch ihren Auftritt in der Fastnacht ebenfalls das nahe Ende aller Festivitäten signalisierten, ja im Sinne der alten Narrenidee sogar per se an Tod und Untergang erinnerten.[83] Zum anderen aber war die Elfzahl im Verständnis des Mittelalters vor allem deshalb negativ besetzt, weil sie von unten her die Zehnzahl der göttlichen Gebote um eins überschritt und nach oben die Zwölfzahl der Apostel nicht erreichte. Dies machte sie zum Inbegriff der Sünde und der Verkehrtheit der Welt und damit zur klassischen Narrenzahl schlechthin.[84] Ohne daß ein solches Wissen noch vorhanden gewesen wäre, blieb die magische Anziehungskraft der Elf für die Narren doch bis ins 19. und 20. Jahrhundert erhalten. Und wird sie heute auch von den meisten als bloße Juxzahl verstanden – in ihrer viermaligen Wiederholung bei Monat, Tag, Stunde und Minute des Karnevalsbeginns an Martini steigt sie trotzdem fast zur Zauberformel auf und gelangt ihre vergessene Symbolik von einst zu einem immerhin formalen Kulminationspunkt.

Sozialformen: Betteln und Heischen

Eine Brauchparallele zwischen Martinstag und Fastnacht bestand wohl auch in den ausgedehnten Heischeumgängen, die für beide Festanlässe schon früh bezeugt sind. Analog zu der Gewohnheit, vor Aschermittwoch nochmal spezielles Gebäck in Form von Fastnachsküchlein, -krapfen oder -waffeln herzustellen, um in der Osterfastenzeit insbesondere die Eier- und Schmalzvorräte nicht verderben zu lassen[85], gab es an Martini, wie wir bereits wissen, mit Blick auf die nahende Weihnachtsfastenzeit gleichermaßen bestimmte Backwaren und Gebildbrote.[86] Diese Leckereien wurden sowohl an Fastnacht als auch am 11.11. jeweils in einem regen Austausch von Haus zu Haus verschenkt oder erbettelt. In der Fastnachtspraxis des Spätmittelalters artete das ritualisierte Geben und Empfangen, bei dem man gruppenweise durch die Straßen zog, lärmte, spaßte und Unfug trieb, teilweise derart aus, daß sich nicht selten die Obrigkeit zum Einschreiten gezwungen sah und das »Küchleinholen« generell untersagte.[87] An Martini dagegen scheinen die Scharen der Heischenden bei aller auch hier üblichen Aufsässigkeit nicht ganz so über die Stränge geschlagen zu haben, und zwar vermutlich deshalb, weil der 11.11. im Unterschied zur Fastnacht immerhin ein Heiligengedenktag mit kirchlichem Festcharakter und gebotenem Gottesdienstbesuch war. Insbesondere aber bekam der Vorgang des Bittens und Beschenkens am Martinstag durch die Erinnerung an die legendäre Mantelteilung eine tiefere Bedeutung, die über eine bloße ökonomische und belustigende Funktion hinausging, hatte doch in der berühmten Szene vor dem Stadttor von Amiens der Heilige selbst ein Vorbild für das bräuchliche Handeln gegeben.

Ob sich die Beteiligten bei den Bettelzügen, sei es als Schenkende oder Empfangende, dieser Imitatio eines Kernstücks der Martinslegende allerdings bewußt waren, muß eher bezweifelt werden. Thomas Kirchmair, genannt Naogeorgus, schildert jedenfalls 1553 in seinem »Regnum papisticum«, das 1555 unter dem Titel »Das Paepstisch Reich« auf deutsch erschien, das damalige Fest- und Heischewesen an Martini so:

»Sanct Martin auch nichts feilen leßt,
Dem Bacho helt ein sonder fest.
Da sich das volck mit fressen stopfft,
Vil guter feißter Gense ropfft.
Die braten sie vnd frölich sein
Mit zechen most vnd newem wein.
Da öffnet man auch alle vaß,
Trincken die nacht on vnderlaß.
In dem newen und süssen most
Wan sie ein jedes vaß han kost.
Welcher sie dunckt sein der best,

Bey dem sie bleiben erst vnd lest.
Vnd lassens most den abend sein,
Den morgen nent mans newen wein.
Von sant Martin singens vnd lesen.
Er sey ein milter man gewesen [...].
Den Schulmeistern tregts auch gewin
Sie gen mit jren schulern hin.
Mit hauffen in die heuser dringen
Vnd um die ganß sant Martin singen.
Lachend sagens, du lieber hanß,
Schlacht ab, rupff, brat vnd iß die ganß.
Vnd tretten auch nit hinder rück.
Sie haben dann der ganß ein stück.«[88]

Mag man an den drastischen Ausführungen Kirchmairs aufgrund seiner reformatorischen Polemik auch gewisse Abstriche machen müssen, so sind sie immer noch aufschlußreich genug. Offenbar platzten also mitten in die bacchantischen Martinsgelage hinein die Heischegruppen und forderten mit lautstarkem Gesang ihren Teil von den aufgetischten Gaumenfreuden, nicht zuletzt vom Gänsebraten. Was die soziale Zusammensetzung und die Altersstruktur der Bettelscharen betrifft, so waren es nach Kirchmair insbesondere Schüler mit ihren Lehrern, die von Haustür zu Haustür zogen. Tatsächlich scheinen im Gegensatz zum Küchleinholen während der Fastnacht, an dem alle Alters- und Sozialschichten teilnahmen, beim Gabenheischen am Martinstag überwiegend nur Kinder und Halbwüchsige engagiert gewesen zu sein. Das machte die Sache von vornherein etwas harmloser.

Ein Personenkreis, der neben den Schülern an Martini ebenfalls Heischerecht hatte, ja angesichts der Mantelteilungslegende sogar mit größerem Verständnis seitens der Wohlhabenden rechnen konnte als an jedem anderen Termin im Jahr, war die Masse der sogenannten Unehrlichen, der sozial Verachteten, Krüppel, Obdachlosen und wirklichen Bettler, die das ganze Mittelalter über und bis weit in die Neuzeit hinein einen nicht unerheblichen Anteil an der Gesamtbevölkerung ausmachten und die bekanntlich unter dem besonderen Schutz des heiligen Martin standen. Ihnen wurde an seinem Festtag konsequenterweise verstärkte Zuwendung zuteil. Ein anschauliches Zeugnis davon geben Bilddokumente aus dem niederländischen Raum, allen voran ein Gemälde von Pieter Balten aus der zweiten Hälfte des 16. Jahrhunderts, das sich heute im Rijksmuseum Het Catharijnenconvent in Utrecht befindet und den Titel »Sankt-Martinsfest« trägt (Abbildung 10).[89] Im Zentrum der vielfigurigen Darstellung steht ein hölzernes Podium mit einem großen, rot-weiß gestrichenen Faß darauf. Da aus diesem durch zwei fingerdicke Löcher Wein strömt, drängen von allen Seiten Menschen mit Krügen und Schalen herbei, um etwas davon aufzufangen. Über sechzig Personen, nicht wenige unter ihnen durch ihre zerschlissene Kleidung als Fahrende, Mittel- und Wohnsitzlose identifizierbar, wollen kosten und zertrampeln sich dabei schier gegenseitig. Einem, dem im

Abbildung 10
Sankt–Martinsfest, Gemälde von Pieter Balten, 2. Hälfte 16. Jahrhundert

Durcheinander bereits das Hemd vom Leib gerissen wurde, ist es sogar gelungen, seinen Mund direkt unter den Strahl zu halten. Hinter dem Faß weht an einem improvisierten Besen[90] eine Fahne, auf der zwei gekreuzte Krücken zu erkennen sind. Damit soll offenbar weithin sichtbar gemacht werden, an wen sich das Angebot, Martinsminne zu trinken, hier vorzugsweise richtet: eben an Arme, Vagierende, Hilfsbedürftige und Gebrechliche, bis hin zu den durch Krankheit, Krieg oder Unfälle körperlich Verstümmelten. Das soziale Außenseitertum derer, die sich in der Menschentraube um den Wein balgen, hat der Künstler eigens noch durch die Hinzufügung einer kleinen Schar vornehm gekleideter Patrizier unterstrichen, die das wilde Treiben vom äußersten linken Bildrand aus zwar interessiert verfolgen, sich aber ostentativ auf Distanz halten. Daß die gesamte Szene obendrein vor den Toren einer Stadt spielt, ist übrigens genauso wohlbegründet. Pieter Balten ging es dabei ohne jeden Zweifel um eine Entsprechung zum Schauplatz des legendären Ereignisses von Amiens, was kompositorisch um so wichtiger war, als er im Vordergrund rechts – und damit verläßt sein Bild die Ebene einer bloßen Wiedergabe von Realität – noch den eigentlichen Stifter des Brauchgeschehens zeigt: den heiligen Martin selbst, wie er für einen der zu den Festivitäten seines Gedenktags erschienenen Bettler den Mantel zertrennt.

In der Motivik dem Gemälde teilweise verwandt, von der Intentionalität her jedoch grundlegend anders, nämlich primär allegorisch angelegt, ist ein Kupferstich von Jan of Lucas van Duetecum nach Hieronymus Bosch (Abbildung 11).[91] Die eine Generation vor Pieter Baltens Bild entstandene Darstellung – Boschs Originalzeichnung stammt aus der Zeit um 1500, ihre druckgraphische Vervielfältigung durch van Duetecum allerdings erst von ungefähr 1550 – versucht am Beispiel des heiligen Martin das Wesen des Bettelvolks zu zeigen. Ort der Handlung, auf deren verwirrende Figurenfülle hier nicht im Detail eingegangen werden kann, ist der Hafen einer Stadt. Die Bettler, wilde Horden sich schlagender und einander bekriegender Groteskgestalten, befinden sich größtenteils auf Schiffen, die deutlich an den Typus des Narrenschiffs bzw. dessen niederländisches Pendant, die »Blauwe Schuit«, erinnern.[92] In dem Wasserfahrzeug im Mittelgrund rechts ist genau wie bei Balten, der diese Vorlage möglicherweise gekannt hat, das Faß mit dem Martinswein samt den sich am Zapfstrahl Labenden zu sehen und darüber wieder die Fahne mit den zwei überkreuzten Krücken. Dem merkwürdigen Wasserszenario angemessen, erscheint sogar der heilige Martin selbst aufrecht in einem Kahn stehend, wo er sich gerade anschickt, den Mantel zu teilen. Aber noch ehe es ihm gelingt, mit dem Schwert die eine Hälfte davon abzutrennen, wird ihm schon der gesamte Umhang vom Ufer aus mit Gewalt entrissen. Und was der Gipfel der Dreistigkeit ist: während seiner ritterlichen Tat versuchen sich einige der zankenden Armen und Sonderlinge obendrein noch seines

Abbildung 11
Sankt Martin, Kupferstich von Jan of Lucas van Duetecum
(ca. 1530 – ca. 1608) nach Hieronymus Bosch (ca. 1450–1516),
um 1550

Pferdes zu bemächtigen. In der Bildunterschrift werden die gezeigten Zustände dementsprechend beklagt: Der gute Sankt Martin, heißt es sinngemäß, sei hier unter all dieses »cruepel vijl arm gespuijs« gestellt, das sich nach erhaltener Hilfe nun erst recht frech, lästig und händelsüchtig zeige.

Im Gegensatz zu dem Gemälde von Pieter Balten, wo bis auf die Einfügung der Gestalt des Heiligen zweifellos überwiegend reales Brauchgeschehen des 16. Jahrhunderts dokumentiert ist, handelt es sich bei der Darstellung von Hieronymus Bosch in Bezug auf die historische Wirklichkeit also nicht um ein Abbild, sondern um ein Sinnbild – und zwar für die schamlose Ausnutzung von Barmherzigkeit und für den Undank der Welt. Trotz dieser Komplizierung der Quellenlage aber hat das Blatt für uns doch einen hohen Informationswert. Daß Bosch, wie der Vergleich mit einigen Details bei Balten ergibt, selbst in der zeichenhaften Verfremdung des Themas noch gewisse real existierende Brauchphänomene seiner Zeit aufgegriffen hat, spielt dabei nur eine untergeordnete Rolle. Ganz entscheidend aber ist, daß er für eine Allegorie der Undankbarkeit und des Mißbrauchs von Nächstenliebe gerade das Beispiel Sankt Martin und dessen bräuchliches Umfeld wählte: Die Heischeformen der Bettler, Krüppel und sozial Verachteten am 11. November müssen wohl in der Tat sehr bedrängend und aggressiv gewesen sein, sonst hätte Bosch sich gewiß für ein anderes Paradigma entschieden. Arme, Kranke und Obdachlose, die meist scharenweise herumirrten, waren aus der Sicht der Obrigkeiten eine überaus schwierige und kaum zu disziplinierende Bevölkerungsgruppe. Nicht von ungefähr gab es in jeder größeren Stadt zu ihrer Beaufsichtigung und allabendlichen Ausweisung vor die Tore eigens einen Bettelvogt. Und daß sie natürlich am Martinstag, dem Fest ihres großen Schutzpatrons[93], ganz besonders fordernd auftraten, potentielle Gabenspender mehr als sonst bedrängten und nach dem Genuß des öffentlich ausgeschenkten Martinsweines vollends über die Stränge schlugen, war geradezu zwangsläufig.

Weit weniger problematisch verhielten sich, verglichen damit, die Schüler und Studenten beim Gabenheischen zu Martini, obwohl auch sie den Tag weidlich nutzten. Nach einem Bericht des Humanisten Hermannus Schottenius aus dem 16. Jahrhundert konnten manche auf ihren Bettelzügen solche Erfolge verbuchen, daß ihnen die Reste, die sie von den Martinsmählern mitnehmen durften, als Nahrungsvorrat für volle acht Tage reichten.[94] Die jungen Leute forderten allerdings nicht nur, sondern hatten auch etwas zu bieten, was ihnen bei ihren Hausbesuchen von vornherein Sympathien einbrachte: Sie trugen den versammelten Gästen Lieder vor, nicht selten sogar mehrstimmig. Wie sehr dieses Brauchelement in der Öffentlichkeit geschätzt wurde, belegt ein Beschluß des Rats der Stadt Celle. Als der nämlich 1567 das damals offenbar überhand nehmende allgemeine Heischen an den Abenden vor Martini, Neujahr und Dreikönig verbot, fügte er ausdrücklich hinzu: »Aber hierinne sollen die Schüler, welche mit drei oder vier stimmen singen, nicht gemeint sein, den dieselbigen mögen woll umbsingen.«[95] Die Martins-Heischelieder aus dieser frühen Zeit sind denn auch fast durchweg textlich wie musikalisch recht kunstvoll gestaltet. Eines der am besten ausgefeilten, in dem nach alter Scholarentradition jeweils eine deutsche und eine lateinische Zeile wechseln und aus dem zugleich hervorgeht, um was alles gebettelt wurde, ist folgendes:

»Pontificis eximii,
In sant Mertens ere
Patronique largissmi,
Den schol wir loben sere.

In cujus festo prospere
Zu weine werdent moste,
Et qui hoc nollet credere,
Der laß die wursen chosten.

Martinus Christi famulus
Was gar ein milder herre,
Ditari qui vult sedule,
Der volg nach seiner lere.

Et transmittant hic stantibus
Die pfennig aus der flaschen,
Et donet sicientibus
Den wein in großen flaschen.

Detque esurientibus
Die gueten feisten braten,

Gallinas cum cauponibus
Wir nemens ungesoten.

Vel pro honore dirigat
Die gens und auch die anten,
Et qui non bene biberit,
Der sei in dem banne.«[96]

Zur Darbietung kam diese Art von Liedern ihrer Kompliziertheit wegen, wie schon gesagt, bevorzugt in den Häusern. Mit der Zeit aber wurde zunehmend auch während des Umziehens auf der Straße gesungen, bis sich schließlich für die Umzüge selbst die Pauschalbezeichnung »Martinisingen« herausbildete.[97] So verlief die Entwicklung zumindest im Rheinland, wo eindeutig das Kerngebiet des Umzugswesens lag und wo es bis heute seinen Schwerpunkt hat.[98] Im Vorgriff auf unsere weiteren Ausführungen ist hier bereits anzumerken, daß es neben dem Heischen von Eßbarem, mit dem wir uns bisher ausschließlich beschäftigt haben, schon früh auch noch andere Umzugsmotive gab und nach wie vor gibt: 1. das Betteln um Brennholz fürs Martinsfeuer, 2. das Umtragen von Lichtern, Laternen und Lampions oder 3. das Begleiten einer bestimmten Brauchfigur. All diese Elemente können zudem in wechselnden Kombinationen auftreten. Im Interesse der Systematik unseres Überblicks und der besseren Orientierung wegen soll jedoch auf die genannten weiteren Brauchsegmente erst in den folgenden Abschnitten eingegangen werden.

Bleiben wir also zunächst noch beim bloßen Singen um Nahrungsmittel. Als das am weitesten verbreitete Heischelied – die Belege reichen von den Niederlanden bis ins westliche Pommern und von Schleswig-Holstein bis ins nördliche Rheinland, ins westliche Westfalen und nach Niedersachsen – darf wohl das Lied vom »Martinsvögelchen« gelten.[99] Was es mit dem Motiv des Martinsvogels genau auf sich hat, konnte von der Forschung bisher nicht befriedigend geklärt werden. Ziemlich sicher scheint nur, daß es sich dabei um keine Umschreibung für die Gans handelt. Welcher andere Vogel dann allerdings in Frage kommt, muß offenbleiben. Ein nicht näher bezeichneter »Vogel des heiligen Martin – avis sancti Martini«, dessen Flug offenbar als vorbedeutend galt, wird jedenfalls bereits im 12. Jahrhundert in einem Brief des französischen Theologen Petrus von Blois (Petrus Blesensis) erwähnt.[100] Und der früheste bislang bekannte Textbeleg für den deutschen, genauer den oberdeutschen Sprachraum ist eine Stelle in Hans Vintlers »Pluomen der tugent« von 1411, wo der Dichter – übrigens wiederum im Zusammenhang mit der Flugbeobachtung – sagt: »Ich haun gesechen sant Martis vogel.«[101] Das niederdeutsche Heischelied vom Martinsvögelchen ist zwar ohne Zweifel deutlich jünger; aber bis ins 17., vielleicht sogar ins 16. Jahrhundert könnten seine Wurzeln durchaus auch zurückreichen. Wegen ihres Platt sind die meisten der zahlreichen Varianten, die sich stets weiterentwickelt und immer wieder der Zeit angepaßt haben, für Süddeutsche nicht ganz leicht zu verstehen. Eine der sprachlich noch am einfachsten erschließbaren Versionen ist die folgende, aufgezeichnet in Lüneburg um 1870:

> »Mart'n, Mart'n Vaegelken
> Mit din vergüldten Snaewelken,
> Fleg so hoch bet aewer' Wim,
> Morg'n is dat Martin.
> Martin is 'n gouden Mann,
> De'n dat Geld vergünnen kann.
> De Appel un de Bern,
> De mag ick goar to gern,
> Naet smeckt ok all goud,
> Smit se in den Filshout.
> Mari, Mari, maok up de Dör,
> Dao sünd'n poar arme Kinner vör.
> Giff jüm wat un laot jüm gaon,
> Dat se ok noch wider kaomt
> Bet vör Naowers Dör.
> Naowers Dör is ok nich wit,
> Appel und Bern sünd ok all riep.«[102]

Der Liedinhalt gibt zwar auch keine weiteren Aufschlüsse über den Martinsvogel, dafür aber ist ihm zu entnehmen, wie sich der Heischebrauch im 19. Jahrhundert verändert hat. Die Ausübenden sind jetzt keine jungen Burschen und Halbwüchsigen mehr, sondern ausschließlich Kinder. Gesungen wird, statt ehedem in den Häusern, nur noch auf der Straße und vor den Türen; und die Gaben, um die man bettelt, haben

307

sich vom einstigen Gänsebraten und anderen Delikatessen auf Äpfel, Birnen und Nüsse reduziert.

Andere Heischelieder, die etwa zur selben Zeit dokumentiert wurden und überwiegend bis heute lebendig geblieben sind, bestätigen diesen Befund. Aus dem breiten Spektrum der Überlieferung sei hier wenigstens noch der neben dem Vögelchenlied wichtigste Typus wiedergegeben, der mit seinen geographischen Schwerpunkten Niedersachsen und Westfalen allerdings ein wesentlich kleineres Verbreitungsgebiet hat als jenes.[103] Eine Fassung, wie sie für die Gegend von Minden belegt ist und der wir wiederum aus Gründen der Verständlichkeit den Vorzug geben, lautet so:

»Marten, Marten, Jaustmann,
Däi et wolle dauen kann,
Dä Appeln un dä Bäern,
Dä Nütte meg ik gäern,
Junge Frue, junge Frue,
Lat mi nich tau lange stohn,
Ik mot noch hin noh Halle,
Halle is noch wit von hier.
Dat Himmelriek is oppedoen,
Schött wi alle ingohen,
All met usen Gästen,
Christus is de beste.
Ik hör de Schlüttels klingeln,
Ik glöw, se welt mi wat bringen,
Ik hör de Kisten klappen
Ik glöw, ik krig en Appel.«[104]

Der Variantenreichtum ist auch bei diesem Lied enorm. Paul Sartori hat 1907 allein für den seinerzeitigen Regierungsbezirk Minden über ein Dutzend lokaler Spielarten davon nachgewiesen. Einmal kündigen die Sänger wie im zitierten Beispiel an, sie müßten noch nach Halle (Westfalen), ein andermal nennen sie Köln als Ziel, in wieder anderen Fassungen ist nur allgemein von einer Sieben-Meilen-Strecke die Rede. Identisch bleibt jedoch, wenn auch unterschiedlich formuliert, stets der Kern: die Bitte um Äpfel, Nüsse und Birnen – bis auf eine Ausnahme aus Rödinghausen, wo zusätzlich noch Würste, und zwar möglichst keine kurzen, gefordert werden.[105]

Das alles zeugt von einer großen Lebendigkeit und hohen Intensität der Brauchpraxis. Daran hat sich auch in neuerer und neuester Zeit nichts geändert, im Gegenteil: Vor allem fürs Rheinland weisen die volkskundlichen Erhebungen der letzten Jahrzehnte eine ständige Zunahme der Belegorte aus.[106] Was freilich im gleichen Maße zugenommen hat, ist der Organisations- und Ästhetisierungsgrad des Martinisingens. Ohne Erwachsenenaufsicht herumziehende, die Häuser eher mit Geschrei als mit Gesang heimsuchende, hie und da sogar handfesten Unfug treibende Kinderscharen, wie sie noch um 1900 häufig unterwegs waren, gibt es heute praktisch nicht mehr. Längst haben Eltern, Kindergärten, Grundschulen und in manchen rheinischen Städten sogar spezielle Komitees die Gestaltung des Martinsabends an sich gezogen, bereiten die Umzüge vor, achten penibel darauf, daß das

Heischen ja nicht in Bettelei ausartet, sorgen für das Einüben »schönerer« Lieder und betreiben somit, zugespitzt gesagt, in erster Linie eine ihren eigenen pädagogischen Vorstellungen entsprechende Präsentation der lieben Kleinen in der Öffentlichkeit, anstatt diesen wirklich einen selbstbestimmten Freiraum zu gewähren.[107] Gerade unter erzieherischem Aspekt aber darf andererseits nicht unterschlagen werden, daß es im Zuge solcher Brauchveredelungen natürlich auch zu einer verstärkten Rückbesinnung auf den religiösen Kontext und dadurch wiederum zur katechetischen Vertiefung der Botschaft des heiligen Martin kommt.

In einer Hinsicht hat sich das Martinisingen allerdings nicht verändert: Während das ihm vergleichbare Sternsingen an Dreikönig von einem ursprünglich ebenfalls eigennützigen Gabenheischen seiner Träger durch kirchliches Eingreifen seit den späten 50er Jahren flächendeckend zu einer großen karitativen Aktion umfunktioniert worden ist[108], singen und heischen die Kinder an Martini nach wie vor für sich selbst.

Lucerna-Perikope: Feuer, Lichter, Lampions

Eine ähnlich alte Brauchform des Martinstages wie das Gabenheischen ist das Entzünden großer Feuer, das häufig in direkter Verbindung mit den Heischezügen steht und sich möglicherweise sogar komplementär zu diesen entwickelt hat. Die frühesten Nachweise solcher Martinsfeuer liegen – wir kennen diese Quellensituation auch bei vielen anderen Bräuchen – überwiegend in Form von Verboten vor, die natürlich stets darauf schließen lassen, daß eine Tradition schon eine Zeitlang existiert haben muß, ehe die Obrigkeit dagegen einschritt. Danach dürfte im niederrheinischen bzw. niederländischen Raum, dem Kerngebiet der Erstbelege, das Entzünden von Feuern am Martinsabend mindestens seit dem frühen 15. Jahrhundert eine verbreitete Gepflogenheit gewesen sein. Bereits 1443 kommt es nämlich in Dordrecht zu einem Verbot[109]; und 1448 bezeichnet eine Urkunde des Grafen Friedrich von Moers den Martinstag wegen der vielen an diesem Termin lodernden Feuer gar als »Funkentag«.[110] In der zweiten Hälfte des 15. und im 16. Jahrhundert schritt der Diffusionsprozeß des Brauchs dann offenbar ebenso zügig wie großflächig fort, was freilich auch zu vermehrten Auswüchsen führte. Dementsprechend wiederum häuften sich die Verbote: 1571 wurde in Overijsel, 1574 in Mechelen und 1583 in Utrecht das Abbrennen von Martinsfeuern unter Strafe gestellt.[111] Fortan ist die Belegflut kaum noch zu überschauen.

Daß sämtliche restriktiven Maßnahmen gegen den Feuerbrauch nur befristete Wirkung zeigten und seinem Fortbestehen im Endeffekt nichts anhaben, geschweige denn seine weitere Ausbreitung verhindern konnten, ist kaum verwunderlich. Schließlich war der brennende Holzstoß, um den man ausgelassen herumtanzte, von allen Brauchelementen des Martinstages das bei weitem spektakulärste und optisch eindrucksvollste. Eben dies mag mit ein Grund dafür gewesen sein, daß das Martinsfeuer auch relativ früh von der bildenden Kunst entdeckt wurde. Als eher marginales Hintergrunddetail war es übrigens bereits in dem allegorischen Kupferstich nach Hieronymus Bosch zu sehen, mit dem wir uns im vorangegangenen Abschnitt auseinandergesetzt haben (s. Abbildung 11). Als zentrales und ausschließliches Thema aber erscheint es dann in einem Gemälde von Maerten van Cleef, das im dritten Viertel des 16. Jahrhunderts vermutlich in Antwerpen entstanden ist und sich heute im Museum der schönen Künste in Dünkirchen befindet (Abbildung 12).[112] Diese volkskundlich hochinteressante Darstellung zeigt in der Mitte eines weiten städtischen Platzes den in hellen Flammen stehenden »Funken« mit dunkler Rauchsäule, der von einem Reigen übermütiger junger Leute hüpfend und winkend umrundet wird. Halblinks davor hat eine verärgerte Mutter ihren Sprößling soeben aus dem wilden Treiben herausgezogen und droht ihm nunmehr mit weit ausholender Hand Schläge an. Auf gleicher Höhe wie der Familienkrach spielt sich rechts eine derbe Raufszene ab: Vier junge Burschen prügeln sich mit Stöcken um ein weißes Fähnchen, das einer anscheinend um alles in der Welt nicht hergeben will und auf dem – ausgerechnet – der heilige Martin bei der Mantelteilung zu sehen ist. Solche und ähnliche Szenen dürften übrigens die Verbote der Obrigkeit ausgelöst haben. Ansonsten dreht sich alles ums Essen, Trinken und Gabenheischen. Während an der Häuserzeile hinter den Raufbolden aus zwei Fässern Wein in mitgebrachte Krüge abgefüllt wird, hat ein bacchantischer Zecher in der rechten unteren Bildecke sein Haupt mit Weinreben bekränzt und winkt mit einem gelb-rot-weißen Narrenwimpel.[113] Genau unterhalb des Feuers, im Vordergrund, füllt eine Frau mit Kind einem heischenden Knaben Nüsse in einen kleinen Pott, den er ihr vorhält. Links davon läßt, auf einer Schubkarre hockend, ein junger Mann an einer Kette ein Äffchen laufen und sieht zu, wie dieses sich aus einem Korb mit Äpfeln bedient. Und schräg dahinter endlich bettelt nochmal ein Kind einen würdevollen, älteren Herrn an, der ihm allerdings, anstatt etwas zu spenden, nur mit moralisierend erhobenem Zeigefinger die Verwerflichkeit des ganzen Treibens vor Augen führt. Einen lebendigeren Eindruck von der Bandbreite der Brauchrealität der Martinsfeuer im 16. Jahrhundert, als ihn dieses Bildzeugnis dank der genauen Beobachtungsgabe seines Künstlers liefert, könnte man sich kaum wünschen.

Die größte Aussagekraft innerhalb der frühen schriftlichen Quellen haben einmal mehr die erhaltenen Lieder, weil viele von ihnen Bestandteil des Brauchablaufs selbst waren. Als eines der ersten, die direkt mit dem Martinsfeuer verknüpft gewesen sein dürften, nennt Dietmar Sauermann ein Quodlibet bei Johann Fischart, dessen Aufzeichnung in etwa mit der Entstehungszeit des Gemäldes von Maerten van Cleef zusammenfällt.[114] Es lautet:

Abbildung 12
Das Martinsfeuer, Gemälde von Maerten van Cleef,
3. Viertel des 16. Jahrhunderts

»O Martein, Martein,
Der Korb muß verbrennt sein,
Daß Geldt auß der Taschen,
Der Wein in der Flaschen,
Die Gänß am Spiß,
Da sauff vnd friß.«[115]

Daß die in diesen Versen enthaltene Aufforderung, einen Korb zu verbrennen, tatsächlich auf den Brauchzusammenhang des Martinsfeuers anspielt, ist aufgrund späterer Lieder, in denen dasselbe Motiv wiederkehrt, nicht unwahrscheinlich. Die Überlieferung gerade durch Fischart darf uns jedoch keinesfalls dazu verleiten, mit Blick auf dessen Straßburger Herkunft solche Feuer zu seiner Zeit auch für den südwestdeutschen Raum anzunehmen. Da Fischart nämlich als weitgereister Mann den niederrheinischen und niederländischen Raum sehr wohl kannte, ist es genauso möglich, daß er die Textvorlage des Liedes dort kennengelernt und sie erst seinerseits in eine oberdeutsche Sprachform gebracht hat.

Weder geographische noch inhaltliche Zuordnungsschwierigkeiten gibt es dagegen im Fall des folgenden Lieds, das 1659 von Gisbertus Voetius dokumentiert wurde. Es ist eindeutig niederländischen Ursprungs und bezieht sich ebenso unmißverständlich auf die Sitte, am Martinsabend Feuer zu entzünden:

»Stookt vyer,
Maakt vyer,
Sinte Marten komt (al) hier
Met syne bloote arme,
Hye soude hem geeren warmen.«[116]

Was sich freilich bei diesem Lied noch nicht mit Sicherheit bestimmen läßt, ist seine konkrete Funktion in der Brauchpraxis, enthält es doch lediglich die allgemeine Aufforderung, Feuer zu machen, um den heiligen Martin, der nach der Mantelteilung selber friert, zu wärmen. Vermutlich wurde es hauptsächlich während der Vorbereitungen, beim Zusammentragen und Aufschichten des Holzstoßes, gesungen. Erst bei den etwas späteren Feuer-Liedern geht dann der Zweck aus ihrem Text klar hervor. Sie dienten nämlich dazu, Brennholz für den Martinifunken zu heischen.

In dieser inhaltlichen Spezifizierung existieren zum Beispiel auch Versionen des uns bereits bekannten Liedes vom Martinsvögelchen, dem wir bislang allerdings erst im Zusammenhang mit dem Heischen von Eßwaren begegnet sind. So wurde etwa im westlichen Verbreitungsgebiet des betreffenden Liedtyps gesungen:

»Synte Märten Vügelken,
Het so ein wacker Kügelken,
Kann so hauge fleigen
Öwer sünte Märten Bäume.
Sünte Märte is so kolt,
Giwet us doch ein Stückschen Holt,
Ein Stückschen Holt to bate.
Da kem en Mann met Stacken,
De will us en Fürcken macken,

Da kam en Mann mit Krücken,
De schlog dat Fürcken in Stücken.«[117]

Noch jüngere Lieder zum Holzheischen fürs Feuer greifen dann interessanterweise wieder das Motiv vom (Martins-)Korb als Brennmaterial auf, das bekanntlich schon in Fischarts frühem Beleg aus dem 16. Jahrhundert vorkommt. Demnach muß es sich dabei also doch um einen zeitlich weit zurückreichenden Topos handeln. In den südlichen Rheinlanden wurde jedenfalls im 19. Jahrhundert gesungen:

»Jet es jet ze steuere
Für os Meertesfeure,
Jet es en aale Meerteskörf,
Jet es en Schants udder en Beusch Strüü,
Verbrenne mer ösch de Läus udde de Flüü.«[118]

Oder in der Eifel:

»Dotz, dotz Dollendorf,
Jit us en ale Meerteskorf,
Jit us en Beusch Strüh,
Verbrenne mir Läus und Flüh.«[119]

Die zahlreichen erhaltenen, teilweise viele Generationen zurückreichenden Brennholz-Heischelieder zeigen, wie wichtig den Brauchträgern des Martinstags das Zustandekommen eines möglichst großen Funkens von jeher war. Die Feuer- und Lichtsymbolik spielt nämlich am Abend des 11. November eine überaus bedeutende, unter dem Aspekt des zeichenhaften Handelns vielleicht sogar die entscheidende Rolle. Martinsfeuer im Sinne von mächtigen Holzstößen, die als Abschluß und Höhepunkt gemeinsamer Umzüge in Flammen aufgehen, sind dafür allerdings nicht die einzige Ausdrucksform. Ein wahrscheinlich noch älteres Brauchelement dürften die transportablen Lichtquellen sein. So trugen die Teilnehmer an den Heischegängen, die ja in der Dämmerung oder bei Dunkelheit stattfanden, offenbar schon seit Jahrhunderten Fackeln oder brennende Kienspäne mit sich. Das Breviarium Grimani, eines der berühmtesten Stundenbücher aus dem niederländischen Raum, das um 1520 entstanden ist und heute in der Biblioteca San Marco in Venedig aufbewahrt wird, enthält hierfür einen schönen Bildbeleg (Abbildung 13).[120] Es zeigt als Miniatur zum Kalendarium des Monats November eben einen solchen Fackelzug heischender Musikanten, die am Martinsabend trommelnd und pfeifend von Haus zu Haus gehen und offenbar einen Narren voranschicken, der an die Türen klopfen muß.[121] Daß die Fackeln nicht etwa Beiwerk, sondern in der Tat zentrales Requisit sind, ergibt sich allein schon aus deren Größe: Sie müssen geschultert werden und ragen, senkrecht aufgestellt, über den Kopf ihrer Träger hinaus.

Mit den Jahrhunderten änderte sich die Art der bei den Martinszügen mitgeführten Lichter. Je jünger die Teilnehmer wurden – spätestens vom 19. Jahrhundert an rückten bekanntlich zunehmend die Kinder in den Mittelpunkt –, desto mehr kamen, vermutlich auch der geringeren Brandgefahr wegen, statt offenen Feu-

Abbildung 13
Martini–Heischezug mit Fackeln,
Kalendarium des Monats November
aus dem Breviarium Grimani,
flämisch, um 1520

Schuljugend auch oft mit ausgehöhlten und als Gesichter geschnitzten Kürbissen oder Zuckerrüben, in die ein Wachslicht gestellt wurde, bis sich dann etwa ab 1850 mehr und mehr die chinesischen Papierlampions durchsetzten, die man ebenfalls selbst herstellen und bunt bekleben oder bemalen konnte.[122] Diese Frühzeit der Lampionmode, die sich im Grunde bis in die Gegenwart gehalten hat, gibt ein Holzstich vom Martinsfest in Düsseldorf wieder, der in dem 1863 von Otto Freiherr von Reinsberg-Düringsfeld herausgegebenen Buch »Das festliche Jahr« erschienen ist (Abbildung 14).[123] Aufmerksamkeit verdient hier übrigens das Spannungsverhältnis zwischen harmloser Bürgerlichkeit einerseits und grotesken Traditionsrelikten andererseits: Während begleitende Mütter die kleineren Kinder fürsorglich an der Hand nehmen, sorgen zumindest einige der schon etwas größeren Jungen für ein regelrecht karnevaleskes Gepräge der Veranstaltung, indem sie, wie links außen zu sehen, ihr Gesicht hinter einer Schreckmaske verbergen oder sich mit einer Papierkrone auf dem Kopf von anderen auf den Schultern durch die Menge tragen lassen. Der Kontext von verkleideten und maskierten Gestalten in den Martinibräuchen soll jedoch erst im folgenden Abschnitt behandelt werden. Hier ist zunächst einmal die Beobachtung wichtig, daß alle Umzugsteilnehmer ohne Ausnahme mit Lampions ausgestattet sind. Das ostentative Mitführen einer Lichtquelle bildet also augenscheinlich das zentrale, gemeinsame Merkmal sämtlicher Martinszüge, und zwar damals wie heute.

ers geschlossene Laternen in Gebrauch. Da deren Gläser, vor allem dann die zylindrischen, aber wiederum zu wertvoll waren, als daß man sie den Kleinen gerne in die Hand gab, behalf sich die Kindergarten- und

Abbildung 14
Das Martinsfest in Düsseldorf um 1860, Holzstich

Was nun die Deutung des Lichterbrauchs betrifft, so sind dazu sowohl in der populären Vorstellungswelt als auch in der Wissenschaft allerlei Erklärungsmodelle entwickelt worden, die teilweise sogar Anlaß zum Schmunzeln geben. In den Niederlanden kursiert zum Beispiel, um mit einer vergnüglichen volkstümlichen Interpretation zu beginnen, die hübsche Legende, Sankt Martin habe auf einer Reise seinen Esel irgend-

315

wo festgebunden und dann den Menschen bis zum Einbruch der Dunkelheit gepredigt. Bei seiner Rückkehr zum Standort des Esels aber sei dieser verschwunden gewesen. Deshalb habe man ihn mit Laternen suchen müssen, und daran sollten die Lampionumzüge erinnern.124 Ungleich mehr Kopfzerbrechen hat die Lichterfrage der ernsthaften Forschung bereitet. Selbst Karl Meisen, dessen großer Aufsatz von 1968 über »Sankt Martin im volkstümlichen Glauben und Brauch« zu den kenntnisreichsten unter den einschlägigen Studien gehört, mußte sich in diesem Punkt auf eine, wie er selbst zugab, vage Spekulation beschränken. Und zwar zog er für seinen Deutungsversuch eine legendäre Begebenheit heran, die Gregor von Tours berichtet. Danach waren Hilfesuchende ans Martinusgrab nach Tours gepilgert und hatten dort ihre Anliegen vorgetragen. Da sie aber zweifelten, ob der Heilige sie auch wirklich erhören werde, verbanden sie mit ihren Gebeten die Drohung: »Wenn du nicht tust, um was wir dich bitten, so werden wir hier keine Lichter anzünden, dir keine Ehre mehr erweisen.«125 Meisens Folgerung daraus wörtlich: »Hier wird also deutlich ausgesprochen, daß der Heilige durch das Anzünden von Lichtern besonders geehrt werden soll und daß man ihn dadurch geneigt und willfährig machen kann, die Bitten der Verehrenden zu gewähren. Sollten nicht die Lichter, die von den Kindern bei den Umzügen am Martinsabend mitgeführt werden, ursprünglich den gleichen Sinn gehabt haben?«126 Die entscheidende Schwachstelle in Meisens Argumentation ist zweifellos das Kontinuitätsproblem der Überlieferung. Zwischen der durch Gregor von Tours aufgezeichneten Episode und der Ausprägung der Lichterbräuche im ausgehenden Mittelalter klafft immerhin eine zeitliche Lücke von einem knappen Jahrtausend. Daraus ergeben sich argumentative Schwierigkeiten gleich in mehrfacher Hinsicht: Wie hätte ausgerechnet diese vergleichsweise marginale Episode ein derartiges Gewicht erlangen sollen, daß sie schließlich gar brauchprägend wirkte? Auf welchen sonstigen Kanälen als in der Patristik könnte sie tradiert worden sein? Vor allem aber – wo wären die Medien und Mechanismen ihrer Popularisierung zu suchen gewesen? Dieser Beweisnot war sich Meisen natürlich bewußt. Als integerer und mit Quellen- wie mit Methodenkritik vertrauter Wissenschaftler machte er daraus auch keinen Hehl, sonst hätte er sein Lösungsangebot wohl kaum als offene Frage formuliert.

Eine befriedigende und überzeugende Erklärung des hohen Stellenwerts von Licht und Feuer in den Schaubräuchen zu Martini konnte erst die neuere volkskundliche Forschung liefern, indem sie einen in früheren Jahrhunderten ganz selbstverständlichen Wirkungszusammenhang wieder offenlegte, der lange Zeit vergessen und selbst Theologen nicht mehr bewußt war: die Abhängigkeit vieler Volksbräuche von den Vorgaben kirchlicher Schriftlesung. Nach der alten Leseordnung der römischen Kirche, die über mehr als ein halbes Jahrtausend hinweg praktisch unverändert blieb und die erst durch das Zweite Vatikanische

Konzil ihre Gültigkeit verlor, war nämlich für den Martinstag am 11. November als Evangelium jeweils verbindlich die sogenannte Lucerna-Perikope Lk 11, 33–36 mit der zentralen Aussage Jesu vorgeschrieben: »Niemand zündet ein Licht an und stellt es in ein Versteck oder unter einen Scheffel, sondern auf den Leuchter, damit alle, die eintreten, das Licht sehen.«[127] Diese markante Schriftstelle wurde nach traditioneller homiletischer Praxis pflichtgemäß Jahr für Jahr von den Predigern am Martinstag aufgenommen und mehr oder minder anschaulich ausgelegt. Ihre Adressaten wiederum, die Gläubigen, kannten die alljährlich zu bestimmten Tagen gleich wiederkehrenden Bibeltexte mit der Zeit sehr wohl und nahmen, was sie von den Kanzeln – meist ihrer einzigen Bildungsquelle – dazu hörten, durchaus interessiert auf. Und da die Volksreligiosität obendrein gerade im späten Mittelalter von einem ausgeprägten Schauverlangen und einem starken Bedürfnis nach Visualisierung durchdrungen war[128], lag für die Laien am Martinstag eigentlich nichts näher, als angeregt durch das Tagesevangelium und dessen Exegese das einprägsame Bild des Lichtes, das man nicht verstecken, sondern vor den Menschen leuchten lassen solle, aufzugreifen und es in konkreten Handlungen umzusetzen. So fand die Lucerna-Perikope letztendlich ihren brauchtümlichen Niederschlag in den abendlichen Umzügen mit realen Lichtern.[129]

Die Wiederentdeckung dieses engen Ineinandergreifens von Brauchübung und Perikopenordnung verdanken wir weitgehend den Arbeiten von Dietz-Rüdiger Moser, der hier seit den 80er Jahren Pionierarbeit geleistet hat.[130] Durch seinen Ansatz stehen nämlich der volkskundlichen Forschung nunmehr für zahlreiche, aus moderner Sicht scheinbar unverständliche Brauchformen plötzlich plausible Erklärungen zur Verfügung. So löst sich, um ein weiteres Beispiel zu nennen, durch Mosers Modell ähnlich der Frage der Laternenumzüge an Martini etwa auch das Rätsel des »Todaustragens« am Sonntag Laetare, bei dem man seit dem 14. Jahrhundert die Personifikation des Todes in Gestalt einer Strohpuppe vor das Stadttor trug und sie danach auf freiem Feld verbrannte.[131] Während dieser Brauch in neuerer Zeit gewöhnlich als eine Form der Winteraustreibung gedeutet wurde, liegt sein wahrer Ursprung in der Perikope des auf Laetare folgenden Donnerstags, die so wichtig war, daß die Priester meist schon am vorangehenden Sonntag darüber predigten. Und zwar lieferte den inhaltlichen Bezugspunkt die bekannte Evangelienstelle Lk 7,11–16 mit der Auferweckung des Jünglings von Naim, wo es über Jesus heißt: »Als er nahe an das Stadttor kam, siehe, da trug man eben einen Toten heraus [...].«[132] Genau zur Halbzeit der österlichen Bußperiode wurde damit die Überwindung des Todes durch den Erlöser, wie sie wenig später mit dessen Passion und Auferstehung ihre Vollendung findet, in einer an Lk 7,11ff. anknüpfenden, zeichenhaften Brauchhandlung nachvollzogen.[133]

Ebenso verständlich wird anhand der alten, vorkonziliaren Perikopenordnung, warum beispielsweise der am Nikolausabend meist mit einem finsteren Begleiter in die Häuser einkehrende Bischofsdarsteller die Kinder examiniert, sie Gebete sprechen, etwas vorsingen, ja sogar Auskunft über ihr häusliches und schulisches Betragen geben läßt, ehe er sie je nach Ergebnis der Befragung hinterher belohnt oder bestraft. Für die Meßfeier des Nikolaustags war nämlich durch das Missale Romanum als Evangelientext die Stelle Mt 25,14–23 vorgeschrieben, die das Gleichnis von den Talenten erzählt: Drei Knechte, denen von ihrem Herrn je eine bestimmte Anzahl an Geldstücken, eben an Talenten, anvertraut wurde, müssen bei dessen Rückkunft Rechenschaft darüber geben, wie sie mit dem ihnen überantworteten Gut umgegangen sind.[134] Diese Perikope des 6. Dezembers mit ihrer griffigen Thematik der Rechenschaftslegung vor Gott ließ es für die – im vorliegenden Fall übrigens stark von der gegenreformatorischen Adventspädagogik beeinflußten – Brauchgestaltung nur folgerichtig erscheinen, wenn der heilige Nikolaus, der ohnedies als Schutzpatron der Kinder und Schüler galt, beim Besuch der Wohnstuben von seinen Schützlingen ebenfalls Rechenschaft über ihre »Talente«, im übertragenen Sinn also über ihre Glaubenskenntnisse und ihr Schulwissen, forderte.[135]

Selbst einzelne Phänomene der Fastnacht wie deren vom 15. Jahrhundert an immer lauter werdendes Schellengedröhn standen in ganz sinnfälliger Beziehung zu den Perikopen des römischen Meßbuchs, denn als Epistel des Sonntags Quinquagesima, besser bekannt unter dem Namen Fastnachtssonntag, wurde stets die berühmte Paulus-Stelle aus dem 1. Korintherbrief (13,1ff.) gelesen, die mit den Worten beginnt: »Wenn ich mit Menschen- und Engelszungen redete, hätte aber die Liebe nicht, so wäre ich wie ein klingendes Erz und eine tönende Schelle.«[136] In dieser Aussage lag, wie sich durch ideengeschichtliche Detailstudien nachweisen läßt, ohne Frage die inhaltliche Begründung für die starke Betonung des Schellensymbols der Fastnachtsnarren, deren Unfähigkeit zur Gottes- und Nächstenliebe die geistlichen Kanzelredner immer wieder thematisierten.[137] Die Reihe solcher und ähnlicher Abhängigkeiten zwischen den Perikopen und Brauchformen an bestimmten Terminen des Kirchenjahres ließe sich noch lange fortsetzen, zumal Bräuche wie Oster-, Pfingst- oder Weihnachtsspiele ja ebenfalls allesamt auf den entsprechenden Schriftlesungen der jeweiligen Festtage im christlichen Kalender beruhen.

Wir beschließen damit unseren kleinen Exkurs, der jedoch notwendig war. Hätten wir nämlich nur ein einzelnes Brauchphänomen nach dem hier vorgestellten Modell gedeutet, so wäre bei manchem Skeptiker vielleicht doch ein gewisses Unbehagen geblieben, weil rein zufällige Übereinstimmungen von Motiven immerhin nie ganz auszuschließen sind. Spätestens nach den weiteren oben angeführten Beispielen aber dürfte wohl kaum noch ein Zweifel bestehen: Amtskirchliche Verkündigung und volkstümliche Brauchpraxis weisen unbestreitbar Beziehungen auf, wenn auch die genauen Vermittlungsmechanismen zwischen den beiden Ebenen in Wirklichkeit komplizierter sind, als es in der ersten Euphorie der Entdeckung ihres Zusammenhangs scheinen mag. Dennoch können wir, ohne wegen dieser letzten Einschränkung eine unzulässige Verkürzung zu riskieren, als Faktum festhalten, daß die bis heute zentrale Betonung von Licht und Feuer im Martinsbrauch, deren phänomenologisches Spektrum von den umgetragenen Laternen bis hin zu den mächtigen Funken reicht, mit an Sicherheit grenzender Wahrscheinlichkeit tatsächlich aus der Lucerna-Perikope (Lk 11,33–36) des Tagesevangeliums resultiert.

Im Ablauf unserer Darstellung begegnet uns damit also erstmals eine Brauchfacette mit etwas anderer Qualität: Während sämtliche Handlungselemente, mit denen wir uns zuvor beschäftigt hatten, rein ökonomisch bedingt waren und auch der Versuch der nachträglichen Legitimation des Heischens aus der Freigebigkeit des heiligen Martin eher aufgesetzt wirkte, hat der Lichterbrauch zumindest seinem Ursprung nach eindeutig einen katechetischen Anknüpfungspunkt. Reichlich naiv wäre es nun allerdings, wollte man daraus schnurstracks den Schluß ziehen, die spätmittelalterlichen Fackelzüge an Martini seien aus frommen, womöglich gar von der Kirche selbst gestifteten religiösen Umgängen mit der Empfehlung des Lichtertragens entstanden. Sowohl die Miniatur aus dem Breviarium Grimani (vgl. Abbildung 13) als auch das Gemälde von Maerten van Cleef (vgl. Abbildung 12) sprechen hier eigentlich eine ganz andere Sprache. In der Tat ist angesichts der karnevalesken Aspekte des Martinstags als Schwellenfest vor einer Fastenzeit viel eher davon auszugehen, daß die Brauchträger ihre Rolle keineswegs im braven Vollziehen und lammfrommen Ausführen kirchlicher Handlungsanweisungen sahen, sondern daß sie – ganz im Sinne der närrisch verkehrten Welt – die Evangelienbotschaft des Martinstages, man solle sein Licht vor den Menschen leuchten lassen, eigens nur deshalb aufgriffen, um sie parodierend, persiflierend und pervertierend ins Lächerliche zu ziehen. An der Tatsache, daß die Perikope damit dennoch – wenngleich auf etwas vertracktere Weise – impulsgebend für den Lichterbrauch gewesen wäre, ändert dies überhaupt nichts. Ein solcher Verlauf der Brauchentwicklung dürfte der Realität jedenfalls recht nahekommen, da die Transformationsprozesse von der Kultur der Herrschenden, also auch der Kirche, in die Volkskultur fast immer in mehrfachen Brechungen und nur selten geradlinig verlaufen.

Spätestens seit dem Zeitalter der Aufklärung verflüchtigte sich die Erinnerung an den wie auch immer gearteten Zusammenhang zwischen Lucerna-Perikope und Laternengehen mehr und mehr. Inzwischen ist er völlig in Vergessenheit geraten, selbst unter den Theologen. Um so bemerkenswerter scheint deshalb, daß es heute gerade die Laternen und Lampions sind, die das optische Bild der Martinsbräuche am nachhaltigsten prägen. Der Grund dafür ist offenbar die große Faszination, die das nächtliche Herumgehen mit einer solchen, womöglich sogar selbst gebastelten

Abbildung 15
Kinder beim Laternenumzug am Martinsabend,
Bad Waldsee

Lichtquelle auf Kinder ausübt (Abbildung 15). Bloß noch im Zeichen dieses Erlebnisses für die Kleinen und so gut wie überhaupt nicht mehr in der Tradition des Andenkens an den Heiligen stehen denn auch die zwei derzeit bekanntesten Umzugslieder. Beide sind im ausgehenden 19. Jahrhundert im nord- bzw. im nordwestdeutschen Raum entstanden und werden mittlerweile im gesamten deutschen Sprachgebiet gesungen.[138] Kaum ein Kindergarten, in dem man den Kleinen für den 11. November nicht beibringt:

»Laterne, Laterne,
  Sonne, Mond und Sterne!
  Brenne auf, mein Licht,
  Brenne auf, mein Licht,
  Aber nur meine liebe Laterne nicht!«[139]

Und genauso profan ist der Inhalt der anderen, praktisch themengleichen Kreation:

»Ich geh mit meiner Laterne,
  Und meine Laterne mit mir.
  Da oben leuchten die Sterne,
  Hier unten leuchten wir.
  Mein Licht geht aus,
  Wir gehen nach Haus,
  Rabimmel, rabammel, rabum.«

Während das erste Lied auf jeden textlichen Bezug zum Namenspatron des Martinstages verzichtet, enthält das zweite in einer seiner weiteren Strophen immerhin die abgewandelten Refrainzeilen:

»Der Martinsmann,
  Der zieht voran,
  Rabimmel, rabammel, rabum.«[140]

So vage der Inhalt des letztgenannten Liedkehrreims vom theologischen Standpunkt her auch klingen mag – für die volkskundliche Betrachtung ist er dennoch nicht uninteressant, liefert er mit der Erwähnung des »Martinsmanns« doch den Hinweis auf eine der zahlreichen verkleidet auftretenden Umzugsgestalten des 11. November, von denen im folgenden Abschnitt die Rede sein soll.

Verwerfungen in der Brauchlandschaft: Umzugsfiguren und Schreckgestalten

Im doppelten Wortsinn ein Kapitel für sich ist die breite Palette an Maskierungen und Vermummungen, die ebenfalls zum Gesamtkomplex der Bräuche rund um Sankt Martin gehören. Seit dem 17. Jahrhundert sind solche Gestalten durch schriftliche Quellen belegt, wahrscheinlich aber reicht ihre Tradition noch wesentlich weiter zurück. Interessant ist zunächst einmal, daß in manchen Gegenden Norddeutschlands wie auch der Niederlande als Gabenbringer der Weihnachtszeit nicht nur Sankt Nikolaus und/oder das Christkind galten, sondern daß in derselben Funktion auch der heilige Martin auftreten konnte. Ein Dekret des Herzogs Gustav Adolf von Mecklenburg von 1682 schildert dies sehr anschaulich. In der Absicht, dem damals offenbar schon stark ausartenden Treiben Einhalt zu gebieten, wird dort nämlich beklagt, daß »nunmehro die Advents-Zeit und das drauf folgende Heilige Christ-Fest herbey kömt, da dem gemeinen Gebrauch nach allerhand vermummte Personen unter dem Namen des Christ-Kindleins, Nicolai und Martini, auff den Gassen umher lauffen, in die Häuser entweder willig eingeruffen werden, oder auch in dieselbe sich hineindringen, dergestalt, daß den Kindern eingebildet wird, als wäre es das ware Christ-Kindelein, welches sie anzubeten angemahnet werden, Nicolaus und Martinus auch als Intercessores, bey demselben die Kinder zuvertreten sich annehmen, auch sonsten andere nichtige, unchristliche, muthwillige Dinge in Worten und Werken, vornehmen, und treiben [...].«[141] Ihre geschichtlichen Wurzeln, so faßt das Dekret vor der eigentlichen Formulierung des Verbots seine Kritik zusammen, habe die »repraesentatio scandalosa« zweifellos in dem »abergläubischen und abgöttischen Pabstthum«. Diese letzte Behauptung ist – trotz oder gerade wegen ihrer Konfessionspolemik – insofern aufschlußreich, als sie von einem engen Zusammenhang zwischen Brauchpraxis und römisch-katholischer Kirche ausgeht. Wichtiger aber scheint in unserem Fall, daß man es dem Wortlaut des Textes nach mit der Bindung des heiligen Martin an seinen angestammten Termin am 11. November offenbar nicht besonders genau nahm, sondern ihn bevorzugt im Advent oder gar an Weihnachten selbst auftreten ließ, indem man ihn kurzerhand den Bescherfiguren dieser Festperiode zugesellte. Der Grund dafür liegt auf der Hand: Die in der Vita dominante Mantelteilungslegende qualifizierte ihn vor allem als Schenkheiligen, und das war Rechtfertigung genug, ihn nicht nur inhaltlich, sondern eben auch zeitlich in die unmittelbare Nachbarschaft von Nikolaus und dem Christkind zu stellen.

Die in der mecklenburgischen Quelle von 1682 genannte Figurenkonstellation Christkind, Nikolaus und Martin ist damals ebensowenig ein Einzelfall wie die Lockerung der Bindung des heiligen Martinus an den Termin seines Gedenktags. Genau zwei Jahrzehnte später wird beides nämlich bestätigt durch eine Schrift aus Sachsen mit dem ebenfalls brauchkritischen Titel »Curiöser Bericht wegen der schändlichen Weynacht-Larven so man insgemein den Heiligen Christ nennet«. Konkret heißt es dort, daß in der Vorweihnachtszeit »vermumte Personen mit klingenden Schellen herumlauffen / sich vor des H. Christs Knecht / Sanct Martin oder Niclas ausgeben / die Kinder erschrecken / zum Beten antreiben / und mit etwas wenigen beschenken.«[142] Martin war demnach als Gabenspender der Advents- und Weihnachtszeit offenbar weit verbreitet. Die Streuung seiner Auftritte über die gesamten Vorweihnachtswochen hinweg bis einschließlich Heiligabend hinderte allerdings keineswegs daran, ihn dazuhin auch noch an seinem eigentlichen Festtag am 11. November in persona agieren zu lassen. Das geht aus dem sächsischen Bericht von 1702 ebenfalls klar hervor, in dem weiter gesagt wird: »Dieser Gauckeley haben wir zwei solenne Vorblick / nemlich Martini- und Nicolai-Fest / an welchen die Kinder mit Most / Äpffeln / Nüssen und anderen Geschenken erfreuet werden.« Da mit dem Sammelbegriff »Gauckeley« eben die genannten Maskenauftritte gemeint sind, beziehen diese sich also eindeutig gleichermaßen auf den Martinstag. Durch das dem Heiligen zugesprochene Image der Freigebigkeit war der 11. November ohnedies schon lange zu einem der klassischen Kinderbeschenkungstermine neben Nikolaus und Heiligabend geworden.

Hausbesuche einer verkleideten Martinsgestalt, die in Form und Ablauf weitgehend dem Einkehrbrauch des heiligen Nikolaus ähnelten und entweder am Gedenktag selbst oder an anderen Tagen der Folgewochen bis hin zum Christfest stattfanden, hatten mit der Zeit eine weite Verbreitung. Die größte Dichte der Belege findet sich erwartungsgemäß einmal mehr im norddeutschen Raum und in den Niederlanden. Von dort teilt Otto Freiherr von Reinsberg-Düringsfeld um 1860 eine ganze Reihe von Beispielen mit[143]: In der Gegend von Antwerpen betrat ein Mann in Bischofskleidung mit Mitra und Krummstab die Wohnstuben, erkundigte sich, ob die Kinder artig gewesen seien, und schenkte ihnen dann Äpfel, Nüsse, Backobst und Kuchen oder ließ, wo nötig, eine Rute zurück. In manchen flämischen Orten wiederum existierte Sankt Martin – wie übrigens Nikolaus teilweise auch[144] – zwar nicht als reale Person, aber dafür um so intensiver in der Phantasie der Kinder. Dort warfen nämlich die Eltern von der Tür aus Äpfel, Nüsse, Zuckerwerk und Pfefferkuchen in die Stube und sagten den Kleinen nachher, der heilige Martin habe dies alles gebracht. In Ypern hängten die Kinder abends in den Kamin einen mit Heu gefüllten Strumpf, der dann am anderen Morgen kleine, angeblich von Sankt Martin stammende Geschenke enthielt. Dahinter steckte – neuerlich analog zu Nikolaus[145] – die Vorstellung, der Heilige reite bei Nacht mit seinem Schimmel über die Schornsteine und zeige sich erst erkenntlich, wenn für diesen ein wenig Futter bereitgelegt sei. Im Norden der Niederlande und in Limburg, dort besonders in Roermond und Venlo, weiter in Mecklenburg und in der Altmark bekamen die Kinder am Martinsabend ebenfalls Äpfel, Birnen, Nüsse und Brezeln, wobei man ihnen dazu erzählte, Sankt Martin höchstpersönlich habe die Gaben gespendet. Vereinzelt trat der bräuchliche Martinus aber auch gar nicht als Bescherender, sondern als Heischender auf. So wurde beispielsweise in Mecheln und einigen anderen Orten der Martinusdarsteller, ein etwas älterer Junge mit einem langen Flachsbart, von vier Buben mit Papiermützen, geschwärzten Gesichtern und Schnurrbärten auf einem Tragesessel in die Häuser gebracht, um dort die Gaben der Bewohner in Empfang zu nehmen.

Insgesamt war das Spektrum dessen, was die Volksphantasie in den Spielbräuchen aus dem Heiligen gemacht hatte, überaus breit. Es reichte von würdevollen Inszenierungen voller Theatralität bis hin zu grotesken Verzerrungen, die entweder Furcht

Abbildung 16
*Der Pelzmärtel, Lithographie von
Franz Graf von Pocci*

und Schrecken auslösten oder aber an Komik nichts zu wünschen übrig ließen. So kam nach Reinsberg-Düringsfeld einerseits etwa im einstigen Österreichisch-Schlesien der heilige Martin am Vorabend seines Festtages Respekt gebietend auf einem Schimmel geritten, um den Kindern seinen Besuch abzustatten, während andererseits im Raum um Ansbach ein wüster Geselle mit dem Namen »Pelzmärtel« umging, der wild durch die Häuser lief und die Kleinen erst gehörig schreckte, ehe er mit Äpfeln und Nüssen um sich warf. Wie man sich eben diese letztere Gestalt ungefähr vorstellen muß, die übrigens von Martin nur noch den Namen hatte und häufig auch nicht mehr an dessen Gedenktag, sondern am Nikolausabend auftrat, entnehmen wir einer Darstellung des spätromantischen Märchenbuch-Illustrators Franz Graf von Pocci, der den »Pelzmärtel« ins Bild gesetzt hat (Abbildung 16).[146] Es handelt sich dabei um einen unproportionierten Kinderschreck mit stechendem Blick, exotischer Kleidung, Strafruten in der Hand und einem Sack auf dem Rücken, in dem ein paar kleine Buben stecken – im Grunde also um eine Figur, die tatsächlich eher ins Umfeld des Nikolaus verweist, ja die vom Erscheinungsbild her sogar weitgehend identisch ist mit dessen bekanntestem Begleiter, dem Knecht Ruprecht.[147] Der »Pelzmärtel«, zumindest wie Pocci ihn sah, erweist sich somit in mehrfacher Hinsicht als ein Mischwesen: Während sein Name eindeutig von Martinus herrührt und sein Auftreten ebenso unübersehbar aus Elementen der Nikolaustradition schöpft, hat er weder mit dem Bischof von Tours noch mit jenem von Myra viel gemeinsam, sondern ist vom Heiligendarsteller zur bloßen Dämonengestalt mutiert.

Die eigentümlichsten Zwittererscheinungen zwischen den Brauchgestalten Martinus und Nikolaus haben sich seit der Reformation in Südwestdeutschland ausgeprägt, wo das allgegenwärtige Aneinandergrenzen und oft vertrackte Ineinandergreifen von evangelischen und katholischen Territorien insbesondere die protestantische Bevölkerung in den unmittelbaren Begegnungszonen beider Konfessionen stark verunsicherte. Während die Bewohner der altgläubig gebliebenen Landschaften unbeirrt an Nikolaus als Gabenbringer festhielten, lehnten die Kirchenoberen der reformierten Gebiete dessen weitere Verehrung als Heiligen strikt ab, verhielten sich aber andererseits aus Gründen, denen wir uns später noch zuwenden werden, in Bezug auf Martinus relativ tolerant. Dementsprechend stellt sich die geographische Verteilung der Auftritte der Figuren Nikolaus und Martin bzw. irgendwelcher Mischwesen aus beiden dar. Neben einer ersten Analyse von Umfrageergebnissen der Jahrhundertwende durch Karl Bohnenberger[148] und den Erhebungen zum Atlas der deutschen Volkskunde aus den Jahren 1928 bis 1933[149] gibt hierüber vor allem ein 1958 veröffentlichter Beiträg von Helmut Dölker[150] Auskunft. Danach tritt, grob eingegrenzt, im katholischen, ehemals vorderösterreichischen Gebiet von der Donau bis zum Bodensee, im Hohenzollerischen und im südlichen und mittleren Schwarzwald am 5./6. Dezember als Brauchgestalt der Nikolaus auf, während in Ostschwaben und den nördlich anschließenden fränkischen Regionen statt des Bischofs von Myra traditionell am 10./11. November der heilige Martin als Bescherfigur fungiert.[151] Zwischen diesen beiden Brauchregionen mit ihren jeweils klaren Bezügen entweder zu Nikolaus oder zu Martin liegt, geographisch nahezu identisch mit dem altwürttembergischen Kernland, ein Übergangsraum[152], in dem terminlich losgelöst von den Festen der genannten Heiligen teilweise noch bis heute zwischen dem 11. November und Weihnachten eine vermummte Gestalt in Erscheinung tritt, die sich »Pelz-, Nuß-, Rollen-« oder »Schellenmärte« nennt.[153]

Einer der Orte dieses Mischgebiets der Brauchformen ist Sprollenhaus im Nordschwarzwald, wo der »Pelzmärtle« – so die schwäbische Verkleinerungsform – sich bis in die Gegenwart erhalten hat und am Heiligen Abend als finsteres Pendant des Christkinds umgeht. Träger des dortigen Weihnachtsbrauchs, der hier kurz beschrieben werden soll, sind die 18- bis 25jährigen ledigen Burschen und Mädchen, die unter strikter Trennung der Geschlechter unabhängig voneinander agieren. Um den Pelzmärtle kümmern sich dabei die jungen Männer, während das »Christkindle« eine Angelegenheit der Mädchen ist. Die Ausstaffierung des Märtle bedarf wochenlanger Vorbereitungen, weil er vom Hals bis zu den Füßen in dicke Strohseile gewickelt wird, die eine Gesamtlänge von bis zu 70 Metern ha-

Abbildung 17
Pelzmärtle am Heiligabend in Sprollenhaus/Nordschwarzwald

ben und jedes Jahr neu geflochten werden müssen. Allein der Vorgang des Einbindens dauert runde vier Stunden und macht den Hauptakteur zu einem nur noch beschränkt bewegungsfähigen, puppenartigen Monstrum, das zum Schluß zwei Schellenriemen mit 14 Glocken umgehängt bekommt, in der Hand eine Birkenrute hält und durch eine übers Gesicht gezogene schwarze Zipfelmütze samt langem Flachsbart völlig unkenntlich ist. In dieser Vermummung wird der Pelzmärtle bei Einbruch der Dunkelheit, gestützt von drei Helfern und begleitet von acht bis zehn mit Lederpeitschen knallenden Treibern, durch die Straßen geführt. An den Häusern, in denen Familien mit Kindern wohnen, fragen die Mitglieder der Gruppe zunächst vorsichtig: »Därf der Pelzmärtle 'nei [= hinein]?« Wird dies bejaht, was wegen der Verschmutzungsgefahr der Räume durch verlorenes Stroh keineswegs überall der Fall ist, betritt der Märtle samt Gefolge zielstrebig die Weihnachtsstube, wo der Christbaum steht, und »hopft« [= hüpft] dort gleich zum Auftakt ein paarmal fast bis zur Decke, um seine Schellen zum Klingen zu bringen. Die Begleiter werfen unterdessen »Brötle« (= Gebäck) und »Gutsle« (= Süßigkeiten) auf den Tisch. Als Höhepunkt des seltsamen Rituals tragen die Kinder Weihnachtsverse und -lieder vor, die der Pelzmärtle äußerlich regungslos und ohne auch nur ein Wort zu sagen anhört (Abbildung 17). Schließlich verläßt er das Haus genauso stumm, wie er gekommen ist, während seine Mitspieler beim Gehen noch schnell etwas Geld zugesteckt bekommen.

Wesentlich leichteren Einlaß in die Wohnungen als der Pelzmärtle findet das Christkindle, das früher immer erst nach jenem anklopfen durfte, heute aber

Abbildung 18
Christkindle am Heiligabend in Sprollenhaus/Nordschwarzwald

meist den Anfang macht. Auch diese Gestalt ist vollständig maskiert. Sie trägt ein brautkleidähnliches, weißes Gewand, verbirgt das Gesicht hinter einem dichten, bis zur Brust reichenden Schleier und hat auf dem Kopf ein Krönchen aus Goldpapier. Als Begleiterinnen fungieren zwei Mädchen in langen Abendroben, die ebenso wie die Hauptfigur je eine mit goldfarbenen Bändern umwickelte Rute in der Hand halten. Dem Christkindle sagen die Kinder neuerlich Verse auf und singen ihm Lieder vor, worauf die drei Besucherinnen in ein Gabensäckchen greifen und Geschenke verteilen, die ihnen beim Betreten der Wohnung von den Eltern zugespielt worden sind (Abbildung 18). Neben der herkömmlichen Form des Umgangs und der Einkehr der weihnachtlichen Gestalten hat sich in Sprollenhaus noch ein originelles Brauchdetail entwickelt. So darf der Pelzmärtle, wenn er unterwegs dem Christkindle begegnet, dieses in die Arme nehmen und küssen.[154]

Offensichtlich haben wir es hier also gleich mit einem ganzen Bündel kompliziertester Brauchverlagerungen und -vermischungen zu tun: Aus den ursprünglichen Heiligenfiguren Martinus und Nikolaus bzw. aus deren Profanierung zu den grobianischen Wesen Märte und Klaus[155] ist der wunderliche Zwitter des Pelzmärtle geworden. Der wiederum hat sich terminlich vom katholischen Feiertag des 6. Dezember ebenso gelöst wie vom interkonfessionell wichtigen Fest des 11. November[156] und ist statt dessen auf den 24. Dezember gewandert, um an Heiligabend eine Partnerschaft mit dem Christkind einzugehen, das von evangelischer Seite, und zwar wahrscheinlich bereits von Martin Luther selbst, als einzige, theologisch wirklich vertretbare Bescherfigur der Advents- und Weihnachtszeit propagiert wurde.[157] Daß eben der letztere Versuch reformierter Kreise, die weihnachtlichen Gabenbringer ausschließlich aufs Christkind bzw. den »Heiligen Christ« zu reduzieren, nur bedingt Erfolg zeitigte, ist nicht allein am Überleben des Pelzmärtle neben dem Christkindle im Nordschwarzwald zu erkennen, sondern eher noch deutlicher auf der Ostalb am Fortexistieren des »Märte« als Beschergestalt des Martinstags selbst.

Wieweit dieser Märte des 11. Novembers sich im Lauf der Zeit seinerseits vom Bild des mantelteilenden Heiligen entfernt hatte und wie seine Auftritte vonstatten gingen, erfahren wir kurz nach der Mitte des 19. Jahrhunderts durch Anton Birlinger, der für Eglingen bei Heidenheim folgendes berichtet: »An dem Märtisabend geht's lustig her. Es wird im Hause gezecht, gebacken und gebraten. Während des Schmauses wird einer außen mit einem großen Tuch, Mantel etc. ganz umhüllt und mit einer Schelle versehen. Mit dieser klopft er an die Läden. Endlich kommt er in die Stube herein und leert einen Sack Nüsse gerade auf den Stubenboden und hat sein Vergnügen, wenn man sich recht darum reißt.«[158] Fast identisch hatte ein Jahrzehnt vor Birlinger Ernst Meier den Brauchablauf für zwei andere Gemeinden geschildert: »Zu Herbrechtingen und Königsbronn wurde sonst am Martinsabend der Pelzmärte (Pelz-Martin) wie am Weihnachtsabend aufgeführt. Er ging vermummt, geschwärzt und mit einer Kuhschelle behangen umher und theilte theils Schläge, theils Äpfel und Nüße aus, die er ins Zimmer warf.«[159] Interessant ist hierbei, daß der Märte in diesen zwei Orten, beide wiederum zum Kreis Heidenheim gehörig, offensichtlich gleich zweimal auftrat, nämlich am 11. November und am 24. Dezember. Im Raum Aalen wiederum trat der Schellenmärte nach der Oberamtsbeschreibung von 1854 nur einmal auf, aber weder am Martinstag noch an Weihnachten, sondern als Gabenbringer, »welcher in der Adventszeit den Christbescheerungen vorangeht«.[160] Heute konzentrieren sich die noch verbliebenen Auftritte des Pelz-, Nuß- oder Schellenmärte im Ostalbkreis dagegen vorwiegend auf Martini selbst, wobei er nach einer Erhebung von 1961 meist »gekleidet in Pelz oder grobem Tuch, mit Schellenringen um den Hals und eine Rute in der Hand« umgeht.[161] Allerdings scheint der Märte als Bescherfigur in Ostschwaben und den nördlich anschließenden fränkischen Regionen inzwischen zunehmend Konkurrenz vom weiträumig populäreren Nikolaus oder Weihnachtsmann zu bekommen.[162]

Kaum geringer als im Schwäbischen ist der Deformierungsprozeß, dem die bräuchliche Martinsgestalt im niederdeutschen Raum ausgesetzt war: Der in Westfalen verschiedentlich bei den Lichterumzügen mitgeführte oder diesen voranschreitende »Martinimann«, wie ihn das Lied »Ich geh mit meiner Laterne« in einer seiner Strophen anspricht[163], stellte sich spätestens bis zum Ende des 19. Jahrhunderts derart profaniert dar, daß er mit den idealtypischen, durch die christliche Ikonographie vermittelten Bildern von Sankt Martin praktisch so gut wie überhaupt nichts mehr gemein hatte. Ähnliches gilt wohl auch für den Martin in den Laternenzügen des Rheinlands. Seine Beschreibung in der Kölner Volkszeitung vom 12. 11. 1890 paßt jedenfalls auf einen römischen Offizier ebensowenig wie auf einen würdigen Bischof: »In einem Zuge hockt auf einem Karrenpferde eine Art Vogelscheuche. Ein Bursche mit einer schmutzigen Pferdedecke behangen und einem Barte von Flachs sollte den heiligen Martin vorstellen.«[164] Erhalten hatte sich also bei der Umzugsfigur, wohl in Anlehnung an die meist berittenen Martinus-Abbildungen in der Sakralkunst, immerhin noch das Pferd als Requisit, ansonsten war sie zum reinen Groteskwesen degeneriert. Erst im Lauf des 20. Jahrhunderts vollzog sich, wie wir noch sehen werden, eine breite Rekatechisierung der Umzüge und damit einhergehend auch die Verwandlung des häßlichen Martins bzw. Martinimanns alten Stils in einen schönen Bischof oder Ritter hoch zu Roß.

Eine besondere Spielart der Maskengestalten des Martinsabends hat sich noch in der Pfalz ausgeprägt, allerdings geographisch sehr eng begrenzt auf Ludwigshafen und dessen unmittelbare Umgebung. Statt einer männlichen Figur ging nämlich dort spätestens seit der zweiten Hälfte des 19. Jahrhunderts, ganz allein und nicht an einen Laternenumzug gebunden, das Martiniweibchen um.[165] Seine Entstehung wird man wohl kaum einer stringenten ideengeschichtlichen Entwicklung als vielmehr irgendeinem wie lange auch immer zurückliegenden Spontaneinfall zuzuschreiben haben, zumal als Trägerin des Brauchs die Schuljugend fungierte. Einen detaillierten Bericht darüber, wie sich dieses merkwürdige Phänomen kurz vor der Jahrhundertwende darstellte, verdanken wir Karl Kleeberger, der damals in Ludwigshafen Lehrer war. Er erinnerte sich später: »Hier in Ludwigshafen a. Rh. sah ich erstmals das Martiniweibchen und zwar in der Bismarckstraße in der Nähe vom städtischen Ratskeller. Es war an Martini Ende der 80er Jahr abends gegen 6 Uhr. Ein größerer Junge von etwa 14 Jahren stak in alten Frauenkleidern, hatte ein Kopftuch auf, trug einen Sack und einen Knuppelstecken in der Hand. Das ganze war eigentlich eine häßliche, schlampige Erscheinung. – Vor ihr rissen die Kinder, besonders schulpflichtige Mädchen, die um diese Zeit noch auf der Straße waren oder aus Neugier vor der Haustüre standen, aus und flüchteten in die Hausgänge oder Toreinfahrten, bis wohin sie die Schreckgestalt mit dem Stocke drohend verfolgte. Wanderte dann die Maske auf der Straße weiter, kam auch der Kinderschwarm wieder zum Vorschein und zog lärmend eine Strecke hinten nach. Sonderlich Furcht schienen sie nicht gehabt zu haben, die Mummerei erschien mir fast wie ein Spiel. – Andern Tags in der Schule erfuhr ich dann, daß das Gespenst ›das Martiniweibchen‹ oder ›s Martiniweibel‹ genannt werde. Den kleineren Kindern drohe man, wenn sie nicht brav seien oder nicht rechtzeitig von der Gasse heraufkämen: ›Wart nur, 's Martiniweibel holt dich und steckt dich in den Sack!‹«[166]

Weitere Auftritte verkleideter Gestalten, verbunden mit allerlei sonstigem Spiel und Mummenschanz, gibt es am Martinstag noch in einer ganzen Reihe von Landschaften. So geht etwa in Mittel- und Oberfranken ebenfalls eine weibliche Figur um, die jedoch eine deutlich längere Tradition als das Martiniweibchen in Ludwigshafen hat und »Märtesberta«, »Eisenberta« oder auch einfach nur »Berta« genannt wird.[167] Der Name »Berta« ist nämlich die fränkische Bezeichnung für »Percht« oder »Frau Berchta«, womit jene Schreckgestalten gemeint sind, die mit Schwerpunkt im Alpenraum und dort wiederum im Salzburger Land und in Oberbayern überwiegend am Vorabend des 6. Januar, des Epiphanie- oder Dreikönigsfests also, in Erscheinung treten. Ohne im vorliegenden Rahmen der komplizierten Entwicklungs- und Bedeutungsgeschichte der Perchten nachgehen zu können – Marianne Rumpf hat dazu eine ausführliche Arbeit vorgelegt –, sei hier lediglich festgehalten, daß diese Wesen vereinzelt eben auch an Martini, in der Adventszeit und zwischen den Jahren als Brauchgestalten aktiv werden.[168] Bekleidet ist der Darsteller der »Berta« in Mittelfranken gewöhnlich mit einem Rinderfell, dessen Hörner ihm als Kopfschmuck dienen und damit den dämonischen Eindruck noch verstärken.[169] Eine direkte inhaltliche Bindung an Sankt Martin als Person hat die »Eisen-« oder »Märtesberta« nicht. Ihre Auftritte am Martinstag, die in der Gegend von Ansbach übrigens denen des am selben Termin agierenden »Pelz-« oder »Pelzermärtel« ähneln[170], hängen vielmehr mit dem Wende- und Schwellencharakter zusammen, den der 11. November als Einschnitt im Wirtschaftsjahr hatte. Darin liegt wohl auch die entscheidende Funktionsparallele zu den Perchtenläufen vor dem 6. Januar; denn diese markierten ursprünglich ihrerseits einen wichtigen Wendepunkt, weil Epiphanie lange Zeit als Beginn des bürgerlichen Jahres galt und nicht von ungefähr mancherorts immer noch »Groß-« oder »Hochneujahr« heißt.[171]

Ganz anders wiederum der traditionelle Maskenbrauch an Martini im österreichischen Mühlviertel: Dort veranstalten die Buben teilweise noch heute in der Dämmerung des Martinsabends das sogenannte »Wolfablassen«, einen Lärmumzug mit furchteinflößenden Kostümierungen, der wahrscheinlich aus dem früheren Dienstwechsel der Viehhirten zu Martini hervorgegangen ist und ursprünglich wohl als eine Art Abwehrzauber gegen Wölfe und andere drohende Gefahren für die Herden dienen sollte. Eine Sankt Martin selbst repräsentierende oder an seiner Person anknüpfende Figur tritt dabei ebensowenig wie bei der fränkischen Berta in Erscheinung, lediglich das Patronat des Heiligen für die Hirten und das ihnen anvertraute Vieh dient als Legitimationsgrundlage des Brauchs.[172] Dem »Wolfablassen« im Mühlviertel entspricht wohl in Tirol das »Martinsgestämpf« oder »Almerer-« bzw. »Albererfahrn«. Bei diesem schlüpften früher im Kufsteiner Gebiet die jungen Burschen in Tiervermummungen und trugen Glocken und Schellen am Hals, um den »Alberer« oder »wilden Ochsner«, einen dem Vieh gefährlichen Riesen, zu vertreiben. Während die alten Albererzüge, ob deren Rohheiten und Raufereien sich die Bevölkerung nach dem Betzeitläuten am Martinsabend kaum noch auf die Straße traute, heute weitgehend verschwunden sind, gibt es im Raum Kitzbühel einige gemäßigte Wiederbelebungen. Zentralfigur dieser Umzüge ist eben der »Alberer«, mit dem sich in der regionalen Sagenwelt die Vorstellung eines als Geist umherirrenden Senners verbirgt, der für seine Unterlassungen und Sünden auf der Alm Buße zu leisten hat.[173]

In denselben Kontext der apotropäischen Martinimaskeraden gehört endlich noch das »Kasmandelfahren« im Lungau im Land Salzburg. Einmal mehr geht es auch hier um die Vertreibung der schädlichen Geister, in diesem Fall eben der »Kasmandel«, die nach dem Volksaberglauben ab Martini von den verlassenen Almen Besitz ergreifen und den Winter über in den Sennhütten hausen. Im Gegensatz zum Albererfahren in Tirol, bei dem die jungen Männer tonangebend sind, ist das Kasmandelfahren im Lungau allerdings ein Kinderbrauch. Und zwar ziehen dabei am Vorabend des Martinstags die Buben, durch aufgeklebte Vollbärte kaum noch kenntlich, mit langen Stöcken und Kuhglocken lärmend von Haus zu Haus, während ihnen ein Lichtträger mit einer hohen Stange vorangeht, an der eine ausgehöhlte, fratzenhaft geschnittene, von innen beleuchtete Rübe befestigt ist. An den Türen oder in den Stuben werden dann jeweils überlieferte Heischeverse aufgesagt, worauf die Hausbewohner ihre Spenden in die eigens dafür vorgesehenen Körbe der kleinen Dirndeln legen. Auf diese Weise, meinte man früher, ließe sich das Geistervolk gnädig stimmen.[174] Offensichtlich haben wir es hier also nochmal mit mehreren Elementen des Martinibrauchtums gleichzeitig zu tun, die einander additiv ergänzen oder gegenseitig überlagern: Gabenheischen, Laternengehen, Rollenspiel, Maskierung und Verkleidung. Damit rundet sich unser Überblick.

Als Möglichkeit einer zusammenfassenden Groborientierung über die Verbreitungsgebiete aller von uns nunmehr behandelten verkleideten Gestalten der Martinszeit erlauben wir uns, abschließend noch eine von Richard Beitl erarbeitete Karte zu reproduzieren, die nach den Erhebungen der Volkskundeatlanten Deutschlands und Österreichs gestaltet ist und deren Ergebnisse in starker Vereinfachung zusammenfaßt (Abbildung 19). Gerade wegen ihrer Reduktion aufs Wesentlichste macht sie die räumliche Zuordnung der einzelnen Figuren besonders deutlich und zeigt damit, ohne die Vielfalt der Brauchentwicklungen zu unterschlagen, daß diese klare regionale Bindungen haben und nicht etwa konfus über die Landkarte verstreut sind. Ganz nebenbei vermittelt sie damit übrigens zugleich einen gewissen Einblick in den eventuellen Innovations- und Diffusionsprozeß bestimmter Brauchformen, die natürlich niemals als statische Gebilde von ewiger Dauer, sondern stets nur als dynamische und ständig sich verändernde Phänomene von begrenzter Haltbarkeit gesehen werden dürfen.

Konfessionelle Anpassung: Von Martin von Tours zu Martin Luther

In Bezug auf die geographische Dichte der Martinibräuche insgesamt ergibt das Studium der volkskundlichen Atlanten ein bemerkenswertes Bild; denn es fällt rasch auf, daß die Laternenumzüge, die Heischegänge und das gemeinsame Singen am Martinstag in den sonst eher braucharmen evangelischen Gebieten Nord- und Mitteldeutschlands praktisch gleich stark

Verkleidete Gestalten in der Martinszeit

%% St. Martin als Krieger oder Bischof
| Hirten
† Hirten: „Wolfaustreiben", „Wolfablassen"
T Hirten: „Albererlaufen"
K Hirten: „die Kasmandl"
▲ Martinimann
× Berta, Märtesberta, Eisenberta
○ Pelzmärte
⊙ Nußmärte
◇ Schellenmärte
● Rollermärte

Abbildung 19
Verkleidete Gestalten in der Martinszeit im deutschen Sprachraum.
Stark vereinfachte Kartenskizze von Richard Beitl nach den Erhebungen
der Volkskundeatlanten Deutschlands und Österreichs

vertreten sind wie in überwiegend katholischen Regionen. Der 11. November scheint somit wirklich der einzige Termin des alten Heiligenkalenders zu sein, der in weiten Teilen des deutschen Sprachraums überkonfessionell begangen und zudem im Einflußbereich beider Kirchen mit sehr ähnlichen Brauchformen markiert wird. Die ganz ungewöhnliche Feierfreudigkeit der Protestanten hatte ihren Grund allerdings weniger in der Verehrung des heiligen Bischofs von Tours als darin, daß sie das Martinsfest kurzerhand auf Martin Luther bezogen. Dieser war nämlich am 10. November 1483 in Eisleben zur Welt gekommen und einen Tag später, wie damals häufig praktiziert, auf den Namen des Tagesheiligen Martin getauft worden. Somit bot es sich aus evangelischer Sicht in der Tat an, den 11. November als Namenstag und den Vorabend als Geburtstag des Reformators zu feiern.

Vieles spricht dafür, daß die Umwidmung des Martinsfestes und seine Verknüpfung mit Martin Luther ihren Ausgang von dessen engerer Heimat, nämlich von Thüringen und vom Harz, nahmen. So hielt man dort in Kirchen, die ehemals dem heiligen Martin geweiht waren, zu Martini Gedenkgottesdienste ab, in denen in besonderer Weise an Luthers Wirken und an die Reformation erinnert wurde.[175] Vor allem aber pflegte man den Lichterbrauch und sang dabei Lieder zu Ehren des Reformators, unter denen Luthers Choral »Ein' feste Burg ist unser Gott« nicht fehlen durfte. Als Orte mit besonders aufwendigen Formen der Luther-Verherrlichung am Vorabend des Martinstags profilierten sich im Lauf der Zeit vor allem Erfurt und Nordhausen. Wie die Festivitäten des 10. Novembers eben in Nordhausen um die Mitte des 19. Jahrhunderts abliefen, schildert Otto Freiherr von Reinsberg-Düringsfeld so: »Schon am Sonntag vorher wird in der St.-Blasius-Kirche Luther's Leben und Wirken von der Kanzel herab verkündigt, und auf die Bedeutung des nahenden Festes hingewiesen. Am Tage selbst wird früh 5 Uhr ein feierlicher Choral vom Petersthurme geblasen. Mittags wird nach allen Kräften gegessen und getrunken, um sich zu dem nun kommenden Umzuge gehörig vorzubereiten. Um 4 Uhr werden drei sogenannte ›Bolzen‹ (Pulse) mit allen Glocken der Stadt geläutet, und auf der Schießstätte, oder wo es sonst noch der Nordhäuser Jugend erlaubt ist, Freudensalven gegeben. Mittlerweile haben sich sämmtliche Innungen und Gesangvereine mit ihren Fahnen und Emblemen am Töpferthore versammelt, von wo aus dieselben mit klingender Musik auf den Rathausplatz ziehen. Sind sie dort angelangt, wird Luther's Lied ›Eine feste Burg ist unser Gott‹ angestimmt, worauf sich die Singvereine in ihre Lokale und die Innungen in ihre Herbergen begeben, um hier bei brillanter Beleuchtung mit bunten Lichtern, die meist Bilder von Luther im Chorrocke oder von preußischem Militär zeigen, den Abend im traulichen Vereine zuzubringen.«[176]

Interessant ist, daß man den offenbar sehr aufwendigen Lichterbrauch in Nordhausen nicht etwa direkt aus der Tradition der an Martini ohnehin überall durchgeführten Laternenzüge erklärte, sondern ihn bewußt auf Umwegen durch spezielle Lutherlegenden zu begründen versuchte, von denen gleich zwei erzählt wurden. Die erste lautete, wiederum nach Reinsberg-Düringsfeld, folgendermaßen[177]: »Luther's Freunde in Nordhausen, der damalige Bürgermeister Meinberg und der Prediger Justus Jonas, luden ihn einst zur Geburtstagsfeier nach Nordhausen zu sich ein. Er kam, und als nun die drei Freunde in heiterster Stimmung beieinander saßen, dachten sie daran, daß am nächsten Tage in der katholischen Kirche ja auch ein Martinsfest begangen werde, und daß ebenso gut, wie dort bunte Lichter angezündet werden könnten, es auch in ihrer Macht stände, dasselbe zu thun. Gesagt, gethan! Die bunten Lichter wurden bestellt, und brannten noch an demselben Tage auf den Tischen, um welche sich des Abends die Familien versammelten.«[178] Während in dieser Variante immerhin noch eingeräumt wird, daß die Anregung zur Verwendung bunter Lichter von bereits bestehenden Brauchformen des Martinstags ausgegangen sei, versucht die zweite Erklärungslegende das Lichteranzünden und die Illumination der Stadt an Luthers Geburtstag gar als originären Nordhäuser Brauch plausibel zu machen. Und zwar stellte sie den Sachverhalt so dar: »Besonders [...] läßt die Zunft der Schuhmacher es sich angelegen sein, den Tag recht glänzend zu feiern, weil sie sich das Verdienst der Begründung dieses Festes zuschreibt. Sie behauptet nämlich, einige ihrer Vorfahren seien eines Tages, als Luther noch lebte, auf der Heimkehr von dem Markt in Sondershausen diesem frommen Mann, der öfters nach Nordhausen zu kommen pflegte, unterwegs begegnet, und haben ihn ersucht, da es schon dunkel würde, mit ihnen zu ziehen und auf ihrer Herberge zu bliebn. Luther habe den Vorschlag angenommen, und die Schuhmacher seien darüber so erfreut gewesen, daß sie bei ihrer Ankunft in Nordhausen durch ihren lauten Jubel die ganze Stadt in Bewegung gesetzt, und den Neugierigen, welche an den Fenstern erschienen wären, die Worte zugerufen hätten:

›Herr Martin kommt, der brave Mann,
Zünd't hunderttausend Lichter an!‹«[179]

Trotz solcher aitiologischen Lokallegenden, mit denen die protestantischen Lichterbräuche des 10. Novembers von ihren Organisatoren partout bis in die Zeit Luthers zurückgeführt werden sollten, spricht alles dafür, daß sie in Wahrheit sehr viel später, höchstwahrscheinlich sogar erst im Zuge der Ausprägung eines neuen Lutherbildes innerhalb des protestantischen Bürgertums zu Beginn des 19. Jahrhunderts entstanden sind.[180] Forscht man übrigens im Bereich der musikalischen Brauchtraditionen nach und verfolgt dort die allmähliche Umpolung der alten Martinslieder auf Martin Luther unter zeitlichem Aspekt, führt dies zu einem ähnlichen Ergebnis. So ersetzte zum Beispiel der Erfurter Diakonus Lossius 1817 ein damals nicht mehr verständliches Heischelied durch folgenden Vierzeiler zu Ehren Martin Luthers, der bis heute in Thüringen viel gesungen wird:

»Martin ist ein braver Mann,
Brennet viele Lichter an,
Daß er oben sehen kann,
Was er unten hat getan.«[181]

Die offensichtliche Verwandtschaft der Anfangszeilen dieses Liedes mit dem oben zitierten Paarreim der zweiten Nordhäuser Lutherlegende könnte eventuell auf den ersten Blick zu weiteren zeitlichen Präzisierungsversuchen reizen, gibt dazu allerdings nicht mehr viel her. Sie läßt nämlich weder darauf schließen, daß Lossius seine Anregung aus der Harzstadt hatte, noch umgekehrt, weil der für Nordhausen reklamierte Zweizeiler eben keineswegs nur dort bekannt war, sondern vor allem im Hannoveraner Raum sehr verbreitet ist[182], so daß vermutlich sowohl die anonymen Urheber der Legende als auch der in Erfurt tätige Lossius unabhängig voneinander aus einer dritten Quelle geschöpft haben dürften.

Die Fülle der seit dem 19. Jahrhundert auf Luther gemünzten Martinslieder ist überhaupt derart groß, daß ihre systematische Erschließung und Untersuchung ohne weiteres einmal Gegenstand einer gesonderten Abhandlung sein könnte. In Ostwestfalen-Lippe erhielt das üblicherweise als »Martinisingen« bekannte Gabenheischen sogar eigens den Namen »Martin-Luther-Singen«, wobei es zugleich deutliche Züge des gerne mit dem Reformator in Verbindung gebrachten Kurrendesingens annahm[183]. Manche der neuen Lieder waren reine Verherrlichungen der Person Luthers. Dazu gehörten etwa Schöpfungen wie das erstmals 1815 für den Kreis Halle (Westfalen) belegte »Sei willkommen Martin-Luther-Tag«, das sich allerdings nicht durchsetzen konnte.[184] Andere beschränkten sich einfach darauf, bereits bestehende Heischelieder entsprechend abzuwandeln oder zu erweitern, was den Popularisierungsprozeß natürlich vereinfachte. Eines der erfolgreichsten Beispiele dieser Art war die einschlägige Veränderung des alten Heischegesangs »Sünne Maden Hilgesmann«, der dann im Raum Bielefeld, Herford und Detmold seit der zweiten Hälfte des 19. Jahrhunderts mit geringfügigen lokalen Varianten im wesentlichen so lautete:

»Martin Luther, Martin singen wir,
Martin ist ein Freund der Kinder,
Lernt uns beten und nicht minder:
Martin Luther, Martin singen wir.
Wir treten herfür vor reiche Manns Tür.
Wer uns was gibt und nicht vergißt,
Der kriegt eine goldene Krone,
Die reicht so weit, so weit, so weit,
Bis in die ganze Christenheit.
Lot't uns nicht to lange stohn,
Wi müt nau'n bieden wieder gohn
Von hier bet no Kölen.
Kölen es 'ne graude Stadt,
Do giwt us olle Lüe wat.
Gutenobend, Gutenobend.
Klipp, Klapp, Rausenblatt,
Schöne Jungfer, giff us wat.«[185]

Interessant ist – und daran zeigt sich die Dynamik der Brauchentwicklung –, daß speziell zu dieser Umwidmung eines zuvor eigentlich schon weitgehend profaniert gewesenen Heischelieds auf Martin Luther wiederum eine katholische Gegenversion entstand, die jede Erwähnung des Reformators eliminierte und den protestantischen Text energisch, ja mit geradezu gegenreformatorischem Eifer, neuerlich auf den heiligen Bischof Martin von Tours bezog. So singt die katholische Schuljugend in Lüdge im Kreis Höxter bis heute:

> »Martin Bischof, Martin singen wir,
> Martin war ein Freund der Kinder,
> Lernte Beten und das Singen,
> Martin Bischof, Martin singen wir.
> Gif ös eunen Apeln,
> Nütte künn wi knapeln,
> Schönstet Blatt, Räusenblatt,
> Schönstet Frölein, givet se ös wat.«[186]

Es wäre nun allerdings falsch, wollte man von diesem Einzelfall darauf schließen, daß die trotz äußerlich gleicher Formen inhaltlich unterschiedliche Ausrichtung des Martinsfestes in katholischen und in evangelischen Gemeinden Nord- und Mitteldeutschlands sich generell zu einem Feld konfessioneller Konfrontationen entwickelt hätte. Für die ersten Jahrzehnte des 20. Jahrhunderts mag dies vereinzelt durchaus zugetroffen haben, heute ist freilich das Gegenteil der Fall: Viele Städte, in denen beide Konfessionen vertreten sind, haben sich inzwischen auf eine gemeinsame Feier geeinigt.

So ist es nicht zuletzt auch in Erfurt, wo wohl die aufwendigste und eindrucksvollste Martinsfeier Deutschlands stattfindet (Abbildung 20). Seit 1972, also noch weit in die DDR-Zeit zurückreichend, gestaltet sich dort das Fest am Vorabend des 11. November als ökumenische Begegnung. Den Ablauf dieses größten Brauchereignisses der thüringischen Landeshauptstadt schildert eine Beschreibung von 1994 so: »Traditionsgemäß ziehen bei Einbruch der Dunkelheit Tausende Erfurter mit ihren Kindern zum Domplatz. Ihre Schützlinge tragen selbstgebastelte Laternen, aufgefaltete leuchtende Papiermonde oder buntgeringelte Lampions. Aus allen Straßen strömen die Menschen mit ihren Lichtern, mit denen sich rasch der große Platz unter den hochaufragenden Türmen des Erfurter Doms und der Severikirche füllen. Die alljährliche Martinsfeier beginnt mit dem Läuten der Glocken. Dem folgt die Predigt von den hell erleuchteten Domstufen, bis eines von den bekannten Kirchenliedern angestimmt wird, das viele Menschen mitsingen. Besonders werden die zahlreich erschienenen Kinder angesprochen. Sie schwenken zum Abschluß der Veranstaltung ihre Laternen. Dann klingt das Fest mit einem Posaunenblasen aus, dem sich ein mehrstimmiges Glockenläuten anschließt. Meist ist dann auch Erfurts berühmteste und schwerste Glocke, die 1497 gegossene, über 11 000 Kilo schwere ›Gloriosa‹ zu hören, die ein holländischer Meister

Abbildung 20
Ökumenisches Martinsfest am Vorabend des 11. November
auf dem Domplatz in Erfurt

einst für die Glockengießerstadt Erfurt fertigte. – Allmählich entfernen sich die Besucher mit ihren Lampions vom Domplatz und verteilen sich glühwürmchengleich in die heimführenden Straßen. Hin und wieder ist außer den Monden und Sternen auf einer Laterne auch das Bild des heiligen Martin zu sehen, wie er seinen Mantel mit einem frierenden Bettler teilt.«[187] Martin von Tours und Martin Luther – hier führt die Menschen das Andenken an beide zusammen.

Braucherneuerung: Martinsritt und Mantelteilung

Sieht man einmal von den seit dem zweiten Viertel des 19. Jahrhunderts mit konsequent katechetischer Zielsetzung entwickelten Martin-Luther-Feiern ab, so waren sämtliche Martinibräuche in katholischen Gegenden praktisch vom Ende des Barock bis kurz vor der Jahrhundertwende einem fortschreitenden Profanierungsprozeß ausgesetzt. Es ist bezeichnend, daß bereits im späten 18. Jahrhundert ein Salzburger Lied, vermutlich entstanden unter dem Eindruck der Abschaffung der Bauernfeiertage durch Maria Theresia und Joseph II.[188], mit Wehmut beklagt, wie der Martinstag als nicht mehr kirchlich gebotener Feiertag immer weiter vom Andenken an den Heiligen abrücke und sich nur noch auf reine Äußerlichkeiten reduziere. Seine erste Strophe lautet:

»Den 11. November, von den i hiatz sag,
Dort fallet en Heilögn Martin sein Tag;
Heilöga Martini, du mit deiner Gans,
Du wirst neama g'halt'n, wohl aba da Tanz.«[189]

In der Tat scheint die im Zuge der aufklärerischen Reformen erfolgte Umwandlung des Martinsfestes in einen gewöhnlichen Werktag, bei dem insbesondere der soziale und moralische Zwang zum Kirchgang entfiel, ganz entscheidend dazu beigetragen haben, daß sich die religiöse Bedeutung des 11. Novembers als Heiligengedenktag im Bewußtsein der Bevölkerung zunehmend verflüchtigte, während parallel dazu die ohnedies schon recht weltlichen Bräuche einen weiteren Verselbständigungsschub erfuhren. So war es nicht nur im Salzburger Land, aus dem das zitierte Lied stammt und wo das Martinibrauchtum bekanntlich bis zu derart bizarren Phänomenen wie dem Kasmandelfahren im Lungau reichte, sondern eher extremer noch verhielt es sich im rheinischen Raum, in dem das Martinssingen bzw. die Heischezüge ständig unschönere und aufsässigere Formen annahmen. Gegen Ende des 19. Jahrhunderts liefen dort die Kinder aufsichtslos in größeren oder kleineren Gruppen wild lärmend in die Häuser, schrien ihre Lieder mehr daher, als daß sie diese sangen, bedrängten die Bewohner mit ungestümer Bettelei und verspotteten sie gar mit Rügeversen, wenn das Betteln keinen Erfolg hatte.

Eben diese Ausartungen wurden schließlich von der Öffentlichkeit, vor allem vom gehobenen Bürgertum, als besorgniserregend, lästig und dringend veränderungsbedürftig empfunden. So bildeten sich in verschiedenen Städten Komitees, die über die Zukunft der Umzüge berieten, wobei es weniger um deren Abschaffung als um eine angemessene Korrektur ging.[190] Möglicherweise ermuntert durch das Vorbild der wohlgeordneten evangelischen Luther-Feiern im Stil von Nordhausen oder Erfurt entschloß man sich, die Lichter- und Heischezüge fortan zu organisieren, d. h. ihre Gestaltung zu planen, ihre Vorbereitung entweder selbst in die Hand zu nehmen oder sie den Schulen und Kindergärten zu übertragen und ihre Durchführung kontrollierend zu unterstützen. Soweit heute bekannt, war dann wohl im wesentlichen Düsseldorf beispielgebend, wo 1890 erstmals solche organisierten Fackelzüge durch die Straßen gingen.[191] Dabei sangen die Kinder, von Musikkapellen begleitet, außer ihren alten Heischeversen auch neue Martinslieder, die den Heiligen und dessen Taten wieder mehr ins Blickfeld rückten. Und endlich nahm auch noch hoch zu Roß »Sankt Martin« selbst an diesen Veranstaltungen teil, zunächst als Bischof, und seit 1905 als Ritter bekleidet.[192]

Das Düsseldorfer Vorbild machte rasch Schule. In Mainz wurden entsprechende Umzüge um die Jahrhundertwende eingeführt[193], in Koblenz die bestehenden Martinsbräuche 1909 reformiert[194], im selben Jahrzehnt das Brauchgeschehen des 11. 11. in Bonn neu geregelt[195] und so weiter. Interessant ist dabei allerdings auch ein Bericht über den Versuch der Brauchverbesserung in Ahrweiler von 1913, der zeigt, daß reglementierende Eingriffe nicht immer auf Anhieb erfolgreich waren. Dort hatte sich nämlich unter der Jugend die zweifelhafte Tradition herausgebildet, in vier nach Wohnbezirken eingeteilten Gruppierungen, den sogenannten »Huten«, getrennt zu agieren und alljährlich vier miteinander konkurrierende Martinsfeuer gleichzeitig zu entzünden. Anschließend bewegte sich von jedem Feuer je ein »Lumpenfackelzug« im Zickzackkurs abwärts in Richtung Stadt, wo die vier Huten aufeinandertrafen, augenblicklich ihre Fackeln ausschlugen und sich unter Absingen des Liedes »Sen mer den net all die Ovvehöde Jonge« in ein wildes Kampfgetümmel Hut gegen Hut stürzten, bei dem es zu handfesten Raufereien kam. Diesen Unfug wollte nun eben kurz vor dem Ersten Weltkrieg ein Schulleiter unterbinden und in ein friedliches Miteinander überführen, woran sich ein Einheimischer später so erinnerte: »Rektor Strauck versuchte damals, alle Huten am Niedertore zu sammeln, um gemeinsam singend und ohne wüste Prügelei durch die Straßen zu ziehen. Während die Volksschüler sich zum gemeinsamen Zug einfanden, belästigten halbwüchsige Burschen, denen eine Rauferei wie in früheren Zeiten mehr Freude machte, die Schüler. So wurde der Lehrerschaft die Lust am Feste genommen.«[196] In den zwanziger Jahren waren die Reformbemühungen dann aber auch in Ahrweiler erfolgreich.

Mit dem relativ hohen Organisationsgrad von Seiten der Erwachsenen, den die Martinsbräuche im ausgehenden 19. und im ersten Viertel des 20. Jahrhunderts angenommen hatten, breiteten sie sich stetig weiter aus und expandieren offenbar nach wie vor. Herbert und Elke Schwedt haben die Karten 40 a und b des Atlas der deutschen Volkskunde, die auf flächendeckenden Erhebungen zu den Martinszügen und -feuern aus den Jahren 1930 und 1933 beruhen, mit eigenem Befragungsmaterial für Rheinland-Pfalz und das Saarland aus den Jahren 1984/85 verglichen und dabei eine geradezu »dramatische« Zunahme der Brauchorte registriert. »Sankt Martin, vorwärtsreitend« lautet vielsagend der Titel des Aufsatzes, in dem die Ergebnisse publiziert sind.[197] So hatten sich nach den neuen Daten die veredelten Brauchformen des Martinstags bereits vor dem Zweiten Weltkrieg an Mittelrhein und Mosel, in der Eifel und in den katholischen Teilen des Westerwalds durchgesetzt, ebenso in vielen Orten des Saarlands. Nach dem Krieg dehnten sie sich auch auf den Hunsrück aus und erfaßten weite Teile Rheinhessens und der Pfalz. Lediglich in streng protestantischen Gebieten wie im Rhein-Lahn-Kreis und im Norden des Kreises Altenkirchen sind die Belege weniger dicht, wie überhaupt festzustellen ist, daß die Übernahme in katholischen Gebieten schneller erfolgte als in evangelischen, zumal es bei diesen Brauchinnovationen ja ausschließlich um den Heiligen von Tours und nicht um Martin Luther geht.[198] Starke Zuwächse an neuen bzw. erneuerten Martinsbräuchen sind, ohne daß konkrete Erhebungen aus den letzten Jahren vorlägen, zweifellos auch im Süden und Südwesten Deutschlands zu verzeichnen, und hier natürlich wiederum besonders in der Diözese Rottenburg-Stuttgart, deren Patron der heilige Martin ist.

Was die Intentionen der Brauchorganisatoren des 20. Jahrhunderts betrifft, so scheinen diese in der Tat primär von einem verstärkten katechetischen Bemühen getragen zu sein, während folkloristische Aspekte und der Gedanke bloßer Traditionspflege eher in den Hintergrund treten. Davon zeugt nicht zuletzt dasjenige Gestaltungselement in seiner Entwicklung, das zu den ältesten Bestandteilen der Bräuche um Martini überhaupt gehört: der gemeinsame Gesang. Musikalisch wurden nämlich die Bemühungen um die Wiederherstellung der christlichen Sinngebung des Martinstages durch eine ganze Reihe junger Liedschöpfungen unterstützt, denen man ihre religionspädagogisch-didaktische Absicht sofort anmerkt. Die meisten von ihnen waren freilich nur von kurzer Lebensdauer und begrenzter Reichweite und hatten es ausgesprochen schwer, sich gegenüber Allerweltsliedern wie »Laterne, Laterne« zu behaupten. Da half es auch wenig, wenn beispielsweise 1909 eine Koblenzer Druckerei 5000 Exemplare einer Sammlung neuer Martinslieder kostenlos an die örtlichen Schulen verteilte.[199] Unbekannte Texte und Melodien lassen sich mit solchen Mitteln eben nur bedingt popularisieren. Das folgende, um die Jahrhundertwende entstandene Lied aus dieser jüngsten Schicht einschlägiger Musikerzeugnisse konnte sich allerdings durchsetzen und eine überregionale Breitenwirkung erlangen:

»Sankt Martin, Sankt Martin,
Sankt Martin ritt durch Schnee und Wind,
Sein Roß, das trug ihn fort geschwind,
Sankt Martin ritt mit leichtem Mut,
Sein Mantel deckt' ihn warm und gut.

Im Schnee, da saß ein armer Mann,
Hatt' Kleider nicht, hatt' Lumpen an,
Helft mir doch in meiner Not,
Sonst ist der bittre Frost mein Tod!

Sankt Martin zog die Zügel an,
Sein Roß stand still beim armen Mann,
Sankt Martin mit dem Schwerte teilt'
Den warmen Mantel unverweilt.

Sankt Martin gab den halben still,
der Bettler rasch ihm danken will.
Sankt Martin aber ritt in Eil'
Hinweg mit seinem Mantelteil.«[200]

Inhaltlich handelt sich hier um nichts anderes als um eine ausgeschmückte musikalische Schilderung der berühmten Begebenheit vor dem Stadttor von Amiens. Und diese ist es auch, die das neue Martinsbrauchtum ganz entscheidend prägt, indem sie den Kindern real vor Augen geführt wird. Obwohl im 19. Jahrhundert praktisch noch völlig unbekannt, gehört die szenische Darstellung der Mantelteilung heute meist schon fast obligatorisch zum Brauchablauf, ja sie bildet unter katechetischem Gesichtspunkt sogar dessen Kernstück. Alle übrigen Elemente wie Lampionumzug, Feuerentzünden, Gabenheischen usw. nehmen sich dagegen trotz ihrer oft längeren Tradition und nicht selten spektakuläreren Erscheinungsformen eher wie äußeres Beiwerk aus. In ihrer einfachsten Form vollziehen sich Martinsritt und Mantelteilung in der Regel so, daß die Kinder zunächst einen Lampionumzug zu einem exponierten Platz machen, wo sie sich in einem großen Kreis aufstellen. Dort trifft der als heiliger Martin kostümierte Reiter, der den Zug entweder schon begleitet hat oder nun erst dazustößt, auf den frierenden Bettler, um ihm nach einem kurzen Dialog, für alle Umstehenden gut sichtbar, die eine Hälfte seines Soldatenumhangs zu geben (Abbildung 21). Anschließend wird noch ein gemeinsames Lied gesungen, dann machen sich die Kinder mit ihren Laternen, begleitet von Erwachsenen, in kleinen Gruppen auf den Heimweg.

Das enorme Durchsetzungsvermögen der Mantelteilung als Spielhandlung im neueren Brauchgeschehen um Sankt Martin ist zweifellos ein hochinteressantes Phänomen. Seine Erklärung findet es wohl zu einem erheblichen Teil in der konsequenten Förderung durch die katholischen Kirchengemeinden und in der Unterstützung von Seiten der zuständigen Diözesen.[201] Im historischen Rückblick betrachtet, ist damit die markanteste Stelle der Martinus-Vita, die zwar für das Bild des Heiligen in der christlichen Ikonographie

Abbildung 21
Martinsritt mit Mantelteilung in Bad Waldsee

schon immer bestimmend war, in den Bräuchen aber allenfalls indirekt eine Rolle spielte, wenn auch sehr spät, doch noch brauchrelevant, ja sogar brauchdominant geworden. Die Reformbemühungen des 20. Jahrhunderts und vor allem der letzten Jahrzehnte um die Martinsbräuche haben eine Art Neuverknüpfung der Synapsen bewirkt, indem durch sie die feinnervigen Zusammenhänge zwischen der Brauchpraxis und ihrem religiösen Hintergrund anders verkoppelt wurden: Während sich der einstige Bedeutungszusammenhang zwischen den Laternenumgängen und der Lucerna-Perikope des 11. Novembers durch die vom Konzil geänderte Leseordnung aufgelöst hat, liegt nunmehr nach der Akzentverschiebung auf die legendäre Mantelteilung in deren sichtbarem Nachvollzug ein um so höherer didaktischer Wert. Ursprünglich religiös begründetes Brauchtum, das aufgrund eines langen Säkularisierungsprozesses beinahe schon völlig verweltlicht schien, wird auf diese Weise wieder neu als Möglichkeit der Katechese genutzt.

Bei allen Vorbehalten der Volkskunde gegen gezielte Manipulationen an organisch gewachsenen und eigendynamisch sich entwickelnden Brauchkomplexen – in diesem Fall waren die steuernden Eingriffe zu neuer Sinnstiftung wohl gerechtfertigt. Gerade in der Ellbogengesellschaft des ausgehenden 20. Jahrhunderts bedarf es dringend eines Paradigmenwechsels und kann die Schlüsselszene der Vita des heiligen Martin mit dem Geschehen vor dem Stadttor von Amiens als Modellfall christlicher Nächstenliebe nicht deutlich genug betont werden. Die besonderen exegetischen Möglichkeiten, die sich zusätzlich noch daraus ergeben, daß Martinus seinen Mantel eben gerade nicht vollständig hergeschenkt, sondern die eine Hälfte davon behalten hat, wodurch ein Beispiel für Hilfe mit Augenmaß ohne die Gefahr eines selbstzerstörerischen Helfersyndroms geboten wird, seien hier nur am Rande erwähnt. Der Heilige von Tours markiert ein Stück Kulturgeschichte des Abendlands; und die Erinnerung an ihn im Bewußtsein möglichst breiter Bevölkerungskreise wach zu halten, auch durch das Medium des Brauchs, kann kaum von Nachteil sein.

Was jedenfalls ein Berliner Museumspädagoge 1977 in der Staatlichen Gemäldegalerie Dahlem erlebte, sollte nicht zur Regel werden; denn dort erkannten Kinder, die mit populären Heiligenbildern des Spätmittelalters konfrontiert und dazu befragt wurden, in der Darstellung eines Sankt Martin »einen Mann, der einem anderen die Klamotten klaut«[202]. So belustigend diese Episode im ersten Moment auch wirken mag – für den aufmerksamen Beobachter entlarvt sie die Denkmuster unserer Zeit auf erschreckende Weise. Brauchinnovationen wie eben der Martinsritt mit Mantelteilung vermögen hier zwar keine missionarischen Wunder zu wirken, aber immerhin Zeichen zu setzen.

Anmerkungen

1 Vgl. dazu Johannes van den BOSCH, Capa, basilica, monasterium et la culte de Saint Martin, Utrecht 1959.
2 SULPICIUS SEVERUS, Vita S. Martini, ed. C. HALM, CSEL I, Wien 1897, 109–216. Die größte Breitenwirkung erlangte im Spätmittelalter die Version der Martins-Vita nach der sog. Legenda aurea des JACOBUS DE VORAGINE, dt. v. Richard BENZ, Heidelberg ⁶1979, 860–872.
3 GREGOR V. TOURS, Liber in gloria confessorum 10 (= Scriptores rerum Merovingicarum I, 754).
4 GREGOR V. TOURS, De virtutibus s. Martini 16 (= Script. rer. Mer. I, 614).
5 GREGOR V. TOURS, Historia Francorum V, 21 (= Script. rer. Mer. I, 219).
6 Carl Joseph von HEFELE, Conciliengeschichte, Band 3, Freiburg i. Br. ²1877, 43: Synode von 585 (alias 578) Kanon 5.
7 So z. B. Wilhelm JÜRGENSEN, Martinslieder, Breslau 1910, 58; Karl MEISEN, Sankt Martin im volkstümlichen Glauben und Brauch, in: Rheinisches Jahrbuch für Volkskunde 19, 1968, 70; Dietmar SAUERMANN, Martinslied, in: Rolf Wilhelm BREDNICH, Lutz RÖHRICH, Wolfgang SUPPAN (Hg.), Handbuch des Volksliedes, Bd. 1, München 1973, 392.
8 Weitere frühe Quellen zur Verbindung zwischen Martinus und dem Wein zitiert MEISEN (Anm. 7), 69ff.
9 Wilhelm STAPEL, Des Archipoeten erhaltene Gedichte, Hamburg 1927, 95: Gedicht Nr. 5: Poeta raptus in caelum, Strophe 19.
10 L. MACKENSEN, Martinsminne, in: Hanns BÄCHTOLD-STÄUBLI, Eduard HOFFMANN-KRAYER (Hg.), Handwörterbuch des deutschen Aberglaubens, Bd. 5, Berlin 1933, 1722ff.
11 Hanns FISCHER (Hg.), Der Stricker. Verserzählungen, 2. neu bearb. Aufl. Tübingen 1967 (= Altdeutsche Textbibliothek, 53), Bd. 1, 140, V. 165ff.
12 Zit. nach SAUERMANN (Anm. 7), 393.
13 Weitere Liedbelege etwa bei JÜRGENSEN (Anm. 7), Nr. 108, 110, 111, 116, 117, 119, 125; weitere Belege aus sonstigen Dichtungen bei MEISEN (Anm. 7), 71ff.
14 Gilles Denijs Jacob SCHOTEL, Het Oud-Hollandsch huisgezin der zeventiende eeuw, Leiden ²1904, 349.
15 Johann Heinrich ALBERS, Das Jahr und seine Feste. Die Feste und Feiertage des Jahres, ihre Entstehung, Entwicklung und Bedeutung in Geschichte, Sage, Sitte und Gebrauch, Stuttgart ³1917, 286f.
16 Josef Andreas JUNGMANN, Der Gottesdienst der Kirche, Innsbruck – Wien – München 1962, 232.
17 MEISEN (Anm. 7), 69.
18 HEFELE (Anm. 6), 37, Kanon 9.
19 Stuart George HALL, Joseph H. CREHAN, Fasten / Fasttage III, in: Gerhard KRAUSE, Gerhard MÜLLER (Hg.), Theologische Realenzyklopädie, Bd. 6, Berlin – New York 1983, 53.
20 Aurelius AUGUSTINUS, De civitate Dei XIV, 1, ed. J. P. MIGNE, Patrologiae cursus completus (ser. lat.), Tom. XLI, Paris 1846, 403.
21 Zur Entwicklung des Fastengebots der sexuellen Enthaltsamkeit, besonders nach dem Konzil von Vienne 1311/12, in dem der »actus carnalis« als Sünde definiert wurde, s. Werner MEZGER, Narrenidee und Fastnachtsbrauch. Studien zum Fortleben des Mittelalters in der europäischen Festkultur, Konstanz 1991 (= Konstanzer Bibliothek, 15) 17.
22 Zur wirtschaftlichen Situation der Metzger während der Fastenperioden und zu ihren Praktiken einer letzten Konjunkturbelebung vor Fastenanbruch s. ebenfalls MEZGER (Anm. 21), 19f.
23 Rüdiger VOSSEN, Weihnachtsbräuche in aller Welt, Hamburg 1985, 19.
24 SAUERMANN (Anm. 7), 402; MEISEN (Anm. 7), 82.
25 Angelika BISCHOFF-LUITHLEN, Von Amtsstuben, Backhäusern und Jahrmärkten. Ein Lese- und Nachschlagebuch zum Dorfalltag im alten Württemberg und Baden. Unter Mitarbeit von Christel KÖHLE-HEZINGER, Stuttgart – Berlin – Köln – Mainz ²1980, 173.
26 HALL / CREHAN (Anm. 19), 52f.
27 Zit. nach Wolfgang BERWECK, Das Heilig-Geist-Spital zu Villingen im Schwarzwald. Zweiter Teil, in: Geschichts- und Heimatverein Villingen, Jahresheft XXI, 1996/97, 50.
28 Hermann KIRCHHOFF, Christi Himmelfahrt bis Sankt Martin im kirchlichen Brauchtum, München 1986, 137f.
29 Sebastian FRANCK, Weltbuoch, Tübingen 1543, fol. CXXXIII r.
30 M. Elizabeth MARRIAGE (Hg.), Georg Forsters Frische Teutsche Liedlein in fünf Teilen. Abdruck nach den ersten Ausgaben 1539, 1540, 1549, 1556 mit den Abweichungen der späteren Drucke herausgegeben, Halle 1903, 85, Nr. VI.
31 Vgl. Anm. 15.
32 Zit. nach SAUERMANN (Anm. 7), 393. Vgl. Anm. 12.
33 Hans GEHL, Schutzheilige im donauschwäbischen Volksbrauchtum, in: Jahrbuch für ostdeutsche Volkskunde 34, 1991, 243.
34 Berlin, Staatliche Museen, Kupferstichkabinett, Inv. Nr. KdZ 4064. S. dazu Andrew MORELL, Die Zeichnungen für den Monatszyklus von Jörg Breu d. Ä., Maler und Glashandwerker im Augsburg des 16. Jahrhunderts, in: Deutsches Historisches Museum Berlin (Hg.), »Kurzweil viel ohn' Maß und Ziel«. Alltag und Festtag auf den Augsburger Monatsbildern der Renaissance, München 1993, 128ff.

35 Berlin, Deutsches Historisches Museum. Zur Abhängigkeit dieser sog. Augsburger Monatsbilder von den Monatsdarstellungen des älteren Jörg Breu s. Gode KRÄMER, Die vier Augsburger Monatsbilder. Stilfragen, Datierung und Zuschreibungsprobleme, in: Deutsches Historisches Museum Berlin (Anm. 34), 222ff.
36 Universitätsbibliothek Tübingen, Ke XVIII 4 2° Inc. Nr. 7. S. dazu Karl MÜTZ, Ein Ulmer Kalender, gedruckt am Vorabend der Reformation, in: Schwäbische Heimat 1996/1, 4ff.
37 SAUERMANN (Anm. 7), 395.
38 S. etwa JÜRGENSEN (Anm. 7), Nr. 128 u. 129.
39 JÜRGENSEN (Anm. 7), Nr. 121.
40 JÜRGENSEN (Anm. 7), Nr. 109. Weitere Angaben zu diesem Lied, das als einziges der Gruppe der aitiologischen Lieder zu den Martinsgänsen auch in niederdeutscher Sprache überliefert ist, bei SAUERMANN (Anm. 7), 395.
41 Werner MEZGER, Sankt Nikolaus zwischen Kult und Klamauk. Zur Entstehung, Entwicklung und Veränderung der Brauchformen um einen populären Heiligen, Ostfildern 1993, 95ff.
42 MEZGER (Anm. 41), 62ff.
43 Als einer der ersten Belege für den genannten Bildtypus gilt eine in die Zeit um 1500 zu datierende Retabelfigur auf Schloß Tirol, die Martin mit auf einem Buch sitzender Gans zeigt. Reproduktion bei J. BRAUN, Tracht und Attribute der Heiligen in der deutschen Kunst, Stuttgart 1943 (Nachdr. Stuttgart 1964), Abb. 276. Zur Ikonographie der Martinsdarstellungen insgesamt s. Sabine KIMPEL, Martin v. Tours, in: Engelbert KIRSCHBAUM, Wolfgang BRAUNFELS (Hg.), Lexikon der christlichen Ikonographie, Bd. 7, Rom – Freiburg – Basel – Wien 1974 (Nachdr. 1990), 572ff.
44 Das Passepartout trägt lediglich den Stempel »Pfarrer Alb. Pfeffer«.
45 Die weiteren Sprüche des Blattes, Zitate aus dem AT und NT, lauten bezogen auf Gottvater: »Dedi coronam decoris in capite tuo – Ich habe die Krone des Himmels auf dein Haupt gesetzt«, gemünzt auf den Putto: »Induit eum stolam gloriae – Er hat ihm den Mantel der Glorie angelegt«, und neuerlich abgestimmt auf den Bettler: »Nudus eram et cooperuistis me – Nackt war ich und du hast mich bekleidet«.
46 Otto BECK, Sankt Martin in Meßkirch, Regensburg ⁵1994, 8ff. u. 14f.
47 Paul SARTORI, Sitte und Brauch, Teil III, Leipzig 1914, 267f.; s. auch Herbert und Elke SCHWEDT, Schwäbische Bräuche, Stuttgart – Berlin – Köln – Mainz 1984, 18.
48 Berlin, Deutsches Museum für Volkskunde. S. dazu auch Leander PETZOLDT, Volkstümliche Feste. Ein Führer zu den Volksfesten, Märkten und Messen in Deutschland, München 1983, 34ff.
49 Weitere Details zur Geschichte und zum Ablauf des Brauchs s. Stefan RÖLLIN, Gansabhauet in Sursee, in: Rolf THALMANN, Fritz HOFER (Hg.), Das Jahr der Schweiz in Fest und Brauch, Zürich – München 1981, 263f.
50 Paul SARTORI, Martinsgans, in: BÄCHTOLD-STÄUBLI, HOFFMANN-KRAYER (Anm. 10), Bd. 5, Berlin 1933, 1719.
51 MEISEN (Anm. 7), 50.
52 Jürgen KÜSTER, Heiligenfeste im Kirchenjahr, Freiburg i. Br. 1988, 112ff.
53 Elard Hugo MEYER, Badisches Volksleben im 19. Jahrhundert, Straßburg 1900, 229; s. dazu auch Eva KIMMINICH, Religiöse Volksbräuche im Räderwerk der Obrigkeiten. Ein Beitrag zur Auswirkung aufklärerischer Reformprogramme am Oberrhein und in Vorarlberg (= Menschen und Strukturen. Historisch-sozialwissenschaftliche Studien, 4), Frankfurt – Bern – New York – Paris 1989, 15ff. u. 263.
54 A. L. REYSCHER (Hg.), Vollständige, historisch und kritisch bearbeitete Sammlung der württembergischen Gesetze. Regierungsgesetze, Theil III, Tübingen 1843, 1235.
55 Anton BIRLINGER, Volksthümliches aus Schwaben. Sitten und Gebräuche, Bd. 2, Freiburg i. Br. 1862, 165f.
56 Entsprechende Quellen zitieren H. u. E. SCHWEDT (Anm. 47), 90f.
57 H. u. E. SCHWEDT (Anm. 47), 18.
58 BIRLINGER (Anm. 55), 163.
59 BIRLINGER (Anm. 55), 164.
60 MEYER (Anm. 53), 175.
61 Uwe HENKHAUS, Das Treibhaus der Unsittlichkeit. Lieder, Bilder und Geschichte(n) aus der hessischen Spinnstube, Marburg 1991, 90f.
62 Ingeborg WEBER-KELLERMANN, Landleben im 19. Jahrhundert, München 1987, 189f.; MEYER (Anm. 53), 175; HENKHAUS (Anm. 61), 82ff.
63 HENKHAUS (Anm. 61), 96.
64 SARTORI (Anm. 47), 10.
65 H. u. E. SCHWEDT (Anm. 47), 58f.
66 Edition aller 12 Blätter nach den Originalradierungen in der Graphiksammlung der Staatsgalerie Stuttgart durch die Württembergische Bank, Stuttgart 1957.
67 Hans MEDICK, Spinnstuben auf dem Dorf. Jugendliche Sexualkultur und Feierabendbrauch in der ländlichen Gesellschaft der frühen Neuzeit, in: Gerhard HUCK (Hg.), Sozialgeschichte der Freizeit. Untersuchungen zum Wandel der Alltagskultur in Deutschland, Wuppertal ²1982, 26.
68 MEYER (Anm. 53), 174; H. u. E. SCHWEDT (Anm. 47), 59.
69 Karl Friedrich Wilhelm WANDER, Deutsches Sprichwörter-Lexikon, Bd.3, Leipzig 1873 (Nachdr. Darmstadt 1964), 472, 37.

70 WANDER (Anm. 69), 473, 46.
71 In stärker moralisierender Version, ebenfalls niederdeutsch, etwa WANDER (Anm. 69), 473, 48: »Upp Martin slachtet der arme Mann sîn Swîn, un Lichtmessen het't all weer [= wieder] uppefressen.«
72 MEZGER (Anm. 21), 22; s. auch Werner MEZGER, Narretei und Tradition. Die Rottweiler Fasnet, Stuttgart 1984, 36ff.
73 Werner MEZGER, Narretei und Katechese, in: Hubert RITT (Hg.), Gottes Volk. Bibel und Liturgie im Leben der Gemeinde, A 2, Stuttgart 1987, 90, bes. Anm. 4.
74 Hermann TÜCHLE, Die Gemeinschaft der Weißen Mönche in Schussenried, in: Bad Schussenried. Festschrift zur 800-Jahr-Feier der Gründung des Prämonstratenserstifts, Sigmaringen 1983, 47.
75 Abraham SAUER, Calendarium Historicum. Das ist: Ein besondere tägliche Hauß- vnd Kirchen-Chronika, Franckurt am Mayn 1594 (Ex.: Stuttgart, Landesbibliothek, Allg. G. fol. 149), 593.
76 Peter FUCHS, Max Leo SCHWERING, Kölner Karneval. Zur Kulturgeschichte der Fastnacht, Köln 1972, 54ff.
77 Günter SCHENK, Fassenacht in Mainz. Kulturgeschichte eines Volksfestes, Stuttgart 1986, 32ff.
78 Warum im schwäbisch-alamannischen Raum die Fasnetzeit erst an Dreikönig (6. 1.) beginnt und sich dort, abgesehen von einigen wenigen Orten wie etwa Konstanz, der 11. 11. als Auftakttermin nicht durchsetzen konnte, ist eine Frage, deren Beantwortung den Rahmen des vorliegenden Beitrags sprengen würde. Es ließen sich daraus jedoch interessante Aufschlüsse über die Sozialgeschichte von Fasnet und Karneval im späten 19. und frühen 20. Jahrhundert gewinnen, da der romantisch veredelte Karneval weitgehend vom Groß- und Bildungsbürgertum initiiert und dominiert war, während die kurz vor der Jahrhundertwende in bewußter Opposition dazu und ausschließlich in Süd- und Südwestdeutschland wieder erstarkte Fasnet eher auf die Initiative von Handwerkern und kleinen Leuten zurückging.
79 Joseph KLERSCH, Die Kölnische Fastnacht. Von den Anfängen bis zur Gegenwart, Köln 1961, 113.
80 Im viergeteilten Schild des närrischen Wappens von Mainz beispielsweise kommt die Elfzahl meist sogar zweimal vor. Zur Entwicklung und Bedeutung Symbole des Mainzer Narrenwappens (Elfzahl, Mühle, Halbmond, Weinglas oder Rose), s. SCHENK (Anm. 77), 121ff.
81 Günter SCHENK, Ritzamban. Handbuch zur Mainzer Fastnacht, Mainz 1980, 33.
82 Das zitierte und weitere Beispiele bringt mit den jeweiligen Quellennachweisen Dietz-Rüdiger MOSER, Fastnacht – Fasching – Karneval. Das Fest der »Verkehrten Welt«, Graz – Wien – Köln 1986, 167.
83 MEZGER (Anm. 21), 419ff.
84 Dietz-Rüdiger MOSER, Elf als Zahl der Narren. Zur Funktion der Zahlenallegorese im Fastnachtsbrauch, in: Jahrbuch für Volksliedforschung 27./28. Jg., 1982/83 (= Festschrift für Lutz Röhrich zum 60. Geburtstag), 346ff.
85 Daß es bei der Fastnachtsbäckerei tatsächlich primär um das Aufbrauchen dieser beiden Nahrungsmittel ging, beweisen nicht zuletzt die Benennungen für den Donnerstag vor Fastnacht, der sich im Lauf der Zeit als klassischer Schlacht- und Backtermin herauskristallisierte: Er heißt im deutschsprachigen Raum vielerorts noch heute »fetter, feister, schmalziger, schmutziger (von alamannisch ›Schmutz‹ = Fett) Donnerstag« oder eben »Eierdonnerstag«. S. dazu MEZGER (Anm. 21), 16.
86 H. u. E. SCHWEDT (Anm. 47), 18.
87 MEZGER (Anm. 21), 414ff.
88 Thomas KIRCHMAIR, gen. NAOGEORGUS, Das Paepstisch Reych, Basel 1555, 4. Buch, Cap. 28.
89 S. dazu Charles de MOIJ (Hg.), Vastenavond – Carnaval. Feesten van de omgekeerde wereld (Ausstellungskatalog), 's-Hertogenbosch 1992, Nr. 41, 105f.
90 Die Eröffnung von Besen- oder Straußwirtschaften bzw. Buschenschänken zum Probieren des neuen Weins war schon im 16. Jahrhundert üblich.
91 De MOIJ (Anm. 89), Nr. 42, 106f.
92 Zum Narrenschiff s. MEZGER (Anm. 21), 309ff.; über die »Blauwe Schuit« s. Herman PLEIJ, Het Gilde van de Blauwe Schuit; volksfeest en burgermoraal in de late middeleeuwen, Amsterdam 1983, 187ff.
93 MEISEN (Anm. 7), 62.
94 A. BÖHMER, Die lateinischen Schülergespräche der Humanisten, 2. Teil, Berlin 1899, 135.
95 Zit. nach SAUERMANN (Anm. 7), 397.
96 JÜRGENSEN (Anm. 7), Nr. 108.
97 MEISEN (Anm. 7), 84.
98 Atlas der deutschen Volkskunde (ADV), III, Karte 40a.
99 Hinrich SIUTS, Deutsch-niederländische Kulturverflechtungen bei den Ansingeliedern zu den Kalenderfesten, in: Gerhard HEILFURTH, Hinrich SIUTS (Hg.), Europäische Kulturverflechtungen im Bereich der volkstümlichen Überlieferung. Festschrift zum 65. Geburtstag für Bruno SCHIERS, Göttingen 1967, 207, Nr. VI; Hinrich SIUTS, Die Ansingelieder zu den Kalenderfesten, Göttingen 1968, Typ 308.
100 Paul SARTORI, Martinsvogel, in: BÄCHTOLD-STÄUBLI, HOFFMANN-KRAYER (Anm. 10), Bd. 5, Berlin 1933, 1725.
101 Zit. nach Jacob GRIMM, Deutsche Mythologie, Bd. 3, Frankfurt – Berlin – Wien 1981 (= Nachdr. d. 4. Aufl. 1878), 423; s. ferner

102 Zit. nach SAUERMANN (Anm. 7), 401.
103 SAUERMANN (Anm. 7), 403f.
104 Zit. nach Paul SARTORI, Zur Volkskunde des Regierungsbezirks Minden, in: Zeitschrift des Vereins für rheinische und westfälische Volkskunde 4, 1907, 3.
105 SARTORI (Anm. 104), 2–8.
106 Herbert SCHWEDT, Sankt Martin, vorwärtsreitend. Zur Transformation und Diffusion eines Brauchkomplexes, in: Albrecht LEHMANN, Andreas KUNTZ (Hg.), Sichtweisen der Volkskunde. Zur Geschichte und Forschungspraxis einer Disziplin. Festschrift für Gerhard Lutz zum 60. Geburtstag, Berlin – Hamburg 1988 (= Lebensformen, Bd. 3), 257ff.
107 SCHWEDT (Anm. 106), 264f.
108 S. dazu Werner MEZGER, Musik und Brauch. Formen und Funktionen der Klangkultur in den Festbräuchen des Jahreslaufs, in: Wulf WAGER (Hg.), Volksmusikpflege in Baden-Württemberg. Tagungsband des Volksmusiksymposiums an der Landesakademie für die musizierende Jugend in Ochsenhausen 1996, Karlsruhe 1997, 22f.
109 J. ter GOUW, De volksvermaken, Harlem 1871, 239.
110 Heino PFANNENSCHMIDT, Germanische Erntefeste im heidnischen und christlichen Cultus mit besonderer Beziehung auf Niedersachsen, Hannover 1878, 210.
111 SAUERMANN (Anm. 7), 397.
112 De MOIJ (Anm. 89), Nr. 40, 103f.
113 Diese Deutung des Wimpels ist deshalb möglich, weil er in Form, Größe und Farbkombination genau demjenigen Fähnchen entspricht, das in Pieter Bruegels nahezu gleichzeitig (1559) entstandenem Gemälde »Kampf der Fastnacht mit dem Fasten« ein Angehöriger der Narrenschar mit sich führt. Reproduktion s. MEZGER (Anm. 21), 471.
114 SAUERMANN (Anm.7), 399.
115 J. SCHEIBLE (Hg.), Johann Fischart's Geschichtsklitterung und Aller Praktik Großmutter, Stuttgart 1847 (= Das Kloster, (8. Bd., 29–32. Zelle), 79.
116 Gisbertus VOETIUS, Selectae disputationes theologicae, Utrecht 1659, 448, zit. nach SAUERMANN (Anm. 7), 398.
117 Zit. nach SAUERMANN (Anm. 7), 402.
118 Adam WREDE, Rheinische Volkskunde, Heidelberg ²1922, 282.
119 Michael ZENDER, Eifel-Heimatbuch, Bonn 1924/25, 206.
120 S. dazu Andreas GROTE und Hinrich SIEVERKING, Beschreibung der Miniaturen und Kommentar, in: Andreas GROTE (Hg.), Breviarium Grimani. Faksimileausgabe der Miniaturen und Kommentar, Berlin 1973, 49f.
121 GROTE und SIEVERKING (Anm. 120) deuten die Miniatur falsch, wenn sie im Kommentar der Faksimileausgabe behaupten, hier hole »eine prächtig in zaddelige Gewänder gekleidete ›Clique‹ mit Trommlern, Pfeifern und Kienfackelträgern unter Führung des Narren mit seinem Szepter den Bohnenkönig am Vorabend des Martins-Festes von seinem Heim ab«. Das Fest des Bohnenkönigs, eines komischen Zufallsherrschers für einige Stunden, der durch eine in ein Kuchenstück eingebackene Bohne ermittelt wurde, gehört nämlich zu den Brauchformen des 6. Januar, des Dreikönigstages also, und nicht zu Martini. Zum brauchgeschichtlichen Kontext der Wahl des Bohnenkönigs s. Dietz-Rüdiger MOSER, Bräuche und Feste im christlichen Jahreslauf. Brauchformen der Gegenwart in kulturgeschichtlichen Zusammenhängen, Graz – Wien – Köln 1993, 136ff.
122 MEISEN (Anm. 7), 84.
123 Otto Frhr. von REINSBERG-DÜRINGSFELD, Das festliche Jahr in Sitten, Gebräuchen und Festen der germanischen Völker, Leipzig 1863, 343.
124 Hermina C. A. GROLMAN, Nederlandsche Volksgebruiken naar oorsprong en beteekenis. Kalenderfeesten, Zutphen 1931, 51f.
125 GREGOR v. TOURS, De miraculis s. Martini, lib. III, cap. 8, zit. nach MEISEN (Anm. 7), 87.
126 MEISEN (Anm. 7), 87.
127 »Nemo lucernam accendit et in abscondito ponit neque sub modio, sed supra candelabrum, ut qui ingrediuntur lumen videant« (Lk 11,33).
128 S. dazu Werner MEZGER, »Quem quaeritis – wen suchen ihr hie?« Zur Dynamik der Volkskultur im Mittelalter am Beispiel des liturgischen Dramas, in: Joachim HEINZLE (Hg.), Modernes Mittelalter. Neue Bilder einer populären Epoche, Frankfurt/M – Leipzig 1994, 209ff.
129 Werner MEZGER, Der Martinstag. Brauchtum im Spannungsfeld zwischen Ökonomie und Katechese, in: Hubert RITT (Hg.), Gottes Volk. Bibel und Liturgie im Leben der Gemeinde, B 8, Stuttgart 1988, 124.
130 Die entscheidenden Gedanken sind niedergelegt in Dietz-Rüdiger MOSER, Perikopenforschung und Volkskunde, in: Jahrbuch für Volkskunde 6, 1983, 7ff.
131 Oswald A. ERICH, Richard BEITL, Wörterbuch der deutschen Volkskunde, 3. Aufl. neu bearb. v. Richard BEITL unter Mitarbeit von Klaus BEITL, Stuttgart 1974, 493ff., s. v. »Laetare, Mittfasten«.

132 »Cum autem appropinquaret portae civitatis, et ecce defunctus efferebatur [...]« (Lk 7,12).
133 S. dazu auch Jürgen KÜSTER, Bräuche im Kirchenjahr. Historische Anregungen für die Gestaltung christlicher Festtage, Freiburg i. Br. 1986, 56ff.
134 »Sicut enim homo proficiscens vocavit servos suos et tradidit illis bona sua. Et uni dedit quinque talenta, alii autem duo, alii autem unum, unicuique secundum propriam virtutem, et profectus est statim [...]« (Mt 25,14f.). »Post multum vero temporis venit dominus servorum illorum et posuit rationem cum eis [...]« (Mt 25,19).
135 Genaueres zur Entwicklung des Einkehrbrauchs s. Werner MEZGER (Anm. 41), 143ff.
136 »Si linguis hominum loquar et angelorum, caritatem autem non habeam, factus sum velut aes sonans et cymbalum tinniens« (1 Kor 13,1).
137 Eine genauere Analyse der komplexen Zusammenhänge und Wechselbeziehungen zwischen 1 Kor 13,1ff. und den Narrenschellen hat der Verfasser in seiner Habilitationsschrift vorgelegt: MEZGER (Anm. 21), 220ff. u. 479ff.
138 Ingeborg WEBER-KELLERMANN, Saure Wochen – Frohe Feste. Fest und Alltag in der Sprache der Bräuche, München – Luzern 1985, 199.
139 Ernst KLUSEN (Hg.), Deutsche Lieder, Bd. 2, Frankfurt/M 1980, 732.
140 MEZGER (Anm. 128), 126.
141 Zit. nach Karl MEISEN, Nikolauskult und Nikolausbrauch im Abendlande. Eine kultgeographisch-volkskundliche Untersuchung, Düsseldorf 1931 (= Georg SCHREIBER [Hg.], Forschungen zur Volkskunde 9–12), 32.
142 Anonymus (M. M.): Curiöser Bericht wegen der schändlichen Weyhnacht-Larven, so man insgemein Heiligen Christ nennet, Leipzig – Dresden 1702, zit. nach MEISEN (Anm. 141), 33.
143 Zum folgenden REINSBERG-DÜRINGSFELD (Anm. 123), 341ff.
144 MEZGER (Anm. 41), 132ff.
145 MEZGER (Anm. 41), 135.
146 Die Lithographie ist für ein Kinderbuch entstanden: Franz POCCI (Bilder) und Georg SCHERER (Reime), Der Osterhas. Eine Festgabe für Kinder, Nördlingen 1850. S. dazu auch MEZGER (Anm. 41), 198f.
147 MEZGER (Anm. 41), 159ff.
148 Unvollendet gebliebener Aufsatz mit dem Titel »Martin und Niklaus« von 1912, basierend auf den »Berichten über volkstümliche Überlieferungen«, die um 1900 von Lehrern für etwa 600 württembergische Gemeinden angefertigt worden waren. Als Skizze ist der Aufsatz enthalten in der nur maschinenschriftlich vorliegenden Festgabe für Karl Bohnenberger zu dessen 85. Geburtstag 1948. Bohnenbergers Überlegungen wurden später von Helmut Dölker fortgeführt (s. Anm. 150).
149 ADV, Karten Nr. 37–42, 56–65.
150 Helmut DÖLKER, Martin und Niklaus, in: Württembergisches Jahrbuch für Volkskunde 1957/58, 100ff.
151 Nach Dölkers genaueren Eingrenzungen ist »das fest geschlossene Niklausgebiet in Württemberg und Hohenzollern in dem Land zwischen Bodensee und Donau (zu) sehen; nördlich der Donau setzt es sich fort: a) im Westen des Landes mit Randorten unmittelbar westlich von Tübingen, westlich von Böblingen, südlich von Pforzheim und nördlich von Wildbad; b) in der Mitte mit den Randorten Münsingen, westlich von Geislingen a. d. St. und im Filstal abwärts bis gegen Göppingen; c) im Osten über das Ulmer Land nach Norden bis nahe an die schwäbisch-fränkische Sprachgrenze zwischen Ellwangen und Crailsheim. [...] Dabei ist zu beachten, daß im Osten, wie Bohnenberger schon ausgeführt hat, etwa von der Brenzmündung an neben Niklaus auch Martin sehr stark vertreten ist. An einzelnen Orten tritt die Gestalt des Niklaus außerdem auf, in den Kreisen Mergentheim und Künzelsau und in den früheren Oberämtern Weinsberg und Neckarsulm, also schon mitten im geschlossenen Martinsgebiet. Dieses erstreckt sich nach den Belegen des ADV für das Auftreten der Gestalt am 10./11. November oder für die besonderen Gebäckformen am Martinstag in Württemberg vom Kreis Mergentheim nach Westen bis Neuenstadt K. und Dahenfeld und hat weiterhin gegen Südwest und Westen hin seine Grenzorte an einer Linie, die südwestlich und südlich an Öhringen und westlich an Schwäbisch Hall vorbeizieht, dann über Grab ins Murrtal und über Fichtenberg in den Welzheimer Wald verläuft, darauf, die Lein überquerend, Aalen erreicht und vom Brenztal aus östlich von Langenau am Donaumoos endet.« (DÖLKER [Anm. 150], 102f.)
152 Nach der präziseren Beschreibung durch Dölker wird der Übergangsraum eingegrenzt »von den Orten Heilbronn – Maulbronn – Weilderstadt – Tübingen – Reutlingen – Dörfern des Albrands – Wiesensteig – Geislingen – Gmünd – Welzheim – Sulzbach a. d. M. – Weinsberg – Heilbronn. Im wesentlichen ist dies Altwürttemberg ohne die Rand- und Außenämter des Schwarzwalds, des Heubergs, der Alb, des Brenztals und des Unterlaufs von Kocher und Jagst.« (DÖLKER [Anm. 150], 103).
153 BIRLINGER (Anm. 55), 165; Rudolf KAPFF, Festgebräuche, in: Karl BOHNENBERGER (Hg.), Stuttgart 1904–1918. Reprint Stuttgart

1980 (= Forschungen und Berichte zur Volkskunde in Baden-Württemberg, 5), 27.
154 Götz BECHTLE, Pelzmärtle und Christkindle, in: Der Landkreis Calw, Ein Jahrbuch, Bd. 7, Calw 1989, 170ff.
155 Beispiele für den speziellen Prozeß der Verfremdung des heiligen Nikolaus zum wilden »Klaus« und für das generelle Umschlagen ursprünglich katechetischer Adventsbräuche in profanen Klamauk in MEZGER (Anm. 41), 191ff. u. 239ff.
156 S. dazu den folgenden Abschnitt 8 unserer Darstellung.
157 S. dazu MEZGER (Anm. 41), 138ff.
158 BIRLINGER (Anm. 55), 165.
159 Ernst MEIER, Deutsche Sagen, Sitten und Gebräuche aus Schwaben, Stuttgart 1852, 453.
160 Oberamtsbeschreibung Aalen 1854, 53.
161 Fritz SCHNEIDER, Volkskundliches aus dem Heidenheimer Land, in: Der Kreis Heidenheim, Stuttgart und Aalen 1961 (= Heimat und Arbeit), 147f.
162 Wilhelm KUTTER, Maskenzeiten und Larventypen in Südwestdeutschland, in: Schweizerisches Archiv für Volkskunde 68/69, 1972/73, 348.
163 Vgl. Anm. 140.
164 Zit. nach Dieter PESCH, Das Martinsbrauchtum im Rheinland, Diss. Münster 1969, 97.
165 Helmut SEEBACH, Alte Feste in der Pfalz. Advent, Weihnachten, Silvester, Dreikönigstag, Annweiler-Queichhambach 1995, 87f.
166 Karl KLEEBERGER, Das Martiniweibchen als Kinderschreck, in: Heimat-Blätter für Ludwigshafen a. Rh. und Umgebung 1929, Nr. 29, 1.
167 ERICH, BEITL (Anm. 131), 544, s. v. »Martin«.
168 Marianne RUMPF, Perchten. Populäre Glaubensgestalten zwischen Mythos und Katechese, Würzburg 1991 (= Dieter HARMENING [Hg.], Quellen und Forschungen zur europäischen Ethnologie, Bd. 12), 13ff. u. bes. 107f.
169 Franz SCHMOLKE: Berchtgestalten, in: Alfred KRIEGELSTEIN (Hg.), Jahreslauf. Brauchtum in Mittelfranken, München – Bad Windsheim 1986 (= Mittelfränkische Heimatkunde, Bd. 4), 14. – Zum Aussehen der »Berta« in Mittelfranken im späten 19. Jahrhundert s. den Holzstich aus »Illustrierte Welt« um 1886, der sich zwar auf den Dreikönigsbrauch bezieht, aber durchaus auch auf »Berta«-Auftritte an Martini übertragbar ist, reproduziert in: Elyane WERNER, Fränkisches Leben – fränkischer Brauch. Bilder und Berichte aus dem 19. Jahrhundert, München 1992, 47.
170 SCHMOLKE (Anm. 169), 23ff.; s. dazu auch REINSBERG-DÜRINGSFELD (Anm. 123), 342.
171 ERICH, BEITL (Anm. 131), 150, s. v. »Dreikönig«.
172 Gustav GUGITZ, Das Jahr und seine Feste im Volksbrauch Österreichs. Studien zur Volkskunde, Bd. 2, Wien 1950, 182.
173 Friedrich HAIDER, Tiroler Brauch im Jahreslauf, Innsbruck – Wien – Bozen ²1985, 367f.
174 Otto SWOBODA, Alpenländisches Brauchtum im Jahreslauf, München 1979, 152.
175 Heinrich Andreas PRÖHLE, Kirchliche Sitten, Berlin 1858, 50.
176 REINSBERG-DÜRINGSFELD (Anm. 123), 345.
177 SAUERMANN (Anm. 7), 410.
178 REINSBERG-DÜRGINSFELD (Anm. 123), 345.
179 REINSBERG-DÜRINGSFELD (Anm. 123), 345f.
180 Dietmar SAUERMANN, Die westfälischen Martinslieder nach den Sammlungen des Atlas der Deutschen Volkskunde, in: Rheinisch-westfälische Zeitschrift für Volkskunde 16, 1969, 96f.
181 Martin WÄHLER, Thüringische Volkskunde, Jena 1940, 491f.
182 REINSBERG-DÜRINGSFELD (Anm. 123), 346.
183 E. ROLFFS, Evangelische Kirchenkunde Niedersachsens, Göttingen ²1938, 423. Zum Kurrendesingen s. Ingeborg WEBER-KELERMANN, Das Weihnachtsfest. Eine Kultur- und Sozialgeschichte der Weihnachtszeit, München – Luzern 1978, 46ff.
184 SAUERMANN (Anm. 180), 95f.
185 SARTORI (Anm. 104), 7; s. dazu auch Anm. 105.
186 SAUERMANN (Anm. 7), 411.
187 Anne und Jochen WIESIGEL, Feste und Bräuche in Thüringen. Von der Hullefraansnacht zu den Antoniusfeuern, Erfurt 1994, 136f.
188 S. dazu KIMMINICH (Anm. 53), 28f. u. 172f.
189 Maria Vincentia SÜSS, Salzburger Volkslieder, Salzburg 1865, 113.
190 MEISEN (Anm. 7), 88.
191 PESCH (Anm. 164), 96f. – Von einem allerersten organisierten Umzug wird zwar bereits 1867 aus Dülken berichtet, der entscheidende Innovationsschub aber ging dann doch erst von Düsseldorf aus.
192 R. CLÉMENT, Ein Martinsabend in Düsseldorf, in: Zeitschrift des Vereins für rheinisch-westfälische Volkskunde 1, 1904, 131ff.
193 Günter SCHENK, »Preise Sankt Martinus mit herzlicher Freude« – Zum 11. 11., dem Fest des Mainzer Bistums- und Stadtheiligen, in: Mainz. Vierteljahreshefte für Kultur, Politik, Wirtschaft, Geschichte 3, 1983, H. 4, 128.
194 K. WERHAN: Die Martinsfeier in Coblenz, in: Zeitschrift des Vereins für rheinische und westfälische Volkskunde 7, 1910, 244ff.
195 MEISEN (Anm. 7), 88.
196 Josef MÜLLER, Vom Martinsfest in Ahrweiler, in: Heimat-Jahrbuch für den Landkreis Ahrweiler 37, 1980, 122f.

197 SCHWEDT (Anm. 106), 257ff.
198 Herbert und Elke SCHWEDT, Bräuche zwischen Saar und Sieg. Zum Wandel der Festkultur in Rheinland-Pfalz und im Saarland, Mainz 1989 (= Studien zur Volkskultur in Rheinland-Pfalz, Bd. 5), 119f.
199 H. u. E. SCHWEDT (Anm. 106), 269.
200 Ernst KLUSEN (Hg.), Deutsche Lieder, Bd.2, Frankfurt/M 1980, 731.
201 Interessant sind die kritischen Anmerkungen und Verbesserungsvorschläge zu Inszenierungsfragen des Martinsrittes von Hermann KIRCHHOFF, Christi Himmelfahrt bis Sankt Martin im kirchlichen Brauchtum, München 1986, 134ff.
202 M. Hohmann, Das Bild der Welt um 1500, Reihe A: Kunstwerke und fromme Leute, Teil I: Schutzmantelmaria, Informationen für Lehrer und Schüler aus den Staatlichen Museen, Preußischer Kulturbesitz, Berlin 1977.

ANWALT DES LEBENS
Die Botschaft des heiligen Martin für unsere Zeit

Annette Schleinzer

Anderthalb Jahrtausende trennen uns bereits vom Leben des heiligen Martin. Was kann ein Heiliger aus einer so weit zurückliegenden Epoche, aus einer ganz anderen geschichtlichen Konstellation uns Christen und Christinnen am Ende des zwanzigsten Jahrhunderts sagen?

Gibt es trotz der großen zeitlichen Distanz etwas in seinem Charisma, das mit den Fragen unserer Zeit zu tun hat – ohne etwas in das Leben und in die Botschaft des Heiligen hineinzuinterpretieren, das ihm fremd war?

Die Grundlage, auf der wir uns heute dem heiligen Martin nähern können, ist nach wie vor die Darstellung seines ersten Biographen Sulpicius Severus. Damit ist aber klar, daß wir es nicht mit einer nüchternen, auf rein historischen Tatsachen beruhenden Beschreibung zu tun haben. Sulpicius Severus ist durch und durch geprägt vom spätantiken religiösen Ideal der Askese, zu der die Trennung von der Familie und dem vertrauten Lebensraum gehörte – sowie die Entscheidung, durch die eigene Lebensführung einen sichtbaren Bruch mit der »Welt« und ihren Werten zu vollziehen. Eine solche weltabgewandte, entsagende Lebensform erschien immer deutlicher als die eigentliche christliche Antwort auf den Ruf Jesu zur Nachfolge. Auf diesem Hintergrund lag es dem Biographen am Herzen, in der Person des Bischofs Martinus von Tours eine Gestalt vor Augen zu führen, die als Leitbild für eine Lebensform dienen konnte, der sich immer mehr Männer und Frauen verschrieben hatten.

Aus heutiger Sicht läßt sich das asketische Ideal so nicht mehr vertreten. Der Schatten einer solchen Betonung der »Weltabkehr« ist inzwischen deutlich zutage getreten – und in der Theologie und im gelebten Glauben unseres Jahrhunderts schälte sich längst heraus, daß alle Gläubigen zur ungeteilten Christusnachfolge berufen und befähigt sind. Aus heutiger Sicht ist es deshalb notwendig, hinter den zeitbedingten idealisierenden Zügen das Wesentliche der Gestalt

Martins zu suchen, den schon damals das Volk mit seinem untrüglichen Glaubenssinn als gottgegebenes Vorbild erkannte – und der auch uns Heutige inspirieren kann.

Das Wesentliche kann aber nur das sein, was auch dem Heiligen selbst wesentlich war: seine glühende Liebe zu Jesus Christus. Ihn wollte er nachahmen, ihn suchte er in den Menschen zu finden, vor allem in den Armen und Notleidenden. Weil er in ihm gegründet war, konnte er auch einen ganz eigenständigen Weg gehen und sich überall dort verweigern, wo für ihn etwas nicht im Einklang mit seiner Liebe zu Jesus Christus stand. Der Maßstab seines Glaubens und Handelns – beides blieb für ihn untrennbar – war das Leben, die Fülle des Lebens, die ihm in Jesus begegnet war. Gott selbst ist ihm darin als ein Gott des Lebens aufgeleuchtet, der ein höchst vitales Interesse an den Menschen hat. Gott zu bezeugen, hieß dann in erster Linie, Leben zu verschenken, es immer mehr Menschen zu ermöglichen und all das beseitigen zu helfen, was dieses Leben verhindern konnte: in einzelnen persönlichen Schicksalen genauso wie in größeren politischen Zusammenhängen.

Zwei große Bewegungen lassen sich im Leben des heiligen Martin ausmachen, die beide im Dienst des Lebens stehen, dem er sich in der Nachfolge Jesu verpflichtet wußte. Die eine Bewegung ist seine unbedingte Hinwendung zu den Armen, zu allen, die an Leib oder Seele Not litten, zu denen, die Opfer von Ungerechtigkeit und politischer Gewalt geworden waren. Die andere Bewegung ist eine scheinbar gegenläufige: sein Leben lang hielt er am Lebensstil eines einfachen Mönches fest, zog sich immer wieder auch in die Einsamkeit zurück und distanzierte sich nachdrücklich von allem, was es in seinem Umfeld an »weltlichen« Interessen gab, vor allem in bezug auf das Leistungs- und Karrieredenken vieler staatlicher und kirchlicher Machtträger. Wie Jesus Christus selbst versuchte er somit, sich auf dem schmalen Grat zu bewegen, der sich aus der Ur-Spannung zwischen Weltzuwendung und Weltabkehr ergibt: ganz »in der Welt« und zugleich »nicht von der Welt« zu leben, ohne sich auf die eine oder andere Seite zu flüchten. Oder anders formuliert: kontemplativ und aktiv zugleich zu sein, ohne das eine dem anderen unterzuordnen; »kontemplativ mitten in der Welt«[1] zu sein, weil Jesus Christus selbst dies so vorgelebt hatte in seiner Hinwendung zu Gott und zu den Menschen.

Diese Spannung haben die Heiligen jeder Epoche auf höchst individuelle Weise und unter den Bedingungen ihrer Zeit auszutragen versucht. Jeder und jede Heilige ist dadurch zu einer ganz eigenen »Auslegung« der Offenbarung Gottes in Raum und Zeit geworden und spiegelt somit die unerschöpfliche Vielfalt des einen Geistes wider. Durch alle Veränderungen der Jahrhunderte hindurch zeigt sich in ihnen so etwas wie eine unveränderliche Substanz des Glaubens, auch wenn dieser dann – um er selbst zu bleiben – in jeder Epoche wieder neu übersetzt und

*Abbildung 1
Der hl. Martin küßt einen Leprakranken, Paris, 1. Hälfte 16. Jahrhundert, Stadtbibliothek Tours*

verleiblicht werden muß. Wie hat nun der heilige Martin das Wesentliche seines Glaubens gestaltet – in einer Epoche, in der sich das Christentum ganz allmählich von der Bewegung einer kleinen Minderheit zu einer größeren, staatlich unterstützten Glaubensgemeinschaft hin entwickelte?

Zuwendung zu den Menschen – Solidarität mit den Leidenden

Sulpicius Severus schildert Martin als einen Mann, der von Jugend an höchst sensibel auf die Not anderer Menschen reagierte und diese zu lindern suchte, wo er konnte. Die wohl bekannteste Geschichte ist seine Begegnung mit dem Bettler am Stadttor von Amiens, wo der noch ungetaufte Martin seinen Mantel mit dem Armen teilte.[2] Als er sich Jahre später als Einsiedler in Ligugé – einem Besitz des Bischofs Hilarius von Poitiers – niedergelassen hatte, zeigten sich an ihm viele Züge der frühchristlichen Wanderprediger, die gleichzeitig auch Heiler und Wundertäter gewesen waren. Sein apostolisches Wirken war stets verbunden mit einer großen Menschenfreundlichkeit und Zuwendung zu den Benachteiligten, so daß er bald zahlreiche Schüler und Gefährten fand, die mit ihm leben und von ihm lernen wollten. Obwohl er im Grunde am liebsten ganz zurückgezogen gelebt hätte, ließ er sich immer wieder von der Not der Menschen anrühren; Sulpicius Severus berichtet, daß er Kranke heilte und sogar Tote wieder zum Leben erweckte.

Durch die Berichte über solche Ereignisse verbreitete sich sein Ruhm auf dem Land; »denn galt er vordem allgemein schon als Heiliger, so kam er jetzt in den Ruf eines Wundertäters und wahrhaft apostolischen

Mannes.«³ Fast die ganze christliche Bevölkerung war sich deshalb darin einig, Martin zum Bischof von Tours auszurufen – so sehr er sich selbst dagegen gewehrt haben mochte.

Auch als Bischof blieb er ein Mann des Volkes, der am Schicksal einzelner Menschen interessiert war. Unter beschwerlichen Bedingungen bereiste er immer wieder seine Diözese, nahm Kontakt zur Bevölkerung auf und heilte die Kranken, die man zu ihm brachte.

Indem er sich zu echtem Mit-Leiden bewegen ließ, wuchs ihm eine Kraft des Herzens zu, die auch da noch einen Ausweg aus den Verstrickungen von Gewalt, Leiden und Tod fand, wo alles vergebens zu sein schien. Ein Beispiel für diese verändernde Kraft ist sein Einsatz für diejenigen, die ein Opfer der gewaltsamen »Säuberungsaktion« des Avitianus werden sollten. Dieser war nach Tours gekommen, um alle früheren Anhänger des ermordeten Kaisers Gratian unter grausamen Folterungen hinrichten zu lassen.⁴ Sobald Martinus dies zu Ohren gekommen war, eilte er mitten in der Nacht zum Palast des Avitianus und legte sich dort an der Schwelle der verschlossenen Türe nieder. Ohne jede Gewaltanwendung und ohne jede Überredungskunst gelang es ihm, durch seine bloße Anwesenheit auf den zu allem entschlossenen Avitianus einzuwirken, so daß er schließlich die Gefangenen freigab und selbst die Stadt verließ.

In dieser gewaltlosen Liebe und bedingungslosen Solidarität mit den Menschen bezeugt der heilige Martin etwas vom Antlitz Gottes selbst, wie es sich durch alle Generationen hindurch manifestiert. Schon die Gotteserfahrungen des Alten Bundes zeigen, daß Gott sich nicht in abstrakten Begriffen offenbart, sondern in Verben, die auf ein Geschehen, eine Begegnung hinweisen. Ganz besonders deutlich wird dies z. B. in der Erfahrung des Mose am brennenden Dornbusch. Dort gibt Gott sich zu erkennen mit den Worten: »Ich bin der ›Ich-bin-da‹« (Ex 3,14). Wenige Sätze zuvor führt er aus, worin dieses Da-Sein besteht: »Ich habe das Elend meines Volkes in Ägypten gesehen, und ihre laute Klage über ihre Antreiber habe ich gehört. Ich kenne ihr Leid. Ich bin herabgestiegen, um sie der Hand der Ägypter zu entreißen...« (Ex 3,7f.). Von Gott im Elend schließlich doch nicht allein gelassen zu werden, von ihm gesehen, getröstet und befreit zu werden: das ist die Ur-Erfahrung unserer Mütter und Väter des Glaubens. In der Person und im Leben Jesu setzt sich diese Selbst-Offenbarung Gottes dann in einer so unüberbietbaren Weise fort, daß die Jünger und Jüngerinnen davon überzeugt waren: hier begegnet uns Gott selbst, hier hat seine Zuwendung ein Gesicht und einen Namen bekommen: »Jesus« – d. h. »Gott rettet«. Jesus spricht von diesem Gott dann wiederum nicht abstrakt, sondern in Bildern und Gleichnissen. Vor allem aber spricht er von Gott nicht ohne Zeichenhandlungen, nicht ohne zu heilen und zu befreien. Von Gott zu sprechen, ihn mit dem eigenen Leben zu bezeugen, in seinem Namen zu handeln: das ist bei ihm untrennbar. Er zeigt sich darin zutiefst als ein Freund der Menschen, als einer, der das menschliche Leben hochschätzt und sich auf die Seite derer stellt, die eine Lebens-Minderung erleiden. Auf diese Weise erfahren die Menschen ganz unmittelbar und in ihrer eigenen Lebensgeschichte, wer Gott ist und wie er mitten unter ihnen, in ihnen und auch durch sie am Werk ist. Gott hat offensichtlich »einen Zug in das Detail hinein«[5], er wendet sich den Menschen als einzelnen Subjekten zu, in den Begebenheiten und Sehnsüchten ihres Alltags.

Unabhängigkeit des Glaubens – Kraft zur Distanzierung[6]

Weil es um das Leben einzelner Menschen geht, erweist sich Gott aber in der gesamten Heilsgeschichte auch als ein Gott, der klare Abgrenzungen und Stellungnahmen verlangt, bis hin zum Widerstand gegen die eigene Kultur, gegen das eigene Lebensumfeld, wenn dieses sich als hinderlich für die Freiheit erweist. Schon Abraham wurde zu einem solchen »Nein« gegenüber seiner eigenen Kultur aufgerufen; die Propheten hatten einen zermürbenden Kampf zu führen gegen die Kräfte und Werte, die das Vertrauen an den einen Gott Israels untergraben wollten; und schließlich wurde auch Jesus selbst in der Wüste in eine Entscheidungssituation geführt, in der ihm ein für allemal klar wurde, wo er »Ja« und wo er »Nein« sagen mußte.

Das, was dem Menschen da abverlangt wurde und wird, ist das rückhaltlose Vertrauen darauf, daß Gott es ist, der das Leben schenkt – in einer letztlich unverfügbaren Weise. Es gilt dann, sich diesem Gott auch da zu überlassen, wo es keine »Garantien« mehr gibt, wo das eigene Glücksverlangen vielleicht durchkreuzt wird. Der Gott des Alten Bundes, der auch der Gott Jesu ist, hatte und hat ein leidenschaftliches Interesse daran, die Menschen zu diesem Vertrauen auf ihn selbst zu verlocken – weil nur ein solches Vertrauen, eine solche Offenheit über sich selbst hinaus der wahren Würde und Bestimmung des Menschen gerecht wird und ihn von der Abhängigkeit von Ersatzgöttern jeder Art befreit. Jesus hat deshalb um der Menschen willen diejenigen Werte und Maßstäbe relativiert oder zerschlagen, die zwar gesellschaftlich anerkannt, aber immer auch gefährdend waren: Ehre, Macht, Reichtum, Glück … – Erfüllungsmöglichkeiten jeder Art also, die aus sich heraus noch zweideutig bleiben, wenn sie nicht im Dienst des Lebens und der Freiheit stehen, wenn sie nicht über sich selbst hinausweisen auf eine Erfüllung, die Gott allein schenken kann. Eine solche grundsätzliche Relativierung innerweltlicher Lebensentwürfe – um einer tieferen Erfüllung willen – ist der Kern der Weisungen Jesu, die im Lauf der Jahrhunderte dann allerdings asketisch überinterpretiert wurden: so, als sei es in der Nachfolge Jesu nun der bessere Weg, alle menschlichen Möglichkeiten zu beschneiden und sich »aus der Welt zurückzuziehen«.

Die großen Heiligen hatten gerade an dieser Stelle oft ein gesundes Gespür für asketische Fehlentwick-

Abbildung 2
Martin und der Bettler,
Andachtsbildchen,
2. Hälfte 19. Jahrhundert

lungen – auch wenn es meist schwierig ist, in den zeitbedingten und idealisierenden Hagiographien die Spur der lebendigen Unbefangenheit zu finden, die diesen Heiligen zueigen war.

Der Glaubensinstinkt der Menschen jedoch – die sich letztlich wohl nicht täuschen lassen, wenn es um die Frage der »Echtheit« von Heiligen geht, die genau spüren, wo wirklich das Leben vermittelt wird, dem sie sich anvertrauen können – scheint mit ein Kriterium dafür zu sein, daß ein Heiliger oder eine Heilige tatsächlich dem »Leben in Fülle« Raum gegeben hat, das die Verheißung Jesu ist für diejenigen, die ihm nachfolgen.

So ist auch der heilige Martin gerade für die einfachen Menschen ein Gotteszeuge gewesen, weil er sowohl Gottes Güte und Zuwendung widergespiegelt hat als auch Gottes Leidenschaft für das Leben und seine »Eifersucht« allem gegenüber, was eine Vergötzung dieses Lebens sein konnte.

Auch diese Anlage – sich um des Lebens willen distanzieren zu können – scheint sich wie ein roter Faden durch die Biographie des Heiligen zu ziehen.

Als Sohn eines angesehenen römischen Offiziers, der es bis zum Rang eines Obersten (Tribun) brachte, waren ihm ein klares Lebensmuster und klare Werte vorgegeben: eine standesgemäße Ausbildung; selbstverständlich die Militärlaufbahn mit dem Ziel, darin möglichst Karriere zu machen, sich ein hohes Ansehen zu erwerben. Mit fünfzehn Jahren mußte er in die Armee eintreten, weil die Söhne von Veteranen nach einer kaiserlichen Verordnung für mindestens zwanzig Jahre zu diesem Dienst verpflichtet wurden. Dieser Verpflichtung ist Martinus dann offensichtlich nachgekommen und rückte als Soldat sogar bis zur kaiserlichen Elitetruppe auf.

Doch schon von Kindheit an gab es in ihm wohl das Verlangen nach einem anderen Leben, so daß er sich – nach Sulpicius Severus schon als Zehnjähriger[7] – mit dem christlichen Glauben auseinandersetzte und gegen den Willen seiner Eltern um Aufnahme in die Reihe der Taufbewerber bat. Die Taufe selbst empfing er dann etwa zehn Jahre später. Obwohl er also die unvermeidlichen Anforderungen seines gesellschaftlichen Standes erfüllte, zeigte sich in ihm schon früh die Fähigkeit, einen eigenständigen Weg zu suchen, der immer auch eine Absage an vorgegebene Lebensmuster enthält.

In dieser Anlage, seiner inneren Stimme treu zu bleiben, ließ er sich auch in den langen Jahren seines Kriegsdienstes nicht beirren. Im Gegenteil: so gut es die Verhältnisse zuließen, versuchte er, einen eigenen, von seiner christlichen Überzeugung geprägten Lebensstil zu leben. Sein Biograph schildert, wie er z. B. die herkömmlichen Machtverhältnisse umkehrte, indem er seinen Diener als Menschen wahrnahm und ihn selbst bediente. »Er half bei schwerer Arbeit mit, unterstützte Arme, speiste Hungernde, kleidete Nackte, von seinem Kriegssold behielt er nur das für sich, was er für den täglichen Unterhalt brauchte.«[8]

Sobald es ihm möglich war, versuchte er, aus dem Militär entlassen zu werden, weil er den Kriegsdienst nicht mehr länger mit seinem Glauben vereinbaren konnte – und noch viel weniger mit der Lebensform, die ihm vor Augen stand: das Mönchtum, das sich allmählich im westlichen Abendland auszubreiten begann.[9] Den darauf folgenden Einschüchterungsversuchen hielt er stand, weil er sich in Gott gegründet wußte. So konnte er sich eine innere Unabhängigkeit bewahren und erste Schritte auf dem Weg gehen, zu dem er sich berufen wußte.

Die Unabhängigkeit zeigte sich später vor allem in der Art und Weise, wie er sein Bischofsamt verstand und ausübte. Im Gegensatz zu manchen seiner Zeitgenossen hielt er Distanz zu den politischen Machthabern und ließ sich von ihnen nicht für ihre Zwecke einspannen – im Gegenteil: er wies sie zurecht und suchte nach Mitteln und Wegen, für Gerechtigkeit zu sorgen, wo er diese bedroht sah.

Auch da, wo es sich um Menschen handelte, die einen anderen religiösen Standpunkt vertraten als er selbst, setzte er sich dafür ein, daß ihnen Gerechtigkeit widerfuhr: er versuchte zu verhindern, daß der spanische Sektengründer und Bischof Priscillian und seine Anhänger vom Staat hingerichtet würden – zum Teil sogar ohne Gerichtsurteil.[10] Es lag ihm sicher auch daran, daß sich der Staat nicht so ohne weiteres in kirchliche Angelegenheiten einmischte; vor allem aber war er davon überzeugt, daß Gewalt nur Gegengewalt hervorbringt – und im Fall einer fanatischen Sekte gerade erst recht zu ihrer weiteren Verbreitung beitragen kann.

Eine solche Gelassenheit und Weite des Herzens ist wohl die Frucht eines Lebensstils, den Martinus sich auch als Bischof zu bewahren wußte: »Nicht die geringste Änderung gegen früher ließ sich an ihm wahrnehmen. Dieselbe Demut wohnte in seinem Herzen, dieselbe Ärmlichkeit zeigte er in seiner Kleidung. Im Vollbesitz seiner Macht und Weihegnade, ward er der Stellung eines Bischofs durchaus gerecht, verlor aber das Tugendstreben eines Mönches nicht aus den Augen.«[11] Um dieser monastischen Lebensform willen zog er sich in eine Zelle außerhalb der Stadt zurück. Als sich ihm immer mehr Männer anschlossen, entwickelte sich daraus ein größeres, für die Geschichte des abendländischen Mönchtums bedeutendes Kloster. In der Zurückgezogenheit und Strenge dieser Lebensform wuchs Martin (und zahlreichen seiner Mitbrüder und Schüler) die Kraft zu, sich so auf seine Aufgaben als Bischof einzulassen, daß er weder sich selbst noch anderen Gewalt antat: indem er Prioritäten setzte, relativierte er den Stellenwert seiner Arbeit und ließ sich von ihr nicht beherrschen; er entging auch der Gefahr, andere Menschen zur Bestätigung seiner selbst und seiner seelsorgerlichen Fähigkeiten zu (miß)brauchen.

Martinus – ein aktueller Heiliger

Uns heutigen Christen und Christinnen wird immer deutlicher bewußt, daß wir uns in einer tiefgehenden Krise von Kirche, Glaube und Kultur befinden.[12] Anders als zur Zeit des heiligen Martin, der erlebte und mit dazu beitrug, daß sich das Christentum aus der Überzeugung einer kleinen, verfolgten Minderheit zur staatstragenden abendländischen Religion entwickelte, sehen wir uns mit einer gegenläufigen Entwicklung konfrontiert: mit einem unübersehbaren Verlust an kirchlichen Traditionen, mit einem Glaubensschwund, der die Frage aufkommen läßt, ob das Christentum zumindest in Europa überhaupt noch eine Zukunft hat. Dahinter verbirgt sich »die Ratlosigkeit darüber, wie wir heute unseren Glauben an Gott als personale ›Urquelle‹ allen Lebens, als die universale Kraft liebender und begleitender ›Sympathie‹ so verkünden können, daß der Funke bei den Menschen (gerade bei den jüngeren) überspringt, daß sie mit Herz und Kopf verstehen: Es ist gut und zutiefst befreiend, auf diesen Gott sein Leben zu gründen, ihm mit und in Jesus nachzufolgen und an seinem Reich mitzubauen.«[13]

Eine Gestalt wie Martinus kann in solchen bedrängenden Fragen – trotz aller zeitlich bedingten Fremdheit – helfen, die Richtung zu finden, in der weitergesucht werden kann. Im Entwurf seines Lebens leuchtet etwas vom »Urgestein« christlichen Glaubens auf: von der Bewegung der Liebe, wie Jesus Christus sie selbst vorgelebt hat. Diese Liebe – in ihrer Doppelgestalt von Gottes- und Nächstenliebe – hatte zur Zeit Martins nicht weniger heilende Kraft als zur Zeit Jesu, und sie ist auch heute von größter Aktualität.

Immer mehr Menschen werden sich der Fragwürdigkeit und Brüchigkeit unserer modernen oder inzwischen schon postmodernen Kultur und ihrer Lebensbedingungen bewußt. Das Empfinden von innerer und äußerer Bedrohtheit wächst in dem Maße, wie sich bislang tragende Fundamente im privaten und im gesellschaftlich-politischen Bereich auflösen. Der christliche Glaube ist dazu herausgefordert, solche Umbrüche und Krisen als »Zeichen der Zeit« zu entschlüsseln und darauf so zu reagieren, daß er sich angstfrei auf die Bedingungen dieser Zeit einläßt, ohne seine prophetisch-kritische Funktion aus dem Blick zu verlieren.

Zweierlei kann sich dabei als Herausforderung und Chance des Glaubens erweisen[14]: der Glaube an einen Gott, der die Existenznot der Menschen sieht und darauf reagiert – und der »Glaube an Gott als eine Kraft der Distanzierung«[15]. Beides sind – wie es sich auch in der Biographie des heiligen Martin gezeigt hat – Bewegungen der Liebe, Bewegungen im Dienst des Lebens.

Wenn der Glaube so zu seiner ureigenen Gestalt als einer Mitteilung von Leben, von Heil-Werden, von Hoffnung zurückfinden will, ist er darauf angewiesen, nicht nur in Worten und Sätzen, sondern in heilenden und befreienden Gesten, in gelebter Solidarität mit den Armen und Leidenden vermittelt zu werden. Die zunehmende Gefährdung unserer Lebensgrundlagen, von der vor allem die sozial Schwachen betroffen sind und immer stärker betroffen sein werden, verlangt einerseits nach einem neuen »Typus von Solidarität«, in dem die Bessergestellten für die »physische, psychische und soziale Lebensexistenz des gefährdeten anderen«[16] eintreten. Um der Würde und Freiheit einzelner Menschen willen ist es dann andererseits geradezu lebensnotwendig, daß es eine Tradition gibt, die zu »kulturellem Ungehorsam« aufruft und befähigt: nämlich gegenüber den lebensfeindlichen Kräften in unserer Kultur, »die zu Untergang, Fatalismus, Ungerechtigkeit, Entpersönlichung des Menschen und Akzeptanz dessen, was niemals akzeptiert werden darf, tendieren.«[17] Zu einem solchen »kulturellen Ungehorsam« ist aber nur in der Lage, wer in Kontakt ist mit der Quelle – wer an sich selbst die heilende Liebe Jesu geschehen läßt und sich immer wieder darin verankert. Wer sich so zu Jesus Christus als dem Freund der Menschen bekennt, wird selbst zum Freund oder zur Freundin all derer, die der Freundschaft bedürfen. Darin wird etwas von jenem Reich Gottes geschichtliche Wirklichkeit, das den Kern der Botschaft Jesu bildet – und in dem aufleuchtet, wer Gott ist und wer der Mensch sein kann: aus Liebe und auf Liebe hin geschaffen – ein Anwalt des Lebens.

Anmerkungen

1 Vgl. Angelika DAIKER, Kontemplativ mitten in der Welt. Die Kleinen Schwestern Jesu, Freiburg 1992.
2 SULPICIUS SEVERUS, Leben des heiligen Bekennerbischofs Martinus 3.
3 Ebd. 7.
4 SULPICIUS SEVERUS, 3, Dialog 4.
5 Ottmar FUCHS, Gott hat einen Zug ins Detail. »Inkulturation des Evangeliums hierzulande«, in: Ottmar FUCHS – Norbert GREINACHER – Leo KARRER u. a. (Hg.), Das Neue wächst. Radikale Veränderungen in der Kirche, München 1995, 74.
6 Vgl. zu dieser Formulierung Karl GABRIEL, Woran noch glauben? Orientierungssuche zwischen Erlebnisgesellschaft und Rückkehr der Klassen, in: Gotthart FUCHS (Hg.), »… in ihren Armen das Gewicht der Welt«. Mystik und Verantwortung: Madeleine Delbrêl, Frankfurt 1995, 63–90, hier: 84.
7 SULPICIUS SEVERUS, Leben 2.
8 Ebd.
9 Vgl. dazu z. B. Carl ANDRESEN (Hg.), Frühes Mönchtum im Abendland. Erster Band: Lebensformen. Eingeleitet, übersetzt und erklärt von Suso FRANK, Zürich–München 1975.
10 SULPICIUS SEVERUS, 3. Dialog 11ff.
11 SULPICIUS SEVERUS, Leben 10.
12 Vgl. dazu Bernhard ROOTMENSEN, Vierzig Worte in der Wüste. Werkbuch für Gemeinden zur Krise von Kirche, Glaube und Kultur, Düsseldorf 1991.
13 Medard KEHL, Wohin geht die Kirche? Eine Zeitdiagnose, Freiburg ²1996, 21.
14 Vgl. zum folgenden GABRIEL (Anm. 5), 63–90.
15 Ebd., 84.
16 Ebd., 85.
17 ROOTMENSEN (Anm. 12), 108.

DER UNVERGLEICHLICHE HEILIGE

Beiträge zu einer Martin-Anthologie

Werner Groß

Er hat nie das Menschenlob gesucht, und soweit es an ihm lag, wollte er all seine Wunderwerke verbergen.

Sulpicius Severus, Vita 1,6

Er war noch nicht wiedergeboren in Christus, und doch zeigte er sich in seinen guten Werken schon als Taufbewerber: Er stand den Kranken bei, unterstützte die Armen, nährte Hungernde, kleidete Nackte. Von seinem Sold behielt er nur das für sich, was er zum täglichen Leben brauchte. Schon damals war er kein tauber Hörer des Evangeliums. Denn um den morgigen Tag sorgte er sich nicht (vgl. Mt 6,34).

Sulpicius Severus, Vita 2,6

Er fühlte sich innerlich vom Heiligen Geist erfüllt.

Sulpicius Severus, Vita 7,1

Er vertraute unerschütterlich auf Gott.

Sulpicius Severus, Vita 13,4

Welcher Ernst, welche Würde lagen doch in Martins Rede! Welche Begeisterung und welche Durchschlagskraft! Wie gewandt und geschickt klärte er schwierige Fragen der Heiligen Schrift.

Sulpicius Severus, Vita 25,6

An Martin ist alles viel größer, als man es in Worte fassen könnte.

Sulpicius Severus, Vita 26,3

In seinem Mund war nie etwas anderes als Christus. In seinem Herzen lebte nur Güte, nur Friede, nur Erbarmen.

Sulpicius Severus, Vita 27,1.2

Welche Bitterkeit menschlicher Schmerzen hat er nicht in der Hoffnung auf das ewige Leben ertragen, Hunger, Nachtwachen, Blöße, Fasten, neidisches Übelwollen, böswillige Verfolgung, Pflege von Kranken, bange Sorge um Gefährdete? Wer hätte Leid empfunden, ohne daß er mitgelitten? Wer gab Ärgernis, ohne daß es ihm auf der Seele brannte? Wer ging verloren, ohne daß er darüber seufzte? Dazu kommen seine mannigfachen täglichen Kämpfe gegen die gewalttätige Bosheit der Menschen und Teufel. Seine siegreiche Kraft, seine beharrliche Geduld und sein ausdauernder Gleichmut errang immer die Oberhand, mochte er auch noch so viele Angriffe zu bestehen haben.

Sulpicius Severus, 2. Brief

Die Liebe, die in der frostigen Welt auch bei heiligen Männern Tag für Tag erkaltet, brannte in seinem Herzen bis zum Ende, ja sie vermehrte sich noch tagtäglich.

Sulpicius Severus, 2. Brief

Glaube es mir, Martinus wird nicht von uns weichen, nein, er wird bei uns sein, wenn wir von ihm reden, er wird zugegen sein, wenn wir beten.

Sulpicius Severus, 2. Brief

Er hat uns belehrt, wohin wir ihm folgen müssen; er hat uns unterrichtet, wohin unsere Hoffnung zielen, unser Herz sich richten soll.

Sulpicius Severus, 2. Brief

Unsagbare Größe dieses Mannes, den keine Mühsal bezwang, den der Tod nicht überwinden konnte, der sich aus Eigenem nach keiner Seite neigte: der sich zu sterben nicht fürchtete und zu leben nicht weigerte!

Sulpicius Severus, 3. Brief

Es lohnt sich auch der Mühe, vertrauliche Äußerungen voll geistiger Würze aus dem Munde Martins anzuführen. Einmal fiel sein Blick zufällig auf ein frisch geschorenes Schaf. Da sagte er: »Dieses Tier hat die Vorschrift des Evangeliums erfüllt: zwei Röckchen hatte es, eines schenkte es dem, der keines hatte.«

Als er ein andermal einen Schweinehirten erblickte, der vor Frost zitterte und mit einem Fell nur notdürftig bekleidet war, sprach er: »Sieh da, Adam; aus dem Paradies verstoßen, mit einem Fell bekleidet, weidet er Schweine. Wir aber sollen den alten Adam, der noch in diesem fortlebt, ablegen und dafür den neuen anziehen.«

Sulpicius Severus, 2. Dialog 10

Eine Schlange durchfurchte das Wasser und schwamm dem Ufer zu, auf dem wir standen. Da sprach Martinus: »Im Namen Gottes befehl ich dir, kehr um.« Sofort drehte sich das gefährliche Tier auf das Wort des Heiligen um und schwamm vor unseren Augen auf das andere Ufer hinüber. Während wir alle diesen wunderbaren Vorgang beobachteten, seufzte Martinus tief und sagte: »Die Schlangen hören auf mich, die Menschen aber nicht.«

Sulpicius Severus, 3. Dialog 9

Er zeigte, daß Christus in ihm wirksam war. Christus wollte ja seinen Heiligen auf alle Weise verherrlichen und vereinigte deshalb verschiedene Gnadengaben in einer Person.

Sulpicius Severus, 3. Dialog 10

Abbildung 1
Die Mantelteilung, Tirol,
um das 16. Jahrhundert

Du darfst nicht erwarten, daß der Erzähler mit Martinus an ein Ende käme. Seine Persönlichkeit ist zu bedeutend, als daß sie sich in die Grenzen irgendwelcher Worte einzwängen ließe.

Sulpicius Severus, 3. Dialog 17

Kommst du bis nach Ägypten, das so stolz ist auf die Zahl und Wunderkraft seiner Heiligen, so soll es doch nicht die Kunde verschmähen, daß Europa ihm, ja dem gesamten Asien in dem einen Martinus nicht nachsteht.

Sulpicius Severus, 3. Dialog 17

Durch vollkommene Nachfolge Christi hat Martin die Gestalt des himmlischen Menschen angenommen.

Paulinus von Nola

Martin hat die Regel des vollkommenen Lebens aufgestellt.

Paulinus von Nola

Mancherlei wilde Völker gewinnst du [Martin] in den frommen Bund mit Christus:

Alamannen, Sachsen, Thüringer, Pannonier, Rugier, Slaven, Naren, Sarmaten, Daten, Ostgoten, Franken, Burgunder, Dacier, Alanen freuen sich, von dir geleitet, Gott kennengelernt zu haben.

Deine Zeichen bewundernd, hat der Schwabe gelernt, auf welchem Weg des Glaubens er wandeln soll.

Martin von Braga

Pannonien freue sich, einen solchen Sohn hervorgebracht zu haben.

Italien jauchze, weil es den prächtigen Jüngling großziehen durfte.

Im dreigeteilten Gallien mag man in heiligem Eifer streiten, welchem Teil er Vorstand sein soll.

Alle dürfen jedoch in gleicher Weise jubeln, ihn als Vater zu haben; den Einwohnern von Tours freilich allein ist es vergönnt, seinen Leib zu hüten.

Notker dem Stammler zugeschrieben

Damals [= nach der Rückkehr des Bischofs Hilarius von Poitiers aus der Verbannung] ging auch schon unsere Sonne auf und erleuchtete Gallien mit neuen Strahlen des Lichts; zu jener Zeit nämlich hub der heilige Martinus in Gallien zu predigen an, tat durch viele Wunder unter dem Volk dar, daß Christus, der Sohn Gottes, wahrer Gott sei, und machte zuschanden den Unglauben der Heiden. Die Tempel zerstörte er und unterdrückte die Irrlehre, baute Kirchen, und unter vielen anderen Wundern erweckte er auch, um den Ruhm seiner Größe voll zu machen, drei Tote zum Leben.

Gregor von Tours

Als Venantius Fortunatus einst die heftigsten Augenschmerzen hatte und sein Freund Felix [Bischof von Treviso] gleichfalls an den Augen litt, so gingen beide zusammen nach der in dieser Stadt gelegenen Kirche der Apostel Paulus und Johannes. Darin ist auch ein Altar des heiligen Bekenners Martinus errichtet, und in dessen Nähe befindet sich eine mit Glas verschlossene Nische, in der eine brennende Lampe hängt, um sie zu erleuchten. Mit dem Öl davon benetzten nun Felix und Fortunatus ihre Augen und alsbald wich der Schmerz, und sie erhielten die ersehnte Gesundheit wieder. Das erfüllte den Fortunatus mit so tiefer Verehrung vor dem heiligen Martinus, daß er seine Heimat verließ und kurz nach dem Einbruch der Langobarden in Italien zu des Heiligen Grab nach Tours zog.

Paulus Diaconus

O du selige Mildigkeit, die Gott selber wirket!
O du heiligen Mantels Teilung, da der König bekleidet wird und sein Ritter! Unschätzbares Geschenk, das die Gottheit durfte bekleiden!

Legenda aurea des Jacobus a Voragine

Der heilige Martin von Tours ist ein bedeutender Zeuge der im Evangelium dargestellten Liebe. Jedes Jahr erinnert uns die Liturgie am 11. November an seine erhabene Gestalt. Sein Leben ist eine Aufzählung der Wunder, die Gott in ihm gewirkt hat, und die Ereignisse, aus denen dieses Leben bestand, haben sozusagen Symbolcharakter bekommen: Bezogen auf die Figur dieses Heiligen, der zuerst Soldat war und dann Bischof wurde, sind sie der ganzen Kirche wohlbekannt.

Papst Johannes Paul II.

Um Christus zu erkennen, der in jedem dieser Geringsten, die die Seinen sind, gegenwärtig ist (vgl. Mt 25,45), muß man seine Anwesenheit in innerlicher Sammlung wahrgenommen haben. Als Mann des Gebets ließ sich Martin ganz von Christus erfassen. Er konnte also wie der heilige Paulus sagen: »Nicht mehr ich lebe, sondern Christus lebt in mir« (Gal 2,20). Sein Dasein war von der Suche nach Schlichtheit gekennzeichnet. Er war gegen seinen Willen zum Bischofsamt berufen worden und bewahrte immer seinen Sinn für Demut; er blieb der Mönch, der er seit seiner Jugend eigentlich hatte sein wollen. Es lag ihm, der einer der Gründer des westlichen Mönchtums gewesen war, besonders am Herzen, an seiner Seite, in der Nähe von Tours, eine Klostergemeinschaft einzurichten, um ein Leben des Lobpreises der Herrlichkeit Gottes zu führen und die christlichen Tugenden zu praktizieren, vor allem die gegebene und empfangene Vergebung.

Papst Johannes Paul II.

Es gibt ein einziges Licht, welches alles erhellt und das ganze Leben bestrahlt – die ewige Wahrheit, welche Gott in Gnaden uns geoffenbart hat und welche wir im Glauben aufnehmen und uns zu eigen machen. Wie diese Wahrheit ein ganzes Menschenleben zu durchleuchten und zu verklären vermag, das sehen wir an unserem heiligen Patron. Ein Leben im Lichte der christlichen Wahrheit – in diese wenigen Worte können wir die ganze Geschichte des hl. Martinus zusammenfassen. Von heidnischen Eltern geboren, erspäht er als zehnjähriger Knabe dieses Licht in den Kirchen der Christen, und er ruht nicht, bis er in der heiligen Taufe es für sich gewonnen, und er erhebt es auf den Leuchter seines Lebens und wandelt und bleibt in diesem Lichte als Kriegsmann, als Missionär, als Mönch, als Bischof, bleibt in ihm im Leben und Sterben.

Paul Wilhelm von Keppler

Darum blieb das Auge des hl. Martinus so sonnenhell, und darum war sein Leben im Lichte, weil er von Liebe ganz durchglüht, ganz erfüllt war.

Paul Wilhelm von Keppler

Martinus stammt zwar aus einer ganz anderen Zeit und aus ganz anderen Lebensverhältnissen; aber seine kraftvolle Gestalt ist so wesentlich christlich, so überzeitlich, so leuchtend groß, daß sie in unsere heutige religiöse Gegenwart hereinstrahlt mit unvermindertem Glanz und wegweisend wird für unser religiöses Leben in den Familien und Gemeinden.

Carl Joseph Leiprecht

Die Liebe hielt ihn aufrecht in den Mühen, Arbeiten, Sorgen, in den schweren Kämpfen seines bischöflichen Amtes. Sie gab ihm den Mut, für Christus zu leben, für ihn zu leiden; sie gab ihm ein, unermüdlich zu beten und seinen Geist nie ausruhen zu lassen; sie zog ihn in das Hoflager des Kaisers, in die Versammlungen der Bischöfe, in die kleinsten Dörfer seines

Bistums, um da den Seelen zu nützen. Die Liebe hielt ihn jugendfrisch bis über die Jahre hinaus und legte ihm im Tode noch bewunderungswürdige Worte auf die Lippen.

Paul Stiegele

Um die bedingungslose Hingabe und ihre Freiheit geht es im Leben des heiligen Martin von Tours.

Reinhold Schneider

Sein Tod erscheint wie der Abschied einer Glaubenshaltung, die in solcher Reinheit und Stärke, Milde, Hoheit und Freiheit, in solchem Grade geprägt vom Ernst der letzten Dinge, nicht wiederkehren sollte. Von ihm gilt, was Makarius von den Vollkommenen, den von allen Leidenschaften gereinigten, sagte: »Denn wie in der Meerestiefe ein Stein von allen Seiten mit Wasser umgeben ist, so sind diese auf jede Weise mit dem Heiligen Geiste vereinigt und Christus angeglichen.« Das Volk entschied für Martinus, für diese Haltung, diese Art, Christ zu sein und der Welt zu dienen, ohne teil an ihr zu haben. Martinus überwand die Mächte der Erde und der Unterwelt, weil er vollkommen frei vor ihnen und von ihnen war. »Wenn jemand die Welt lieb hat, so ist nicht die Liebe des Vaters in ihm« (1 Joh 2,15). In ihm war die Liebe des Vaters; darum wurde er zum Beschützer aller von den Gewalten Bedrängten, auch der Irrenden und Gegner, zum Bischof im Mönchskleid, aus dem Geiste der Einsiedler, zum Hirten auf Ewigkeit. So war er lange, ist

er vielleicht noch der volkstümlichste Heilige. Unter seinem Vorbild und Namen breitete sich die Wahrheit aus, während Heimsuchungen die Völker schüttelten, Reiche untergingen und selbst Rom der Wut der Barbaren anheimfiel. Die ältesten Kirchen diesseits und jenseits des Rheins sind dem heiligen Martin geweiht, der, als er noch das Schwert trug, seinen Mantel zerschnitt und, nachdem er es verworfen hatte, sein ungeteiltes Leben hingab an Christus, den in die Bettlergestalt gehüllten König.

Reinhold Schneider

Wen sein Wort nicht überzeugte, den eroberte seine Liebe, diese Liebe, die kein Leid sehen konnte, ohne zu helfen.

Hans Hümmeler

Der einstige Soldat, unerfahren in den Wissenschaften und ungeübt in der Kunst der Rede, hat das Unglaubliche vermocht, aus einem Scheinchristentum blühendes Glaubensleben zu entwickeln, nicht zum wenigsten durch seine Mönche, die gleich ihm das Kreuz bis in die entlegensten Wüsteneien Galliens trugen.

Hans Hümmeler

Gegen seinen Willen wurde er zum Bischof von Tours gewählt. Er brachte wenig theologische Kenntnisse für dieses Amt mit, und sein Christentum war von einfacher Art; aber sein praktisches Wissen und seine unbegrenzte Nächstenliebe verhalfen ihm als Missionar,

Mönchsvater und Volksarzt zu großen Erfolgen ... Die Grafen sahen scheel auf den Bischof, der im Bauernzwillich einherschritt; das Volk aber liebte ihn, weil er, arm wie ein Mönch und tapfer wie ein Soldat, das Recht der Unterdrückten schirmte.

Jörg Erb

Martin ist nun Bischof. Das bedeutet: Er muß Kirchen bauen ... Nicht er allein ist es, der Kirchen bauen läßt. Es sind viele Bischöfe seiner Zeit, viele Ungenannte genauso wie er, der später im Glanze der Überlieferung steht.

Er baut Kirchen nicht nur in den Städten, wo es schon eine christliche Versorgung der Gemeinde gibt: Er baut ein Netz von Kirchen.

Es ist dies der große Schritt der Spätantike hinaus aufs Land – das ist das Anliegen Martins: viele Kirchen, kleine Pfarreien. Sie wollen alle gut versorgt sein. Das heißt: Sorge um den Priester-Nachwuchs. Das heißt: Begabte junge Menschen finden, ausbilden, motivieren, aktiv heranzugehen an die Leute, die noch nichts, oder wenig, oder das Falsche wissen über das Christentum ...

Das ist die Leistung, die schon zu seiner Zeit die Umwohner, die Zeitgenossen hat staunen lassen, hat wundern lassen. Und aus dem Wundern kommt das Bewundern; und aus dem Bewundern kommt wohl auch die Zuneigung, die schon bei Lebzeiten dem alten Bischof Martin entgegengebracht wird.

Hansmartin Decker-Hauff

Nur wenige Männer der Weltgeschichte können sich einer solchen Ausstrahlungskraft rühmen wie der römische Gardeoffizier und spätere Bischof Martin von Tours. Weder einem Alexander noch Julius Cäsar, weder Napoleon noch all den anderen sogenannten »Großen« der Weltgeschichte sind so viele Denkmäler gesetzt, so viele Orte geweiht und so viele Lichter entzündet worden wie Martin von Tours. Offenbar haben sich die Menschen doch noch ein Gespür für wahre Größe bewahrt.

Carl Voss

Als Martinus, der Bischof von Tours, am 8. November 397 im Alter von 80 Jahren zum Sterben kam, fand ihn der Tod nicht in seiner Bischofsstadt, sondern unterwegs auf einer seiner zahlreichen Missions- und Friedensfahrten, die das Leben des Heiligen bis in sein Greisenalter hinein ganz in Beschlag nahmen. Diese Reisen führten ihn durch ganz Frankreich, nach Paris und Burgund, in die Normandie und nach Flandern, in die Dauphiné und nach Bordeaux, aber auch über die Grenzen des heutigen Frankreichs hinaus, nach Spanien auf ein Konzil, nach Mailand und Genua, mehrmals nach Trier an den kaiserlichen Hof und zweimal nach dem fernen Pannonien (Ungarn), wo er seine alte Mutter zum Glauben an Christus bekehrte und später noch einmal seine Verwandten besuchte. Unzähligen Stämmen hatte er das Evangelium gepredigt, seit er mit 20 Jahren seinen Abschied aus dem Heer genommen hatte. Überall war er bekannt,

Abbildung 2
Der Bettler am St. Martins–Altar im Münster Unserer Lieben Frau, Zwiefalten

hochgeschätzt und schon zu Lebzeiten verehrt. Sein Namensvetter und Landsmann, ebenfalls ein berühmter Bischof Martinus von der portugiesischen Stadt Braga, weihte ihm im Jahre 568 eine Kirche. Über deren Eingang ließ er eine Inschrift anbringen, in der Martinus als der Apostel vieler Stämme bezeichnet wird.

Hermann Tüchle

In Martinus verwirklichte sich in glücklicher Weise das Ideal des Mönches mit dem des Apostels. Dadurch wurde Martinus für das ganze abendländische Mönchtum bahnbrechend und vorbildlich.

Benedikt Baur

Das ist das helle Licht, das in ihm leuchtet und ihn selber zum Licht für die Welt macht: sein tiefer, lebendiger Glaube.

Benedikt Baur

Martinus gab die Hälfte seines Mantels, aber er gab sein ganzes Herz.

Benedikt Reetz

Die Liebe des heiligen Martinus darf nie zu Ende gehen. Er leuchtet durch die Jahrhunderte bis in unsere Tage hinein, und sein Mantel ist Symbol, sein Mantel ist die Tat der Liebe, sein Mantel ist das Wort seiner Liebe.

Benedikt Reetz

Die Liebesgabe des Soldaten am Stadttore zu Amiens ist der Anfang von allem. Sie ist wie ein Schlüssel, der weite Tore aufschließt: für den Menschen Martin zu seinem gewiß nicht leichten, aber erfüllten Weg zum Vollchristentum durch die Taufe, zum Mönchtum und zur Hierarchie; uns zum Verständnis dieses schon seinen Zeitgenossen so rätselhaften, von vielen Wundern erfüllten Lebens.

Emmanuel von Severus

Nicht allein, daß er gibt, ist Botschaft von Christi Barmherzigkeit, sondern daß er als Armer gibt, daß er im Mönchtum Armut und Niedrigkeit als Lebensform wählt und auch als Bischof beibehält, läßt ihn Christus verkörpern. Dieses Leben steht in einer Zeit, die wie alle Epochen politischen und materiellen Niedergangs größte soziale Gegensätze und krassen Materialismus in sich schließen. Martin wird Träger der Kräfte Christi, der nicht Purpur und Diadem tragen wird, wenn er zum Gericht wiederkommt. Hier ist eine Liebe, die gerade in der Armut Kräfte entfaltet, hier geht in einer Zeit größter Verkommenheit ein Licht auf, das auch die Not neu sehen läßt; nicht nur als Auswirkung eines sich zersetzenden Gesellschaftslebens, sondern als Weg, auf dem man Christus nahekommen, ihm gleichwerden kann. Die Szene am Stadttor von Amiens hat deshalb etwas so Bezwingendes und Packendes an sich, weil die Handlung des Soldaten spontane Gebärde eines großen Herzens ist. Nichts von Berechnung liegt in seinem Tun, näherhin betrachtet war es nicht einmal sehr sinnvoll, einen Bettler mit einem halben Soldatenmantel zu beglücken. Aber es ist beim Mann und besonders beim rauhen Krieger schön, wenn er einfach dem Zuge seines Herzens folgt, wenn er seine Waffe, das Schwert, aus dem Dienst des Kampfes und des Todes in den Dienst der Liebe zwingt.

Emmanuel von Severus

Im Abendland war Martinus der erste Mönch. Wenn uns seine Gestalt heute noch anzieht und zu liebender Verehrung aufruft, dann deshalb, weil wir noch ahnen und fühlen, wie schön und groß die Antwort war, die Antwort einer echten und aus dem Herzen kommenden Liebe, die in ihm gewissermaßen zum erstenmal das Abendland dem monastischen Ideal gab. Gerade das Maß Benedikts, die strenge aber klassische Form seiner Regula haben dazu beigetragen, uns dieses Ideal zu erhalten, und es verbindet uns heute noch mit Martinus, so wie Benediktus sich ihm verbunden fühlte. Ein Leben, das die Liebe zu Christus über alles stellt, das aus der Liebe zu Christus in unablässigem Gebete glüht und das auf der Gottesfurcht und der Demut aufbaut.

Emmanuel von Severus

Wenn einer den griechischen Titel des »Großheiligen« verdient, dann Martin von Tours! In ihm leuchtet die Einheit des Römischen Reiches und Europas auf, die Kraft des Mönchtums und des Bischofsamtes, die Liebenswürdigkeit der Volksfrömmigkeit und des Brauchtums.

Theodor Schnitzler

Sein Leben war eine Synthese von Aszese und Apostolat, Mönchtum und Mission.

Theodor Schnitzler

Als Martinus vor dem Stadttor von Amiens seinen Mantel teilte, war er noch nicht getauft. Aber als er Christ geworden und später Priester und Bischof, da war diese Menschlichkeit aufgenommen und eingegangen in das neue Sein, das er durch die Taufe gewonnen, ja, sie fand in seinem Christenleben ihre schönste Erfüllung. Das Humane und das Christliche waren nicht zwei Räume seiner Seele, sie waren in ihm in eins verschmolzen. Der Christ Martinus war der edle und hilfsbereite, der gütige und väterliche Mensch.

Hermann Breucha

Martinus belehrt uns durch sein Leben: Was ich sein soll, und was ich werden muß, werde ich durch das Du Gottes, durch Christus.

Martinus hat seine alten Wege, die auch unsrige sind, verlassen. Er hat das Ja Gottes in Jesus Christus angenommen. Er hat sich Jesus ganz anheimgegeben. Sein Leben war treue Freundschaft zu Jesus…

Martinus lebte aus dem Geiste Jesu, er lebte aus seinen Gesinnungen. Jesu Denken, Wollen, Empfinden und Lieben hat er sich ganz zu eigen gemacht. Gottes Ja in Jesus Christus wurde sein Leben. Darum konnte Martinus in eigener Person Christus zeigen.

Max Müller

Er ist in die Geschichte eingegangen als der barmherzige Samariter, der einem Bettler seinen einzigen Leibrock schenken konnte, und er ist in die Geschichte eingegangen als leuchtendes Beispiel des guten Hirten, der auch in größter äußerer und innerer Bedrängnis die Bruderliebe zum Maß und zur Richtschnur seiner Gottesliebe zu machen vermochte.

Bernhard Kilian

Martin von Tours ist in allem Auf und Ab seines Lebens, inmitten der Unsicherheiten einer nicht mehr heilen Welt und einer nicht mehr heilen Christenheit ein Mann gewesen, der gewußt hat, daß es nur einen Weg nach dem großen Ostern gibt, nach dem er sich mit der ganzen Inbrunst der alternativen Bewegung seines Jahrhunderts aufgemacht hatte. Er ist diesen Weg mit männlicher Entschiedenheit gegangen: Den Weg über die geduldige und demütige Teilhabe am Karfreitag seines Herrn und Meisters.

Balthasar Fischer

Martin von Tours gehört zu den Heiligen, die nichts geschrieben haben. Man muß es mit langsamer Betonung sagen: nichts geschrieben! Es gibt von ihm, wie von etlichen anderen Großen aus der Geisteswelt,

Abbildung 3
Martin mit Bettler, den Mantel teilend, Holzschnitt von HAP Grieshaber, 20. Jahrhundert, Kunstmuseum Reutlingen

keine literarische Hinterlassenschaft. Man mag sich fragen, aus welchen Gründen Martin wohl nicht zur Feder gegriffen hat. War er zur völligen Klarheit hindurchgedrungen, und hatte er es daher nicht nötig, sich im Schreiben zu klären? Es ist dies möglich, doch wissen wir es nicht bestimmt. Nur das eine steht fest: Martin war kein Mann der Literatur. Seine Bedeutung liegt auf einer anderen Ebene.

Walter Nigg

Erkennt man bei der Mantelteilung nicht den Zusammenhang von Martin – Bettler – entblößter Christus, dann ist man an ihrer wahren Bedeutung achtlos vorbeigegangen. Bei aller christlichen Hilfe geht es in letzter Hinsicht um Christus; wird der Herr übersehen, sinkt alle Hilfeleistung zu einem bloß säkularisierten Tun herab. Echte Caritas ist Christus-Dienst und darf niemals getarnter Geschäftssinn sein. Man muß teilen und nochmals teilen, freiwillig und ohne jeden Zwang, anders ist das Problem der Armut nicht zu bewältigen.

Walter Nigg

Martins Leben ist von Anfang bis zum Ende ein einziges, christliches Abenteuer, ein Abenteuer des Glaubens, neben dem alle anderen Erlebnisse bedeutungslos werden.

Walter Nigg

Martin weilt bei uns und wir bei ihm; die Verbindung zwischen ihm und uns wird daher nicht aufgelöst, sondern wächst eher zu einer immerwährenden Beziehung aus. Allein auf diese Weise bleibt er für uns der lebendige und stets volksnahe Heilige, der den Reigen der mittelalterlichen Gottesboten anführt und sie bis zum heutigen Tag nicht mehr aus unseren Augen entschwinden läßt.

Walter Nigg

Er teilte vor dem Stadttor von Amiens seinen Mantel mit einem Armen, der sich ihm in der Nacht darauf in einem Traum als Christus selbst zeigte, bekleidet mit dem letzten Rest seines bereits verteilten Besitzes: äußerstes Zeichen christlicher Selbstlosigkeit und der Solidarität mit dem Menschen in Not, in denen ihm erst Jahrhunderte später der Arme von Assisi gleichkommen soll, dessen Lebensgeschichte nicht ohne Reminiszenzen an die des Martin ist.

Louis Goosen

Was im Verhalten Martins, von seiner militärischen Vergangenheit abgesehen, bei den Hofprälaten, aber auch bei den frommen Bischöfen in ihrem unruhigen Glauben tatsächlichen Anstoß erregte, war sein Nonkonformismus, seine Weigerung, sich in der Welt einzurichten in einer Zeit, in der die Kirche sich inmitten eines christlich gewordenen Reiches etablierte, in einer Behaglichkeit, die der Asket von Tours für trügerisch und unsicher hielt, weil er das nahe Weltende erwartete. Durch gewisse Seiten seiner Persönlichkeit blieb Martin also der Vergangenheit zugewandt und sehnte sich nach der apostolischen Zeit, in der kein Prunk das Leben der Christen beherrschte, und nach der Zeit der Verfolgungen, in der er gern gelebt hätte, um die Krone des Märtyrers zu erlangen. Zugleich beurteilte Martin die Entwicklung, die sich in seiner Zeit vollzog, genau so hellsichtig wie Ambrosius von Mailand: Er sah die Gefahren voraus, welche der Unabhängigkeit der Kirche vom Schutz eines allerchristlichsten Monarchen drohen, der beansprucht, ihr Leben zu kontrollieren, und er wandte sich gegen die Einmischung der weltlichen Macht in den geistlichen Bereich, wie Maximus sie praktizierte.

Luce Pietri

Wie ich den Kindern von St. Martin erzähle, der seinen Mantel teilt und die Hälfte einem nackten Bettler gibt, unterbricht mich ein Zuruf: »Der Bettler, das war Gott!« Eine zweite Stimme: »Das hat Martin gut gemacht. »Ich frage: »Wieso?« und erhalte die Antwort: »Sonst wäre Gott erfroren.« Teilen, damit Gott nicht unter uns erfriert.

Will nicht diese Martinsgeschichte unsere Weihnachtsgeschichte werden? Dann wird der Block unserer fertigen Urteile, der Block unserer behäbigen Ansprüche, der Block unseres von sich selbst ummauerten Ich, der Block unseres sich selbst genügenden Wir aufgesprengt, geteilt. Und nur so wird die Mitte frei, damit das Kind Platz hat unter uns.

Klaus Hemmerle

Wie eine Kompaßnadel am Magnet richtet Martin sein Leben aus am Willen seines Schöpfers.

Walter Kasper

Wer sich mit Martins Leben befaßt, stellt immer wieder fest: Dieser Mann hatte seinem Leben ein Ziel, eine Richtung gegeben. Der Weg seines Lebens war der Weg der Nachfolge Jesu.

Walter Kasper

Martins Leben steht von Jugend an im Zeichen der Christusnachfolge, zunächst vielleicht noch unbewußt, dann aber immer bestimmter. Martin ist ein Christussucher.

Walter Kasper

Martin war auf der Höhe der Zeit. Aber er war kein Opfer des Zeitgeistes. Er war vielmehr seiner Zeit weit voraus.

Walter Kasper

Martin verstand sich ganz bewußt als Missionar, der unter der weitgehend noch heidnischen Landbevölkerung den christlichen Glauben bezeugte und befestigte. Man kann mit Recht sagen: Martin ist eine Gründergestalt des europäischen Christentums.

Walter Kasper

Wie Martin müssen wir persönlichen Glauben und soziale Tat, Sammlung und Sendung, Aktion und

Abbildung 4
Der Traum des hl. Martin,
Sieger Köder

Kontemplation verbinden. Wie Martin müssen wir in christlicher Freiheit und mit christlichem Freimut auftreten. Nur so können wir Europa seine christliche Seele zurückgeben.

Walter Kasper

Der Rottenburger Bischof Georg Moser veröffentlichte 1968 erstmals einen Essay über die Verehrung der Heiligen, der eine aufmerksame und dankbare Beachtung fand. Er enthält zahlreiche Kennzeichnungen der Heiligen, die auch für Martin von Tours gelten und teilweise mit Aussagen aus der Biographie des Sulpicius Severus in unmittelbarem Zusammenhang stehen: »Mensch der Gnade«; »ein einmaliges, unwiederholbares Kunstwerk, in dem sich göttliche Gnade und menschliche Freiheit vereinen«, »Zeugnis der unauslöschlichen und unauslotbaren Schöpfermacht und der mannigfaltigen Gnadenwirksamkeit Gottes«, »Täter der Liebe und Barmherzigkeit«, »Offenbarer für die Wahrheit Christi«, »das gelebte Evangelium, die gelebte Frohbotschaft in der Geschichte«, »Vorbild in der Nachfolge Christi«, »Kronzeuge der Freiheit der Kinder Gottes«.

Werner Groß

Martin von Tours gehört als hervorragendes Glied zur »Gemeinschaft der Heiligen« (communio sanctorum), von der das Apostolische Glaubensbekenntnis spricht. Er hat sich eingereiht in den langen, vielköpfigen Zug der Barmherzigen, der sich liebend und wohltätig durch die Jahrhunderte bewegt. Einige Namen genügen, um anzudeuten, wie sehr der Glaube in der Liebe wirksam wird: Laurentius, Elisabeth von Thüringen, Hedwig von Schlesien, Vinzenz von Paul, Luise von Marillac, Adolph Kolping, Carlo Steeb, Damian de Veuster, Maximilian Kolbe und (um eine allenthalben bewunderte Vertreterin der Gegenwart zu nennen) Mutter Teresa. Sie und ungezählte andere, ob ihre Namen in den Kalendern stehen oder in Vergessenheit geraten sind, lebten und leben vom Zuspruch und Anspruch einer der Seligpreisungen der Bergpredigt: »Selig die sich Erbarmenden, denn die werden Erbarmen finden« (Mt 5,7). Zusammen mit Martin sind sie Zeitzeugen der lebensnotwendigen Barmherzigkeit.

Werner Groß

»Jede Heiligkeit ist neu, wie jedes Menschenantlitz neu ist«, so Ida Friederike Görres in einer ihrer hagiographischen Schriften. Martin steht mit seiner Lebensgeschichte für das neue Gebot der Liebe, das Jesus als Vermächtnis seinen Jüngern und Jüngerinnen aufgetragen hat. Martin steht in einer Zeit des Umbruchs, in die er hineingeboren wurde, für eine neue Kultur des Erbarmens. Martin steht in der unruhigen Zeit der Jahrtausendwende, der wir entgegengehen, für eine neue Zivilisation der Güte. Sie allein vermag die Welt und die Menschheit zu verändern.

Werner Groß

Der heilige Martin

Seht Martin (er hat zu Winterbeginn sein Fest),
Der einem ganz nackten Bettler seinen halben Rock läßt:
Man versteht nicht recht, wozu so gestutzt, noch verwendbar wäre der Rest;
Ganz abgesehen davon, daß der Heilige als Soldat, vergessen wir's nicht,
Wegen Veruntreuung staatlicher Effekten gestellt werden konnte vor Kriegsgericht.
Ich meinenteils vermute, er entriß sich so gut es ging, diesen Bettlerklauen,
Nach einem schwachen Versuch, dem gesamten Menschenelend ins Auge zu schauen,
Schamloser tausendmal und griffiger als alle Putipharsfrauen.
Später lernte Martin zu seiner großen Verwunderung dies bedenken:
Das Wichtigste, will man sein Mantelstück einem Armen verschenken,
Ist nicht, es zu schneiden, sondern sich in die Gabe miteinzusenken.

Paul Claudel

Abbildung 5
*St. Martin mit Bettler
von Gerhard Marcks,
Bronze, 1973*

Sankt Martin und der Bettler
Zu einer Plastik von Gerhard Marcks

Nicht Pferd, nicht Mantel. Nur dies karge Tuch.
Und dieser Hände nur und dieses Blicks
Verwandelnde Gewalt: wer gibt, wer nimmt?
Glück wohl: des Nehmens Glück. Und größer noch
Des Gebers Glück: dies, daß der Nehmer nahm.
Die Wunde freilich – ach, die Wunde *Welt*.
Doch siehe, welch ein Licht rings des Vertrauens.
Zwiefache Anmut nun.
Und keine Armut.

Albrecht Goes

Nachruf
Gib mir den Mantel, Martin,
aber geh erst vom Sattel
und laß dein Schwert, wo es ist,
gib mir den ganzen.

Ilse Aichinger

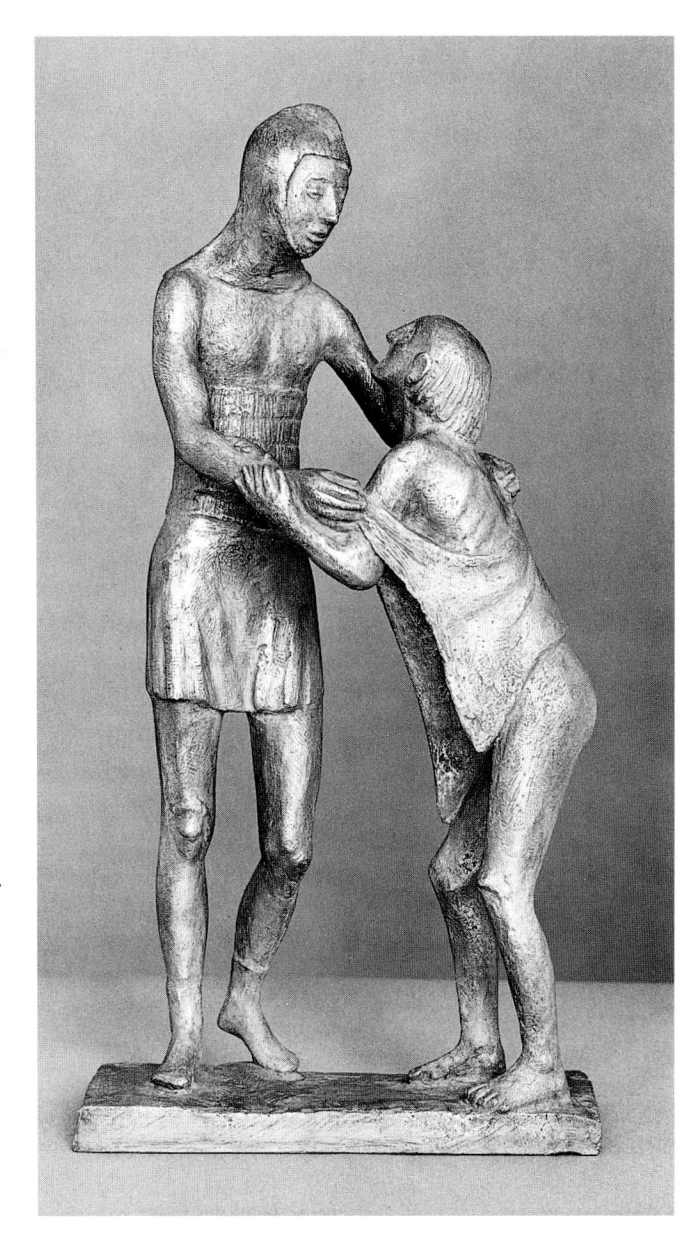

ANHANG

Das Leben des heiligen Martin von Tours

316/317
Geburt des heiligen Martin in Sabaria in Pannonien (heute Ungarn). In Pannonia superior (Oberungarn) wetteiferten zwei Orte mit Namen Sabaria, Szombathely (Steinamanger) und Pannonhalma (Martinsberg) um die Ehre, Geburtsort des Heiligen zu sein. Inzwischen ist Szombathely allgemein als der Geburtsort anerkannt. Martins Vater wird später nach Pavia versetzt, wo der Junge seine schulische Ausbildung erhält. Kontakte zu Christen. Martin wird Taufanwärter (Katechumene).

um 331
Martin tritt dem Wunsch des Vaters gehorchend in das römische Heer ein. Als Sohn eines hohen Offiziers, eines »tribunus militum«, was nach gegenwärtigen Maßstäben etwa dem Rang eines Oberst entspricht.

um 334
Martin teilt seinen Mantel am Stadttor von Amiens mit einem fast nackten Bettler. Mit 18 Jahren wird Martin getauft.

352
Eindringen der Germanen ins Römische Reich an der Rheingrenze.

356
Julian Apostata befehligt als Cäsar die römischen Truppen in Gallien. Begegnung zwischen Julian und Martin in Worms, wo Martin seinen Abschied von der Armee nimmt. Martin geht zu Bischof Hilarius von Poitiers.

nach 356
Hilarius wird ins Exil verbannt, weil er den Arianismus bekämpft, jene damals grassierende Lehre, welche die Gottheit des Gottessohnes Jesus Christus bestritt. Während Hilarius nach Phrygien in Kleinasien geht, schickt er Martin in dessen Heimat Pannonien (Ungarn) und nach Illyrien (im heutigen Jugoslawien) zur Missionierung und zum Eingreifen gegen die Ausbreitung des Arianismus. Martin tauft seine Mutter. Er lebt auf der Insel Gallinaria bei Genua als Einsiedler.

360
Rückkehr des Hilarius aus dem Exil nach Poitiers. Martin trifft gleichfalls wieder in Poitiers bei Hilarius ein.

361
Martin gründet das erste Kloster Frankreichs in Ligugé.

371
Die Bevölkerung von Tours wählt Martin zum Bischof.

375
Martin gründet das Kloster Marmoutier über der Loire. Das Kloster wird zu einem Zentrum des frühen Mönchtums in Frankreich. Zahlreiche Bischöfe gehen aus ihm hervor.

nach 375
Zahlreiche Missionsreisen außerhalb seiner Diözese, vor allem in den ländlichen Gebieten der mittleren Loire. Er kommt nach Chartres, Amboise, Levroux. In Paris heilt er während dieser Jahre einen Lepra-Kranken.

384/385
Teilnahme am Prozeß gegen Priscillian von Avila am kaiserlichen Gerichtshof in Trier (Augusta Treverorum). Priscillian war von spanischen Gegnern der Irrlehre verdächtigt worden. Martin setzte sich für Priscillian ein. Deswegen sucht er auch Kaiser Maximus Magnus (383–388) auf. Martin war gegen die Lösung von theologischen kirchlichen Auseinandersetzungen mittels staatlicher Gewalt, konnte sich jedoch in Trier nicht durchsetzen. Priscillian wurde im Jahr 385 hingerichtet.

nach 386
Martin trifft in Vienne Victricius († vor 409), Bischof von Rouen, und Paulinus von Nola (353/354–431). Paulinus von Nola, ein bedeutender lateinischer Dichter, gründet nach seiner Priesterweihe 394 in Nola eine Mönchsgemeinschaft nach dem Beispiel des Martin von Tours.

392
Martin von Tours lernt Sulpicius Severus kennen, der einer seiner treuesten Anhänger wird. Sulpicius Severus setzt sich besonders für Martins Auffassung eines asketischen (enthaltsamen) Lebens ein und für dessen Sicht und Form des Mönchtums.

397
Tod Martins von Tours am 8. November (des Todestages wird am 11. November gedacht) in Candes auf einer Seelsorgreise. Nach Streit zwischen den Städten Tours und Poitiers, die beide den Leichnam für sich beanspruchten, wird er schließlich in Tours bestattet.

Wolfgang Urban

Das Zeitalter des heiligen Martin. Das bewegte 4. Jahrhundert

303
Beginn der großen Christenverfolgung unter Kaiser Diokletian und seinen Mitkaisern Maximian, Galerius und Konstantius.

305
Abdankung Diokletians.

306
Konstantin, der Sohn des Konstantius, läßt sich mit Maxentius zum »Augustus« (Kaiser) ausrufen.

311
Toleranzedikt des Kaisers Galerius; die Christen und ihr Gottesdienst werden geduldet.

um 311
Antonius (251–356), der »Vater des Mönchtums«, wird Eremit in Mittelägypten.

312
Konstantin besiegt seinen Mitkaiser an der Milvischen Brücke. Eine Traumvision, in der er ein leuchtendes Kreuz mit Schriftzug »in hoc signo vinces« (in diesem Zeichen wirst du siegen) sah, kündigte ihm den Erfolg an.

313
Konstantin erläßt das Toleranzedikt von Mailand; Beginn der Eingliederung des Christentums in den römischen Staat. Es entstehen in Rom die ersten großen christlichen Basiliken: die Lateranbasilika, Alt-St.-Peter (begonnen 333).

318
Beginn der Verbreitung der Irrlehre des Priesters Arius (um 288–336) von Alexandrien, welche die Gottheit Jesu Christi bestreitet (Arianismus); die Auseinandersetzungen um die arianische Position beherrschen nicht nur die innerkirchlichen, sondern auch die politischen Verhältnisse der nächsten Jahrzehnte.

um 320
Pachomius gründet die ersten Klöster in Ägypten.

321
Sonntag staatlicher Feiertag.

324
Sieg Konstantins über seinen Mitkaiser Licinius, den Regenten des Ostteils des Römischen Imperiums. Kaiserin Helena (um 255–um 330), Mutter Kaiser Konstantins, besucht die heiligen Stätten in Jerusalem und Palästina.

324–337
Konstantin Alleinherrscher.

325
Konzil von Nizäa (Nikaia); Verurteilung der Lehre des Arius; Ausformulierung des Glaubensbekenntnisses, daß Jesus Christus gleicher Gott mit dem Vater und dem Heiligen Geist ist.

328
Athanasius, der große Gegner des Arius, Bischof von Alexandria.

330
Byzanz, das jetzt den Namen »Konstantinopel« (»Stadt Konstantins«) erhält, wird Hauptstadt des Römischen Reiches.

335
Verbannung des Athanasius in Folge des arianischen Streites nach Trier.

337
Mit dem Tode Konstantins treten seine drei Söhne Konstantinus II. (316/17–340), Konstans (323–350) und Konstantius II. (um 317–361) nach der Ermordung ihrer Onkel und Vettern, wobei nur Konstantius Gallus und Julian überlebten, die Nachfolge an. Liborius, der spätere Freund Martins von Tours, wird Bischof von Cenomanum, dem heutigen Le Mans.

341
Verbot der heidnischen Opfer; Ulfila (Wulfila) Bischof bei den Goten.

350
Der Franke Magnentius tötet Konstans, macht sich zum Herrscher über den westlichen Reichsteil.

351
Schlacht bei Mursa (bei Osiek in Jugoslawien) gegen Magnentius. Es fallen 50 000 Soldaten. Magnentius begeht 353 Selbstmord.

350–361
Konstantius II. Alleinherrscher.

357
Sieg des Julian über die Alamannen bei Straßburg.

361–363
Kaiser Julian; Versuch der Wiedereinführung der heidnischen Kulte.

um 370
Mönchtum im Westen; Martin von Tours hat wesentlichen Anteil an seiner Einführung.

374–397
Ambrosius Bischof von Mailand.

381
Konzil von Konstantinopel; Bestätigung der Glaubenssätze von Nizäa.

383–392
Kaiser Valentinian II.; mit dem in Trier (?) 371 geborenen Herrscher ist Martin nach Sulpicius Severus zusammengetroffen; Valentinian hat Ambrosius zum Berater und bekämpft die Arianer.

383–388
Der Usurpator Magnus Maximus greift zur Macht; Martin von Tours begegnet ihm Sulpicius Severus zufolge in Trier.

387
Taufe Augustins in Mailand.

391
Kaiser Theodosius verbietet die heidnischen Kulte.

392–395
Kaiser Theodosius Alleinherrscher.

395
Teilung des Römischen Reiches nach dem Tode des Theodosius in ein West- und ein Oströmisches Reich. Im Westen regiert Kaiser Honorius (395–423), im Osten Kaiser Arcadius (395–408).

395–430
Augustinus Bischof von Hippo in Nordafrika.

397
Wenige Monate vor Martin von Tours stirbt in Le Mans (Cenomanum) der hl. Liborius.

401
Der Westgotenkönig Alarich dringt in Italien ein.

402
Ravenna Hauptstadt des Westens.

Wolfgang Urban

Bibliographie zu St. Martin (Auswahl)

1. Prämärliteratur/Übersetzungen

GREGOR TURONENSIS, Historia Francorum. Libri Historiarum X. – Ed. Alteram curavit Bruno Krusch et Wilhelm Levison. Hannoverae. – (Monumenta Germaniae Historica, Scriptores rerum Merovingicarum; 1). Bd. 4: De virtutibus sancti Martini episcopi. – Ed. B. Krusch. – 1969.
– Opera omnia. – Paris, 1867. (Patrologiae cursus completus, Series Latina; 71).
– Zehn Bücher Geschichten. – Auf Grund der Übers. W. Giesebrechts, neubearb. Von Rudolf Buchner. – Darmstadt, 1955. (Ausgewählte Quellen zur Deutschen Geschichte des Mittelalters, Freiherr von Stein-Gedächtnisausgabe; 1).

PAULINUS VON NOLA, Poèmes, lettres et Sermon. Textes choisis, traduit et présentés par Ch. Piétri. – Namur, 1964.

PAULINUS PETRICORDIENSIS, Paulini Petricordia quae supersunt. – Rec. et. comm. crit. Instruxit Michael Petschenig. – Vindobonae, 1888. – New York, N.Y., Reprint, 1972. (Poetae Christiani mionres; 1) (Corpus scriptorum ecclesiasticorum Lationrum; 16). Enth., Vita Martini.

SULPICE SÉVÈRE, Vie de Saint Martin. – Komm. Von Jaques Fontaine. – 3 Bde. – Paris, 1967–69 (Sources Chrétiennes; 133–135).
– Oeuvres de Sulpice Sévère. – Trad. Nouv. Par Herbert. Poêmes de Paulin de Perigeux et de Fortunat sur la vie de Saint Martin. – Trd. en francais pour la 1ère fois par E. F. Carpet. –Paris, (Bibliothèque latine-francais; Ser. 2).

SULPICIUS SEVERUS, Ausgewählte Schriften des Sulpicius Severus. – Eingeleitet aus dem Urtexte, übers. und erläutert von Alois Bieringer. – Kempten, Kösel, 1872. (Bibliothek der Kirchenväter).
– Das Leben des Heiligen Martin, Bischofs und Bekenners. – Freiburg, Herder, 1940 (Zeugen des Wortes; 26).
– Der Lebensbericht von Sulpicius Severus / Martin von Tours. Joachim Drumm (Hrsg.). Übertr. von Wolfgang Rüttenauer. – Ostfildern, Schwabenverlag, 1997.
– Opera.– Hrsg. Karl Halm. – Vindobonae, Gerold, 1866. (Corpus scriptorum ecclesiasticorum; 1).
– Die Schriften des Sulpicius Severus über den heiligen Martinus, Bischof von Tours [u.a.]. – Übers. von Pius Bihlmeyer. – München, Kösel, 1914. (Bibliothek der Kirchenväter, [Reihe 1] ; 20).
– Traduzione della vita di San Martino Vescovo di Tours, di Ippolito Bevilacqua. – Verona, Corattoni, 1751.
– Vita di Martini. – Tr. by L. Canali. – Verona, Mondadori, 1975 (Vite dei Santi; 4).
– Vita di Martino. Introduzione e note di Elena Giannarelli, traduzione di Mario Spinelli. – Milano, Paoline, 1995. (Letture cristiane del primo millennio; 19).

VENANTIUS FORTUNATUS, De vita sancti Martini: – In: Patrologia Latina. – Hrsg. Migne, 88, 363–426.
– La vita di S. Martino di Tours. – Introd., trad., note e appendice di Stanislao Tamburri. – Napoli, D´Auria, 1991. (Quaderni di Koinoia; 10).
– Opera omnia, juxta memoratissimam amplissimamque ed. Michaelis Angeli Luchi recensita, accurante J.-P. Migne. – Repr. – Turnholti, Brepols, 1991. (Patrologia Latina; 88).

2. Überlieferungsgeschichte

AMMERBAUER, H., Studien zur Vita Sancti Martini des Venantius Fortunatus. – [Masch.-Schr.]. – Wien, Univ., Diss., 1966.
ANGENENDT, A., Heilige und Reliquien. Die Geschiche des Kultes vom frühen Christentum bis zur Gegenwart. – München, 1994.
ANTIN, P., L'Édition J. Fontaine de Sulpice Sévère, Vita S. Martini. – In: Revue Mabillon 58, 1970, 25–36.
BABUT, E. C., Saint Martin de Tours. – Paris, 1913.
BALLOT / PHIIOLLES, La mission et le culte de St. Martin d'après les legendes et les monuments populaires dans le pays eduen – étude sur le paganisme rural. – Paris, 1892
BAS, H., St. Martin. – Tours, 1897.
BAUR, A., Martin von Tours. Patron des Bistums Rottenburg-Stuttgart. – In: Bistumspartrone in Deutschland. – München, 1984, 182–190.
BECKER-HUBERTI, M.,1600 Jahre Verehrung des heiligen Martin von Tours, Geschichte, Legenden, Sankt Martin-Lexikon. – Köln, 1996. (PEK-Skript).
BERNAYS, J., Über die Chronik des Sulpicius Severus. – Berlin, 1861.
BERNOULLI, C. A., Die Heiligen der Merowinger. – Tübingen, 1900.
BESSE, J. M. L., Le tombeau de Saint Martin. – Paris, 1922.
BIELER, L., Theios Aner das Bild des ›göttlichen Menschen‹ in Spätantike und Frühchristentum. – 2 Bde. 1935–36 – Reprint. – Darmstadt 1967.
BLOCH, M., Saint Martin de Tour. À propos d'une polémique. – In: Revue d'histoire et de littérature religieuse 7, 1921, 44–57.
BOSSERT, G., Martin. Der fränkische Nationalheilige. – In: Blätter für Württembergische Kirchengeschichte 1890, 24ff.
– Die Anfänge des Christenthums in Württemberg. – In: Blätter für Württembergische Kirchengeschichte 1888.

– Die Kirchenheiligen Württembergs bis 1250. – In: Württembergische Vierteljahreshefte für Landesgeschichte 8, 1885.

BOUSSARD, J., Étude sur la ville de Tours du Ier au IVe siècle: In: Revue des Études Anciennes, 50, 1948, 313–29.

– Le trésorier de St. Martin de Tours. – In: Mémorial de l'année Martininne, 1960–1961. – Paris, 1962, 67–88.

BOTANA; H.I., San Martin de Tours. El amigo de Dios y patrono de Buenos Aires. – Buenos Aires, Municipalidad de la Ciudad de Buenos Aires, Secretaría de Cultura, 1980.

BUCHER, J., Geschichte des Hl. Martin von Tours. – Schaffhausen, 1855.

CARRIAS, M., Étude sur la formation de deux légendes hagiographiques a l'époque merovingienne. Deux translations de Saint-Martin d'après Gregoire de Tours. – In: Revue d'histoire de l'Église de France 58, 1972, 5–18.

CATALOGUE EXPOSITION, ALOST, 1980 Catalogue de l'éxposition 500 Jaar Sint Martinuskerk. – Alost, 1980.

CATALOGUE EXPOSITION, LIÈGE, 1990 Catalogue de l'éxposition Saint Martin. Mémoire de Liège. – Liège, Générale de Banque, 1990.

CATALOGUE EXPOSITION, TOURS, 1961 Catalogue de l'éxposition Saint Martin dans l'art et l'imagerie. – Tours, Musée des Beaux-Arts, 1961.

CHADWICK, H., Priscillian of Avila. The occult and the charismatic in the Early Church. – Oxford, 1976.

CHAMARD, F., Saint Martin et son monastère de Ligugé. – Poitiers, 1873.

CHÉLINI, J., Alcuin, Charlemagne et St. Martin de Tours. – In: Mémorial de l'année Martininne, 1960–1961. – Paris, 1962, 19–50.

COSTAUZA, I., La Leggenda di St. Martino nel Medio Evo. – Palermo, 1921.

DELAHAYE, H., St. Martin et Sulpice Sévère. – In: Analecta Bollandiana 38, 1920, 5–136.

DELALANDE, P., Histoire de Marmoutier. Depuis sa fondation par Saint Martin jusqu'a nos jours. – Tours, Barbot-Berruer, 1897.

DELAMARE, E., Tapferkeit und Erbarmen. Lebensbild des heiligen Martin von Tours. – Heidelberg, Kerle, 1964.

DELLING, G., Zur Beurteilung des Wunders durch die Antike. – In: Studien zum Neuen Testament und zum hellenistischen Judentum 1970, 53–71.

DEVAILLY, G., Martin de Tours. Un missionaire. – Paris, Ed. Ouvrières, 1988. (Collection Mémoire d'hommes, mémoire de foi).

– Expansion et diversité du monarchisme du Xe au XIIe siècle. – In: Histoire religieuse de la Touraine. – Chambray-lès-Tours, 1975, 55ff.

DONALDSON, C., Martin of Tours. Parish, priest, mystic and exorcist. – London, Routledge and Keagan Paul, 1980.

DUPRAT, C., Bilan de l'année martinienne. – In: Arts et traditions populaires, chroniques 11,2 1963.

DUPUY, A., Histoire de Saint Martin. Évêque de Tours. – Paris, 1865.

EWIG, E., Le culte de saint Martin à l'époque franque. – In: Mémorial de l'année Martininne, 1960–1961. – Paris, 1962, 1–18.

– Der Martinskult im Frühmittelalter. – In: Archiv für mittelrheinische Kirchengeschichte 14, 1962, 11–30.

FELL, H., »...apud sanctum Martinum...«. Ein Splitter zur frühen Kirchenorganisation des Bistums Speyer. – In: Archiv für mittelrheinische Kirchengeschichte, 47, 1995, 371–404.

FERREIRO, A., Braga and Tours. Some observations on Gregory's »de virtutibus sancti Martini«. – In: Journal of early Christian studies, 3, 1995, 195ff.

FICHTENAU, H., Zum Reliquienwesen im früheren Mittelalter. – In: Mitteilungen des Instituts für österreichische Geschichtsforschung 60, 1952, 60–89.

FILTZINGER, P., Martinus. Soldat und Christ. – Aalen, 1976.

FOLLIET, G., Aux origines de l'ascétisme et du cénobitisme africain. – In: Saint Martin et son temps, 25–44.

FONTAINE, J., Alle fonti della agiografia europea, storia e leggenda nella vita di San Martino di Tours. – In: Rivista di storia e letteratura religiosa 2, 1966, 187–206.

– Hagiographie et politique. De Sulpice Sévère à Venance. – In: Revue d'Histoire de l'Église de France, 62, 1976, 113–140.

– Hilaire et Martin de Poitiers, Hilaire et son temps. Actes du Colloque de Poitiers 29. Sept. – 3. Oct. 1968, à l'ocasion du XVIème Centenaire de las mort de s. Hilaire. – Paris, 1969.

– Saint Martin et son temps. Memorial du XVIe centenaire des debuts du monachisme en Gaule 361–1961. – Rom 1961 (Studia Anselmiana; 46).
[zit., Saint Martin et son temps]

– Sulpice Sévère a-t-il travesti saint Martin de Tours en martyr militaire?. – In: Analecta Bollandiana 81, 1963, 31–58.

– Une clé littéraire de la Vita Martini de Sulpice Sévère. La typologie prophétique. – In: Mélanges offerts à Mlle Christine Mohrmann, Utrecht, 1963.

– Vérite et fiction dans la chronologie de la Vita Martini'. – In: Saint Martin et son temps, 189–236.

– Vie et culte de saint Martin. – Chambray-lès-Tours, 1990.

GANSHOF, L., Saint Martin et le Comte Avitianus. – In: Analecta Bollandiana 67, 1949, 203–223.

GASNAULT, P., Les acts privés de l'abbaye de Saint Martin de Tours du VIIIe au XIIe siècle. – In: Bibliothèque de l'École des Chartes 112, 1955, 546–567.

– Documents comptabels de Saint Martin de Tours à l'époque mérovingienne. – Paris, 1975.

– Le tombeau de St. Martin et les invasions normandes dans l´histoire et la légende. – In: Mémorial de l´année Martininne, 1960–1961. – Paris, 1962, 51–66.
GELZER, H., Martin von Tours. Eine Missionsgestalt der alten Kirche. – In: Evangelisches Missionsmagazin 95, 1951, 10–18.
GHÉON, H., Saint Martin. L´évêque des paiens. – Paris, Culture et Promotion Populaire, 1981.
GOBRY, I., Saint Martin. – Paris, 1996.
GOOSEN, L., Martin von Tours. – Stuttgart, 1984. (Gestalten der Kirchengeschichte; 2: Alte Kirche).
GRIBOMONT, J., L'Influence du monachisme oriental sur Sulpice Sévère. – In: Saint Martin et son temps, 135–49.
GRIFFE, E., La Chronologie des années de jeunesse de Saint Martin. – In: Bulletin de littérature ecclésiastique, 62 1961, 114–18.
– St. Martin et le Monarchisme Gaulois, In: Saint Martin et son temps, 1–25.
GUIGNARD, J., Sur quelque éditions de »la Vie et les Miracles de Monseigneur St. Martin«. – In: Trésor des Bibliographique de France, 21, 1936, 196–218.
HOOD, A., Sulpicius Severus and his background. – (unpublished Oxford B.Phil thesis) – Oxford, 1968.
HOSTER, D., Die Form der frühesten lateinischen Heiligenviten von der Vita Cypriani bis zur Vita Ambrosii und ihr Heiligenideal. – (Köln, Univ. Diss., 1963).
HÜNERMANN, W., El apostol de las Galias, la vida de San Martin. – Madrid, 1994.
– Sankt Martin – der Reiter der Barmherzigkeit. Ein Lebensbild des Heiligen Bischofs Martin von Tours. – Reprint der Ausg., 1962. – Abendsberg, 1993.
JARRY, E., Le Chapitre de Saint Martin aux XVIIe et XVIIIe Siècles. – In: Mémorial de l´année Martininne, 1960–1961. – Paris, 1962, 117–149.
JULLIAN, C., La jeunesse de saint Martin. – In: Revue des Études Anciennes 12, 1910, 260–280.
– Remarques critiques sur la vie et l'œuvre de saint Martin. – In: Revue des Études Anciennes 24, 1922, 306–12 und 25, 1923, 49–55, 139–43, 234–50.
– Remarques critiques sur les sources de la vie de saint Martin. – In: Revue des Études Anciennes 24, 1922, 37–47, 123–128, 229–235.
KEMPER, F., De vitarum Cypriani, Martini Turonensis, Ambrosii, Augustini rationibus. – Münster, Univ., Diss., 1904.
KUHN, K.C., Zum Gedenken an Martin von Tours. Seine Beurteilung als Soldat aus rechtshistorischer Sicht. – In: Rottenburger Jahrbuch für Kirchengeschichte, 3, 1984, 185–190.

[LEBENSGESCHICHTE]: Lebensgeschichte des Hl. Martinus. Bischof von Tours. – Konstanz, 1813.
– Lebensgeschichte des Hl. Martinus. Bischof von Tours. – Freiburg, 1850.
LE BRAS, G., La part du monachisme dans le droit et l'économie du Moyen âge. In: Mémorial de l'année Martininne, 1960–1961. – Paris, 1962, 199–213.
LECOY DE LA MARCHE, A., Vie de Saint Martin. – Tours, 1881.
LELONG, C., Martin de Tours. Vie et gloire posthume / Charles Lelong. – Chambray-lès-Tours-lès-Tours, 1996.
LISSOURGES, M., Saint Martin de Tours. – Brügge 1929.
LODENSTEIN, J., Sankt Martin heute. – In: Das Tor 11, 1972.
LORENZ, R., Die Anfänge des abendländischen Mönchtums im 4. Jahrhundert. – In: Zeitschrift für Kirchengeschichte 77 1966, 1–61.
LOTTER, F., Severinus von Noricum. Legende und historische Wirklichkeit. – Stuttgart, 1976 (Monographien zur Geschichte des Mittelalters; 12).
LUCE, P., La ville de Tours du IVe au VIe siècle. Naissance d´une cité chrétienne. – Rome, 1983.
MABILLE DE PONCHEVILLE, A., Saint Martin de Tours. – Paris, 1933.
MACMULLEN, R., Soldier and Civilian in the Later Roman Empire. – Cambridge; Mass., 1963.
[MÉMORIAL]: Mémorial de l´année Martinienne. 1960–1961; seizième centenaire de l´abbaye de Ligugé centenaire de la d´couverte du tombeau de Saint Martin de Tours. – Paris, 1962. (Bibliothèque de la société d´histoire ecclésiastique de la France).
MESNARD, P., La collégiale de St. Martin à l'époque des Valois. – In: Mémorial de l´année Martininne, 1960–1961. – Paris, 1962, 89–100.
MINARD, P., Profil de St. Martin. – In: Revue de l´Université Laval 8, 1952, 3–20; 1953, 115–139.
MOHRMANN, C., Le rôle des moines dans la transmission du patrimoine latin. – In: Mémorial de l´année Martininne, 1960–1961. – Paris, 1962, 185–189.
MONCEAUX, P., St. Martin, recits de Sulpice Sévère mis en Francais. – Paris, 1926.
MONDSCHEIN, H., St. Martin. – Leipzig, 1993.
MONSABERT, P. de, Le monastère de Ligugé, étude historique. – Paris, 1928.
MONTROND, M. de, Saint Martin. Évêque de Tours; apôtre des Gaules. – Paris, 1864.
MÜLLER, U., Herrscher – Helden – Heilige – St. Gallen, 1996. (Mittelaltermythen; 1).
MURRU, F., La concezione della storia nei Chronica di Sulpicio Severo, alcune linee di studio. – In: Latomus 38, 1979, 961–981.

NAGEL, P., Die Motivierung der Askese in der alten Kirche und der Ursprung des Mönchtums. – Berlin, 1966.

NAHMER VON DER, D., Martin von Tours. Sein Mönchtum – seine Wirkung. – In: Francia 15, 1987, 1–40.

NAUTIN, P., Études de chronologie hiéronymienne (393–397). – In: Revue des Étude Augustiniennes 18, 1972, 209–218; 19, 1973, 69–86 u. 213–239M 20, 1974, 251–284.

NIGG, W., Martin von Tours. Leben und Bedeutung des großen Heiligen des Ritters Christi, wundertätigen Bischofs und mutigen Bekenners. – Freiburg, 1977.

NIGG, W., Die Antwort der Heiligen. – Freiburg, 1980.

OURY, G.-M., Saint Martin de Tours. L´homme au manteau partagé. – Chambray-lès-Tours, 1987.

PEEBLES, B., A problematical „martyrium sancti martini turonensis". – In: Studia patristica 12, 1975, 38–45.

PERNOUD, R., Martin de Tours. 2. Éd. – Paris, 1996.

PIETRI, L., Naissance d´une cité chrétienne. La ville de Tours du IVème au VIème siècle. – Rom, 1983 (Collection de l´École francaises de Rom; 69).

PRETE, S., I Chronica di Sulpicio Severo. – Vatican, 1955. (Collezione Amici delle catacombe; 24).

PRINZ, F., Frühes Mönchtum im Frankenreich – Kultur und Gesellschaft in Gallien, den Rheinlanden und Bayern am Beispiel der monastischen Entwicklung; 4. bis 8. Jahrhundert. – 2., durchges. und um einen Nachtrag ergänzte Aufl. – Darmstadt, 1988.

QUADFLIEG, J., Martin von Tours. Mit Ill. von Renate Fuhrmann. – Düsseldorf, 1993.

RÉGNIER, A., Saint Martin. – Paris, 1907.

REINKENS, J., Martin von Tours. Der wunderthätige Mönch und Bischof. – Breslau, 1870.

REVIÈRE, A., Les Miracles de saint Martin. Le grand thaumaturge des Gaules, devant le conseil municipal de Tours. – Tours, 1861.

ROBERTS, M., Martin meets Maximus. The meaning of a Late Roman Banquet. – In: Revue des études Augustiniennes 41, 1995, 91ff.

ROUSSELLE-ESTÈVE, A., Deux exemples d'évangélisation en Gaule à la fin du IVe siècle. Paulin de Nole et Sulpice Sévère. – In: Fédération historique du Languedoc méditerranéen et du Roussillon 43, 1971, 91–98.

SCHATZ, W., Studien zur Geschichte und Vorstellungswelt des frühen abendländischen Mönchtums. – Freiburg, Univ., Diss., 1957.

SCHREINER, K., »Discrimen veri ac falsi«. Ansätze und Formen der Kritik in der Heiligen- und Reliquienverehrung des Mittelalters. – In: Archiv für Kulturgeschichte 48, 1966, 1–53.

SCULLARD, H., Martin of Tours. Apostle of Gaul. – London, 1891.

SEDLMAYR, H., Saint-Martin de Tours im elften Jahrhundert. – München, 1970. (Bayerische Akademie der Wiss. Phil.-Hist. Klasse, Abhandlungen, N.F.; 69).

SÖDERHJELM, W., Das altfranzösische Martinsleben des Péan Gatineau, neuen nach der Handschrift revidierte Ausgabe. – Hélsingfors, 1899.

SPANG, J., St. Martin und seine Kirchen, ihre siedlungsgeschichtliche Bedeutung. – 1910.

SPECHTLER, F.V., Der heilige Martin. – In: Herrscher – Helden – Heilige. – Hrsg. von Ulrich Müller und Werner Wunderlich. – St. Gallen, 1996. (Mittelaltermythen; 1).

STANCLIFFE, C., From Town to Country. The Christianisation of the Touraine 370–600. – In: Studies in Church History 16, 1979, 43–59.
– St. Martin and his hagiographer. History an Miracle in Sulpicius Severus. – Oxford, Claredon Press, 1983.
– Sulpicius' Saint Martin. – Oxford,1978.

STEGMAN, A., Le tombeau de Saint Martin et les guerres de religion. – In: Mémorial de l´année Martininne, 1960–1961. – Paris, 1962, 101–115.

STRAETEN, J., Le recueil des miracles de saint Martin, attribué a Herberne. – In: Analecta Bollandiana 95, 1977, 1–2; 91–100.

STUDER, B., Zu einer Teufelserscheinung in der Vita Martini des Sulpicius Severus. – Oicoumene, studi paleocristiani pubblicati in onore del Concilio Ecumenico Vaticano 11, 1964, 351–404.

TIMOTHY, D. B., The military career of Martin of Tours. – In: Analecta Bollandiana 114, 1996, 23–33.

TROUPEAU,G., La vie de saint Martin dans les synaxaires des Églises orientales. – In: Bulletin de la Société archéologique de Touraine 44, 1995, 631–637.

TÜCHLE, H., Die Martinskirchen unserer Diözese [Rottenburg]. – In: Katholisches Sonntagsblatt 109, 1961.

VAN ANDEL, G., The Christian Concept of History in the Chronicle of Sulpicius Severus. – Amsterdam, 1976.

VANDAM, R., Saints and their miracles in late antique Gaul. – Pinceton, NJ, 1993.

VAN DEN BOSCH, J., Capa, Basilica, Monasterium. Et le culte de saint Martin de Tours. – Nijmegen, 1959 (Latinitas Christianorum Primaeva; 13).

VERMEULEN, E., Aspecten van de poetische techniek von Paulinus van Perigueux bestudeerd in zijn „De vita S. Martini" Libri I–III. Mit een kritisch geannoteerde vertaling. . – Leuven, 1966.

VERMILLION, W. H., The life of Martin of Tours. Soldier an saint; a comparative study of literary. – Seattle, Wash., Univ., Diss., 1980.

VOSS, B., Berührungen von Hagiographie und Historiographie in der Spätantike – In: Frühmittelalterliche Studien 4, 1970, 53–69.

WILMART, A., Ad Constantium Liber Primus de S. Hilaire de Poitiers et les Fragments Historiques. – In: Revue Bénédictine 24, 1907, 149–179; 291–317.

3. Kunst / Architektur

AUBERT, M., Romanische Kathedralen und Klöster in Frankreich. – Wiesbaden, 1973.

BARON, N., Hauptwerke der letzten Phase des spätgotischen Sakralbaus in Westfalen. St. Marien in Lippstadt, St. Martin in Nottuln und St. Felizitas in Lüdinghausen. – Münster, Univ., Diss., 1993.

BATZL, H., St. Martin. Amberg. – München, 1959 (Kunstführer; 695).

BECK, O., Sankt Martin Messkirch. – 5., völlig neubearb. Aufl. – Regensburg, 1994.

BENNINGHOFF, N., Die Martinskirche in Landshut. – München, 1950 (Große Baudenkmäler, 129).

BONKOFF, B., Pfarrkirche St. Martin. Grossbundenbach. – Regensburg, 1994.

BONNAUD, L., Culte et iconographie de St. Martin dans les anciennes paroisses de la Haute-Vienne. – In: Bulletin de la Societé arch. et hist. du Limousin 92, 1965, 207–282.

BRAUN, J., Tracht und Attribute der Heiligen in der deutschen. Kunst. – 1943.

BRUGGER, S., Die romantische Bilderdecke zu St. Martin Zillis (Graubünden), Stil und Ikonographie. – Basel, Univ., Diss., 1981.

BRUSS, S., Die neugotische Stadtkirche St. Martin in Tauberbischofsheim. – In: Freiburger Diözesanarchiv 114, 1994, 277–302.

BUREAU, P., Le symbolisme vestimentaire du dépouillement chez saint Martin de Tours à travers l'image et imaginaire médiévaux . – In: Le vêtement, histoire, archéologie et symbolique vestimentaires au Moyen âge 1, 1989, 35–71.

CAHIER, C., Caracteristiques des saints dans l'art populaire. – Bruxelles, 1966.

CONSTANTINI, O., Die Martinskirche in Linz. Ausführung d. Zeichenskizzen nach Vorlagen von Sieghard Pohl. – Linz, 1954 (Linzer Sehenswürdigkeiten ; 1).

DANAI, I., Die Darstellung des Kranken auf den spätgotischen Bildnissen des Heiligen Martin von Tours, 1280–1520. – Herzogenrath, 1987 (Studien zur Medizin-, Kunst- und Literaturgeschichte; 12).

DEINHARDT, W., Württembergische Kirchenpatrozinien. – In: Zeitschrift für bayerische Kirchengeschichte 9, 1934.

DEINHARDT, W., Patrozinienkunde. – In: Historisches Jahrbuch der Görres-Gesellschaft 56, 1936.

DESSCOEUDRES, G., Die evangelische Pfarrkirche St. Martin in Chur. – Bern, 1995 (Schweizerische Kunstführer; 573, Ser. 58).

DORN, J., Beiträge zur Patrozinienforschung. – In: Archiv für Kulturgeschichte 13, 1917.

EXPOSITION <TOURS, 1961>: Année martinienne, Tours il y a cent ans, des fouilles de Saint Martin a la nouvelle basilique, aux archives du departement d'Indre-et-Loire, du 3 au 20 mai 1961. – Tours, 1961.

FREEMAN, M., The St. Martin Embroideriesa 15th c. series. – Greenwich, 1968.

GRADMANN, E., Die Martinskirche in Sindelfingen. – In: Blätter für Württembergische Kirchengeschichte 23, 1919, 111–130.

HERSEY, C., The church of Saint Martin at Tours. – In: Art Bulletin 25, 1943.

HOFFMANN, G., Kirchenheilige in Württemberg. – Stuttgart, 1932.

HUBER, J., La basilique de Martin le Confesseur. – In: Revue d'Histoire de l'Église de France 47, 1961, 215–221.

ISSERSTEDT, D., Der Bassenheimer Reiter des Naumburger Meisters, Versuch einer Rekonstruktion. – In: Marburger Jahrbuch 16, 1955, 181–196.

JÁSZAI, G., Der Martinus-Pokal, Gestalt und Bildprogramm. – Münster/Westf., 1980. (Bildhefte des westfälischen Landesmuseums für Kunst- und Kulturgeschichte; 13).

JÄCKEL, H., St. Martin in Sebexen. 850 Jahre Pfarrkirche, 100 Jahre Kirchengebäude. – 1995.

KUPFER, K., Sankt Martin, Pfarrei Forchheim, Oberfranken. – Als Manuskr. gedruckt. – Erolzheim/Württ., 1955.

KÜPPERS, L., Martin. – Recklinghausen 1967 (Heilige in Bild und Legende; 19).

LAUREILHE, M., S. Martino en Ariège. – In: Bulletin de la Soc. Ariégeoise de science, lettres et arts 20, 1962/63, 21–64.

LAUSSER, H., St. Martin Kaufbeuren. – 2., völlig neubearb. Aufl. – Regensburg, 1995.

LECOTTÉ, R., Le thème de la Charité de Saint Martin dans l'art populaire. – In: Art de France, Straßburg, 1960.

LELONG, C., La basilique Saint-Martin de Tours. – Chambray-lès-Tours, 1986.

LESUEUR, Saint Martin de Tours et les origines de l'art roman. – In: Bulletin monumental 1949.

LOOSE, H., Martin von Tour. Dias nach Bildaufnahmen von Helmut M. Loose mit einem Text für Kinder von Rüdiger Müller und e. Text für Erwachsene nach Martinsschriften des Sulpicius Severus. – Freiburg, 1977.

MANZ, D., Die Dom- und Pfarrkirche St. Martin zu Rottenburg am Neckar, das Bauwerk und seine Geschichte. – Rottenburg a.N., 1979.

[MARTIN DE TOURS]: Martin de Tours. Du Légionnaire au Saint évêque. – Liège, 1994.

MECKLENBURG, C. zu, Martinus Mantelspende. – In: Heilige Kunst 1981, 51–60.

MÖTSCH, J., Die archivalische Überlieferung des Benediktinerklosters St. Martin zu Sponheim (1124–1665). 1. Teil. – In: Archiv für mittelrheinische Kirchengeschichte 47, 1995, 323–370.

MÜHL, W., St. Martin + St. Michael, ein Führer durch die beiden katholischen Kirchen von Bad Orb. – Bad Orb, 1993.

NAU, E., Der Münzschatz aus der Martinskirche von Sindelfingen. – In: Forschung und Berichte zur Archäologie des Mittelalters in Baden-Württemberg, 4, 1977.

NEUGEBAUER, J., 1200 Jahre Christen in Klosterneuburg St. Martin. 791 bis 1991, Katalog der Sonderausstellung. – Klosterneuburg, [1991].

NOWOK, J., Sein und Werden von Sankt Martin, Kornwestheim. Festgabe zur Weihe der neuen St. Martinskirche am Fest der Apostelfürsten Peter und Paul am 29. Juni 1958. – Erolzheim/Württ., 1958.

PILZ, K., Die Stadtkirche St. Johannes und St. Martinus in Schwabach. – Schwabach, Evang.-luth. Kirchenstiftung, 1951.

PEGELOW, I., Sankt Martin i svensk medeltida kult och konst. – Stockholm, [Univ.], 1988.

[SANKT MARTIN]: Sankt Martin, ein bahnbrechendes Werk österreichischer Volksbildung. – Festgabe f. Josef Steinberger. – Hrsg. von F.M. Kupfhammer. – Wien, 1949.

SANKT MARTIN <Altheim>: Katholische Pfarrkirche St. Martin Altheim / Ingeborg Maria Buck. – München, 1988. (Kunstführer; 1714).

SANKT MARTIN <Baltmannsdorf>: Baltmannsdorf, St. Martin. – Passau, 1995.

SANKT MARTIN <Bamberg>: 300 Jahre Jesuitenkirche, St. Martin Bamberg, 1693 - 1993. – Bamberg, 1993 (Veröffentlichungen des Diözesanmuseums Bamberg ; 5).

SANKT MARTIN <Beuron>: Die Gründungs- und Entwicklungsgeschichte der Abtei Beuron im Spiegel ihrer Liturgie, (1863–1908). Vorgelegt von Stephan Klaus Petzolt. Würzburg, Univ., Diss., 1990. – Kloster- und Wallfahrtskirche Beuron. – Hrsg. von der Erzdiözese Freiburg i. Br. – Beuron, 1990.

SANKT MARTIN <Biberach>: Die Stadtpfarrkirche Sankt Martin zu Biberach. Untersuchungen zu ihrer Baugeschichte bis 1584; Jubiläumsschrift aus Anlaß d. 75jährigen Bestehens d. Gesellschaft für Heimatpflege Biberach a.d. Riß. – Biberach, 1976.

SANKT MARTIN <Albershausen>: Sankt Martinus in Albershausen. – Neckarrems, 1961.

SANKT MARTIN <Bingen>: Basilika Sankt Martin, Bingen. Ein Führer und Begleiter durch die Stifts- und Pfarrkirche. – Bingen am Rhein, o.J.

SANKT MARTIN <Dietenheim>: St. Martinus, Dietenheim. – Stuttgart, 1963.

SANKT MARTIN <Donzdorf>: Donzdorf. Die Kirchen der Stadt Donzdorf / [Heribert Hummel]. – Weißenhorn, 1989. (Schwäbische Kunstdenkmale; 45).

SANKT MARTIN <Ettlingen>: Ettlingen. St. Martin in Ettlingen. – Ettlingen, 1994.

SANKT MARTIN <Freiburg i. Br.>: St. Martin in Freiburg i. Br. Geschichte des Klosters, der Kirche und der Pfarrei ; anläßlich des 200jährigen Bestehens der Pfarrei St. Martin – München, 1985.

SANKT MARTIN <Heilbronn>: Die Kirchen im Stadtkreis Heilbronn. St. Peter u. Paul, Maria immaculata, St. Augustinus, St. Martinus, Heilbronn – Sontheim, St. Kilian, Heilbronn – Böckingen. – Als Ms. gedr. – Erolzheim/Württ., 1954.

SANKT MARTIN <Heiligenstadt>: Heiligenstadt, St. Martin / [Hrsg.] Evangelische Kirchengemeinde St. Martin, Heilbad Heiligenstadt. – Passau, 1994.

SANKT MARTIN <Jsingen>: Die Martinskirche in Jsingen. Erinnerungsschrift zu ihrer Neuweihe am 4. April 1948. – Stuttgart, 1948.

SANKT MARTIN <Landshut>: Sankt Martin Landshut – 17. Aufl. – Regensburg, 1995 (Kunstführer; 212).

SANKT MARTIN <Landshut>: Sankt Martin zu Landshut/Bayern / Hrsg. vom Kathol. Stadtpfarramt Sankt Martin, Landshut/Bay. – Erolzheim/Württ., 1956.

SANKT MARTIN <Linz>: Die Martinskirche in Linz. Ein vorkarolingischer Bau in seiner Umgestaltung zur Nischenkirche. – Linz, Oberösterreichischer, 1949.

SANKT MARTIN <Niederwil>: Pfarrei St. Martin (Niederwil). 300 Jahre Pfarrkirche St. Martin Niederwil, 1691 - 1991. – Niederwil, [1991].

SANKT MARTIN <Nienburg>: St. Martin zu Nienburg. Die Pfarrkirche, ihre Gewölbemalereien und ihre Kunstdenkmäler. – Nienburg/W., 1995.

SANKT MARTIN <Rheinfelden, Hochrhein>: Christkatholische Stadtkirche St. Martin, Rheinfelden, Innenrestaurierung 1989–92. – [Rheinfelden], [1992].

SANKT MARTIN <Stommeln>: Pfarrkirche St. Martin in Stommeln, Festschrift zur Wiedereröffnung nach vierjährigen Restaurierungsarbeiten am 12. April 1992 (Palmsonntag) und zur offiziellen Einweihung am 14.Juni 1992 (Dreifaltigkeitssonntag). – Pulheim-Brauweiler, 1992 (Pulheimer Beiträge zur Geschichte und Heimatkunde; 8).

SANKT MARTIN <Sulmtal>: Sankt Martin. – St. Martin im Sulmtal, 1994.

SANKT MARTIN <Utzmemmingen>:Utzmemmingen und St. Martin / [Hans Winter]. – Riesbürg-Utzmemmingen, 1996.

SANKT MARTIN <Waakirchen>: Pfarrei St. Martin <Waakirchen>, Festschrift zum 250-jährigen Jubiläum der Pfarrkirche St. Martin, 1739 – 1989 / hrsg. vom Kath. Pfarramt St. Martin. – Waakirchen, 1989.

SANKT MARTIN <Waldkirch>: St. Peter und St. Martin bei Waldkirch. Ein Beitrag zur Frühgeschichte des Elztals unter Berücksichtigung der St. Peters- und St. Martinskirchen im Breisgau / Heinrich Roth. – Waldkirch (Brsg.), 1953.

SANKT MARTIN <Wehr, Baden>: Die katholische Pfarrei St. Martin. Ein Führer durch Geschichte und Leben der katholischen Pfarrgemeinde Wehr. – Stuttgart, 1961.

SANKT MARTIN <Wittelshofen>: Evangelisch-Lutherische Kirchengemeinde St. Martin. Wittelshofen, Chronik der Evangelisch-Lutherischen Kirchengemeinde St. Martin und des Dorfes an der Wörnitz / von Friedrich Merklein. – Gunzenhausen, [1987] (Fränkische Geschichte; 2).

SANKT MARTIN <Zillis>: St. Martin in Zillis = S. Martegn a Ziràn / hrsg. von der Gesellschaft für Schweizerische Kunstgeschichte. – 18., erw. Aufl. – Bern, 1993 (Schweizerische Kunstführer; 20, Ser. 2).

SCHÄFER, H., Die Martinskirche in Gruibingen. – In: Denkmalpflege in Baden-Württemberg, 3, 1974, 9–18.

SCHAIBLE, H.D., Die Martinskirche und ihre Geschichte. – In: Pfullingen einst und jetzt. 1982, 76–107.

SCHNITZLER, H., Ein unbekanntes Reiterrelief aus dem Kreise des Naumburger Meisters. – In: Zeitschrift des deutschen Vereins für Kunstwissenschaft 2, 1935, 398ff.

SCHWEDT, H., Stankt Martin, vorwärtsreitend, zur Transformation und Diffusion eines Brauchkomplexes. – In: Sichtweisen der Volkskunde / hrsg. von Albrecht Lehmann... (Festschrift für Gerhard Lutz zum 60. Geburtstag.) – Berlin, 1988. 257ff. (Lebensformen; 3).

SAUVEL, T., Les miracles de Saint Martin, recherches sur les peintures murales de Tours au Vème et VIème siecle. – In: Bulletin monumental 1956.

SCHEMPP, E., Führer durch die Martinskirche Sindelfingen. – Sindelfingen, 1978.

SOLMS-LAUBACH, E., Die schönsten Reiterbilder aus europäischen Sammlungen. – München, 1962.

STANGE, A., Der Bassenheimer Reiter. – 2. Aufl. – Bonn, 1937.

TROIEKOUROFF, M., Le tombeau de Saint Martin retrouvé en 1860. – In: Mémorial de l'anée Martinienne, 1960–1961. – Paris, 1962, 151–183.

VAUCEDLLE, E., La collegiale de St. Martin de Tours. – Paris, 1908.

VILLINGER, C., Die St. Martinsstiftskirche zu Bingen, Basilica minor; ihre Geschichte und ihre Kunstwerke. – Bingen a. Rh., 1957.

WAGNER, A., Der heilige Martin in der Kunst. – In: Die Kunst und das schöne Heim, 11, 1978.

WALTER, A., Die Martinskirche in Kassel, die Untersuchung der spätgotischen Residenzkirche in ihrer Funktionsstruktur und ihrer Bau- und Restaurationsgeschichte. – Bochum, Univ., Diss., Microfiche-Ausg., Bochum, 1994.

WEIGEL, H., Das Patrozinium des Heiligen Martin. – In: Studium Generale 3, 1950.

WURSTER, H., Kirchham, St. Martin. – Passau, 1995. (Peda-Kunstführer; 350).

4. Brauchtum / Katechetik / Predigt / Literatur

ANGERMANN, G., Das Martinsbrauchtum in Bielefeld und Umgebung. – In: Rheinisch-westfälische Zeitschrift für Volkskunde 4, 1957.

BARGELLINI, P., I Bounomini di San Martino. – Florenz, 1972.

BISER, E., Gedanken zum Evangelium des Martinusfestes. – Arbeitsheft der religiösen Bildungsarbeit, Gedanken zur Sonntagspredigt 1958, Nr. 1064.

BOHNENBERGER, K., Martin und Nikolaus. – In: Volkskundeblätter aus Württemberg und Hohenzollern 1912, H. 1 und H. 2/3.

BRAUMANN, F., Sankt Martin auf Erden, ein Spiel für das Dorf. – München, Höfling, [1957].

BREUCHA, H., Zwei Predigten zum Feste des Heiligen Martinus. – In: Arbeitshefte der religiösen Bildungsarbeit, Gedanken zur Sonntagspredigt 21, [1948].

BUERSCHAPPER, K., Sankt Martin ritt durch Schnee und Wind. Ein Werkbüchlein zum Martinstag. – Stuttgart, Kepplerhaus, 1932.

BURGSTALLER, E., Die brauchtümliche Begehung des Martinstages in Österreich. Eine Materialdarbietung. – In: Blätter für hessische Landeskunde 56, 1965, 31–73.

CLEMEN, C., Der Ursprung des Martinsfestes. – In: Zeitschrift des Vereins für Volkskunde 28, 1918, 14ff.

CLÉMENT, R., Ein Martinsabend in Düsseldorf. – Zeitschrift des Vereins für rheinisch-westfälische Volkskunde 1, 1904, 131ff.

CRATZIUS, B., Sonne, Mond, Laterne, rund um das Martinsfest. – Freiburg, 1995.

DÖLKER, H., Martin und Nikolaus. – In: Württembergisches Jahrbuch für Volkskunde 1957/58, 100–110.

FÄHRMANN, W., Der halbe Mantel. Geschichten von St. Martin und anderen Menschen. Autor und Sprecher: Willi Fährmann, Hildesheim, 1990.

FÄRBER, A., St. Martin feiern. – Ein Spiel in 3 Legenden. – München, Buchner, 1946.

FICKETT, M.V., Chants for the feast of St. Martin of Tours. – Kopie erschienen im Verl. Univ. Microfilms International, Ann Arbor, MI. – Waschington, DC, [o.J.].
FISCHER, F., St. Martin feiern. – Düsseldorf, 1995.
FLACHENDECKER, H., Die Griessettener Wallfahrt zum Hl. Martin und zu den Elenden Heiligen. – In: Beiträge zur Geschichte des Bistums Regensburg 28, 1994, 238ff
FOURNÉE, J., Enquète sur le culte populaire de Saint Martin en Normandie. – Nogent-sur-Marne, 1963.
FUCHS, H., Martinstag, ein Spiel am Ende d. Kirchenjahres. – Berlin, [1952].
GRABNER, E., Martinisegen und Martinigerte in Österreich. – Eisenstadt, 1968.
[HEILIGENLOB]: Heiligenlob moderner Dichter, eine Anthologie. – Regensburg, 1975.
JENDORFF, B., Martin von Tours, eine Legende religionspädagogisch gelesen. – In: Religionsunterricht an höheren Schulen 37, 1994, 53ff.
JÜRGENSEN, W., Martinslieder. Untersuchung und Texte. – Breslau, 1910.
KASPER, W., Christus erkennen. Botschaft und Vorbild des heiligen Martin für uns heute. – Rottenburg, 1997.
KEPPLER, P., Patroziniumspredigt auf St. Martin (in Freiburg, St. Martin, 1895). – In: Wasser aus dem Felsen, neue Folge der Homilien und Predigten von Paul Wilhelm Keppler. – Freiburg i.Br., 1928, 53–62.
KIRCHHOFF, H., Christi Himmelfahrt bis Stankt Martin im christlichen Brauchtum. – München, 1986.
KLEEBERGER, K., Das Martiniweibchen als Kinderschreck. – In: Heimat-Blätter für Ludwigshafen a. Rh. und Umgebung, 1929, 1ff.
– Martiniweibchen in der Pfalz. – In: Zeitschrift für oberdeutsche Volkskunde 6, 1952, 42–44.
KOBER, H., Sankt Martin, ein Spielvorschlag. – In: Katechetische Blätter 118, 1993, 715ff.
KÖHLER, J., Gelebte Antwort, Martin von Tours, ... in der Nachfolge Jesu. – Stuttgart, 1981.
KRIDÉLAND, R., Mortensgasa, eit Luther-attribut? – Førde, 1971.
KUTTER, W., Pelzmärte und Christkindle im oberen Enztal und verwandte Gestalten. – In: Ländliche Kulturformen im deutschen Südwesten. (Festschrift für Heiner Heimberger), 1971, 203–215.
[MARTINSLIEDER]: Martins-Lieder / [Texterg. U. Neufassungen von Jakob Holl u. Adolf Lohmann, d. Neuvertonung von Adolf Lohmann]. – 9. Aufl. – Freiburg i. Br., 1965.
MATTHIESSEN, W., Sankt Martin, den Kindern erzählt. – Freiburg, 1931.
MEISEN, K., Sankt Martin im volkstümlichen Glauben und Brauch. – In: Rheinisches Jahrbuch für Volkskunde 19, 1969, 70ff.
MÜLLER, H., Martins Denkspruch ändert alles. – Stuttgart, 1954.
MÜLLER, J., Vom Martinsfest in Ahrweiler. – In: Heimat-Jahrbuch für den Kreis Ahrweiler 37, 1980, 122ff.
OESCHGER, B., Zwischen Santislaus und Martinsritt, Strukturen jahreszeitlicher Brauchphänomene in Endingen am Kaiserstuhl. – Freiburg i. Br., Univ., Diss., 1981.
PESCH, D., Das Martinsbrauchtum im Rheinland, Wandel und gegenwärtige Stellung. – Münster, 1970.
RITTER, H., Das kleine Sankt-Martin-Spiel / Heinz Ritter. Wir heiligen Drei König. 2 Spiele f. Kinder / Heinz Ritter. – Kassel, 1962 (Bärenreiter-Laienspiele ; Nr. 379).
RÖSCH, B., Martin von Tours und Martin Luther, Anregungen für die Vorbereitung des Martinstages in der Christenlehre. – In: Christenlehre – Religionsunterricht – Praxis 49, 1996, 20–25.
[SANKT MARTIN]: Sankt Martin reitet durch unsere Zeit, eine Martinsfeier für heute von den Weggefährten. – München, [1950].
– Sankt Martin, Lieder, Bilder, Texte zum Martinstag. – Freiburg i. Br., 1977.
– St. Martin, Lieder, Bilder, Texte zum Martinstag. – Freiburg, 1981.
SAUERMANN, D., Martinslied. – In: Handbuch des Volksliedes, Bd. 1, München 1973, 392ff.
– Neuzeitliche Formen des Martinsbrauches in Westfalen. – In: Rheinisch-westfälische Zeitschrift für Volkskunde 14, 1967.
– Westfälische Martinslieder nach den Sammlungen des Atlas der deutschen Volkskunde. – In: Rheinisch-westfälische Zeitschrift für Volkskunde 16, 1969, 70–104.
SCHERTE, H., Die volkstümliche Heiligenverehrung. – München, 1948.
SCHENK, G., »Preise Sankt Martinus mit herzlicher Freude«, zum 11.11., dem Fest des Mainzer Bistums- und Stadtheiligen. – In: Mainzer Vierteljahreshefte für Kultur, Politik, Wirtschaft, Geschichte, 3, 1983, 128ff.
SCHINDLER, R., Martinus teilt den Mantel. – Bilder von Hilde Heyduck-Huth. – 6. Aufl. – Lahr, 1993 (Religion für kleine Leute).
SCHMIDT, K., Martin – Martin Luther – Martin Luther King, eine Katechese mit 10jährigen Kindern zum Fest des Hl. Martin. – In: Katechetische Blätter 111, 1986, 879–880.
SCHNEIDER, R., Herrscher und Heilige. – Köln, Hegner, 1953.
SCHÖNFELD, S., Das große Ravensburger Buch der Feste und Bräuche. – Ravensburg, 1980.
SOMMER, E., Predigt auf das Fest des Heiligen Martinus. – In: Arbeitshefte der religiösen Bildungsarbeit 1960, Nr. 129.
SPAHR, G., Martinsverehrung in Weingarten und im Bodenseeraum. – In: Montford 13, 1961, 135–139.
STIEGELE, P., Auf das Fest des heiligen Martinus. – In: Ausgewählte Predigten von Paul Stiegele / hrsg. von B. Rieg. – 4. Aufl. – Rottenburg a.N., 1919, 310–328.

URBAN, W., Der Heilige Martin. – Straßbourg, 1993.
VAN DEN BOSCH, J., Capa, Basilica, Monasterium et le culte de Saint Martin, Étude lexicologique et sémasiologique. – Nijmegen, 1959.
VEIT, R., Lebensbilder für den Religionsunterricht. – Lahr, Kaufmann, 1988.
VERSCHUREN, I., Der Drache mit den sieben Köpfen, Geschichten zu Michaeli, Sankt Martin und Nikolaus. – 2. Aufl. – Stuttgart, 1991.
VOSSEN, C., St. Martin, sein Leben und Fortwirken in Gesinnung, Brauchtum und Kunst. – Düsseldorf, 1975.
VOSS, H., Verkündigungsspiele der Gemeinde Doktor Martinus. – [1964].
WERHAN, K., Martinsfeier in Coblenz. – In: Zeitschrift des Vereins für rheinische und westfälische Volkskunde, 7, 1910, 244ff.
ZENDER, M., Der Brauch am Martinstage als Beispiel räumlicher Differenzierung. – In: Ethnologia Europaea 4, 1970, 222–228.

Georg Ott-Stelzner

Bildnachweis

Martin – Ein Heiliger Europas (S. 7–20)
Abb. 1   Bildarchiv Foto Marburg
Abb. 2   Archiv für Kunst und Geschichte, Berlin/Erich Lessing
Abb. 3   Antiquariat Heribert Tenschert, Rotthalmünster
Abb. 4   Bildarchiv Foto Marburg
Abb. 5   © Bayerisches Nationalmuseum, München
Abb. 6   Joachim Feist, Pliezhausen
Abb. 7   Schweizerische Nationalbank, Bern

Martin von Tours und die Anfänge seiner Verehrung (S. 21–62)
Abb. 1   Stadtbibliothek Trier
Abb. 2   Robert Holder, Urach
Abb. 3   Archiv für Kunst und Geschichte, Berlin
Abb. 4   Bildarchiv Foto Marburg
Abb. 5   Beuroner Kunstverlag, Beuron
Abb. 6   Antiquariat Heribert Tenschert, Rotthalmünster
Abb. 7   Westfälisches Landesmuseum für Kunst und Kulturgeschichte, Münster/Sabine Ahlbrand-Dornseif
Abb. 8   Bibliothèque Municipale de Tours, Ms 193, fol. 116^v

Martinspatrozinien in Südwestdeutschland (S. 63–100)
Abb. 1   Historischer Atlas von Baden–Württemberg, verkleinerter Ausschnitt aus dem Blatt VIII, 1a, Patrozinien des Mittelalters, mit Erlaubnis des Landesvermessungsamts und der Kommission für geschichtliche Landeskunde Baden–Württemberg vom 8. 9. 1997, Az.: 5.13/1429
Abb. 2   Germanisches Nationalmuseum, Nürnberg (HB 50092)
Abb. 3   © Bayerisches Nationalmuseum, München (Kr H 2356)
Abb. 4   © Bayerisches Nationalmuseum, München (Kr H 1476)
Abb. 5   Akademie der Wissenschaften und der Literatur Mainz: Corpus Vitrearum Medii Aevi Deutschland, Freiburg i. Br. (G. Gräf)
Abb. 6   Akademie der Wissenschaften und der Literatur Mainz: Corpus Vitrearum Medii Aevi Deutschland, Freiburg i. Br. (R. Toussaint)
Abb. 7   Das Katholische Württemberg. Die Diözese Rottenburg–Stuttgart. Zeiten. Zeichen. Zeugen. Zukunft, Ostfildern ²1993, Seite 21.
Abb. 8   © Bayerisches Nationalmuseum, München (Kr H 1417)

Martinskirche, Martinskloster, Martinskult in Altdorf–Weingarten (S. 101–124)
- Abb. 1 Eduard Martin Neuffer, Das Alemannische Gräberfeld in Weingarten, Kreis Ravensburg, in: Ausgrabungen in Deutschland Band 2/1, 1975, Seite 239
- Abb. 2 Württembergische Landesbibliothek, Stuttgart/Joachim Siener
- Abb. 3 Württembergische Landesbibliothek, Stuttgart/Joachim Siener
- Abb. 4 Hessische Landesbibliothek, Fulda
- Abb. 5 Württembergische Landesbibliothek, Stuttgart/Joachim Siener
- Abb. 6 Hessische Landesbibliothek, Fulda
- Abb. 7 Hessische Landesbibliothek, Fulda
- Abb. 8 The Pierpont Morgan Library, New York
- Abb. 9 The Pierpont Morgan Library, New York
- Abb. 10 Kunsthistorisches Museum, Wien
- Abb. 11 Hessische Landesbibliothek, Fulda
- Abb. 12 Hessische Landesbibliothek, Fulda
- Abb. 13 The Pierpont Morgan Library, New York (MS 710, Einbanddeckel)
- Abb. 14 The Pierpont Morgan Library, New York (MS 710, fol. 126r)

St. Martin in Rottenburg (S. 125–150)
- Abb. 1 Stadt– und Spitalarchiv Rottenburg a. N., B 25, Nr. 14 (Reproduktion: Stadtarchiv Rottenburg)
- Abb. 2 Original im Besitz des Sülchgauer Altertumsvereins Rottenburg. Aufnahme um 1930 von A. Deyhle, Rottenburg
- Abb. 3 P. Sinner, Tübingen
- Abb. 4 A. Deyhle, Rottenburg
- Abb. 5 B. Schiebel, Rottenburg
- Abb. 6 W. Faiß, Rottenburg

St. Martin, Dir ist anvertraut ... (S. 151-182)
- Abb. 1 © P. Rainer Mozer, Rottenburg
- Abb. 2 © P. Rainer Mozer, Rottenburg
- Abb. 3 © P. Rainer Mozer, Rottenburg
- Abb. 4 Winfried Aßfalg, Riedlingen
- Abb. 5 Andachtsbildchen, Beuroner Kunstverlag 1074
- Abb. 6 Winfried Aßfalg, Riedlingen
- Abb. 7 Winfried Aßfalg, Riedlingen
- Abb. 8 Winfried Aßfalg, Riedlingen
- Abb. 9 Winfried Aßfalg, Riedlingen
- Abb. 10 © P. Rainer Mozer, Rottenburg
- Abb. 11 Das Bild besteht aus zwei Bildhälften: dem erhöhten Christus nach einem Mosaik von Otto Habel in der St.-Eberhards-Kirche in Stuttgart und der Martinsplastik am Dom zu Rottenburg, © Sieger Köder

Neue Zugänge zu Martin und seiner Verehrung (S. 183–192)
- Abb. 1 Marcel Chevret, Blois
- Abb. 2 Artaud Frères, Carquefou
- Abb. 3 Franz–Josef Scholz, Esslingen
- Abb. 4 Franz–Josef Scholz, Esslingen
- Abb. 5 Kloster St. Martin, Ligugé
- Abb. 6 Franz–Josef Scholz, Esslingen

Der Heilige am Throne Christi (S. 193–272)
- Abb. 1 Giuseppe Bovini, Ravenna. Kunst und Geschichte, Ravenna 1991, S. 65
- Abb. 2 F. Hörl, München
- Abb. 3 Staatsbibliothek Bamberg, Sign. ms. lit. 1, fol. 170r
- Abb. 4 SCALA, Antella (Florenz)
- Abb. 5 Bildarchiv Foto Marburg
- Abb. 6 Archiv für Kunst und Geschichte, Berlin
- Abb. 7 Dombibliothek Hildesheim, HS St. God 1
- Abb. 8 Stadtbibliothek Trier, Hs 1378/103 40
- Abb. 9 Stadtbibliothek Trier
- Abb. 10 Foto Geiger, Flims–Waldhaus
- Abb. 11 Württembergisches Landesmuseum, Stuttgart
- Abb. 12 Wolfgang Urban, Rottenburg
- Abb. 13 Wolfgang Urban, Rottenburg
- Abb. 14 Privataufnahme
- Abb. 15 Bildarchiv Foto Marburg
- Abb. 16 Helga Schmidt–Glassner, Stuttgart
- Abb. 17 Archiv für Kunst und Geschichte, Berlin/Stefan Diller
- Abb. 18 Archiv für Kunst und Geschichte, Berlin/Stefan Diller
- Abb. 19 SCALA, Antella (Florenz)
- Abb. 20 Archiv für Kunst und Geschichte, Berlin/Stefan Diller
- Abb. 21 Archiv für Kunst und Geschichte, Berlin/Stefan Diller
- Abb. 22 Archiv für Kunst und Geschichte, Berlin/Stefan Diller
- Abb. 23 Christophe Meyer, Colmar
- Abb. 24 Wolfgang Urban, Rottenburg
- Abb. 25 Bildarchiv Foto Marburg
- Abb. 26 © P. Rainer Mozer, Rottenburg
- Abb. 27 Alfred Schiller – ARTHOTHEK
- Abb. 28 Phototèque GIRAUDON, Paris
- Abb. 29 SCALA, Antella (Florenz)
- Abb. 30 Bildarchiv Foto Marburg
- Abb. 31 Hans Hinz – ARTHOTHEK
- Abb. 32 ARTHOTHEK
- Abb. 33 Bildarchiv Foto Marburg
- Abb. 34 © P. Rainer Mozer, Rottenburg

Abb. 35	Graphische Sammlung der Staatsgalerie, Stuttgart	Abb. 9	Günter Schenk, Mainz
Abb. 36	Bayer & Mitko – ARTHOTHEK	Abb. 10	Utrecht, Rijksmuseum Het Catharijneconvent (Leihgabe des Rijksmuseums Amsterdam), Inv. Nr. RMCC S 39. Foto: Ruben de Heer
Abb. 37	Winfried Aßfalg, Riedlingen		
Abb. 38	Winfried Aßfalg, Riedlingen		
Abb. 39	Winfried Aßfalg, Riedlingen	Abb. 11	's Hertogenbosch, Noordbrabants Museum, Inv. Nr. 7859
Abb. 40	Ege–ANTHONY, Starnberg	Abb. 12	Dünkirchen, Musée des Beaux Arts, Inv. Nr. P 143. Foto: Mallevaey Studio, Dünkirchen
Abb. 41	Anne Gold, Aachen		
Abb. 42	Wolfgang Urban, Rottenburg	Abb. 13	Venedig, Biblioteca San Marco, fol. 12^r
Abb. 43	Winfried Aßfalg, Riedlingen	Abb. 14	Otto Frhr. von Reinsberg–Düringsfeld, Das festliche Jahr, Leipzig 1863, S. 343
Abb. 44	Winfried Aßfalg, Riedlingen		
Abb. 45	Richter und Fink, Augsburg	Abb. 15	Rupert Leser, Bad Waldsee
Abb. 46	Westfälisches Landesmuseum für Kunst– und Kulturgschichte, Münster	Abb. 16	Der Osterhas. Eine Festgabe für Kinder in Bildern von Franz Pocci und in Reimen von Georg Scherer, Nördlingen 1850
Abb. 47	Hans Hinz – ARTHOTHEK	Abb. 17	Günter Schenk, Mainz (1992)
Abb. 48	Staatsgalerie, Stuttgart	Abb. 18	Günter Schenk, Mainz (1992)
Abb. 49	Winfried Aßfalg, Riedlingen	Abb. 19	Richard Beitl, Wörterbuch der deutschen Volkskunde, Kröners Taschenausgabe, Band 127, 3. Auflage, S. 544, Alfred Kröner Verlag, Stuttgart
Abb. 50	Winfried Aßfalg, Riedlingen		
Abb. 51	© P. Rainer Mozer, Rottenburg		
Abb. 52	Joachim Blauel – ARTHOTHEK		
Abb. 53	Beuroner Kunstverlag, Beuron	Abb. 20	Barbara Neumann, Erfurt
Abb. 54	Seeger–Druck, Freudenstadt	Abb. 21	Rupert Leser, Bad Waldsee
Abb. 55	Staatsgalerie, Stuttgart		

»Brenne auf mein Licht...« (S. 273–350)

Abb. 1	Berlin, Staatliche Museen, Kupferstichkabinett, Inv. Nr. KdZ 4064. Foto: Jörg P. Anders
Abb. 2	Berlin, Deutsches Historisches Museum
Abb. 3	Universitätsbibliothek Tübingen, Ke XVIII 4 2º, Inv. Nr. 7
Abb. 4	Diözesanarchiv Rottenburg
Abb. 5	Werner Mezger, Rottweil
Abb. 6	Berlin, Staatliche Museen–Preußischer Kulturbesitz. Museum für Volkskunde, Inv. Nr. 33 C 886
Abb. 7	Werner Mezger, Rottweil
Abb. 8	Ehemaliges Kupferstichkabinett, Stuttgart. Foto: Bildarchiv der Landesbildstelle Württemberg, Stuttgart

Anwalt des Lebens (S. 351–360)

Abb. 1	Bibliothèque Municipale de Tours, Rés. 2866 (le baiser au lépreux)
Abb. 2	Diözesanbibliothek Rottenburg

Der unvergleichliche Heilige (S. 361–376)

Abb. 1	Galerie Neuse, Bremen
Abb. 2	Winfried Aßfalg, Riedlingen
Abb. 3	Joachim Feist, Pliezhausen
Abb. 4	Sieger Köder, Neue Bilder der Heiligen Schrift, Skizzen zum Lesejahr A, Martinsfest, Ostfildern 1977, © Sieger Köder
Abb. 5	Gerhard Marcks–Stiftung, Bremen

Autorennachweis

Otto Beck
Dr. theol., geboren 1932, Pfarrer in Otterswang/Bad Schussenried

Karl Suso Frank
Dr. theol., geboren 1933, Professor für Alte Kirchengeschichte und Patrologie an der Albert-Ludwigs-Universität Freiburg i. Br.

Werner Groß
Dr. theol., geboren 1934, Domkapitular der Diözese Rottenburg-Stuttgart, zuständig für Liturgie, Kirchenmusik, kirchliches Bauwesen und Kunstfragen

Walter Kasper
Dr. theol., habil., Dr. h. c., geboren 1933, seit 17. Juni 1989 Bischof der Diözese Rottenburg-Stuttgart

Norbert Kruse
Dr. phil., geboren 1942, Professor für Germanistik an der Pädagogischen Hochschule Weingarten

Dieter Manz
geboren 1941, Buchhändler, Stadthistoriker aus Passion, Rottenburg a. N.

Werner Mezger
Dr. rer. soc., geboren 1951, Professor für Volkskunde an der Albert-Ludwigs-Universität Freiburg i. Br.

Annette Schleinzer
Dr. theol., geboren 1955, lebt und arbeitet auf der Huysburg/Sachsen-Anhalt

Franz-Josef Scholz
Dipl.-Theol., geboren 1960, Caritasreferent, Esslingen a. N.

Georg Ott-Stelzner
Dipl.-Theol., Diplom-Bibliothekar, geboren 1953, Leiter der Diözesanbibliothek Rottenburg a. N.

Wolfgang Urban
geboren 1948, Diözesankonservator der Diözese Rottenburg-Stuttgart, Kustos des Diözesanmuseums Rottenburg a. N.